KB124725

통합심신치유학 시리즈 ❷

통합심신치유학 [실제] 편

Integrative Body · Mind · Spirit Healing: Practice

| 대표저자 | **안희영 · 조효남**

| 공동집필자 |

곽미자 · 곽상준 · 구민준 · 국은미 · 김기섭 · 김성호 · 김성희 · 김열권

김윤탁 · 김제창 · 류승원 · 박영숙 · 박자방 · 설경인 · 신경희 · 원희랑

원희욱 · 이건호 · 이인화 · 이종의 · 임세라 · 조상윤 · 조인숙

학지사

통합심신치유학 [실제] 편

오늘날 제4차 산업혁명시대가 도래하면서 모든 과학기술이 AI 중심의 초고도 융복합 과학기술, 유전자 조작 생명과학·생명의학, 나노바이오로봇, VR·AR 가상현실, 양자과학·양자의학 진단·치료 기술 등의 급격한 발전과 더불어, 심리치료·심신치유뿐 아니라 인문사회학·문화예술을 포함한 모든 분야가 통합·통섭·융합하는 대통합의 시대에 접어들고 있다. 이제 통합이란 말은 어느 분야에서나 흔하게 사용되고 있다. 하지만 아직은 온전하고 진정한 의미의 통합·통섭이나 통전적 통합 정신은 어느 분야에서도 찾아보기 힘들다.

그러나 심신치유 분야에서는 진정한 통합·통섭의 시대가 시작되고 있음을 알 수 있다. 그동안 전통 서양의학, 상담심리치료가 지배해 온 시대가 끝나고, 이제 오늘날과 같은 인문사회과학과 심리과학이 첨단 과학기술과 고도로 융복합화되고 통합·통섭되면서 의학·심리치료·심신치유의 모든 상황이 달라지고 있다. 앞으로 머지않은 미래에 곧 환원주의적 뇌·인지과학이 지식 생태계를 지배하는 시대가 끝나고 신과학·신의학, 통합양자론·양자과학이 주도하는 심층과학으로 자리를 내주게 되면서 곧 양자뇌과학, 양자인지과학, 양자정신신경면역학QPNI, 양자통합생리학의 시대가 도래하게 될 것이다.

유물론자나 환원주의자가 아닌 전문가들 중에 몸맘영BMS의 전일적인 삼원일체적 뇌인지과학, 인지심리학, 통합적 발달심리학, 자아초월심리학을 온전하게 인식하는 상당수의 전문가나 학자들은 진정한 심신통합의학, 통합심신치유학의 시대가 되었다는 것을 실감하고 있다. 이러한 새 시대의 패러다임 변화를 감지한 전문가들은 이제는 몸과 마음을 따로 상담·치료하지 않는 시대가 되었다는 것을 강조하고 있다. 말하자면, 지금까지의 서양 전통 상담심리치료와는 달리 전통 자연의학·보완대체의학적 심신치유에서와 같이 몸과 마음의 치료적 치유therapeutic healing를 따로 생각하지 않고 하나로 보아야 한다는 것이다. 그러므로 전통적 상담심리치료를 심신치유의 일부로 포함하긴 하지만, 단계적·통합적으로 치료치유하는 통합상담심신치유의 시대가 이미 도래했음을 인식할 필요가 있다.

이러한 시대적 조류 속에서 인간의 몸과 마음, 즉 데카르트적 몸마음의 이원론적·이분법적 사고나 정신·마음·감정·본능을 뇌신체로 환원하는 일원론적 사고는 펜로즈의 양자적 뇌인지과학, 신과학, 정신역동적 심층심리학, 통합심리학, 통합인간과학, 양자파동역학·양자과학, 정신물리학의 발달로 인해 이제 더 이상 설 곳이 없어지게 되었다. 이제 심신치유 분야의 선도자들은 더 이상 몸맘영BMS의 병리장애를 마음과 몸으로 이분하여 치료와 치유를 할 수 없다는 것을 알게 된 것이다. 어느 경우에도 치료치유와 치료치유기제의 발현은 심신의 통합적 상담심신치유와 전통적 상담심리치료가 이분되어서는 안 되는 통합심신치유의 시대가 왔다는 것이다. 국내에서도 언제부터인가 심리치료, 심신치유 분야에서 통합심리치료, 심신통합치유란 말이 당연한 듯이 통용되고 있으나, 상담심리치료자들은 물론이고 대부분의 심신치유자들도 아직까지 일반적으로 성격인성발달장애 등 기존의 이론과 자신이 전문으로 하는 요법에 갇혀 있는 것이 현실이다.

특히 오늘날은 그 어느 시대보다도 가진 자 계층을 제외하고는 심각한 과도경쟁·물질 소유 중독사회, 위험사회, 과로·피로 사회, 계층 고착·갈등 사회의 병리적 사회 환경 속에 갇혀 있다. 이로 인해 자존감·자아정체성 상실이 초래한 혼의 위축과 비정상화, 물질·행위 중독, 분노·화 조절장애, 이념·사고 중독, 반사회적 개인·집단 폭력·광기 등의 다양한 정신·심리·심신 장애 증후군으로 인해 극심한 스트레스와 심신의 다양한 병리장애로 고통받고 있는 현대인이 많다. 국내의 경우에도 이러한 심신의 병리장애가 복합적이고 심각한 수준에 이르고 있다. 이러한 시대적 상황에서 심신치유는 동양의 전통 전일의학과 현대 서양의 자연의학, 뇌인지과학, 발달심리과학, 통합심리학, 정신동역학, 의식역학, 신의학(에너지의학, 양자파동의학)을 상보적으로 통전·통합·통섭하는 일시적 힐링이 아닌 근본 심신치유가 되어야 한다.

안희영·조효남 두 교수가 서울불교대학원대학교 심신통합치유학과에서 현대의 통합적 심신치유에 대한 십여 년의 교육·연구와 현장실습지도 경험을 하는 동안, 현대 심신통합치유의 통합적 교육·연구·실제에 대해 수없이 많은 토의 과정을 거치며 공유하고 정립하게 되면서 현대 통합심신치유학의 이론·실제·기제 삼부작을 국내 최초로 선보이게 되었다. 그중에 이 책은 다양한 분야의 심신치유 전문가들이 자매편인『통합심신치유학: 이론』편의 심신통합치유 원리와 정신에 따라 치유현장에서 통합심신 프로그램의 실제 적용 과정에 길라잡이가 되도록 집필한『실제』편에 해당한다.

이『실제』편은 오늘날 심신치유현장에서 적용하는 수백 가지가 넘는 치유요법 중 통합심신치유학에 부합하는 주요 전통적·전일적 심신치유, 현대 심리학적 심신치유, 과학적·정신과학적 심신치유, 명상·영성적 심신통합치유를 몸, 기, 감정(정서), 마음(인지·행동·의식·정신) 전 스펙트럼에 걸친 기능의학적, 자연의학적, 전인의학적, 통합 스트레스의학적, 생활의학적 주요 심신치유를 망라하는 전문서로 기획되었다. 그리고 이 모든 심신치유의 뇌과학과 생리학적 기반도 포함하는, 몸·소마치유, 기공요가치유, 감정정서치유, 인지행동의식치유 분야의 권위자와 치유 전문가인 소장 학자들이 공동집필진으로 참여하여 집필한 국내 초유의 심신치유 전문 도서이다.

이 책의 1부에서는 삼부작 중의『통합심신치유학: 이론』편을 보지 않은 독자들을 위해 심신치유학을 개관하고, 전통 지혜와 현대 정신과학을 상보적으로 통합·통전하는 홀론 홀라키적 몸과 마음의 온전한 이해와 심신치유기제에 대해 간략하게 소개하였다. 그런 다음, 현대의 대표적인 통합심신치유 프로그램인 카밧진의 MBSR과 켄 윌버의 ILP 그리고 대표저자들이 기존의 모든 치유 프로그램을 통합하는 유위·무위 통합심신치유 프로그램 IQHLP에 대해 간략하게 소개하였다.

이 책의 2부에서는 앞에서 언급한 심신통합치유의 전 스펙트럼을 포괄하는 26가지 대표적인 심신치유요법에 대하여 참여 전문 집필자들이 각각 그 배경 및 원리를 소개한 다음, 치유현장에서 적용하는 실제 치유 요법과 기법을 중심으로, 그리고 그 치유효과와 치유의 의의에 대해 상세하게 기술하고 있다.

그동안 심리학, 심리과학, 교육학, 명상영성과 관련한 거의 모든 분야의 전문 도서와 상담·심리치료, 심신치유, 정신건강, 자기계발 분야의 전문 교양도서를 출판함은 물론, 통합적 접근을 원하는 철학·심리·치료·치유·영성·수련 분야의 전문가들을 위해 위대한 통합사상가 켄 윌버의 주요 저서 대부분을 번역 출판해 온 국내외 전문 도서 출판의 명가 학지사에서 국내 최초로 이 책을 포함한 통합심신치유학(이론, 실제, 기제) 삼부작을 출판하게 된 것은 매우 시의적절하고 의미 있는 일이다. 출판을 흔쾌히 승낙해 주신 학지사

5

김진환 대표님께 감사드리고, 편집 책임자인 편집부 김준범 차장님과 실무 팀의 노고에 각별한 사의를 표하고 싶다.

아무쪼록 이 책이 지금 그리고 앞으로 올 양자문명사회, AI만능시대의 심신치유 전문가들에게 온전하고 진정한 통전적 통섭·통합 심신치유의 길라잡이가 될 수 있기를 바라며, 이 책을 읽은 독자들의 따뜻한 지지와 공감 그리고 추후 이 책의 수정·보완을 위한 아낌없는 비판적 조언을 기대하는 바이다.

2019년 겨울
안희영·조효남

· 제1부 ·
통합심신치유학: 개관

통　합
심　신
치유학

제1부

통합심신치유학: 개관

통합심신치유학 [실제] 편

제 1 장 | *Integrative Body·Mind·Spirit Healing: Practice*

통합심신치유학이란?

통합심신치유학의 이론에 대해서는 이 책에 동반하는 『통합심신치유학: 이론』 편에 상술되어 있으므로 이 책의 독자들은 그 책을 읽어 보아야 현대의 심층과학적 통합심신치유에 대해 온전하게 알 수 있을 것이다. 그러나 집필상의 시정 관계로 『실제』 편이 먼저 나오게 됨으로써, 여기서는 독자들의 편의를 위해 『이론』 편의 통합심신치유학 개관과 통합심신치유이론의 핵심 개념만 발췌하여 그대로 소개할 것이다.

이 책에서 다루는 통합심신치유학은, 물론 의료적 치료가 아닌 치료적 치유therapeutic healing를 의미한다. 그러므로 요즈음 심신이원론적 서양 전통의학과 서양 상담심리치료의 치료 패러다임을 거부하는 심신일원론적·전일의학적 치료치유 패러다임인 자연의학, 기능의학, (통합의학의) 보완대체의학, 생활lifestyle의학, 통합 스트레스의학, 홀론의학들이 통합심신치유학의 범주에 모두 포함된다. 하지만 이들 중에 심신일원론적이면서 미묘한 환원주의적인 심신통합의학적·전일의학적 심신통합치유학은 온전한 통합심신치유학이 아니다.

◆ 홀론의학

일반적으로 홀론의학이란 통상적 의미의 심신일원론적이지만 미묘한 환원주의적인 전일적 의학(보완대체의학, 자연의학, 스트레스의학, 생활lifestyle의학)이 확장된 의미인 전인/전일integrative holistic의학으로서 몸·정서·마음·정신의 홀론적 건강을 포괄적으로 다루는 통상적 의미의 홀론의학적 심신치유라는 의미를 갖는다. 그러나 여기서 정의하는 홀론의학은 이러한 의미를 포함하며 넘어선다. 인간의 생명은 다차원의 생명체로서 몸맘영BMS의 다차원의 생명 홀론·홀라키이므로, 육신(신체, 생체)·생명(에너지체)·정서(감정체)·마음(심체)·정신(혼체)·영(영체)의 다차원의 생명장 홀라키 구조로 되어 있다. 그러므로 생명체 각 수준의 에너지氣·정보識의 체體/장場은 아랫수준을 내포초월하며 의존하는 홀라키적 관계에 있다. 따라서 모든 수준의 병리장애의 치료치유는 상향·하향 인과적 상하향 회로로 확산되므로, 치료치유도 아랫수준을 초월하며 아랫수준을 지배하고 작인하는 하향 인과적 치유와 아랫수준에 의존하며 그것을 내포하는 상위 수준을 상향 인과적으로 변화시키는 치료치유의 하향·상향 인과적 통합심신치료치유를 포괄하는 온생명의 온건강홀론의학이라는 의미로서의 통합적 홀론의학으로 정의한다.

다른 한편으로는, 오늘날은 구글·BDBig Data·SNS앱·AI가 지원하는 스마트폰·PC에 의해 무한 지식정보를 실시간으로 모든 원하는 형태로 제공하는 융복합 양자과학기술의 제4차 산업혁명시대로 진입하고 있다. 이에 따라 모든 분야가 융합·통합·통섭되는 대통합의 시대가 되면서 통합이란 말은 모든 분야에서 흔하게 사용하고 있으나, 아직은 어느 분야에서도 진정한 의미의 통합 패러다임이나 통합 정신은 찾아보기 어렵다.

이러한 시대적 환경에 부응하여 몸과 마음에 대한 전일적·통전적holistic integral 이해가 일반화되고 자연의학적 치료치유, 소마·기공·요가 치료치유, 감정정서치료치유, 마음챙김·MBSR 같은 심신통합치유나 명상치료치유가 보편화되고 있다. 이와 더불어 최근에 웰라이프·온건강을 위한 기능의학, 생활습관의학, 보완대체의학, 심신통합의학, 신과학·신물리학적 신의학(에너지의학, 양자의학, 파동의학)이 급속도로 발전되면서 모든 심신의 병리장애는 정신심리만의 문제나 몸의 문제만이 아님을 깨닫게 되었다. 예컨대, 모든 심인성 대사증후군 질병도 몸·마음·정신 모두의 문제로, 진정한 심신상관의학적·홀론의학적 문제임을 알게 되었다. 지난 200년 이상 심신을 기계론적·이원론적으로 분리치료해 온 서양 근대 전통의학, 그리고 이에 따라 아직도 몸과 마음을 분리해서 다루고 있는 20세기 상담심리치료의 시대는 저물고 있다. 오늘날의 심신치유는 전통 의료적 치료와 같이 별개가 아닌, 단순히 심신통합의학적일 뿐이 아닌 통합심신치유학적 치료치유가 요청되고 있

다. 이에 따라 모든 병리장애, 치료치유가 최소한 켄 윌버(Wilber, K.)의 AQAL 통합적 수준
과 분면, 계통, 상태, 유형이 상보적으로 통합되어야 하는 통합심신치유의 시대가 되었다.

따라서 통합심신치유학에 의하면, [그림 1-1]에서 상세하게 보여 주고 있는 바와 같이
다음과 같은 통합적 심신치유로서의 요건을 갖추어야 한다.

- 생명홀라키로서의 인간의 몸과 마음(몸맘영BMS, 심기신, 몸身기氣정情맘心얼魂영靈)에 대
한 심층과학적(신과학적 · 온생명과학적 · 통합인간과학적 · 의식역학적 · 정신과학적) 이
해를 바탕으로,
- 피치유자 개개인의 생득적 근기(카르마), 유전적 기질 · 성격 · 체질을 고려한 현재의
심신의 의식 · 무의식의 병리장애 상태를 종합적으로 평가한 후,
- 현 상태에 적합한 단계적 심신치유, 이를테면 카밧진(Kabat-zin, J.)의 MBSR의 심신
통합치유, 켄 윌버의 ILP의 AQAL 통합, 조효남의 저서 『상보적 통합』의 IQHLPIntegral
Quantum Healing Life Practice의 유위무위적 통합심신치유 프로그램들을 통해 치유기제를 발
현시켜서 어느 정도 열린의식의 건강한 자아를 회복시킨 후,
- 궁극적으로는 자기치유를 할 수 있는(마음챙김, MBSR, 통찰명상, 명상치유, 마음챙김 기
반 ILP, 양자심신치유 등과 같은) 통합적 고급 심신치유의 적용을 통해 근본적 자기치유
능력을 갖도록 치유하는 일체의 단계적 치유과정을 일컫는다.

오늘날 대다수의 전문가가 다양한 이론과 실제 기법의 구슬더미를 온전하게 하나로 꿰
지도 않고 그냥 모아 놓거나 편향된 억지 시각으로 부분적이고 불완전하게 꿰어서 모아 놓
고서 통합이라는 용어만 오용하고 있는 것이 부인할 수 없는 현실이다. 이 책에서는 이와
같은 허울만의 통합이 아니라, 진정한 의미에서 동서고금의 보편적 영원의 전통 지혜를 현
대 과학적 · 신과학적, 신의학적으로 하나의 진정한 전일적 진리로 관통하는 온전한 앎의
진주목걸이로, 온우주의 만다라 융단으로 자연스레 이음매 없이 꿰어져 상보적으로 회통
하는 통합(통전 · 통섭 · 통관)을 통합심신치유학의 기반으로 하였다. 따라서 몸과 마음(몸
맘영BMS, 몸기정맘얼영BEEMSS)에 대한 심층과학적, 신과학적, 의식동역학적, 정신과학적, 통
합양자이론적 · 양자의식역학적, 홀론의학의 홀론홀라키적 이해를 바탕으로 한 진정한 통
합심신치유학이론의 원형을 다음과 같은 원리들을 바탕으로 정립하고자 한다.

- 통합심신치유학에서는 심신홀라키로서 자연스레 (내면 각인 의식 · 무의식 발현의) 내

19

적 홀라키와 이에 상응하는 (외적 오감각 자극과 내적 의식·무의식 자극에 반응하는 인지 밈meme 표층의식 형성·변환체로서 양자뇌과학적) 인지의 외적 홀라키로서의 내적·외적 상하향 쌍방향 인과의 홀론의학적 통합심신치유의 본질을 심신통합치유적·신과학적·신의학적 이론의 바탕으로 한다.

• 이에 따라 심신홀라키적으로, 단계적으로 먼저 고통받고 불행한 모든 사람의 고통과 불행의 원인인 인지밈의 각인 오류와 무지를 일깨우는 방편으로서의 심신통합치유를 우선적으로 고려한다.

• 그래서 우선 피치유자의 근기와 현재의 병리장애 상태, 성격·기질을 고려하여 심신에 대한 예비 치유 단계인 각인 인지오류(오각인)에 대한 (뇌의 빠른 인지훈련에 의한) 재인지밈 학습 단계를 거치며 치유기제의 발현 의지를 고취하도록 한다.

• 그런 다음, 일반 심신치유기법들과 심신치유기제들에 의해 존재적(실존적) 자기(혼)의 건강한 자아를 확립하기 위한 자신에게 맞는 다양한 일반적인 유위의 심신치유와 혼의 치유 훈련 단계를 통하여 자기치유를 위한 기본 심신치유가 어느 정도 가능하도록 유도한다.

• 먼저, 강건한 자기동일시와 올바른 삶의 의미를 아는 실존적 자기와 혼의 자기 자애·각성 긍정, 자기 정체성·자존감·효능감, 신념·용기를 회복하여 심신이 웬만큼 치유되고 의식이 열리게 되어 어느 정도 건강한 자기정체성 회복을 유도하는 게 중요하다.

• 그리고 나서 자기치유를 가능하게 하는 무위적 치유 수련인 마음챙김의 고급 치유기제의 발현을 위한 마음챙김 자각 명상·수련을 바탕으로 한 탈동일시·탈중심화의 자기치유에 전념한다. 이러한 명상·수행적 자기치유를 통해 근본적으로 영이 무지에서 깨어나고 혼이 각성됨으로써 심층병리장애적 무의식이 정화되어 의식·영성이 2층(밈)의식으로 성장 변용될 수 있는 유위무위 통합심신치유가 곧 심층과학적·의식역학적·정신과학적 통합심신치유라는 것을 보여 줄 것이다.

• 따라서 이러한 통합적 심신총합치유는 피치유자의 일시적 힐링치유가 아닌 근본적인 치유를 통해 자기치유 능력을 발현시키는 필수적인 단계적 과정의 이론과 실제라는 사실을 치유 전문가들이 깨닫게 하는 데도 목적을 두고 있다.

모든 심신치유는, 먼저 개개인의 현재의 혼의 위축·비정상화, 정체성 상실 상태로 인해 갇혀 있는 억압·무의식의(그림자, 부정적 방어기제) 장애와 정신·심리 장애, 감정정서

장애, 의식·행위·물질 중독 증후군 등의 명확한 진단 평가에 따른 건강한 자기(혼)정체성, 온전한 자기동일시를 되찾게 하는 (몸·뇌·본능·감정·심리·심혼에 적합한) 유위적 다양한 치유에 의한 치유기제의 발현을 통해 자아를 회복시키고 마음·의식이 열리게 하는 것이 중요하다. 그렇게 한 후 자기치유 능력을 기르기 위한, 고통과 불행에서 벗어나게 하는 무위치유로서는 자각, 주시, 각성을 통해 영적으로 깨어나게 하는 마음챙김, 통찰적 자각 중심의 존 카밧진의 MBSR이나 윌버의 ILP, 그리고 그동안 통합심신치유 연구와 현장 교육훈련을 통해서 쌓은 경험과 깨달음을 바탕으로 정립한, 이러한 통합심신치유학에 의한 유위무위 통합심신치유 IQHLP 프로그램이, 특히 효과적이다.

따라서 이 책에서는 무엇보다도 앞으로 올 AI시대의 심신치유 전문가들을 위해 이러한 MBSR과 ILP의 통합심신치유를 홀라키적으로 포함하며 넘어서고 오감언어적 의식을 넘어서는 초오감언어적 양자의식, 양자자각의식, 마음챙김·각성·주시의식을 바탕으로 하는 진정한 유위무위 통합(양자)심신치유 수련IQHLP(조효남, 2019)을 통합심신치유의 전범적 패러다임으로 제시하였다.

이와 같은 통합심신치유학의 이론적 모형은『이론』편에서 가져온 [그림 1-1]이 상징적으로 보여 주고 있다. 그림이 나타내는 진정한 통합심신치유학의 다차원 심신치유홀라키로서의 실제 정의적 의미와 동서고금의 심신의학 그리고 현재와 미래의 심신통합의학적·신의학적 통합심신치유의 사분면적(전통 동양의 전일의학과 현대 재래적 통합의학과 현대 심신통합의학적 심신치유 그리고 현재·미래 지향적 신의학적, 홀론의학적 통합양자심신치유의 통합·통전·통섭·통관적) 특성은 다음과 같이 요약할 수 있다.

- [그림 1-1]에서 통합심신치유학의 사분면의 의미는 동서의 전통, 근대, 현대, 미래 지향적 심신치유의 네 측면을 보여 주는 것이며, 켄 윌버의 사분면과는 다르다. 좌상분면은 동양의 영속전통 지혜, 전일적 영속의학, 영속심리학에 의한 정기신치유를 나타내고, 우상분면은 상응하는 현대 서양의 전일의학적 심신통합치유를 나타낸다. 좌하분면은 현대 서양의 전통적인 심신이원론적인 의료적 심신치료와 통합의학적 치료치유를, 상응하는 우하분면은 다른 분면에 상보적인 현재·미래적 신의학의 첨단 에너지·양자파동의학적 통합심신치유를 나타낸다.
- [그림 1-1]에서 동심원들은 인간의 몸과 마음의 전일적·통전적·홀라키적 인간 생명, 즉 인간의 심기신, 정기신, 성명정의 다차원의 홀라키적 통전·통섭의 특성을 나타낸다.

- 심신통합치유는 인간의 몸과 마음, 즉 몸맘영BMS에 대한 온전한 전일적 이해로부터 시작해야 한다. 이제는, 아직도 근대 서양의학을 지배하고 있는 데카르트(Descartes, R.)적 심신이원론이나 현대의 뇌신경생리학의 미묘한 뇌·몸 환원주의적이거나 일부 전통 종교와 뉴에이지의 정신환원주의적 심신일원론에서 벗어나야 한다. 그래서 전통 지혜와 현대 신과학, 신의학, 통합양자론·양자과학에서 말하는 다차원이지만 분리할 수 없는 전일적 삼원일체(몸맘영BMS, 보다 엄밀하게는 身氣心, 精氣神)로서의 동양 전통과 현대 심리학·신과학·신의학의 다차원의 다원일체多元一体로서의 몸과 마음에 대한, 어느 쪽으로도 환원할 수 없지만 분리할 수도 없는 다차원의 전일적 몸과 마음에 대한 온전하고 올바른 이해가 전제되어야 한다.

- 그래서 [그림 1-1]에서 보여 주는 동심원은 전일적이며 통합적 온수준의, 즉 전통 지혜와 현대를 관통하는 몸마음정신BMS(身氣心, 精氣神)을 동양의 전통 지혜, 현대 신과학(홀론·홀라키, 홀로그램, 형태형성장, 의식역학 등), 전통 종교(불교, 힌두교, 기독교), 현대 발달·자아초월심리학, 정신물리학, 양자장역학을 관통하는 공통의 차원의 수준으로 나타낸 身(육신)·氣(생명 에너지)·情(감정정서)·心(인지상념, 사고, 마음)·魂(심혼, 실존적 자기, 혼적 정신)·靈(영적 정신, 참자기, 자성)을 신과학의 홀라키(포월체)로 내적 의식홀라키와 외적 認知·의식 변환체인 뇌홀라키로 이해해야 한다.

- 좌상분면은 동양(동북아)의 전통 전일의학적 통전적 치유를 精氣神치유·수련 원리에 따르는 침·뜸·생약, 민간요법 등 자연치유적 몸치유와 심신치유의 가장 핵심이 되는 정기신 수련에 의한 기·기공 치유, 念·止·觀 수행에 의한 심기신(성명정)치유 수련, 즉 성명쌍유双流·성명쌍수의 치유·수련의 영속심리학·영속수행에 따른 통전적(전일적·통합적) 치유를 나타낸다.

- 반면에 우상분면은 전통 지혜의 이러한 통전적 심신치유에 상응하는 현대 서양의 심신통합의학적 통합적 심신치유로서의 (그림에서는 공간 제약으로 다 나타내지는 못했지만) 몸치유, 뇌인지치유, 소마치유, 기·기공/요가 치유, 자연의학·보완대체의학 치유, 감정·정서 치유, 스트레스치유, 인지·마음·의식 치유, 명상치유, 심령·심혼·정신 치유(혼유), 주력呪力영성치유 등을 (내포하고 초월하며 윗수준으로 뻗어 나가는 포물선으로 나타낸 홀론의학적 심신치유로서의) 홀라키적인 심신통합치유로 이해해야 한다.

- 좌상분면의 통전적 모든 수준의 신기심의 치유는, 하위 수준에서는 에너지(기)역학 중심적이다. 하지만 정신과학적 해석에 따르면 (양자파동) 몸에서 영까지의 전 스펙트럼 몸粗大體·精妙體·原因體 차원의 치유는 의식역학적이어야 한다. 그러나 현대에 와서는 모

든 의식을 뇌과학적이거나 뇌의학적으로 환원하여 인식하려는 데 문제가 있다.

- 반면, 좌하분면은 현재의 현대 전통 심신의학의 심신이원론적인 문제와 한계를 넘어 서지 못하고 있음을 보여 주고 있다. 여전히 문제는 있지만 현재 일부 통합의학·보 완대체의학에 의해 재래적인 생체기계론적 치료치유의 한계와 문제를 넘어서려는 경향이 보이고 있다. 하지만 뇌과학·통합신경생리학 등에 의해 정신역동적 심신의 학·전일의학으로 나아가려는 움직임은 보이나 그 자체가 환원주의적 한계를 노출하 고 있다. 따라서 아직은 전반적으로 기존의 서양의학교육 체계 내에 머물고 있는 탓 으로, 삼원일체적 전일적 심신상관의학·심신통합의학·홀론의학의 중요성을 전혀 깨닫지 못하고 있는 실정이다.

- 그러므로 이러한 문제의 극복을 가능하게 하는 것은 우하분면의 현대 신의학적 통합 심신치유가 제공하는 비전이다. 앞으로는 신의학·양자뇌과학·정신과학적인 차원 에서, 보다 근본적인 양자파동장 에너지氣·정보識(양자의식)의 몸(신체양자장)에서 영 (영체 원인양자장)에 이르기까지 통합적·통섭적으로 다루게 될 것이다. 즉, 에너지의 학적 에너지치유, 양자심신의학적 양자치유, 양자파동의학적 양자의식·양자자기치 유의 신의학·심층과학(양자몸과학·양자뇌과학·양자기과학·양자의식과학·양자정신 과학 등)의 홀론·홀라키 의학을 바탕으로 한 21세기 AI시대의 몸맘영BMS, 신기심의 통합심신치유학시대가 될 것이다.

- 더구나 앞으로 AI시대에는 상응하는 우하분면 현대 신의학의 AI 중심의 GET Genome Editing (Crisper) Technology · BNR Bio-Nano Robotics · QDT Quantum Diagonosis Technology 등 의학기술 의 발달로 신체적 건강 문제는 완전히 해결하게 되겠지만, 치유자들은 정신심리적 문 제로 인한 심인성 심신장애의 치료를 위한 전일적 심신상관의학의 중요성을 점차로 깨닫게 될 것이다. 이에 따라 좌상분면의 영속의학적인 정기신 통합치유와 우상분면 의 심신통합치료치유, 상보적·통전적으로 통합·통섭된 홀론의학적인 통합심신치 유학으로 발전하게 될 것이다.

◆ **통합적**統合的

통합적Integrative이란 가장 보편적으로 사용하는 용어이면서도 가장 부정확하게 사용하는 말이다. 어 떤 대상에 대한 인식이나 의식이 어느 특정한 시각/조망/관점perspective에 국한되지 않고 여러 관점을 취하면 그냥 통합적이라고 말하는데, 엄밀하게 보면 그것은 다중조망이고, 통합적 조망과는 분명히 다른 것이다.

통합적이란 순수 우리말로 표현하면 '온전한'이란 의미에 가깝다. 특히 진리에 대한 온전한 시각/조망은 예수, 석가, 노자, 공자 등의 성현과 소크라테스, 플라톤, 플로티노스, 칸트, 헤겔, 화이트헤드 등의 서양철학자나 우리나라의 원효, 의상, 지눌, 퇴계, 율곡, 다산 등 수많은 성현도 모두 온전한 진리 인식을 갖고 있었지만, 성현들의 진리 인식은 통합적이라기보다는 오히려 통전적Holistic-Integral 진리 인식이라고 보아야 한다. 여기서 말하는 통합적이란 진리나 대상에 대한 어느 한두 측면의 온전한 시각/관점이 아닌, 켄 윌버가 그의 AQALAll Quadrant All Level 통합 패러다임에서 말하는 어떤 대상이나 진리에 대한 접근이 온수준all level, 온분면all quadrant, 온계통/온라인all line, 온상태all state, 온유형all type을 모두 고려하는 최소한 5차원적인 온전한 통합적 인식에서 나온 통합지도, 통합적 구도일 때 진정한 '통합적 접근'이라 일컫는다. 그래서 우리가 통합을 말할 때는 온수준의 통합인지 온분면의 통합인지 온계통의 통합인지에 대해 확실하게 언명해야 한다. 그러므로 이러한 윌버의 AQAL Matrix 통합 구도 자체에 대한 확실한 이해가 필요하다. 하지만 윌버의 AQAL Matrix 통합은 여기서 단순히 용어 설명 정도로 기술할 수는 없을 정도로 전문적이어서 켄 윌버의 저서(『통합비전』 『모든 것의 역사』…)나 조효남의 저서(『상보적 통합』…)를 보아야 하지만, 뒤에서 의식과 관련하여 좀 더 상세하게 설명할 기회가 있을 것이다.

◆ 통전적統全的

통전적holistic-integral이란 전일적holistic이라는 용어와 통합적integral이라는 용어의 합성어이다. 전일적이란 스뮤츠(Smuts, J.)가 최초로 주창한 전일주의holism에서 나온 말로, 우주에서 우리가 어떤 의미의 '전체들wholes'만을 보기 쉽다는 것이다. 그러나 이것들은 더 큰 전체의 부분으로서 우주 자연은 모두 전체가 계층적·위계적으로 구성되어 있고 분할되어 있지 않은 다채롭고 다양한 역동적·창조적 속성의 '전체'라는 것이다. 여기서 의미하는 '통전'이란, 인간의 오감, 언어적 인식으로는 온우주 모든 수준의, 모든 맥락의, 모든 측면의 '전일적' 속성을 도저히 꿰뚫어 알 수 없기에, 켄 윌버의 AQAL과 같은 통합적 시각/관점/조망에 의해 우주와 자연, 생명, 인간의 전일성을 통합적으로 알 수밖에 없다는 것이다. 그래서 '통전적'이란, 온우주는 원래 하나이고 전체이지만 표층적으로는 너무나 다채롭고 다양한 현상의 세계이고, 심층적으로는 계층적·조직적이며 무한대와 무한소의 무한한 깊이를 갖고 있기 때문에 온우주와 생명·인간의 원리의 다양성 속의 통일성·전체성·무한성을 인지認知의 한계 내에서 가급적 온전한 통합적 조망과 구도에 의해 인식하는 게 바람직하다는 의미이다. 따라서 '통합적'이란 말보다 더 심오한 '통전적'이란 말을 선호한다.

따라서 이 책에 동반하는 현대적『통합심신치유학: 이론』편의 온전한 통합 패러다임 이론을 바탕으로 이 책『통합심신치유학: 실제』편에서는 다음과 같은 심신통합치유의 통합적 측면에 역점을 두고 있다. 즉, 현대의 진정한 통합심신치유의 실제는 켄 윌버의 AQAL 통합 패러다임적으로, 그리고 유위무위 통합심신치유 패러다임적으로 몸과 마음 (몸 · 뇌 · 기 · 감정정서 · 마음 · 혼 · 영)의 의식 · 무의식 · 초의식과 상응하는 모든 병리장애 의 수준 · 분면 · 계통 · 상태 · 유형에 대한 다양한 전통적 · 현대적 유위 · 무위의 치유접 근에 의해 치유하는 데 중점을 두고 있다. 따라서 이 책은 심신치유자들이 치유현장에서 통합적으로 심신치유를 적용할 수 있는 실제 통합심신치유 프로그램 개발의 지침을 터득 하는 길라잡이가 될 수 있도록 집필하였다.

그러므로 2부에서는 현대적 심신치유 중 20여 가지의 대표적인 치료치유요법들therapeutic healings에 대한 국내 최고의 치유 전문가들이 집필진으로 참여하여, 뒤에서 설명하게 될 [그림 1-1]과 같은 통합심신치유학 패러다임 모형의 각 수준과 각 유형에 상응하는 심신통합 치유요법들의 현장 실제 적용 요결이나 지침을 보여 주고 있다.

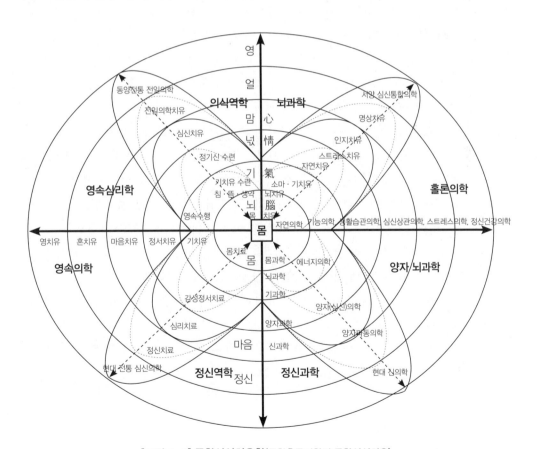

[그림 1-1] 통합심신치유학(통합홀론의학적 통합심신치유)

먼저, 통합심신치유의 이론을 제대로 알아야 상응하는 통합적 심신치유의 실제를 온전하게 이해할 수 있다. 그러므로 이 시대의 정신에 열려 있는 치유 전문가라면 누구나 통합심신치유학의 전모와 신과학·신물리학적인 신의학(에너지의학, 양자의학, 파동의학)적·정신과학적 심신통합치유 패러다임을 알기 위해 한 번쯤은『이론』편을 읽고서 올바른 통합·통전·통섭의 치유정신을 자기화해야 할 것이다. 좀 더 전문적으로 이해하기 위해 필요한 [그림 1-1]이 상징적으로 보여 주는 진정한 통합심신치유학의 다차원의 실제 정의적 의미와 사분면적(전통 동양의 전일의학과 현대 재래적 통합의학, 현재의 자연의학,기능의학, 생활습관의학, 심신통합의학 그리고 첨단 미래 지향적·신의학적·홀론의학적 통합양자심신치유의 통합·통전·통섭·통관적omnijective) 특성은『통합심신치유학: 이론』편에서 상술한 내용을 참고하기 바란다.

◆ 통섭적通涉的

통섭이란 원래 진화생물학자인 에드워드 윌슨(Wilson, E.)의 'Consilience'를 그의 제자인 최재천 교수가 '通攝'으로 번역하면서 쓰이게 된 용어인데, 여기서는 윌슨과 최재천의 '通攝'이 아닌 '通涉'이란 다른 함의로 사용하고 있다. 그들의 통섭은 학문들 사이, 특히 인문학과 과학 사이에 학문의 방법론적으로 서로 별개가 아니며 서로 통합적이고 서로 의존적이며 영향을 미칠 뿐 아니라 '과학적 방법론'이 그 공통의 기본 틀이 되어야 한다는 함의를 은연중에 그 바탕에 내포하기에 방법론적 환원주의적 의미를 갖고 있다. 하지만 여기서의 '通涉'은 그런 의미가 아니라 학문들 간에는 '서로 가로질러', 예컨대 인문학과 과학은 서로의 발전에 영향을 받고 받아들이며 상호 의존하면서 외면성 속에 내면성, 내면성 속에 외면성의 내용과 구조를 갖게 되면서 서로 가로질러 영향을 주고받으며 통합적·통전적 진리로 발전해 가나, 그래서 학문적 내용과 체계와 방법론도 서로 영향을 주고받으며 진화해 가지만, 모든 학문의 고유의 방법론과 체계는 변하지 않기에 서로 소통하며 가로질러 영향을 주고받으며 풍성하게 발전한다는 비환원주의적 의미로 쓰인 용어이다. 더 나아가 전통 지혜(영원의 철학, 심리학, 명상, 종교)와 현대과학, 정신과학도 동일한 진리를 서로 다른 언어로 인지認知의 다른 영역을 말한다. 그러나 과학은 전통 지혜를 현대과학, 현대 정신과학의 과학적 언어와 패러다임에 의해 관념적·형이상학적 이해를 넘어 명료하게 이해할 수 있게 한다. 반면에 전통 지혜는 과학이나 정신과학으로 명료하게 이해하거나 정의할 수 없는 영역을 원리적으로 명확하게 과학적 패러다임으로 기술하도록 돕는다. 이것이 서로 가로질러 통하며 상의상관, 상의상자相依相資적으로 진리의 이해를 돕는 진정한 통섭이다.

◆ 통관적通觀的

통관적Omnijective이란, 양자역학의 양자의 파동과 입자의 상보성, 에너지氣와 정보知能·識·理의 이중성에서 나온 '참여적 관찰자 원리'에 의해 설명할 수 있다. 이 원리에 따르면, 주체의 의식·에너지와는 별개의 분리된 관측 가능한 객체의 에너지·정보 상태는 존재할 수 없다는, 즉 객체와 무관한 별개의 주체의 에너지氣, 정보識(의식·지식·인식)의 상태는 존재할 수 없다는 것이 밝혀진 것이다. 오감·언어적 의식을 넘어서는 상호 의존적·상호작용적·초오감적 양자의식에 의해 전통적 종교·철학·심리학·사회학… 등에서의 주체(주관)와 객체(객관) 사이의 이분법적 개념과 주체 사이의 경계는 엄밀하게는(초언어적·양자의식적으로는) 존재하지 않는다는 무경계·무분리의 원리가 밝혀진 것이다. 따라서 순수한 외면의 객관적 세계와 내면의 주관적 세계는 별개로 존재하지 않고 주관/주체와 객관/객체가 상호작용하며 열려 있고, 주관(내면) 속에 객관(외면)이, 객관(외면) 속에 주관(내면)이 투영되어 존재하는 현상세계에 살고 있는 것이다. 우리는 뫼비우스의 띠와 같이 안팎의 경계가 없는 세계, 즉 양자우주에서 살고 있고, 주관·객관, 주체·객체는 인간의 언어적·오감 인식의 홀로그램 환상일 뿐이고, 실상은 안팎이 없는 초오감적·초언어적 양자의식의 세계에 살고 있는 것이다. 이러한 원리는 양자물리학의 양자원리, 홀로그래프 원리, 홀론·홀라키 원리만 알아도 누구나 쉽게 알 수 있는 것이다. 이 무경계의 통관의 원리는 앞으로 이 글에서 밝혀 나가게 될 유위무위 심신치유를 위한 오감중독·언어중독을 넘어서는 양자의식·양자자기·양자각성에 관련하여서도 매우 중요한 원리이다.

◆ 홀론·홀라키

유명한 저널리스트이며 신과학자인 쾨슬러(Koestler, A)는 그의 책 『야누스Janus』에서 그리스어의 '전체'라는 의미를 가진 'holos'와 조각이나 부분을 말하는 접미어 'on'의 합성어로 '홀론holon'이란 말을 만들었다. 그 의미는 모든 존재가 더 하위의 존재에 대해서는 자기종속적 전체로 기능하지만, 동시에 더 상위의 한 전체 존재에 대해 수동적·종속적 한 부분이 되는 전체·부분적 야누스적 속성을 갖는 것을 지칭한다. 또한 모든 상위의 홀론은 더 하위의 홀론을 초월하면서 접어 넣은 채 포섭하는 홀리스틱 역량이 증가하면서 계층hierarchy적으로 등급화되어 있는 것을 지칭하기 위해 '홀라키holarchy'라고 일컬었다. 윌버는 온우주 내 모든 존재는 무수한 아홀론subholon으로 구성된 계층적 구조이고, 온우주와 모든 실재는 홀론으로 구성된 홀라키라고 본다.

(비정상적 인류 사회의 강압적·지배자적인 인위적 계층이 아닌) 정상적인 '자연적 계층'이란 단순히 전체성과 통합적 역량에 있어서 증가를 나타내는, 예컨대 원자에서 분자에 세포에 이르는 경우처럼 증가하는 홀론의 '순서order'일 뿐, 더 큰 전체의 한 부분이라는 것은 고립된 부분들 안에서는 발견되지 않는

어떤 원리(혹은 어떤 종류의 응집력)를 그 전체가 제공한다는 것을 의미한다.

퀘슬러는, 모든 자연과 우주는 전일적 계층의 홀론으로 구성되어 있고 또한 전체성과 통합성, 존재와 인식의 깊이의 정도가 증가하고 있다는 점을 주목하고 나서, '계층hierarchy'에 대한 올바른 표현은 실제로 홀라키holarchy라는 점을 강조하였던 것이다.

우리가 인식하고 있는 모든 발달적이고 진화적인 순차적 순서는 계층화에 의해, 증가하는 전일론적 발달의 순서에 의해, 예컨대 분자에서 세포로, 조직으로, 기관으로, 기관 체계로, 유기체로, 유기체 사회로 순차적으로 진행된다. 또한 인지적 발달에서 우리는 오직 한 가지 일이나 사건만을 나타내는 단순한 이미지로부터 일이나 사건들의 전체 그룹이나 부류를 나타내는 상징과 개념에, 더 나아가 수많은 부류와 그룹을 전체 네트워크로 조직화하고 통합하는 규칙들에 이르기까지 점점 확장되는 자각 인지·인식을 발견한다.

켄 윌버는 『모든 것의 역사』에서 홀론, 홀라키에 대한 20가지 원칙을 제시하였는데, 그중 중요한 몇 가지만 언급하면 다음과 같다.

- 전체로서의 실재는 사물이나 과정으로 구성되어 있는 것이 아니라 홀론holons(다른 전체의 부분인 전체)으로 구성되어 있다.
- 홀론은 네 가지 근본 능력을 보여 준다. 즉, ⓐ 자기-보존 능력agency(작인), ⓑ 자기-적응 능력communion(공존적 교섭), ⓒ 자기-초월 능력eros(에로스), ⓓ 자기-분해(소멸) 능력thanatos(타나토스)이 그것이다.
- 홀론은 홀라키적으로 창발하고, 각 창발된 홀론은 그 선행하는 것(들)을 초월하고 포함한다.
- 홀라키를 구성하는 홀론 수준의 수는 그 홀라키가 '천층shallow'인지 '심층deep'인지 여부를 결정한다. 그리고 어느 주어진 수준에서 (동일 부류의) 홀론의 수는 그것의 '폭span'이라고 일컬어진다.
- 홀론 진화의 각 축차적인 수준은 보다 큰 깊이와 보다 작은 폭을 만들어 낸다.
- 홀론의 홀라키적 깊이가 보다 더 깊어질수록 그 의식의 정도는 더욱 더 커진다.

결론적으로 언급하자면, [그림 1-1]의 통합심신치유학 도표는 좌상의 과거 동양전통 전일의학, 우상의 현재 현대 심신통합치유, 좌하의 현재 재래적 심신이원적 의학·통합의학, 우하의 현재 진행 중이며 곧 다가올 미래의 신의학·정신과학적 심신치유를 상보적·통전적으로 통합하는 통합심신치유학의 온전한 통합 패러다임을 보여 주고 있다.

이러한 다차원의 온전한 통합(통융·통전·통섭·통관)의 특성을 갖는 통합심신치유학에서 치유자가 명심해야 할 주요 심신치유의 원리는 다음과 같이 요약할 수 있다.

• 치유자로서 인간의 몸과 마음에 대한 심층과학적(온생명과학적 · 통합인간과학적 · 의식역학적 · 정신과학적) 이해가 중요하다.

• 치유대상 개개인의 생득적 근기(카르마), 유전적 기질 · 성격 · 체질을 고려한 현재의 심신 의식 · 무의식의 병리장애를 종합적으로 평가한 후 유위적 통합심신치유 실제를 적용하고 치유기제를 단계적으로 발현시켜야 한다.

• 통합적 심신치유를 통해 어느 정도 건강한 자아정체성(혼)을 확립하고 되찾으면 자기치유를 할 수 있는 유위무위적 심신치유와 MBSR, ILP, 마음챙김 명상치유, 양자심신치유 같은 고급 통합심신치유를 적용할 수 있어야 한다.

• 통합심신치유학에서 가장 중요한 원리 중의 하나는 통합홀론의학적 심신의 홀라키와 심신치유홀라키의 원리에 대한 온전한 이해이다. 심신의 홀라키는 내면 각인 의식 · 무의식 발현의 내적 홀라키와, 이에 상응하는 외적 오감각 인지 자극과 내적 의식 · 무의식 · 초의식 인지 자극에 반응하는 인지밈 표층의식 형성변환체로서의 (양자)뇌 인지의 외적 홀라키로 구조화되어 있다. 따라서 통합심신치유학에서는 상향 · 하향 쌍방향 인과TopDown · BottomUp Causation의 홀론의학적 통합심신치유의 본질부터 온전하게 이해해야 한다.

• 심신치유는, 먼저 심신의 병리장애와 관련된 치유대상자의 근기 · 수준에 맞는 예비 학습치유와 일반적인 각 수준의 유위적 심신치유요법의 단계적 치유에 따른 치유기제의 발현에 의한 존재적 자기(혼)의 건강한 자아부터 어느 정도 먼저 확립해야 한다. 그리고 나서 치유는 자기치유가 가능하게 되는 마음챙김/알아차림, 집중/통찰명상 등의 고급 자기치유에 의해 탈동일시의 통찰적 자각의 깨달음으로 통합적 의식의 변용과 영성이 발현하여 2층의식 이상으로 성장하는 유위무위적 자기치유의 통합심신치유가 목표이다.

• 곧 고도의 초지능 범용 AI 중심의 고도 융복합 생명 · 나노 · 양자의학 시대가 오면 머지않아 암을 비롯한 불치의 병은 모두 치료되는 시대가 될 것이다. 하지만 오히려 AI로 인해 일에서 풀려난, 그러나 미래의 삶이 불안전한 보통의 신인류에게는 가상공간에서의 유희, 소통 외에는 진정한 인간관계나 사랑이 없는 시대, 불안 · 우울 · 고독 · 중독에 빠지기 쉬운 시대가 오게 될지도 모른다. 이러한 AI시대의 불확실한 상황으로 인해 영적 · 혼적(정신적) 위기에 처한 신인류를 위한 신과학적 · 신의학적 · 정신과학적 온전한 통합심신치유와 명상영성 수련이 일상화되는 시대에 심신치유자들은 새 시대의 정신과학, 신의학적 첨단 통합심신치유의 원리와 첨단 양자심신치유요법들의

실제 적용 능력을 갖추어야 할 것이다.

◆ 정신과학BMS(BODY · Mind · Spirit) Science

정신과학은 통상 무른모Mental science, 초월모Spiritual science인 것으로만 오해하는데, 한국정신과학회에서 정의하는 현대 정신과학이란 켄 윌버의 심층과학의 세 요건(토마스 쿤의 패러다임주의 교의 · 전법, 이에 따른 직간접 경험 자료의 획득 분석하는 경험주의, 전문가 집단에 의한 승인 · 인증이 가능한 칼 포퍼의 반증주의) 전일적 BMS과학, 즉 BODY · Mind · Spirit(몸맘영)의 홀론홀라키적 심층과학이다. 그러므로 현대 정신과학은 다음과 같은 모든 수준의 과학을 모두 다 홀라키적으로 통합하는 심층과학으로 정의한다.

- 물질 · 몸 · 생명과학의 하드웨어 굳은모 경硬과학, 실증주의적 과학주의 과학(환원주의적 해석만 제외하고)
- 몸과학의 물질의 생체분자 수준의 물성의 바탕인 아원자소립자, 주로 전자 · 광자 중심의 양자역학의 양자장 패러다임과 기에너지과학
- 심층(양자)뇌과학, (심층)인지과학 그리고 심리과학 같은 소프트웨어 무른모 연軟과학의 의식역학, 마음과학, 정신동역학(의식 · 무의식) 중심의 심층과학
- 명상참선과학, 영 · 정신 · 영혼의 초월모과학, 얼영과학, 초의식의 모든 심층과학적 패러다임들

그러므로 관념적 언어로 되어 있는 전통 지혜의 정신과학인 명상과학, 영성과학과 현대 정신과학의 통섭적 상응성은 특정 종교 편향적이 아닌 초종교적인 전일적 몸맘영BMS의 신과학 · 양자물리학 · (카오스 프렉탈 복잡계) 복잡성 과학 · 정신동역학 패러다임 등에 의한 심층과학적 언어에 의한 해석을 중심으로 해야 한다.

〈표 1-1〉 인간 존재와 의식에 대한 전통 지혜와 현대 심리학과 정신과학의 상응성

人間	홀라키 구조 (내적)	홀라키 구조 (외적)	氣學	차크라(단전)	불교 (유식)	힌두교 (베단타)	자아초월 심리학	정신물리학 (양자파동장이론)	발달심리학 (자기)	양자정역학 (수정 봄 양자론)
自性	自性識	-	一氣	아트만 (푸루샤)	一心 (9識, 자성식)	투리야 (Turia)	비이원 (Nondual)	우주심	기저의식	DMF (활성정보)
靈	靈識	靈腦 (SF₂뇌)	靈氣	사하스라라 (백회)	8識 (識)	지복의 몸 (Ananda-maya-kosa)	원인체 (causal)	causal (spirit)	영적 자기	영체 중앙자장 (원인체 중앙자장)
魂	魂識	魂腦 (SF₁뇌)	魂氣	아즈나 (상단전:인당)	7識 (行)	이성의 몸 (Vijnana-maya-kosa)	정묘체 (subtle)	subtle	혼적 자기 (심혼/ 심층 자기)	혼체 중앙자장 (정묘체중앙자장)
心	心識	心腦 (대뇌신피질)	心氣	비슈다(염전) 아나하타 (중단전:전중)	6識 (想)	의식의 몸 (mano-maya-kosa)	심체 (mental)	Mental (H.Astral)	심적 자기	심체 중앙자장 (상위아스트랄체 중앙자장)
情(魄)	情識	情(魄)腦 (대뇌변연계)	魄氣	마니푸라 (배꼽:신궐)	전5識 (受)	~ (하위의식의 몸)	감정체 (emotional)	L Astral (Emotinal)	감정적 자기	감정체 중앙자장 (하위아스트랄체 중앙자장)
氣	氣識	氣腦 (뇌간)	元氣	스바디스타나 (하단전 : 기해 · 석문 · 관원)	~ (욕慾)	생기의 몸 (prana-maya-kosa)	생명 에너지체 (life energy)	Ether (Vital life energy)	충동-본능적 자기 (리비도)	생명체 중앙자장 (공간기, 에테르체중앙자장)
身	身識	身腦 (운동· 생리뇌)	精氣	물라다라 (회음)	四大/五根 (粗大色)	육신의 몸 (Anna-maya-kosa)	물질신 (physical)	Physical	신체적 자기	신체양자장 (물질양자장)

통합심신치유학 [실제] 편

제 2 장 | *Integrative Body·Mind·Spirit Healing: Practice*

몸과 마음의 온전한 이해

몸과 마음의 온전한 이해, 왜 중요한가?

몸과 마음의 심층과학적 치유

오늘날 수없이 많은 심신치유의 효과나 치유기제 발현의 원리를 온전하게 알고서 치유하려면 몸과 마음에 대한 전통 지혜의 전일적 이해뿐 아니라 심층과학적 이해가 중요하다. 몸과 마음을 치유하는 심신치유자로서 몸과 마음의 온전한 심층적 이해만큼 중요한 것은 없다. 그러므로 이 책의 자매 편인 『통합심신치유학: 이론』 편에서는 몸과 마음에 대한 전통과 현대의 생명과학, 인간과학, 심층과학, 신과학, 신의학적 이해에 대해 상세하게 다루었다. 하지만 여기 『실제』 편에서는 독자의 편의를 위해 몸과 마음의 온전한 이해를 하는 데 꼭 필요한 부분만 『이론』 편에서 일부 그대로 발췌하여 소개하였다.

일반적으로 사이비가 아닌 공인되고 검증된, 과학적·전통적·현대적인 수백 종의 모든 심신치유는 모두 일시적이거나 근본적이거나 간에 치유효과가 있다. 그런 치유법들 중에 일부만 열거해도, 몸 중심(소마, 수기, 스포츠, 자연…) 치유, 기 중심(에너지, 접촉, 경락, 차크라…) 치유, 정서 중심(감정, 오감, 예술…) 치유, 마음 중심(스트레스 해소, 심리치료, 인지·의식·인문, 명상…) 치유, 혼 중심(실존, 魂癒, 심혼/심령, 무의식…) 치유, 영 중심(카르마 해체, 呪力 수행, 빙의·퇴마 치료…) 치유 관련 심신치유 중에 어느 수준의 어느 계통 치유(자연치유, 보완대체의학치유, 소마/기공/요가치유, 심신통합치유, 단일/혼합 집중치유) 원리에 따른 치유이거나, 어느 수준의 어느 유형의 치유요법(교정, 접촉·도인술, 심신 이완, 몸동작 에너지, 자각·인지 행동, 각성·긍정·암시·만트라, 확언·시각화, 마음챙김, 통찰, 에너지 이입, 의식 각성, 동조 합일, 억압무의식 해체, 뇌파, 양자/파동, 뉴에이지…) 원리에 따른 어느 쪽의 치유이거나 간에 모두 치유효과가 있고 치유기제가 발현될 수 있다.

하지만 '치료치유자의 몸과 마음에 대한 이해의 수준, (몸기정맘얼영)의식의 수준이 어느 수준에 있는가? 몸·기·정(백, 넋)·맘·얼(혼)·영에 대한 온전한 이해와 깨달음이 있는가, 없는가? 심신의 각 수준/몸/체/장의 홀론홀라키(包越體) 원리를 비롯한 신과학, 신의학, 심층과학, 정신과학적 원리를 아는가, 모르는가?'에 따라, 피치유자의 기질·체질·성격·근기, 심뇌신의 의식·무의식·심층 무의식의 고통장애에 대한 이해, 몰이해 여부에 따라, 그 치유효과는 천양지차이기 마련이다. 결국 근본 치유, 자기치유를 위한 치유효과와 치유기제는 몸과 마음과 정신(심혼psyche, 영혼spiritual soul), 그리고 영Spirit, 참자기(참나the real self: atman)에 대한 상담자·치유자·치료자의 온전한 앎正知·正解·正見·正思·正悟의 수준에 달려 있다고 해도 과언이 아니다. 그러나 애석하게도 몸과 마음에 대해 모호하거나 관념적이거나 이분법적인 이원론적이거나 환원·승화주의적인 일원론적 이해가 아닌 심층과학적으로 온전하게 제대로 알거나 깨닫고 있는 전문가는 그리 많지 않다.

더구나 몸과 마음에 대한 일반 보통 사람들이나 진화생물학자, 정신신경면역학자, 뇌인지과학자, 신경생리학자들이나 반대로 경전의 해석에나 갇혀 있는 종교지도자, 명상가, 영성가들의 오해와 오인은 인간 존재, 자기, 몸과 마음의 관계에 대해 제대로 배우거나 알 수 있는, 교육과 자기학습과 수련 수행에 의해 온전한 앎을 터득할 수 있는 기회가 없는 교육제도로 인한 무지가 주원인인 것이다. 그러므로 그들이 인간 존재, 몸과 마음에 대한 모호한 인식 속에 학문적으로 심신이원론이나 환원주의적·유물론적·승화주의적 심신일원론에 갇히게 되는 것은 어쩌면 당연한 결과인지도 모른다.

그러나 보통 사람들의 고통과 불행이 모두 몸과 마음과 정신(얼영)에 대한 무지몽매로 인한 것이므로 이들을 치료적으로 치유해야 할 심리치료·심신치유의 상담·코칭·교육 전문가들은 스스로 몸과 마음과 정신, 혼·영·참나, 의식·무의식·초의식에 대해 제대로 알아야 비로소 온전하게 치료치유를 할 수 있다. 그러나 치유자 자신부터 몸은 생물학·인지과학·신경생리학 책에, 마음·정신은 철학·심리학·인문학 책에 나와 있는 개념 정도로만 알 뿐인 전문가들이 많다 보니, 정말 인간이, 생명이 무엇인지, 나는 누구이고 자기가 어떤 존재인지, 정신·영혼·참나가 무엇인지 모를 수밖에 없다. 그렇다 보니 몸과 마음은 막연히 연결되어 있다거나, 아니면 환원주의적인 일원론적으로 '하나'라는 인식을 갖고서 치유 요법·기법 위주로 상담·치유·치료 전문가로 활동하는 전문가들이 많다는 데 근본 문제가 있다.

지난 20세기 초 양자(나노물질, 반도체컴퓨터, DNA생명)과학기술혁명에서 시작하여 100년이 지난 오늘날 21세기 AI 중심의 신양자문명시대가 되면서 심신치유 전문가들에게는 이 새로운 시대적 양자문명 패러다임의 변화에 따른 인간에 대한 온전한 이해와 인간의 몸과 마음과 정신에 대한 바른 이해를 위해 재래적인 피상적·관념적 모호한 이해가 아닌 현대의 정신과학·심층과학·양자과학적 원리에 대한 기본적 이해도 요청되고 있다.

대부분의 사람이 성현들의 초월적 세계에 대한 가르침을 어려운 진리로 받아들이듯이, 그보다 더욱 쉽고 확실하게 성현들의 가르침을 과학적 원리로 명료하게 보여 주는 수많은 천재 과학자들의 발견을 과학적 진리로 이해하는 수준은 어렵지도 않고 재미있다. 더 나아가 현대 정신과학·심층과학적 진리 이해는 (유일자·하나님·진여자성·道의 신묘막측한 신비에 취하여) 진리를 깨닫고 깨어나게 한다. 무엇보다도 현대의 정신과학·심층과학은 성현들의 경전이나 논서의 관념적 텍스트 내용을 현대적이고 과학적으로 쉽고 명철하게 이해하게 해 준다는 사실을 아는 게 중요하다.

더구나 이러한 새로운 디지털 신양자과학기술 문명으로 인해 심신통합 의학·심리치료·심신치유·명상영성 수련에서도 재래적 서양의학, 전통적 심리치료나 고전적 동양의학·전통 영성 수련의 전성시대는 저물어 가고 있다. 다시 말해, 이제는 지난 100년간 발전해 온 서양의학, 심리학, 정신의학을 바탕으로 한 심신을 분리한 전통 서양의학, 정신의학, 상담심리치료 전유의 시대는 그 한계로 인해 저물어 가고 있다. 뿐만 아니라 동양의 주요 종교인 불교, 힌두교, 유교, 도교, 선교나 근대의 원불교, 천도교, 바하이교 등 전통 지혜의 가르침을 담은 고전적 경전이나 텍스트를 아직도 관념적·문자적 문헌 해석 위주로만 가르치는 시대는 지나가야 한다. 오늘날 디지털 신과학시대가 되어서도 여전히 영속 지혜를 담고 있는 성현들의 동양고전을, 일부 유튜브 대중 인기 강의자, 학자, 성직자들의 경우에서 보듯이 문자적 문헌 해석 위주이거나 왜곡된 인지스키마에 갇힌 자신의 주관적 해석으로만 가르치는 경우가 많다는 것도 문제이다. 더구나 아직도 대부분 관념적·문언적 의미 전달 수준에서 벗어나지 못하고 있는 현실이기에 현대인들이 영적·혼적 존재로서의 참자기와 궁극의 진리에 대해 심층과학적으로 온전하게 알 수 없게 되어 있는 현재의 상황도 근본 문제 중 하나이다.

그래서 무엇보다 이제는 상담 · 심신 치유 분야의 모든 전문가들이 깨어나서 인간의 몸 · 에너지 · 본능 · 감정 · 인지지능 · 마음 · 정신(혼, 영)의 문제에 대한 모든 것이 심층과학(신과학, 신의학, 통합양자물리학, 의식역학, 일반파동역학, 나선동역학, 정신과학 등)에 의해 통합 · 융합 · 통섭되는 심신통합의학, 심신통합치유의 새로운 치유 패러다임의 시대가 왔다는 것을 알아야 한다. 그리고 이를 뒷받침하는 새로운 과학기술 패러다임의 변화를 모든 치유자, 상담자, 코치들이 최소한 그 원리 정도는 온전하게 알고 현장에서 응용할 수 있는 지견을 가져야 하는 시대가 되었다는 것도 깨우쳐야 한다.

앞으로 이 새로운 AI시대의 초고도 과학기술의 밝은 면으로는, 인간의 삶의 質을 높여 주고 물질적 생존과 기후 · 생태 · 환경 파괴의 위기에서 벗어나게 하는 등 더욱 풍요롭고 행복하게 하는 측면이 기대된다. 하지만 (지금도 그렇지만) AI 중심의 사회 계층의 고착화와 이를 전유하는 가진 자와 권력자들의 탐욕적 욕망과 소유와 지배욕으로 인해 모든 사람이 감시 통제되는 투명 사회에서 피상적인 사회적 소통 활동이 초래하는 다중인격화, AI 사회 시스템에의 종속화가 갈수록 심해질 것이다. 이에 따라 내면 정신(자기정체성 · 자존감), 심리, 감정정서의 억압화, 고독화, 소외화의 심화가 초래하는 새로운 정신심리장애 문제로 인해 고통받는 보통 사람들이 점점 더 늘어날 것으로 예상된다. 따라서 지난 시대보다 더욱 더 몸마음영혼BMS, 즉 몸기정맘얼영의 다차원의 에너지와 의식의 치유요법에 의해 통합적으로 치유해야 하는 시대가 오고 있음을 알아차려야 한다.

따라서 통합심신치유에서 몸과 마음을 보편적 · 통념적 몸맘영BMS에 대한 이해를 넘어 〈표 1-1〉과 같은 몸기정맘얼영BEEMSS(Body · Energy · Emotion · Mind · Soul · Spirit)의 심층생명홀라키로 강조하며 표현하는 이유는 자명하다. 왜냐하면 우리 인간 존재의 몸과 마음에 대한 심층적 이해를 위해서는 우리 인간의 생명이 다차원적 삼원일체三元一体의 홀라키 몸으로 되어 있는 생체적 · 에너지적 · 본능적 · 감정적 · 심적 · 혼적 · 영적 존재임을 알아야 하기 때문이다. 그리고 그 다차원의 몸의 주체적 자기가 곧 無生無死의 혼 · 영 · 참나의 존재라는 사실을 모든 심신치유자들이 반드시 온전하게 알고 깨달아야 하기 때문이다. 그래서 굳이 (자아초월심리학을 제외하고는) 심리학적 용어(자기Self)가 아닌, 정신치유와 영적 각성과 영성 수련에 쓰이는, (생명력 발현의 실상적 존재의 주체로서의) 실존적 자기인 혼(얼, soul, 말나식, 의지식, 사량식)을 강조한다. 그리고 생명의 근본적 · 원인적 (개체적 · 비개체적 존재의 주체로서의) 근본자기이며 그 바탕은 진아(참나, 自性, 一心, 本來面目)이기도 한, 영spirit(아뢰야식, 근본식)을 최상의 생명홀라키 실체로 강조하는 것이다. 그리고 현생의 생명이 멈출 때 사라지고 분해되는 기능체인 맘(마음, high astral, low mental body)·정(감정정서, low astral body)·氣(생명 에너지, 리비도, 본능, ether body)·몸(精氣, physical body)을 홀라키包越体로 구분하기 위해 간략하게 몸맘얼영이라 한 것이다.

더 나아가 몸과 마음, 즉 몸맘영·몸기정맘얼영에 대한 심층과학적 이해에 의해 자기치유를 하고, 2층(가치밈)의식화되어 피치유자의 심신을 통합치유하려면 과학적 진리에 대한 지견이 있어야 한다. 즉, 전통 지혜의 영원의 진리와 똑같이 현대 심층심리학, 인지과학, 생명과학, 뇌신경생리학, 정신신경면역학의 심층적·통합적 이해를 위한 근본 바탕이 되는 신과학·신의학·양자과학·정신과학의 기본 원리는 상보적·통합적·통섭적인 (영원의) 과학적 진리임을 깨우쳐야 한다. 수천의 천재 석학들의 이론을 알려고 하지 말고 기본 원리 정도는 과학적 진리로 알아야 심안이 밝아지고, 신안身眼·혼안·영안도 열리기 쉽기에 현대 AI시대의 치유자가 되려면 적극적 인지학습 마인드를 가져야 한다. 이러한 몸과 마음, 몸기정맘얼영 사이의 관계의 이해를 심층과학적으로 명확하게 하는 요결은 신과학·신의학(에너지의학, 양자의학, 파동의학)·신물리학(양자물리학, 통합양자론, 양자·초양자생명장)·의식동역학(정신물리학)·신생물학(후성유전학, 양자생물학)의 기본 원리에 대한 명료한 이해에 있다.

그런데 만약 이러한 심층과학의 기본 원리조차도 모른다면, 그런 치유자는 [그림 1-1]과 같은 이 AI시대의 통합심신치유 패러다임(홀론의학적 통합심신치유)을 심층과학적으로 바르게 이해하고서 이 시대에 요구되는 바람직한 현대 통합심신치유를 현장에서 적용할 수 있는 이 시대의 통합적 마인드의 심신치유자가 아니라고 해도 과언이 아니다.

심층홀라키적 이해

여기서는 앞 절에서 언급한 몸과 마음의 생명홀라키적 원리를 다시 한번 요약하였다.

몸과 마음이란 인간의 생명과 의식에 대한 통념적 지칭이다. 그래서 좀 더 보편적인 전문적 표현으로는 몸맘영bodymindspirit이라 일컫고, 좀 더 심층적인 전문적 용어로는 신身·기氣·심心, 성性·명命·정精이라 일컫는다. 보다 전문적인 의미는 차차 알게 되겠지만, 〈표 1-1〉에서 보듯이 전통 지혜와 현대 발달심리학·자아초월심리학과 현대 정신과학·양자장역학을 관통하는, 보다 상세한 전문적인 용어로는 신(몸)체·기(생명원기)체·정(情, 감정정서)체·심(마음, 상념의식)체·혼(심혼, 심령, 정묘)체·영(정신, 원신, 원인)체로 구분하는 게 보편적이다. 인간 존재의 다차원의 에너지와 의식에 대한 이와 같은 구분은 전통 지혜의 영속 종교·철학·심리학과 현대 심리학·신의학·신과학·양자과학·정신과학을 관통하고 상보적으로 통합하는 용어이지만, 앞으로 여러 측면에서 익혀야 할 몸과 마음의 홀라키(포월체)에 대한 관계를 보여 준다.

여기서 말하는 몸과 마음에 대한 인식은 통상적인 관념적 이원론이나 일원론이 아니다. 일반적으로 몸맘이란 전일적 전통 지혜와 현대 철학·심리학·정신과학에서 공통으로 사용하는 몸맘영BMS에 상응하는 '三元一体/三身一体/三位一体'라고 또는 〈표 1-1〉과 같이 좀 더 보편적으로 세분하면 '多元一体'라고 말할 수 있다. '心氣身一元論'이나 통념적인 '心身一元論'은 위험한 사고이다. 왜냐하면 '心身' '心氣身'은 존재적으로는 다차원이지만 근본 본체는 하나이므로, 하나의 몸身으로 '全一的 一体'로 발현되어 있는 생명이 아니라 '次元'으로서 동일한 차원으로 본다면 '心·氣·身'의 존재적 다차원의 생명체를 뇌·신체 중심적으로 하나의 대등한 동일 차원으로 미묘하게 환원시키기 쉽기 때문이다. 실제로 오늘날 PNI, PNEI, 뇌신경과학, 통합생리학의 대다수의 전문가는 심신일원론에 바탕을 둔 미묘한 환원주의에 따라 心身의 병리·장애, 치료·치유 원리를 내외의 자극에 대한 마음의 부정적 반응 상태인 스트레스로 환원하여, 결국 정신·마음·감정정서·본능의지·행동을 모두 (뇌의 신피질·변연계·뇌간을 비롯한 여타 각 부분의 知·情·意·行에 의해) 뇌인지과학적·신경생리학적으로 환원하여 설명하고 있다.

특히 앞으로 범용 초지능 AI(AGI)시대에, 생명 존재로서의 인간과 인지·인식의 주체로서의 인간 그리고 (생명의 유지 발현 과정에) 형성·각인된 인지·지능, 의식·무의식·초의식에 대한 심층과학적·정신과학적 올바른 이해가 없이는 온전한 전문 상담·치유자가 될 수 없다. 왜냐하면 앞으로 10년 이내에 지적인 것은 모두 AI가 인간을 수백만 배 능가하며 대신할 것이기 때문이다. 그런데도 오늘날 인간의 BMS(몸·맘·얼)에 대한 일부 심리치료·심신치유 전문가들이나 일부 명상·영성 전문가들이, 앞에서 누차 적시했듯이 관념적으로 심신의 이원론을 비판하면서 전일론을 환원주의적 심신일원론과 혼동하여 주장하고 있지만, 막상 심층과학적 심신의 관계는 제대로 모르고 있는 게 현실이다.

앞에서 언급한 바와 같이, 오늘날 심층과학인 신과학, 정신과학, 통합양자물리학의 통전적·통섭적 원리는 제대로 모르는 채로 그냥 언급한다고 해서 몸맘얼영(전통 지혜와 현대 심리학·신과학적으로, 통시대적·통문화적으로 존재와 인식의 스펙트럼인 〈표 1-1〉과 같은 몸·기·정·심·혼·영)의 홀라키에 대해 제대로 아는 것은 아니다. 특히 내적 홀라키인 의식·무의식과 그 외적 홀라키인 인지 생성·변환체로서의 뇌와 그리고 정신(영·얼)과

심知·情·意과 뇌와 몸氣識 사이의 상의상관성에 대한 통합인간과학적 · 전일적 · 온생명과학적 · 정신과학적 · 양자장이론적 등 여러 측면에서의 심층과학적 온전한 이해는 찾아보기 어렵다. 치유 전문가들 중의 상당수는 마음 · 의식 · 무의식에 대해 뇌과학 · 뇌신경생리학의 거친 환원주의와 미묘한 환원주의적 설명에 그치거나, 스트레스 현상에 대해 뇌 인지 · 정서 · 행동 · 본능의 생리반응기제 중심으로 통합생리학의 뇌와 몸의 신경생리학적 기전으로 설명하는 데 그치는 전문가들을 자주 목격한다.

따라서 오늘날 AI시대의 심신치유자들은 인간의 다차원적 몸과 마음, 몸 · 맘 · 영BMS에 대한, 특히 영적 · 혼적 존재로서의 인간의 몸과 뇌와 의식과 무의식 · 심층 무의식의 홀라키적 상호작용 · 상의상관 관계에 대한 온전한 심층과학적 홀라키적 이해를 하는 게 가장 중요하다. 몸과 마음을 전통 지혜와 현대 심리학과 신의학에 맞게 좀 더 정확하게 말하자면, 몸은 육체와 기체를 하나로 표현한 것이고 마음은 정체(감정정서체emotional body), 심체(인지상념체cognition body), 혼체(정신체psychic body, 정묘체subtle dody)를 하나로 표현한 걸로 이해하면 쉽게 이해할 수 있다. 몸맘영이라고 할 때는 몸맘에다 가장 근본인 원인 수준의 영체(근본 생명 주체인 개체적 카르마의 자기, 비개체적 一心 자성의 참나)를 의미한다고 알면 이해하기 쉽다.

이렇게 이해하기 위해서는 무엇보다 전통 지혜(영원의 철학 · 종교 · 심리학 · 의학 · 수행)와 현대의 온생명과학, 뇌신경과학, 인지과학, 신경생리학과 심층심리학 · 발달심리학, 정신역동적 이상심리학, 자아초월심리학과 신의학(에너지의학 · 양자의학 · 파동의학) 등을 통전적 · 통섭적으로 포괄하는 통합인간과학적 인간의 몸기정맘얼영에 대한 심층과학적 원리의 이해가 중요하다. 이를 위해서 심신치유 전문가라면 『통합심신치유학: 이론』편을 한 번쯤은 필독해야 할 것이다. 그리하여 이 모든 생명과 인간의 심신의 원리에 대한 정신과학적 이해와 통합양자론에 따른 생명양자장이론에 의한 인간의 몸맘영BMS과 보다 상세한 몸기정맘얼영의 생명장홀라키로서의 상의상관, 상즉상입, 상의상자적 관계에 대해 심층과학적으로 이해해야 한다. 그리고 더 나아가 온수준에 대한 생명양자파동장으로서의 상호작용, 전사轉寫 · 조사照射 · 전파 · 각인 · 동조 · 교란 등에 대해서도 기본 원리 정도는 알아야 한다.

통합인간과학적 이해

심층적 통합인간과학

오늘날 소위 인지과학·뇌과학·통합생리학 분야의 과학주의자들이 주도하는 환원주의적인 과학적 인간 이해는 심신이원론적 정신의학과 심리과학을 비판하면서 심신의 전일적 일원론이라는 관념을 내세우고 있다. 하지만 이들은 실제로는 주로 거친 또는 미묘한 환원주의적 인지과학·분자생물학적 생명과학·뇌과학적 관점, 특히 생물리·화학적, 뇌신경생리학적 인간의식에 대한 개념과 그 기제를 몸과 마음에 대한 모든 이론의 현대과학적 기반, 플랫폼으로까지 간주할 정도이다. 뇌인지과학·정신생물학·정신신경면역학·통합생리학 분야의 이런 과학주의자들이 주류 지식 생태계를 점유하고 있는 게 현실이다. 물론 이와 같은 환원주의적 과학주의가 아닌 과학철학적·신과학적·정신의학적·심리과학적인 의식의 개념과 인간의식에 대한 여러 분야의 이론과 주장도 지식 생태계에 병존하고 있다. 통합인간과학적 관점에서 보면 인간과 인간의식에 대한 이러한 다양한 접근은 인간의 인지의식의 굳은모 H/W(뇌신경생리학)적, 인간의 심적·정신적 의식의 무른모 S/W(인지과학, 정신의학, 심리학, 의식역학)적 의미와 그 기제 현상을 이해하는 데는 상당히 도움이 된다. 그러나 의식의 작용과 흐름을 지배하는 원동력인 에너지모 E/W_{Energy Ware}로서의 氣의 원리와 상위 수준의 인간의식인 초월모 T/W_{Transcendental Ware}로서의 영/혼, 정신현상/정신세계와 의식의 궁극적 원천인 궁극모 U/W_{Ultimate Ware}로서의 순수의식/진여자성/우주의식에 대한 깊은 이해도 필요하다. 그리고 윌버가 말하는 AQAL 통합의식의 5차원(온수준·온분면·온계통·온상태·온유형)적 전 스펙트럼의 구조와 대표 필자들이 중요시하는 인간의 오감의식을 넘어서는 양자의식·양자지능·양자자기·양자자각을 포함한 심층적 통합인간학적, 인간과학적 인간 이해가 없이는 인간과 인간의식의 온전한 실상과 그 실체를 알 수 없는 것이다.

통합심신치유의 실제에 대한 본격적인 논의에 앞서, 여기서 몸과 마음의 관계를 온전하게 이해하기 위해 인간의식의 원리에 대해 강조하는 이유는 자명하다. 왜냐하면 몸과 마음 모두 다 다차원의 의식홀라키이면서 작용 상태에서는 다차원의 에너지氣홀라키이기 때문이다. 의식은 원초적 생명의 본능적 의식에서 고도의 이지적·정신적·영성적·자아초월적 의식에 이르기까지, 의식적으로나 무의식적으로 작용하여 의식이 흐르는 상태가 되면 상념·감정·본능과 행위를 수반하게 되고, 이러한 흐름의 상태에서 의식은 의식 에너지, 즉 의식의 기氣가 되는 것이다. 즉, 다차원·다수준의 의식 수준에 대응하는 의식의 기로서의 다차원·다수준의 생명 에너지가 곧 생명의 유지 발현에 필수적인 의식 에너지意識氣인 것이다. 또한 모든 의식은 심혼/혼(말나식)과 심층무의식인 정신/영(아뢰야식)의 초월적 카르마의식(장식藏識, 종자식)이 원천에서 작용함으로써 이루어진다. 또한 이 심층(기저) 무의식이 곧 인간의 모든 의식을 지배한다.

『통합심신치유학: 이론』편에서 의식철학·의식심리학·의식과학적 측면에서 인간의식에 대해 보다 전문적으로 다루고 있지만, T/W로서의 초개인적·초의식적·자아초월적 정신(심령, 심혼, 영혼…) 영역의 의식에 대한 이해가 없이는 윌버가 말하는 의식의 전 스펙트럼을 제대로 알 수 없다. 사실 서양철학이나 심리학에서의 의식은 초개인·자아초월 심리학을 제외하고는 대부분이 전 개인적·개인적·실존적 수준의 의식만을 대상으로 하기 때문에 H/W·S/W적인 의식의 현상과 기제만 이해할 수 있을 뿐이다. 하지만 동양의 전통적(영원의) 종교·철학·심리학에서는 의식의 전 스펙트럼 중에 상위의 영역을 특히 중요시하고 있다. 특히 불교의 유식학에서는 의식을 전前 개인 수준의 전오식前五識으로부터 개인 수준의 6식識(五俱意識: 識), 정묘 수준의 초개인적 의식인 7식識(말나식, 무의식:意), 원인 수준의 초월적인 초의식인 8식識(아뢰야식, 영식, 심층무의식: 心)에 이르기까지 인간의 心·意·識의 전 스펙트럼의 실상과 그 작용 원리 그리고 아뢰야식에 의한 윤회 전생轉生에 대하여 매우 심오하게 정신과학적·철학적으로 밝히고 있다.

이와 같이 우리가 인간의식의 심오하고 심원한 의미에 대해 제대로 이해하고, 인간의식의 진화와 성장 발달이나 의식의 변화/변형(변용)과 의식의 상승·하강 등을 심층적·통합적으로 알고 깨닫고 나면, 우리가 깊은 의미를 모르고 그냥 모호하게 사용하고 있는 전문적인 내용들인 몸과 뇌와 마음(의식·무의식·심층 무의식), 즉 몸, 뇌, 氣, (감정정서적·심적) 자아, (혼적·영적) 자기, 자아초월(초의식·궁극 의식) 등의 상호작용에 관련되는 인간의 의식의 변화/변형과 영적 성장을 위해 반드시 제대로 알아야 하는 핵심 개념들을 문자적 개념을 넘어 보다 쉽고 명확하게 이해할 수 있다.

인간의 모든 것, 몸과 마음의 모든 것은 의식의 문제이다. 인간과 인간의식에 대해 올바르게 이해하려면, 먼저 인간이 얼마나 신묘막측하고 신비스러운 존재이며 양자우주와 온 우주 내에서 얼마나 특별한 존재인지를 통합적·통전적·통섭적으로 이해해야 한다. 그렇게 하려면 우선 (켄 윌버의 AQAL 매트릭스) 통합모형에 의한 [그림 2-1]과 같은 (초오감언어적 의식인) 양자의식적·홀론적·영적 존재로서의 인간에 대한 그리고 [그림 2-2]와 같은 (가치밈의식 수준과 BPSC 사분면과 다양한 인간학 계통에 의한) 통합인간학적 인간에 대한 이해가 필요하다.

[그림 2-1]에서는 켄 윌버의 온수준·온분면 통합모형에 따른 통합양자인간학적(양자의식적, 홀론홀라키적, 몸맘영적) 인간 이해를 위한 사분면도를 보여 주고 있다. 우선 인간은 (『통합심신치유학: 이론』 편에 보다 상세하게 설명되어 있지만) 요즈음 상식화된 의미로만 말해도 양자파동우주에서 60조 개 이상의 단위생명체인 세포생명장이 신비롭게 결합되어 100년 이상을 살아가게 하는 영Spirit(일심, 일기)의 복잡계 소양자생명우주이다. 복잡성 면에서는 빅뱅 이후 138억 년 된 우리 우주보다 더 복잡한 무수한 블랙홀 심연 같은 홀라키 생명우주이다. 이렇게 심오한 생명양자우주인 영적 존재로서의 인간을 이해하려면, [그림 2-1]과 같이 몸맘영BMS(粗大身體, 精妙心魂體, 原因靈體)을 BPSC 생물·심리·사회·문화적 사분면으로, 개체의 내면 의식적 좌상분면의 인간학(철학, 심리학, 해석학, 영성학 등), 개체의 외면 행동적 우상분면의 자연/생명과학(뇌과학, 생명과학, 생리학, 뇌인지밈과학, 인지행동과학…), 그리고 집합적·공동체적 우하분면의 사회과학(사회학, 생태학, 행성과학, 우주과

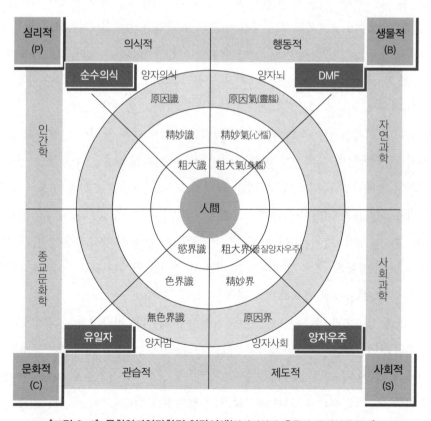

[그림 2-1] 통합양자인간학적 인간이해(양자의식적, 홀론적, 몸맘영적 존재)

학, 시스템과학…), 그리고 공동체 내의 개체들이 공유하는 상호 주관적 의식과 사회적 관습이 형성하는 규범·문화에서 나온 좌하분면의 종교·문화학(종교학, 민족학, 계보학, 윤리도덕학, 문화해석학 등)의 네 개 분면으로 구분하여 이해해야 한다. 이와 같은 양자생명장우주의 관점에서 네 분면은 좌상의 양자의식, 우상의 양자뇌과학, 기과학 그리고 우하의 양자사회·양자우주, 좌하의 양자밈문화과학적으로 설명할 수 있다. [그림 2-2]는 이것을 [그림 2-3]과 〈표 2-1〉에서 보여 주는 인간홀론의 홀라키적인 나선동역학Spiral Dynamics적 가치밈 의식과학의 가치밈의식홀론을 중심으로(인간의식의 온수준·온분면·온계통의) 통합인간학적으로 보여 주고 있다. 이와 같은 인간 존재의 몸과 마음에 대한 심층적 이해와 의식·영성에 대한 올바른 심오한 앎을 바탕으로 한 심신치유·의식 수련·영성 수련은 일상 속에서 통합생활 수련으로 누구나 쉽게 실행할 수 있다.

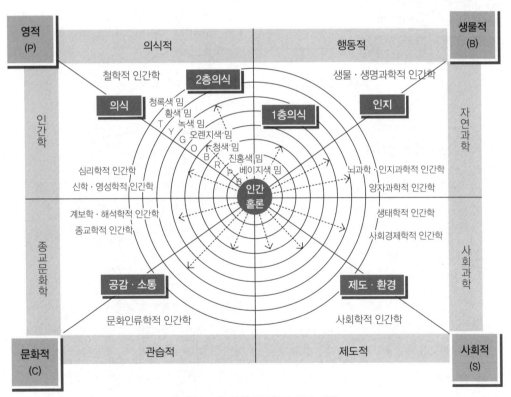

[그림 2-2] 통합인간학적 인간 이해

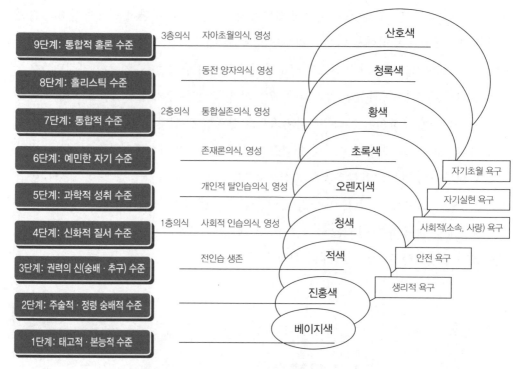

[그림 2-3] 인간의식의 나선동역학(가치밈)적 변화

◆ 나선동역학의 가치밈의식구조 체계

1. 1단계: 베이지색 밈(태고적/원형적 · 본능적Archaic Instinctual 수준). 기본적 생존의 수준으로 음식, 물, 온기, 성, 안전이 최우선시된다. 단지 생존을 위하여 습관과 본능이 사용된다. 살아가기 위한 생존대 형성(볼 수 있는 곳: 최초의 인간 사회, 신생아, 노쇠한 노인, 알츠하이머병 환자, 거리의 정신질환자, 굶주리는 사람들—성인 인구의 0.1% 정도, 0%의 사회적 힘)

2. 2단계: 진홍색 밈(마법적 · 물활론적Magical-Animistic 수준). 사고는 물활론적(정령 숭배)이다. 선과 악의 마법적(주술적) 영들에 의해 세상에 축복과 저주를 내리고 이에 따라 사건을 결정짓는 주문/주술로 가득 차게 한다. 수호령의 형태로 보살펴 주는 조상의 영들이 존재하고 그 힘이 종족을 결속시킨다. 종족적 부족의 혈족 관계와 혈통이 정치적 힘을 형성한다(볼 수 있는 곳: 저주에 대해 믿는 자, 피로 맺은 맹세, 원한이나 행운의 주술 미신자, 마법적 · 주술적 신념을 가진 사교邪教 집단, 지하 테러/범죄 조직—인구의 10% 정도, 1%의 사회적 힘).

3. 3단계: 적색 밈(권력의 신Power God 수준). 종족/부족과 구분되는 (이기적 · 충동적) 자기가 최초로 출현

한다. 강력하고 충동적이며 자아중심적이고 영웅적이다. 마법적·신화적 영웅, 용, 괴물, 권력자들이 지배하는 위협과 약탈자로 가득한 정글이다. 정복하고 피로 이기며 지배한다. 후회나 가책 없이 자기를 최대한 즐긴다(볼 수 있는 곳: '미운 세 살', 반항적인 젊은이, 봉건왕국, 조직폭력배, 제임스 본드의 악당, 모험적 특수부대 군인, 거친 록스타, 흉노족의 아틸라, 파리대왕—인구의 20% 정도, 5%의 사회적 힘).

4. 4단계: 청색 밈(신화적 질서Mythic Order 수준, 규칙, 인습 순응주의자 수준). 전능한 '타자Other'나 '질서Order'에 의해 삶의 의미 방향, 목적이 결정된다. 이 정당화된 '질서'가 "옳고正" "그른邪" 절대적이고 불변하는 원리에 근거를 둔 행동 규약을 집행한다. 이러한 인습적 규약/규칙을 위반하는 것은 그 사회로부터의 영구적 추방을 의미한다. 대신 규약에 따르면 충성에 대한 보상을 받는다. 고대 봉건국가의 통치제도, 완고한 사회적 질서, 가부장적 질서, 유일한 방식의 법과 질서, 구체적 문자적인 근본주의자적 신념, 인습적 질서와 규칙에 대한 복종, 종교적·신화적 소속감, 성자적·절대주의적이거나 세속적 무신론적 질서/사명(볼 수 있는 곳: 청교도적 미국, 유교적 사회, 싱가포르식 형벌제, 기사도 규약과 명예, 기독교·이슬람 근본주의자, 애국심, 도덕주의자, 경직된 가부장적 사회 위계—인구의 40% 정도, 30%의 사회적 힘)

5. 5단계: 오렌지색 밈(과학적 성취Scientific Achievement). '자기'는 청색의 "무리정신"에서 벗어나 전형적으로 '과학적'이라고 부르는 가설—연역적·실험적·객관적·기계적·조작적·개인주의적 의미에서 어느 정도 탈인습적 진리와 의미를 추구한다. 세계는 자신의 목적을 위해 배우고 숙달하고 조정할 수 있는 자연법칙을 지닌 합리적이고 잘 돌아가는 기계와 같다. 매우 성취 지향적이고 물질적 이득/소유를 추구한다. 과학의 법칙이 정치, 경제, 인간사를 지배한다. 시장적 동맹, 탈인습적 개인의 책략적 이득을 위해 지구의 자원을 조종한다(볼 수 있는 곳: 계몽주의, 월스트리트, 전 세계에 출현하는 중산층들, 화장품 산업, 트로피 사냥, 식민주의, 냉전, 게임 산업, 물질주의, 자유로운 이기주의—인구의 30% 정도, 50%의 사회적 힘).

6. 6단계: 녹색 밈(예민한 자기Sensitive Self 수준). 공동체주의, 인간적 유대, 생태적 예민성, 네트워크화 지향적이다. 인간의 영혼은 탐욕, 독단, 인습, 파당성에서 해방되어야 한다. 애정과 배려가 냉혹한 합리성을 대신하고 지구/가이아, 생명을 소중히 여긴다. 인습적 계층구조에 대항하여 예민한 탈인습적·수평적 유대와 연결을 만든다. 여과성 있는 자기, 관계적인 자기, 집단의 상호 관계망, 대화와 관계를 강조한다. 집합적 공동체의 공유된 감성, 자유롭게 선택한 제휴, 화해와 의견 일치를 통해 결론에 도달한다. 존재적 삶의 영성을 새롭게 하고 조화를 이루며 인간의 잠재력을 풍요롭게 한다. 강력한 평등주의, 위계적 구조 반대자, 다원주의적 가치, 다양성, 다문화주의, 상대적 가치 체계, 다원적 상대주의 세계관, 주관적이고 비선형적인 사고, 지구/가이아 생태계의 모든 생명에게 감성적 다양성, 민감

성, 배려를 보인다(볼 수 있는 곳: 심층생태학, 로저스식 심리상담, 캐나다의 건강 관리, 인본주의 심리학, 자유신학, 그린피스, 동물애호, 생태심리학, 인권문제, 여성생태주의, 탈식민주의, 푸코/데리다 해체주의–인구의 10% 정도, 15%의 사회적 힘).

7. 7단계: 황색 밈(통합적Integrative 수준). 삶은 자연적 계층구조, 홀라키들의 시스템, 형태로 이루어진 만화경이다. 융통성, 자발성, 가능성이 가장 우선시된다. 차이와 다원성이 상호 의존적 자연스런 흐름으로 통합될 수 있다. 필요시 타고난 탁월성의 정도에 따라 포스트 탈인습적 사고와 보완된 평등주의를 지향한다. 지식과 능력이 계급, 권력, 지위, 집단을 대신해야 한다고 본다. 세계 질서는 서로 다른 수준의 밈이 혼재하고 역동적 나선을 따라 일어나는 상하운동이 공존할 수 있는 유동적 흐름의 결과이다(인구의 1% 정도, 5%의 사회적 힘).

8. 8단계: 청록색 밈Turquoise(통전적Holistic Integral 수준). 보편적인 통전적 체계, 통합적 에너지의 홀론/파동. 지식과 감정을 켄타우루스적으로 통합한다. 상호 엮어 짜인 다중 수준들이 하나의 의식 체계로 통전 지향적이다. 외적 질서(청색 밈)나 집단유대(녹색)에 기초하지 않은 살아 있고 의식적인 모습을 지닌 보편적 질서 '대통일T·O·E'이 이론적·실재적 양자사고적으로 가능하다(인구의 0.1% 정도, 1%의 사회적 힘).

9. 9단계: 산호색 밈(통전적 홀론Holistic–Integral Holonic 수준). 아직 보편적으로 출현하지 않은 세계혼, 양자 자기 수준의 온우주 의식, 모든 존재의 삼원일체三元一体적·홀론적 통전의식으로 자아초월이 시작되는 단계이다.

〈표 2–1〉 가치밈 체계의 기초 개념

가치밈 vMEMEs	핵심 개념	기본 동기
베이지 (BEIGE)	생존적 본능 (무관습적 생리적 자아)	• 내면의 감각적·생리적 본능을 통해 살아 있음 • 음식·삶터·섹스가 가장 지배적 욕구
진홍 (PURPLE)	친족정신/주술적 (전 인습적 소속감 자아)	• 마법적·위협적 세상에서 피의 관계와 정령 숭배주의 • 자연의 순환 법칙에 순응하며 삶
적색 (RED)	권력의 신 (전 인습적 이기주의)	• 모험적인 독립심을 통한 자기·타인·자연에 대한 권력 강화 • 오직 권력/힘을 통한 이기적 소유·획득·지배
청색 (BLUE)	흑백진리/이념 신봉 (인습적 순응)	• 옳다고 믿는 하나의 길에 대한 절대 이분법적 신념 • 관습·인습·체제·신뢰적 권위에 대한 순응 복종

오렌지 (ORANGE)	합리적 · 과학적 성취 (탈인습적 개인주의)	• 자기 개인을 위해 더 많은 것을 소유하고 성취하기 위해 모든 분투적 추동 • 과학적 · 합리적 사고로 타인보다 우월한 성취감, 소유적 자기실현 만족 추구
녹색 (GREEN)	공동체, 인간적 유대 중시 (탈인습적 공동체주의)	• 공동체의 웰빙과 소통, 합의에 최상의 우선순위 • 상대적으로 다른 이념과 신념 모두를 받아들이지만 자신에 반대/공격하는 개인이나 공동체에 반발하는 엘리트주의적 사고
황색 (YELLOW)	통합적 유연한 사고 (포스트 탈인습적 자아실현)	• 사회와 세계에 대한 연결된 그림의 관점을 통한 변화에의 유연한 적응 • 통합적 시스템적 사고에 의한 자아실현
청록색 (TURQUOISE)	통전적 생태적 사고 (포스트 탈인습적 세계혼)	• 전 지구적 역동성의 생태적 전일적 포용 • 세상과 자연과 우주와 자기가 '不二'라는 양자적 사고
산호색 (CORAL)	초통합적 · 자아초월적 사고 (포스트 초월적 사고)	• 아직도 보편적으로 출현하지 않은 초통합적 · 통전적 혼돈 수준 • 동체 대비 · 삼신일체三身一体 · 신인합일의 자아초월의식이 생겨남

몸과 마음의 심층과학적 이해

전일적 몸과 마음의 존재적 다차원의 실상

우주와 생명세계, 인간 존재의 몸맘영BMS, 몸기정맘얼영BEEMSS의 다수준을 인정하고 받아들이는 여러 철학, 심리학, 심층과학, 양자장역학의 대부분의 전문가조차도 상위의 각 수준의 존재적(존재론적) · 인식적(인식론적) 차원의 의미가 무엇인지는 제대로 모르고 있다. 또한 다수준 · 다차원의 존재계를 인정하는 경우에도 우리 몸과 상위 차원의 관계가 어떻게 되어 있는지에 대해서는 잘 모르는 경우가 많다. 철학적 · 관념론적이거나 심리학적으로 여러 발달 라인의 의식의 층이나 무의식의 층의 깊이나 수준 정도로 인식론적으로 이해하고 있는 경우가 대부분이다. 그렇다 보니 대부분의 전문가가 전통 지혜(영원의 철학 · 종교 · 심리학)도 모르고, 〈표 1-1〉에서 보여 주듯이 이와 상통하고 상응하는 현대 발달심리학, 자아초월심리학, 신과학, 통합양자장론, 정신물리학, 정신과학도 제대로 모르는 것이 현실이다. 이런 상황에서 다차원의 초양자파동장 에너지(기)와 정보(의식 · 지능 ·

지성)로서의 다차원의 복합 생명파동장홀라키의 의미를 대부분 제대로 알지 못하고 있는 것은 너무나 당연하다.

특히 이미 앞에서 누차 강조하였지만, 〈표 1-1〉과 같은 몸과 마음의 전일적이며 다차원적인 홀라키와 [그림 2-1] [그림 2-2]와 같은 다차원 홀라키의 네 측면에 대한 심층과학(온생명과학 · 통합인간과학 · 의식역학 · 정신과학 · 생명양자장이론)적 관점에서 공통적으로 강조하고 있는 존재와 의식의 三元一體, 多元一體의 다차원의 의미는 일반적으로 더더욱 제대로 알지 못하고 있다. 다차원적으로 이 모든 상위의 존재와 의식의 층과 수준의 인식을 하위 차원을 내포하고 초월하는 홀라키로 이해한다고 해도 그 의미를 제대로 이해하는 전문가는 찾아보기 힘들다. 대개의 경우 전통 지혜(영원의 철학 · 종교 · 심리학)에서조차도 상위의 존재 차원들이 3차원인 우리 몸의 내면 어디에 들어와 있는 것으로 알거나 말하는 경우가 많다. 예컨대, 영혼은 데카르트가 말하듯이 우리 뇌의 송과체에 있다고 말하는 3차원으로의 환원적 인식을 갖는 경우가 많고, 중의학이나 동의학에서도 인간의 정신과 마음과 칠정을 그냥 육장육부와 관계시키는 게 아니라 특정 장부에 위치한다고 말하는 식이다.

하위의 존재세계와 생명 · 생명체 · 생명장의 상위 존재계의 관계는 물리학에서 4차원 시공간이나 4차원 초공간hyperspace을 설명할 때, 3차원 인식의 존재인 우리가 4차원을 인식하지 못하므로 모든 3차원 물리 현상을 2차원으로 환원시켜 나타내고 4차원은 3차원으로 나타내어 고차원의 물리적 원리를 설명한다는 것을 유비적으로 알면 이해하기 쉽다. 그렇듯이 우리 몸과 몸의 모든 생리적 에너지, 정보 전달 기능을 2차원으로 유비적으로 나타내면, 4차원 초공간 에너지(에테르기 · 공간기 · 자유 에너지 · 생명원기)와 정보는 3차원 에너지 · 정보가 된다. 이때, 2차원의 인식과 몸을 가진 우리는 3차원 에너지 · 정보를 인식하지 못한다. 반면, 3차원의 존재는 우리 2차원 몸에 어떻게 위의 3차원 홀론 에너지 · 정보가 하위 2차원 에너지 정보장을 내포하며(하위 차원을 부분교집합으로 내포하며) 존재적(차원적)으로 초월하는지를 한눈에 알게 되는데, 2차원 인식을 가진 우리 눈에는 보이지 않고 알 수 없는 것이다. 3차원 인식 존재는 3차원 에너지 · 정보가 어떻게 초월적으로 2차원에 유입하고 작인하는지를 쉽게 시각화할 수 있다.

이와 마찬가지로 〈표 1-1〉의 10차원 존재계의 에너지(기)와 정보(의식 · 인지 · 무의식 · 초의식 · 양자의식 · 양자지능)의 상하위 차원 사이의 관계, 특히 3차원 우리 몸과 4~10차원의 내포 · 초월의 홀라키, 즉 포월체 관계를 고차원의 홀라키적으로 확연하게 알 수 있다. 그리고 4차원 이상의 존재계의 에너지氣 · 정보識 유입 파동의 중심 센터로서의 단전/차크라의 내포 · 초월적 관계도 쉽게 이해할 수 있다. 상위 차원 홀론의 존재계를 우리의 3차원 홀론을 내포하며 초월하는 홀라키로 이해할 수 있게 되면, 3차원 우리 몸으로 상위의 존재계가 그냥 들어와 있는 것으로 통상적으로 이해하는 환원주의적 오류에 빠지지 않고 오류를 쉽게 인식할 수 있다.

심신동역학적 의식역학의 법칙

통합심신치유학적 관점에서 보면, 거의 모든 병리장애의 근본 원인은 혼의 위축이나 비정상적 상태에서 비롯된다. 그 직접적 원인은, 개인의 타고난 카르마와 연관된 근기, 유전적 기질 · 체질 · 성격과 삶의 조건, 성장 환경으로 인해 성장 과정에 누적적 · 복합condensed Experience: coex적으로 형성되고 구조화된 모든 자기정체성 발달장애, 억압무의식 · 그림자, 부정적 방어기제들, 발달 트라우마, 콤플렉스들 때문이다. 그런 까닭에 단순히 이를 스트레스로 일컬으며 정신신경내분비면역학PNEI이나 통합생리학적으로만 그 병리기제를 설명해서는 근본 치료 · 치유가 안 된다는 것은 자명하다. 그래서 먼저 앞에서 설명한 몸과 마음의 관계에 대한 심층과학적 · 심층홀라키적 이해를 바탕으로 몸과 마음의 병리장애기제와 치유기제를 심층과학적으로 이해해야 한다. 이를 위해서는 몸과 마음(몸맘영BMS, 신기심, 정기신, 몸기정맘얼영)의 의식 · 무의식 · 초의식 층의 각 수준, 장場의 의식 에너지체와 의식파의 통전적 홀라키 원리와 신과학, 심신(에너지)동역학(氣과학), 정신동역학, 생명장 · 양자파동역학(통합양자론) 등의 기본 원리는 어느 정도 알아야 한다. 특히 이러한 의식역학(정신물리학) 원리에 따른 魂体 · 心体 · 魄体 · 氣体 · 身体의 내적 홀라키 인지생성변환체인 腦体의 외적 홀라키 사이의 다차원 양자파동역학의 기본 원리 정도는 알아야 한다. 그래야만 혼적 · 정신적 · 심적 장애, 즉 심인성 장애로 인한 모든 심신병리장애의 복잡계적 의식동역학적 병리기제로의 작용 메커니즘을 치유기제로 변환 · 변용시켜 작동하게 하는 (정신 · 의식 · 무의식의 동역학적 작용 원리, 혼 · 뇌의 인식 · 인지의 변화 원리 등의) 기본 원리만이라도 온전하게 알 수 있다. 물론 이러한 의식동역학, 양자파동역학의 원리를 어느 정도는 알아야 『통합심신치유기제』에서 강조하고 있는 모든 치유기제의 발현 원리, 특히 혼의 치유기제, 혼유魂愉의 원리를 제대로 이해하고서 치유현장에서 적용할 수 있다.

모든 인간의 의식은 성장 과정에 대상 및 삶의 조건과 사회 · 문화 · 환경 조건에 대응하여 뇌의 오감언어 인지 과정에 의해 형성된 모든 인지자각의식 · 인지믿의식은 뇌의 표층의식으로, 동시에 (인식화 · 관념화 · 의식화 과정을 거치며) 잠재의식 · 무의식으로 각인된다. 일단 각인되면 모든 의식 · 무의식은 조직화되고 구조화되어 이후의 뇌의 모든 표층 믿의식·혼의 무의식의 형성 과정에 상호작용함으로써 재인밈으로 변화되거나, 기존의 각인인지와 동일하거나 유사한 반복 자극에 대해서는 자동 반응하는 습기習氣로 된다. 마음챙김을 제대로 하지 않으면 자극 반응이 반복될수록 더욱 예민하게 강화되며 강박신경증화된다. 그래서 회피하고 거부할수록 혼이 더욱 위축되어 억압무의식이 뇌의 표층의식에 동조하면서 더욱 과잉 과민반응하게 된다. 불교에서 말하는 (번뇌, 망상, 아집의) 습기란, 모든 훈습된 다층의 識(뇌의 知·情·意 표층의식, 心의 잠재의식, 魂의 무의식, 靈의 심층무의식)이 조건화되어 뇌의 지·정·의·행의 인지로 발현되어 나오는 의식·무의식의 에너지인 것이다.

그러므로 뇌의 인지가 새롭게 재인밈으로 재인식되고 기존의 위축 각인된 무의식의 에너지가 각성 훈련이나 마음챙김에 의해 변하여 기존의 억압무의식의 기의식記意識이 단순한 기표식記表識(저장식)으로 변하면서 혼魂이 위축에서 벗어나 되살아나기 전에는, 습기와 위축·장애의식·무의식은 조건화되면 계속 자동 반응하게 되어 있는 것이 의식의 관성의 작용 법칙이다. 기존에 각인된 의식·무의식의 작용 관성을 멈추려면 뇌의 재인밈 훈련과 혼기 강화 훈련이 동시에 진행되어야 함을 의미한다. 이것은 의식의 치유기제 발현에 결정적으로 중요한 의식역학의 관성의 법칙임을 알아야 한다. 이런 치유기제의 원리와 실제에 대해서는 『통합심신치유기제』에 상술되어 있다.

신과학 · 정신물리학 · 양자역학의 주요 원리

인간의 온생명은, 다차원의 양자장(물질계 신체장·에테르계 생명기장·아스트랄계 魄氣장·멘탈계 心氣장·정묘계 魂氣장·원인계 靈氣장)의 여러 층으로 되어 있다. 각 층의 장場은 홀라키 장으로, 그 계界의 양자·초양자 파동장의 에너지氣와 정보識는 상하의 장과 에너지와 정보를 전달, 전사(훈습·각인), 동조, 간섭, 교란하는 작용을 한다. 따라서 이러한 기본 원리를 이해하려면 기초적 의식파동역학 교양서적인 이차크 벤토프(Bentov, I.)의 『우주심과 정신물리학』 같은 책이나 구글·유튜브 온라인 정보 검색을 통한 일반 의식파동역학의 기초 원리에 대한 온전한 이해가 어느 정도 요구된다. 하지만 아직도 인간의 생명과 의식을 지금의 뇌인지과학, 생리학의 생체분자, 뉴런·세포 중심의 생명·의식으로 이해하는데서 비롯된 현대의 뇌과학이나 PNI/PNEI나 통합신경생리학의 미묘한 환원주의적 생명사상이 몸과 마음에 대한 그릇된 인식을 초래하는 데 일조했다는 사실만은 깨달아야 한다.

그러나 이제 보편화된 신과학의 원리는 하나도 어려울 게 없다. 누구나 쉽게 이해할 수 있다. 예컨대, 다음과 같은 신과학의 원리는 양자우주·양자생명·양자인간의 양자원리에 대한 이해가 없이도, 이제는 아주 보편적 원리로 일반적으로 인식되고 있다.

이러한 주요 신과학 원리의 일부만을 설명 없이 단순 열거해 보면,

- 우주 · 생명의 전일성, 일반 시스템 원리
- 우주 · 생명 · 모든 존재의 홀로그램 원리, 홀론홀라키 원리
- 복잡성 과학 원리, 프랙탈 복잡계 원리, 카오스 원리
- 형태형성장 원리, 온우주적 카르마 · 온우주적 기억 원리
- 생명의 항상성 원리, 생명의 오토포이에시스(자기창출, 자기조절, 자기복제) 원리, 생명의 負(-)의 엔트로피 법칙
- 유기체우주 · 과정우주의 원리 등이 있다.

그리고 심층(의식)심리학, 정신역동적 이상심리학, (통합발달) 심리학, 자아초월심리학 등의 원리를 심층과학적으로 쉽게 이해하게 해 주는 심층의식과학 관련 원리들로는,

- 가치밈의식의 나선동역학 원리
- 양자의식 · 양자파동의 의식파동역학 원리
- 의식의 질료 · 형상 · 작인의 의식 형태장 원리
- 뇌 · 의식 · 정신(얼, 영)의 역동적 상호작용의 의식역학 원리
- 의식 · 무의식의 형성 · 각인 · 전사 · 전달의 정신물리학 원리 등이 있다.

그리고 양자우주, 양자생명, 양자인간의 다음과 같은 몇 가지 양자원리 정도는 누구나 한 번은 들었을 정도로 보편화되어 있다.

- 참여적 관찰자 원리(이중슬릿 실험), 의식/지능을 가진 기묘한 양자사건(비분리성, 주관 · 객관의 경계, 주체 · 대상의 경계가 모두 사라짐.)
- 모든 양자의 입자파동의 상보성 원리, 물질양자의 입자 · 파동 이중성 원리, 양자파동의 에너지 · 정보의 양면성 원리
- 양자사건 관찰의 불확정성 원리, 중첩의 원리, 양자결맞음 원리
- 비국소성 원리, 양자얽힘 원리, 홀로그램 · 홀로노미 · 홀로무브먼트 원리
- 무한 다중 평행우주, 홀로그램 우주, 홀론 · 홀라키 우주

- 4차원 초공간, 11차원의 초끈우주, 다차원의 양자우주
- 영점장, 초양자장, 다차원의 (생명) 양자파동장, 양자의식 원리

그 외 심층과학적인 신의학(에너지의학·양자의학·파동의학)의 기본 원리로는, (분자생물학 중심의 뇌신경생리학·정신신경내분비면역학에서는 다루지 못하고 있으나 그 바탕 원리인) 에너지의학적 생체·인체 매트릭스 연속체의 생체 전기·자기·전자기, 생체 기 에너지 중심의 다중 에너지·정보 전달 체계의 원리와 생리학·에너지의학 모두의 근본 바탕인 다차원의 생체 생명장의 양자장·초양자장 원리에 의한 신체장·에너지氣체장·심체장·정신체장 간의 양자홀론홀라키로서의 양자파동(에너지 정보 전달, 전사, 각인, 간섭, 동조, 교란…) 원리들을 이해해야 한다.

여기에서는 제대로 다룰 수도 설명할 수도 없는 전문적 개념이기에, 설명 없이 단지 일부 주요 원리를 언급만 하였다. 하지만 치유자들이 마음만 먹으면 누구나 21세기 융복합 양자문명시대의 우주·생명·인간에 대한 보편적인 과학적 지견이며 전통적인 영속진리(영원의 철학·종교·심리학·의학·수행)와 통전적·통섭적으로 상보적으로 상통하는 과학적 진리인 신과학, 신의학(에너지의학·양자의학·파동의학), 의식역학, 양자역학, 양자상대성천체물리학, 정신물리학의 기초 개념이나 원리는 비교적 쉽게 이해할 수 있는 유튜브 강의·동영상이나 일반 교양서적이나 일반 고등학생용『뉴턴』『과학동아』잡지 같은 것들을 통해 쉽게 이해할 수 있다. (물론 유튜브 강의나 동영상 자료 중에는 황당한 것들이 많아 옥석의 구분에 주의해야 한다. 그러므로 구글, 네이버 등의 신뢰할 수 있는 출처의 자료나 뉴턴 같은 잡지의 자료로 기초지식을 쌓는 것이 중요하다.)

AI시대의 심층과학적 통합심신치유와 비전

오늘날 제4차 산업혁명시대가 도래하면서 모든 과학기술이 AI 중심의 융복합 과학기술화됨으로써 유전자 조작 생명과학·생명의학, 나노바이오로봇, VR·AR 가상현실, 양자과학·양자의학 진단·치료기술 등의 급격한 발전과 더불어 심리치료·심신치유뿐 아니라 인문사회학·문화예술을 포함한 모든 분야가 초고도 융복합 과학기술로 인해 모두 통합·통섭·융합되는 대통합의 시대가 도래하고 있다. 그래서 통합이란 말은 어느 분야에서나 흔하게 사용되고 있다. 하지만 아직은 온전하고 진정한 의미의 통합·통섭이나 통전

적 통합 정신은 어느 분야에서도 찾아보기 힘들다.

그러나 자연의학(보완대체의학)적 · 심신통합치유적 심신치유 쪽으로 오면, 진정한 통합 · 통섭이 일어나고 있음을 알 수 있다. 그동안 심신이원론적인 전통 서양의학, 상담심리치료가 지배해 온 시대는 저물고, 전일적 심신일원론(몸맘영BMS 三元一体論)이 몸마음정신BMS(영혼)을 치유할 수 있는 심신통합의학, 심신상관의학, 홀론의학의 새로운 전일적 현대의학으로의 전환에 따른 심신통합치유의 시대가 떠오르게 될 것이다. 게다가 오늘날 인문사회과학과 심리과학이 첨단 과학기술과 고도로 융복합화되고 통합 · 통섭되면서 의학 · 심리치료 · 심신치유 분야의 모든 상황이 달라지고 있다. 앞으로 머지않아 환원주의적 뇌 · 인지과학이 지식 생태계를 지배하는 시대가 끝나게 될 것이다. 통합양자론 · 양자과학 · 신의학이 주도하는 심층과학으로 자리를 내주게 되면서 곧 양자뇌과학, 양자인지과학, 양자정신신경면역학QPNI, 양자통합생리학의 시대가 도래하게 될 것이다. 유물론자나 환원주의자가 아닌 전일적(몸마음영혼BMS) 삼원일체적(심층) 뇌인지과학 · 인지심리학, 통합적 발달심리학, 자아초월심리학을 온전하게 인식하는 치료치유 전문가들은 오늘날 심신통합의학, 심신통합치유학의 시대에 이제는 몸과 마음을 더 이상 따로 상담 · 치료 · 치유하지 않는다. 그래서 앞으로의 모든 상담심리치료사는 지금까지의 기존 서양 전통 상담심리치료와는 달리 전통 자연의학 · 보완대체의학적 심신치유에서와 같이 이 두 분야를 따로 생각하지 않고 하나로 보아야 하고, 단계적 · 통합적으로 치료치유하는 전통적 상담심리치료를 심신치유의 일부로 포함하는 통합상담심신치료적 치유therapeutic healing의 시대가 이미 왔음을 깨달아야 한다. 왜냐하면 인간의 몸과 마음, 즉 데카르트적 몸마음의 이분법적 사고는 현대 정신과학, 즉 신의학, 심층심리학, 통합인간과학, 양자파동역학 · 양자과학, 양자뇌인지과학, 정신물리학의 발달로 인해 이제 더 이상 설 곳이 없어지게 되었기 때문이다. 따라서 이제는 더 이상 몸맘영BMS(더 세분하면, 몸기정맘얼영BEEMSS)의 병리장애를 정신의학 · 심리치료와 몸의학으로, 즉 심과 신으로 이분하고 나누어 치료와 치유를 할 수 없다는 것을 알게 된 것이다. 어느 경우에도 근본 치료치유효과와 치료치유기제의 발현을 위해서는 상담심리치료와 심신의 통합심신치유가 별개로 이분되어서는 안 되는 심신통합의학, 통합심신치유학의 시대가 왔다는 것이다. 그래서 언제부터인가 심신치유 분야에서는 통합심리치료, 심신통합치유란 말이 당연한 듯이 통용되고 있으나, 아직도 상담심리치료자들은 일반적으로 기존의 상담심리치료이론과 요법에 갇혀 있다는 게 부인할 수 없는 현실이다.

오늘날 심신치유는—그 일부만 언급해도, 교정 · 수기 · 접촉 치유, 소마 · 운동 치유, 기공·요가 치유, 자연의학적·보완대체의학적 치유에서 다양한 오감·감정·정서 치유, 예술치유, 상담심리치료적 치유, 물질·행위·이념 중독 치유, 독서·인문 치유 등의 의식·실존 치유, 마음챙김·통찰명상치료적 인지·의식 치유, 기·레이키·좌동 치유, 심령·빙의 치유, 통합영성치유, 뉴에이지적 치유 등에 이르기까지—온갖 다양한 치유요법이 난무하고 있다. 하지만 치유자들은 자기들이 전문으로 하는 치유법이 만능인 것처럼 과대포장하여 단순 스트레스 완화뿐 아니라 거의 모든 병리장애를 다루려 하고 있는 것이 문제이다. 서양상담심리치료는 BETA모델만으로도 사오백 가지 치료법이 있지만—배경·인지·정서·행동 심리치료 분야의 상담·임상 사례 중심의 정신·심리 장애 현상만 다루는 특성으로 인해—성장 발달 단계의 아동·청소년 치료치유법들을 제외하고는 자기·인지·무의식이 고착·퇴행된 기성세대의 성년이나 노년층의 심신의 병리장애의 근본 치유를 거의 제대로 다룰 수 없다는 치료치유의 한계가 이미 드러나 있다.

인간의 내면은 블랙홀 심연과 같아서 서양심리학은 임상·실험·사례·경험·직관에 의존하는 심리 현상학인데 반해, 인간의 내면 무의식의 병리장애는 너무나 복잡하여 표층의식·무의식 현상만으로는 심층 정신의 내면을 제대로 알 수가 없다. 그래서 대상관계의 성장 발달장애—즉, 정동·감정정서·애착 발달장애, 자기정체성 발달장애, 그림자·억압무의식의 부정적 방어기제, 다양한 발달 트라우마, 콤플렉스, 성격 발달장애—등으로 인해 인지적·정서적·사회적 행동·관계, 자기·자아·성격의 성장 발달 과정에 형성된 개인의 내면적 정신·심리·심신장애뿐 아니라, 가혹한 가정·사회·문화 환경 조건으로 인해 다층적 복합 병리장애로 심화되고 고착화된다. 그러다 보니 대개의 경우 어떤 하나의 심리치료나 심신치유로는 치료치유가 무력해질 수밖에 없는 것이다. 더구나 고도의 AI 기반 VR·AR·BNRBio Nano Robotics·GBMGenetic Bio Medicine·QDMQuantum Diagonosis Medicine 등의 첨단 융복합 양자과학·의학 기술시대에 치유자는 과학적·통합적 접근에 의한 심신치유를 하지 않고서는 성장 발달 과정에서의 혼(자기·무의식)의 위축·비정상화로 인해—그 결과 정도의 차이는 크지만 구조화된 복잡한 복합 병리장애기제로 인한 스트레스, 강박신경증, 분노조절장애, 중독장애, 반사회적 이상심리장애 등등으로—고통받는 현대인을 치료치유하기란 지극히 어렵다.

무엇보다 고통받는 개개인의 성장 과정의 복잡한 심리 발달장애와 상흔으로 인한 현재의 병리장애 상태와 근기·기질·체질·성격 등의 문제를 고려하지 않고, 개인의 고통과 불행, 장애에 대한 단편적 피상적 이해만을 바탕으로 치유 전문가 자신의 전문 치료치유요법 하나만을 위주로 치유하려 든다면 치유가 제대로 되지 않는 것이 너무나 당연하다. 따라서 모든 치유자는 이제는 전통적 재래적인 치료치유만으로는 치유가 되지 않고 내담자의 심신의 장애 특성에 맞는 몸과 마음(몸맘얼BMS, 精氣神, 身氣心, 性命精)의 치유를 위한 예비적 몸·기·유희 치유, 인지학습치유와 함께 단계적·통합적으로(유위무위의) 심신통합치유를 해야 하는 시대가 왔음을 깨달아야 한다.

따라서 오늘날의 진정한 통합심신치유자는 단순한 임상·실험·경험에만 바탕을 두고 발달하며 적용해 온 전통적·재래적 심리치료요법들이나 심신치유요법들에만 의존해서는 안 된다. 무엇보다 오늘날의 심신치유자는, 현대의 정신역동적 정신의학, 발달심리학, 통합심리학, 자아초월심리학에 바탕을 둔 심신치유이면서 재래적 심리치료법들에는 결여되어 있는—앞에서 언급한 정신동역학, 심층(양자) 뇌인지과학, (심뇌)의식상관역학, (심신)의식역학, 나선맘동역학, 양자의식동역학의 정신과학, 의식역학, 양자역학 등의—현대 복잡성 과학의 원리와 에너지의학·양자의학·파동의학 등 신의학, 홀론의학의 원리를 기본적으로 이해하고 진정한 심층과학적 통합심신치유학에 의해 온전한 온건강을 회복시키는 심신치유를 할 수 있어야 한다.

이제는 무엇보다 몸과 마음의 치료와 치유에 대한 이분법적 의식을 넘어서는 의식과 사고의 전환과 진정한 통합 정신으로 통전적·통섭적·통관적 대통합을 가능하게 하는 통합심신치유가 요청되는 시대가 되었다는 것을 모든 치유자는 깨달아야 한다. 그래서 개개인의 병리장애 상태·근기·기질·성격·체질에 맞는 통합적 치료치유요법·기법을 적용하기 위한 [그림 1-1]과 같은 통합심신치유학 패러다임의 일부로서 자연의학, 통합의학, 심신통합의학, 통합생리학, 신의학, 홀론의학을 모두 구슬로 꿰어 통전적으로 통합하는 (제반 검증된 과학적·신과학적·신의학적 심신치료치유 분야의 통합적) 치료치유요법을 온전하게 이해하고 적용하여 진정한 통합적 심신치유를 치유현장에서 실행해야 할 때가 되었다. 더 나아가 자기가 아는 상담·치료·심신치유 요법에만 갇혀 있지 않고 이 시대에 맞는 좋은 심신치유법의 통합적 적용, 통합적·단계적 치유기제의 발현기법에 치유 전문가는 항상 열려 있어야 한다.

따라서 통합심신치유는 다음과 같은 통합적 심신치유로서의 조작적 정의의 요건을 갖추어야 한다.

- 생명홀라키로서의 인간의 몸과 마음(몸맘영BMS·신기심·몸기정맘얼영)에 대한 심층과학적(온생명과학적·통합인간과학적·의식역학적·정신과학적) 이해를 바탕으로,
- 치유대상자 개개인의 생득적 근기(카르마), 유전적 기질·성격·체질을 고려한 현재

의 심신의 의식·무의식의 병리장애 상태를 종합적으로 평가한 후,

- 현 상태에 적합한 단계적·AQAL 통합적·유위무위적 통합심신치유법들을 통해 치유기제를 발현시켜서 어느 정도 열린의식의 건강한 자아를 회복시킨 후,
- 궁극적으로는 자기치유를 할 수 있는(마음챙김, MBSR, 통찰명상, 명상치유, 마음챙김 기반 ILP, 유위·무위 양자심신치유 등과 같은) 통합적 고급 심신치유의 적용을 통해 근본적 자기치유 능력을 갖도록 치유하는 일체의 단계적 치유과정을 일컫는다.

오늘날 21세기 제4차 산업혁명과 AI시대의 나노양자과학·DNA생명과학·AI (VR·AR·SNS·구글·플랫폼·블록체인·클라우드컴퓨팅 등) 정보과학혁명은 AI 중심의 융복합(통합·통섭·통융) 과학기술의 형태로 하루하루 빛의 속도로 진행하고 있다. 이러한 시대에 심신치유 전문가들은 재래적·전통적 심리치료, 심신치유이론과 실제에 갇혀서 시대와 동떨어진 전문가로 멈추어 있게 되면 머지않아 AI에 의해 추월당하여 기존의 상담심리치료, 재래적 심신통합치유, 뇌인지과학·생리학 기반 스트레스치유 같은 것은 AI가 모두 대신하게 될 것이다.

그러므로 이 시대의 심신치유 전문가는 진정한 의미의 몸과 마음, 즉 몸맘영BMS(몸기정맘얼영)의 온전한 이해에 바탕을 둔 통합적 심신치유자가 되어야 하고, 그러기 위해서는 스스로 마음챙김 기반 심신치유·명상치유·영성 수련에 의해 2층의식으로 성장 변용해야 한다. 또한 이러한 치유자가 되기 위해서는 무엇보다 이 양자 AI시대의 전문가로서 전통 지혜의 가르침을 현대적으로 해석할 수 있도록 현대 양자적 뇌인지과학, 신과학, 통합양자론, 정신과학의 기초 원리는 어느 정도 제대로 이해해야 한다.

앞으로 AI시대의 명상치유·영성 수련 전문가는 AI가 모두 해결해 주는 신체 건강이 아니라, AI가 해결할 수 없는 정신적(영적·혼적·심적·정서적·본능적 이상심리, 의식 중독, 행위 중독 등의) 병리장애로 인해 불안하고 소외되고 고통받는 사람들의 온건강, 정신건강, 웰라이프를 위한 심신통합치유와 명상치유와 영적 성장의 길라잡이가 되어야 한다. 그렇게 되려면 심신치유자 스스로 기존의 상담심리치료나 심신치유기법을 넘어 이 시대정신에 맞는 심신치유 전문가가 되기 위한 심신통합치유, 고급 심신치유로서 마음챙김 기반 명상 치유·수련을 해야 한다. 더 나아가 『통합심신치유학: 이론』편에서 상세하게 다루고 있는(3.3절에 간략하게 소개되어 있는) 유위·무위 통합심신치유에 대한 인지학습과 실제 치유·수련이 필요하다. 이를 통해 스스로 인간의 영혼·참나·무의식·초의식·원형의식·심층무의식에 대해서 단순한 지식이 아닌 앎과 영성의 발현으로 심안이 밝아지고

영안이 열리게 되어야 한다. 뿐만 아니라 『이론』 편에서 상세하게 다루고 있는 인간에 대한 퀸텀나선동역학적 의식의 변화변용원리, 信・解・行・證의 퀸텀사분면적 양자의식치유・변용 QTQHTQuantum Tetra–dynamics Quantum Healing · Transformation원리를 알아야 앞으로 AI 중심의 양자사회의 치유현장에서 정신과학적으로 심신치유를 실행하고, 단계적 치유기제의 발현을 가능하게 하고, 명상치유・영성 수련을 지도할 수 있게 될 것이다.

앞에서 강조한 바와 같이, 21세기 AI시대에 앞으로 십여 년 안에 신체적 건강 문제는 AI 기반 GBM・BNR・QDM 등이 다 해결해 주고, 모든 지적・인지적인 것은 AI가 대신하는 시대가 될 것이다. 하지만 일에서 풀려난 신인류에게는 AI가 도울 수 없는 정신적・실존적 불안, 우울, 강박, 소외와 이로 인한 가상・현실 세계에서의 게임 중독 같은 행위 중독, 이념 중독 같은 의식 중독에서 벗어나기 위한 통합심신치유와 함께 명상치유・영성 수련에 의한 2층의식으로의 성장 진화가 필연적으로 요구된다. 따라서 이 시대의 심신치유자는 피치유자에게 유위적 통합심신치유요법, 단계적 심신치유기제의 적용과 함께 명상치유・영성 수련에 의해 2층의식으로의 성장 변용을 유도하는 사명감과 역량을 갖추어야 할 시대가 오고 있다.

이렇게 함으로써 앞으로 융복합 과학기술의 AI만능시대, 양자문명시대의 신인류의식이 2층의식으로 진화하고, 이를 선단에서 이끌어 가기 위해서는 심신치유자, 명상가, 영성가들의 의식이 먼저 2층통합의식, 3층자아초월의식으로 성장 진화해야 할 것이다. 이렇게 되려면 먼저 인간의 몸과 마음에 대한 심층과학적 온전한 이해에 바탕을 두고 정신・의식의 문제를 다루는 심신치유 전문가, 명상치유・영성 수련 지도 전문가들이 전통 지혜의 관념, 사변적 담론이나 현대의 평원적・환원주의적 심신치유, 명상・영성 수련에서 벗어나야 한다. 따라서 머지않아 초감각・초의식, 신비・절정・영성 체험을 경전의 문자적 해석이 아닌 현대 정신과학적・심층과학적으로 이해하고 해석하며 홀로그램 가상현실 명상・신비 체험을 하면서 통합심신치유 명상・영성 수련을 지도하는 시대가 오게 될 것이다.

통합심신치유학 [실제] 편

제 3 장 | *Integrative Body · Mind · Spirit Healing: Practice*

통합심신치유기제

이 장에서는 통합심신치유학 삼부작의 3편인『통합심신치유기제』에서 상세하게 다루고 있는, 치유자들이 치유요법의 치유기제를 촉진시키기 위해 치유현장에서 적용해야 할 치유기제의 기본 원리에 대해 개관하였다. 여기서는 통합심신치유기제에 관한 개념적 원리만 간략하게 다룰 것이다. 그러므로 치유현장에서 필요한 현대 인지 · 의식 · 정신과학에 기반한 인지적 치유기제로서의 단계적 치유기제의 발현기법 및 실제에 대해 제대로 알기 위해서는『통합심신치유기제』를 필수적으로 보아야 할 것이다. 여기서는 심신치유기제의 정의적 원리만『통합심신치유기제』에서 발췌하여 간략하게 소개하였다.

오늘날, AI 중심의 제4차 산업혁명시대, 융복합 양자과학기술시대, 양자파동의학시대가 되어서도 피로사회 · 위험사회 · 과로사회에서 성장 과정의 발달장애와 삶의 가혹한 환경으로 과도한 신경증적 스트레스와 감정정서 조절장애나 다양한 만성 심신장애로 인해 시달리는 현대인들은 종래의 재래적인 전통적 심신치유, 상담 · 심리치료 기법만으로는 단순 힐링이 아닌 근본 치유가 어렵다는 사실을 전문가라면 누구나 잘 알고 있다. 이 시대적인 통합의학, 심신통합의학, 신의학, 홀론의학이 추구하는 인간에 대한 심층적 이해를 바탕으로 하는 통합적 심신치유와 치유기제를 온전하게 알아야 하는 것이 이 혼돈의 AI시대치유 전문가에게 요구되는 자질이다. 왜냐하면 곧 10년 내에 지적인 모든 것이 인간을 수백만 배 넘어서며 대신하는 초지능의 범용 AI시대가 도래하고 있기 때문이다. 그래서 머지않아 범용 AI는 거의 모든 전문 이론 · 경험 지식으로만 판단하고 실행하는 전문가의 역할을 훨씬 뛰어나게 대신하게 될 것이며, 심신치유의 경우도 웬만한 표준화된 심리 · 성격검사, 분석평가를 바탕으로 한 다양한 기존의 전문지식에 의해 상담 · 치료 · 치유기법 위주로 치유하는 모든 상담심리치료사나 치유자나 코치의 역할을 대신할 것이기 때문이다. 하지만 역설적으로 AI시대의 현대 심신치유상담, 보건건강 전문가들은 AI가 넘볼 수 없는, 영혼 · 정신 · 마음이 아픈 사람들을 위해 AI/VR/AR을 보조도구로는 활용하게 되지만 기법 위주의 치료 · 치유나 일시적 힐링이 아닌 깨어나서 근본 치료적 자기치유를 하며 의식의 변화와 영적 성장을 유도하는 전문가로서 활동해야 될 축복(?)받은 AI시대 전문직의 전문가들이기도하다.

한마디로 말해, 일시적인 힐링이 아닌 근본적인 치료적 치유therapertic healing의 세 요소는 [그림 3-1]과 같은 전통적 · 현대적 · 과학적인 치유원리와 치유요법과 치유기제이다. 그러므로 적절한 인지적 치유기제를 적용하여 치료치유현장에서 피치유자(내담자 · 치유대상자), 피교육자, 수련생들의 자기치유 능력을 기르게 하려면, 피치유자 개개인에게 적합하고 심오한 통합치유원리에 바탕을 둔 통합치유요법과 함께 통합적 치유기제를 전문가 스스로 깨우쳐서 자기화한 후 현장에서 피치유자들이 실현하도록 유도해야 한다. 더 나아가 AI시대에 영혼 · 정신 · 마음 · 심신이 알게 모르게 병들거나 아파서 고통받는 사람들의 치료 · 치유 · 영적 성장의 안내자로서, 전문가부터 스스로 깨어나서 내담자 · 고객 · 수련생 · 학생을 깨어나게 해 주는, 정신적 · 심적 · 정서적 · 생명기적 주체가 아닌 AI는 도저히 할 수 없는 전문가가 되기 위한 치유원리와 치유기제를 터득해야 한다.

무엇보다 치유기제에 대한 올바른 이해와 앎이 중요하다. 모든 공인된 치유요법은 비록 최소한 일시적이지만 힐링은 되고 스트레스 감소를 시켜 준다. 그리고 모든 자각의식이 있는 통합적 치유요법을 지속적으로 실행하면 의식의 변화와 함께 치유기제가 발현되며 근본 치유가 될 수 있다. 물론 심리장애, 심신의 병리장애가 거의 없는 사람이 스트레스를 받으면 운동, 소마, 기공, 요가, 감정정서치유요법들 중에 자신이 하고픈 무엇을 해도 스트레스는 해소되고 활기를 되찾는다. 하지만 심신의 병리장애, 혼의 위축장애(자존감 · 정체성 상실, 콤플렉스, 트라우마, 건강염려증, 우울증, 망상공포증 등 부정적 방어기제의 억압무의식 장애 등), 심리장애(신경증, 강박증, 과민성 스트레스 등), 감정정서장애(분노화 조절장애, 감정정서불안, 원한 · 증오 · 혐오증 등), 이상심리(성도착, 망상, 사이코패스 성향, 리플리증후군, 충동장애 등), 중독(물질, 행위, 이념, 의식 중독 등)장애가 어느 정도라도 있으면 단순한 스트레스 치유요법만으로는 어렵거나 안 되고 반드시 단계적인 인지적 치유 훈련으로 치유기제를 발현시켜야 한다. 더구나 사람들마다 이러한 병리장애, 스트레스의 심각성이 다르고 그 문제의 범주, 유형, 계통이 다르므로, 개개인의 심신장애 수준 · 상태, 개성 · 성명의 근기 (체질 · 기질 · 성격 · 성품 · 인성 · 지능 · 재능)에 맞는 통합치유와 치유기제의 발현이 중요하다. 이 책에 동반하는 『통합심신치유기제』에 상술되어 있지만, 통합심신치유에서 다루는 단계적 · 인지적 치유기제의 문제는 결국 인지학습, 인지각성훈련, 자각의식 치유기제 발현의 문제이다. 그리고 인지과학 · 의식역학적 치유기제 발현의 문제이며, 몸맘얼치유(혼유 · 심유 · 정유 · 기유 · 뇌유 · 신유)기제 발현의 문제이다.

따라서 이 말은, 모든 심신치유법은 전통적 · 현대적 · 과학적 심신치유원리에 맞는 치유요법에 인지적 각성의식 · 자각의식이 들어 있는 치유기제가 더해져야 온전해진다는 의미이다. 한마디로, 인지적 각성의식 · 자각의식이 치유법에 들어가 있는 치유요법들은 치유기제도 발현시킨다. 그래서 심신치유기제의 발현에 적합한 치유는 가급적 심신통합치유로, 상향 · 하향 인과의 각성 · 자각치유가 가능한 치유를 해야 한다. 그리고 주요 치유요법에 더하거나 보조하여 여러 수준의 인지적 각성의식 · 자각의식이 심신통합치유요법에 인지학습 · 의식 훈련 · 의식 수련으로 내재되어 있는, 예컨대 다양한 유위적 · 방편적 치유기제가 내재되어 있는 통합기공 · 요가치유 수련, MBSR, ILP, 유위무위 통합심신치유

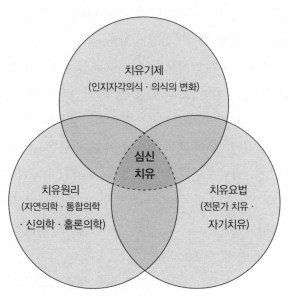

[그림 3-1] 심신치유의 세 요소

수련 등과 같은 통합심신치유가 바람직할 뿐 아니라 필수적이다.

심신치유기제는 각성적 자각의식의 발현 수준에 따른 단계적 근본 치유의 과정이다. 기본 치유기제의 발현은 병리장애, 치유원리, 치유요법에 대한 온전한 인지자각과 이에 따른 강력한 치유의지와 함께 [그림 3-1]과 같이 심신치유의 3요소를 모두 갖춘 치유법(치유원리+치유요법+치유기제)에 대한 인지적 자각학습이 우선이다. 다음에 일반치유기제의 발현은 각 치유 수준의 긍정마인드(기존의 서양 긍정심리, 심상화, CV/PA 등과는 달리 각성적 자각의식에 의해 발현되는) 의식 훈련이 중요하다. 그리고 고급 치유기제로서 혼의 각성에 의한, 혼의 장애 위축의 치유(혼유魂癒)를 위한 훈련이 가장 중요하다. 이를 바탕으로 온전한 자아의식이 어느 정도 확립되면, 자기치유를 위한 고급 치유기제의 발현은 MBSR·마음챙김(알아차림) 수련, 켄 윌버의 AQAL 알아차림 중심 ILP 수련 같은 메타자각의식의 수련이 필수적이다. 더 나아가 양자의식, 양자자각 수련, 통합양자심신치유 수련 같은 고급 치유 수련이 중요하다. 물론『통합심신치유기제』에 상술되어 있듯이 이 모든 기본·일반·고급치유기제를 포괄적으로 통합하는 수련을 통해 유위무위 통합양자치유 수련이 중요하다는 것을 깨우치게 될 것이다. 앞으로 이 AI시대의 치유 전문가는 종래의 전문가와는 달리 상담심리치료, 심신치유, 치유 코칭 현장에서 단계적(예비적·보조적 초급, 일반 중급, 고급) 치유요법에 따라 피치유자가 단계적으로 인지적 치유기제를 발현하도록 유도해야 한다.

따라서 심신치유기제에서는 자연스레 심신홀라키적으로, 단계적으로 먼저 모든 고통받고 불행한 사람들의 고통과 불행의 주요 원인인 인지밈의 각인 오류와 무지를 일깨우는 방편으로서의 인지적 학습(재인지밈학습)의 예비 치유기제를 우선적으로 고려해야 한다. 그래서 우선 피치유자의 근기와 현재의 병리장애 상태, 성격·기질 등을 고려하여 심신에 대한 인지적 예비 치유 단계인 각인 인지오류(오각인) 재인지밈 학습 단계를 거치며 치유기제의 발현 의지를 고취하도록 한다. 그런 다음, 일반 심신치유기법들과 상응하는 인지적 심신치유기제들에 의해 존재적 자기(혼)의 건강한 자아를 확립하기 위한 자신에게 맞는 다양한 일반적인 유위의 심신치유와 혼의 치유 훈련 단계를 통하여 자기치유를 위한 기본 심신치유가 어느 정도 가능하도록 유도한다. 특히 먼저 강건한 자기동일시와 올바른 삶의 의미를 아는 실존적 자기와 혼의 자기자애·각성 긍정, 자기정체성·자존감·자기효능감, 신념·용기를 회복하여 심신이 웬만큼 치유되고 의식이 열리게 되어 어느 정도 건강한 자기실현을 하도록 유도하는 것이 중요하다.

그리고 나서 자기치유를 가능하게 하는 무위적 치유 수련인 고급 치유기제의 발현을 위한 마음챙김(알아차림)을 바탕으로 한 탈동일시의 자기치유를 통해 근본적으로 영이 무지에서 깨어나고 혼이 각성됨으로써 심층병리장애적 무의식이 정화되어 의식·영성이 2층 의식으로 성장 변형될 수 있는 유위무위 통합심신치유가 곧 심층과학적·정신과학적 통합심신치유이다. 따라서 이러한 통합심신치유적 접근은 피치유자의 일시적 힐링치유가 아닌 근본적인 치유를 통해 자기치유 능력을 발현시키는 통합심신치유를 위하여 필수적인 단계적 치유과정의 이론과 실제 그리고 기제라는 사실을 심신치유 전문가들이 깨닫게 하는 데도 목적을 두고 있다.

오늘날 자연치유요법·자연의학, 보완대체의학·통합의학, 심신통합의학·통합스트레스의학 등의 심신치유는, 전문가에 의한 치유이거나 자기치유이거나 간에 기본적으로 스트레스나 병리장애나 아건강/반건강 상태의 개인이 자기 스스로 치유하여 항상성을 회복하고 유지하는 건강한 자기방어기제, 자기치유력, 자연치유력을 발현하도록 유도하는 데 모두 치유의 근본 목적을 두고 있다. 하지만 이러한 자연의학적 치유나 보완대체의학적·심신통합의학적 심신치유들을 보면, 개인의 심신의 불건강/아건강 정도, 만성 생활습관병·대사증후군 상태, 기질·체질·성격 등에 따라—단순하고 가벼운 상태인 경우 즉각 치유반응하는 자신에게 맞는 보편적인 치유법들도 적지 않지만, 일반적으로 단순한 신체적인 병리나 단순 스트레스기제 과민반응장애인 경우가 아니면—복합적 심신의 병리기제가 작용하고 있고, 심인성 병리장애가 심화 고착된 경우에는 특정한 의학의 특정한 치유요법·치유기법이 잘 먹혀들지 않는다. 이러한 치유법들에 의한 치유는 일반적으로 약간 완화만 되었다가 내적(내인성)·외적(외인성) 현실 상황이 더 어려워지고 삶과 사회적 환경이 각종 스트레스를 유발하면 나선동역학적 가치밈의식이 다시 원상태로 돌아가거나 오히려 더 불건강한 하위적 밈의식으로 악화되기 쉽다. 게다가 일부 전문가들의 자기경험에서 나온 주관적으로 편향된 치유법들은 서로 상반되거나 다양하고 부분적이며 파편적인 시각에 치우친 것들이 너무 많다는 데 문제가 있다. 따라서 대체로 쉽게 치유기제가 발현 작동할 수 없다는 데 근본 문제가 있는 것이다.

다시 말하자면, 자기치유가 아닌 치료치유의 주체는 거의 다 의사, 상담심리치료사, 심신치유사, 보건전문가들이지만, 치료적 치유는 개인의 자기치유 능력을 길러 주어야 한다. 하지만 치유받는 치유대상 주체의 자각의식적 치유의지가 없이는 치유기제로 발현되지 않아 제대로 근본 치유가 안 된다. 즉, 무슨 범주, 무슨 수준의 치유이든 간에 아무리 치유원리가 과학적이고 치유법들이 치유원리에 부합하고 합리적이라도, 치유기제 발현을 위한 개인의 치유 인지자각의식과 그 실행 의지, 치유의식 훈련이나 의식 수련이 없으면 치유기제가 제대로 형성되지 않는다. 대부분의 경우 그 근본 이유는, 자연치유나 심신통합치유 등의 통합적 심신치유에서 개개인의 성명근기의 차이, 병리장애의 차이를 고려하지 않고 획일적으로 치유하거나 개인의 의식·무의식의 병리장애를 해체소멸시키는 인지학습·의식 훈련·의식 수련 과정이 없기 때문이다. 물론 거의 모든 치료치유요법 중 전통적이거나 공인된 것들은, 피치유자의 별다른 심신병리장애가 없는 경우 심오한 치유원리와 통찰이 있으면 당연히 치유되는 사람이 많이 있을 수 있다. 그러나 많은 경우 가벼운 증상의 피치유자를 대상으로 한 획일적이고 파편적이며 과대포장된 치유요법 위주의 치료라는 한계와 문제를 지니고 있을 수 있다. 그래서 보통의 힐링, 스트레스 해소 차원에서의 일반 치유요법들은 일시적 의식상태의 동조 변화이고 그 자체만으로도 매우 유익하지만, 시간이 지나면 원래의 상태로 되돌아가게 된다. 반면에 전문치료적 치유는 상태의 변화와 함께 치유기제가 발현되면서 지속적 치유효과가 나타나게 된다. 그러므로 일반 힐링과 전문치료적 치유의 힐링은 명확히 구분해야 한다.

일반적으로 자연치유·자연의학적 치유와 심신통합의학적 치유는 근본적으로는 유사하고 심신이 하나라는 의식, 심신의 자연치유력, 자기치유력의 자각의식이 중요하다고 본다. 하지만 대체로 자연의학은 보완대체의학과 유사하게 주로 자연적으로 스스로 치유하게 하는 자연치유력을 강화하고 회복하기 위한 섭생, 양생, 해독, 색채, 소리, 소마, 접촉, 수기치료 등 신체·소마적 건강 회복 위주의 자연치유를 강조한다. 반면에 심신통합의학·통합스트레스의학치유는 PNEI적으로 심리·신경·내분비·면역학적 반응기제를 강조하며 자연치유법들 외에 인지행동치료, 감정정서치료 등 심리치료를 포함하여 마음, 의식, 자각을 (비록 자칫 환원주의에 빠지기 쉽지만) 치유의 주요 인자로 중시한다. 이 책에서 강조하는 통합심신치유학적 심신통합치유는 자연의학과 심신통합의학의 심신통합치유의 치유기제를 중시한다. 더 나아가 AQAL 통합적 심신치유, 신의학(에너지의학, 양자·파동 의학), 그리고 양자의식 기반 양자심신치유와 이 모든 통합적 의학의 유위·무위 통합심신치유를 모두 포괄하는 역동적 통합심신치유학을 지향하는 홀론의학적 통합치유의 치유기제를 가장 중요시한다.

홀론의학적 통합치유기제의 근본 원리는 단순하다. 누구나 정도의 차이는 크지만, 보통 사람의 경우 모든 심신의 병리장애는 성장 과정에 형성된 무의식의 어두운 그림자(카르마, 억압무의식의 병적 방어기제, 콤플렉스, 트라우마, 이상심리 등)로 인해 정신·심리적 장애에 취약하기 마련이다. 그러므로 유전적 결함 요인, 외적 질병 환경 요인, 독성유해물질로 인한 신체적 질병을 제외한 대부분의 만성 생활습관병·대사증후군이나 심인성 질병은 스트레스의 누적으로 인한 심신의 피로, 정신·심리적 병리장애의 성정과 억압된 그림자 무의식이 근본 원인이다. 근본 치유는 하향 인과의 작용인으로서의 정신, 마음, 감정정서, 리비도 본능, 인지밈식識의 치유의 문제이다. 그러므로 치유와 치유기제는 피치유자에게 맞는 적절한 치유요법과 함께 이러한 병리장애적 정신, 마음, 감정, 본능, 인지의식을 선순환 경로로 전환하려는 강한 의지력에서 나온 재인지(밈) 자각 훈련(학습, 앎), 각성 긍정의식 훈련(혼유), 메타자각 · 마음챙김 의식 수련을 통해 단계적으로 형성 발현되는 것이다.

일반적으로 몸의 질병이나 만성 생활습관병 치료를 위해 상담사, 심리치료사, 심신치유사, 코치를 찾아오지는 않는다(이런 질병도 근본적으로는 스트레스나 심인성 병리장애가 원인인 경우가 많지만 서양보건의학적으로는 신체적 문제로만 치료하고 있는 게 현실이다). 하지만 심인성 심신의 병, 심병으로 인해 고통받는 심신의 병리장애가 있을 때 심신치유, 마음치유, 스트레스치유, 우울, 강박, 중독 등의 치유를 위해 상담 · 치료사, 치유 전문가를 찾아오는 것은, 마음이 원인이 된 심신병리장애의 치유 문제, 즉 정신, 마음, 감정정서, 이상심리, 중독문제 등의 상담과 전문치료적 치유를 받기 위해 오는 것이다. 하지만 많은 경우, 하향인과의 이와 같은 심인성 심리치료 · 치유, 심신치유요법만으로는 일시적 힐링이 아닌 근본 치료치유는 어렵다. 그래서 문제는 치유기제가 발현되지 않고서는 근본적으로 치유되지 않는다는 것이다. 물론 의료적 치료 후나 포기한 암이나 불치병의 치료치유나 회복치유를 위해 건강관리사나 상담치유사를 찾아오지만, 이때도 중심은 정신, 마음, 감정정서의 치유가 우선이고, 이를 위해 강력한 치유기제의 발현이 중심과제이다

그렇다면 심신통합치유를 위한 통합심신치유학에서 치유원리와 치유기제는 어떻게 연관되고 어떻게 이해해야 하는가?

이를테면, 자연치유의 원리는 마음치유보다는 주로 인체가 병리장애, 반건강/아건강 상태에서 벗어나 생명유기체로서 항상성—즉, 유기체의 질서를 유지하며 낮은 엔트로피를 유지하는 속성—을 지속하기 위해 자발적 자연치유력, 자기치유력을 발현하도록 하는 데 바탕을 두고 있다. 즉, 섭식, 해독, 양생, 운동, 소마 등에 의해 몸의 자연치유력과 자연치유력을 발현하여 몸을 건강 상태로 전환하고, 상향 인과 원리에 의해 감정정서 안정, 마음의 스트레스도 해소할 수 있다는 것이 핵심 원리이다. 따라서 이러한 치유원리에 따른 자연치유법들에 의해 스트레스, 병리장애, 아건강 상태를 치유 상태로 전환하게 하는 치유기제는 온전한 자연치유에 대한 올바른 정보(지식, 앎)와 이에 따른 심신의 병리장애 상태—생활습관병, 물질 · 행위 · 의식 중독 상태, 특정 기능의 병리장애 상태, 아건강의 취약한 신체 상태 등—에 대한 자각을 통해 자신의 체질 · 기질 · 성격에 맞는 올바른 치유법에 대한 온전한 인식과 함께 지속적 자연치유의 실행의지가 임계점에 도달해야 기본 치유기제

가 발현한다.

앞에서 언급한 바와 같이 자연치유요법·자연의학, 보완대체의학·통합의학, 심신통합의학, 심신상관의학 등의 심신의 자연치유력, 자기치유력을 강화하여 온건강의 항상성을 회복시키는 치유법들의 근본 치유원리는 유사하다. 하지만 이러한 각 치유법들은 개인의 아건강/불건강한 상태의 정도, 생활습관병 상태, 선천/후천의 성명·근기 등에 따라 치유효과가 다르게 마련이다. 즉각 치유반응하는 보편적인 치유요법들도 있지만 전문가들의 자기경험 위주의 주관적으로 편향된(부분적 시각, 파편적 시각에 치우친) 치유법이 많다는 데 문제가 있다. 따라서 자기의 심신의 복합적 병리장애 상태, 체질·기질에 맞는 치유원리를 모르고 편향된 치유법을 잘못 선택하여 치유하려 들면 쉽게 치유효과가 나타나지 않고 치유기제가 발현 작동될 수 없다는 것은 자명한 사실이다.

결론부터 먼저 얘기하자면, 모든 기본·일반·고급 치유기제는 일반적으로 복합 병리장애기제를 해체 반전시키는 여러 수준에서의 인지적 자각의식기제의 발현이 핵심이다. 그러므로 치유자는 먼저 개인의 병리장애별로 적합한 치료치유원리와 치료치유요법들을 잘 알아야 한다. 그리하여 피치유자의 현재의 병리장애 상태를 제대로 진단평가하고서 최적의 통합치유요법의 적용과 함께 상응하는 온전한 정신적(혼적)·심적·정서적·기(생명에너지)적·(뇌)인지적 치유기제의 발현을 유도해야 한다. 이러한 주요 의식·에너지 치유기제가 어느 정도 발현되려면, 혼심정기의 내적 홀라키와 뇌의 외적 홀라키 사이의 상의상관적 생성·변환·각인 원리, 통합생리학 원리에 따라 뇌와 몸은 생체분자, 세포 수준에서는 정신신경내분비면역학PNEI적 반응기제를 따른다. 이와 같은 하향 인과 치유원리에 따라 의식·에너지 치유기제와 신체의 치료치유기전이 일체적으로 발현 작동하게 된다. 보다 근본적인 수준에서 보면 인간의 몸과 마음은 홀라키적으로 몸·기·정·맘·얼·영의 신의학(에너지의학, 양자·파동의학)적 홀라키 치유원리와 그 기제를 따른다. 때문에 전문가는 통합의학적·홀론의학적 치료치유원리와 통합적 온수준·온분면의 치유기제의 발현 원리를 알아야 한다.

먼저, 치유 전문가로서 전문가는 스스로 치유기제의 형성 발현 원리에 대해 명확히 알아야 한다. 모든 심신의 병리장애와 그 치료치유원리 그리고 피치유자 자신의 현재의 심신의 병리장애나 건강 상실의 원인이 자기 자신과 병·건강에 대한 무지·무명에서 비롯된 것임을 먼저 깨닫고 치유에 대한 강한 의지를 갖게 해야 한다. 그리고 나서 이를 인지적으로 명확하게 자각하고(알고), 건강과 치유에 대해 올바르게 인지하는 기본 치유기제의 발현을 위한 인지자각학습(배워 익히는) 단계를 거치게 한다. 그런 후에 일반치유기제의 발현을 위한 자각의식 훈련 단계, 고급 치유기제의 발현을 위한 자각의식 수련 단계를 단계적으로 거치게 해야 한다.

하지만 무엇보다 치유요법의 본격적인 적용에 앞서, 우선 피치유자가 자신의 무지를 깨우치게 하는 것이 중요하다. 자신의 무지에 대한 각성적 인지자각 그리고 온전한 건강과 치유에 대한 강한 의지와 함께 올바른 인지자각학습과 (주로 각성 긍정 마인드와 혼의 치유를 위한) 의식 훈련을 자신의 근기에 맞게 예비 준비 단계와 기본 단계에 시켜야 한다. 이와 동시에 실행 단계에 적절한 주요 치료치유요법으로 본격적으로 치유해야 비로소 치유기제가 형성 발현되면서 일시적 단순 힐링이 아닌 지속적 치유효과가 나타나게 된다. 이와 같이 단계적으로 치유요법과 치유기제를 심화시켜 나가면서 지식을 넘어 올바른 앎 · 인식으로, 관념적 인식을 넘어 의식화 · 체화하는 데 이르게 되면, 치유요법의 치유효과가 극대화되면서 의식의 변화 · 변용과 함께 온전한 치유기제가 온건강기제로 비로소 발현 작동하게 된다.

따라서 치유 전문가 수준에서 이러한 엄격한 의미에서의 통합적 심신치유기제를 제대로 알기 위해서는 먼저 통합심신치유의 이론 및 실제에 관해『통합심신치유학』에서 상술하고 있는 전통 지혜와 현대 발달심리학, 현대과학을 상보적으로 통합하는 통합심신치유의 원리와 실제에 대해 온전하게 알아야 한다. 그리고 현재 서양의 뇌신경과학 · 인지과학과 정신신경면역학에서는 아직 체계적으로 밝히지 못하고 있는 이러한 원리들에 따른 어떤 병리기전/기제나 치료치유가, 어떻게 신의학(에너지의학, 양자 · 파동의학)의 원리에 의해 설명할 수 있는지도 어느 정도는 확실하게 알아야 한다. 그리하여 몸 · 맘 · 영의 다차원 생명장의 에너지氣와 정보識(의식, 무의식, 지능, 지각, 자각, 판단, 분별 능력 등)를 분자 · 세포 · 조직 · 기관 · 기관계통 · 유기체 수준에서, 그리고 어떻게 더 상위의 기체(생명원기 에너지체), 백체(감정체), 심체, 혼체, 영체 수준에서 상의상관적으로 교란되거나 3A Atunement · Atonement: At-one-ment 조율 · 동조 · 합일의 조화 상태로 되는 조건이 형성되는가에 대해서도 기초 원리 정도는 알아야 한다. 또한 이에 따라서 홀론의학적으로 상향 · 하향 인과의 악순환 · 선순환 경로에 따르는 심신의 병리장애기제나 치유기제가 어떻게 점점 더 악화되거나 점점 더 치유되는가에 대해서 알아야 한다. 그리고 이러한 병리장애 상태나 치유상태가 어떻게 고착 · 강화 · 경화 · 중독 · 교란 상태로 더욱 심화되는가, 어떻게 상의 · 상자 · 상생의 조화 상태로 전환되는가에 대해서도 알아야 한다.

한마디로, 심신통합치유기제란 심신의 병리장애를 심화시키는 상향 · 하향 인과의 병리적 악순환 경로가 아닌 치유의 선순환 과정으로의 전환에 의해 자연치유력, 자기치유력을

—통합적 치유자각의식에 의한 심신통합치유력을—발현하려는 정신적 · 심적 · 기(氣)적 에너지와 의식 · 무의식의 구조적 변화 과정에서 새로이 구성된 인지적 자각의식의 대응 작동 체계라고 말할 수 있다.

이와 같은 통합적 심신통합치유기제 발현 · 조건 중에 일부 주요 조건은 다음과 같이 요약할 수 있다.

치유기제 발현의 필요 · 충분 조건

- 심신치유기제의 필요 · 충분 조건이 형성되어야 치유기제가 발현한다는 원리를 제대로 알아야 한다. 그러려면 무엇이 치유기제의 필요조건이고 충분조건인지 알아야 한다.

- 심신치유기제 발현의 기본 필요조건은 자기 자신에 대한 무지무명에서 벗어나서 자기심신의 병리장애, 불건강 상태에 대한 온전한 진단과 평가에 따른 치유원리의 정확한 인지적 자각(앎)에 의한 올바른 판단과 온전한 치료요법(정보)의 숙지와 기질 · 개성에 맞는 치료법의 선택이다.

- 반면에 기본 충분조건은 온전한 건강(온건강)의식과 긍정적, 확신적 의지와 신념으로 건강을 파괴하거나 악화시키지 않는 생활 태도로의 전환과 기본 치유기제의 지속적 실천 의지이다.

- 심신치유기제는 이러한 기본 필요 · 충분 조건이 병리장애, 불건강 상태를 점차적으로 양자도약적으로 호전시키는 인지적 선순환 자각의식기제가 임계 한계 상태(항상성 회복역치)에 이르면 발현된다.

- 이를테면, 자연의학 · 자연치유의 치유기제의 필요 · 충분 조건은 몸의 자연치유력이 발현되어 몸 스스로 치유되도록 그에 합일하는 몸과 체질에 맞는 자연치유법(섭생, 양생, 오감치료, 에너지치료, 감정정서치료, 운동, 수기, 기공/요가 등)을 실천하는 의지와 마음가짐, 알아차림 자각의식의 지속적 유지이다.

- 결국 통합적 심신치유기제 발현의 필요 · 충분 조건은 온전한 통합적 치유정보의 실천 의지와 인지적 각성 긍정 마인드 훈련(기유 · 백유 · 심유)와 혼 되살리기 치유 훈련(각성적 혼유)과 메타자각의식(깨어 있는 영적 자각)의 지속적 유지 수련이다. 이런 통합적 심신치유기제의 발현이 조건화되면 심신이 스트레스나 만성 생활습관병 질환이나 무의식의 억압병리장애 상태에서 벗어나기 시작하게 된다.

통합치유기제 발현의 주요 지침

치료와 치유기제는 어떤 범주나 수준의 치료치유법이든지 간에 각 치료치유요법에 따른 인체 뇌신경과학, 분자생물학, 생리학, 생체전자기학, 양자 물리 · 화학, 기과학, 심리과학, 정신 · 의식 역학, 자연의학, 통합심신치유학, 신의학(에너지의학, 양자파동의학) 등의 해당 과학/의학적 치료기전 · 치유기제를 망라한다. 통합치유기제는 크게 나누어 보면 다음과 같이 에너지 · 의식 치유기제의 범주로 구분하여 다룰 수 있다.

- 미세 생체분자 · 세포 수준의 생물리 · 화학 · 신경생리학적 치료치유기전
- 에너지의학의 다중 생체 매트릭스 에너지 · 정보 전달 회로 체계의 생체 전기자기, 기 에너지 치료치유기전
- 심신통합의학, 심신통합치유학 등의 전일적 통합심신상관의학적 치유기제
- 심신의 각 의식 수준의 뇌인지과학, 의식역학, 양자파동의학, 양자치유학(양자의식 · 양자자각의 자각 · 메타자각의식)적 치유기제

하지만 치유기제의 발현을 위해서는 다음과 같은 여러 가지의 치유기제 발현 지침들에 유의해야 한다.

- 모든 수준의 치유기제는 각 수준의 에너지기제와 의식정보기제 양면의 홀라키(포월체)로서 통합적 상의상관적 치유기제로 다루어야 한다(상향 인과, 하향 인과 홀라키치유기제).
- 치유기제는 피치유자의 복합적 병리장애 상태, 선천/후천의 성명의 근기에 따라 단계적 · 수준적으로 발현한다.
- 핵심 통합심신치유기제는 통합적 인지자각학습과 그 실행 의지에 의한 기본 치유기제 단계, 통합적 자각의식 훈련에 의한 일반치유기제 단계, 통합적 마음챙김 자각의식 수련의 고급 치유기제 단계의 세 단계로 구분할 수 있다.
- 부정적 의식 · 무의식에 대한 고급 치유기제는 아니지만 일반치유기제의 발현에 도움을 주는 삶은 깨어 있지는 않아도 일이나 관계나 소통이나 사소한 일상 취미나 휴식에도 무심의 몰입, 열정, 즐김, 자기신뢰, 자기확신, 자기긍정을 실천하는 건강한 자아(혼)를 되살리는 삶이다.
- 온전한 치료치유원리에서 온전한 치료치유요법이 나오고, 온전한 치료치유요법에서

온전한 치료치유기제가 나온다.

- 이 책의 주요 심신통합치유요법의 실제들은 이 책에 동반하는 대표저자들의 『통합심신치유학: 이론』 편의 온전한 통합심신치유원리에 따른 『통합심신치유기제』의 통합적, 온전한 단계적 기본 · 일반 · 고급 심신치유기제를 상호 보완적으로 내포하는 치유 프로그램에 포함되어야 한다.

- 심신은 단순히 연결되어 있거나 차원이 동일한 일원일체가 아닌 다차원의 일체—体, 즉 다원일체多元—体이고 모든 존재자가 전개자全個者/포월자(홀론)이며 전개체全個体/포월체(홀라키)임을 알아야 통합심신치유학의 홀론의학적 속성에 따른 통합심신치유기제, 심신통합적 유위 · 무위 치유기제를 제대로 이해할 수 있다.

- 모든 심신치유가 치유홀라키 체계이듯이, 치유기제도 하위의 치유기제를 초월하며 포함하고 작인(의도적 · 의지적 · 자율적 지배, 통제, 관리, 조절)하며, 하위의 기제에 의존하는 홀라키 체계이다.

제**4**장 | *Integrative Body·Mind·Spirit Healing: Practice*

통합심신치유 프로그램

이 시대의 심신치유자들은 상담심리치료사들과 마찬가지로 특정 치유대상자 개인이나 그룹을 대상으로 심신치유에 대해 상담하고 상담치유 회기를 통해 피치유자들의 심신의 장애를 다양한 심신치유기법과 요법을 통해 치유시켜 나간다. 그러나 특정 심리치료학파 의 특정 요법에 따라 상담치료하는 상담심리치료사들과 근본적으로 다른 점은, 치유자는 심신치유의 특정 심신통합치유요법들을 중심으로 하지만 치유대상자(내담자, 교육대상자 그룹)의 심신의 병리장애 상태, 기질/체질/성격에 맞는 몸·에너지氣·감정정서·심리· 인지·자기·혼·영과 연관된 몸·소마·기공/요가 치유, 감정정서·중독 치유, 의식· 심리·마음 치유, 인문·독서 치유 같은 다양한 유위적 치유들이나 마음챙김 같은 무위 적·명상 치유요법들을 통합심신치유 프로그램화하여 치유한다는 것이다. 그러므로 기존 의 MBSR이나 ILP 같은 심신치유 프로그램을 기본으로 하여 그대로 적용하거나 확장 보완 하여 치유자가 다양한 피치유자 대상에 최적의 치유효과가 있다고 보는 통합심신치유 프 로그램을 개발하여 치유대상자들에게 유연하게 적용하는 프로그램을 개발하여 치유할 수 도 있다. 따라서 다양한 심신장애 유형·상태의 치유대상자(개인, 그룹)들을 위한 자신만 의 심신치유접근법을 준비하여 자신이 전문으로 하는 분야의 심신치유 전문가로 활동하는 것이 상담심리치료와는 전혀 다른 것이다.

그래서 오늘날은 상담심리치료가 중요한 대상과 경우도 많이 있지만, 점점 더 아건강/반건강 상태의 치유대상자들이나 의료적 치료 후 건강 회복, 강박 · 불안 · 우울 · 분노화 · 정체성장애 · 자존감 상실 등등의 심신의 장애치료치유나 웰니스 · 웰에이징 건강상담, 웰다잉을 위한 요양치유 등 다양한 의료보건 · 웰라이프 · 힐링 · 요양 분야에서 다양한 조건과 상태의 심신치유에 맞는 최적의 통합심신치유 프로그램을 스스로 개발하여 심신치유 전문가(상담치유사, 치유코치, 건강상담사, 치료회복건강사, 치유교육자, 치유멘토 등)로 활동해야 한다.

여기서는 마음챙김 기반 스트레스치료치유 중심의 통합심신치유 프로그램으로 전 세계적으로 가장 널리 알려진 카밧진의 MBSR의 기본 내용 중 개요만 소개할 것이다. MBSR은 국내 유일한 국제공인지도자인 안희영 교수가 제2부에서 핵심 내용을 다루고 있다. 그리고 MBSR과 함께 일상생활 속에서 몸 · 정서 · 맘 · 영의 자기치유를 위한 치유 · 수련 프로그램으로 널리 알려진 켄 윌버의 통합생활 수련 ILPIntegral Life Practice의 개요에 대해 소개하였다. 또한 이러한 통합심신치유 프로그램을 바탕으로 하면서 심신의 전 스펙트럼, 즉 몸 · 기 · 백(감정정서) · 심 · 혼 · 영의 온수준 · 온분면 · 온계통의 유위무위 통합심신치유 프로그램인 IQHLPIntegral Quantum Healing Life Program를 중심으로, 제2부의 심신통합치유요법의 실제들을 모두 포함하는 통합심신치유 프로그램 모듈의 개요를 간략하게 소개하였다.

MBSR 프로그램

MBSR 프로그램의 치유와 치유기제에 대해서는 MBSR 국제공인지도자인 안희영 교수의 논문에서 발췌한 주요 내용을 다음 단락에 소개하였다(안희영, 2010).[1] 이어서 제2부에서는 마음챙김 중심의 MBSR 프로그램의 치유효과에 대해 좀 더 상세하게 소개하고 있다.

---

1) 안희영(2010). MBSR 프로그램의 불교명상적 기반. 불교학연구 제26호, 359-408.

MBSR 프로그램의 배경

MBSR 프로그램의 등장 배경

MBSR은 카밧진 박사가 고통의 감소와 삶에서의 더 많은 지혜와 연민을 향상시키기 위해서 불교명상의 핵심을 종교적인 색채 없이 인간의 보편성에 초점을 두고 서구 주류 사회로 도입한 의료명상이라 할 수 있다. 1966년 메사추세츠 공과대학교MIT에서 명상을 통해 다르마(진리)를 접하게 된 카밧진 박사는 다양한 명상 전통을 접하면서 명상 지도자로 성장하게 된다. 마침내 케임브리지 선 센터에서 고故 숭산 스님에게 사사받으며 선과 마음챙김 요가 등을 지도하면서 1979년 집중수행 도중 10초간의 비전을 체험한 후 MBSR을 병원에 도입하기에 이른다. 40여 년 진화해 온 MBSR은 이제 오늘날 서구사회에서 가장 체계적이고 임상 결과가 많은 의료명상으로 인정받기에 이르렀다. 과학과 다르마(진리)라는 두가지 인식론을 결합하여 명상의 종교적이고 비일상적인 차원을 주의력과 자기조절력의 관점에서 스트레스 경감을 위한 혁명적인 의료명상을 발전시킨 것이다.

카밧진 박사의 명상 관련 체험은 테라바다불교 전통은 물론 대승불교 전통, 베단타요가 전통, 조동종, 임제종을 포함한 선불교, 크리슈나무르티(Krishnamurti, J.), 라마나 마하리쉬(Maharishi, S. R.) 등의 가르침 등 다양한 전통을 섭렵하고 있다. 특히 선불교의 주체와 객체의 이원성의 초월, 즉 비이원성은 MBSR에 그대로 반영하고 있다. 한쪽으로 치우치지 않는 중도middle way적 지향, 치료보다는 치유를 강조, 질병보다는 온전한 상태의 강조, 테크닉이나 인지적 방법보다 지도자의 명상 수행을 강조하는 점 등은 다르마(진리)를 주류 사회에 가져오기 위한 무수한 방법 중의 하나로, 창시자 카밧진 박사의 수행 정신이 그대로 들어가 있다.

카밧진은 각종 만성 질환과 스트레스에 대처하기 위해 동양의 마음챙김 명상에 서양의 스트레스의학을 접목하여 고통에 시달리는 현대인들이 현재의 경험을 회피 또는 억압하지 않고 있는 그대로 수용하는 존재의 길a way of being로서 MBSR을 제시하였다. MBSR 프로그램이 등장하기 4년 전 하버드 대학교의 심장 전문의 벤슨(Benson, H.)은 초월명상을 중심으로 이완반응Relaxation Response이라는 저서를 통해 집중명상concentration meditation이 현대의학에 도입될 수 있도록 공헌하였다. 카밧진은 집중명상이 아닌 통찰명상insight meditation인 마음챙김 명상이 서양 주류 의학에 진입하는 데 획기적 역할을 한 것으로 인정받고 있다.

1999년 하버드, 듀크, 스탠포드, 메사추세츠 주립대, 애리조나 주립대 등 9개 대학교의 대표들이 모여 통합의학 컨소티엄The Consortium of Academic Health Centers for Integrative Medicine을 열고 이 분야의 발전을 논의한 것을 시작으로, 지금은 북미의 약 44개 대학교가 회원으로 가입할 만큼 성장하였다. MBSR 개발자인 카밧진은 통합의학에 대한 컨소티엄의 비전을 제시하였다. 그 내용은 심신의학과 통합의학을 도입하고 있는 의료원 대표들이 만나서 이 분야의 중요성에 대한 이해를 돈독히 하고 임상적·과학적 지식의 발달과 미래의 의학에 긍정적 영향을 미칠 수 있는 보완 통합심신의학적 관점을 도모한다는 것이다. 특이한 것은 마음챙김의 원리와 수련에 대한 직접적 경험에 근거한 영향력 있고 확장 가능한 알아차림 실무공동체를 개발한다는 내용이다. 이것은 통합의학의 새로운 패러다임의 탄생부터 마음챙김의 개념이 중심에 자리 잡고 있다는 것을 시사하는 것이며, 마음챙김은 이 컨소티엄의 핵심 가치로 지금까지 남아 있다.

이렇게 탄생된 통합의학은 생의학 체계로부터 몸, 마음, 영성을 모두 포함하는 전일적인 의학 체계로, 치료 중심에서 예방 중심 의학으로, 의사 중심에서 환자 중심으로 패러다임의 이동을 반영하고 있다.

MBSR은 마음챙김이라는 보편적인 인간의 능력을 사용하여 자기치유력의 극대화를 통해 건강과 웰빙의 증진을 목표로 하는 심신의학의 영역에 속해 있으며, 나아가 서양현대의학과 보완대체의학CAM을 통합한 통합의학에서도 중요한 역할이 기대되고 있다.

통합의학의 정신을 공유하는 MBSR은 마음챙김 명상과 현대의 스트레스의학을 체계적으로 결합하여 인간에 내재한 마음챙김 자각 능력의 함양을 통해 참가자들이 문제의 굴레인 현실 속에서 자신의 인생을 보다 풍요롭게 살아가는 방법을 교육한다. 특히 불안과 공포, 걱정, 불만족 등에 압도당하지 않고, 구체적이고 골칫거리인 문제점 등에 현명하게 대처하며 자신의 존재감을 되찾도록 돕는 의식 및 인생 전환 교육 프로그램이다. 참가 대상은 각종 만성 심신 질환자, 일반인, 의료 및 법률 전문가, 교도소 수감자, 운동선수 등 다양한 직업의 사람들이 포함되어 있다.

MBSR 프로그램의 근간이 되는 마음챙김이란 모든 인간에게 내재된 보편적인 능력으로, 현재 여기에서 일어나고 있는 일을 주관적인 사고나 감정의 개입 없이 있는 그대로 알아차리는 능력을 말한다. 냐나뽀니까(Nyanaponika, T.)에 따르면, 불교 전통에서는 마음챙김의 길이 열반에 이르는 '유일한 길'이며 불교명상법의 핵심이다. MBSR에서는 마음챙김을 스트레스로 인한 고통스러운 삶에 대처하고 삶의 다양한 상황을 보다 효과적으로 다룰 수 있게 해 주며 보다 큰 존재의 전체성과 연결될 수 있는 길을 제시해 주는 보편적인 능력으로 본다.

MBSR은 심리학적인 서비스가 아닌 의학적 서비스로 좌표를 설정하고 있다. 이것은 MBSR이 불안, 우울 등의 심리 질환뿐만 아니라 만성적인 통증, 피부 질환, 고혈압 등 각종 생활 습관에 기인한 신체 질환에 이르기까지 몸과 마음의 관계를 통합적 관점에서 보고 있다는 의미이다. MBSR은 대체의학alternative medicine이 아닌 보완의학complementary medicine으로서 자리매김하고 있는데, 이는 서양의학을 대체하려는 것이 아니라 현대의학적 중요성을 인정하면서 그 힘이 닿지 않는 부분을 보완한다는 취지이다. 심신상관적인 관점에서 볼 때 생각 및 감정의 상태가 면역계, 내분비계, 신경계에 직접적으로 영향을 미친다는 사실은 이미 심신의학, 행동의학, 통합의학 분야에서 널리 인정되고 있다. 최근 들어 뇌과학을 비롯한 의료 기술의 발달에 힘입어 마음이 뇌를 통해 신체를 변화시킨다는 사실이 증명되고 있어 MBSR을 비롯한 마음챙김 치료법의 확산 수용에 일조하고 있다.

마음챙김의 정의

붓다의 깨달음에 의해 발생한 불교는 시대와 지역에 따라 다양한 수행 전통으로 발전해 왔다. 상좌부 전통의 위빠사나명상과 대승불교의 선불교 전통이 대표적인 예라 할 수 있다. 간화선 중심의 한국불교에 최근 남방의 위빠사나명상이 도입되면서 양자 간 비교가 자연스럽게 일어나고 있다. 예를 들면, 간화선과 위빠사나 모두 선정이 바탕으로 깔려 있다는 공통점이 있고, 모든 불교 수행에 있어 Sati 행법은 그 핵심에 놓여 있으며, 간화선과 위빠사나가 근본적으로 다르지 않다는 주장도 있다. 냐나뽀니까는 사념처 수행 전통과 가장 가까운 대승불교 전통이 선禪이라는 사실에 주목하며 그 공통점을 다음과 같이 제시하고 있다.

> "…방법과 사상적 개념의 기반 차이에도 불구하고 양측 전통의 유사성은 매우 강하며, 이러한 연결 고리가 주목받거나 강조된 적이 없는 것은 유감이다. 예를 들면, 실재(자신의 마음을 포함해서)와의 직접적인 직면, 일상생활과 명상 수행의 융합, 관찰과 내관을 통해서 개념적 사고의 초월, 지금 여기here and now의 강조 등이다."

앞의 인용문에서 제시된, 두 전통―특히 '개념적 사고의 초월' '일상생활과 명상 수행의 융합'―의 유사성은 각종 문헌에서 강조되고 있는 것으로 보인다. 예를 들면, 3조 승찬의 신심명 첫 구절―"지극한 도는 어렵지 않음이요 오직 간택함을 꺼릴 뿐이니, 미워하고 사랑하지 않으면 통연히 명백하리라."―에 대해 성철은 이 네 구절이 신심명의 핵심이며 '증애심만 떠나면 중도정각'임을 강조하고 있다.

선과 위빠사나의 유사성은, 즉 실재와의 직접적 대면, 명상 수행과 일상생활의 융합, 개념적 사고의 초월, 지금 여기의 강조는 MBSR에서도 반영되어 있다고 볼 수 있다. 이것은

75

프로그램 개발자인 존 카밧진이 숭산의 제자로 선 수행을 오랫동안 해 왔고 나중에 위빠사나 수행도 겸했던 배경에 영향을 받았을 것이다. MBSR 지도자 중에 위빠사나 수행뿐만 아니라 선 수행 배경을 가진 사람이 많다는 것은 두 전통이 모두 인정되고 있다는 증거이다. 그럼에도 불구하고 MBSR은 교과과정상 명상 수련 방식에 있어서는 선 전통이 아닌 사념처 전통을 따르고 있다.

마음챙김의 힘을 계발하려면 기본적이고 개념에 물들지 않는 상태, 즉 맨주의bare attention 라는 것을 이해하고 의도적으로 함양해야 한다. 사념처 명상 수행의 열쇠가 되고 마음의 정복과 궁극적 자유에 이르는 문을 여는 맨주의는 네 가지 특성—① 맨주의에 의해 수행되는 정돈하기tidying up와 명칭 붙이기naming, ② 맨주의의 비폭력적이고 비강요적인 절차, ③ 정지하고 감속하는 능력, ④ 맨주의가 주는 시야vision의 직접성—이 있다.

마음챙김의 원어인 팔리어 Sati는 불과 1세기 전에 mindfulness라는 영어로 번역되었고, 비교적 최근에 마음챙김이라는 우리말로 재번역하게 되었다. Sati를 'mindfulness'로 처음 사전 번역한 것은 Davids & Stede의 팔리어—영어 사전이다. Sati에는 주의attention, 자각awareness 및 기억remembering이라는 의미가 있다. 그러나 현대 심리치료 분야에서는 마음챙김의 정의를 불교 전통에서 사용하는 것보다 훨씬 그 범위를 확장하여 쓰고 있다. MBSR 개발자인 카밧진은 "마음챙김이란 특별한 방식으로 주의를 기울이는 것을 말한다. 즉, 의도적으로 현재 순간에서 비판단적으로 주의를 기울이는 것을 말한다."라고 정의하고 있다. 이 정의 속에는 샤피로(Shapiro, S.) 등이 IAA 모델에서 말하는 의도intention, 주의attention 그리고 태도attitude적인 구성 요소를 모두 포함한다. 이들이 주장하는 마음챙김의 세 구성 요소는 서로 상호작용적이다.

마음챙김에 대한 정의는 불교 수행 전통에서 현대 심리치료에 이르기까지 다양하게 사용되고 있다. 대표적인 마음챙김의 정의에는 "의식을 현재의 실재에 살아 있도록 하는 것" (Hanh, 1991), "자신이 하고 있는 것을 스스로에게 상기시킴… 사물을 있는 그대로 보게 하며 모든 현상의 진정한 본성을 보게 함"(Gunaratana, 1992) 같은 정의가 있다. 현대 심리치료 맥락에서는, "수용적인 태도로 현재의 경험을 알아차리는 것"(Germer, 2005), "경험의 순수한 사실bare facts에 직면"(Goleman, 1988), "의도적으로 현재 순간에서 비판단적으로 주의를 기울이는 것"(Kabat-Zinn, 1994) 등이 있다.

카밧진은 마음챙김을 "깨어 있는being awake것"으로 정의한다. 마음챙김은 '접촉하는being in touch것'과 관계되며, 의도적으로, 현재 순간에, 비판단적으로 주의를 기울이는 것이다. 그는 이러한 종류의 주의 기울임을 통해 자각awareness, 명료함clarity 그리고 현재 순간의 수용

능력이 증가한다고 본다. 그는 있는 그대로를 보는 마음챙김 명상은 인간이 보통 경험하고 있는 자동성automaticity과 무의식이라는 잠에서 깨어나도록 해 주는 것이라고 주장한다.

위에서 논의된 것처럼 MBSR은 마음챙김이라는 불교 전통 명상법에 기반을 두고 있다. 창안자인 카밧진은 MBSR에서 사용하는 마음챙김의 불교적 뿌리에 대해서 분명하게 밝히고 있으면서도 마음챙김이 오로지 '동양적'이거나 '불교적'인 것뿐만 아니라 보편적인 인간의 능력임을 강조한다. 카밧진이 이렇게 마음챙김 수행과 관련하여 종교적·문화적 색깔을 배제하고 순수하게 일상생활secular의 중요성을 강조한 것은 참가자들이 종교적인 신념과 갈등을 일으키지 않고 내적 자원을 회복하고 깨어 있는 삶의 길을 걸을 수 있도록 고무시켰다는 평가를 받고 있다. MBSR은 다양한 측면을 가지고 있으며, 일상적secular이고, 비병리학적non-pathologizing이며, 지도자와 환자 모두를 변화시키는transformational 세 가지 독특한 특질이 있다.

MBSR 프로그램의 구조

미국 MBSR 본부인 CFMthe Center for Mindfulness in Medicine(Health Care and Society, 이하 CFM)에서는 MBSR 지도자의 마음챙김 명상 경험을 매우 강조한다. 명상 경험을 숫자화한다는 것은 주관적이고 경험의 깊이와 일치하지 않을 수는 있지만, 미국의 경우 MBSR 지도자 자격증을 취득하려면 의료, 심리, 교육 등 관계 분야의 석사학위 이상 소지자로서 위빠사나 또는 선 전통의 명상을 5년 이상 지속적으로 수행한 경력과, 적어도 수차례의 집중수행 참여, 다양한 지도자 과정 이수 및 MBSR 지도 경험을 권장하고 있다.

MBSR은 원래 치료를 표방하기보다는 교육적 지향을 강조한다. 특정한 병을 치료하는 목적보다는 교육을 통한 자가치유self-healing적 요소가 강하다. 지도자나 참여자 모두 결과에 대한 생각을 내려놓고 카밧진이 제시한 비판단, 인내, 신뢰, 초심, 애쓰지 않음, 수용, 내려놓기, 관대함, 감사 등 9가지 마음챙김 태도를 가지고 임하도록 요구된다. MBSR 지도자는 참여자의 가능성에 대한 믿음을 가지고 자신과 참가자들의 지혜 함양을 위해 머리가 아닌 가슴으로 가르치도록 교육받는다. 지도 자격을 갖추기 위해서는 지도자 자신의 심리적 성숙과 마음챙김 명상 수련, 신체 수련이 선행되어야 한다.

MBSR은 체계적이고 어느 정도 구조화된 환자 중심의 교육 접근법이다. MBSR의 핵심에는 마음챙김 명상 수련이 들어 있고 교육의 목표는 환자가 자기 자신을 보다 잘 돌보고, 보다 건강하고, 보다 적응적인 삶을 영위할 수 있도록 도와주는 것이다. MBSR은 기술적으로 어떤 지침에 따라 테크닉을 전수하는 것이 아니라, 참가자 각자가 자신의 삶 속에서 무의식적으로 조건화된 자신의 심신 상태를 바로 보고 새로운 삶의 길을 찾아 나가는 배움과 성장, 치유의 과정이다. 따라서 병원 환경뿐만 아니라 학교, 교도소, 운동선수 훈련 프로그램, 전문가 프로그램, 직장 등 여러 가지 환경에서 다양하게 응용될 수 있다.

　마음챙김 훈련을 중심으로 구조화된 단기 치유 프로그램인 MBSR을 제대로 이해하기 위해서는 CFM이 제시하는 각 회기별 교육 주제와 훈련 내용을 이해하는 것이 중요하다.

　〈표 4-1〉에서 나타난 것처럼 MBSR은 매주 수업 주제가 있고, 그 주제를 실현하기 위한 교육 실습이 있다. 그러나 카밧진이 지적했듯이 이 표준 교과과정을 판에 박힌 듯이 적용하는 것이 아니고 각 지도자가 현장 상황에 맞게 펼쳐 나가는 것이 중요하다. 총 수업 회수는 온 종일 수업ADI을 포함해서 총 9번이다. 주당 수업은 약 2시간 30분에서 3시간가량 진행되며 한 명의 MBSR 지도자가 처음부터 프로그램 종결까지 수업을 일관되게 진행한다. 8회기 중 전반부에는 마음챙김 훈련에 초점을 맞추고, 중반기에 들어 마음챙김 능력을 바탕으로 스트레스 감소와 연계시키며, 후반부로 갈수록 일상생활에서의 의사소통 등에 초

〈표 4-1〉

	MBSR 프로그램
1회기 프로그램	주제: 자기 속에 내재되어 있는 내적인 자원에 대한 재인식 실습: 마음챙김 소개 및 오리엔테이션, 건포도명상, 바디스캔
2회기 프로그램	주제: 지각과 창조적 대응하기 실습: 바디스캔, 호흡 알아차리기
3회기 프로그램	주제: 현재 이 순간의 기쁨 실습: 마음챙김 요가, 전신 알아차리기, 유쾌한 일 알아차리기
4회기 프로그램	주제: 빠져 있는 것 알아차리기와 빠져나오기 실습: 마음챙겨 걷기, 소리, 불쾌한 일 알아차리기
5회기 프로그램	주제: 스트레스 자동 반응과 마음챙김 자율 반응 실습: 정좌명상(생각, 감정 알아차리기)
6회기 프로그램	주제: 대인관계 어려움 마음챙김 실습: 선택 없는 알아차림choiceless awareness
집중수련 (All Day Intensive)	6주간 배운 것 총 복습 및 산명상mountain mediation, 자애명상, 쾌속 보행crazy walking 등
7회기 프로그램	주제: 마음챙김 수련을 일상생활에 통합하기 실습: 대인관계 의사소통 및 일상 속의 관대함
8회기 프로그램	주제: 8주 수업은 평생 지속 실습: 마음챙김 총 복습, 자신의 명상 스타일 알기, 앞으로의 실천 계획 세우기

점이 맞추어진다. 중반기 이후 자애명상, 산명상 같은 집중명상이 보조적으로 도입된다. 마음챙김 명상은 호흡 알아차림, 몸 전신의 감각에 대한 알아차림, 소리 알아차림, 생각/감정 알아차림을 거쳐, 마지막으로 선택 없는 알아차림choiceless awareness까지 단계적으로 소개된다. 여기서 선택 없는 알아차림은 주의를 특정 대상에 고정시키지 않고 우리 경험의 모든 측면, 즉 감각적·감정적·인지적 측면들을 모두 알아차림의 대상으로 하여 어느 특정 대상에 한정됨이 없이 광대한 자각 속에서 쉬는 것을 의미한다. 선택 없는 알아차림은 초보자가 단기간에 습득하는 것이 쉽지 않을 수 있지만, 자각이라는 확장된 의식 속에서 생각이나 감정 등 내적 경험에 정신을 빼앗기지 않고 중심을 유지하는 데 매우 중요한 수련이다. 실재, 즉 있는 그대로의 과정을 이해하기 위해서는 비난, 정당화, 동일시 등으로부터 자유로운 상태인 선택 없는 알아차림이 매우 중요하다. '선택 없는'이라는 뜻은 편향 없는 알아차림, 좋아함likes이나 싫어함dislikes으로 반응하지 않음을 의미한다.

　MBSR에서는 마음챙김을 통한 자각을 계발하여 있는 그대로의 경험의 세계에 열려 있는 것을 배운다. 치유는 감수성과 수용, 연결성과 전체성으로의 조율을 필요로 한다. 마음챙김이라는 개념 이전, 생각 이전의 마음의 특징에 기반을 둔 MBSR은 자기계발 또는 증상 치료에 초점을 둔 일반 프로그램과는 여러 가지 다른 특색이 있는데, 그중에서 빼 놓을 수 없는 것은 MBSR의 존재 양식being mode적인 기반이다. MBSR은 개인이 어떠한 상황에 처해 있다 하더라도 있는 그대로 온전하다는 사실을 수용하도록 도와준다. 개인이 바람직하지 않다고 보는 그 상태를 '고치려fix'하기보다는 무위non-doing로써 전체성 및 보다 큰 존재와의 연결성의 회복에 중점을 둔다. 이런 과정에서 나타나는 스트레스 해소, 긴장 완화 등은 MBSR의 목표라기보다는 일종의 부산물이라 할 수 있다. 치유는 존재의 길a way of being로서의 자각 수련 자체에서 나온다.

　MBSR 프로그램은 특정 질환별로 하는 치료therapy가 아니라 비특정 개입을 기반으로 하는 하나의 교육적 지향educational orientation이라는 사실을 앞에서 밝힌 바 있다. MBSR은 개인의 차이점보다는 인간의 공통점, 즉 내적인 자원을 강조하며, 치유와 성장을 원하는 누구나 접근 가능한 교육 프로그램이며, 교육 내용이 체계적이고 안전하여 서양의학과 조화하고 협력할 수 있는 보완의학으로서 자리매김하고 있다. 카밧진이 직접 제시하는 MBSR의 주요 특징은, 의료적 돌봄에 기반을 두고 있어 내과 의사 또는 의료 전문가들의 추천에 의한 참여가 많고, 마음챙김 명상을 중심으로 한 교육적 지향을 하고 있으며, 수업당 15~35명까지 참여하는 집단교육 형태이면서도 개인별로 배려하는 교수 방식을 택하고 있고, 경험적이고 참가적이면서 매우 도전적이고 지지적인 수업이며, 지도자·추천의사/의료인간의 협력적인 관계의 맥락 내에서 참가자의 자기책임을 강조하고, 참가자 개인의 요구와 학습 유형에 충족되는 여러 가지 마음챙김 방법을 사용하며, 학습·성장·치유를 방해하는 자각과 정신적·행동적 습관 패턴을 탐구하기 위한 상호작용적인 지도자/참가자 간의 대화 및 탐구를 강조하며, 참가자의 자기조절과 자립을 위해 8주간 지속되는 단기 개입이면서도 평생학습을 지향하고 있다는 점이다.

MBSR 지도자 과정에 참가한 14명의 참가자와 3명의 지도자를 대상으로 한 안희영의 질적 사례 연구는 MBSR의 주요 특징을 다음과 같은 5가지로 보고하고 있다. 그 결과에 따르면, 첫째, 전인적whole-person이다. MBSR은 단순히 스트레스 감소를 위한 건강 증진 프로그램을 넘어서서 자아의 본성과 전체성에 연결되게 하는 전인적 프로그램이다. 둘째, MBSR은 신체를 중시한다. 신체 지향성body-orientation은 몸으로부터의 소외를 극복하고 생각 중심의 경향을 감소시켜 준다. 셋째, MBSR은 마음챙김 중심의 교육이다. MBSR의 핵심 교육 내용은 참가자들의 마음챙김 자각 증진을 향상시키는 것이다. MBSR에 특정 종교적 요소는 없고 프로그램의 모든 길은 마음챙김 자각의 증진으로 연결된다. 넷째, MBSR은 경험학습 중심이다. MBSR은 대화나 강의식 수업의 특성도 반영하고 있지만, 마음챙김을 중심으로 한 경험학습에 무게를 두고 있다. 특히 초반의 4회기 정도는 마음챙김 명상 익히기가 수업의 핵심이 된다. 다섯째, MBSR은 스트레스, 즉 인간의 고통과 그 감소에 관한 것이다. 프로그램의 이름이 명시하듯이 MBSR 프로그램은 스트레스 완화가 주요한 존재 이유

〈표 4-2〉

사성제	사념처	MBSR 교과과정: 주제 및 주별 교육 내용	MBSR 교과과정: 주별 과제	지도 의도와 범위
고통을 충분히 이해하기	몸 마음챙김	1주: 잘못된 것보다 잘된 것이 많음 2주: 지각과 창조적인 대응	1 & 2: 바디스캔 (+호흡 알아차림)	새로운 가능성 경험하기, 체현을 경험하기
집착을 내려놓기	느낌 마음챙김	3주: 기쁨과 현존의 힘 4주: 스트레스의 그림자	3 & 4: 바디스캔과 서서 또는 누워서 하는 요가 교대로 하기 (+호흡 알아차림)	체현을 경험하기, 관찰을 함양하기
해방의 실현	마음 상태 마음챙김	5주: 대응을 위한 공간 발견하기 6주: 어려운 상황 다루기	5 & 6: 선택 없는 알아차림과 요가 교대로 하기(걷기명상)	관찰 함양하기, 수용을 향하여
도를 닦기	정신적 내용에 대한 마음챙김	7주: 친절 함양하기 8주: 새로운 시작	7 & 8: 좋아하는 수련 선택하기	수용을 향하여, 연민의 증거

이지만 거기서 멈추지 않는다. 앞서 논의한 MBSR의 불교적 연관성과 교과과정을 맥코운 (McCown, D.) 등이 제시한 도표로 정리하면 〈표 4-2〉와 같다.

〈표 4-2〉에서 보듯이 MBSR은 사념처 수행법과 사성제 정신이 내재적으로 구조화된 치유교육 프로그램이다. 각 주별로 주제가 있고 그 주제에 따라 수업이 진행되며, 수업 내용을 참가자들이 집에 가서 하루 45분, 일주일에 6일, 8주 동안 과제를 행하도록 되어 있다. 8주를 2주씩 쌍으로 하여 사성제의 고집멸도, 사념처 수행의 신수심법이 차례로 진행되는 것처럼 보이지만, 이를 순서대로 이해하기보다는 매 순간 수업이 이러한 정신과 원리 등이 동시에 적용되는 구조로 이해하는 것이 좋다고 본다. 지도자의 교수 의도는 새로운 경험에 대한 개방으로부터 체현embodiment, 관찰 능력의 함양, 수용과 연민심의 함양으로 초점이 변화하지만, 지도자가 이러한 의도에 집착하거나 참가자에게 강요해서는 안 될 것이다. 불교적 원리로 보면 MBSR에 사성제·사념처 수련 방법 등이 영향을 주고 있는 것으로 보이지만, MBSR은 불교라는 종교적 측면보다 사성제가 지향하는 초종교적 보편적 진리에 초점을 맞추고 있어서 지도자의 세심한 주의가 필요하다.

히포크라테스(Hippocrates)는 고대 그리스의 의사로서 서양의학의 아버지로 불리는 사람이다. 오늘날 많은 의학도들에게 의술은 인술이라는 정신을 일깨워 주고 있는 히포크라테스 선서의 핵심에는 환자에게 도움이 되는 치료만 행하고 해가 되는 일은 일체 하지 않겠으며, 개인 그리고 전문가로서 타인의 모범이 되겠다는 서약이 놓여 있다. 보살은 타인의 고통을 덜어 주기 위해 자신의 궁극적인 목표인 열반을 미루고 모든 중생을 제도하고 말겠다는 서원을 한 '깨달음을 추구하는' 사람이다. 이 두 전통의 저변에 공통으로 흐르는 사상은 무해non-harming로 볼 수 있다. 남을 해치지 않고 이롭게 하고자 하는 이타정신 또는 인류 봉사, 생명 존중의 사상이야말로 의학과 명상의 핵심이라고 할 수 있다. 이 무해의 정신은 MBSR 프로그램의 기반이다.

MBSR은 인간human being에게 존재being를 회복시켜 주는 자각 훈련 프로그램이다. 현대인은 끊임없이 어디론가 향해서 분주하게 움직이는 행위doing를 한다. 이런 의미에서 현대적 인간은 'human doing' 또는 'human going'이라고 불러야 더 적합할 것이다. 행위 중심의 현대인들이 존재의 중심을 회복하도록 도와주는 것이 MBSR의 목표라 할 수 있다. 이처럼 깊은 차원에서 존재감을 되찾고 자신과 타인, 세상에 대한 관점이 변화하는 것이 치유이고, 이완이나 평화는 치유에 따라오는 선물과 같은 것이다.

카밧진은 의료medicine와 명상meditation의 어원이 같다는 물리학자 데이비드 봄(Bohm, D.)의 말을 인용하면서 새로운 관점을 시사한 바 있다. 두 단어의 어원은 라틴어 mederi로서

고치다cure의 뜻이고 인도 유럽어족의 어원으로 보면 측정하다measure라고 한다. 여기서 측정하다라는 말은 우리가 보통 사용하는 거리를 "재다."라는 의미가 아니라 플라톤 철학에서 말하는 "모든 사물은 그 사물의 고유한 속성을 가지도록 해 주는 올바른 내적인 척도를 가지고 있다."라는 의미이다.

카밧진은 의료는 질병이나 부상에 의해 어긋난 올바른 내적인 척도를 회복시켜 주는 수단이며, 명상 또한 이와 같이 비판단적인 자기관찰을 통해 자기 자신의 존재, 올바른 내적인 척도를 직접적으로 인식하는 과정이라고 보고 있다. 여기서 말하는 올바른 내적인 척도는 의학에서 말하는 항상성homeostasis과 유사하다. 명상과 의료의 어원이 동일하다는 점에서 최근 대두되고 있는 의료명상 또는 명상치유라는 말은 잘못된 명칭misnomer이 아니다. 이상의 논의를 간단히 요약하면 다음 〈표 4-3〉과 같다.

〈표 4-3〉

의학Medicine	명상Meditation
어원: mederi 'to cure' 'to measure'	어원: mederi 'to cure' 'to measure'
올바른 내적 척도right inward measure가 교란될 때 그것을 회복하는 것	올바른 것의 본질을 바로 보기
히포크라테스 선서	보살의 서원

MBSR의 관점에서 보면 개인이 어떠한 심리적·육체적 상황에 있다 하더라도 존재 자체는 처음부터 손상되지 않고 온전한 전체로서 존재하며, 자아 및 우주의 전체성과 연결될 때 치유가 일어난다. 어원적으로 볼 때 영어의 건강health, 치유healing, 성스러운holy 등의 단어는 모두 온전함wholeness이라는 속성을 공유한다. MBSR에서 말하는 건강은 단순히 질병이 없는 상태가 아니고 개별성의 미망에서 벗어나 전체와의 연결성을 회복할 때 생기는 깨어 있는 의식적인 삶을 말하는 것이다. 마음챙김 명상은 행위 양식에서 존재 양식으로의 변화를 촉진하며, 개인과 사회의 전체성 및 연결성은 적절한 피드백에 주의를 기울이는 마음챙김에 의해 회복되고 유지된다. MBSR은 보편적인 과학과 다르마에 근거한 치유 프로그램이다. 다르마는 쉽게 정의하기 어려운 단어이지만, 카밧진 박사의 경우 깨어 있음, 지혜, 연민 등과 관련된 인간의 보편적인 속성으로서의 진리, 법칙성lawfulness으로 보아도 무방할 것이다. 오랜 영적 전통인 다르마의 본질을 생략하거나 변형시키지 않고 맥락이 다른 다양한 현대사회 속에서 인류에게 매우 유용한 방식으로 풀어낸 것은, 그 자체가

카밧진 박사와 이 시대가 만들어 낸 놀라운 사건으로 볼 수 있다. 이러한 배경에서 MBSR은 단순한 치료 프로그램이라기보다는 개인과 사회의 변용을 위한 하나의 수레vehicle이며, 대중적인 건강 개입법으로 창안된 명상교육 프로그램이다. 그 목적을 위해 카밧진 박사는 MBSR을 상식적이고 과학적 증거에 기반을 두며 일상적인 점을 중시하는 한편, 주류 의료계의 정식 분야로서도 인정받는 시스템으로 창안하고 결국 인정을 받게 되었다. 카밧진 박사의 이러한 노력과 동료 MBSR 지도자들의 지지는 서양의 명상 역사에 획기적인 사건으로서 인류 사회에 폭넓게 기여하며 오랫동안 기억될 것으로 생각된다.

켄 윌버의 ILP 프로그램

지난 30여 년간 20여 권의 저서를 통해 오늘날까지 인간의식 · 자아초월 · 영성 그리고 통합사상 전반을 주도하고 있는, 이 시대를 대표하는 통합사상가인 켄 윌버는 최근에 그의 제자들과 함께 자신의 AQAL 메타통합이론을 적용한 모듈형 통합 치유 · 수행 ILPIntegral Life Practice를 개발하여 치유하고 깨어나기 프로그램의 지침서로 보급하고 있다. ILP는 오늘날과 같이 위험사회, 과도한 경쟁사회, 피로사회, 계층고착사회… 등의 바쁜 일상생활 속에서 스트레스, 분노조절장애, 우울증, 강박증, 자존감 상실, 물질 · 행위 · 의식 · 중독 등에 갇히기 쉬운 삶에서 벗어나 심신의 치유, 건강, 웰라이프, 영적 성장을 추구하는 현대인의 통합적 생활 수련/실행/실천/훈련을 위한 입문 지침서이다. 켄 윌버는 최근에 나온 그의 최신 저서인 『통합명상: 성장하고 깨어나고 나타나는 길로서의 마음챙김Integral Meditation: Mindfulness in a path to Grow up, Wake up, and Show up in your life』에서 '통합적 마음챙김'을 강조하면서 마음챙김에 기반한 AQAL 통합얼개를 '영적 성장 발달과 깨달음'을 위한 '통합 수련 지침'으로 제시하고 있다. 따라서 그의 IM과 ILP에서 강조하는 마음챙김에 기반한 'AQAL 통합얼개'에 기반한 'AQAL 알아차림'과 몸 · 그림자 · 마음 · 영의 네 가지 핵심 GSGold Star 수련 모듈과 부가 수련 모듈은 통합적 고급 심신치유와 영적 성장을 위한 수련 지침을 제공하는 통합 수련 프로그램으로 오늘날 치유 전문가들에게 점점 더 널리 인정받고 있다.

여기서는 ILP란 무엇이고 AQAL 알아차림이란 무엇인가를 『켄 윌버의 ILPIntegral Life Practice』에서 발췌하여 소개하고, ILP의 통합심신치유기제에 대해서만 간략하게 기술하였다.

ILP란 무엇인가?[2]

당신의 동기가 무엇이든 간에 수련을 시작하거나 다시 시작하거나 심화시키기 위한 의도는 굉장히 멋진 첫걸음이다. 그러나 일단 당신이 그러한 선택을 하고 나서 당신은 그 수련과 더불어 어떻게 헤쳐 나아갈 것인가? 30년간의 경험이 우리에게 시사하는 바는, 당신의 수련은 그것을 조직화하기 위한 얼개가 없이는 엉망으로 망치게 되기 쉽다는 사실이다. 수련을 위한 통합적 얼개는 당신에게 이용 가능한 수많은 수련 옵션들을 의미 있게 만들도록 당신을 도와줄 수 있다. 그러므로 그것은 궁극적으로 최상의 유연성과 포괄성을 제공하게 될 것이다. 그래서 당신은 자신의 수련 의도를 아주 충분히, 그리고 매우 깊숙이 존중할 수 있고 당신의 잠재 능력을 발휘할 수 있을 것이다.

Kosmos: 'K' 자로 시작되는 'Kosmos'는 고대 그리스인들이 단지 별, 행성이나 블랙홀 같은 우주 (이것은 보통 'Cosmos'를 의미하는 것임)만이 아니라 마음, 혼, 사회, 예술, '영Spirit'—다시 말해 모든 것—을 포함하는 우주를 나타내기 위해 사용한 말이다.

근본적이고 포괄적인 접근법

ILP의 얼개는 최대한의 유연성을 허용한다. 그것은 당신이 무비판적으로 유머 감각도 없이, 그리고 심지어 우월감까지 갖고서 따라야 하는 그런 어떤 프로그램이 아니다. 그것은 당신이 깨닫게 되고, 보다 더 성공적이고, 보다 더 좋아 보이고, 언젠가는 희망적으로 완벽하게 될 때까지, 독특하고 개성화된 수련을 설계하기 위한 한 세트의 도구를 당신에게 제공한다. 그래서 어떤 것이 가장 잘 맞는 것인가는 시간이 가면서 자연스레 변한다는 것을 이해하고 나면 그 어떤 형태라도 지금 당장은 당신에게 가장 잘 맞는 것이다.

ILP의 '통합적' 부분은 그것이 아주 근본적으로 포괄적이라는 데 있다. 이렇게 하기 위해 그것은 앞으로 보다 더 깊이 있게 다루게 될 (온상한All Quadrants, 온수준All Levels을 나타내는) AQAL이라고 일컬어지는 개념적 지도에 의존한다. ah-qual이라 발음하는 AQAL은 모든 것의 이론, 즉 매우 광범위하지만 엄밀한 용어로 생명과 실재를 온전하게 이해하는 하나의 방식이다. AQAL은 스스로 제시하는 모든 수준과 모든 차원에서의 의식, 즉 '온우주the Kosmos'와 인간 발달의 지도이다.

---

2) 이 절의 내용은 『켄 윌버의 ILP(Integral Life Practice)』(안희영·조효남 공역, 2015)의 2장 내용에서 발췌한 것이다.

전문적으로 말하자면, AQAL은 수백 가지의 다른 이론으로부터 핵심 진리들을 내포하는 지도의 지도와 같은 메타이론이다. 그것은 영적 전통, 철학, 현대과학, 발달심리학 그리고 수많은 다른 분야를 정합적인 전체로 조직화한다. AQAL은 위대한 사상가들, 스승들, 연구자들이 자기와 세계에 대한 우리의 이해를 가능하게 해 준 수많은 조망/관점들을 다 밝혀 준다.

그러나 AQAL은 거기에서 멈추지 않는다. 왜냐하면 그것은 또한 직관적이기 때문이다. 그것은 당신 자신의 알아차림/자각awareness의 영역을 서술하기 때문이다. 당신은 AQAL이 알려 주는 조망의 이점들을 즐기기 위해 하이테크 장비나 고학력을 필요로 하지 않는다. 당신에게 필요한 모든 것이란 단지 당신의 새로운 종류의 알아차림을 생동하는 체험으로 받아들이는 것뿐이다.

그것은 제2외국어를 배우는 것과 유사하다. 처음 시작할 때는 당신이 새로운 용어를 기억하고 당신 자신을 표현하는 새로운 방식과 씨름하게 되면서 약간은 서투르게 느낄 수도 있다. 그렇지만 시간이 지나면서 새로운 문법을 실생활 상황에 적용하면 할수록 기억하고 사용하기가 더욱더 쉬워지게 된다는 것을 당신은 발견하게 될 것이다. 비록 당신이 여전히 본능적으로 당신의 모국어로 생각하고서 그것을 제2외국어로 옮긴다고 해도 그렇게 될 것이다.

수련을 하면서 당신은 훨씬 더 쉽고 통달한 수준에서 새로운 언어로 생각하기 시작할 것이다. 마침내 당신은 새로운 언어로 꿈을 꾸는 것 또한 하기 시작할 것이다. 당신은 자신의 옛 언어를 잃어버린 것이 아니라, 다만 2개 국어를 동시에 구사하게 된 것뿐이다. 당신이 능숙하게 되면 될수록 더욱 더 그 언어는 존재 속으로 녹아들어 당신이라는 존재의 일부가 될 것이다. 곧 당신의 입술로부터 말들이 술술 쏟아져 나오고 당신은 전적으로 새로운 방식으로 다른 종류의 사람들과 소통할 수 있게 될 것이다. 당신의 세계는 당신이 전에는 결코 가능할 것이라고 생각해 본 적이 없는 새로운 지평을 포함하도록 확장된 것이다.

ILP는 "AQAL로 더욱 강력해진다"

AQAL은 '온우주the Kosmos' 자체를 지도화하려고 시도하기 때문에 우리 삶의 거의 모든 국면에 개입한다. 일단 당신이 통합적 생활 수련ILP에 착수하게 되면 당신은 더 많은 조망들을 붙잡는 것을 배우게 될 것이다. 그리고 당신의 존재의 모든 차원을 훈련하면서 보다 더 자유롭고 유연하게 그렇게 하는 것을 배우게 될 것이다. 그것은 단지 정신적mental 게임이 아니라 느끼며 살아 있는 채로 구현된 지성인 것이다.

통합생활 수련은 당신의 삶, 즉 당신이란 존재의 모든 부분에서 의식적으로 진화하는 삶에 적용되는 AQAL이다.

[그림 4-1]과 같은 특징을 갖는 통합생활 수련을 창안하는 데 있어서 우리는 다음과 같은 몇 가지 핵심 질문을 하였다.

- 고대의 전통 중에 가장 효과적이고 본질적인 수련은 무엇인가?
- 수련에 대한 무슨 새로운 통찰들이 가장 최신의 발견들에 의해 부여되고 있나?
- 어떻게 하면 가장 다양한 통찰들과 방법들을 연결하는 패턴들을 찾아낼 수 있는가?
- 어떻게 하면 생애에 걸친 성장과 각성을 증진하기 위해 이러한 지식을 사용할 수 있는가?

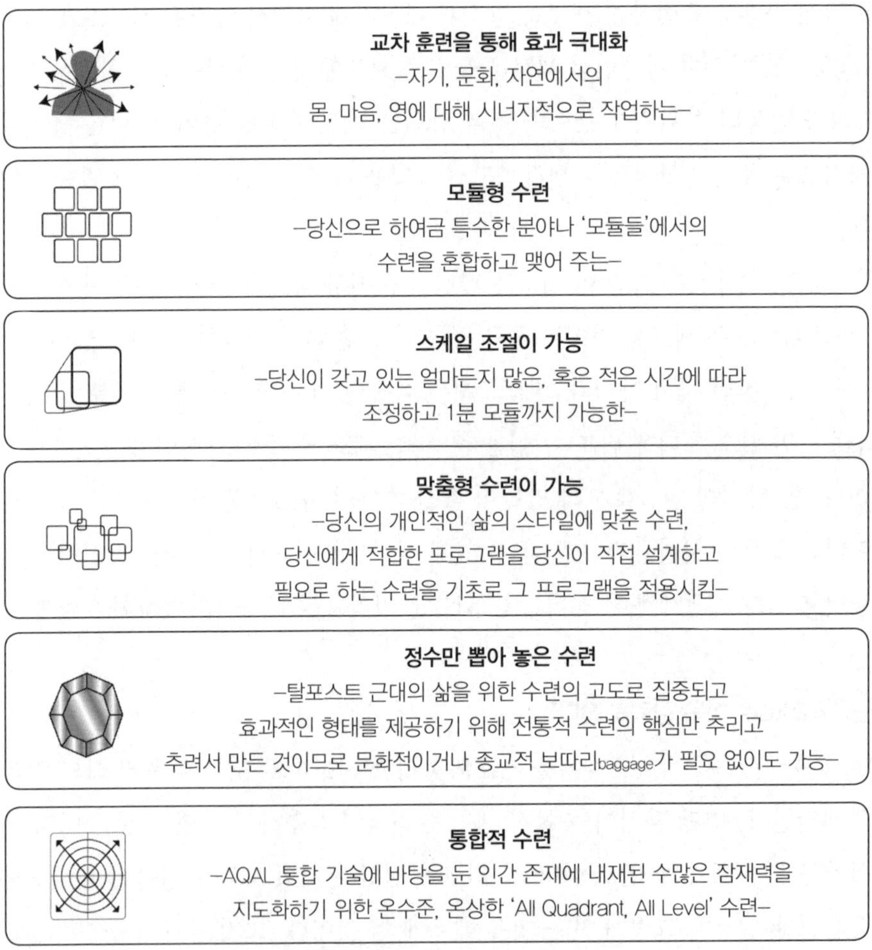

교차 훈련을 통해 효과 극대화
−자기, 문화, 자연에서의
몸, 마음, 영에 대해 시너지적으로 작업하는−

모듈형 수련
−당신으로 하여금 특수한 분야나 '모듈들'에서의
수련을 혼합하고 맺어 주는−

스케일 조절이 가능
−당신이 갖고 있는 얼마든지 많은, 혹은 적은 시간에 따라
조정하고 1분 모듈까지 가능한−

맞춤형 수련이 가능
−당신의 개인적인 삶의 스타일에 맞춘 수련,
당신에게 적합한 프로그램을 당신이 직접 설계하고
필요로 하는 수련을 기초로 그 프로그램을 적용시킴−

정수만 뽑아 놓은 수련
−탈포스트 근대의 삶을 위한 수련의 고도로 집중되고
효과적인 형태를 제공하기 위해 전통적 수련의 핵심만 추리고
추려서 만든 것이므로 문화적이거나 종교적 보따리baggage가 필요 없이도 가능−

통합적 수련
−AQAL 통합 기술에 바탕을 둔 인간 존재에 내재된 수많은 잠재력을
지도화하기 위한 온수준, 온상한 'All Quadrant, All Level' 수련−

[그림 4-1] 통합적 생활 수련ILP의 특징

동양과 서양의 종합synthesis을 시도하거나 종교적 전통으로부터 영적 지혜를 뽑아내는 일에 있어서 우리가 처음은 아니다. 그렇지만 AQAL은 여전히 서로 다른 길로 흩어지는 수련 경로들 사이의 건강한 차이를 존중할 수 있는, 그리고 그런 자격의 부여를 생각할 수조차 없는 수련에 대한 실로 보편적인 접근법들에서는 빠져 있는 어떤 강력한 핵심 수련들을 제공한다.

이 말이 거창하게 들리는 만큼 기본 원리들이 특별히 복잡하거나 파악하기 어렵지는 않다. ILP는 21세기에 매일 압력을 받는 스케줄 내에서 살고 있는 사람들을 위해, 그리고 그런 사람들에 의해 고안되었다. 당신은 당신이 할 수 있는 것보다 더 많이 당신의 시간을 허비할 여유가 없다. 만약 어느 수련이 고효율적이 아니면, 그것은 곧 당신이 그런 것을 여기서는 찾을 수 없는 이유가 되는 것이다. ILP는 빠른 템포로 움직이는 전문가적 생활 스타일과 완벽하게 맞는 것이다. 그러나 그렇다고 해서 우리가 일상 속에서 두리뭉실하게 적당히 하는 것은 아니다. 만약 당신이 자신이 하는 수련에 참으로 깊숙하게 들어가기를 원한다면, ILP는 당신으로 하여금 그것을 신속하게 직접적으로 그렇게 하도록 도와줄 수 있다.

ILP는 어떻게 하도록 되어 있는가? 우리는 수련에 모듈형Modular 접근법을 제시한다. ILP 모듈은 몸이나 마음이나 영이나 그림자와 같이 당신 존재의 어떤 특수한 부분에 관련되는 수련의 범주이다. 수련 모듈들을 확인해 보면 당신의 ILP는 당신의 수련적 삶을 당신에게 개관하도록 해 줄 것이다. 그래서 당신이 어떤 분야를 훈련하고 어떤 것은 내버려 둘 것인가를 스스로 결정하도록 허용할 것이다.

모듈형 접근법의 이점 중의 하나는, 그냥 한 묶음의 수련 모듈만 갖고서도 당신이 삶의 모든 핵심 분야에 다 개입할 수 있다는 것이다. 정확히 어떻게 그렇게 하는가에 대한 적절한 선택을 유지하면서도 그렇게 할 수 있다.

ILP는 당신이 해야 하는 어떤 특정한 구체적인 수련을 강요하지 않는다. 그리고 '수련/수행/실천'이라고 말할 때 우리는 요가, 역도, 일지 쓰기, 봉사 활동 등과 같은 의식적이며 규칙적으로 수행/훈련/실행하는 활동들을 의미한다. 오히려 그것은 본질적인 몇 개의 일반 분야인 모듈들, 그리고 중요하지만 선택 항목적인 다른 분야들을 함께 제시한다. 그리고 나서 그것은 당신이 그러한 분야들에 정확히 어떻게 관여하고 싶은가를 결심하도록 허용한다. 이렇게 하는 것은 모든 기초 수련들을 다 망라하면서도 여전히 당신에게 알맞은 수련들을 선택하기가 더 쉽게 만들어 준다.

두 번째로, ILP는 스케일 조절scalable이 가능하다. 이것이 의미하는 바는, 당신은 수련을 당신의 가용 시간 틀에 맞추어 수용할 수 있도록 단순화하고 단축할 수 있다는 것이다. 당신은 종종 수련을 하기에는 너무 바쁜 자신을 발견하곤 한다. 당신은 하루에 10분 정도밖에 안 되는 짧은 시간에도 ILP의 기본 형태를 실천할 수 있다. 그러므로 어느 누구든지 아무리 바빠도 통합적 생활 수련ILP을 실천할 수 있는 것이다.

당신은 심층적이고 급속한 변용에 관심이 있는가? 그렇다면 역시 당신은 가장 심층적인 수준에서, 전통적인 수도사나 올림픽 선수의 수련/훈련과 똑같은 강도로, 수련에 전념하는 삶에 몰입하기 위해서도 ILP 원리를 사용할 수 있다. 당신의 수련은 하루에 여러 시간 동안 길게 연장될 수 있고, 수련회에 참가하는 것이나 헌신적인 수행 공동체에서 살아가는 것도 포함할 수 있다.

당신은 수행에 대한 관심 영역이 넓은 편인가 아니면 매우 특수한가? ILP는 당신의 독특한 관심, 열정, 욕구들의 실현을 가능하게 해 주는 맞춤형 수련이 가능하다. 그것은 당신에게 경직된 구조로 옥죄게 만들지 않고, 오히려 당신이 자신 존재의 수많은 차원에 창의적으로 관여할 수 있는 유연하고 개방적인 공간을 창조한다.

이것은 우리가 금과옥조金科玉條 · GoldStar: GS 수련과 같은 특정한 수련들을 당신에게 권고할 때 당신으로 하여금 '가장 활기차게 도약하게 해 주기 위하여' 농축된 정수精粹만 뽑아 놓은 것으로서, 가장 본질적인 것은 보존하고 그렇지 않은 것은 버린 것들이다. 당신은 자신의 시간을 허비하지 않을 것이라는 사실을 확신할 수 있다.

마지막으로, ILP는 통합적이다. 이는 보다 구체적으로 말하자면 "AQAL에 의해 더욱 강력해진다."라는 의미이다. AQAL은 이 시대에 이용 가능한 의식의 가장 포괄적인 지도이다. 그래서 통합생활 수련은 21세기에 수련의 최첨단 형태를 창안하는 데 그것을 사용하게 해 준다. 통합생활 수련의 AQAL 구조는 더 높은 성장과 자기실현뿐 아니라, 특히 이 순간의 '진여the Suchness'나 항존하는 여여如如함 Is-ness으로 깨어나거나 이를 인식하기 위한 여유를 만들어 준다. 그리고 일상적인 이것저것, 이러이러한… 것들도 다 해 준다.

착수패드Launching Pad: 4개의 핵심 모듈

ILP는 [그림 4-2]와 같은 4개의 핵심 모듈로 되어 있다.

• 신체
• 마음
• 영Spirit
• 그림자

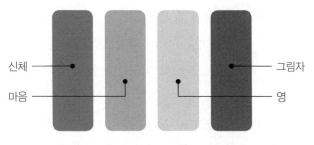

신체
마음
그림자
영

[그림 4-2] 4개의 핵심 모듈로 시작하라

[그림 4-3]에서 보여 주는 중요한 추가 모듈에는 다음과 같은 것들이 포함된다.

- 통합윤리
- 통합 성性요가
- 일
- 정서 교류
- 통합적 부모노릇(양육)
- 통합적 대인관계
- 통합적 소통

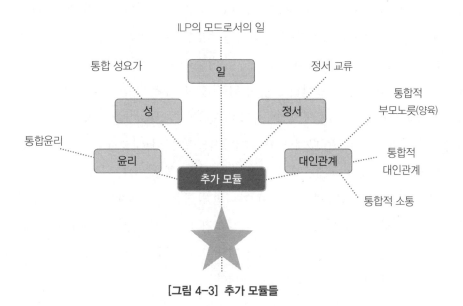

ILP의 모드로서의 일

통합 성요가

정서 교류

통합적
부모노릇(양육)

통합윤리

통합적
대인관계

통합적 소통

일

성

정서

윤리

추가 모듈

대인관계

[그림 4-3] 추가 모듈들

ILP를 위한 보편적 출발점은 4개의 핵심 모듈이다. 왜냐하면 그것들은 당신의 개인적 존재의 네 개의 기본 차원, 즉 몸·마음·영·그림자에 관계되기 때문이다. 그것들은 당신 외에는 어느 것도 또는 아무 것도 요구하지 않는다. 그래서 만약 당신이 원한다면 당신 혼자서 스스로 그것들을 갖고서 실행할 수 있다. 만약 당신이 이 네 개의 분야 각각에 대한 수련에 일관성 있게 참여한다면, 당신은 자신의 전반적인 발달에 힘을 부여하는 초강력 터보 엔진을 갖게 될 것이다. 당신은 당신 삶의 실제로 거의 어느 분야에서든 보다 더 큰 명료성, 현존성, 약동성을 갖고서 다중조망을 통해 내향적으로, 그리고 외향적으로 기능을 더 잘 발휘할 수 있게 될 것이다.

전통적인 영적 성장의 길들은 보통 이 모듈들 중에 2~3개 정도만 강조해 왔다. 그것들은 결코 그림자모듈 같은 것은 거의 포함하지 않고 있다. 자기발달의 근대적, 그리고 탈근대적 수행의 길들은 종종 그림자 작업을 포함한다. 그러나 일부는 마음모듈 같은 것은 버린다. 그리고 대부분은 영모듈에서 통상 명상적 전통의 깊이와 엄격성이 결여되어 있다.

만약 당신이 4개의 핵심 모듈 각각에서 오직 하나의 수련만을 취한다 해도 당신은 ILP를 하고 있는 것이 될 것이다. 그것이 전부다. 그래서 만약 당신이 그것을 슬기롭게 실천한다면, 어쩌면 당신에게 의미 있는 변용이 일어나지 못하도록 뒤로 잡아당길 수도 있는 통상적 결점들을 피하게 될 것이다.

어떤 사람들은 "그렇다면, 내가 4개의 핵심 모듈 밖의 다른 어떤 것에 정말로 집중해야 할 필요가 있게 된다면 어쩌나요?"라고 묻는다. 물론 당신은 그것을 할 수 있다! 당신은 추가 모듈에서 알아차림과 보살핌/배려를 당신의 모든 핵심 인간관계들과 사회적 기능들(평생 직업, 친밀도, 가족 그리고 그 외 더 많은 것들)에 보탤 수 있다. 그리고 어떤 모듈이라도 어느 주어진 시간에 당신의 실천의 초점이 될 수 있다. 모든 핵심 및 부가적 관련 모듈들이 다 중요하다. 만약 당신이 당신 삶의 목적이나 당신 자신의 가슴속 열정으로 당신의 평생 직업을 바로잡기를 원하는 단계에 있다면 당신은 필경 일Work모듈에, 그리고 당신 자신만의 독특한 자기를 펼쳐 나가는 데 초점을 맞추기를 원할 것이다. 만약 당신이 단지 사랑에 빠져 있다면(혹은 사랑을 구하고 있다면), 아니면 당신의 친밀한 파트너와 여러 논쟁적 갈등 문제들로 고심하고 있다면 당신은 아마도 대인관계모듈에 초점을 맞추고 싶을 것이다. 만약 당신이 새로운 가족생활을 시작하고 있다면, 그런 경우 당연히 필요하다고 당신이 생각하는 부모노릇하기(양육)모듈에 집중할 것이다.

네 가지 핵심 모듈은 추천되고 있는 수련 기반이지 경직되고 독선적인 구조가 아니다. 당신의 삶의 여로는 수많은 장章들을 갖게 될 것이고, 그래서 당신의 수련에서 강조하는 면도 이에 따라 옮겨 가게 될 것이다. ILP모듈들은 당신 삶의 보다 더 중심적 차원을 고려하기 위한 단지 하나의 방식일 뿐이다. 게다가 당신은 ILP모듈들을 당신 삶의 경직되고 구획화된 추상적 단위로 생각할 필요가 없다. 당신은 그것을 떨어져 있으면서도 억지로 거북스럽게 걸치고 있는 방식으로 자신에게 관련시킬 필요가 없다. ILP모듈들은 수련하는 삶의 방향이 잡히게 하고, 균형이 잡히게 하고, 삶을 통합시킨다. 용어의 정확한 개념은 당신의 수련에서 좋아하는 에너지, 명료성, 진지성 그리고 의도성보다는 덜 중요하다.

금과옥조 수련

각 모듈은 당신이 선택할 수 있는 상당한 수의 수련을 포함한다. 예를 들면, 신체Body모듈은 광범위한 수련들을 포함한다. 여기에는 역기 들기, 에어로빅, 스포츠, 수영, 요가, 기공氣功, 다이어트, 영양 식단 등이 포함된다. 당신의 생활에서 구체적으로 실현하는 측면에 집중하는 여하한 신체적 단련/훈련 행위도 신체모듈 수련으로 간주할 수 있다. 마찬가지로, 기도, 명상, 헌신적 예배 같은 수련들은 영Spirit모듈에 속한다. 왜냐하면 그것들은 당신 존재의 영적 차원에 연관되기 때문이다.

우리는 4개 핵심 모듈의 각 모듈을 위해 권장할 만한 여러 가지 수련법을 개발하였다. 우리는 그것들을 황금률/금과옥조(GSGold Star) 수련이라 부른다. 그것들은 최초이며 AQAL에 기초하고 있고, 특히 21세기의 삶에서 전통적·근대적·탈근대적 접근법의 최선을 통합하는 데 적절하다. 수많은 금과옥조GS 수련들은 전통 수련의 정수精粹들이다. 종교적이고 문화적인 보따리는 다 빼고서도 그렇다. 어떤 경우에 우리는 새롭게 알게 된 (현대적 삶에 맞는 수련의) 요구를 나타내기 위해 애초부터 수련을 새로 만들어 내기도 했다. 모든 금과옥조 수련은 수련의 가장 적당한 측면들을 모두 포괄하면서 체계적으로 계통화되어 있고 축약되어 있다.

[그림 4-4]에 수록된 것은 4개의 핵심 모듈 내의 일부 금과옥조 수련이다. 이 모두는 [그림 4-6]에 ILP매트릭스로 보다 더 상세하게 설명되어 있다. 당신이 이 수련들 중에 어느 것을 좋아하는지 어떤지, 아니면 그것들이 당신에게 정말로 잘 맞는지 어떤지를 알아내는 최적의 방법은 하루 일상생활 속에 [그림 4-5]와 같은 1분 수련 모듈에 따라서 그것들을 한번 수련해 보는 것이다!

수련에는 끝이 없다. 수년간의 헌신적인 수련 뒤에 경험이 많은 수련자는 흔히 보다 더 현묘하고 보다 더 미묘한 차이를 갖는 방식으로, 똑같은 모듈로 수련을 한다. 일단 당신의 전체 삶이 수련이라면 당신은 자신의 현재 마음과 정서 상태를 갖고서 보다 깊게 수련을

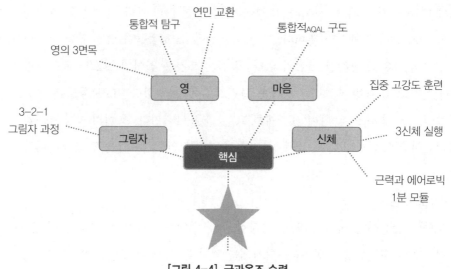

[그림 4-4] 금과옥조 수련

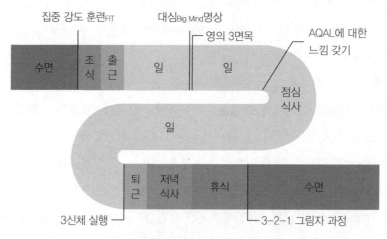

[그림 4-5] 1분 모듈로 하는 ILP 표본

하는 경향이 있다. 당신의 수련은 [그림 4-6]에서 보여 주는 당신의 인간관계, 일 그리고 다른 추가 모듈들을 더욱 심오하게 만든다. 그리고 물론 당신은 몸·마음·영·그림자로 계속해서 되돌아간다. 당신의 수련은 당신이 삶과 수련 성숙의 각 새로운 국면으로 이동해 가면서 계속해서 적응하고 유연해지고 진화해야 한다.

ILP의 원리는 당신으로 하여금 효과적으로, 균형 있게, 그리고 매우 효율적으로 전반적인 수련을 설계하고 계속 개선해 나가도록 도와줄 것이다. 당신은 본질적인 문제들의 어느 것도 그냥 내버려 두지 않거나 또는 당신의 발달의 주요 차원들을 소홀히 다루지 않을 것이다. 이것은 당신이 명상 수련의 강도 높은 단계나 신체 단련을 위한 집중된 훈련 기간

모듈								
핵심 모듈				**추가 모듈**				
신체	마음	영성	그림자	윤리	직업	대인관계	창의성	혼/정신
3-身 훈련★	독서와 공부 모임	명상	3-2-1 과정	도덕적 탐구	올바른 생활 태도	의식적 전념	통합적 예술성★	절제와 자적
FIT (근력 훈련)★	토의와 일지 쓰기	기도	꿈 해석 작업	통합윤리★	주간 확인	주간 확인	음악 연습, 연주, 작곡	자연과 교섭
에어로빅 연습	당신의 의미 –만들기 바라보기	영의 3면목 (3面目)★	일지 쓰기	자원봉사 일	시간 관리	친밀도 워크숍	창의적 쓰기	삶의 목적 발견하고 살기
균형 다이어트와 의식적 식사	통합(AQAL) 골격★	통합적 탐구	심리치료	사회적 실천주의	전문성 개발	통합적 부모노릇	댄스와 드라마	심층심리학
요가	학위 취득	영적 공동체	가족/ 부부치료	전문적 윤리	통합적 소통★	상처받기 쉬운 것	요리와 실내 장식	미술, 음악, 문학과 동조하기
무술 훈련		예배·노래·성가	정서 변화	박애/자선	개인적 생산성의 체계	통합 성(性) 요가★	창의적 공동체	비전 탐구 여행
스포츠/댄스		연민 교환	미술, 음악, 댄스 치료	가슴에서 우러난 서비스	재정 지능			

표본 수련들

다음과 같이 매우 단순
- 4개 핵심 모듈 각각에서 마음에 드는 하나의 수련을 뽑아라.
- 당신이 바라는 만큼 추가 모듈로부터 수련을 추가하라.
  (특히 금과옥조 수련 ★을 추천)

[그림 4-6] 통합적 생활 매트릭스ILP Matrix

93

같은 특정한 종류의 성장에 집중할 때 그렇다는 말이다.

수련이 일이나 가족으로 인해 명백하게 뒤로 밀려나는 삶의 국면에서조차도 당신은 적절하고 유연한 모양을 갖출 수 있는 그런 수단들을 갖게 될 것이다. 사실상, 당신의 통합생활 수련의 모듈들과 수련들에 당신이 관여하는 방식은 시간이 지나면서 진화할 수 있다. 그리고 ILP 수련의 일반 지침은 삶의 모든 순간에 자연적으로 내재된 정향성을 향해 발달할 수 있는 수련에 확고하게 전념하기 위한 좋은 지침이 될 수 있다. 거기에는 건강한 인간의 삶의 단지 들숨만이 아니라 날숨을 위한, 즉 삶의 모든 질과 국면을 위한 여유도 있는 것이다.

유위·무위 통합심신치유 프로그램

지금까지 이 책에서는 통합심신치유이론의 개관과 함께 '마음챙김'을 모든 무위적 고급 치유의 전제로 하고서 마음챙김을 기반으로 하는 고급 치유 프로그램 모델을 치유홀라키의 관점에서 간략하게 고찰하였다. 앞에서 언급한 바와 같이 동서고금의 공인되거나 검증된 모든 치료·치유법은 피치유자들의 상태·조건에 따라 치유효과가 있을 수 있다. 그러나 대부분의 치유법들은 표면적 증상의 일시적 완화나 호전을 보여 줄 수는 있지만 장애증상의 심적·무의식 경화 근육의 정도나 깊이에 따라 몇 시간이나 며칠이 지나면 삶의 조건에 따라 도로 원상태로 돌아가는 게 대부분이다. 반면에 증상의 양자도약적 호전·완화와 함께 의식의 변화(의식의 전환이나 변용)가 있게 하려면 성찰적 자각과 깨어 있는(각성) 긍정 암시와 함께 최소한 어느 정도의 '마음챙김'을 병행하면서 어떤 치유법이든 실행해야 그 치유효과의 심화와 의식의 변화가 생기게 된다. 이에 따른 치유효과는 지속적으로 도약적·점진적으로 증상을 점점 더 완화·호전시키게 되고, 의식은 굳어지고 갇힌(병리적·장애적) 마음·정신의 근육에서 벗어나 더욱 더 유연해지고 열리면서 성장 발달을 향한 변형·변용이 일어나게 된다. 따라서 최상의 고급 치유는 마음챙김의 무위치유를 기본으로 한 마음챙김 기반 방편적 유위치료가 병행되어야 한다는 것이다. 다시 말해, 일시적 증상 완화 수준의 치유가 아닌 근치로서의 치유는 마음챙김과 그 치유기제의 홀라키도 지속적으로 심화시켜 나가면서, 동시에 피치유자에게 적절한 체계적으로 개발되고 검증된 다른 유위 치료법들도 병행해야 된다는 것이다.

이 마지막 절에서는 『통합심신치유학: 이론』 편에 상술되어 있는 지금까지의 홀라키적 치유원리와 통합치유 프로그램 모델들을 모두 통합·통전·통섭하는 유위·무위 통합심신치유 수련 프로그램의 원리와 모델을 간략하게 제시하고 고찰하였다. 온우주의 양자우주, 생명세계와 생명, 인간 사회와 인간이 모두 홀라키적 양자파동장이므로 각 수준·분면·계통·상태·유형에 상응하는 모든 치유요법, 치유모델과 그 치유기제도 모두 홀라키적일 수밖에 없다. 따라서 이 절에서는 진정한 고급 치유와 성장 수련으로서 앞에서 소개한 모든 고급 치유 프로그램의 모델·모듈과 사통적으로 통합하는 8주 프로그램인 유위·무위 통합양자심신치유 수련Integral Quantum Healing Life Practice: IQHLP 중에 (양자의식, 양자자기와 [그림 4-7]과 같은 퀀텀사면동역학적 퀀텀치유변용QTQHT을 중심으로 하는 통합양자치유의 이론과 실제에 대해서는 『통합심신치유학: 이론』 편과 『통합심신치유기제』에서 상세하게 다루고 있으므로) 유위·무위 통합심신치유모듈에 대해서만 ILP와 비교하며 간략하게 고찰하였다.

깨어 있는 각성의식 기반 유위 · 무위쌍수

왜 유위 · 무위 쌍수가 필연적인가는 쉽게 이해할 수 있다. 무엇보다 고급 치유기제의 조건으로서 무위 수련의 기본인 마음챙김 치유기제 발현의 중요성이나 어려움만큼 의도적 · 비판단적 · 주의 집중이 가능한 알아차림은 그 내공이 높은 수준에 이르기 전까지는 어렵다. 왜냐하면 마음챙김이 탈동일시 · 탈중심화 · 거리두기 수용성… 등의 재인식의 기제로 형성되기는 어려운 까닭에 상당한 기간 동안은 실제 심신치유의 효과를 가져오는 데 한계가 있기 때문이다. 그래서 카밧진의 MBSR 수련 프로그램도 마음챙김 훈련을 제대로 할 수 있는 근기를 기르고 마음챙김의 기제를 발현하기 위해 호흡/전신/소리/생각/감정/무선택 마음챙김, 바디스캔, 마음챙김 요가, 마음챙김 걷기 같은 공식 수련 외에 일상생활 속 마음챙김 수련을 권장하는, 일종의 유위 · 무위의 통합적 심신 수련 프로그램인 것을 알 수 있다.

문제는 개인의 근기가 다양하기 때문에 마음챙김의 정수가 모든 이들에게 쉽게 체화되

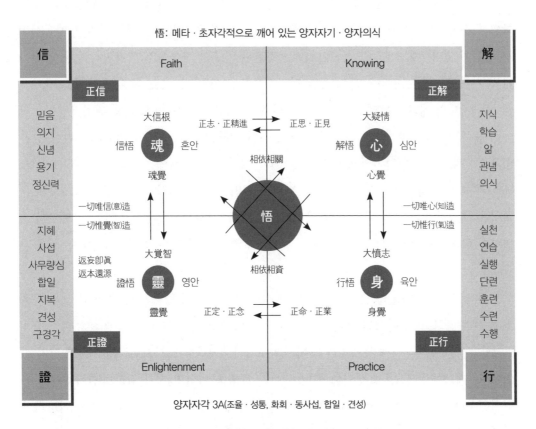

[그림 4-7] 퀀텀사면동역학적 퀀텀치유변용QTQHT 도표

95

지 않을 수 있다는 사실이다. 특히 신경증이나 건강염려증, 혼의 위축, 비정상장애(집착, 염려, 두려움, 망상, 자존감 상실…)나 영적 장애(카르마장애, 빙의, 사기邪氣, 정신분열…) 증상이 잠복/잠재되어 있는 경우 또는 심한 질병 상태의 경우 명상 수련에 앞서 적절한 치료가 선행되어야 할 것이다.

마음챙김 자각/알아차림의 가장 근본적인 한계는 (물론 카밧진의 경우 메타자각의 중요성을 언급하고는 있지만) 대부분의 마음챙김 관련 문헌과 도서 그리고 전문가들이 '의도적' 비판단적 주의 집중하기를 기본으로 기법 중심의 탈중심화, 탈동일시, 거리두기, 수용… 등을 강조하고 있다는 점이다. 그러나 이러한 '의도적(의지적)'인 자각의식은 존재적 작인 주체로서의 '혼적 자기/자아'의 기본 본성이라는 것을 전문가들이 모르고 있거나 간과하고 있는 경우가 종종 발생한다.

문제는 생명력 발현과 자기동일시의 주체인 혼이 성장 과정에서 병리적 자아, 부정적 그림자 무의식(나르시시즘, 경계선장애, 콤플렉스, 트라우마, 부정적 방어기제…)의 심화와 함께 자아중심적 자기애의 고착 · 퇴행, 자기의 회피 · 혐오, 부정적 자기점검 · 평가 · 본성으로 인해 마음챙김이 제대로 안 되는 사람도 있다는 점이다. 게다가 부정적 억압무의식 강화와 뇌신경 회로 인지의 과학습으로 회피적 · 억압적 조건반응을 강화시키고 지속시키는 경향이 있다. 때문에 의도적 · 의지적 · 비판단적 주의 기울이기의 평면적 수준의 알아차림/자각을 넘어 초감각적인 메타/초인지적으로 영이 깨어나wake up 혼의 각성awakening의식 상태에서의 메타/초알아차림 자각으로서 모든 영의 카르마식識과 혼의 위축 · 집착 · 장애식을 즉각적 · 자발적으로 주시하는, 카밧진이 말하는 '의식의 직교적othogonal 전환' 같은 입체적 · 광대무변한 알아차림이 있어야 한다. 그러므로 모든 영적 심층장애 무의식(카르마식)과 혼적 장애 억압무의식이 의식화되거나 되려는 순간, 각성 상태에서 일어나는 모든 의식을 대상화하여 '즉각 주시하는' 알아차림으로서의 마음챙김은 혼적 자기의 의도적 기법적인 마음챙김이 아닌 심心 · 의意 · 식識(8식 · 7식 · 6식)의 모든 경험을 포월하는 마음관찰mind-observation '주시의식'인 것이다.

모든 인간은 근기根器와 카르마장애에 따른 부정적 그림자 방어기제, 콤플렉스, 트라우마 등이 다양하고 그 정도의 차이도 크지만, 누구나 어느 정도의 혼적 장애(혼의 위축, 혼의 비정상화, 억압무의식 장애 등), 영적 장애(심층무의식 카르마장애, 사기邪氣 오염 등)가 있기 마련이다. 때문에 이로 인해 성인이 되고 나이가 들수록 뇌의 인지가 퇴화하면서 의식 · 무의식의 마음근육이 더욱 굳어지고 닫히게 되어 외적 · 내적 자극에 강하게 자동 반응하게 된다. 따라서 평면적 마음챙김으로 의도적 비판단적 주의를 기울이며 탈동일시, 탈자동화, 거리두기의 기제를 발현하려 해도 오히려 반의지적으로, 특히 조건화된 환경·상황하의 반응인 경우, 신경과민이나 조건반사 과학습이 되기 쉽다. 그리고 상황·조건·반응의 회피 성향, 부정적 의식과 함께 자기혐오, 자기회의, 자기검증, 자기비판 등의 부정적 자기반응이 순간 뒤따르며, 억압 에너지氣와 그릇된 정묘식識이 강화되고 과잉되기 쉽다.

물론 선천적으로 근기가 높고 수련 경험이 많아 영적·혼적 장애가 가볍고 현생의 환경이나 삶의 조건에 의해 성장 과정에 형성된 가벼운 장애만 있는 사람의 경우, 마음챙김만으로도 장애가 소멸되며 더 높은 단계의 수행과果의 실현으로 자아초월의 견성見性, 깨달음의 경지로까지 영성이 발현되어 어느 정도 '성통광명性通光明'할 수 있다. 그렇다 해도 근기가 높고 수련이 깊은 사람도 카르마장애가 있고, 그로 인한 현생의 억압무의식장애가 있기 때문에 영적 카르마장애, 혼적 무의식장애를 해체소멸시키며 영적으로 성장 발달하려면 유위·무위 고급 치유 수련을 균형 있게 하는 것이 바람직하다. 따라서 일반 마음챙김 명상 수련·훈련과 MBSR, ILP 같은 마음챙김 기반 통합심신 수련을 제대로 해 나가면서 점차로 혼적 수준의 마음챙김을 넘어 영적·혼적 장애까지도 해체소멸시키는 일미一味의 주시의식에 의한 '양자주시의식 훈련(양자자기의 양자의식에 의한 모든 내면 의식의 통찰적 주시)'을 해야 한다.

이를 위해서는 [그림 4-8]의 IQHLP모듈에서 보듯이, 깨어 있는 각성 기반 무위 수련의 심화와 함께 혼의 치유魂癒, 마음/스트레스 치유心癒, 분노·화 같은 감정이나 정서부조의 정동치유情癒, 잘못된 충동본능치유氣癒와 신체적 병리장애치유身癒 그리고 이 모든 수준의 장애·병리의 발현 기능체인 뇌의 퇴화·기능장애치유腦癒가 중요하다. 이는 서양의 모든 공인된(BETA 모델) 심리치료와 동서양의 검증된 대체보완·통합의학적 모든 유위적 심신치유를 포함하여, 필자들이 가장 중요하게 강조하는 근본적인 치유와 변화를 가져오게 하는 [그림 4-7]과 같은 양자의식 기반 퀀텀사면동역학적 퀀텀치유·변용Quantum Tetra-dynamics Quantum Healing Transformation: QTQHT을 위한 유위·무위 수련을 필요로 한다(『통합심신치유학: 이론』편, 『통합심신치유기제』 참조).

따라서 앞에서 언급한 모든 고급 심신치유를 모두 사통四通적으로 통합하는 [그림 4-8]과 같은 유위·무위 통합양자심신치유 수련IQHLP 프로그램을 체계적으로 개개인의 근기와 지배적 장애의식의 수준·분면·계통·상태·유형의 통합적 진단평가에 따른 맞춤식 수련으로 제대로 해 나갈 경우에만 근본적인 치유와 의식의 성장 변용이 양자도약적·단계적으로 일어나게 된다. 즉, [그림 4-8]의 IQHLP모듈이 보여 주듯이 치유홀라키적으로 신유身癒에서 기유氣癒·정유情癒·심유心癒·혼유魂癒·영유靈癒·영각靈覺에 이르기까지, 그리고 각 수준에 상응하는 뇌유腦癒에 이르기까지, 깨어 있는 각성 의식 기반 유위·무위 통합심신치유를 지속적으로 할 경우에, 그래서 심신의 병리·장애, 카르마장애, 혼적 장애를 넘어서는 어느 임계/역치 수준에 이를 때, 양자도약적으로 자기치유와 성장, 의식의 변화·변용, 영성의 발현이 단계적으로 이루어지게 된다.

유위·무위 통합심신치유 수련

왜 유위·무위 통합심신치유 수련인가?

지금까지 일시적·표층적 증상치유에 그치기 쉬운 일반 심신치유가 아닌 최소한 어느 정도 근본적인 증상치유와 의식의 변화에 따른 성장 발달을 가져올 수 있는 통합적 고급 심신치유에 대해 개관해 왔다. 하지만 필자들이 이 책에서 공리적 가설로 전제한 것은 마음챙김이야말로 심층적 치유와 함께 의식의 변화와 변용을 가져오는 고급 치유 및 치유기제의 거의 유일한 기본 전제이며 기본 요건이라는 것을 강조한 것이다. 그러나 보통 사람들의 경우, 처음부터 보통의 기법 중심의 평면적 마음챙김의 치유만으로는 심신의 근본 치유와 함께 의식의 성장 변화가 제대로 실현되기가 어렵거나 자칫하면 일반치유와 같이 표면적 증상치유에 그칠 수도 있다는 점도 반복하여 강조하였다. 이와 같은 마음챙김 명상 수련·훈련과 그 치유기제 발현의 어려움에 대해서는 두 가지 측면에서 다시 한번 요약·고찰할 수 있다.

첫째, 마음챙김 명상 수련·훈련의 기초인 의도적·비판단적·수용적 주의 집중과 그에 따라 형성되는 기제 '재인식(탈중심화, 탈동일시, 거리두기… 등)'의 의식 변화를 모든 사람이 쉽게 경험하는 것은 아닐 수 있다. 왜냐하면 성찰적인 소수의 사람들을 제외한 보통 사람들은 성인이 되면 사회적 활동을 위한 인지와 지능은 발달하지만 의식의 성장판은 닫히면서 자아ego가 강해지고, 인성·성격은 다중적이 되고, 장애적·부정적 그림자 무의식으로 인한 경화된 마음의 근육은 더욱더 굳어지는 경우가 많기 때문이다. 그래서 인지·의식·이념의 콘크리트화된 틀에 갇히게 되어, 마음챙김 명상 수련·훈련 자체를 제대로 할 수 있는 열린의식의 단계가 안 되어 있거나 그런 의식의 상태로 쉽게 될 수 없다. 이러한 사람들은 자연 치유·소마·요가·기공 등을 하며 마음챙김 명상 수련·훈련을 어느 정도 해도 마음챙김을 제대로 하기 힘들고 심신의 표층적 증상 완화에 그치기 쉽다.

그래서 『통합심신치유학: 이론』 편의 양자심신치유에서 강조하는 오감·언어 의식을 넘어서는 양자우주·양자생명세계·양자인간의 양자원리와 양자의식(양자사고, 양자마음,

양자자기)에 대한 온전한 이해와 [그림 4-7]과 같은 양자도약적 QTQHT信解行證 치유·변용 수련이 바람직하다. 먼저 심안心眼이 바로 열리는 진리에 대한 온전한 이해正解·正知가 필요하고 온전한 앎과 진리에 대한 확신正信하에 마음챙김 자각悟 기반 실습·실행·훈련·수련正行하는 통전적 심신치유법이 필요한 것이다. 그러나 이것은 누구나 쉽게 할 수 있는 일반 치유 같은 것이 아니므로, 먼저 의식이 열리기 위한 예비 치유와 개인의 지배적 심신장애 수준·분면·계통·상태·유형에 맞는 일반 심신치유가 선행되어야 가능한 것이다.

둘째, 마음챙김은 불교의 사띠sati·念 / 알아차림과 위빠사나慧觀 / 통찰명상에 바탕을 두고 있다. 그래서 불교의 緣起와 空과 唯識, 三法印苦·無常·無我의, 특히 '無常' '無我' 같은 심오한 지혜를 실제 수행 없이 관념적으로 받아들이고, 참생명 존재의 주체로서의 참나眞我와 자기의 존재적 주체인 영과 혼에 대한 온전한 이해가 없이 마치 생명 주체로서의 영혼은 실재하지 않는 문자 그대로의 '無我'인 것같이 받아들이면 그 온전한 이해에 문제가 생긴다. 특히 이러한 무아와 영혼에 대한 온전한 이해가 잘못되거나 관념적으로 오해하게 되면, 서양의 전통 지혜와 전통 종교의 영spirit과 혼soul, 심혼/정신psyche에 대한 이해를 제대로 할 수 없고, 동북아(중국, 한국, 일본 등)의 전통 지혜에서 말하는 혼魂에 대한 이해도 쉽지 않을 수 있다.

'無我'에 대한 지나친 문자적 관념적 접근은 아예 생명력 발현의 존재적 주체인 혼의 존재성 자체를 무시하고 혼의 原型識·理知識·意志識을 思量識·집착식으로서 아뢰야식(8식)을 의지依根하여 자아로 취하는, 아상我相으로서의 말나識(7식)로서만 강조하는 오해를 불러일으키기 쉽다. 이러한 접근은 무시하거나 경시하고 있는 생명 존재의 실상 주체인 魂의 생명력 발현 과정에서의 魂적 자기의 위축과 비정상화로 인한 심적 장애들(병적 자기애, 집착, 자존감 상실, 망상, 두려움, 공포, 우울, 자살 충동 등)로 인한 수많은 그림자 억압무의식장애들(나르시시즘, 경계선장애, 콤플렉스, 트라우마, 부정적 방어기제 등)을 무시하고 간과하는 경향이 있다. 그래서 이로 인한 심신의 병리·장애를 苦·無常·無我에 대한 자각/알아차림의 무위 수련만을 강조해서는 고강도 콘크리트같이 굳어진 혼의 장애식, 경화된 억압무의식의 장애적 마음근육은 풀리기가 쉽지 않다.

따라서 부정적 감정이 심하고 혼이 위축되어 있는 사람의 경우, 평면적이고 기법적인 마음챙김으로 (있는 그대로) 맨주의 기울이기를 하려고 하다 보면 뇌의 인지학습이(즉각적 거부 자동 반응으로) 과학습되어 더 신경증적으로 악화되기 쉽다. 더 나아가 혼적 자기의 억제·회피·부정·회의·검열하는 의식·무의식의 장애와 혼의 위축·비정상화도 더 악화될 수 있다. 영적·혼적 존재로서의 인간, 참나로 깨어나기, 혼을 바르게 되살리는 혼의 치유魂癒와 인간의식·자기·인성·영성의 나선역동적 성장·퇴화, 변화·발달에 관한 온전한 인지적 이해와 각성이 왜 필요한지는 앞에서 언급하였다. 더불어 성명쌍수性命双修, 정혜쌍수定慧双修 그리고 무엇보다 유위·무위 쌍수가 왜 필연적인가도 이미 앞에서 고찰하였다. 또한 왜 일반적인 마음챙김 수련과 더불어 마음챙김 수련이 심화되면 메타인지가 아닌 초자각超認知(양자자각)의 깨어 있는 각성 주시의식에 의한 주시적 마음관찰(참여적 관찰자의 주시) 기반 양자의식·양자알아차림의 양자치유기제가 중요한가도 앞에서 강조하였다. 그래서 4통(통합, 통전, 통섭, 통관)의 최상의 통합치유·성장 홀라키로서의 유위·무위 통합양자심신치유 수련 프로그램 내용은 여기서는 다루지 않고, [그림 4-8]과 같은 유위·무위 통합심신치유모듈과 함께 그 핵심 원리의 개요에 대해서만 이 절에서 요약하였다.

더구나 앞에서 이미 언급한 바와 같이 무지와 무명에서 영이 깨어나서 생명력 발현의 실상 주체인 혼의 의지·의도·신념·용기를 온전한 심혼/정신psyche의 정신正信으로 되살리고, 혼안魂眼이 제대로 열리면서 혼의 억압된 장애적 무의식을 해체소멸하면서 신명神明도 되살리는 길이 위축된 혼을 바로 살리는 근본적인 유위적 심신치유의 요결이다. 그래서 먼저 혼유魂癒(혼의 치유)를 통해 심신의 각 수준에서 유위적으로 심유心癒(마음·스트레스치유), 정유情癒(감정·정서 치유), 기유氣癒(본능충동치유), 신유身癒(신체적 병리장애치유)를 하고, 그리고 뇌유(腦의 인지장애치유)를 하는 통합적 유위치유가 그 정수이다.

다시 말해, 무아無我에 반대되는 불변의 어떤 존재인 자아로서의 '有我'인 혼魂의 치유가 아니다. 오히려 유일자唯一者의 본성·본래 면목인 진아Atman를 존재적 바탕으로 하고 있는 생명 존재의 근본 주체인 영의 외체外体와도 같은 존재의 실상 주체인 '자기'로서, (어느 한 生에서) 주어진 삶의 조건과 생존 환경에 적응하며 성장하고 변화하는 과정에 상처받은 주체인 혼의 치유인 것이다. 따라서 생명력 발현의 기능체인 심체心体·정체情体(감정정서체)·기체氣体(에너지체, 생명본능체)·신체身体를 통해, 인지 생성·변환체인 뇌체腦体를 통해, 그리고 동시에 직접 양자의식으로 작용하여 파동정보를 상호 전달·전사·각인시키는 작용인作用因으로서의 혼에 대한 온전한 이해와 치유는 모든 서양의 심리치료·심신치유와 동양의 精·氣·神(性·命·精, 心·氣·身) 수련의 정수이다. 하지만 이 모든 심신치유와 수련에서 魂의 치유가 중심이 된 魂·心·情·氣·身의 모든 유위 수련도 靈을 깨어나게 하는 '입체적' 마음챙김을 기반으로 하는, 그리고 '평면적' 마음챙김마저도 넘어서는, 깨어 있는 각성의식 기반 양자마음챙김(魂識과 마음관찰)의 무위 수련이 뒷받침될 때 치유가 심화된다고 볼 수 있다. 이러한 근본적인 치유와 함께 비로소 영안靈眼이 열리면서 영이 깨어나 혼이 바르게 살아나는 근본 치유와 영적 성장·변용이 비로소 가능하게 되는 것이다.

유위·무위 통합심신치유 수련: 개관

[그림 4-8]과 같은 유위·무위통합심신치유 수련은 이 책의 2부에서 다루고 있는 여러 수준, 분면, 계통의 주요 치유요법들을 고덕체의 치유법으로 모두 포함하는, 양자도약적 의식의 변화/변혁을 가져오게 하는 진정한 현대적 유위·무위 통합심신치유·수련 프로 그램의 전형적 모듈이다. IQHLPIntegral Quantum Healing Life practice는 진정한 통합심신치유 수련 프로그램을 찾는 상담·치유·코칭·리더십 전문가 그리고 자기치유와 영적 성장에 관심 이 있는 각 분야의 전문가·리더·지식인들에게 영적·혼적 존재로서의 '나'와 인간에 대 한 심층적 이해와 깨달음과 함께 온전한 통합적·양자도약적 유위·무위의 심신치유·수 련법의 핵심을 선사한다. 그래서 이 모듈은 실습 수련을 통해 의식화/체화시켜서 자기화 하여 현장에서 활용할 수 있게 하는 데 중점을 두고 있는 실행 프로그램 개발 및 활용 지침 을 제공하는 모듈형 통합양자적치유 수련IQHLP 프로그램 모델이다.

IQHLP에서는 먼저 왜 일상생활 속의 치유·수련이 필요하고 어떻게 통합 치유·수련 을 하는가를 인지적 학습을 통해 배우고 나서, 깨어 있는 삶을 위한 통합적 알아차림 훈련 과 함께 통합 유위·무위 치유 수련법을 이해시킨다. 그리고 무엇보다 '나는 누구인가'와 '인간은 어떤 존재인가'에 대한 양자적·통합적·나선동역학적 인간의 본성을 깨닫도록 이해시킨다. 이와 함께 모든 인간의 고통과 혼란과 불행의 원인은 양자파동(에너지氣, 정보 識)으로서의 양자우주에서 소우주인 영적·혼적 존재로서의 인간인 '나'는 어떤 존재이고, 인간의 삶의 질을 좌우하는 혼이 무엇이고 진정한 자기(참나)가 누구인지 모르는 근본적 무지에서 비롯된다는 것을 깨닫게 한다. 이를 위해 깨어 있는悟 의식으로 퀀텀사분면(信· 解·行·證) 수련에 의해 각 수준의 의식의 눈(心眼·身眼·魂眼·靈眼)이 열리면서 단계 적·양자도약적으로 이해하고 깨닫게 된다(『통합심신치유학: 이론』 편, 『통합심신치유기제』 참조). 더 나아가 IQHLP는 동서양의 전통 지혜의 가르침과 현대 심층·발달심리학과 양자 역학·양자과학·신의학이 원리가 동일하면서 상호보완적·통섭적이라는 것을 확실하 게 깨우치게 하는 데 중점을 두고 있다.

먼저 심신의 홀라키의 모든 차원, 즉 몸마음영BMS(身·氣·情·心·魂·靈)과 그 내외 적 인지 생성·변환 발현체인 腦홀라키의 통합적 이해를 바탕으로 한 진정한 통합적 심신 치유와 성장 원리를 심층과학적으로 이해시킨다. 그러고 나서 켄 윌버의 AQAL 통합모델 을 통전적·통섭적·통관적 양자원리로 확장한 QAQALQuantum AQAL 통합심신치유에 의

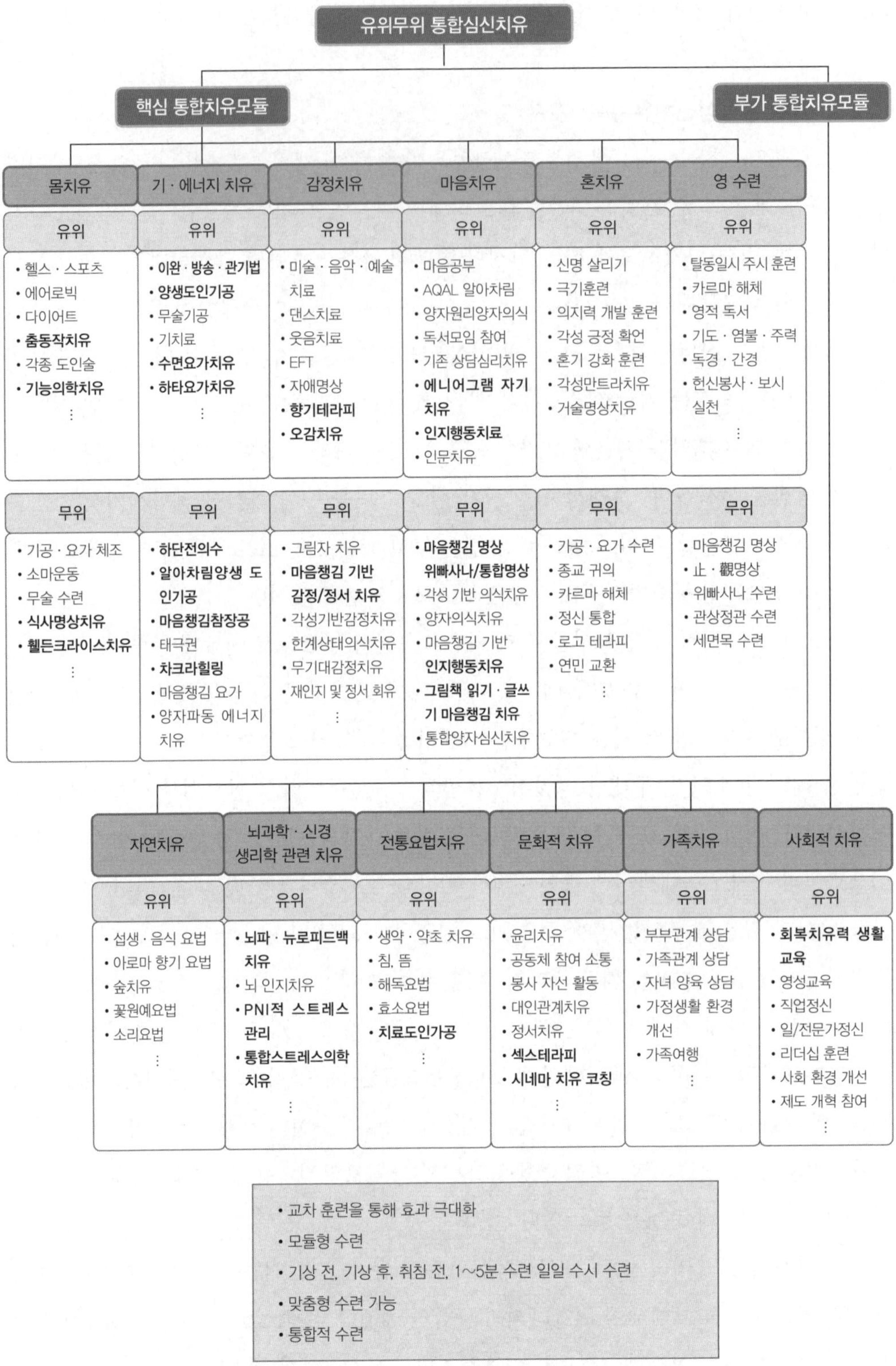

유위무위 통합심신치유

핵심 통합치유모듈　　　　　**부가 통합치유모듈**

몸치유	기·에너지 치유	감정치유	마음치유	혼치유	영 수련

유위

- 몸치유: 헬스·스포츠 / 에어로빅 / 다이어트 / **춤동작치유** / 각종 도인술 / **기능의학치유** …
- 기·에너지: **이완·방송·관기법** / **양생도인기공** / 무술기공 / 기치료 / **수면요가치유** / **하타요가치유** …
- 감정치유: 미술·음악·예술 치료 / 댄스치료 / 웃음치료 / EFT / 자애명상 / **향기테라피** / **오감치유**
- 마음치유: 마음공부 / AQAL 알아차림 / 양자원리양자의식 / 독서모임 참여 / 기존 상담심리치유 / **에니어그램 자기 치유** / **인지행동치료** / 인문치유
- 혼치유: 신명 살리기 / 극기훈련 / 의지력 개발 훈련 / 각성 긍정 확언 / 혼기 강화 훈련 / 각성만트라치유 / 거울명상치유
- 영 수련: 탈동일시 주시 훈련 / 카르마 해체 / 영적 독서 / 기도·염불·주력 / 독경·간경 / 헌신봉사·보시 실천 …

무위

- 몸치유: 기공·요가 체조 / 소마운동 / 무술 수련 / **식사명상치유** / **휄든크라이스치유**
- 기·에너지: **하단전의수** / **알아차림양생 도인기공** / **마음챙김참장공** / 태극권 / **차크라힐링** / 마음챙김 요가 / 양자파동 에너지 치유
- 감정치유: 그림자 치유 / **마음챙김 기반 감정/정서 치유** / 각성기반감정치유 / 한계상태의식치유 / 무기대감정치유 / 재인지 및 정서 회유 …
- 마음치유: **마음챙김 명상 위빠사나/통합명상** / 각성 기반 의식치유 / 양자의식치유 / 마음챙김 기반 **인지행동치유** / **그림책 읽기·글쓰기 마음챙김 치유** / 통합양자심신치유
- 혼치유: 가공·요가 수련 / 종교 귀의 / 카르마 해체 / 정신 통합 / 로고 테라피 / 연민 교환 …
- 영 수련: 마음챙김 명상 / 止·觀명상 / 위빠사나 수련 / 관상정관 수련 / 세면목 수련

자연치유	뇌과학·신경생리학 관련 치유	전통요법치유	문화적 치유	가족치유	사회적 치유

유위

- 자연치유: 섭생·음식 요법 / 아로마 향기 요법 / 숲치유 / 꽃원예요법 / 소리요법 …
- 뇌과학: **뇌파·뉴로피드백 치유** / 뇌 인지치유 / **PNI적 스트레스 관리** / **통합스트레스의학 치유** …
- 전통요법: 생약·약초 치유 / 침, 뜸 / 해독요법 / 효소요법 / **치료도인가공** …
- 문화적: 윤리치유 / 공동체 참여 소통 / 봉사 자선 활동 / 대인관계치유 / 정서치유 / **섹스테라피** / **시네마 치유 코칭** …
- 가족치유: 부부관계 상담 / 가족관계 상담 / 자녀 양육 상담 / 가정생활 환경 개선 / 가족여행 …
- 사회적: **회복치유력 생활 교육** / 영성교육 / 직업정신 / 일/전문가정신 / 리더십 훈련 / 사회 환경 개선 / 제도 개혁 참여 …

- 교차 훈련을 통해 효과 극대화
- 모듈형 수련
- 기상 전, 기상 후, 취침 전. 1~5분 수련 일일 수시 수련
- 맞춤형 수련 가능
- 통합적 수련

[그림 4-8] 유위·무위 통합심신치유 모듈

해, [그림 4-8]에서 보여 주듯이 여섯 가지 주요 핵심 통합치유모듈에 의해 모든 심신·의식 장애 수준에서의 유위·무위 치유·성장 수련과 현대 다양한 몸·수기 치유와 소마·기공·요가 치유, 감정정서치유, 마음(심리·인지행동·자기·인문…)치유와 마음챙김 명상·영성치유·수련과 더 나아가 부가적인 온분면 및 주요 계통의 치유 훈련·수련을 통해 치유와 성장기제를 발현함으로써 일상 속에서 자기치유와 영적 성장을 실현하도록 이끄는 데 이 프로그램의 목표를 두고 있다.

IQHLP 수련에서는 ILP와 마찬가지로 생활 속의 치유와 수련을 통해, 즉 통합적 생활치유·수련의 요결로서의 양자도약적 치유와 성장의 유일한 길은 무엇인가를, 그리고 그 해답은 ILP와는 달리 유위법적이고 무위법적인 유위·무위의 모든 공인된(전통 전일적 자연의학의 정신과학적, 현대 심신통합의학·홀론의학·신의학의 심층과학적) 심신치유의 통섭적(상의상자적)·상보적 치유와 마음챙김 기반 BMS_BEEMSS 수련에 있다는 것을 깨닫게 한다. 이것이 곧 켄 윌버의 ILP를 넘어서는 통합양자심신치유 수련에 있음을 기본적으로 이해하고 확신하고 깨닫게 하는 삼부작의 통합심신치유에 그 목적을 두고 있다(상세한 내용은 『통합심신치유학: 이론』 편과 『통합심신치유기제』 참조).

다시 말하자면, 켄 윌버의 5차원 의식(수준·분면·계통·상태·유형)의 AQAL 알아차림 기반 통합생활 수련의 GS 핵심 모듈(몸·그림자·마음·영 모듈)과 부가 모듈들은 그의 AQAL 통합얼개에 따른 정적靜的·평면적 모듈형 통합생활 수련법이다. 반면에 IQHLP는 양자의식 기반 통찰적 마음챙김/알아차림(깨어 있는 각성 주시 마음관찰)을 바탕으로 한 [그림 4-7]과 같은 퀀텀사면 동역학적 치유·변용 QTQHT의 양자자각悟에 기반한 信解行證의 상의상자相依相資적 수련(실행·실천·훈련·단련·연습·수행)에 의한 양자도약적 통합치유·성장과 변혁/변용을 위한 일상 속의 모듈형, 맞춤형 교차 수련형 통합생활 수련법으로서 통합 모듈은 [그림 4-8]에서 상세하게 보여 주고 있다.

IQHLP의 핵심 통합치유모듈은 그림에서 보여 주듯이 몸치유·기/에너지 치유·감정치유·마음치유·혼치유·영 수련의 6가지 핵심GS Gold stan 모듈로 구성되어 있다. 이 핵심 모듈들은 모두 피치유자와 내담자의 身·氣·情·心·魂·靈의 병리·장애 상태와 개인의 의식 수준 상태·성격·기질 등을 고려하여 유위/무위 치유·수련을 하도록 되어 있다. 그래서 먼저 최적의 유위 수련으로 예비 치유, 일반 치유에 의한 치유기제의 발현으로 치유와 의식이 어느 정도 열리면, 마음챙김 통찰명상 수련의 심화에 의한 깨어 있는 각성 주시의 '마음관찰' 수준으로 더욱 심화시켜 나가며 근본 무위치유와 함께 의식이 열리면서 양자도약적으로 단계적 의식의 변화·변용이 일어나게 한다.

어느 누구나 깨어 있는 알아차림 주시의식으로 유위/무위 치유·수련을 해야 한다. 유위 치유·수련이란 유위법에 의한 수행으로서, 깨어 있는 의식으로 위축되고 병들거나 정신 나간 魂(마음, 심혼)의 신명神明·신념·용기·의지·도전정신을 되살리는 수련이다. 말하자면 이는 사랑·감사·격려·칭찬·경청·연대·나눔(四無量心, 四攝法)을 강화하는 각성 긍정 암시적 다양한 방편적 수련·훈련들을 일컫는다. 즉, 위축된 혼을 의도적·의지적 각성·긍정·신명에 의해 바르게 되살리는 心·情·氣·身에 대한 현대 동서양의 제반 자연치유, 소마/요가/기공, 심신치유, 심리치료, 통합의학·에너지의학·양자의학적 모든 공인된 치유·치료법을 일컫는다.

물론 이런 유위 치유·수련은 그냥 재래적 기법으로만 하면 안 되는 것이다. [그림 4-7]에서 보듯이 마음챙김(알아차림, 자각, 주시) 수행·수련正念·正定·正精進을 바탕으로 하는 무위 수련의 도움에 의해 바르게 자기 치유·성장의식이 깨어나서正悟 올바른 앎正知·正解을 익히고 닦아서正行, 바른 견해正見·正思惟를 깨우치며 바르게 증득正證해 나가야 한다. 물론 무위수행이란 무위법에 따라 마음챙김(알아차림, 자각, 주시) 중심의 止·觀 명상·관상 수련四聖諦·四念處·三學八五道에 의해 영적으로 깨달아서性通光明 카르마와 번뇌망상을 소멸시켜 근본 치유와 영적 성장을 통한 영성의 발현과 本證自覺으로 깨어 있는 깨달음의 경지에 이르는 수행을 궁극의 목표로 하는 수행이다. 이러한 유위/무위 치유·수행에서 무엇보다 중요한 것은 IQHLP의 [그림 4-7]과 같은 QTQHT적 치유·수련에서 양자도약적인 치유·수련을 올바르게 실행正行하려면 옳바른 앎正知에 의한 깨우침解悟이 선행되어야 한다.

이를 위한 조건으로 켄 윌버는 모든 것에 대한 AQAL 지도 만들기Map Making가 중요하다고 강조한다. 실제로 양자우주의 현상의 상대적 에너지 세계慾界인 현실 세계用에 대해 그가 말하는 언어적·이지적·통합적·이성적 인식 능력을 갖기 위해서는 AQAL 통합지도 만들기가 중요하다. 그러나 전통 지혜에 담겨 있는 다차원의 초언어적·초의식적 실상세계色界(정묘계, 이데아세계)인 초양자장세계相와 궁극의 원인계原因界인 DMFDivine Matrix Field 본체계体의 영속진리(영속종교, 영속철학, 영속심리학, 영속수행)에 대한 성현들의 깨달음의 체험에서 나온 가르침의 정수인 통합(사통)진리의 지도는 성현들에 의해 이미 만들어져 있다. 다만 이에 대한 올바른 해석과 이해와 체험이 중요하다. 그리고 이런 해오解悟를 바탕으로 혼안이 열리는 바른 확신正信(바른 신념, 의지, 용기, 정신)에서 나온 전문가의 온전한 앎과 마음챙김止觀双修·定慧双修·性命双修을 바탕으로 한, 『통합심신치유학: 이론』 편과 『통합심신치유기제』에서 보여 주고 있는 IQHLP 모델과 같은 유위·무위 통합양자심신치유·수련의 가이드와 과정을 통한 깨어 있는 자기탐구와 자기치유와 깨달음을 향한 영적 성장이 중요하다.

참고문헌

안희영(2010). MBSR 프로그램의 불교명상적 기반. 불교학연구, 26, 359-408.

조효남(2019). **상보적 통합**. 서울: 학지사.

Wilber, K. (2017). **켄 윌버의 ILP**(Integral life practice). (안희영, 조효남 공역). 서울: 학지사.

통합심신치유학 [실제] 편

통 합
심 신
치유학

제2부

주요 심신통합치유요법의 실제

통합심신치유학 [실제] 편

제 **5** 장 | *Integrative Body·Mind·Spirit Healing: Practice*

몸·소마·자연 치유 관련 심신통합치유

- ◆ 기능의학의 통합적 치유(곽상준)
- ◆ 움직임을 통한 자각과 치유, 휄든크라이스 방식 학습(이인화)
- ◆ 숨무브먼트의 몸/춤이 가지는 치유적 측면(국은미)
- ◆ 마음챙김 섭식(박자방)
- ◆ 약초치유명상(이건호)

기능의학의 통합적 치유

곽상준[1]

들어가는 말

　이제는 오래 사는 것이 아니라 잘 사는 것이 중요한 시대다. 우리나라는 2017년 기준으로 전체 인구에서 만 65세 이상의 인구가 14퍼센트 이상인 고령 사회로 진입했다. 같은 해에 유명한 의학 잡지 『란셋』에 실린 논문에서는 우리나라가 2030년에는 세계에서 가장 기대수명이 긴 나라가 될 것이라고 추정했다. 우리나라에서 2030년에 태어나는 여아의 기대수명이 86.7세가 넘을 확률은 90퍼센트를 넘고, 남아의 경우는 80세가 넘을 확률이 95퍼센트에 이를 것으로 예측하고 있다. 명실공히 이때가 되면 우리나라 사람들이 지구에서 가장 오래 사는 사람들이 된다는 것이다(Kontis et al., 2017).

　이렇게 짧은 기간에 장수를 누리는 국가가 된 이유는 여러 가지가 있을 수 있다. 우선 지금은 많이 서구화되고 있지만, 우리의 한식과 문화적으로 건강을 위한 먹거리에 사람들의 관심이 많다는 점도 영향을 미치는 것 같다. 세계적으로 널리 알려진 한스 로슬링 교수의 테드 강연에서도 언급한 것처럼 우리나라는 경제 발전 속도보다 영아사망률이 더 빨리 감

---

1) 의사/한의사, 대한임상암대사의학회 학술이사, 대한정주의학회 정보통신이사

소했다. 달리 말하면 그만큼 그 분야에 자원의 투입이 선제적으로 이루어졌다. 또한 영양, 위생과 의료 접근성의 향상이 장수에 기여한 것으로 판단된다(Rosling, 2006).

이렇게 장수를 하면서 사람들이 겪는 건강상의 문제에도 많은 변화가 일어났다. 100년 전만 하더라도 사람들의 생명을 위협한 것들은 폐렴, 장염 같은 감염이나 외상 등이었다. 하지만 2014년 기준으로 우리나라 전체 사망의 81퍼센트를 암, 심장 질환과 뇌혈관 질환 같은 비감염성 질환이 차지했다. 사망 원인 10위 중 7개는 만성 질환이다. 이런 만성 질환은 서서히 발생해서 오랫동안 지속되고, 여러 합병증을 수반해서 삶의 질을 떨어뜨리고 생명을 위협한다. 통계청 자료에 의하면 2012년 기준으로 평균수명과 건강수명의 차이가 8.4년에 이른다. 평균적으로 죽기 전에 8.4년 정도는 어떠한 형태로든 고통스러운 기간이 있다는 말과 같다(질병관리본부, 2016).

주변에 고혈압, 당뇨병, 고지혈증 등으로 약물을 복용하는 사람들을 쉽게 볼 수 있고, 요즘엔 암으로 힘겨운 치료를 이어 가는 분들도 심심치 않게 만나게 된다. 통계에서 보여 주듯이 만성 질환이 창궐하고 있다. 이런 만성 질환은 인구 노령화와 함께 그 수도 기하급수적으로 증가하고 있다. 그뿐만 아니라 이런 만성 질환으로 고생하는 젊은 사람도 늘어가고 있다.

인류의 역사를 통해 본 영양

전 세계적으로 사망 위험 요인 다섯 가지 중의 네 가지는 에너지의 섭취, 소비, 저장과 관련이 있다. 이것들의 불균형은 심장 질환, 뇌졸중, 제2형 당뇨병, 암과 우울증 같은 적어도 22가지의 만성 질환의 위험을 증가시키는 것으로 알려져 있다. 이런 질병은 지역, 민족 및 사회경제적인 수준과 관계없이 모든 사람들에게 발병하고 있으며 점차 증가하고 있다. 하지만 생활 습관의 교정을 통해 예방할 수 있다는 것도 알려져 있다. 에너지 조절과 균형을 망가뜨리는 요인은 생리, 생활 습관과 환경 요인으로 나누어 생각해 볼 수 있는데, 인류의 역사 속에서 그 맥락을 생각해 보면 건강에 대한 통찰을 얻을 수 있다.

우리의 조상들이 살면서 적응해 왔던 환경에 비해 대부분의 현대인들이 살고 있는 환경은 많은 변화가 있었다. 신석기시대 농경이 시작되기 전까지 인류 역사의 99퍼센트에 해당하는 기간에는 음식을 구하고 섭취하는 방식에 큰 변화가 없었다. 농업과 산업혁명은 먹는 음식을 변화시켰고, 기계화와 도시화는 신체 활동과 섭식 형태를 변화시켰으며 에너지를 얻고 소비하는 것을 점점 더 분리시켰다. 이러한 변화의 속도가 빨라서 유전자 진화의 속도를 추월하고 있다.

발생 과정을 통해 유전자, 환경과 발달 과정이 상호작용하면서 표현형을 만들어 낸다. 유전자가 변하지 않더라도 발달 과정 중에 노출되는 환경의 조건에 따라 다양한 표현형을 만들어 낼 수 있다. 에너지 대사에 영향을 미치는 요인으로는 자원의 이용 가능성, 자원을 얻기 위해 필요한 에너지, 병원균과 감염의 노출과 사회문화적 요인이 있다.

소금, 가공육과 당이 첨가된 음료의 과다 섭취와 견과 및 씨앗류, 해산물, 오메가-3 지방, 채소, 식이 섬유와 과일을 충분히 섭취하지 못하는 것은 전체 심혈관계 대사 질환으로 인한 사망의 거의 절반(45퍼센트)과 관련이 있다.

인간의 몸이 적응되어 있는 구석기 식이는 일반적으로 인류가 아프리카를 탈출하기 이전인 십만 년에서 오만 년 사이의 식이를 말한다. 이 시기 수렵 채집인의 식이는 현대의 수렵 채집인들이 먹는 음식과 산업화되기 이전의 사람들이 먹었던 음식 자료들을 분석해서 추정한다.

널리 받아들여지는 구석기 식이의 특징 중 하나는 조상들이 먹지 않았던 것들이다. 설탕, 고도로 도정된 곡물, 트랜스 지방과 정제된 소금이다. 이것들은 요즘 많이 섭취하는 것들로 비만, 제2형 당뇨병, 심혈관계 질환, 고혈압과의 관련성이 점점 증가하고 있다. 가축에게 일상적으로 먹이고 있는 항생제, 호르몬과 첨가물은 야생 사냥감에서는 찾을 수 없고, 생선과 다른 해조류에는 중금속의 오염이 거의 없었다. 현대 재배 작물은 과거의 야생 식물보다 섬유질이 적도록 개량되어 왔다.

구석기 식이를 역으로 추정하는 것은 불완전하지만, 점차 근거가 쌓여 가고 있다. 인류가 지구 환경에 적응해 온 역사를 이해하는 것은 무엇을 먹어야 하는지 결정하는 데 중요한 의미가 있다. 인간의 생리가 무엇에 가장 잘 맞는지 알 수 있다면 문명화로 인한 질병의 위험을 낮추고 최적의 건강과 활력을 증진할 수 있을 것이다.

최근 연구에서 지방 섭취량은 심장 질환, 비만, 당뇨병, 암과는 관련이 없었다. 포화지방과 관상동맥 질환도 관련성이 보이지 않았다. 야생 사냥감은 가축보다 포화 지방이 적고 오메가-3 불포화 지방이 많이 함유되어 있다. 수렵 채집인은 불포화 지방 섭취가 많았으며 오메가-6와 오메가-3의 섭취 비율도 2 : 1 정도로 현대인의 섭취 비율인 20 : 1과 영양 권장 비율인 8 : 1에 비해서도 오메가-3의 섭취 비율이 높았다. 오메가-3는 생화학적으로 염증을 낮춰 주는 것으로 알려져 있다.

2017년도 국민건강영양조사에 따르면, 우리나라의 단백질 하루 섭취량은 열량 기준으로 15퍼센트 정도다. 최근 수렵 채집인들의 동물성 음식 섭취를 조사한 자료를 보면 30~77퍼센트까지 다양하다. 현재 우리가 섭취하는 것보다는 단백질 섭취량이 많다. 학자마다 주장이 다르기는 하지만, 수렵 채집인들의 식이를 참고하여 하루 필요 열량의 10~35퍼센트를 단백질로 섭취할 것을 권고하고 있다.

우리나라 사람들은 하루 필요 열량의 62퍼센트 정도를 탄수화물로 섭취하고 있으며, 백미, 국수, 빵, 라면, 떡이 거의 50퍼센트를 차지하고 있다. 아프리카 석기시대인들은 하루 필요 열량의 35퍼센트 정도를 탄수화물로 섭취했으며, 거의 대부분을 과일과 채소로 섭취했다. 2017년 기준으로 우리나라에서 건강 식생활로 추천하고 있는 과일과 채소를 하루 500g 이상 섭취하는 6세 이상의 인구 비율은 31.4퍼센트에 지나지 않는다. 탄자니아의 하자족은 하루 열량의 10~15퍼센트를 꿀로 섭취한다. 이로 인해 그들의 36퍼센트에 해당하는 사람들이 충치로 고생한다고 한다. 농경사회 이전의 수렵 채집인들은 충치 유병률이 0~5.3퍼센트로 추정되었다. 이것은 꿀의 섭취가 거의 없었다는 것을 보여 준다. 구석기시대의 수렵 채집인들은 꿀 같은 당은 거의 먹지 않았고 도정된 곡물도 먹지 않았다. 따라서 구석기 식이는 현재의 음식보다 전반적으로 당 지수가 훨씬 낮았다.

산업화된 나라들은 곡물이 대부분의 식이 섬유 공급원이다. 하지만 구석기 수렵 채집인들은 야생의 과일과 채소로부터 식이 섬유를 섭취했다. 야생의 식물이(100그램당 13.3그램) 재배하는 것(100그램당 4.2그램)들보다 식이 섬유가 월등히 많다. 곡물의 식이 섬유는 과일과 채소의 것보다는 불용성이라서 현재 식이 섬유 섭취는 평균적으로 불용성 75퍼센트와 수용성 25퍼센트의 비율을 보이고 있다. 구석기시대에는 그 섭취 비율이 50 : 50으로 근접했었다. 50만 명 이상의 미국인이 참여한 9년간의 연구에서 하루 25~30그램의 식이 섬유를 섭취한 사람들이 하루 14~16그램을 섭취한 사람들보다 원인과 무관하게 사망률이 22퍼센트가 낮았다.

최근 수렵 채집인들의 소금(나트륨) 섭취량은 하루 평균 1그램 미만이고 칼륨 섭취량은 소금을 훨씬 넘는다. 우리나라 사람들은 소금을 하루 3.5그램 정도, 칼륨을 2.7그램 정도 섭취한다. 미국인들도 이와 유사하다. 소금은 혈압과 무관하게 심혈관계 질환과 사망률에 부정적인 영향을 미친다. 천일염이나 다른 공급원에서 섭취한 칼륨은 혈압에 미치는 소금의 영향을 완화하는 효과가 알려져 있다.

에너지를 식물에서 반을 얻고 고기나 생선에서 반을 얻었을 경우 체내에서 순 알칼리를 생성하게 된다. 다량의 탄수화물을 함유하는 곡물과 유제품을 섭취하는 현대인들은 체내 산성화를 유발해서 소변으로 칼슘 소실, 골격의 칼슘 소실, 요로 결석, 노화 관련 근육 소모와 신장 기능 손상을 유발할 수 있다.

　위와 같은 내용들을 바탕으로 구석기 식이와 현재 표준 영양 권고안을 비교하는 여러 실험들이 진행되었다. 이 연구들에서 사용된 구석기 식이는 가공되지 않은 고기, 생선, 달걀, 채소, 과일과 견과류로 구성되었고 유제품, 곡물, 당, 소금은 배제되었다. 연구 결과로 혈압, 허리둘레, 체중, 중성 지방이 감소하였다. 비록 차이가 작다고는 하지만 현재 영양 권고안들과 비교해서 대사를 더 향상시켰다는 것은 임상적으로도 의미가 있다.

인류의 역사를 통해 본 신체 활동

　움직이지 않는 생활 방식은 만성 질환의 주요 위험 요인 중의 하나다. 신체 활동은 몸과 정신 건강을 향상시킨다. 이러한 이점이 있음에도 불구하고 현재의 신체 활동 수준은 아주 낮다. 미국스포츠의학회는 일주일에 150분 이상 중강도 이상의 신체 활동을 권고하고 있다. 2017년 기준으로 우리나라에서 위 기준을 만족하면서 주 2회 이상 근력 운동을 실천한 성인은 남자가 17.9퍼센트, 여자가 9.4퍼센트에 불과했다.

　식이와 마찬가지로 인류가 적응해 온 환경과 현대의 생활 습관에는 괴리가 존재한다. 신체 활동에 영향을 주는 심리와 생리 요인의 진화를 이해하려면 인류가 직면해 온 환경에 적응하는 데 유리한 기전과 행동을 고려해야 한다. 산업화된 국가의 신체 활동 수준은 과거와 비교하면 아주 대조적이다. 우리가 존재해 온 상당 기간 동안 높은 수준의 신체 활동은 생활의 일부였다. 화석의 흔적을 통해 인류가 근육질의 체격이었음을 알 수 있다. 용수철 같은 힘줄이나 인대, 발의 아치, 긴 다리, 상체와 머리를 들고 이동할 수 있도록 해 주는 특징들은 오래달리기가 인류에게 중요한 요소였다는 것을 말해 준다. 오래달리기를 하면 고강도 운동에 반응해서 분비되는 내인성 카나비노이드가 보상 기전으로 작용해서 일명 '러너스하이'라고 하는 감정 상태를 경험하게 된다. 또한 최근의 연구에 따르면 오래달리기 운동 중에 분비되는 신호 물질이 뇌의 성장과 발달을 유도한다고 한다. 성충이 되어 바닥에 붙으면 신경계를 소화시켜 없애 버리는 멍게의 경우에서 보이는 것처럼 신경계 초기 진화를 유도한 것이 이동, 즉 운동을 위한 것이었다. 이런 운동이 우리 뇌가 지금과 같은 인지 능력을 얻을 수 있도록 발달하는 데 필수적인 역할을 했다는 것을 추정할 수 있다.

　많은 신체 활동이 필수적인 환경에 적응해서 진화해 온 우리 몸의 생리를 생각하면, 움직이지 않는 것이 건강에 해롭고 운동이 정신과 육체 건강에 이로운 이유를 이해할 수 있을 것이다. 신체 활동의 정도와 형태는 약 200년이라는 매우 짧은 기간 동안 급격히 변했다. 이런 차이가 발생한 이유를 고려해야만 현재의 환경에 신체 활동을 늘릴 수 있는 방법을 찾아낼 것이다. 과거와 비교해 현대에는 우리의 생물학적인 요구를 만족시키기 위해 필요한 자원을 얻는 데 쏟는 육체적인 노력에 큰 차이가 있다. 인류 진화의 역사에서 육체적인 활동은 생존과 번식에 중요했다. 여기에는 더 많은 자원을 얻고, 자신과 가족을 위험으로부터 보호하고, 경쟁자와 겨루고, 자원을 지키고, 먼 곳으로 이동하고, 임신·출산·수유 및 육아에 필요한 에너지원을 공급하고, 짝에게 자신의 건강 상태를 입증해야 하는 것들이 포함된다. 농업혁명을 통해 음식을 저장하고 안정적으로 공급이 가능해지며, 산업혁명을 거치면서 기계화와 일의 자동화 속에 그 변화는 더 가속화되었다. 신체 활동이 없어도 우리가 필요한 자원을 얻을 수 있게 되면서, 신체 활동은 건강을 위협할 정도로 줄어들게 되었다.

수렵 채집인들은 성별, 지역, 음식 생산 방식에 따라 신체 활동의 정도가 매우 다양하다. 이런 신체 활동의 변이는 우리에게 적합한 신체 활동의 강도가 고정적이지 않다는 것을 말한다. 인류는 환경, 계절, 생애에 걸쳐 에너지 요구량에 유연하게 반응하도록 진화해 왔다. 즉, 활동이 비용을 능가하면 신체 활동에 에너지를 사용했고, 비용이 더 크다면 에너지를 보존하기 위해 활동을 줄이는 전략을 선택했다.

사람은 육체적인 건강을 유지하기 위해 지속적이고 반복적인 활동이 필요하다는 점이 독특하다. 사람은 다른 영장류에 비해 훨씬 적은 근육과 더 많은 지방 조직을 가지고 있으며, 이것이 사람의 큰 뇌를 유지하는 데 도움이 되었을 것이라고 생각하고 있다. 사람은 일주일만 신체 활동이 줄어도 체지방 무게가 줄고 복부 지방은 증가한다. 동물원의 보노보는 야생 보노보에 비해 활동량이 적지만 높은 근육량을 유지한다. 사람과 가장 가까운 영장류 중의 하나인 보노보는 근육을 유지하는 데 많은 활동량이 필요 없다는 것을 의미한다. 반면, 활동이 없으면 사람은 근육이 바로 소실된다. 필요하지 않다면, 특히 상체의 근육을 만들고 유지하는 데 대사적 비용을 피하도록 적응된 것처럼 보인다.

여성들은 임신이나 수유기 동안 지방 조직을 이용하기 때문에 지방 조직이 바로 회복되지만, 움직이거나 휴식할 때에는 남자보다 더 많은 지방을 연소시킨다. 움직이지 않는 남녀를 대상으로 시행한 연구에서 운동은 대사 조절 호르몬을 변화시켜 여성만 식욕을 증가시켰다. 대부분의 인류 역사에서 그런 것처럼 음식원이 제한된 환경에서 신체 활동, 특히 불필요한 활동은 상당한 비용이었을 것이다. 운동이 식욕을 올리고 열량의 감소가 불쾌감을 유발하기 때문에 현대 환경에서 이러한 점은 여성들이 운동으로 살을 빼기 더 어렵게 만드는 것 같다. 따라서 신체 활동과 건강을 증진시키기 위해 가능한 정책으로는 신체 활동의 기회를 늘리고, 육아와 신체 활동에 대한 경제적인 장려책을 제공하는 환경으로 변화하는 것이다.

인류의 역사를 통해 본 체성분

우리의 전 인류와 인류의 조상들은 지금 사람들과 유사한 체성분을 가졌을 것으로 추정하고 있다. 다섯 대륙으로부터 열한 개의 다른 수렵 채집인 집단에 속한 남성의 체질량 지수BMI는 평균 21.4였다. 1860년에서 1864년 사이에 영국 군인 모병에서 측정한 자료를 보면 평균 키가 169.7센티미터, 평균 몸무게가 61.9킬로그램으로 평균 체질량 지수가 21.6이었다. 다른 자료에서도 유사한 결과가 보고되었다. 적어도 젊은 성인 남성의 경우 19세기 체질량 지수는 구석기시대와 유사하다고 추정할 수 있다.

체지방을 측정하는 간편한 방법으로 삼두근 부위 피부 두께를 측정하는 방법이 있다. 여러 수렵 채집인 집단을 측정한 자료에 의하면 평균적으로 4.7밀리미터였는데, 2005~2006년에 미국인을 조사한 자료를 보면 19.5밀리미터로 측정되었다. 과거보다 현대인들의 체지방이 많다는 것을 유추할 수 있다.

사람에게 유일한 기술혁명으로 섭식과 신체 활동 사이의 오래된 연결 고리가 끊어지면서 일상적인 삶을 위해 더 이상 움직이지 않아도 되는 세상이 도래했다. 많은 경우 이런 변화는 에너지 과잉을 가져온다. 기초 대사 요구량에는 변화가 없기 때문에 질병에 대한 저항, 성장과 생식에 더 많은 에너지를 사용할 수 있게 되었다. 그래서 시간이 지남에 따라 사람들의 키는 커지고, 초경 연령은 어려지고, 기대 수명은 늘어나고 있다. 이런 과정들이 사람이 유전적으로 타고난 한계치에 도달하고 있다.

농경사회 이전 사람의 뼈에 남아 있는 흔적을 분석하면 현대의 뛰어난 운동선수와 유사하다. 오늘날 잘 훈련된 운동선수의 경우 남성은 근육량이 체중의 50퍼센트, 지방은 10퍼센트를 차지하고, 여성은 근육량이 45퍼센트, 지방은 15퍼센트 정도를 차지한다. 최근 전 세계적으로 사람들의 체지방은 과다하게 증가하고 근육량은 줄고 있다. 이런 변화는 인슐린 저항성과 제2형 당뇨병의 위험을 증가시킨다.

근육세포와 지방세포의 인슐린 수용체는 동일하다. 인슐린에 대한 친화도가 다른 두 가지 형태의 수용체가 존재하는데, 근육과 지방 조직에 유사하게 분포하고 있다. 따라서 지방 조직과 근육은 전신의 혈액 중에 순환하고 있는 인슐린을 두고 경쟁하게 된다. 지방세포의 수용체에 부착한 인슐린은 근육에서는 사용할 수 없고, 반대의 경우도 마찬가지다. 이런 이유로 상대적인 조직의 비율이 췌장에서 분비된 인슐린이 전신에 어떻게 분포할지 결정하는 데 중요하다. 또 다른 결정 인자로는 다양한 신체 부위에 도달하는 심장 박출량의 비율이다. 혈액량이 많이 가면 더 많은 인슐린이 그 부위 조직 인슐린 수용체에 부착할 수 있기 때문이다.

지방세포와 근육세포의 인슐린 수용체의 구조는 동일하더라도 그 작용은 다르다. 한 개의 근육 인슐린 수용체가 인슐린과 붙어 활성화되면 한 개의 지방세포 인슐린 수용체가 활성화된 것에 비해 2.1에서 3.1배 정도 포도당을 더 많이 세포 안으로 집어넣는다. 인슐린과 지방 조직의 작용이 비효율적이라고 볼 수 있다. 다른 조건이 동일하다면 마르고 근육질인 사람이 근육이 없고 지방이 많은 사람보다 인슐린 민감도가 더 좋다. 근육세포의 수용체에 비해 지방세포의 수용체가 매우 많은 인슐린 수용체 불균형은 탄수화물을 대사시키기 위해 더 많은 인슐린 분비가 필요하다.

인슐린은 다른 호르몬과 마찬가지로 표적세포를 자극하고 나면 다시 그 반응을 원래대로 되돌려 놓고 계속된 호르몬의 작용을 하향 조절하게 된다. 이 과정은 동종 탈감작으로 알려져 있고 생명 현상에 널리 퍼져 있다. 지속적으로 증가되어 있는 인슐린은 근육세포, 지방세포, 간세포 등의 표적세포를 탈감작시킨다. 증가된 인슐린의 이런 조절 반응은 전신적인 인슐린 저항성으로 이어지고 근육, 지방, 간이 정상일 때보다 포도당을 섭취하기 어렵게 만든다. 이 인슐린 저항성은 제2형 당뇨병으로 이어질 수 있다. 간단히 말하자면, 근육이 줄고 지방 조직이 증가해 인슐린 수용체 불균형이 오면 인슐린 저항성이 유발된다.

지방세포의 해부학적인 위치도 순환하는 인슐린을 붙잡을 가능성에 영향을 미친다. 복부는 휴식 시에는 심장 박출량의 25퍼센트, 소화를 시킬 때는 35퍼센트를 받는다. 피부와 피하 조직은 5퍼센트만 받아들인다. 따라서 사과 체형에서 두드러지는 복강 내 지방세포의 인슐린 수용체는 서양배 체형에서 두드러지는 피하 지방 조직의 인슐린 수용체보다 다섯에서 일곱 배 더 많이 인슐린에 노출되기 때문에 인슐린을 붙잡는 경쟁에 더 유리하다. 일본의 스모 선수같이 근육량이 많고 상대적으로 복부 지방이 적은 사람은 체질량 지수가 40이 넘더라도 인슐린 민감도가 정상일 수 있다.

지구에서 동물의 진화 과정 전반에 걸쳐 에너지를 얻고 소비하는 것은 떼려고 해도 뗄 수 없게 연결되어 왔다. 이런 필수적인 기능이 최근 분리되면서 비만과 제2형 당뇨병의 급증을 가져왔다. 근육에 비해 과도한 지방 조직의 축적은 근육세포와 지방세포의 인슐린 수용체 비율을 변화시켰고, 비효율적인 지방세포의 인슐린 수용체가 많아지면서 섭취한 포도당을 처리하기 위해 더 많은 인슐린을 췌장에서 분비해야 하는 상태가 되었다. 이런 고인슐린혈증은 연쇄적으로 제2형 당뇨병으로 이어지게 된다.

상세한 내용에 대해서는 논란이 있기도 하지만, 수렵 채집인의 식이와 생활 습관은 건강을 유지하고 향상시키기 위해 참고할 만하다(Martin et al., 2019; 질병관리본부, 2019).

만성 질환 관리의 문제의식

현재 만성 질환의 관리는 제대로 되고 있을까? 지금까지 진행되고 있는 상황을 보면 그렇지는 않은 것 같다. 꾸준히 만성 질환자가 늘고 있고 그로 인한 합병증으로 고생하는 사람들도 증가하고 있다.

여기에는 현재 의료계의 관행과 의료 제도의 문제가 있다. 현대의학은 만성 질환을 대처하는 데 포괄적인 접근보다는 약물이나 수술에 의존하고 있다. 하지만 감염과 외상에는 잘 작동하는 약물과 수술이 만성 질환에는 한계를 드러내고 있다.

고혈압이나 당뇨병을 진단받은 사람들은 매일 약을 챙겨 먹으면서 합병증을 막을 것이라는 기대와 함께 위안을 삼는다. 이런 질환들은 생활 습관의 영향이 아주 크기 때문에 환자 본인의 적극적인 참여와 노력이 절대적으로 필요하다. 하지만 의료기관에서는 생활 습관 교정에 들이는 노력에는 보상이 주어지지 않기 때문에 신경을 쓰지 않는 경향이 많다. 그리고 의과대학 교육과정에서도 영양, 운동 같은 생활 습관과 환경에 관련된 교육을 제대로 하지 않아 왔다. 환자들도 매일 약을 한두 알 삼키면 이것이 나를 지켜 줄 것이라는 믿음을 가지고 그렇게 하고 있다.

과연 이러한 방법이 효과적이었는지는 의심이 든다. 우리는 자주 언론에서 연구 결과를 통계 수치로 확인하게 된다. 그런데 통계 수치가 상대적으로 표현이 되기 때문에 우리에게 자주 착각을 일으킨다.

모든 사람이 약이나 치료의 효과를 보지는 못한다. 누군가는 이득을 얻고, 누구는 부작용만 얻고, 누구는 아무런 영향이 없다. 이런 연구 결과를 좀 더 직관적으로 표현하는 방법이 있다. 한 사람에게 치료 효과를 나타내기 위해 필요한 사람의 수를 추정하는 것 (Numbers Needed to Treat: NNT)이다.

예를 들어, 혈압이 높은 사람들에게 사망, 심장마비와 뇌졸중 등을 예방하기 위해 혈압을 낮추는 약물을 처방한다. 5년간 고혈압 약물을 복용했을 때 얼마나 효과가 있을까? 연구 결과에 따르면 125명 중 1명이 사망을, 100명 중 1명이 심장마비를, 67명 중 1명이 뇌졸중을 예방할 수 있다고 한다. 그에 반해 10명 중 1명은 약물 부작용으로 약물을 중단한다. 바꿔 말하면 125명 중 124명은 사망 예방과는 관계가 없고, 100명 중 99명은 심장마비 예방과는 관계가 없으며, 67명 중 66명은 뇌졸중 예방과는 관련 없이 부작용만 겪을 가능성이 있는 약을 복용하는 셈이 된다. 일정한 효과를 고르게 누린다기보다는 누가 그 혜택을 볼지 모르는 상태에서 약물을 복용하고 있는 것이다. 따라서 약물만을 복용하며 만성 질환의 합병증을 예방하길 바라는 것이 얼마나 비효율적인지 알 수 있다.

심장마비를 겪은 사람들이 지중해 식단을 섭취하면 18명 중 1명이 재발을, 30명 중 1명이 사망과 암을 예방했으며, 부작용은 없었다. 이 결과를 보면 아침에 약을 삼키며 하는 위안이 정말 타당한 것인지 생각해 볼 필요가 있다(McCormack, 2014).

약물의 한계를 극복하기 위해서는 근본 원인을 치료하는 포괄적인 접근이 필요하다. 유전적으로 타고난 소인이 다양한 생활 습관이나 환경과 상호작용하면서 기능 이상이 발생하고, 이것이 차례로 구조적인 문제를 유발하면 질병이 발생할 수 있다.

사람이 태어날 때 가지고 있는 2만여 개의 유전자 자체는 변하지 않지만, 환경이나 생활 습관이 어떤 유전자를 발현시킬지 영향을 미칠 수 있다. 유전자가 발현되면 여러 단백이나 효소를 만들어 세포의 구조와 기능에 영향을 주게 된다. 우리 몸은 체내 환경을 안정적이고 상대적으로 일정하게 유지하려는 항상성이 있다. 이 항상성이 장기간 무너지면 구조적인 손상으로 이어지게 된다. 그러면 고혈압, 당뇨병, 암 같은 만성 질환으로 발전하게 된다.

생활 습관 요인에는 수면과 휴식, 신체 활동, 영양, 수분 섭취, 스트레스 관리, 사회적 관계 등이 포함된다. 이것들은 상당 부분 교정할 수 있는 것들이다. 또한 이것은 우리 건강에 미치는 영향이 크고, 그 평가 방법과 교정 방법이 비교적 잘 알려져 있다. 환경 오염, 미생물 같은 외부 요인이 건강에 미치는 영향은 최근 들어 그 중요성이 강조되고 있다. 유전자 발현에 우리의 인지ㆍ정서ㆍ영성 또한 큰 영향을 미치며, 일생의 경험, 삶에 대한 태도나 믿음도 마찬가지로 유전적 소인과 상호작용하여 건강과 질병에 영향을 주고 있다.

유전, 환경, 생활 습관 요인이 상호작용하며 체내 불균형이 만들어지게 되는데, 크게 나누어 보면 동화, 방어와 복구, 에너지, 생체 내 변환과 제거, 신호전달, 운반, 구조적 완결성으로 분류해 볼 수 있다. 이것과 관련된 다양한 체내 반응들이 존재하고, 항상성이 깨지면 증상으로 드러나게 된다. 이런 여러 증상들이 특정 기관에 연관되어 모이면 우리가 흔히 알고 있는 고혈압, 당뇨병, 관절염, 암 등으로 발전하게 된다. 따라서 이런 질병들은 수면으로 드러난 빙산의 일각에 불과하다.

이와 같은 배경 아래에서 고도로 전문화되고 분절된 현대 의료 체계에 문제의식을 가진 전문가 그룹이 1990년대 초에 모였다. 만성 질환의 근본 원인을 찾아내고 치료하고자 하는 기능의학이 이 시기에 시작되었다. 기능의학은 의학의 세부 전문 분야가 아니고 일종의 사고방식이라고 할 수 있다. 기능의학은 미국을 중심으로 최근에 의사, 자연의학 의사, 임상 영양사 등 임상가들에게 널리 소개되고 있다. 한국에서도 관심 있는 의사들이 학회를 만들어 활동하고 있으며, 만성 질환으로 고통받고 있는 환자들이 기능의학 진료를 찾고 있다.

기능의학의 개척자, 제프리 블랜드는 "질병을 몸이라는 토양에 뿌리를 내리고 있는 거대한 잡초라고 생각해 보자. 땅 위에 있는 것은 잘 볼 수 있다. 그리고 많은 방법으로 쉽게 없앨 수 있다. 하지만 잡초를 파내서 뿌리를 뽑아 버리지 않으면 그것을 결코 없앨 수 없다. 단지 성장을 늦추기만 할 뿐이다. 기능의학은 비현실적인 것이 아니다. 기능의학을 하는 의사들은 환자들과 많은 시간을 보내며 그들의 병력에 대해 듣는다. 왜냐하면 그들은 장기간의 건강과 복잡한 만성 질환에 영향을 미칠 수 있는 유전, 환경과 생활 습관 요인 사이의 상호작용을 보기 때문이다. 방법은 과학에 뿌리를 두고 있으며 필요하면 가장 적절한 약물도 사용한다. 필요한 경우 환자들에게 영양, 운동과 독소 노출을 줄이도록 조언한다. 이것은 간단히 말하면 올바른 도구를 올바른 일에 사용하는 것이다."라고 말하고 있다 (Guthrie, 2013).

기능의학은 질병이 없는 상태를 추구하는 것이 아니라 생명력이 넘치고 활기찬 건강을 추구하기 때문에 심신의 건강이 어우러진 균형 잡힌 삶을 살아가는 데 도움을 받을 수 있다. 기능의학에서는 환자의 병력과 경험을 시간에 따라 분석하고, 현재의 몸 상태를 일곱 가지의 서로 다른 생물학적 기능과 인지, 정서, 영성으로 구성되는 심리사회적 영역으로 분석한다. 또한 생활 습관 요인을 함께 조사해서 현재 몸 상태에 미치는 영향을 파악한다. 이렇게 함으로써 복잡한 유전 · 환경 · 생활 습관 요인을 한눈에 파악하고, 그것들 간의 관계와 연결을 확인하여 통찰을 얻을 수 있도록 한다.

기능의학의 실제

기능의학이 어떻게 작동하는지 간단히 실례를 살펴보고, 기능의학의 핵심 원리인 생물학적 기능 분류에 대하여 소개하고 적용 가능한 방법들을 알아보도록 한다.

다음은 기능의학 연구소에서 기능의학 소개를 위해 기사에 등재한 전형적인 증례에 해당한다. 김 씨는 10년 전부터 즉석 식품으로 끼니를 해결해 왔고 수면이 부족하며 바쁜 32세 의사였다. 5년간 급성 천식으로 진료를 받았으나 호전이 없었다. 의사로서 익숙하지 않은 방법 때문에 의심이 들었지만 어쩔 수 없어 기능의학 진료를 하는 의사를 찾았다 (Rogers, 2015).

기능의학은 만성 질병의 원인을 이해하고 그 지식을 이용해 근본 원인을 치료하는 데 목표를 둔다. 여기에서 의학적 진단은 결론이 아니라 시작이다. 하지만 이런 깊은 이해에 도달하는 것은 시간을 필요로 한다.

그의 첫 진료는 1시간 이상이 소요되었고, 생애 전반의 병력, 식습관, 관계와 감정 상태에 대해 조사했다. 이 조사 자료들은 두 가지 간단한 문서에 정리가 된다. 연대표와 매트릭스는 질병을 완전히 새로운 방식으로 구조화하도록 돕는다.

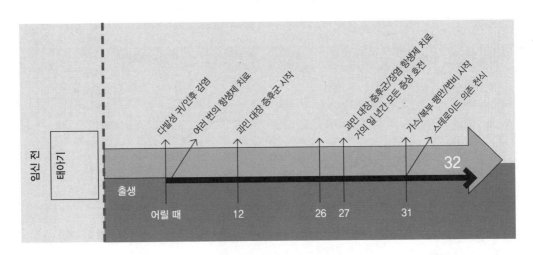

[그림 5-1] 김 씨의 연대표

광범위한 상담을 통해 병력을 간략히 정리한 것으로 의사뿐만 아니라 환자도 자신의 질환을 이해하는 데 도움을 준다. 몇 가지 건강 문제는 임신 전 요인에 뿌리를 두고 있기 때문에 임신 전부터 시작한다. 김 씨의 경우 연대표가 유발 인자를 찾아내는 데 도움을 준다. 그의 천식, 과민 대장 증후군과 우울증은 모두 장내 세균 불균형과 연관이 있을 수 있고, 어릴 때 발생하여 성인기에 장염, 식이 및 생활 습관 요인에 의해 악화되었을 가능성이 있다.

병력은 시간 순서대로 연대표에 정리되었다. 어렸을 때 일련의 항생제 치료를 받고 나서 심각한 위장관 문제를 겪었고, 성인이 되었을 때도 만성 과민 대장 증후군으로 고생하고 있었다. 몇 년 전에 장염 치료를 받았을 때 과민 대장 증후군과 천식 증상이 둘 다 거의 일 년 동안 없어졌던 경험을 했다. 이것은 우연히 발생한 것처럼 보일 수 있지만 중요하다.

병력을 연대표에 표시했을 때, 그의 장이 나빠지면 그의 폐가 나빠지는 것이 명백하게 드러났다. 장과 폐의 연관은 흔히 있는 일이기 때문에 질병의 원인 탐색에 중요한 실마리를 제공해 준다. 과민 대장 증후군과 천식 모두 염증 상태이기 때문에 천식의 근본 원인이 장에 거의 평생 지속된 염증일 것으로 의심이 가능한 상황이다.

김 씨는 장내 세균 불균형이 의심되었기에 이를 바로잡기 위해 항생제를 처방받았고, 장벽의 회복을 돕기 위해 프로바이오틱스를 복용했고, 면역 교란을 방지하기 위해 제거 식이를 시행했다. 식단에서 달걀, 유제품, 글루텐, 소고기, 돼지고기, 옥수수, 대두와 땅콩을 없앴다. 의심스러웠지만 김 씨는 계획을 실천했다. 연대표에서 자신의 염증 증상이 발생된 이유와 추후 살펴볼 매트릭스에서 증상들 사이의 관계를 이해했기 때문에 이런 변화를 따른다면 치유가 가능할 수도 있겠다는 확신을 가지게 되었다.

즉석식품을 많이 먹었던 김 씨는 시간 부족으로 음식 준비가 어려웠다. 그래서 일주일 간 먹을 수 있는 충분한 채소, 과일, 생선과 닭 요리를 준비하는 법을 교육받았다.

122

환자의 이야기 재구성	생리와 기능: 환자의 임상 불균형 구조화		
선행 인자 A유형 성격, 장 질환의 소인	**동화** 여러 번의 항생제 치료, 과민 대장 증후군, 장염, 곰팡이, 천식		**방어 & 복구** 부비동염, 천식, 비점막 부종, 즉석식품
유발 인자 위산 억제제	**구조적 완결성** 새는 장	인지　　　감정 우울증	에너지
매개 인자 장내 세균 불균형, 새는 장	**신호전달** 우울증의 과거력	영성 운반	생체 내 전환 & 제거
교정 가능한 생활 습관 요인			
수면 & 휴식 수면 불량	**운동 & 신체 활동** 시간 부족으로 제한	**영양 & 수분 섭취** 즉석식품, 불량한 식단	**스트레스 & 회복력** 스트레스 심함　**관계 & 네트워크** 양호

[그림 5-2] 김 씨의 매트릭스

매트릭스의 왼쪽과 아래 모서리는 환자의 병력과 생활 습관을 위한 공간이다. 이것은 특정한 질환의 소인이나 취약성을 알려 준다. 기본 생물학적 기능을 일곱 가지로 분류하며 각각을 노드라고 부른다. 중앙의 심리사회 영역은 인지, 감정, 영성을 포함한다. 증상들이 특정 노드에 모이게 되면 여기에서 처음 치료가 시작된다. 김 씨의 경우 '동화' '방어 & 복구' 노드에 증상이 가장 많이 모여 있으며, 이를 해결하기 위해 항생제, 프로바이오틱스, 제거 식이 등의 치료가 시행되었다.

그는 세 달 안에 천식이 많이 좋아졌다고 느꼈다. 식단을 바꾸는 것이 어려웠고 몇 번 절제를 잃었지만 항염 식이와 영양 보충을 계속했고 천식과 과민 대장 증후군에서 2년 내에 완전히 회복했다. 증례에서 보는 것처럼 연대표의 궁극적인 목적은 종이에 적기 전까지는 명확하지 않은 것들의 시계열적 관계를 밝히는 것이다.

연대표가 시간에 따른 병력의 변화를 살펴보고 통시적 통찰을 얻는 것이라면, 증상 사이의 연관을 보여 주고 공시적 통찰을 얻을 수 있도록 도와주는 매트릭스가 있다. 우리의 몸을 이루고 있는 모든 세포, 조직과 기관은 거미줄처럼 연결되어 있고 서로 영향을 주고받는다. 이 연결 고리는 외부 환경으로 확대되어 장내에 존재하는 장내 세균총과 우리를 둘러싸고 있는 주변 환경으로 이어진다. 이들과의 관계는 우리의 건강과 질병에 미치는 영향이 크기 때문에 중요하다. 이 연결 고리를 찾을 때 중요한 것이 매트릭스를 통한 분석이다.

기능의학의 매트릭스와 치료

동화

동화는 우리 몸에 필요한 물질을 체내로 가지고 들어와서 세포들이 사용할 수 있도록 만드는 과정이다. 여기에는 위장관, 호흡기, 생식기관과 피부가 포함된다. 체내로 받아들이는 대부분이 음식이기 때문에 위장관이 주된 장소로 여겨진다. 위장관에서 일어나는 소화와 흡수, 장내 미생물, 장벽의 면역 기능 등이 일차로 영향을 주고받는다.

속쓰림에 흔히 사용하는 제산제는 위산의 과도한 억제로 위산이 해야 할 일을 하지 못하게 한다. 그래서 음식과 함께 들어오는 미생물을 조절하지 못해 해로운 미생물이 장내에 과다 증식하게 만들 수 있다. 또한 소화와 영양분의 흡수를 방해할 수 있다. 따라서 위산 역류 같은 증상에는 흡연, 술, 커피, 오렌지 주스, 과식, 야식 등을 피하는 생활 습관 조절을 먼저 시도해서 해결하려고 노력하는 것이 좋다.

항생제는 생명을 살릴 수 있지만 몸에 유익한 미생물도 파괴할 수 있다. 따라서 꼭 필요한 경우에만 사용하며, 항생제가 필요하다면 광범위 항생제보다는 좁은 범위의 항생제를 의사에게 요청하는 것이 좋다. 항생제를 복용하는 동안 고역가 프로바이오틱스를 추가하는 것이 도움이 된다.

장에는 체내 면역세포의 약 70퍼센트가 포함되어 있다. 따라서 섭취한 음식물이나 장내 미생물과 다양한 상호작용을 통해 우리 면역 기능에 직간접적으로 영향을 주고 있다. 특히 장벽세포가 건강하지 못하여 '새는 장'이 되면 평소에는 통과하지 못하는 큰 분자들이 혈류로 들어와서 면역 교란을 일으키고 전신에 염증 반응을 유발한다. 그렇게 되면 장염, 음식 알레르기나 불내성, 다양한 자가면역 질환의 악화 요인이 된다.

장 건강을 회복하기 위해 많이 이용하는 5R 프로그램이 있다.

〈표 5-1〉 장 건강 회복을 위한 5R 프로그램

제거 Remove	장 환경에 해로운 것들을 제거한다. 알레르기를 일으키는 음식을 제거 식이를 통해 피하고 유해균이나 곰팡이 등을 약물이나 허브를 이용해 제거한다.
보충 Replace	소화에 필요하지만 식이, 약물, 질병, 노화 등에 의해 손상받을 수 있는 소화효소, 위산과 담즙산 같은 것을 보충한다.
재접종 Reinoculate	건강한 장내 미생물 균형을 회복하기 위해 프로바이오틱스와 프리바이오틱스를 복용한다. 프로바이오틱스는 건강에 좋은 유익균을 말하며, 프리바이오틱스는 유익균의 먹이에 해당하는 수용성 식이 섬유다.
복구 Repair	장벽세포가 복구되는 데 필요한 주요 영양소를 보충한다. 여기에는 질병 상태에서 부족해지기 쉬운 아연, 항산화제, 필수 지방산, 글루타민, 판토텐산 등이 포함된다.
재균형 Rebalance	수면, 운동, 스트레스 같은 장 건강에 영향을 미치는 생활 습관 요인에 주의를 기울인다.

방어와 복구

생물이 단세포에서 다세포로 진화하면서, 외부에서 침입하는 감염성 병원균을 방어하고 파괴된 세포를 복구시키는 면역 기능이 발달했다. 이 면역계가 작용할 때는 염증 반응이 관여한다. 면역계가 균형을 이루고 있을 때는 세포를 복구하고, 문제가 해결되면 적절한 신호를 보내서 염증을 종료시킨다. 하지만 자가면역 질환처럼 면역계가 과잉 반응하거나 만성 염증처럼 너무 오랜 기간 작용을 하면 광범위한 생리적 증상들을 유발할 수 있다.

이런 면역 반응은 우리가 생존하고 살아가는 데 필수적인 기능이다. 하지만 인간이 만들어 낸 현대의 즉석식품, 약물, 환경 오염, 비만, 움직이지 않는 생활 방식 등은 면역계를 과도하게 자극하여 전신에 염증 반응을 유발한다. 이러한 염증 반응은 고혈압, 당뇨병, 동맥경화증, 암 등 만성 질환의 발병 위험을 높이는 것으로 밝혀져 있다.

따라서 면역을 교란시켜 과도한 염증 반응을 만드는 환경에 둘러싸여 있는 현대 도시인들은 염증을 줄일 수 있는 항염 식품이나 생활 방식이 중요하다. 다양한 색상의 채소, 콩류 및 과일을 먹고, 규칙적인 운동과 신체 활동을 지속하며, 자연적인 생활 방식으로 염증을 줄이고 면역 조절 능력을 키우면 건강한 면역 기능을 유지하는 데 도움이 될 수 있다.

에너지

생명 활동을 유지하려면 에너지가 필요하다. 섭취한 음식은 동화 과정을 거쳐 각 세포로 운반된다. 에너지는 세포 내 발전소라고 불리는 미토콘드리아에서 만들어진다. 이 과정에서 정상적으로 소량의 활성 산소가 생성된다. 영양 불균형, 환경 오염 물질, 음주 등으로 미토콘드리아에 문제가 발생하면 에너지 생성은 감소하고, 반면 활성 산소는 증가하게 된다. 에너지 생성이 감소하면 사람들은 무기력해지고 지치게 된다. 과도한 활성 산소는 노화, 만성 질환과 관련되어 있다. 자폐증을 앓고 있는 소아는 활성 산소가 높게 검출되고, 당뇨병 환자는 활성 산소가 합병증과 연관이 있다.

활성 산소는 체내 항산화 효소, 항산화 물질 등으로 조절되고 있다. 또한 미토콘드리아가 역동적으로 분열과 융합을 통해 고장 난 것은 버리고 고쳐 쓸 수 있는 것은 수리를 해서 건강을 유지하고 있다. 미토콘드리아는 마치 세포 속에 살고 있는 또 하나의 생명체처럼 역동성을 갖추고 있다. 적절한 항산화제도 도움이 되지만 활성 산소의 근본 원인이 되는 고장 난 미토콘드리아를 새것으로 교환한다면 더 효율적으로 활성 산소를 조절할 수 있다.

미토콘드리아의 건강을 유지하기 위해서는 유입되는 에너지의 조절이 필요하다. 간헐적 단식, 열량 제한, 운동, 포도주 속의 레스베라트롤이 건강에 도움을 주는 주된 기전이다. 미토콘드리아의 역동성을 회복해 건강한 미토콘드리아를 만들어 내는 것이다. 여기에 추가로 적절한 항산화 비타민, 미네랄, 필수 지방산 등의 보충으로 산화 스트레스에 대처하는 능력을 키우면 우리 몸이 산화되는 것을 예방할 수 있다.

신호전달

우리 몸을 구성하는 세포들은 주변 세포들과 끊임없이 신호를 주고받는다. 이런 신호전달 방법에는 호르몬, 신경, 사이토카인 등이 있다. 신호전달 기능의 이상은 불면, 우울증, 만성 피로, 생리통, 갑상샘 저하증, 당뇨병으로 나타날 수 있다.

이 신호전달 체계는 서로 연결되어 함께 작동한다. 수 초에서 수개월 단위로 반응하며 외부와 내부 환경에 우리 몸이 대응할 수 있도록 만든다. 아침에 떠오른 태양 빛이 망막의 시신경을 통해 뇌의 시상하부에 신호를 전달하면 시계 유전자가 작동하며 연쇄적으로 호르몬과 자율신경을 통해 부신을 깨운다. 그러면 부신에서 스트레스 호르몬으로 알려져 있는 코르티솔의 생성과 분비가 급격히 증가하며 온몸으로 신호를 보낸다. 이렇게 증가한 코르티솔은 서서히 감소하여 취침 전에 최저치로 감소하게 된다. 이때쯤에는 수면 호르몬으로 알려져 있는 멜라토닌의 분비가 증가되어 몸은 수면을 준비하게 된다.

이것은 일주기 리듬으로 불면, 우울증, 급성 스트레스 상황에 있는 사람들은 스트레스 호르몬인 코르티솔이 증가되어 있어 피로, 부종, 면역 저하, 불면, 불안 같은 증상을 경험할 수 있다. 이런 상태가 개선되지 않고 장기간 방치된다면 스트레스 호르몬 분비가 감퇴되어 만성 피로가 유발되며, 이 단계에 접어들면 쉽게 회복하기 어려운 상태가 된다.

내분비 계통은 서로 연관이 되어 있어 코르티솔의 분비가 항상성을 벗어나면 갑상선 호르몬이나 성 호르몬에도 영향을 주어 여성의 경우 월경통, 월경 불순 등의 증상을 유발할 수 있다.

이런 신호전달물질의 불균형은 그 원인이 매우 다양하다. 각 개인이 발현하는 표현형, 즉 겉으로 보이는 특징은 유전적 선행 인자와 환경의 유발 인자가 상호작용하여 나타난다. 유발 인자는 독소, 알레르기 항원, 감염성 미생물, 스트레스, 불량한 음식과 신체 활동, 방사선, 외상을 포함한다. 이런 유발 인자가 유전자를 발현시키면 매개 인자가 만들어지는데, 이것이 신호전달물질이다. 유발 인자에 반응하여 나타난 매개 인자의 불균형은 다양한 질환의 증상으로 이어진다. 따라서 신호전달물질의 불균형을 바로 잡기 위해서는 유발 인자를 찾아내서 해결하도록 노력해야 한다.

생체 내 변환과 제거

독성 물질은 외부에서 체내로 들어오는 환경 독소와 체내에서 발생하는 대사 부산물들을 포함한다. 특히 잔류성 유기 오염 물질은 자연 분해되기 어렵고 먹이 사슬을 따라 인체나 생태계에 피해를 준다. 제2차 세계대전 이후에 8만 종 이상의 화학물질이 환경에 쏟아져 나왔다. 현재도 매년 다량의 신종 화학물질이 개발되고 생산되고 있다. 급성 독성은 연구가 되어 있지만, 만성적인 소량 노출의 경우는 위험성을 경고하는 여러 연구 결과가 보고되고 있으나 아직 관심이 많지는 않은 상황이다. 이런 독소들은 함께 작용하면 그 독성이 상승효과로 인해 몇 배나 강해진다. 이미 버려진 수많은 오염 물질이 강, 바다, 토양을 통해 먹이 사슬을 거쳐 사람을 중독시키고 있다. 그중에서도 임산부의 태반을 통해 독소에 노출되어 있는 태아와 어린아이가 가장 큰 영향을 받을 수 있다. 이 시기는 일생 동안 지속될 수 있는 생리의 변화를 가져올 수 있어 악영향이 크다고 하겠다.

전 세계 어느 누구도 독소로부터 자유로울 수는 없다. 다만 정도의 차이만 있을 뿐이다. 독소의 영향을 줄이기 위해서는 우선 독소의 노출을 최소화하는 것이 중요하다. 많은 독소는 인간의 편리를 위해 만든 문명의 이기에서 비롯된 것들이다. 따라서 독소 노출을 줄이려면 조금 불편하게 살고 자연 친화적인 삶을 유지하는 것이 필요하다.

다음으로는 이미 몸에 들어온 독소를 안전하게 몸 밖으로 제거하는 것이다. 수용성 독소는 주로 소변을 통해 배출이 가능하지만, 지용성 독소는 간에서 2단계를 거쳐 물에 녹을 수 있도록 만들어진 후 담즙이나 소변을 통해 배출된다. 독소는 주로 담즙과 장벽 세포 탈락을 통한 위장관과 소변을 통해서 배출되며, 피부의 각질 탈락과 땀을 통해서 그리고 호흡을 통해서도 배출된다.

체내 독소는 지용성 독소가 많아 지방세포에 녹아 있는 독소를 제거하기 위해 금식이나 절식을 통해 지방세포의 독소를 혈중으로 먼저 배출시켜 간에서 생체 내 변환 과정을 거치도록 만든다. 다만 준비 없이 바로 금식이나 절식에 들어가면 혈중으로 쏟아져 들어온 독소가 배출이 안 되어 부작용만 경험하고 오히려 몸이 힘들어질 수 있기 때문에 주의가 필요하다. 독소를 배출 가능한 물질로 변환하는 과정에는 아미노산, 항산화제, 식이 유황, 다양한 채소 및 과일 등이 도움이 될 수 있다. 독소가 변환이 된 이후에는 몸 밖으로 배출이 되어야 하므로 충분한 수분 섭취를 통해 소변과 담즙 생성, 땀 배출, 배변 등을 돕고, 사우나 혹은 반신욕 등으로 땀 배출을 늘리고, 피부 브러싱으로 각질 탈락을 도우며, 복식 호흡을 통해 폐의 가스 교환을 도와준다.

운반

심혈관과 림프관은 세포 안에서 온몸으로 물질을 운반한다. 이 운반에 연관된 체액은 혈액, 림프, 뇌척수액과 간질액이 있다. 물질의 운반이 원활하지 않으면 질병이 발생할 수 있으며, 심부전, 고혈압, 신장병이나 부종으로 나타날 수 있다. 적절한 수분 섭취, 신체 활동, 반신욕, 마사지 등이 순환에 도움이 된다.

구조적 완결성

세포 내 골격에서부터 세포막, 기관, 근육, 건, 인대와 뼈의 근골격계는 온전한 구조를 이룬다. 이 균형이 깨지면 여러 증상을 유발할 수 있다. 예를 들어, 세포막이 트랜스 지방 섭취로 굳어지면 세포의 수용체는 몸의 다른 부분과 자유롭게 신호전달을 할 수 없다. 근골격계 통증은 사람들이 병원을 찾는 흔한 원인이다. 자세가 좋지 않거나 근력 약화로 근골격계의 정렬이 틀어지면 만성 통증의 원인이 될 수 있다.

올바른 자세, 근력, 유연성과 심폐 지구력 운동이 구조의 균형을 유지하는 데 도움을 줄 수 있다. 걷는 운동도 자신의 체중을 이용한 운동으로 유익하다. 만약에 운동 후 아프거나 피로하다면 증상을 유발하지 않는 정도만 시행한다. 한 시간 동안 걸으면 아프지만 40분은 괜찮다면 40분 동안만 걷는다.

심리사회적 영역

이 영역은 환자의 인지, 감정과 영성을 고려하며 전반적인 행복감을 나타낸다. 우리의 생각, 믿음과 태도는 몸의 기능에도 강력한 힘을 발휘한다. 예를 들어, 환자가 우울증으로 힘들다면 신호전달, 독소 문제 때문일 수도 있지만, 환자가 생활 습관의 변화를 지속할 수 있도록 지도와 감정적인 지지가 필요하다는 것을 가리킬 수도 있다.

만성 질환을 예방하는 것에 그치지 않고 활기차고 의미 있는 삶을 추구하기 위해서는 단순히 스포츠 센터에 등록하고 채식 메뉴를 고르는 것 이상이 필요하다. 또한 자신이 원하는 대로 살고 있는지 돌아보는 것도 필요하다.

그리고 기능의학적 접근을 통해 만성 질환을 치료하려는 사람은 시간이 걸린다는 것을 이해해야 한다. 질병을 이겨 내는 것은 등산과 같다. 산 정상을 오를 때는 평범한 오르막길만 있는 것이 아니라 험난한 계곡도 있다. 증상이 좋아지다가 악화되는 경우가 생기기 마련이다. 힘든 계곡을 만나더라도 꾸준히 오르다 보면 산 정상에 도달할 수 있을 것이다 (Institute for Functional Medicine, 2010).

128

기능의학의 효과

기능의학은 비교적 최근에 확대되고 있는 건강 및 질병 관리 방법이다. 2014년에 미국의 선도적인 병원에 속하는 클리블랜드 클리닉에 기능의학 센터를 열었다. 이 센터에서 4,200명 이상의 환자들이 치료를 받았으며, 그 치료 결과를 기존의 현대의학 치료를 받은 환자들과 비교했다. 기능의학 진료를 받은 환자들이 피로, 기분, 자가면역 관련 증상이 더 좋아졌고, 비용은 감소한 결과를 보였다(Institute for Functional Medicine, 2018).

일상의 진료 현장에서 이러한 접근 방법이 만성 질환으로 고통받고 있는 사람들에게 도움을 주는 경우는 흔히 있다. 꼭 임상 시험을 통해 입증될 때까지 기다리지 않더라도 과학에 기반을 두고 있으며 치료 결과로 확인할 수 있다.

나가는 말

약물이나 수술 중심의 만성 질환 관리는 비용과 효과 면에서 한계에 부딪히고 있다. 우리의 몸과 마음은 따로 떨어져 있지 않으며 통합되어 하나처럼 작동한다. 우리의 건강과 질병은 유전, 생활 습관, 환경과의 복잡한 네트워크 속에 존재한다. 통합의학적 접근은 네트워크를 활용하여 건강을 유지하고 질병을 치료한다. 기능의학은 통합의학이 올바른 곳에서 작동할 수 있도록 도와주는 운영 체제로 사용할 수 있다.

참고문헌

Guthrie, C. (2013, December). *Functional Medicine: A Science Whose Time Has Come.* Retrieved from https://bit.ly/1rJVY0Y

Institue for Functional Medicine (2010). *Textbook of Functional Medicine.* Gig Harbor, WA: The Institute for Functional Medicine.

Institute for Functional Medicine (2018). *Patient Outcomes at Cleveland Clinic Center for Functional Medicine.* Retrieved from https://www.ifm.org

Kontis, V., Bennett, J. E., Mathers, C. D., Li, G., Foreman, K., & Ezzati, M. (2017). Future life expectancy in 35 industrialised countries: projections with a Bayesian model ensemble. *The Lancet, 389*(10076), 1323.

Martin B., & Wulf S. (2019). *The Oxford Handbook of Evolutionary Medicine.* NY: Oxford University Press.

McCormack, J. (2014). *Blood Pressure Medicines for Five Years to Prevent Death, Heart Attacks, and Strokes.* Retrieved from https://bit.ly/2I9nRtc

Rogers, H. (2015, October). *The Functional Medicine Matrix.* Retrieved from https://bit.ly/2jtDyy1

Rosling, H. (2006). *The best stats you've ever seen.* Retrieved from https://bit.ly/2HPQdru

질병관리본부(2016). 2016 만성 질환 현황과 이슈(만성 질환 Factbook). 질병관리본부 질병예방센터. Retrieved from https://bit.ly/341uFmT

질병관리본부(2019). 2017 국민건강통계. Retrieved from https://bit.ly/2zlOozD

2

움직임을 통한 자각과 치유, 휄든크라이스 방식 학습

이인화[2]

"나는 마음과 몸이 하나임을 객관적 현실이라 믿는다. 그것들은 단지 서로 어떻게든 관련이 있는 정도가 아니라 기능하는 동안 분리할 수 없는 전체이다.

─모셰 휄든크라이스(Feldenkrais, M.)

"보는 법을 배워라. 모든 것은 서로 연결되어 있다."

─레오나르도 다빈치(Leonardo da vinci)

들어가는 말

휄든크라이스 방식의 창시자
모셰 휄든크라이스 박사

마음과 몸의 변화 또는 치유를 원한다면 맨 처음 무엇을 할 수 있을까. 사람들 각자의 성격이나 상황, 원하는 내용과 방향 등이 서로 다르더라도, 이 질문에 대해서는 누구나 수긍할 만한 하나의 대답을 떠올릴 수 있을 것이다. 현재의 자기 자신에 대해 알아보는 것. 여기에는 자신의 마음과 몸이 지금 어떠하며 무엇을 하고 있는지, 자신이 원하는 변화란 무엇인지 아는 것이 모두 포함될 수 있다. 그런데 자기 자신을 깊이 알면 자신이 원하는 것도 저절로 알게 되는 경우가 많다. 그러한 앎은 삶 속에서 적절한 선택을 하도록 도와 어느덧 변화의 길로 이끌어 준다. 물론 이때의 앎이란 머리로 쌓은 지식을 넘어 자기

---

2) 휄든크라이스 교사/휄든크라이스 방식 MBSMind Body Studies 프랙티셔너, 국제선치료ITZI 상담전문가

안에 체화된 깊은 '자각awareness'의 차원을 말한다. 이는 동서고금의 성인들이나 영성가들, 수행자들의 가르침과 수많은 사람의 경험에서, 그리고 이를 계승·발전시킨 현대의 관련 연구나 현장 전문가들로부터 공통적으로 확인되는 진리이다. 이러한 자각을 삶 속에 통합시킬 수 있다면 깊은 치유와 더불어 삶의 전반에 걸쳐 변화를 체험할 수 있을 것이다.

그런데 꼭 수행의 맥락이 아니더라도 이처럼 체화된 자각을 경험할 길은 없는 것일까? 비록 당장의 문제 해결을 위한 수단이나 기술로 자각 수련에 접근했다 하더라도, 점차 수련이 깊어지면서 하나의 존재 양식으로 삶 속에 자각이 자리 잡을 가능성은 없는 것일까? 이 같은 질문에 대한 하나의 탐색이자 제안으로서 휄든크라이스 방식Feldenkraise Method 학습을 소개하고 싶다.

물리학자이자 치유자, 교육자 그리고 무술인이었던 모세 휄든크라이스Moshe Feldenkrais 박사(1904~1984, 이하 휄든크라이스)가 만든 휄든크라이스 방식은 신경계와 행동의 연결 관계를 움직임을 통해 탐구하는 심신학습이다. 1942년경 휄든크라이스에 의해 처음 계발된 이후 차별화된 철학에 기반, 심신의 치유적 효과를 바탕으로 최근까지 꾸준히 확산되어 왔다.

휄든크라이스에 따르면, 자기 자신을 아는 것은 스스로를 위해 할 수 있는 가장 중요한 일이다. 그렇다면 어떻게 자기 자신을 알 수 있을까? 지금 자신이 무엇을 하고 있는지 주의를 기울여 관찰하고 느끼고 자각함으로써 가능하다. 때론 접촉이 자각을 돕기도 한다. 자신에 대해 알기 전까지는 자신이 원하는 것도 하기 힘들다. 주의를 기울여 자각한다는 것은 자신에 대해서든 외부와의 관계에서든 자동적·무의식적으로 반응하는 것을 멈추고 뭔가 다른 것을 선택할 수 있게 된다는 얘기다.

그렇다면 이렇게 자신을 알 수 있는 구체적 방법은 무엇일까? 이에 대해 그는 움직임을 주요 대상으로 삼아 자각하는 학습을 제시했다. 그러나 움직임 그 자체는 중요하지 않다고 말했다. 움직임을 자각하라고 하면서도 움직임이 중요하지 않다고? 마치 선문답 같은 그의 주장은, 그러나 이해하기가 그리 어렵지는 않다.

움직임을 학습하는 것은 단지 더 잘 움직이기 위해서가 아니라 성숙한 인간이 되기 위해서이다. 그가 말하는 성숙함이란 과거의 체험을 바탕으로 현재 상황에 가장 적합하게 대처할 수 있고 배울 수 있는 능력이다. 이러한 능력에는 유연한 몸을 넘어 유연한 뇌, 유연한 마음이 동반된다. 유연한 해결책을 구할 수 있으며, 자기성찰과 새로운 방법을 찾아 변화할 수 있는 그런 마음 말이다. 이게 어떻게 가능한가?

주의를 기울여 자각하면 자신이 무엇을 하는지, 자신과 환경과의 관계가 어떠한지 알게 된다. 그리하여 삶에서 하나의 방식만을 고집하던 틀에서 벗어나 선택의 폭을 넓혀 자유로운 상태가 될 수 있다. 이로써 온전한 가능성을 실현하는 길이 열리며, 궁극적으로 개개인의 존엄성도 되찾을 수 있다는 것이 그의 주장이다. 이런 맥락에서 본다면 성숙한 인간, 유연한 인간이 되는 데 있어 움직임은 수단일 뿐 그 자체가 목적은 아닌 것이다.

이처럼 이상적인 상태에까지 도달하지는 않더라도, 휄든크라이스 방식을 짧지 않은 기간 동안 학습한 이들 가운데는 실제로 삶 속에서 자각이 점점 확장된다고 말하는 사람이 적지 않다. 처음엔 통증으로부터의 해방이나 재활치료, 직업적 커리어 계발 등 문제 해결이나 특정 목표를 위한 수단으로서 이 방식의 학습을 시작했지만, 자각이 조금씩 깊어지면서 치유와 더불어 삶 전반에 차츰 통합되는 경험을 하게 된다는 것이다. 판단이나 평가, 기대감을 일단 내려놓은 채 호기심을 갖고 자신의 움직임을 있는 그대로 탐구하는 학습 방식이 감각을 깨어나게 하고, 이로써 '지금 여기에서'의 현존이 점점 가능해지는 이치라 할 수 있다. 다른 운동이나 신체 수련 프로그램들과 휄든크라이스 방식의 차이는 이런 점에 있다고 할 것이다.

모셰 휄든크라이스의 삶과 휄든크라이스 방식 학습

휄든크라이스 방식 학습은 휄든크라이스 자신이 겪은 삶의 역정 속에서 태어났다고 해도 과언이 아니다. 러시아계 유대인이었던 휄든크라이스는 1904년 슬라부타(지금의 우크라이나)에서 태어났다. 수십 년간 계속된 러시아제국의 유대인 박해를 피하기 위해 10대에 국경을 넘었다. 러시아에서 영국령 팔레스타인으로, 프랑스로, 나치의 파리 점령을 피해 영국으로, 다시 이스라엘 등을 거치며 복잡다단한 삶의 행로를 이어 갔다. 젊은 시절 소르본느 대학교에서 물리학·공학 박사를 취득하고, 노벨상을 수상한 퀴리 부부가 운영하는 연구소의 수석연구원으로 일하며 프랑스에 머무르던 중 무릎 통증이 심해졌다. 나치가 파리로 밀고 들어올 무렵에는 무릎이 더 심하게 부어올랐다. 오래전 축구를 하다 다친 무릎 통증이 악화된 것이다. 수술을 받아도 성공할 확률이 절반쯤밖에 되지 않는다는 의사의 말에 수술을 포기하고 스스로 회복의 길을 찾기 시작했다.

그는 우선 통증이나 한계가 어디서 시작되는지 살펴보기 위해 다리를 움직이는 동작을 수백 번씩 해 보면서 '모든 부위 사이에서 일어나는 미묘한 무의식적 관계들을 모두 느끼려고' 스스로를 유심히 관찰했다. 그는 근육 긴장의 수준을 자각하고 자신의 걸음을 미세한 동작들로 나누면서, 자신이 어떻게 그 동작을 행하는지 관찰하는 데 많은 관심을 가졌다.

이처럼 움직임을 지속적으로 자각하면서 스스로에게 피드백을 주는 한편, 신경학, 해부학, 생체역학, 심리학, 인간 움직임 발달 등을 연구했다. 무릎 부상의 후유증을 해결하고 다시 걷기 위해서는 신경계와 근육 사이의 새로운 신경학적 연결을 일으키는 방법을 찾아야 한다는 것을 알았기 때문이다. 2년간의 실험과 연구 끝에 그는 걷는 능력을 회복했다. 이러한 자기치유의 노력을 거듭하며 얻은 결론은 '어떤 신체 부위도 다른 부위에 영향을 주지 않고서는 움직일 수 없다'는 사실이었다. 이런 전체론적인 통찰은 훗날 그의 접근법을 다른 형태의 바디워크와 구별되게 했다.

한편으로는 마음과 몸의 통합이 하나의 객관적 현실이라고 믿게 되었다. 그저 서로 연결된 부분들만이 아니라 기능하는 동안 불가분의 전체로 존재한다는 발견. 이러한 통찰은 나치가 파리를 점령했을 때 자신의 무릎이 심하게 부어올랐던 기이한 상황을 이해하게 했다. 신체 문제가 정신적 스트레스로 악화될 수 있음을 보았던 것이다. 무시무시한 경험과 기억은 신경계를 자극하고 마음과 몸 전체에 걸쳐 생화학적 반응과 근육 반응을 일으켜 무릎도 붓게 만들었음을 알게 되었다. 이런 일을 거치면서 휄든크라이스는 순전히 정신적이기만 한 경험은 없다고 믿게 되었다. '몸이 있고 마음이 있다는 생각은 더 이상 쓸모가 없는데도 여전히 횡행한다'는 것. 그는 이러한 자신의 경험에서 출발해 신체 움직임과 치유, 느낌, 생각, 배움들 사이의 관계를 깊이 탐구하기 시작했고, 이로써 자신의 이름을 붙인 휄든크라이스 메소드도 태어나게 되었다. 이 학습 방식은 드라마틱한 그의 인생 경험과 체험적 진실 그리고 지적 통찰이 통합되어 나온 결과물이라 할 수 있다. 비록 그의 어머니로부터 "물리학으로 노벨상을 받을 수도 있었지만 안마사가 되었다."라는 농담을 들어야 했지만 말이다.

휄든크라이스는 어린 시절부터 이곳저곳을 디아스포라로, 도망자로 산 시간이 많았기 때문에, 자기 고유의 개별성을 잃지 않으면서도 새로운 사회와 언어, 일에 계속 적응하기 위한 도전에 반복적으로 맞닥뜨렸다. 이러한 삶의 경험은 그가 새로운 것을 '학습하는(배우는) 방법을 학습하게' 만드는 데 영향을 미쳤다. 주의와 자각을 결정적 열쇠로 삼아서!

그가 배우는 방식을 배우는 과정은 자기 알아차림의 과정 그 자체였다. 휄든크라이스에게 있어 배움learning, 즉 학습이란 인간이 선택을 할 수 있게 하고 충동적인 습관으로부터 자유로워지게 하는 것이다. 적어도 두세 가지의 다른 방법으로 같은 일을 할 수 있다는 것을 의미한다. 만약 그렇지 않다면 그것은 학습이 아니라 또 다른 강박관념이다. 또 하나의 나쁜 습관이다. 그런데 이러한 배움이 일어나려면 스스로 묻고 탐구하며 자기 안에서 길을 찾아야 한다. 개개인이 자신의 몸적 체계에 맞춰 움직임의 길을 스스로 찾는 법을 배우지 않는 한 학습은 일어나지 않고 깊은 변화도 이뤄지지 않는다. 교사는 적극적으로 이 같은 과정을 돕는 사람이다. 이것이 휄든크라이스가 제시하는 교육관이었다. 그는 이 새로운 아이디어들을 친구와 동료들에게 실험했다. 그들의 통증과 근육, 관절 문제뿐 아니라 신경병증에 대해서도 다루었고 그들의 증상은 잇따라 하나씩 사라졌다.

그는 결국 물리학 교수(1949~1954, 이스라엘 바이츠만 연구소)를 그만두고 전문적인 치유자, 심신학습의 교육자로 거듭났다. 그러자 곧 전 유럽에서 텔아비브에 있는 그의 클리닉과 클래스에 사람들이 모여들었다. 신체적 문제를 지닌 사람들뿐 아니라 음악가, 운동가, 무용수 등 다양한 분야에서 엄청난 사람들이 모였다. 이후 1984년 사망할 때까지 이스라엘, 미국 등지에서 심각한 뇌졸중이나 알츠하이머, 뇌성마비, 시각장애인, 발달장애아동 등 중증 환자에서부터 만성 통증 환자 등에 이르기까지 수많은 사람의 치료와 회복을 도왔다. 그리고 자신이 터득한 방법들을 열정적으로 가르쳤다.

그가 경험을 자각하고 주의를 기울여 면밀히 살피는 것을 중시한 데는 젊어서부터 동양 무술의 명상적 측면을 접한 것에서 부분적으로 기인했다. 그는 지금의 서양인들보다 50년 먼저 마음챙김 명상에 주목했다. 정신의학자 노먼 도이지(Doidge, N.)는 자신의 저서 『스스로 치유하는 뇌』(장호연 역, 2018)에서, 자신이 만난 거의 모든 신경 가소성자들이 서양의 신경과학에서 얻은 통찰력과 동양의 건강법(여기에는 중국 전통의학, 불교명상과 심상화, 태극권 · 유도 · 요가 등이 포함된다.)을 결합해 신경 가소성 활용법에 대한 이해를 심화시키고 있었다고 썼다. 서양의학은 수천 년 동안 수십억 명이 행해 온 동양의학을 무시했으며, 휄든크라이스가 왕성하게 활동했던 시기는 아직 이러한 분위기가 지배적이었다. 그런 가운데서 휄든크라이스는 책과 기사, 강연 등을 통해 단지 이론만이 아니라 손상된 뇌의 기능을 실제로 신속히 회복시키고 새로운 기술을 학습할 수 있는 혁신적 움직임 및 임상 적용 프로그램을 알렸다. 이는 기존의 지배적 관점에 대한 도전이었다. 휄든크라이스가 만약 지금도 살아 있다면, 우리의 뇌가 평생 동안 경험과 학습을 통해 바뀔 수 있다는 신경 가소성 이론이 새로운 패러다임으로 받아들여지는 현실을 매우 반가워했을 것이다.

움직임 자각과 주요 학습 원리

왜 움직임이 자각의 대상인가

휄든크라이스에 따르면, 인간은 깨어 있는 상황에서 움직임, 생각, 감각, 감정을 따로따로 분리시키는 것이 어렵다. 정상적인 상황이라면 이 네 가지 가운데 하나만을 경험하지 않는다. 감정과 생각과 호흡이 달라지면 움직임이 바뀐다. 뇌가 사용될 때마다 이 네 가지 요소가 가동된다. 움직이기로 생각만 하는 것조차도 아주 미묘한 차원에서 움직임을 일으킨다. 사람들에게 그저 움직임을 상상만 하도록 해도 관련 근육의 긴장이 증가하는 것을 볼 수 있다. 생각을 하면 눈동자가 움직이고, 숫자 세는 것을 상상하면 목구멍의 성대에 미묘한 움직임이 일어난다. 모든 감정은 얼굴 근육과 자세에 영향을 미친다. 분노는 꽉 쥔 주먹과 다문 입으로 드러나고, 공포는 팽팽하게 조인 굴근과 복근, 숨죽인 호흡으로, 기쁨은 팔다리가 가벼워지고 몸이 붕 뜨는 것으로 표출된다. 우울하면 고개가 숙여지고, 자신감이 넘치면 가슴을 펴게 된다. 사람들은 자신이 순수하게 생각만 할 수 있다고 믿겠지만, 고도로 이완된 상태에서도 모든 생각은 근육의 변화를 수반한다는 것이다.

이와는 반대로 움직임이 감정과 사고에 영향을 주는 예들도 많이 찾아볼 수 있다. 웃음을 억지로라도 짓거나 춤을 추면 기분이 더 좋아진다. 심지어 입술에 볼펜을 물고 있기만 해도 기분이 나아진다. 어떤 사람은 손을 움직이지 못하게 하면 제대로 말할 수 없다. 움직임이 달라지면 감정과 사고, 언어마저 달라지는 경험을 하는 것이다. 최근에는 얼굴 표정의 근육을 제한하는 보톡스치료가 감정 표현을 위한 근육 움직임을 억제해 감정을 느끼기 어렵게 만든다는 연구 결과도 있다.

그런데 움직임, 생각, 감각, 감정이 각각 분리되어 일어나지 않는다면, 그래서 모든 생각은 감각, 감정, 움직임에 영향을 주고 모든 감정은 감각, 생각, 움직임에 영향을 주는 식이라면 꼭 움직임이 아니라 다른 세 가지 중 하나를 학습 대상으로 삼아도 상관없지 않은가? 그러면 움직임도 바뀔 것이 아닌가? 그런데 휄든크라이스는 왜 움직임을 자각의 주요 대상으로 삼은 것인가? 움직임이 개인의 향상을 위한 방법(수단)이라는 주장의 근거를 그는 다음과 같이 말했다.

1. 신경계 전체는 움직임으로 채워져 있다. 개인이 신체를 움직인다는 것은 공간 속에서

위치를 변화시키는 것으로, 감각, 감정, 생각의 힘을 사용해야 한다. 그런데 이것이 가능하려면 뇌가 다면적이고 정교하게 일련의 활동을 시작해야 한다. 그래서 신경계 전체가 움직임으로 가득 차 있는 것이다.

2. 움직임의 질을 구분하기가 다른 어떤 경험들(생각, 감각, 감정)보다 상대적으로 더 쉽다. 즉, 자신의 몸에서 무슨 일이 일어나는지 알려면 움직임을 해 보는 것이 가장 쉽다. 그 어떤 종류의 생각이나 감정보다도 움직임에 관해 우리는 더 많이 알고 있다. 학습의 결과도 더 빠르고 직접적으로 나타난다.

3. 움직이는 능력은 그 어떤 것보다 자기가치에 중요하다. 인간의 신체와 움직이는 능력은 자기이미지를 형성하는 데 중요한 역할을 한다.

4. 모든 근육 활동은 움직임이다. 우리가 취하는 모든 행동은 근육 활동에서 비롯된다. 근육 활동이란 사실상 근육을 활성화시키는 신경계의 자극을 말하고 있는 것이다. 우리가 하는 모든 것은 신경계로부터 끊임없이 자극받은 결과다. 때문에 말하는 것, 보는 것, 듣는 것 모두 근육 활동을 필요로 한다. 또 직립 자세, 얼굴 표정, 목소리는 신경계의 상태를 반영한다. 그래서 이러한 외형과 눈에 보이는 변화를 동원하는 신경계의 변화 없이는 위치, 표현 또는 음성도 바꿀 수 없다는 것이 명백하다.

5. 움직임은 자각의 기초이다. 얼굴, 심장 또는 호흡기관의 근육이 패턴으로 조직되면 그때에야 즉시 우리 안에서 일어나는 일을 깨닫는다. 즉, 근육 움직임을 통해 우리 안에서 일어나는 일을 알아차릴 수 있다. 움직임이라는 정보를 통해 피부, 소화 작용, 호흡기관의 막, 입 안쪽 면, 코, 항문 등 몸의 내부를 자각할 수 있다.

6. 호흡은 움직임이다. 호흡은 육체적 · 정서적 영향을 받으며 우리 안에 있는 모든 교란을 반영한다. 강하고 갑작스러운 자극은 호흡을 멈추게 한다. 경험에 비추어 호흡이 우리 안에 있는 강한 감정의 변화나 기대와 얼마나 밀접하게 연관되는지 알고 있다.

7. 움직임이 달라지면 습관이 바뀐다. 인간의 모든 행동은 동원된 근육, 감각, 생각, 감정의 복합체다. 여기서 근육이 차지하는 부분이 너무 크기 때문에, 심신의 통합적인 단일 패턴 내에서 움직임의 패턴이 근본적으로 변화하게 되면 전체의 응집력이 깨진다. 이런 상황에서는 지금까지의 틀에서 벗어나 생각과 감정도 달라지기가 쉽다. 근육이 더 이상 습관을 지지하지 않기 때문이다.

펠든크라이스는 이상과 같은 근거를 들어 움직임을 자각하는 것이 자기향상을 위한 전인적인 작업에 최적이라고 주장했다.

주요 학습 원리

훨든크라이스 학습은 다음과 같은 원리들을 토대로 구성되고, 이러한 원리들은 실제 수업과 프랙티스에 하나하나 구현된다. 이러한 학습과정에서 가장 중요한 열쇠가 되는 것은 호기심과 스스로에게 던지는 질문이다.

차이Difference를 통해 배운다

움직임은 자기이미지self image에 직접 영향을 미치는 두뇌의 신경 연결 및 패턴과 직결되어 있다. 훨든크라이스에 따르면, 자기이미지란 자신이 스스로의 몸에 대해 갖는 이미지다. 자기이미지는 각 신체 부위의 형태와 관계 및 움직임의 감각, 감정, 사고까지 아우른다. 생각하기 위해서는 감각을 느끼고 구분할 수 있는, 깨어 있는 상태여야 한다. 움직이려면 적어도 한 가지 감각을 사용해야 하고, 의식적 · 무의식적으로 느낌과 생각을 동반한다. 그렇다면 자기이미지는 어떻게 만들어지는가?

인간의 행동에서 중요한 것들은 모두 오랜 시간에 걸친 학습을 통해 습득된 것이다. 따라서 누구든 자신의 행동을 바꾸고자 한다면 자기이미지를 먼저 바꾸어야 한다. 어떻게 바꿀 수 있나? 자기 몸의 공간적 · 시간적 위치에 주의를 기울임으로써 자기이미지를 명확히 하는 것은 자기이해를 깊게 한다. 자기이해가 깊어지면 변할 수 있다.

자기이미지를 탐구하는 데 가장 간단하고 쉬운 방법은 차이를 통해 배우는 것이다. 예를 들어, 고개를 기울였다가 제자리로 돌아오는 움직임을 몸 양쪽으로 똑같이 했다고 하더라도 근육의 긴장도, 움직임의 용이함, 더 편안한 느낌으로 변화를 나타내는 쪽은 의식적으로 주의를 기울인 쪽이다. 뿐만 아니라 주의를 기울여 움직인 쪽의 모습도 그렇지 않은 쪽에 비해 입꼬리가 올라갔거나 어깨가 더 내려갔거나 눈동자가 더 커졌다거나 하는 겉모습의 변화를 보인다. 이는 움직임 그 자체는 혈액 순환과 기타 소소한 신체 효용을 제외하면 크게 중요하지 않음을 뜻한다.

주의를 기울인 쪽에서만 변화가 일어난다는 것은 변화가 중추신경계를 통해 일어난다는 것을 보여 준다. 훨든크라이스의 통찰력은 세계적인 뇌 가소성 연구자인 신경과학자 마이클 머제니치(Merzenich, M.)에 의해 재확인되었다. 머제니치는 사람이나 동물이 학습하는 동안 면밀하게 주의를 기울일 때 장기적인 신경 가소적 변화가 확연히 일어난다는 것을 보여 주었다. 주의를 기울이면 전에는 무시되었던 감각 정보들이 처리될 수 있다. 주의를 기울인 영역의 인지를 담당하는 뇌 부분의 신경 활동을 자극한 것이다. 이것이 바로 주

137

의가 신경 가소성과 관련된 움직임 학습을 극대화하도록 작용하는 필수 요소이다.

주의를 기울이면서 움직임을 한 쪽과 그렇지 않은 쪽의 차이를 분별하게 되면 무엇이 달라질 수 있을까? 뇌에서 정보를 통합함으로써, 주의를 기울이지 않은 쪽이 주의를 기울인 쪽으로부터 배우게 되어 움직임이 더 쉬워지거나 차이가 줄어들 수 있다. 그래서 차이를 느끼는 것이 움직임 자체보다 훨씬 중요하다. 좌우 차이, 양의 차이(더 가볍고 무겁고, 짧고 길며, 움직임의 쉬운 정도와 작업의 분배 상태), 움직임 전후의 차이, 사람들 간의 차이 등 다양한 수준에서 차이를 찾을 수 있다.

분화Differentiation를 통해 배운다

두 개의 감각 사건이나 운동 사건이 뇌에서 반복적으로 동시에 일어나면 함께 발화하는 신경세포들은 서로 연결되고 여기에 해당하는 뇌지도들이 합쳐진다. 머제니치는 두 행동이 지나치게 동시에 반복되면 '뇌의 함정'이 생긴다고 설명했다. 원래 따로 떨어져야 하는 두개의 뇌지도가 합쳐지는 것이다. 그는 원숭이의 손가락들을 이어 붙여서 강제로 함께 움직이도록 하면 두 손가락에 해당되는 뇌지도가 융합된다는 것을 보여 주었다.

예를 들어, 음악가가 악기를 연주하면서 두 개의 손가락을 동시에 자주 움직이면 두 손가락에 해당되는 지도가 종종 융합되어 하나의 손가락만 움직이려 할 때 다른 손가락도 같이 움직인다. 두 개의 다른 손가락에 해당하는 지도가 '미분화'된 것이다. 음악가가 별도의 동작을 하려 애쓸수록 두 손가락은 동시에 움직이면서 융합된 지도를 강화한다. 국소근 긴장이라는 질환이다. 음악가가 아니더라도 이러한 뇌의 함정에 자주 걸려든다. 컴퓨터 앞에서 타이핑하면 자기도 모르게 어깨를 든다. 한참 지나면 어깨가 필요 이상으로 올라가 목에 통증을 느낀다. 이런 과정을 멈추는 방법은 어깨를 드는 근육과 타이핑에 가동되는 근육을 다시 분화하는 것이다. 그러려면 먼저 두 행동이 동시에 일어난다는 것을 자각해야 한다.

또 머리를 좌우상하로 움직이는 것을 예로 들어 보자. 이때 눈동자는 늘 같이 따라간다. 그러나 머리를 움직일 때 눈동자의 초점을 한곳에 고정시키거나 머리와 반대 방향으로 눈동자를 움직이는 등 머리와 눈동자를 따로 구분해 움직여 보면 어떻게 될까. 이렇게 해 보면 연결될 기회가 없는 뇌 내 연결 고리가 바뀌게 되어 신체적 · 정신적 잠재력을 확장시킨다. 그러나 실제로 해 보면 습관적 움직임 패턴이 먼저 나와 버려서 쉽지 않다. 의도한 움직임과 실제 움직임의 차이를 의식하려면 매우 세심한 재훈련이 필요하다. 이렇게 분화(구분)되어 움직이는 방법을 익히고 나면 학습자는 마치 어려운 문제를 해결한 듯한 느낌을 받는다. 자기통제라는 큰 자유를 얻은 느낌이다. 하나의 덩어리로 움직여지던 신체 부위들에 주의를 기울여 구분해 움직이고 나면 의지대로 움직일 수 있는 움직임 패턴의 수가 늘어난다. 우리 몸의 진정한 통합을 위해서는 틀에 박힌 패턴을 분리해서 사용해 보는 경험이 필요하다. 분리할 땐 분리해서 움직여 보고 통합할 땐 통합하는 일련의 과정이 우리에게 선택적 자유를 제공한다.

작업의 분배Distribution of Work에서 배운다

엎드려 누워 상반신을 들었다 돌아오는 신전 움직임(신체를 늘여서 펴는 움직임)을 예로 들어 보자. 이렇게 하는 데 척추뼈(경추·흉추·요추)의 움직임은 능력에 맞추어 적절히 분배된다. 그러나 부분적으로 척추뼈가 잘 움직이지 않는다면, 예컨대 흉추의 움직임만 자유롭고 요추나 경추의 움직임이 전혀 없다거나 그 반대일 경우엔 어느 한 부분에 집중적으로 부하가 걸려 역학적으로 스트레스를 받을 것이다. 이는 가정이나 일터, 공동체에서 모든 일이 적절히 배분되지 않고 특정 개인이나 소수의 사람이 과중한 부담을 져야 하는 경우에 빗대면 납득이 될 것이다. 고관절의 예도 참고해 보자. 고관절은 굴곡, 신전, 회전 동작 시 뻣뻣해지는 경향이 있으며 이로 인해 허리, 무릎 등에서 보상적으로 과도한 움직임이 일어난다. 예를 들어, 허리를 구부리는 동작을 할 때 고관절이 너무 뻣뻣하다면 허리가 이를 보상하기 위해 너무 많이 굴곡하게 된다. 움직임이 고루 분배되어 조화되려면 어디에서 움직임이 많이 일어나고 적게 일어나는지 주의를 기울여 자각할 수 있어야 한다.

상상Imagination을 사용한다

상상 또는 시각화를 사용하여 움직임을 해 보면 움직임에 필요한 근육들이 실제로 움직인다. 움직임에 필요한 패턴 및 연결들은 뇌에서 미리 짜여서 체계 전체로 전송된다. 이전 경험에서 얻은 근육기억과 결합된 이 분배 작업은 효율적인 움직임 구성을 위해 서로 연결된다. 상상을 사용해 신체적 긴장 없이 정신적으로 움직임을 미리 연습하면 몸적 체계가 정확성에 주의를 기울일 기회를 갖게 된다. 이는 애써서 목표를 달성하고자 할 때 간과되는 부분이다. 상상으로써 전체 체계가 움직임에 참여하게 되고 새로운 방식으로 움직임을 연결, 불필요한 스트레스를 제거하고 최적의 움직임 실행에 맞도록 준비 상태를 갖추게 된다. 상상 작업 후 이어지는 실제 움직임은 상상했던 움직임의 구성을 확인하고 비교하기 위해 한 번만 해 본다. 전체 체계가 이 방법을 통해 프로그래밍되었기 때문에 보통 놀라울 만큼 정확하다.

상상 작업은 어떻게 느끼느냐에 따라 어떻게 동작을 수행하는지가 달라진다. 예를 들면, 팔다리가 길다는 생각을 하면 팔다리를 가볍게 느끼게 되고, 근육을 번갈아 가며 늘렸다 짧게 했다 하는 것에 주의를 기울이면 움직임의 범위가 커진다.

상상이 실제와 맞먹는 효과가 있는 것은 움직임을 하지 않은 쪽이 움직임을 한 다른 쪽에서 배우기 때문이다. 생리학적 연결은 각 체계(신경계 · 근육계 · 순환계 · 정서계)와 체계 사이에 이어져 있으며 서로 얽혀 있다. 또 자연의 타고난 비대칭성은 이러한 복잡성을 증가시킨다. 이렇게 상호 연결된 네트워크를 학습과 움직임 향상에 사용할 수 있다. 몸 한쪽에서 움직임을 탐구한 후 반대편에서 상상이나 생각으로 움직여 보면 차이를 비교해 움직임에 필요한 기술을 반대편으로 옮길 수 있다. 그 이유는 체계가 움직임을 학습해 내장하게 되고, 그 안에서 즉각적으로 옮겨지기 때문이다.

자극이 작을수록 차이를 구별하기 쉽다

휄든크라이스는 "내가 쇠막대기를 들어 올린다면 파리 한 마리가 거기에 내려앉든 떠나든 차이를 느끼지 못할 것이다. 하지만 깃털 하나를 들고 있다면 파리가 올라 앉았을 때의 차이를 뚜렷하게 느낄 것이다."라고 말했다. 비행기 근처에서는 프로펠러 소음으로 인해 아무 소리도 들리지 않지만 완전한 침묵 속에서는 파리 소리나 자신의 숨소리도 들을 수 있는 이치와 비슷하다. 이런 현상을 생리학에서는 '베버–페히너 법칙'이라고 한다. 따라서 작은 변화를 알고 싶다면 자극의 강도를 줄여야 한다. 휄든크라이스는 사람들에게 아주 작은 동작으로 자신의 감각을 느끼도록 가르쳤다. 작고 미세한 감각을 기르면 움직임의 변화와 예리한 자각으로 이어질 수 있다. 근육의 노력을 줄임으로써 운동감각이 민감해지고 미세한 구별을 할 수 있게 된다는 것. 그는 이렇게 할 때 신체 조직, 움직임, 행동의 무의식적이거나 알 수 없는 측면을 알게 된다는 것을 체험을 통해 알게 되었다.

동일한 작업을 다양한 속도로 한다

움직임을 탐구하려면 움직임을 항상 천천히 시작해야 한다. 이렇게 해야 움직임을 스스로가 어떻게 생각하고 구현하는지 발견할 여유를 갖게 된다. 느리게 움직이면 부상을 유발하는 갑작스럽고 격렬한 움직임 및 부주의한 움직임으로부터 스스로를 보호할 수 있다. 천천히 움직일 때 단계적 변화, 하나의 움직임에 포함되는 여러 신체 부위, 호흡이나 안구의 움직임 등 복잡한 요소들에도 주의를 기울일 여유를 갖게 된다. 주의를 기울여 조심스럽게 움직이는 방법을 알아가게 되면 더 어려운 활동도 안전하고 빠르게 할 수 있다. 이는 해낼 수 있다는 자신감을 갖게 만든다.

펠든크라이스는 생각과 행동 사이의 지연이 자각의 기초라고 말했다. 지나치게 빨리 뛰어오르면 뛰기 전에 제대로 살필 수 없다. 더 잘 자각하고 학습하기 위해 느리게 움직인다는 이런 원칙은 동양의 무술에서 가져왔다. 성급한 행동은 학습에 좋지 않고, 움직임이 느려지면 더 세심한 관찰과 지도 분화가 일어나 더 많은 변화가 가능해진다.

덜 하는 것이 더 하는 것이다

긴장하면 학습이 일어나지 않는다. 펠든크라이스는 의지력의 가동이 자각의 계발에 도움이 되지 않는다고 생각했다. 강제적인 행동도 몸 전체에 근육 긴장을 늘려서 자각을 방해한다. 강압적인 노력은 자동적인 움직임을 만들고, 이것은 습관이 되어 변화하는 상황에 대응하지 못하게 한다. 강제는 문제이지 해결책이 아니다. 움직임에 꼭 필요하지 않은 근육을 쓰고 신장시킨다는 것을 자각을 통해 알아차림으로써 몸에서 근육 긴장을 없앨 수 있다. 너무 애쓰지 않는 것, 덜 하는 것이 사실은 더 하는 것이다.

움직임에 옳고 그르고는 없다

펠든크라이스는 실수를 고치거나 '바로잡지' 않았다. 움직임의 즐거움이 약해지면 명료함을 잃는다고 보았다. 실수는 불가피하다. 그는 사람들에게 문제가 되는 습관에서 벗어나도록 닥치는 대로 이런저런 움직임을 해 보도록 했다. 그러다 보면 자신에게 가장 적절한 움직임을 찾게 된다는 것이다.

보통 우리는 신체에 통증이 일어났다, 무엇인가 뒤틀림이 일어났다라고 할 때 그것을 사회적인 '정답'과 '형태'에 맞춘다. 그러나 개개인의 몸은 그 이상적인 정답과는 다르기 때문에 외부에서 형태를 만든다 하더라도 다시 되돌아가거나 최악의 경우 더 심각한 결과에 이를 수 있다. 결국 시작은 '듣는' 것이다. 내 몸은 이러한 상황이며 형태를 가지고 있다는 판단을 하기보다는, 그저 '느껴 주고' 몸이 알아서 자신의 길을 찾도록 도와주어야 한다. 즉, 비판단적 알아차림, 있는 그대로 느끼고 자각하는 게 중요하다.

이 듣는 행위는 한 부분에만 국한되지 않는다. 단지 문제 원인을 발견하고 그 원인을 제거하는 방식이 아니라, 적극적인 듣기와 인내는 전체를 아우른다. 몸은 모든 부분이 연결된 구조임을 명확하게 인지하는 것이다. 그러하기에 단지 그 순간에 현존하며 움직임을 따라가게 된다. 그래서 교사의 구두 안내와 질의응답, 피드백 등에서도 교사나 학습자가 옳고 그름을 규정하는 언어, 판단이 개입된 언어의 사용 등을 가급적 자제한다.

하나의 움직임에 몸 전체가 관여한다

휄든크라이스는 특정 신체 부위에 집중하는 국부적 접근, 특정 문제 부위에 특정한 처방을 내리는 정형화된 기법을 지양했다. 이런 것이 관습적인 다른 바디워크와의 본질적인 차이점이다. 머리 위에 있는 사과를 두고 한 손을 위로 뻗어 손에 쥐는 것을 예로 들어 보자. 여기서 의도는 머리 위 사과를 손으로 쥐는 것이다. 이 움직임을 위해서는 머리를 들어 눈으로 사과를 봐야 한다. 그리고 몸의 나머지 부분에서 무슨 일이 일어나는지를 의도와 함께 알아차린다. 일단 가장 명확한 차이는 조금 전보다 팔이 길어졌다는 것이다. 그러나 어깨는 아직 사과를 잡으려는 의도를 잘 모른다. 어깨를 움직임에 참여시키기 위해서는 주의를 기울여 자각해야 한다. 늑골은 그 의도에 어떤 일을 하는가? 한 방향으로 가려면 손만 뻗는 것이 아니라 모든 부분이 연결되어야 한다. 이는 앞서 언급한 작업의 분배와도 관련된다.

중요한 것은 어떻게 전체 체계가 서로 도와 움직이는가 하는 것이다. 모든 부위가 서로 연결되어 도우려면 아직 그 의도를 알지 못하는 부분들을 자각으로 일깨울 필요가 있다. 자각하고 연결되기 위해 스스로 주의를 기울이는 것이 어렵다면 접촉으로 자각을 도울 수 있다.

휄든크라이스 방식의 수업 구성과 진행

수업의 구성-ATM과 FI

ATM

휄든크라이스 방식 학습의 수업 형태에는 그룹수업과 개인수업이 있다. 그룹수업은 '움직임을 통한 자각Awareness Through Movement(이하 ATM)'이라 부른다. ATM에서 교사의 구두 안내에 따라서 여러 움직임의 가능성을 연속적으로 탐구하며 편안하고 쉽고 즐겁게, 즉 효과적으로 움직일 수 있는 방법을 찾아가게 된다. ATM에서 학습하는 움직임은 휄든크라이스가 고안한 1,000여 가지 이상의 동작수업에 기초를 두고 있다. 각각의 수업은 일정 기능과 관련이 있는 동작을 단계적으로 여러 측면에서 조금씩 변화를 주어 가며 탐구하도록 설계되었다.

수업에서 맨 처음 하는 것은 바닥과 친해지는 것이다. 바닥에 누웠을 때 우리는 땅을 통해 접촉 이전과 이후의 차이, 좌우 차이라는 중요한 피드백을 얻을 수 있다. 대부분의 시간은 마룻바닥에 누워 진행되고 가끔 앉거나 서서 진행되기도 한다. 움직임에 흥미를 가지면 주의를 기울이게 되고, 주의를 기울이기 위해서는 움직임을 섬세하게(느리고 가볍고 작게) 하게 된다. 이러한 과정은 어린아이의 발달 과정에서 처음 움직임을 배우는 데 활용되는 인간의 본능적인 학습 방식이다.

따라서 휄든크라이스 방식은 학습자 스스로 자신의 본능적 학습 능력을 되찾아 자신을 성장시킬 수 있다. 달리 표현하자면 자신의 발달 과정을 다시 밟기 시작하게 한다고 볼 수 있다. 자신의 상태에 대하여 옳고 그름을 판단하지 않고, 잘하겠다는 의지보다는 호기심을 갖고 알아보는 마음을 갖는 것이 도움이 된다. 움직임을 안내할 때는 핵심적인 주시 대상이라 할 수 있는 바닥과의 관계, 움직임의 흐름, 불필요한 몸의 사용 등에 대한 지속적 질문이 많은 부분을 차지한다.

FI

1대 1 개인수업은 '기능통합Functional Integriation(이하 FI)'이라고 하며, 두 체계가 하나의 인공두뇌학적 전체로 기능한다는 뜻이다. FI는 맞춤형 개인레슨이라 볼 수 있으며, 주로 교사가 손으로 접촉하면서 학습자로 하여금 자신의 움직임에 대한 자각이 일어나도록 안내함으로써 새로운 가능성을 교사와 학습자가 함께 탐구하는 과정이다. 이렇게 학습하다 보면 학습자는 자신이 어떻게 움직이는지, 어느 부위를 긴장하고 있고 어느 부위를 필요 이상으로 사용하는지 알아차리게 된다. 이로써 학습자는 불필요한 노력을 제거하고, 의도하는 동작을 효과적으로 할 수 있게 된다.

143

휄든크라이스는 FI의 기본 원리에 대해 "내가 하는 일의 첫 번째 원리는 원리가 없다는 것이다."라고 강조했다. 그럼으로써 개인의 몸에 맞지 않는 움직임의 고정화 프로그램들을 경계했다. 실제로 그의 FI 학습은 신체의 기능 습득에 관한 습관적 태도를 수정하는 내용이 삼분의 일을 차지한다. FI는 개념이 아니라 철저히 지각적perceptual 능력에 바탕한다. FI를 제대로 배우려면 우선 자신을 관찰하는 법을 배워야 한다. 스스로를 이해한 후에 남을 이해하도록 하는 것이다. 이것이 순서이다. 우리가 자신의 내면운동감각과 고유수용감각(간단히 말하면 자기 신체의 각 부분에 대한 위치 정보를 아는 감각)에 대해 알아차리게 되면 다른 사람의 내면을 같은 정도로 읽을 수 있게 된다. 두 번째 단계는 다른 사람을 접촉하고 그들의 움직임을 알고 대신 움직여 주는 방법을 배우는 것이다. FI의 최대 장점 중 하나는 습관화된 행동의 무의식 패턴을 알아차릴 수 있게 한다는 것이다. 이 습관화된 행위 양식이 바로 인격이나 성격으로 불리는 몸적 구조이다. FI는 사람들의 신체와 관계한다기보다 살아 있는 개인 전체와 관계하는 작업이다.

휠든크라이스가 손상된 뇌의 학습을 도우려고 사용한 가장 중요한 방법은 자신의 몸을 사용해 학습자의 신경계와 하나가 되는 것이었다. 촉각은 그에게 항상 중요했다. 그는 자신의 신경계가 다른 사람의 신경계와 연결되면 하나의 체계, 하나의 '앙상블'이 만들어진다고 믿었다. 접촉하는 사람과 접촉을 받는 사람 모두 서로 연결된 손을 통해 자신이 감지하는 것을 느낀다. 지금 무엇을 행하고 있는지 이해하지 못해도 말이다. 접촉을 받는 사람은 접촉하는 사람이 무엇을 느끼는지 알게 되고, 이해하지 못한 채 그를 통해 자신이 감지하는 것에 맞춰 자신의 배열을 바꾼다. 접촉할 때 나는 내가 접촉하는 사람으로부터 아무것도 구하지 않는다. 오로지 그가 느끼는 것만 느낀다…….

두 신경계가 공생관계를 이루는 걸 설명하면서 그는 파트너가 어떤 공식적 가르침 없이 상대방을 따라 하면서 배우는 춤과 닮았다고 말했다. 춤은 두 사람 사이의 소통에 관한 것이다. 그는 접촉하면서 학습자가 행할 수도 있는 동작이 무엇인지 비언어적으로 암시할 때가 많았다. 제약된 팔다리로도 할 수 있는 변형된 새 동작을 알아차리게 하는 것이다. 이런 것은 나이 든 사람에게 특히 중요하다. 나이가 들면 똑같은 동작을 계속 반복하므로 이런 패턴이 신경 가소적으로 강화된다. 반면, 다른 패턴들은 무시되므로 사용하지 않으면 잃어버리는 뇌에서 그와 같은 패턴 회로를 잃게 된다. 휠든크라이스는 학습자들이 한때 할 수 있었지만 지금은 잃어버린 동작들을 일깨워 주기도 했다. 그는 '치료'라는 말을 쓰지 않고 '향상'이라는 말을 좋아했다.

수업의 진행

ATMAwareness Through Movement(움직임을 통한 자각)

ATM을 좀더 구체적으로 알아보기 위해 바로 누운 상태에서 척추 비틀기를 예로 들어 보자. 이 ATM의 원리는, ① 천천히, ② 바닥과의 관계를 느끼며 차이를 통해 배우고, ③ 작업(역할)의 분배를 알아보고, ④ 움직임의 순서와, ⑤ 대각선의 패턴을 알아보는 것이다.

◆ 바로 누워 척추 비틀기

• 바닥에 닿아 있는 몸 전체를 스캔하며 바닥과의 접촉을 알아본다. 발꿈치에서 뒷통수까지, 그리고 팔다리 등이 바닥에 닿아 있는 부분과 들려 있는 부분이 어디인가를 비롯하여 접촉한 면적과 길이, 편안함의 정도, 가벼움과 무거움 등을 감각적으로 느껴 보고 좌우 양쪽 차이도 알아본다.

- 등을 대고 누워 양쪽 무릎을 구부려 세운다. 한쪽 다리를 반대쪽 다리 위로 겹쳐 올린다. 반대쪽 다리(지지하는 다리)를 편하고 안정적인 위치에 놓는다.
- 포갠 다리를 천천히 한쪽으로 기울인다(위로 올라간 다리 쪽으로). 기울였다가 돌아오기 쉬운 범위 내에서 움직인다. 양 무릎이 천장을 가리키는 원위치로 돌아온다.
- 움직이면서 몸의 어느 부분들이 바닥에서 들리거나 바닥을 누르는지 알아본다. 움직임에 참여하는 부위는 어디인가? 움직임이 얼마나 멀리까지 느껴지는가?
- 움직임을 멈추고 쉬면서 몸이 바닥과 어떻게 닿아 있는지 느낀다. 길이, 넓이, 편안한 정도, 바닥과 가까운 정도, 명확함, 무게, 크기, 모양 등에서 좌우 어떤 차이가 느껴지는가?
- 같은 쪽 움직임. 포갠 다리를 천천히 한쪽으로 기울인다(위로 올라간 다리 쪽으로). 기울였다가 돌아오기 쉬운 범위 내에서 움직인다. 양 무릎이 천장을 가리키는 원위치로 돌아온다.
- 움직임을 어디에서 시작하는가? 이 움직임이 진행되는 순서를 따라갈 수 있는가?
- 움직임을 멈추고 쉬면서 스캔하며 알아본다.
- 같은 쪽 움직임 다시. 포갠 다리를 천천히 한쪽으로 기울인다(위로 올라간 다리 쪽으로). 기울였다가 돌아오기 쉬운 범위 내에서 움직인다. 양 무릎이 천장을 가리키는 원위치로 돌아온다.
- 움직임을 어디에서 시작하는가? 바로 그다음에 움직임에 참여하는 부위는 어디인가? 몸 전체를 통해 이 움직임이 진행되는 순서를 따라갈 수 있는가?

- 돌아오는 움직임. 돌아올 때 가장 먼저 동원되는 부위는 어디인가? 갈 때 맨 처음으로 동원되었던 부위가 돌아올 때도 먼저 움직이는가, 아니면 마지막으로 동원되었던 부위가 먼저 움직이는가? 갈 때 움직임이 진행되었던 순서와 똑같게 반대로 돌아오는가? 다리를 기울일 때와 돌아올 때 동일한 부위로 움직임을 시작하는가? 어디가 처음으로 돌아오고 어디가 마지막으로 돌아오는가? 어떤 순서로 움직임이 진행되는가?
- 쉬면서 몸이 바닥과 어떻게 닿아 있는지 느낀다. 길이, 넓이, 편안함, 바닥과의 거리, 명확함, 무게, 크

기, 모양에 있어 변한 것이 있는가?

- 마지막 움직임: 같은 동작을 다시 하면서 움직임이 좀 더 명확해졌는지, 더 쉬운지, 몸의 얼마나 많은 부위가 이 움직임에 참여하는지, 처음과 어떤 차이가 있는지 알아본다.
- 마지막 스캔: 좀 더 간략하게 할 수 있다.

* 반대쪽으로 다리 기울이기는 짧은 시간 또는 상상 작업만으로도 동일한 효과를 가져올 수 있다.

〈학습 조건〉

- 천천히, 쉽고 편한 범위에서, 편안하고 즐거운 정도까지만 움직이기
- 조금만 피곤해도 언제든지 쉬기
- 움직임을 다시 시작하기 전, 처음으로 끝까지 돌아오기
- 급하게 많이 움직이는 것보다 정확하게 움직이면서 많은 것을 알아차리기
- 숨을 언제 들이쉬고 내쉬는지 살피기

–휄든크라이스 방식 MBSMind Body Studies의 ATM 안내에 따름

146

　　이렇게 한쪽으로만 움직임을 해 본 후, 누운 상태에서 좌우 차이, 일어섰을 때 발바닥과 지면의 관계, 무게 이동과 회전에서의 좌우 차이, 외견상의 모습에서 좌우 차이 등등을 알아본다. 반대쪽 ATM은 아주 짧게 하거나 상상으로 하더라도 주의를 기울이며 움직임을 했던 쪽의 정보를 뇌에서 소화해 통합하므로 양쪽에서 비슷한 효과가 나타날 수 있다.

　　움직임을 하면서 자주 쉬는 이유는 뇌의 기능에 있어 수면이 필수적인 것과 연관이 있다. 이 학습은 일반적인 공부 시간과는 매우 다르다. 휴식은 학습된 내용을 뇌의 기능이 소화시키고 정돈하여 새로운 정보가 어우러지며 통합될 수 있게 하므로 매우 중요한 시간이다. 쉬면서 바닥에 몸이 어떻게 닿아 있는지 움직임 전에 비해 달라진 점, 좌우 차이 등을 감각적으로 알아보는 것은 뇌에 즉시 전달돼 정보가 통합된다.

　　위의 ATM에서 보듯 대부분의 ATM은 스캔과 움직임과 자각 안내 그리고 쉼, 차이를 알아보기 등으로 구성되어 있다. 움직임을 할 때는, ① 움직임에 주의를 기울여, ② 느리고 가볍고 부드럽고 작게, ③ 쉽고 편한 만큼, ④ 긴장을 풀어 가며, ⑤ 변화를 주어 가며 학습한다. 한쪽으로 이렇게 움직임을 해 보고 움직임 전과 후, 좌우의 차이 등에 대하여 알아보고 반대쪽 ATM을 하는 식이다. 차이를 명확히 알게 되면 움직임의 효율성이 점점 높아진다.

ATM에서는 교사의 구두 안내 중 많은 부분이 질문으로 이뤄져 있다. "쉽게 움직일 수 있는 범위는 어디까지인가?" "움직임의 연결은 어디까지 느껴지는가?" "숨은 어떻게 쉬고 있는가?" 등등 '지금 여기'로 돌아오도록 주의를 기울이게 하는 질문들이 자각을 돕는다.

ATM 그룹수업이 움직임만으로 이뤄진 것은 아니다. 움직임이 이뤄지는 원리와 몸의 연결성 등에 대해 골격시범을 하며 알아보기도 하고, 손의 접촉을 통해 다른 사람의 움직임을 따라가며 접촉으로 인한 변화를 살펴보는 파트너 작업도 있다. 바로 누워 척추 비틀기의 파트너 작업(FI가 아니라 손으로 접촉한 상태에서 그대로 느끼기만 하는)을 할 경우, 기울어지는 반대쪽에 앉아서 늑골, 견갑골, 목 등을 손으로 접촉해 볼 수 있다. 또 여러 사람의 움직임을 돌아가며 관찰하면서 사람들 사이의 차이 등에 대해 알아볼 수도 있다.

FI Functional Integriation(기능 통합)

실제로 FI가 어떻게 이뤄지는지 앞에서 ATM의 예시로 든 '바로 누워서 척추 비틀기'를 FI 로는 어떻게 할 수 있는지 알아보자. 휄든크라이스는 ATM과 FI를 동전의 양면이라 했다.

◆ 바로 누워 척추 비틀기 FI

• 교사는 바로 누워 있는 학습자의 머리맡에 앉는다.

• 학습자의 이마에 손을 가볍게 접촉해 머리를 좌우로 가볍게 굴려 본다. 어느 쪽으로 더 쉽게, 더 멀리까지 가는지 알아본다.

• 누워 있는 학습자의 발 아래로 위치를 옮겨 학습자의 머리가 상대적으로 더 쉽게 굴러가는 쪽의 다리를 반대쪽 무릎 위에 겹쳐 올리게 한다.

• 학습자의 한쪽 무릎 위에 반대쪽 다리가 겹쳐진 상태에서 교사는 양손으로 양쪽 무릎(누워서 다리를 꼰 자세의 양 무릎) 근처에 가볍게 접촉한다.

• 양손으로 양다리를 천천히, 위에 걸쳐진 다리 쪽으로 기울이면서 쉽게 갈 수 있는 범위가 어디까지 인지 알아본다. 다시 돌아와서 다리를 기울이며 바닥에서 어디가 들리고 어디가 바닥을 누르는지 알 아보는 마음으로 알아본다. 돌아와서 잠시 멈췄다가 다시 같은 쪽으로 기울이면서 조금 더 갈 수 있 는지 알아본다.

• 돌아와서, 이번에는 움직임이 어디까지 연결되는지 흐름을 살펴본다. 다리를 기울임으로써 움직임 들이 어디서 일어나는지, 다른 부위들이 움직임에 협조를 전혀 하지 않는지 등을 살펴본다.

• 이렇게 한쪽으로 다리를 충분히 기울여 알아봤으면 팔다리를 펴고 쉬게 한다.

> • 머리를 다시 굴려 본 뒤 차이가 있는지 알아본다. 일어나서 좌우로 무게 이동, 회전 등을 통해 좌우 차이, FI 전후의 차이 등을 느껴 보게 한다. 또 외형적으로 달라진 모습이 있는지도 살펴본다.
>
> * FI를 할 때 교사가 누워 있는 학습자의 이마에 손을 올려놓고 머리를 좌우로 굴려 보면, 그 사람의 움직임의 질을 보고 일반적 상태를 느낄 수 있다. 사람마다 제각각 수많은 움직임을 볼 수 있을 것이다. 사람들 각자의 머리 움직임이 다른 것은 목과 가슴, 전체 몸통을 사용하는 방식에 차이가 있음을 보여 주는 것이다. 어떤 사람은 오른쪽으로는 잘 움직이지만 왼쪽으로는 전혀 돌아가지 않는다. 그러나 교사가 접촉하는 순간 무의식적으로 그 움직임을 그가 돕는다. 접촉하는 손을 느끼는 순간 그들은 통제력을 회복해서 움직이는 데 협조적으로 반응한다.

치유효과 및 적용

이 글의 앞부분에도 언급했지만, 휄든크라이스 관점에서 치유란 자신이 무엇을 하고 있는지 아는 것에서 시작된다. 만약 심한 통증을 앓는 사람이 찾아온다면 교사는 무엇부터 할 수 있을까? 그 사람이 자신의 골격을 어떻게 사용하는지부터 관찰한다. 척추 디스크 질환, 관절염, 어깨 통증 또는 무릎 관절 손상 등 자신의 병리를 유발하거나 고착화시키는 방법으로 앉고 서고 걷는지 살펴본다. 또 어떤 사람들은 불필요하게 과도한 힘을 사용하거나 치아를 물거나 하는 식으로 지나친 근육 긴장과 골격 스트레스를 유발할 수 있다. 바느질이나 요리와 같은 일에 집중할 때 턱을 긴장시키는 무의식적인 습관으로 인해 두통이 자주 일어날 수도 있다. 그러나 진단의 딱지를 붙이기보다는 지금의 상태를 자각하는 데 도움을 준다. 몸의 부분들이 각각 맡은 역할을 잘 해서 서로 돕고 연결될 수 있는지 ATM을 통해 구두로 질문하고, FI를 통한 접촉으로 함께 길을 찾는다. 찾아온 학습자는 FI나 ATM을 통해 자세와 행동이 통증에 어떻게 영향을 미치는지 명확한 감각 체험을 하게 된다.

휄든크라이스는 답을 제시하지 않았다. 이 학습에서는 오히려 질문을 통해 스스로 자기를 발견하고 길을 찾게 한다. 적절치 못한 습관을 알게 되면 다른 움직임, 자세 및 행동을 경험하도록 선택할 수 있으며 통증을 유발할 가능성이 적은 새로운 습관을 발견한다.

이런 식으로 이뤄지는 휄든크라이스 학습 및 수련은 일차적으로 몸의 기능적 발전을 가져온다. 즉, 골격이 정렬되고 근육이 이완되며 관절이 유연해진다. 움직임이 향상되어 피로나 긴장감이 완화되는 효과도 있다. 그래서 근골격장애나 통증을 극복할 수 있게 된다. 하지만 이보다 중요한 것은 '지금, 여기'의 현존습관을 기르게 된다는 점이다. 정신도 맑아지며 주의력이 향상되고 창의력과 지혜가 생기는 등 두뇌의 기능적 발전을 이룰 수 있다. 그리고 이러한 학습이 생활화될 때, 즉 삶 속에 통합될 때 자신의 잠재력을 알고 계발할 수 있다.

발달장애, 파킨슨병, 뇌졸중, 다발성 신경증 등 중증 신경계 질환을 가진 사람부터 근골격계 만성 통증을 앓는 사람, 운동선수 및 음악가·화가 등 예술가에 이르기까지 다양한 사람들이 이 학습법을 찾는다. 휄든크라이스는 눈이 잘 보이지 않는 사람, 소뇌가 부분소실된 사람과도 지난하지만 성공적인 작업을 생전에 함께했다. 이 놀라운 내용은 국내에 번역된 노먼 도이지의 책 『스스로 치유하는 뇌』에 상세히 나와 있다. 휄든크라이스 방식은 누구에게나 적용 가능하다.

나가는 말

휄든크라이스의 작업은 끊임없는 질문과 실험들 속에서 태어났다. 그는 자신이 만들고 발전시킨 이 학습을 통해 사람들이 외부의 권위자를 제거하고 자기 안의 선생을 찾기를 희망했다. 물론 이때의 선생은 평가하거나 비난하지 않는 선생, 정해진 답과 확신으로 기를 꺾지 않는 선생, 자신을 존중하는 선생이다. 이런 선생은 답보다 질문을 던진다. 이 같은 태도는 자신을 알고 사랑하는 데에도, 다른 존재를 알고 사랑하는 데에도 당연히 필요한 방법론이 아닐 수 없다.

> "누군가가 '이 일과 필라테스, 요가 그리고 다른 테라피와의 차이는?' 이라는 질문을 한다면, 나는 이렇게 대답할 것이다. 가장 큰 차이는 이것이 '질문하는 방법론'이라는 것. 나는 답을 모른다…. 이 학습은 마치 조사하는 것과 같다. 그래서 나는 이것을 탐정의 일detective work이라고 부른다."

휄든크라이스의 첫 제자이며 조력자로서 그와 오랫동안 함께 작업했던 미아 시걸(Segal, M., 휄든크라이스 방식 MBS 설립자)이 FI를 한 후 학습자와 나눈 대화이다. FI를 할 때는 교사가 학습자의 몸에 접촉하고 마음으로 질문하며 무언의 대화를 나눈다. ATM을 할 때는 교사가 학습자들에게 말로 질문한다. 학습자는 스스로에게 질문하며 주의를 기울여 자각한다.

스스로의 움직임에 대해 질문을 던지고 주의를 기울이는 것은 몸과 마음의 체계 전체에 걸쳐 굳어진 습관을 자각하고 자신을 새롭게 조직(체계화)하는 발판이 될 수 있다. 단순하지만 정확한 질문의 방법론을 가진 휄든크라이스 방식은 이러한 자기조직화에 가장 직접적인 학습 방법이라 할 수 있을 것이다.

『뉴욕타임즈』는 2017년 10월을 기준으로 전 세계 휄든크라이스 교사의 숫자가 7천여 명 정도 된다고 보도했다. 국내에는 2006년부터 휄든크라이스코리아(LCP 인스티튜트, 대표 도소은)를 통해 소개되기 시작했다. 수년 전부터 국내에서도 휄든크라이스코리아에서 MBS 프랙티셔너들이 나오기 시작했고 점차 숙련된 전문가들도 배출되고 있다. 갈증은 해소되기 시작했으나 아직 뿌리내리진 못했다. 국내에 번역된 관련 서적이나 연구자료도 매우 드물다. 우리의 마음과 몸과 움직임에 대해 여기저기서 열린 질문이 쏟아져 나와 자기 안의 선생을 찾는 사람들이 많아지길 기대한다.

참고문헌

도소은, 박선우 편(2018). 휄든크라이스 글모음. 성남: LCP 인스티튜트.

Doidge, N.(2018). 스스로 치유하는 뇌: 신경가소성 임상연구를 통해 밝혀낸 놀라운 발견과 회복 이야기 (*Brain's way of healing: remarkable discoveries and recoveries from the frontiers of neuroplasticity*). (장호연 역). 서울: 동아시아.

Feldenkraise, M. (2002). *The Potent Self: A Study of Spontaneity and Compulsion*. Berkely, CA: Frog books.

Feldenkraise, M. (2009). *Awareness Through Movement*. Sanfrancisco: Happer collins.

Feldenkraise, M. (2010). *EMBODIED WISDOM: The Collected Articles of Dr Moshe Feldenkrais*. Berkely, CA: North Atlantic Press.

Gaster, Leora. (2019). *10 Irrefutable Mind Body PrincipleS for Living*. San Bernardino, CA: MBS ACADEMY.

Hanna, T.(2013). 부드러운 움직임의 길을 찾아 (*Body of life: creating new pathways for sensory awareness and fluid movement*). (김정명 역). 서울: 소피아.

Hargrove, T.(2015). 움직임을 위한 가이드: 동작을 원활하게 하고 통증을 줄이는 움직임에 대한 과학적 접근과 실제적 전략 (*A guide to Better Movement*). (김지용, 차민기, 황현지 역). 서울: 대성의학사.

Zemach-Bersin, D., Zemach-Bersin, K., & Reese, M. (2016). *Relaxercise: the easy new way to health & fitness*. Sanfrancisco: Happer collins.

MBS 프랙티셔너 과정 교육자료(비공개)

https://www.nytimes.com/2017/10/30/well/trying-the-feldenkrais-method-for-chronic-pain.html
(2018. 7. 30. 검색)

https://blog.naver.com/grace_doh/220946424509(2019. 10. 1. 검색)

http://cafe.naver.com/feldenkrais(2018. 7. 10. 검색)

https://blog.naver.com/mwiyom (2019. 3. 11. 검색)

https://embodimentmatters.com/why-do-feldenkrais(2018. 9. 2. 검색)

http://www.youtube.com/channel/UCC2XuH8NdeoAbsNyEzR1gGg(2018. 9. 15. 검색)

https://www.youtube.com/watch?v=9OYaYVYQujE(2018. 11. 5. 검색)

숨무브먼트의 몸/춤이 가지는 치유적 측면

국은미[3]

들어가는 말

인간은 동물이기 때문에, 그 의식은 숙명적으로 운동감각을 가진다. 인간의 대뇌 중에 운동중추가 가장 중간에 자리 잡고 있는 것은 우연이 아니다. 인간 대뇌의 가장 중요한 역할이 운동을 관장하는 것이기 때문이다. 하지만 운동이라는 단어는 아직 그 가능성을 꽃 피우지 못한 채 몸의 움직임 혹은 몸의 단련이라는 의미 정도로만 사용된다. 운동은 몸과 마음이 하나가 되는 것의 핵심이며, 인간의 운동감각을 아름다움으로 피워 낸 것은 춤일 것이다. 필자가 만든 현대무용단 숨무브먼트는 소매틱기법을 기반으로 몸/춤이라는 메소드를 만들었다. 이것은 몸이 곧 춤이 된다는 뜻이다. 어떤 과정을 거쳐 이러한 메소드를 만들어 내게 되었는지, 그리고 그것이 왜 치유적 측면을 가지는지 말해 보려 한다.

---

3) 숨무브먼트 대표, 스페이스소마 디렉터, 한국예술종합학교/성균관대학교 강사

춤

춤은 인간의 모든 움직임을 소재로 할 수 있다. 하지만 르네상스 이후부터 서구의 발레를 중심으로 전문 무용이 등장했다. 동양에서도 일정한 문화적 수준에 이른 후에 춤의 양식화가 이루어진다. 여기에서 전문 무용의 가장 큰 특징은 공연을 전제로 한다는 것이다. 그리고 장르를 구분할 수 있는 특성을 가지게 된다는 것이다. 그래서 춤은 전문적으로 추는 사람들의 것과 그렇지 않은 춤으로 분리되기 시작한다. 대부분의 예술이나 지식, 학문이 이런 과정을 거친다. 원래 제의 때 추던 춤들도 공연적인 형식을 가지고 있었다. 하지만 극장이라는 공간은 그것보다 훨씬 심한 보고 보여지는 관계의 위계를 분명히 한다. 전문적으로 춤을 춘다는 것은 대중이라는 관객을 상정하는 말이 되어 간다.

이런 엘리트주의는 앞서 말한 것처럼 거의 모든 예술과 지식에 통용된다. 그래서 전문 무용수들은 일반적인 사람들이 출 수 없는 춤을 추어야 한다. 우리의 생활과 함께했을 때는 숨쉬는 공기처럼 당연했던 예술적인 행위들, 춤과 음악 미술 등 예술적 행위들이 일상에서의 몸과 공간과 분리된 것이다. 마을의 제의에서, 마을 행사에서 자연스레 추어지던 춤과 연주되던 음악은 정해진 공간과 시간으로 분리되었다. 춤은 그렇게 일반 사람들의 몸과 분리되는 방향으로 발전했다. 그리고 무용수의 몸은 관객의 시선 아래에서 자신의 마음과 분리되어 갔다. 현대무용의 후기에 와서 이러한 공연용 춤에 대한 반성이 급격히 일어났다. 현대무용도 크게 모던 댄스와 컨템포러리 댄스 두 가지로 나뉘는데, 이사도라 덩컨(Duncun, I.)을 대표로 하는 모던 댄스는 이전의 양식화된 춤에 대한 혁명적인 반기를 든 안무가들에 의해 만들어졌다. 그들은 장식적인 요소들에서는 토슈즈를 벗는다거나 새로운 표현적인 요소들을 도입했지만, 자신의 내면을 표현하는 몸의 움직임이라는 측면에서는 여전히 관객의 시선을 우선시하는 스펙터클의 경향을 보였다. 컨템포러리 댄스에 와서야 춤은 진정으로 자유로워지기 시작한다. 하지만 한 무용가가 진정 자유로운 춤을 춘다는 것은 쉬운 일이 아니다. 그것은 물론 결과보다는 그것을 지향해 가는 과정의 이야기이지만, 관객을 앞에 두고 진정한 자유를 추구한다는 것은 쉬운 일이 아닌 것이다.

한국에서도 현대무용은 컨템포러리 댄스의 테크닉을 배우면서 시작하지만, 그 안에는 여전히 모던 댄스의 흔적들이 남아 있다. 무엇보다도 공연을 창작하고 보여 주는 방식, 그리고 무용을 익히는 교육 방식에서는 여전히 모던 댄스의 방식이 남아 있다. 자연스럽게 그 안에서 시대의 흐름과 뒤떨어진 어떤 답답함을 느끼면서, 먼 길을 돌아, 다시 필자의 춤을 찾으려는 노력을 기울여 왔다. 이러한 긴 여정은 스스로의 학습법을 찾아가는 과정이었고, 그 안에서 스스로 치유가 일어났다고 표현할 수 있다. 물론 교육과 치유, 그 모든 것은 춤이라는 큰 틀 안에서 이루어졌다. 하지만 그것을 돌파해 나가는 순간순간에 많은 도움을 주었던 것들은 소매틱이라는 흐름과 휄든크라이스 메소드였다. 소매틱은 이렇게 현대무용의 지향점과 일치하는 측면을 가지고 있다. 그리고 소매틱의 사고 논리와 철학이 필자가 추고자 하는 춤의 방향을 더 정확하게 만들고 설명하는 데 중요한 자원이 되었다.

춤과 소매틱

소매틱의 시작은 보통 프랑스의 무용가 프랑소와 델사르트(Delsarte, F.)로 본다. 델사르트는 연극 쪽에서는 연극인, 무용 쪽에서는 무용인이라 부르기도 하는데, 체육계에서는 아마 체육인이라고도 부를 수 있다. 창작 활동을 많이 하지는 않았지만 성악과 연기를 공부했고 극장에서 일했기 때문에 연극인이다. 그의 이론이 루돌프 라반(Laban, R.)과 같은 무용이론가에게 직접적인 영향을 미쳤기 때문에 무용계에서는 무용인으로 본다. 그가 쓴 책이 체육교육, 체조교육의 근간을 이루었기 때문에 체육계에도 이름을 남겼다. 19세기 중엽까지만 해도 연극, 무용, 체육의 구분은 지금처럼 확실하지 않았다. 특히 예체능 분야의 교육에서는 더욱 그랬다. 김연아의 연기를 우리가 체육, 무용, 연극의 어느 하나라고 딱 잘라 말하기 어려운 것처럼 말이다. 그는 자연스러운 움직임은 신체 구조와 중력의 관계를 통해 만들어지는데, 이때 자신의 내적 동기와 내면을 표현하기 위해 이러한 자연스러운 움직임이 중요하다고 보았다. 그렇게 하면서 심신통합이라는 주제를 예체능교육에 끌어들였고, 델사르트교육법을 실천할 수 있는 전문가를 길러 내는 교육 체계를 만들었다. 무용에서는 이사도라 덩컨, 루돌프 라반이 그의 관점을 수용했다. 특히 라반은 델사르트의 안무이론을 새로운 이론으로 집대성하여, 무용계에서 가장 영향력 있고 중요한 이론가로 자리 잡았다. 소매틱에서는 알렉산더(Alexander, F. M.)가 초기에 델사르트를 공부한 것으로 알려져 있다. 델사르트 이후 많은 선각자들이 소매틱의 방법론을 각자 개발했다. 소매틱의 모든 방법론에는 나름의 심신통합에 대한 필요성을 강조하는 이유와 관점이 있고, 그것을 구현하기 위한 구체적인 방법이 있다. 소매틱은 정신 중심의 유럽 문화에서 몸의 복권을 시도한 가장 뚜렷한 움직임이었고, 그러한 흐름은 당연히 예체능교육과 일반 교육 방식에도 영향을 미칠 수밖에 없었다. 이렇듯 심신통합은 유럽에서는 하나의 시대정신이 되어

가고 있었던 것이다.

많은 분야에서 심신통합의 중요성을 이야기하지만, 전문 무용수에게 심신통합의 문제는 매우 즉각적이고 중요한 문제다. 대부분의 무용수는 안무가가 짠 동작을 가지고 춤을 춘다. 매스게임이나 아이돌 춤, 발레의 군무진 같은 경우를 생각해 보라. 이런 경우 안무가들은 마음과 영혼으로 그 동작을 이해하고 좋아하며 움직여 주기를 바란다. 하지만 그것은 쉬운 일이 아니다. 당연히 모든 사람의 몸은 다르고, 그 차이로 인해 공감과 몰입에는 한계가 따른다. 안무가 마음에 들지 않거나 안무를 통해서 표현하고자 하는 캐릭터나 감정이 싫어지기 시작하면 몸을 파는 것 같은 느낌이 든다. 심신통합이 되어 치유가 되는 것을 군이 따지지 않아도, 심신통합이 되지 않을 때 무용수에게 얼마나 큰 부작용, 실제적인 부상 같은 것이 따르게 되는지 짐작할 수 있다. 또한 정신 무장을 통한 일방적이고 무조건적인 심신통합은 더 큰 부상을 불러오기도 한다. 전문적으로 춤을 추는 사람들은 늘 이러한 기로에 서 있어서, 소매틱의 설명을 너무나 쉽게 이해할 수 있다. 여기에서 소매틱의 일자성이라는 것의 중요성이 부각된다. 삼자적 관점에서 자신의 몸을 보게 되었을 때, 심신통합은 아무리 해도 어떤 수준 이상으로 이루어지지 않는다. 공연을 하는 무용수는 언제나 관객의 시선과 가치 판단 아래에 놓여지게 된다. 그러한 자의식을 극복할 수 있는 길은 심신통합을 넘어선 일자성을 통해 진정한 자존감과 독립심, 자발성을 가지게 될 때인 것이다. 이러한 일자성의 구체적 방법론을 개발한 것이 후기에 등장하게 된 소매틱 메소드들이다. 여기에서 후기라고 표현하는 것은 델사르트 등 초기의 소매틱 방법론들이 심신통합의 중요성은 강조했지만 일자성에 대한 구체적인 방법론을 제시하지는 못했기 때문이다. 이러한 구별은 현대무용을 모던 댄스와 컨템포러리 댄스로 구분 짓는 것과 일맥상통한다.

춤과 휄든크라이스 메소드

필자가 본격적으로 공부한 것은 휄든크라이스 메소드이다. 그리고 그것을 안무와 창작 방식 그리고 무용 테크닉교육에 계속해서 적용해 왔다. 그렇기 때문에 여기에서 소매틱 메소드라고 할 때의 대부분은 휄든크라이스를 통한 경험에서 유래한 것이다. 델사르트로부터 소매틱의 중심에는 움직임이라는 화두가 있었다. 움직임이 메소드의 중심이 된다. 휄든크라이스는 이것을 매우 명료화시켰다. 인간의 인지행동 과정에서 감각, 감정, 생각이라는 3가지 주요 요소 모두 움직임을 수반한다고 보았다. 그러므로 움직임의 질이 향상되면 그 사람의 삶의 질이 향상된다고 보았다. 또한 스스로 학습할 수 있는 능력을 기르기 위해 교사의 구두 지시만으로, 스스로 움직임을 해 보면서 자각 능력의 향상을 통해 깨달음을 얻는 ATMAwareness through Movement(움직임을 통한 자각)이라는 방식이 일자성 향상에 열쇠가 된다. 그래서 휄든크라이스 방식이 어떤 소매틱 메소드보다도 일자적이며, 그 일자성을 기를 수 있는 단순하고 구체적이고 정확한 방식으로서 매우 효율성이 높다는 것을 말하고 싶다. 그리고 다른 메소드를 수련하거나 춤과 같은 전문적인 기량을 향상시킬 수 있는 바탕이 되는데, 그것은 휄든크라이스 방식이 모든 학습의 학습법적인 면모를 가지고 있기 때문이다. 무언가를 배울 수 있는 능력을 기를 수 있다는 말이다.

휄든크라이스 메소드의 또 중요한 측면은 교육 혹은 학습을 강조한다는 것이다. 어쩌면 이것은 휄든크라이스의 독창성에서 온 것일 수도 있지만, 소매틱 수련을 치료나 치유와 같이 나쁜 상태에서 좋은 상태로의 전환을 목표로 하는 것이 아니라, 더 향상될 수 있는 가능성을 중심으로 이야기할 때 그 효과가 배가되기 때문이다. 너에게는 문제가 있거나 고쳐야 할 점이 있는데 그것을 고쳐주겠다고 할 때보다 너에게는 향상할 수 있는 잠재성이 있고 그것을 발현시킬 수 있다고 접근할 때, 그 메소드에 대한 학생의 저항은 줄어들고 효과는 훨씬 커진다는 것을 경험할 수 있다. 장애가 있거나 기능적인 저하가 있는 사람에게 우리 모두 기능을 향상시키고 있는 학생의 입장에 있다고 말해 주면 정도의 차이가 있을 뿐 모두 자신의 향상을 위해 노력하는 인간이라는 점에서는 같은 것이 되고, 이를 통해 자신을 문제로 보는 것이 아니라 향상을 위한 자원으로 인식하면서 심신통합이 쉽게 이루어진다. 이렇듯 심신통합의 기반 위에서 일자성과 스스로학습, 이 두 가지를 필자는 소매틱의 가장 중요한 요소라고 생각한다. 이렇게 보면 일자성과 그것을 학습할 수 있는 능력을 기르는 것이 컨템포러리 댄스가 추구하는 자유로운 춤에 핵심적인 열쇠를 제공할 수 있다는 것을 알 수 있다.

이러한 이론적 식견과 설명을 갖추는 것보다 더 중요한 것은 실전에서 필자가 거쳤던 경험들일 것이다. 질문은 계속해서 떠올랐고 새로운 시도들이 이어졌다. 창작과 교육의 각론으로 들어갔을 때, 필자가 가졌던 질문들과 무용수나 학생으로부터 받았던 많은 질문이 있다. 그러고 보면 휄든크라이스를 통해 배운 또 한 가지의 중요한 것은 질문의 기술이다. 필자가 묻고 답해 온 질문들 몇 가지를 통해 좀 더 자세히 춤과 소매틱의 관계를 들여다보자. 여기서는 답을 제시하기보다 질문의 과정을 공유하고 싶다.

예를 들어, 막춤을 한번 생각해 보자. 막춤에는 몰입이 있고, 일자성이 있고, 독학으로 자신의 몸짓을 향상시키는 과정이 있다. 그런데 왜 막춤은 즉흥춤과 구별되는 것일까? 원시인들이 제의에서 트랜스가 되어서 추던 춤과 막춤은 어떻게 다른 것일까? 여기에 대한 해답을 손 쉽게 내릴 수 없는 것은 막춤의 정의가 모호하기 때문일 것이다. 하지만 이러한 질문을 소매틱을 통해서 좀 더 정교하게 던질 수 있다. 막춤에는 자각이 없다. 그래서 진정한 향상이 일어날 수 없고, 타인의 시선 아래에서의 불안과 충동이 교차한다. 그것은 아드레날린을 분비시키고, 위축되어 가는 시공간을 털어 내기 위한 안간힘에 가까운 것이 되어 버릴 수 있다. 타인을 선동하고 자신이 즐거움 속에 빠지고 싶지만, 진정한 트랜스가 일어난다는 것은 상당한 수준의 몰입을 요구한다. 그래서 클럽이나 타인 앞에서의 막춤에서 일자적 심신통합은 점점 더 멀어져 간다. 그렇다면 우리네 할머니, 할아버지들이 잔치에서 덩실덩실 추던 어깨춤은 막춤이 아니었을까? 그것들은 막춤과 무엇이 달랐을까? 클럽에서 막춤을 추고 있는 100명 중 한두 명은 덩실덩실 춤을 추고 있는 사람이 있을 수 있다. 거기에서 우리는 춤의 제의성을 가지고 더 깊은 질문을 던져 볼 수도 있고, 컨템포러리 댄스가 지향하는 자신을 찾아가는 움직임의 미학을 이야기할 수도 있을 것이다. 소매틱적으로 말하자면, 거기에서 일자성을 말할 수 있을 것이다. 좀 더 깊이 있는 일자성을 획득하는 것, 그것이 중요하다. 앞서 말한 휄든크라이스 방식의 장점이 여기에서 한 번 더 말해질 수 있다. 휄든크라이스는 자기학습의 중요성을 강조하면서, 스스로학습만이 사회가 한 개인에게 요구하는 애매모호하고 절충적인 교육 수준을 뛰어넘어서 진정한 자기향상을 가져올 수 있다고 말했다. 물론 이러한 아이디어는 엘사 긴들러(Gindler, E.)나 하인리히 자코비(Jacoby, H.) 같은 소매틱의 다른 대선생들, 그루지예프(Gurdjieff, G.) 같은 선각자들의 아이디어를 발전시킨 것이다. 이렇듯 소매틱에서 일자성과 스스로학습은 중요한 골자가 된다. 그러므로 막춤이 스스로의 향상과 발전을 가질 때, 그것은 진정한 춤이라고 부를 수 있을 것이다.

이러한 자기발전의 중요한 하나의 방향성에 대해 춤이 시사해 주는 바가 또 있다. 예를 들어, 제의적 춤을 추던 샤먼의 춤, 한국에서 무당의 춤, 굿에서 이루어지던 춤, 꼭 이러한 제의적인 춤만 아니라 전통무와 같이 정해진 형식을 답습해서 추는 춤은 자기발전이나 일자성과는 크게 상관이 없어 보인다. 그렇다면 이것은 개인의 발전과 무관해 보이고 소매틱적이지 않으니 좋은 춤이 아닌 것일까? 예를 들어, 포크댄스, 볼륨댄스, 탱고 같은 춤들은 어떤가? 발레, 한국춤 등 각 문화의 전통춤들은 어떤가? 여기에서 더 깊은 논의를 해 보자면, 제의적 춤에서의 영성 그리고 포크 댄스의 사회적 접촉과 타인과의 친밀성, 전통춤에서 오랜 기간 그 문화의 토양이었던 자연과 그 라이프 스타일이 가지고 있는 고유의 리듬과 움직임의 체화와 같은 것은 심신합일의 궁극적인 지점으로 인간을 바로 데려가는 측면이 있다. 그것을 트랜스라고 할 수도 있고 여러가지 묘사나 정의가 가능하겠지만, 오랫동안 춤을 춰 온 사람으로서 그러한 즐거움을 생명성의 고양이 가져다주는 즐거움이라고 말하고 싶다. 그리고 그 밑바탕에는 심신합일이 주는 믿음이라는 것이 깔리게 된다. 이 믿음이라는 것에 관해 깊이 이야기할 수는 없을지 모른다. 하지만 그것은 어떤 때에는 종교적 믿음으로, 어떤 때에는 타인과 사회에 대한 믿음으로, 어떤 때에는 역사에 대한 믿음으로 나타난다. 이 믿음은 결국 나의 생존 능력과 생존성에 대한 믿음이며, 이러한 생존의 성취 위에, 나의 존재감의 확립 위에 진정한 생명성의 고양이 이루어질 수 있다. 소매틱을 거치지 않아도 그러한 춤의 경지에 도달한 사람도 있고, 그러한 즐거움을 만끽할 수도 있다. 어떻게 보자면 춤은 아마도 소매틱의 가장 큰 원류일 수도 있다. 그러한 춤이 현대의 예술 문제와 같은 궤도에서 일어난 문제를 극복하는 데 소매틱이 큰 도움이 될 수 있다. 필자의 경우가 그랬다. 하지만 결국 춤은 소매틱보다 훨씬 더 오래된 역사와 넓이와 깊이를 가지는 것이다. 진정한 춤이 가지고 있는 기능 그리고 가능성, 이것이 소매틱이 지향하는 바가 아닐까? 휄든크라이스가 어린 시절 발달장애가 있는 여자아이를 맡으면서 처음 한 말은 "이 아이가 자신의 결혼식에서 춤출 수 있을 거요."였다. 그렇다. 진정한 춤의 상태, 그것은 아마 소매틱이 지향하는 가장 궁극적인 상태 중의 하나가 아닐까?

춤에서는 몸성, 춤성이라는 말을 쓴다. 이 몸성이라는 용어는 소매틱적 흐름에서 비롯된 것이다. 몸성이라는 말이 나올 정도로 춤 역시 이성중심주의, 정신우선주의의 영향을 받아 왔다. 소매틱은 이러한 춤의 상실을 극복할 수 있는 아주 효율적이고 구체적인 학습 방법을 제공해 줄 수 있다. 그것은 전문 무용인에게나 일반인에게나 공통으로 적용될 수 있는 문제다.

무대 위에서 나를 찾으려는 긴 여정

전문 무용인으로서 공연용 춤을 창작하는 과정 속에서 필자가 느꼈던 한계들, 작업의 어려움, 관객과의 소통 문제들은 필자로 하여금 끝없이 더 추구하고 완성도를 높이려는 몇 개의 화두를 남겨 주었다.

첫째는 현존이라는 문제였다. 춤은 추는 그 순간 사라져 버린다. 물론 무보를 남길 수도 있고, 비디오 녹화 영상을 남길 수도 있다. 하지만 춤은 그 속성상, 정말 추어지는 그 순간이 가장 중요하다. 음악만 해도 악보를 정밀하게 남길 수 있고, 그 음악은 하나의 퍼포먼스와 별개로 존재감을 가진다. 하지만 춤은 한 사람의 삶 속에서 한때의 시간이 그런 것처럼 덧없이 지나가 버린다. 또한 아무리 화려한 무대를 만들고 볼거리를 만들어도, 결국은 무용수의 몸 그리고 그 움직임이 거의 모든 표현 도구다. 이것은 컨템포러리 무용으로 올수록 더욱 그렇다. 이야기나 캐릭터의 도움을 받아서 무언가를 만들어 내는 장르들과 달리, 무용은 우리의 발가벗은 인체와 정말 닮아 있다. 뉴욕에서 대학원을 다니던 시절, 공연을 마치고 나서 한 선배가 해 준 피드백이 "너, 진짜 무대 위에 있더라!"라는 말이었다. 그 말이 그렇게 감사했고, 그런 무대를 만들기 위해 끝없이 노력했다. 그리고 무용수들과 작업을 할 때에도 늘 그 이야기를 강조했다. 어떤 화려한 움직임을 하느냐, 기교를 부리느냐, 멋진 군무를 만들어 내느냐 하는 것보다 훨씬 더 중요한 문제는, 자기 전체가 그 무대 위에 진짜 존재하느냐 하는 것이라고 말이다. 필자의 경우에는 이것이 춤추며 가지게 된 화두였지만, 대부분의 사람이 삶을 좀 더 충만하게 살기 위해 가지게 되는 매우 중요한 방향이라고 생각한다. 하지만 대부분은 이것을 어떻게 성취할 수 있는지, 이것이 얼마나 값진 것인지를 잘 모른다. 하지만 그런 충만한 경험과 시간들이 주는 보람과 보상은 대부분 어느 정도 느끼고 알고 있다. 필자는 무용과 음악의 관계를 비교해 보곤 한다. 남들 앞에서 춤을 출 때 느끼는 것은, 음악은 마음과 닮아 있고 춤은 몸과 닮아 있다는 것이다. 이 둘이 하나가 되어 가는 과정이라고 할까, 눈에 보이는 것과 귀에 들리는 것이 서로 하나가 되는 순간, 대부분 그런 시공간에 있을 때 우리는 쉽게 물아일체를 경험한다. 깊은 산속 계곡가에서 흐르는 물소리와 푸른 녹엽이 하나로 어울려 있을 때, 오감이 완벽한 조화를 이룰 때, 그곳에 있기도 하고 없기도 한 느낌이 든다. 그렇게 나 자신마저 그 감각의 조화 속에 완벽하게 일치해 들어갈 때 느끼는 감각, 그러한 자연스러운 몰입 말이다.

현존이라는 화두는 자연스럽게 새로운 릴리스 테크닉에 대한 관심으로 이어졌다. 릴리스 테크닉은 소매틱적 바람이 미국에 불던 1970년대 현대무용계에서 일어난 중요한 흐름이다. 릴리스 테크닉은 효율적인 움직임을 위해 중력을 이용, 근골격계의 정렬 및 이완, 관절의 유연성을 추구하는 테크닉이다. 릴리스는 정확한 목적을 위해, 움직임의 원활함과 부드러움을 추구하기 위해 필요한 지점을 이완하는 적극적 이완을 강조하며, 이것은 릴랙스라고 하는 그냥 힘을 빼 버리는 긴장의 이완과 구별된다. 릴리스는 정확한 목적을 위해, 움직임의 원활함과 부드러움을 추구하기 위해 필요한 지점을 이완하는 것이다. 릴리스는 말 그대로 렛고let go, 놓아 주는 것이 필요하며, 이것은 결국 움직임을 통해 또한 부드러운 움직임을 위해 신체 기능의 통합을 필요로 한다. 릴리스 테크닉은 그 해부학적 기반을 사용하고 중력을 이용한 물리적인 움직임들을 효율적으로 구성하고 움직임을 행한다는 점에 있어서 구조와 기능에 충실한 테크닉이다. 움직임을 통해 신체의 구조와 기능을 알아 간다는 점에 있어서 교육적인 지점도 탁월하다. 유학 시절, 릴리스 테크닉의 중요성을 알게 되었지만 그때까지 배워 왔던 현대무용 테크닉과는 사뭇 다른 방법론이었기 때문에, 그것을 작품에 녹여 내거나 필자만의 테크닉으로 만들어 내기 위해서는 후에 소매틱을 적극적으로 수련하는 시기까지 기다려야만 했다. 릴리스 테크닉은 소매틱의 흐름과 떼어 놓고 생각할 수 없는 미국 현대무용 신 역사의 한 페이지다. 이본느 레이너(Rainer, Y.), 에릭 호킨스(Hawkins, E.), 트리샤 브라운(Brown, T.) 등은 모두 다른 자신만의 독특한 스타일을 추구한 안무가들이지만, 그들은 크게 보아 모두 미국식 포스트모던 댄스 그리고 컨템포러리 댄스의 대표적 안무가들이며, 그들 모두 릴리스 테크닉의 대가라고 볼 수 있을 것이다. 필자는 릴리스 테크닉을 매우 적극적으로 작품 속에 녹여 내지 못했는지는 모르지만, 그런 흐름 속에서 컨템포러리 댄스와 모던 댄스의 차이점은 정확하게 알게 되었고 필자가 익힌 무용 테크닉을 객관적으로 바라볼 수 있는 시선과 그것을 필자만의 춤 스타일을 만들어 나가는 여정에 도구로 활용할 수 있게 되었다. 테크닉에 끌려다니거나 그로 인해 정형화된 안무 방식을 받아들이는 것이 아니라, 나의 춤을 스스로 계속 새롭게 발전시켜 나갈 수 있는 힘을 얻게 된 것이다. 계속해서 자신의 틀을 깨고, 내 것이 아닌 것들을 걸러 내고, 그러면서 점점 더 나라는 사람의 춤을 만들어 가는 과정, 그러한 과정 중심의 작업을 유지할 수 있는 힘이 되었다.

160

그러한 작업의 과정 속에서 필자가 발견한 또 하나의 특성은 내적 동기를 움직임으로 만들어 내는 방법이었다. 안무법에서는 다양한 극적 구성 원칙들을 배우게 된다. 무대에서 어떻게 하면 역동성을 만들어 내고, 주제를 표출하기 위해 무용의 막들을 구성하는지 방법을 배운다. 일상에서 우리의 행동과 그 움직임은 안무의 도구로서 안무가나 무용수가 움직이는 방향들과 비교해 볼 때 무척 제한이 많다. 움직임 분석가이자 무용기보법을 남긴 라반은 동작의 내적 동기와 몸의 기능 사이에는 거의 수학적인 관계가 존재한다고 보았고, 움직임의 원리와 함께 무게, 시간, 공간, 흐름의 네 가지 동작 요소와 에포트 동작에 대한 질적인 요소 등 동작 개념을 발견하고 체계화시켰다. 이러한 교육적인 기틀은 안무법에도 적용되어 안무법의 발전을 가져왔다. 무한한 운동의 가능성들, 높이와 템포의 다양한 변주들, 형태, 수없이 많은 리듬들이 솔로, 듀엣, 그룹의 차원에서 상호작용하고 감각들이 다른 감각으로 치환되는 창의적인 경험이 따른다. 물, 공기, 흙, 바람 등과 함께하는 물질적 상상력, 문학적 상상력이 움직임과 만난다. 상상하기 때문에 여기 있다. 맞고 틀린 것이 없는, 그 안의 논리가 장난감이 되는 무용 창작의 과정은 창의성의 극대화를 가져온다. 일상에서 우리의 행동과 그 움직임은 안무의 도구로서 안무가나 무용수가 움직이는 방향들과 비교해 볼 때 무척 제한이 많다. 하지만 필자는 이러한 일상성에서 비롯된 한 사람의 내적 동기를 무척 중요시할 수 있게 되었다. 그것은 현존이라는 화두, 릴리스 테크닉의 흐름 속에서 끊임 없이 자기스러움을 찾으려는 질문들이 스스로의 향상을 위해 나아갈 때 이루어질 수 있었다. 필자는 스스로를 움직임의 안무가라고 불렀는데, 그것은 필자의 춤 작업이 서사나 음악의 영향력을 최소화하고 무용수의 몸짓을 위주로 관객에게 소구하는 방식이었기 때문이다. 많은 안무가들, 특히 한국의 현대무용에서는 서사나 주제를 언어적인 방식으로 어느 정도 정한 후에, 그것을 표현하기 위해 움직임과 움직임의 음악적 요소들을 활용한다. 하지만 필자는 움직임이 우선이었고, 그것에 의해 어떤 서사적 맥락이나 논리적 이해가 일어나는 것은 관객에게 열어 두는 방식을 취했다. 이것은 지적인 관객이나 컨템포러리 무용을 많이 접해 본 관객에게는 익숙한 방식이지만, 한국의 현대무용계에서는 좀 낯선 방식이었다. 움직임의 강조는 필자가 상대적으로 쉽게 소매틱적 방식을 안무에 적용할 수 있는 기반이 되었다.

소매틱 메소드를 본격적으로 도입하지 않았다 하더라도 심신통합이나 치유에 관한 단서들은 이러한 질문들과 노력들 속에 충분히 있다고 생각한다. 필자의 춤 속에는 나를 찾고 구성하고 향상시키려는 열망과 몸짓 그리고 일상적인 움직임으로 보일 정도로 내밀한 내적 동기의 연장과 표현으로서의 몸짓, 그런 모든 것들을 내려놓고 또 내려놓는 끝없는 연속성이 있었을 것이다. 그것이 필자가 배운 20세기 컨템포러리 댄스의 정신이었다. 하지만 그러한 춤의 큰 흐름 속에 몸에 대한 이슈나 소매틱 같은 또 다른 굵직한 물줄기가 있다는 것에 점점 더 눈을 뜨게 되었다. 좀 더 과학적이고 체계적인 사고방식이나 필자만의 메소드와 춤 체계를 만들어 나갈 수 있었다. 무엇보다도 춤을 무대에만 국한시키지 않고 사람들과 나누고 적용할 수 있는 범위가 넓어지기 시작했다. 춤을 꼭 전문 무용인에게만 가르칠 필요도 없고, 깨달은 것을 춤을 통해서만 가르칠 필요도 없게 되었다. 춤을 가르치고 나누는 것이 아니라, 그것이 몸의 감각과 깨달음을 전파하는 것이 될 수도 있고, 이것이 새로운 예술교육, 창의성교육으로 뻗어 나갈 수 있다는 것도 알게 되었다. 그리고 "교육이 치료다."라는 말처럼, 이를 통해 몸과 마음에 이슈가 있는 사람들에게 나의 활동 대상을 넓혀 갈 수 있게 되었다.

즉흥춤의 시작

휄든크라이스 메소드를 2002년에 처음 접하고 부드러운 움직임에 몸과 머리가 다 눈을 떴지만, 그것을 실제의 안무나 무용교육에 적용시키지는 못하고 있었다. 2001년부터 한국예술종합학교를 비롯한 대학에서 현대무용 테크닉이나 안무법을 가르쳤지만, 그것은 대학교와 대학원에서 배운 것들을 위주로 한 것이었다. 여전히 공연용 춤은 그것을 소화해 낼 수 있는 전문적인 기량이 필요하다고 생각했다. 소매틱적 접근법은 워밍업이나 부상 예방 등을 위해서 잠깐씩 보따리를 풀어놓는 정도였다. 하지만 몸이라는 것은 결코 자신이 깨달은 것을 숨기지 못한다. 같은 동작을 하더라도 그것의 해부학적 원리를 자꾸 생각하고, 그러한 생각들이 발전하면 움직임이 변해 갔다. 내 안에서 이미 학습이 일어나기 시작하고 몸과 마음이 하나가 된다는 것을 체험하는 정도가 깊어지면서, 점점 더 테크닉을 가르치는 수업에서도 소매틱적 접근이나 그것을 통한 설명이 길어져 갔다. 그렇게 몇 년을 예년의 테크닉과 릴리스 테크닉, 소매틱적 시각과 설명이 조금은 불편한 동거를 하던 어느 날, 연습실에서 처음으로 순수히 휄든크라이스적 방식으로 즉흥춤을 추어 보았다.

기존의 안무 방식은 동작을 만들어 내기 위해 머리로 움직임을 먼저 구상하고 몸은 머리의 지시를 받아 움직임을 해 보는 방식이다. 이렇게 동작의 프레이즈를 구성하는 것은 철저한 몸과 머리의 위계, 감각, 감정, 생각의 위계 속에서 이루어진다. 이런 경우에 대부분 감각은 최하위에 속하며 안무에 거의 영향을 끼치지 못한다. 심지어 즉흥춤을 출 때도 이러한 계산 위주 동작으로 움직이는 경우가 많다. 하지만 휄든크라이스적으로 즉흥춤을 춘다는 것은, 우선 머리로 계산을 하지 않고 몸의 자각 능력이 알아챈 정보들을 따라 움직이는 것이다. 이러한 감각 정보는 주로 지면과의 접촉, 무게의 이동에 대한 감각, 내 사지와 몸이 어디에 위치하고 있고, 서로 간의 관계는 어떤지와 같은 고유수용감각적 정보들을 기반으로 움직이는 것이다. 수많은 감각 정보들에 몰입하고, 머리가 지시하고 통제하려는 것을 계속 막았다. 그러자 5분 만에 두통이 오기 시작하고 속이 메슥거리면서 더 이상 움직이기 힘든 상황이 왔다. 춤을 통한 학습이나 치유가 있었다면, 그 2단계가 막 시작된 것이었다. 머리가 얼마나 몸의 감각과 움직임을 통제하고 있었는지 여실히 깨닫는 순간이었다. 그리고 6개월 정도 이런 방식으로 즉흥춤을 계속 추면서, 그것을 솔로 작품으로 무대에 올릴 수 있게 되었다. 춤작업 방식이 완전히 바뀌는 순간이었다. 필자가 가지고 있었던 현존, 릴리스 테크닉, 움직임 중심의 안무라는 화두를 머리와 감각의 위계 질서를 바꾸면서 본격적으로 접근할 수 있게 된 것이다.

3년 정도 이러한 식으로 솔로 작품을 구성해서 공연을 하다가 휄든크라이스 전문가 과정이 생겨 무용 작업 때 늘 연출을 맡아 주던 남편도 함께 전문가 과정을 이수하게 되었다. 학교의 수업에서도 점점 더 테크닉 시간에 소매틱적 접근을 통해 테크닉을 설명하는 노하우가 생겨났다. 그러면서 독창적인 현대무용 테크닉 수업을 할 수 있게 되었다. 자연스럽게 예전처럼 무용수들을 픽업해서, 지난 몇 년간 솔로 작품을 하면서 수련한 방식으로 무용수들을 수련시켜 공연을 하는 방향으로 발전하게 되었다. 기존의 안무가가 무용수에게 움직임을 일방적으로 전달하는 방식에서, 무용수들 자신의 감각 정보를 바탕으로 즉흥춤을 추는 것을 위주로 공연을 한다는 것은 쉽지 않았다. 어떤 무용수는 전혀 받아들이지 못했다. 몸에 대한 비과학적 사고방식이 그대로 체화되어 있는 경우도 보았다. 몸이 모든 문화의 전쟁터라는 말을 뼈저리게 실감할 수 있었다. 몸으로 깨닫지 못한 것은 절대로 변하지 않는다. 하지만 같이 작업한 대부분의 무용수는 우리에게 큰 영감을 주었다. 필자가 이미 몇 년 동안 겪었던 시행착오들과, 내 몸에서 내 특유의 움직임이 나오는 과정들을 각자 다른 방식으로 체험하고 통과했다. 그렇게 해서 2012년에 〈내밀의 무한〉이라는 작품이 나오게 되었다. 제목인 〈내밀의 무한〉은, 이 춤을 추고 다른 무용수들이 자신의 움직임을 꽃 피우는 과정을 쳐다보면서 자연스럽게 나온 제목이었다. 모두가 자신의 내면에 엄청난 움직임의 저장고가 있다는 것을 깨달았고, 머리의 통제에서 벗어난 몸의 감각이 무대에서의 현존, 몰입, 내적 움직임의 표현, 즉흥성, 자발성 그리고 생명성을 고양시키는지 확인할 수 있었다. 이것을 춤의 치유라고 한다면 그것보다 더한 치유가 없었을 것이다.

163

몸/춤의 개발

휠든크라이스 방식은 중력에 대한 감각을 기르는 수련이다. 그것이 춤, 특히 즉흥춤에 적용되면 무게의 이동, 중력을 몸의 부위들이 막고 들게 되는 것이 아니라 자연스럽게 흘러가게 만들면서, 몸 안에서 자연스러운 연결과 통합의 움직임이 만들어진다. 이러한 수련은 자연스럽게 무용수들 간의 접촉이 일어났을 때 상대를 하나의 유동적인 지면으로 인식하면서 흥미로운 환경을 제공하게 된다. 이러한 접촉은 휠든크라이스에서 강조하는 부드러운 접촉 그리고 계속해서 파악하고 알아보며 정보를 받아들이는 접촉이 된다. 에둘러 상대를 안심시키려 하거나 치료의 의도를 가지고 무언가를 해 주거나 애를 쓰는 접촉이 아니라, 진정으로 그 접촉면과 그 감각에 몰입할 수 있는 접촉이 된다. 이러한 접촉은 상당히 새로운 정서를 무용수 안에서 불러일으킨다. 우리는 우리의 즉흥춤 체계를 몸/춤이라고 부르게 되었다. 그것은 2013년에 한 작품의 제목 〈세계의 끝, 몸/춤〉이라는 제목에서 유래되었는데, 몸이 곧 춤이 된다는 뜻이며 우리 각자는 어떻게 보자면 모두 세계의 경계, 세

계의 끝을 이루고 있는 존재들이라는 의미였다. 우린 접촉을 통해 세상과 만나고 접촉을 통해 딛고 일어서며 걷고 뛰고 춤춘다. 그리고 접촉면이 부드러워야 함을 강조하기 위해 자주 묻게 되는 질문이 있다.

"엄마가 아이에게 열이 있는지를 이마에 손을 대어서 알아보고자 할 때 손을 얼마나 부드럽게 해야 할까요? 손을 뻣뻣하게 펴고 열을 잴 수 있을까요?"

당장 손을 펴서 마룻바닥을 쓰다듬어 보고, 손에 힘을 뺀 후 부드럽게 하여 쓰다듬어 보면 우리가 얻는 정보량에 굉장히 차이가 난다는 것을 즉각적으로 알 수 있다. "중력이 최고의 치료사이다."라고 했던 이다 롤프(Rolf, I.)도 있지만, 실제로 중력을 인지하고 일상으로 돌아갔을 때 삶에서의 변화는 무척 크다.

휄든크라이스와 몸/춤을 경험했던 한 중년의 여의사 선생님께서 일상에서 본인이 계단 오르기를 했던 이야기를 해 주신 적이 있다. 몸을 움직일 기회가 많지 않아 아파트의 계단이라도 올라야겠다고 생각하며 4층, 5층까지 가셨는데, 호흡도 체력도 생리학적으로는 도저히 더 이상은 못 간다고 판단되었던 순간, 어디까지 가도 좋으니 중력이 내 몸을 어떻게 통과하는지만 보자고, 수업에서 항상 이야기하는 중력을 생각해 보자고 마음먹으셨다고 한다. 그런데 그렇게 중력을 알아보다 보니 전혀 지치지 않은 상태에서 본인이 49층에 와 있더라며 신기함과 뿌듯함을 전해 주셨다.

"평소에 정렬이 좋지 않아 항상 힘없이 느껴지고 걸음이 무척 느린데 이유를 알 수 없었던 내가 지면 위에 단단하게, 잘 얹혀 있는 것 같은 느낌이 드네요."

지면과 중력의 관계를 통해 우리가 할 수 있는 움직임은 대부분 구르기, 밀기, 들기 등이다. 그리고 이렇게 지면과 중력 간의 관계를 통해 시작된 움직임은 우리의 몸을 통과해서,

몸의 어느 부분은 길어지기도 하고 반대로 짧아지기도 하면서 어딘가로 향하게 된다. 그것은 곧장 우리의 이동이라는 주제와 연결되게 되고, 고유수용감각에서 일반적인 운동감각, 공간 속에서의 나의 감각으로 연결된다. 중간에 〈워킹〉이라는 작품을 만들었는데, 제목은 워킹이지만 그 안에는 뒤집기, 구르기, 기기, 걷기 등의 모든 이동에 관련된 움직임들이 포함되어 있었다. 이러한 이동은 우리의 움직임에서 가장 중요한 눈과 머리의 사용 그리고 행동의 의도와 목적을 분명하게 하는 과정으로 연결된다. 이렇듯 휄든크라이스의 레슨이 중력에 대한 감각을 기른다고 할 때, 그것은 나라는 유기체 전체가 공간과 관계 속에서 어떤 의도와 목적을 가지고 행동하는 운동감각적 존재임을 말한다. 이러한 과정을 통해 우리는 세계와의 관계를 회복할 수 있다. 외부 세계에 의해 받게 되는 자극과 감각을 잘못된 감정으로 변환시키거나 잘못된 리액션을 하게 될 가능성이 훨씬 줄어들게 된다.

이러한 움직임과 행동의 과정화와 그 과정을 계속해서 수련하다 보면 어느새 모든 일상의 행동에서도 과정을 만들 수 있는 능력이 생기게 되고, 결과 지향적이지 않은 삶, 그럼으로써 너무나 자연스럽게 몸과 마음이 하나가 되는 과정을 즐길 수 있게 된다. 그 속에서 학습과 치유가 일어난다면, 그것은 곧 누구나 할 수 있는 스스로학습에 의해서이며 자신에 대한 믿음을 통해 이루어지는 것이다. 안무를 해서 움직임을 무용수에게 주게 되면, 무용수의 믿음은 안무가를 향한다. 안무가에게 자신의 움직임이 평가받게 되고, 그것은 결국 안무가에 종속되어 안무가가 머리의 역할을 하고 무용수는 몸의 역할을 하는 위계가 정해지는 것이다. 하지만 몸/춤 방식에서는 안무가가 진정한 퍼실리테이터나 환경을 조성해 주는 역할에 머문다. 그때 무용수가 일차적으로 믿어야 하는 것은 중력의 법칙이며 접지면, 더 나아가 타인과의 접촉면이다. "지면은 결코 여러분을 배신하지 않으며, 그것은 여러분의 상태를 그대로 거울처럼 비춰 준다." 이것이 필자가 수업 시간에 주로 하는 이야기이다. 이것은 학습이나 치료의 과정에서도 그대로 적용될 수 있다. 교사가 학습을 주도하면 교사는 머리의 역할을, 학생은 몸의 역할을 하게 된다. 교사에 대한 믿음이 형성되지 않으면 학습은 실패하게 되고, 교사에 대한 믿음이 배신당하면 그 교육은 그대로 무너진다. 심리치료를 받을 때, 상담사에 대한 라포와 믿음은 내담자를 지탱하는 기반이 될 것이다. 하지만 소매틱적 접근에서는 물리적이고 과학적인, 그래서 너무나 단순하고 정확하고 구체적인 움직임이 이러한 역할을 대신하게 된다. 세상에서 가장 확실한 유물론인 것이다. 그 믿음은 고스란히 자신감이 된다.

몸/춤의 구체적 내용

2018년 숨무브먼트 공연 〈OFF〉

전문 무용수들과의 작업은 보고 보이는 무대의 긴장감 속에서 또한 어떤 결과물을 만들어 내야 하는 공연이라는 틀 속에서 몸/춤으로 이루어지는 기능 향상의 정점에까지 도달하게 된다. 이렇게 성취의 목표를 높게 잡고 기능 향상의 한계를 실험해 보는 것은 후에 일반인을 대상으로 하는 수업에서도 많은 영감과 도움을 주었다. 무용을 전공하지는 않았지만 몸/춤의 수업을 들은 사람들은 자신의 각 전공 분야에서 이러한 기능 향상의 방향을 생각해 볼 수 있을 것이다.

자각

지면을 통해 알아볼 수 있는 구체적인 자각 지점들로부터 시작한다. 많은 부분이 휄든크라이스의 ATM에서 인용된다. 예를 들면, 머리부터 꼬리까지의 척추의 연결, 말초와 중추의 연결, 대각선의 연결 등 그리고 아주 작은 곳곳의 유기적 연결 지점까지. 항상 새로움의 발견이 이 수업의 시작이다. 시범 없이 구술로 진행되며, 첫 단계에선 명확하고 단순하고 구체적인 자각을 위해 음악을 사용하지 않는다.

Free rhythm(공간의 높이에 따른 다섯 단계의 level에 따라)

움직임 사이에 각자의 고유한 순환의 리듬이 생긴다. 지면의 이용과 중력의 사용은 역시 가장 중요한 도구이다. 이것은 대개 일상의 리듬보다 무척 천천히 진행된다. 그래서 천천히 알아보는 흐름으로 이어지는데, 알아보기 위해 천천히 하는 것이지 천천히가 목적이 되지는 않는다. 생물체 본연의 free rhythm. 리듬이 강하지는 않지만 고유한 흐름을 증폭시키고 영감을 줄 수 있는 음악을 선곡한다. 자연스럽게 지면과의 접촉면이 다양해지고 넓어지면서 다른 사람들과도 접촉이 일어난다. 어떻게 해 주려고 의도하지 않는다. 순수하게 접촉면을 알아본다.

공간으로의 적극적인 이동, 이동하는 나의 방향과 공간의 방향, 나와 세계의 구분, 상대방과의 거리감에 대한 자각

1. 상대방과의 거울 놀이 , 적극적인 접촉의 활용과 움직임을 통한 대화

지면을 밀거나 당김으로써 이동이 생겨나듯이, 듀엣이나 그룹에서 접촉을 통해 접촉면의 압력을 변화하여 대화를 만들어 갈 수 있다. 접촉은 아주 가까운 실제적인 접촉부터 접촉이 일어나기까지 상대방과의 거리에 대한 감각까지를 이야기한다. 서로 거리를 유지하고 떨어져 있을 때 상대방의 움직임과 함께 반응하다 보면 거울 놀이로 발전되기도 하고, 접촉이 적극적으로 활용되었을 때도 놀이 또는 경쟁적인 스포츠 활동으로도 보이기도 하며, 추상적인 움직임의 연결이 이어지기도 한다. 리더를 정해서 알아볼 수도 있고, 리더가 자연스럽게 교차되게 할 수도 있다. 움직임의 다이내믹에 따라 자유로운 음악이 선곡된다.

2. 진자운동

어린아이가 이동하기 전이나 일어서기 전, 아주 작지만 항상 rocking이 일어난다. 온몸을 통해 좌우가, 위아래가, 앞뒤가 상호작용을 하며 반복할 수 있는 구간이 생기게 되면 지면을 밀 수 있는 몸의 부분들, 중력이 몸을 통과하는 방향에 따라 무한한 진자운동이 가능해진다.

3. Off balance

중심을 잃는다는 것, 예상치 못한 곳이 지면으로 가까워지는 과정을 falling, 즉 밸런스를 잃는다고 표현할 수 있다. 또한 이 짧은 순간이 굉장한 과정을 가지고 있으며 항상 큰 이동을 내포하고 있다는 것을 알 수 있다. 솔로, 듀엣, 그룹으로 다양한 활동을 통해 알아볼 수 있는 주제이다.

4. 움직임과 리듬

단순한 리듬과 함께하는 스텝을 아주 천천히/작게로부터 크게/빨리 또는 크게/천천히로부터 작게/빨리, 각자 즉흥적으로 공간으로 변형시킨다. 음악의 리듬이 움직임을 도와줄 수 있다. 움직임과 리듬의 원형을 생각한다.

이러한 신체적이고 체화 해부학적인 수련은 공연 창작에 이르게 되면 무용수의 잠재력과 창의력 상상력을 최대한으로 끌어내기 위해 심리적·상상적 영역의 지시에까지 이르게 된다. 우리는 연습 과정에서 이것을 콜이라고 불렀는데, 심리치료나 심리상담 등 무의식에 관련된 프랙티스를 하는 분야에서 보면 재미있을 요소들이 보인다. 일반인의 수업 때에도 일정 이상 자각 능력이 활성화되고 수업을 듣는 사람이 자신의 신체적인 움직임의 흐름을 구축해 나갈 수 있게 되면, 이러한 콜을 활용하여 더 깊이 자신의 내면으로 들어갈 수 있는 도움을 주기도 했다. 이 부분들은 틀림없이 고유수용감각을 넘어 자신의 운동감각을 공간 전체로 뻗어 나가면서, 내면으로의 인In과 외부로의 아웃Out을 계속 이어 나갈 수 있는 실마리가 된다.

다음은 숨무브먼트의 많은 리허설에서 즉흥적으로 이루어지던 콜을 정리한 대본이다. 〈공간의 꿈〉이란 제목으로 관객이 돌아가며 한 사람이 한 번호의 대본을 읽었고, 무용수들은 그 콜의 안내를 받으며 즉흥적으로 춤을 추는 형식으로 공연을 올렸다. 문학적이거나 순수하게 상상력을 자극하는 안내들이 구체적인 감각 수련 위에 더해질 때, 작품은 미학적인 풍부함을 가지게 된다.

◆ 숨무브먼트 〈공간의 꿈〉

1. 소리

(누워서 소리내기) 잠들지 않습니다. 밤하늘의 별을 봅니다. 처음에 공간을 만들었던 자신을. 공간을 별에게 보내 봅니다.

천천히 몸을 움직여 봅니다. 누워 있었을 때 자신의 몸에 잉크가 묻어 있었다면, 바닥에 어떤 자국이 남아 있을지 상상해 봅니다.

아랫배를 풀고 발의 접지면. 발이 점점 커지고 발목도 부드러워집니다. 간결하고! 부드럽고! 명확하게! 움직여 봅니다.

2. 끝

모두 세계로부터 가장 멀리 떨어져 서 있다. 그 세계는 당신인가? 아니면 당신이 속해 있는 공간인가? 그리고 시간인가? 내 몸은 진정으로 세계의 끝에 있는가?

3. 공간

(공간) 다른 사람의 공간을 만난다. 내가 있는 공간에서 다른 공간으로 빠져나갈 수 있는지, 이동할 수 있는지 알아본다. 각자 내면의 영화를 투사하고 있다. 그 영화 안으로 조심스럽게 들어간다.

4. 중첩

공간들이 조금씩 실제가 된다. 타인의 영화. 그 상상 속이 나의 공간과 겹친다. 나의 공간이 다른 공간들과 겹치며 스펙트럼을 만든다

5. 이동

끝없이 이동한다. 이동은 떨어짐에 변화를 만든다. 무언가로부터 가까워지고 있거나 멀어지거나. 거리는 물리적인가, 심리적인가? 좁혀져 가는 것은 원래 떨어져 있던 것인가?

6. 열기

나는 세상과 어떻게 만나는지, 나를 더 드러낼 수 있는지, 나를 더 드러낼 수 있는 틈이 있는지 찾아간다. 그리고 접촉과 움직임을 통해서 자신의 몸을 조금 더 열 수 있는지, 더 깊숙이 내 안을 들여다본다.

7. 만남

다른 몸과 가까워지고 만나며 접촉한다. 만남은 내 몸이라는 경계를 더 절실하게 만든다. 내가 만나는 것은 외부인가, 아니면 내 마음인가?

8. 충분히 가기

몸과 몸이 만나는 가능성. 공간과 공간이 겹쳐지는 가능성. 그리고 변해 버린 세상.

자신이 잘 알고 있지만 멀어져 버린 것들. 또 다른 가능성들. 갑자기 펼쳐진 공간. 충분히 잘 알고 있다고 생각했지만 끝까지 못 갔던 곳들.

9. 바다

외부는 끝없이 밀려온다. 바다는 광대하지만, 발등 위를 타고 올라오는 파도와 거품은 부드럽다. 거대한 인류의 무의식을 마주 보고 서는 것은 두렵다. 한 발짝 더 물속으로 들어간다.

10. 거리

상상한다. 의외성과 잠재성. 자신이 잃어버린 또 잊어버린 가까웠던 것들과 그 거리감에 대해서. 나와 나의 거리에 대해서 생각한다.

169

11. 집

내가 잃어버린 공간. 잊어버린 공간을 더듬어 간다. 내 발이 밟아 낸 삶의 순간들. 그 진실이 거주할 공간을 밝혀 간다. 나와 너의 거리, 나와 세계의 사이에서, 나는 당신을 거쳐, 우리를 통과한다. 내 거처가 생긴다.

12. 되돌아가기

의외성. 자신이 가던 방향으로 계속 가 보다가 가고자 했던 방향과 다른 곳에 가게 된다. 집으로 가고 싶다는 생각이 든다. 편하고 익숙한 곳. 하지만 내가 늘 도달한 곳은 집이 아니다. 가고 싶은 곳을 상상하고 그곳에 가 보지만, 나는 다른 곳에 가 있다. 내 안에서 새로운 공간과 가능성을 찾는다. 나는 자라난다.

13. 호흡

가슴 가득 들이마셔지는 것. 그것은 익명의 공기가 아니라 삶이라는 단어이며, 우주를 향해 천천히 내놓는 것. 그것은 영혼이라는 단어다.

14. 시작

내 몸이 춤이 되는 순간들이 더욱 명확해진다. 다른 사람들과 같이 춤을 추게 된다. 우리 모두 세계의 끝이 된다. 나는 너의 궁극이 된다. 세계는 춤을 춘다.

이렇듯 몸/춤의 수업은 현존이라는 화두를 잡고 그것을 이끌어 내기 위한 노력들이 꽤 먼 길을 걸어 왔다. 무용수들과는 더 깊은 지점에서 공동 작업이 가능하게 되었다. 무엇보다도 이러한 춤의 변화는 이 춤을 굳이 무용수들에게만 가르칠 필요가 없어졌다는 것이었다. 처음에는 공연을 할 때 그 전에 워크숍을 열어 이 춤의 원리를 관객이 미리 체험해 보는 방식을 시도했다. 자신이 그 움직임을 체험해 보았을 때, 그런 방식으로 움직이는 무용수들의 움직임은 보는 관객의 뇌를 훨씬 빠르고 크게 활성화시킬 것이다. 그러한 워크숍을 시작으로, 일반인을 대상으로 한 수업을 열기 시작했다. 글을 쓰는 사람, 연극을 하는 사람, 다양한 종류의 직장인 등등. 직장인들 중에는 상사와의 관계가 더 원만해지고 업무에 더 적극적으로 변했다는 사람에서부터, 아예 다음 직업으로 소매틱 교사가 되겠다는 사람까지 나왔다. 자신 내면의 소리를 들을 수 있는 능력을 기르고 생동감 있는 자신을 만나는 과정은 이렇게 사람들을 깊은 부분에서부터 변화시키기 시작했다.

메소드의 확장

공연 창작과 무용 수업에 있어 휄든크라이스 메소드의 성공적인 접목은 다양한 소매틱 메소드의 적용을 위한 연구로 확장되었다. 그중에 대표적인 것이 아이키도와 컨티늄이라는 또 다른 소매틱 메소드였다. 아이키도는 우헤시바 모리헤이(植芝 盛平)에 의해 창시된 일본의 현대무술이다. 자연과의 조화, 세계 평화가 주된 이념이며 접촉을 통해 상대방과의 합일을 추구한다. 이 접촉의 질은 상대방의 공격적인 의도까지도 흘려보내고 나와 하나가 될 수 있도록 하는 부드러운 접촉의 힘이다.

컨티늄은 에밀 콘라드(Conrad, E.)에 의해 창안된 소매틱 방법론 중의 하나이다. 인체의 플루이드(유동체)의 근원과 우리가 플루이드해질 때 오는 치유의 깊이를 자각하는 독특한 소매틱 접근법이다. 호흡, 발성 그리고 물, 나선형, 퍼져 나감, 맥박, 파동과 같은 생물학적 움직임을 탐구한다. 현존과 주의를 통해 각자의 플루이드 움직임을 펼쳐 나가며 이 내적 움직임과 감각을 느끼는 것은 예상 밖의 길로 개인을 구성하고 재구성해 나가도록 한다. 컨티늄 교사이자 정골요법 의사인 보니 긴티스(Gintis, B.)에 의하면, 마치 자연에서 물이 자유롭게 흐르면서 살아 있게 되듯이 유동적으로 움직일 때 우리의 생명력이 고양된다.

두 메소드는 춤과 소매틱의 관계처럼, 휄든크라이스 메소드를 근간으로 출발한 몸/춤에 또 다른 활력을 불어넣어 주었다. 휄든크라이스는 레슨 자체가 근골격계의 움직임과 그 움직임을 주로 누워 있는 상태에서 하다 보니 춤으로 바로 연결시키는 고리를 만들어 내기가 어려웠다. 이런 지점에서 컨티늄은 딥 다이빙의 즉흥과 같은 움직임을 계속하는데, 자신이 내는 소리를 통해 신체를 조율하여 거의 최면 상태에 이르는 정도의 깊이로 자신의 내면 속으로 들어가기 때문에 자신의 내면을 표현하는 움직임을 수련하기에 무척 좋았다. 아이키도는 접촉즉흥의 대가인 스티브 팩스턴(Paxton, S.)이 아이키도에서 많은 영감을 받았다고 말할 정도로 무용인들에게는 친숙한 무술이다. 상대와의 접촉 상황에서 계속 수련이 이루어지기 때문에, 힘의 흐름이라거나 자신의 내적 흐름을 상대방과 연결 짓는 수련으로서 매우 효율적이었다. 물론 이러한 수련들이 휄든크라이스의 과학적이고 쉬운 수련법과 짝을 이룰 때 그 시너지는 훨씬 컸다. 이러한 다양한 메소드의 경험은 몸/춤을 더 확장시키는 계기가 되었다.

그리고 무용의 저변이 넓어지는 시기와 맞물리면서 커뮤니티 댄스의 프로그램을 맡게 되었고, 장애인복지관의 의뢰로 성인이 되어 가는 발달장애인 그룹을 맡아 프로그램을 운영하게 되었다. 그 당시의 보고서에는 이렇게 기록되어 있다.

◆ 워크숍 운영 방향

• 발달장애를 안고 있는 단체의 특성이 있지만, 일반인과 차이가 있다면 움직임에 있어서는 정도의 차이가 있을 뿐이다. 좀 더 천천히 여유를 가지고 진행한다.
• 움직임을 통해 감각을 활성화시켜서 좀 더 효과적이고 부드러운 움직임을 탐구한다
• 매번 호기심을 가지고 몸과 마음이 하나의 유기체로서 움직일 수 있도록 한다.

그렇게 해서 자신의 몸에 대한 인지를 통해 타인을 만나고 그 만남이 서로에 대한 믿음으로 확장된다. 그 믿음이 또한 개개인의 자신감이 된다. 이 모든 것이 부드러운 움직임을 통해 이루어지도록 한다.

◆ 워크숍 운영 성과

• 매번 수업 후에 한층 더 안정되고 밝아진 참여자들의 상태를 볼 수 있었다.
• 참여자들과 믿음이 쌓이면서 4회차부터는 좀 더 오랜 시간 깊이 있는 몸의 인지가 가능해졌으며, 간혹 한두 참여자들에게서 보이던 근육의 갑작스러운 긴장과 그로 인한 반사적인 움직임들이 감소되었다.

발달장애인들과의 수업은 무경험자인 나에게 휄든크라이스 메소드와 그를 기반으로 한 창작 작업의 확장성을 체험하고 확신하는 계기가 되었다. 춤을 학교에서만 가르칠 필요도 없고, 무대 위에서만 춤을 출 필요도 없다. 춤을 가르치지 않고 움직임을 가르치면서 각자의 영역에서 각자의 움직임을 꽃피울 수 있다. 발달장애인들의 수업은 그들의 공연으로 이어졌다. 짧은 시간 동안 야외 무대에서 학예회처럼 이루어진 쇼케이스였지만, 그 아이들이 자신의 내적 동기를 움직임으로 표현해 낸 값진 시간이었다. 발달장애인에 대한 경험이 있으신 분들은, 한자리에 모아서 세워 놓기도 어려운 아이들이 움직임을 통해 자기표현을 하는 예술적 · 창의적 지점을 어떻게 설득해 냈는지 매우 놀라워했다. 춤과 소매틱은 이러한 지점에서 같은 곳을 바라보고 있으며, 과학과 예술의 만남을 통해 이것이 가능한 것이라고 생각한다.

나가는 말

공연용 춤을 전제로 한 전문 무용을 하던 필자의 춤세계는 이렇게 한 단계 한 단계 넓어져 갔다. 치유라는 말을 굳이 쓰지 않더라도, 내가 이룬 향상은 일반인이 춤을 통해서 겪게 되는 향상과 다를 바가 없다. 휄든크라이스는 장애인과 비장애인을 구별하지 않으려 했다. 김연아에 비하면 얼음 위 스케이트화를 신은 상태에서의 우리는 장애인이나 마찬가지일 것이다. 김연아가 그렇게 해낼 수 있다는 것은 우리도 노력하면 그만큼의 향상을 이룰 수 있다는 말이다. 우리 각자는 자신의 전문 분야에서, 자신이 잘할 수 있는 분야에서 그만큼의 향상을 이루어 낼 수 있다. 그러한 길을 가는 데에 있어서 전문 무용인로서 필자가 겪은 이야기가 도움이 되리라 생각한다.

참고문헌

김정명(2016). 예술지성-소마의 논리. 명지대학교 출판부.

Feldenkrais, M. (1990). *Awareness Through Movement*. Sanfrancisco, CA: Harper Collins.
Hanlon, D. J. (1995). *Bone, Breath & Gesture*. Berkeley, CA: North Atlantic Books.

Hanna, T. (2013). 부드러운 움직임의 길을 찾아 (*The Body Of Life*). (김정명 역). 경기: 소피아.

Laban, R., & Ullmann, L. (1993). **동작분석과 표현**(*Mastery of movement*). (신상미 역). 서울: 도서출판 금광.

Lange, R. (1988). **춤의 본질**(*Nature of dance: an anthrop ological perspective*). (최동현 역). 전북: 도서출판 신아.

마음챙김 섭식

박자방[4]

들어가는 말

마음챙김 섭식의 의의意義

급변하는 사회적 환경 구조 속에서 여러 가지 스트레스에 시달리고 있는 현대인들은, 생명을 영위하며 심신의 에너지원이 되는 식사에 대하여 왜곡되고 편중된 경향을 보이고 있다. 미각과 영양소 섭취로만 기울어져 심신의 불균형을 초래하고 있으며, 스트레스에 대한 보상으로 일어난 위장된 식욕을 허기虛飢로 착각하고 과식 및 폭식·탐식을 습관화하면서 암을 비롯한 각종 성인병을 만연시키고 있다. 음식에 대한 요즈음의 지나친 열풍은 TV를 비롯한 매체에서의 '먹방'을 통해서도 나타나고 있는데, 그 심리적 기저를 살펴보면 일반적으로 이는 현실로부터 받는 다양한 강박증에 대한 반사적 표현이다.

반면, "아무거나, 대충, 한 끼 때운다."라는 말에서 알 수 있듯이 삶에 있어서 참으로 중요하고도 존엄한 생명 영위의 행위인 '식사'를 스스로 비하하고 경시하는 일도 흔하다. 경

---

4) 한국심신치유학회 상임부회장, (사) 한국요가문화협회 상임부회장, 서울불교대학원대학교 박사 수료

제 · 효율 · 성장을 우선시하는 현대사회에서는 식사와 함께 TV나 신문 · 스마트폰 보기를 병행하는 경우가 많은데, 그런 상황에서의 음식 에너지는 당연히 정보와 기사의 내용에 반응한 파동으로 변환되어 섭취된다. 스트레스 · 우울과 같은 부정적 정서를 동반하는 식사의 에너지 또한 부정적 파동으로 체내에 흡수된다. 그러한 태도들은 음식을 통하여 영위되는 자신의 몸과 마음을 스스로 병들게 만든다.

마음챙김 섭식은 어디에도 치우치지 않고 '혀의 맛'이나 '입의 맛'이 아닌 몸이 요구하는 순수한 '몸 맛'을 알아차리게 되어 태생적으로 건강하게 설계된 항상성homeostasis을 유지할 수 있게 한다. 치매 · 암 · 자가면역 질환 같은 병의 예방과 함께 마음챙김을 하는 과정에서 일어나는 자신의 의도와 그 의도에 따른 몸의 변화를 순간순간 알아차림으로써 자신의 잠재된 성품을 깨달을 수 있게 하며 내면의 깊은 곳까지 도달할 수 있도록 인도한다. 식사의 의미가 우주와 나와의 에너지 교환이라는 섭식攝食의 정수精髓 또한 깨닫게 한다.

마음챙김 섭식과 심신의 상관관계

일체유심조

생명체는 호흡과 음식 섭취의 양대 축을 통하여 생명을 영위한다. 따라서 생명 영위의 필수적 행위인 '먹기'에 대한 태도는 심신의 상호작용에 의해 우리의 건강에 가장 직접적이고도 중차대한 영향을 미치게 된다. 특히 먹지 않으면 살 수 없는 생명체의 엄연한 숙명은 우리가 입력하는 모든 것을 먹을 것과 연관 짓게 하고 있다.

마음먹었다 · 정보를 소화한다 · 욕먹었다 · 감동 먹었다 · 화를 삭이다 · 사업을 말아먹었다… 등 일상에서 사용하는 어휘들이 대부분 '먹기'와 소화기관에 연계되어 있다. 마음 · 정보 · 욕 · 감동 · 화 등은 보이지 않는 개념적 의미 단어이지만 무서운 힘을 발휘한다. 어떤 사람이 식사하는 내내 분노의 마음을 품고 있었다면 제대로 씹지도 않은 결과로 일어난 소화 불량에 부정적 마음의 파장까지 플러스되어 독소의 입력이 배가되는 결과를 만든다.

그렇지 않은 경우라도 오로지 건강 증진의 관점에서 음식의 영양소와 궁합, 맛을 저울질할 뿐이지 음식을 대하는 나의 마음과 태도가 내 몸 안에서 어떻게 화학적 생리적 반응을 유발하여 '나'를 변화시키는지에 대한 성찰은 찾아보기 힘들다. 그래서 '무엇을 먹느냐'보다 중요한 것이 바로 '어떤 마음으로 먹느냐'에 해당되는 마음챙김 식사 태도이다.

전날 밤 달게 마셨던 물이 다음날 아침에 보니 해골에 담긴 물이었던 것을 알고 토악질 하다가 깨닫게 된 원효대사의 가르침－일체유심조－體唯心造－처럼, 중요한 것은 음식보다 음식을 대하는 나의 마음이다.

신체화된 인지

마음의 작용에서 인지 과정이란 사람이 자극과 정보를 지각하고 여러 가지 형식으로 부호화하여 기억에 저장하고 뒤에 이를 사용할 때 상기해 내는 정신 과정이다. 인지과학자들에 따르면, 몸은 감각기관을 통해 외부 세계의 정보를 획득하여 뇌로 전달하고, 이 정보를 처리하는 뇌의 지시에 따라 운동기관을 통해 행동으로 옮긴다. 컴퓨터로 치면 몸은 입출력장치에 불과하며 뇌만이 정보를 처리한다는 주장이다. 그러나 1980년대 후반부터 몸을 뇌의 주변장치로 간주하는 견해에 도전하는 이론이 발표되기 시작했으며 **몸의 감각이나 행동이 마음의 인지 기능에 영향을 미친다**고 주장하는 '신체화된 인지emvodied cognition' 이론이 등장했다.

1999년 마크 존슨(Johnson, M., 1949~)과 조지 레이코프(Lakoff, G., 1941~)의 공동저서인 『몸의 철학』은 신체화된 마음이론을 집대성한 성과이다. 두 사람이 이 책에서 전개한 '인지과학의 주요한 발견'의 핵심은 '**마음은 본유적으로 신체화되어 있으며 신체적 경험, 특히 감각운동 경험에 의해 형성된다**'는 것이다. 우리가 '사랑은 눈물의 씨앗'이라거나 '인생은 나그네 길'이라는 유행가에 공감하는 이유도 그 은유가 우리 모두의 경험에서 나온 신체화된 공동의 인지이기 때문이다. 음식을 대하는 태도와 습관 또한 개개인의 환경과 경험에 의해 형성된 각자의 신체화된 인지 현상이라고 말할 수 있다.

종래의 의학계에서는 뇌와 중추신경만이 경험에 반응하여 자신의 행동 방식을 바꾼다는 학설이 주류였지만, 현재는 '마음의 힘으로 생리적 조절이 가능하다'는 연구의 결과로 마음psycho과 호르몬계를 모두 포괄하는 신경내분비체계의 신경neuro, 면역체계의 면역immune계가 합성이 된 마음신경면역학Psychoneuroimmunology: PNI이 이제 주도적인 첨단의학 분야로 자리 잡고 있다. 이 분야에서 마음은 뇌의 전기적 혹은 생화학적 부산물이 아니고 매우 미묘한 에너지subtle energy를 갖고 있으며 물질의 상보성 원리를 따라 몸과 연결되어 있다고 본다.

"You are what you eat." 흔히 쓰이는 이 말도 깊은 통찰 앞에서는 힘이 떨어지는 이유가 식사할 때의 마음가짐에 따라 사람들마다 세포막 수용체의 반응과 호르몬의 분비가 달라지기 때문이다. 호흡 · 시각 · 청각 · 미각 · 촉각 같은 자극과의 접촉에서 그 경험에 개입하지 않고 객관적으로 인지하는 마음챙김 섭식은 판단 · 비교 · 분별 같은 에고가 사라지는 과정을 통해 두개골과 인체 모든 내부 기관의 동조효과를 발현시키면서 수행자에게 현저한 인체생리학적 효과를 나타낸다.

식욕을 조절할 수 있다면 다른 욕망도 다스릴 수 있다

나이가 들어가면서 사람들의 오욕五慾 중 수면욕 · 성욕은 조금씩 쇠퇴해 가지만 식욕만은 한여름 칡넝쿨처럼 줄기차게 벋으며 멈춤을 모른다. 사형을 눈앞에 둔 수인囚人도 마지막 소망을 물으면 '어머니가 끓여 준 된장찌개가 먹고 싶다'고 말한다. 우리의 집단무의식 속에는 생존 소멸에 대한 공포심의 대항으로, 모든 대상을 먹는 것으로 받아들이는 존재로서의 본능적 인식이 잠재되어 있다. 때문에 식욕만이 목숨 다할 때까지 이렇게 끈질긴 원초적 본성으로 남아 있는 것이다. Deserve then Desire! 갖춘 후에 바라면, 마음챙김 섭식이 먼저 자리를 잡으면 과식이 아닌 몸에 꼭 필요한 자연스런 식욕의 농도가 저절로 내 안에서 조율된다. 그리고 식욕을 다스릴 수 있게 되면 우리는 다른 욕망도 마음대로 조절할 수 있는 자유로운 영혼이 된다.

마음챙김 섭식의 필요성

장뇌축과 식사 태도

뇌와 장은 신경과 호르몬 · 염증 물질을 통하여 양방향으로 상호 협력하고 있는데, 장에서 생성된 감각 정보를 뇌가 수신하고 뇌는 장에 신호를 되돌려 보내 장의 기능을 조절하며, 이 축을 장뇌축腸腦軸 · Gut-brain-asxis 이라고 부른다. 뇌의 시상하부 중추에서만 존재한다고 여겨졌던 행복물질인 세로토닌 90% 이상이 장에서 만들어진다는 것은 장과 뇌 · 감정과의 관계를 입증하고 있으며, 면역세포 또한 75% 이상이 소장의 점막에 집중되어 있다.

장을 '제2뇌'라고 부르는 이유는, 뇌의 뉴런이 1,000억 개 정도인데 장에는 척수나 말초신경 시스템보다 더 많은 약 4∼6억 개의 뉴런이 존재하고 있기 때문이다. Brain과 Gut의

상관관계에 빗대어 "The way to a man's heart through his stomach(위를 통과해서 마음으로 간다)." 라는 영어 속담도 존재한다.

우리 몸은 약 100조 개 정도의 세포와 역시 100조 개가 넘는 약 10,000종 이상의 다양한 박테리아로 구성된 초유기체superorganic이며, 인체 미생물 마이크로바이옴microbiome은 대부분 장腸 속에 서식하고 있어서 이를 장내 미생물이라고 부른다. 그동안 장내 미생물은 인간이 섭취한 영양분으로 살아가는 기생적 존재로만 인식되었지만, 최근엔 혐기성 세균 배양 기술 및 유전체 분석 기술 등의 발달에 힘입어 숙주인 인간과 상호 영향을 주고받는 운명 공동체로 진화하고 있는 것이 밝혀졌다. 장내 미생물은 면역계·뇌 등 기관계의 활성에 도움을 주기도 하지만 다발성 경화증이나 암 같은 질병의 원인을 제공하기도 하는데, 이런 장내 미생물의 이중적 행태는 사람의 습관이 좌우한다. 스트레스나 항생제·가공식품의 남용·부적정한 식사 습관은 사람과 미생물 사이의 건강한 균형을 깨뜨려 병이 일어나는 원인이 된다.

마음챙김 섭식은 생명에 대한 경외심과 함께, 식이 섬유와 효소가 충분한 식단·장의 기능에 맞춘 식사 순서·충분한 저작 등을 통하여 체내에 살고 있는 미생물들에게 가장 건강한 장내 환경을 제공한다.

평균수명을 80세라 가정하면 사람은 평생 86,400번의 음식을 섭취하게 되며, 이는 생명 영위를 위한 모든 활동 중 호흡을 제외하고 가장 빈도수가 높은 행위의 발현이다. 또한 동일하게 반복되는 행위이기 때문에 잘못된 식습관이 고착되면 질병을 불러일으키는 확률을 높이게 된다. 습習이 얼마나 무서운지, 어혈 푸는 데 쓰는 거머리 가루는 10년이 지나도

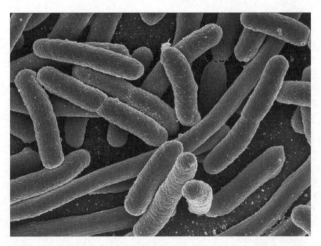

장내 대장균

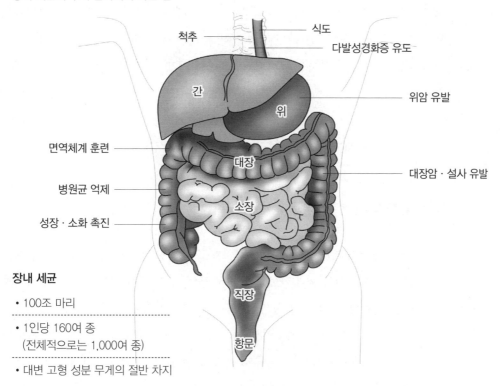

장내 세균이 우리 몸속에서 하는 일

- 식도
- 척추
- 다발성경화증 유도
- 간
- 위
- 위암 유발
- 면역체계 훈련
- 대장
- 병원균 억제
- 소장
- 대장암 · 설사 유발
- 성장 · 소화 촉진
- 직장
- 항문

장내 세균

- 100조 마리

- 1인당 160여 종
  (전체적으로는 1,000여 종)

- 대변 고형 성분 무게의 절반 차지

피만 보면 순식간에 빨아들인다고 한다. 음식을 통하여 현존하는 내적 생명력의 변화를 순간순간 알아차리는 마음챙김 섭식은 결과적으로 자신의 식사 태도를 성찰하면서 장뇌축의 상호작용을 통해 **섭생에 따른 식사 습관을 정립**하게 되며, 이는 정신적 · 생리적 · 화학적으로 건강 유지에 가장 큰 효과를 얻는 길이다.

마음챙김 섭식의 홀론/홀라키

존재의 각 요소는―동시에 또 다른 전체의 한 부분이 되는―하나의 전체다. 단지 하나의 전체이자 하나의 부분일 뿐만 아니라, 하나의 전체/부분인 홀론인 것이다. 자연적 위계인 **홀라키는 전체/부분인 홀론으로 구성**되어 있는데, 이는 인체에서도 그대로 적용된다. 정신적 · 신체적 참건강은 이렇듯 오묘하고 정밀하게 설계된 홀론/홀라키의 섭리에 따라 항상성을 유지하는 것이며, 특성화 · 협력 · 상호 의존을 통해 세포는 각각이 가지고 있는 것보다 더 다양한 능력을 발휘할 수 있는 통합된 독특한 단일 생명체를 영위할 수 있다. 따라서 감각 경험에 대한 생각보다는 감각 경험 자체에 주의를 기울이는 마음챙김 섭식은 세타파의 활성 · 행복감과 면역력이 상승되는 왼쪽 전전두엽의 우세 · 저작咀嚼에 따른 생리학적 활성 · 복부의 긴장 완화 · 장뇌축이론에 따른 장내 환경과 장내 미생물 구성의 호전 등 상호 의존 · 협력하고 있는 통합 기능을 통하여 양생養生에 크게 기여한다.

마음챙김 섭식의 생리적 효과

후각 기능의 회복을 통한 뇌질환 예방

2017년, 대구경북과학기술원은 알츠하이머 치매로 뇌기능에 이상이 생기기 전前 후각 기능에 이상이 보인다는 사실을 체계적으로 규명하면서, 초기 후각 기능의 이상이 뇌기능에 이상을 보이는 단계보다 훨씬 앞서 진행된다고 밝혔다. 이 외에도 기억력과 후각, 치매의 관련 연구는 덴마크 코펜하겐 알츠하이머 연구소, 하버드 대학교 의과대학 팀, 컬럼비아 메디컬 센터 연구 팀에 의해서도 입증되고 있으며, 우울증 환자나 사이코패스 지표가 높은 사람이 후각 기능이 떨어진다는 연구도 발표되고 있다. 일반적으로 나이가 들면 후각이 감소하는데, 나이에 따른 후각 기능의 변화는 사람에 따라 다르나 20대에서 70대까지 20년에 걸쳐 약 절반씩 감소한다. 후각 능력은 50~60대가 되면 급격히 감소하여 65세 이상이 되면 50% 이상에서 냄새를 맡는 민감도가 떨어진다.

마음챙김 섭식은 하나하나의 음식을 들기 전에 반드시 음식의 향내를 맡도록 한다. 후각인지검사에서 여성이 경험의 축적을 통하여 냄새를 더 잘 알아맞힐 수 있는 것처럼, 마음챙김 섭식의 횟수가 많아지거나 더욱 깊어질수록 퇴화된 후각 기능이 회복되어 치매를 비롯한 뇌질환을 예방할 수 있다.

침이 병을 치유한다

입은 외부와 연결된 가장 큰 통로로서, 음식물이 반입되고 공기가 드나드는 동안 닫았을 때는 체내가 되고 열었을 때는 체외기관이 되는 특성 때문에 체내 세균의 가장 큰 온상지다. 지금까지 밝혀진 입속 세균만 500여 종에 달하며 평균적으로 치태 1g당 1,000억 마리 정도의 세균이 상주해 있다고 한다. 잇몸 세균은 잇몸 염증으로 노출된 혈관을 타고 온몸을 돌아다니며 뇌졸중 · 만성 폐쇄성 폐 질환 · 폐렴 · 암 · 만성 콩팥 질환에도 직간접적인 영향을 미친다.

입에서 항문까지 이어지는 소화관은 우리 몸에서 가장 큰 기관이며, 이 기관을 보호하기 위해 모든 조직에서 분비물이 나오는데 침saliva도 그 분비물 중의 하나다. 충분히 분비된 침 속에는 소화를 위한 아밀라아제amylase 외에도 살균을 위한 라이소자임과 세균의 공격을 차단하고 치아의 에나멜질을 복원하는 뮤신이 들어 있어서 상기上記한 많은 질환을 예방하고 치유한다.

저작이 불충분하여 침 분비가 적어지면 입속 세균이 음식물 찌꺼기 등을 분해하여 가스 형태의 휘발성 화합물인 입 냄새도 만들어 낸다. 이런 입 냄새의 10%는 우리 몸 어딘가의 고장으로 인해 나타나는 현상으로, 잠이 깬 직후 종이컵에 숨을 내쉰 다음 컵 안의 냄새를 맡거나 손등에 침을 바르고 10초 정도 지난 후 냄새를 맡는 방법으로 의심 질환의 냄새를 확인할 수 있다. 상한 과일 냄새는 당뇨병과 관련되어 있고, 달걀 썩은 냄새는 간기능 저하로 나타나며, 부패한 생선 냄새는 신장 기능의 악화가 원인이다. 미국 국립보건원 구강 연구소에 따르면, 미국에서 출생하는 미숙아 · 저체중 아기의 18%가 산모의 구강 질환과 관련이 있다고 한다.

침샘은 음식을 먹을 때 저작의 횟수와 감각 집중에 반응하여 침을 가장 많이 분비하므로 입속에 들어온 음식물이 위에 닿기까지의 모든 과정을 놓치지 않고 마음챙김하는 섭식의 과정은 저작 작용이 충분하게 일어나기 때문에 침의 분비가 왕성해진다.

침에는 아밀라아제나 리파아제lypase 등의 소화효소 외에도 프록씨다제peroxidase와 같은 활성 산소 제거 효소가 있으며, 많은 무기 물질과 유기 물질들이 포함되어 있다. 일본 도시샤 대학의 명예교수인 니시오카 하지메(Nishioka, H.)에 따르면, 침은 변이원성(발암성)에 물질에 대한 독성 제거 능력에도 탁월한 효과를 나타낸다.

과식의 폐해 방지와 비만 해소

음식물을 대충 씹어 넘기면 소화 불량을 일으키고 장에서 부패 · 발효함으로써 황화수소 · 암모니아 · 스카톨skatole · 인돌indole · 아민amine류 등의 독소와 활성 산소를 발생하여 체내 효소가 대량으로 소모된다. 오래 씹기chewing 작용은 식품의 분자를 작게 함으로써 소화효소의 소모를 줄임과 동시에 소량의 음식이라도 낭비 없이 효율적으로 흡수한다.

지방세포는 정상 몸무게 조절을 위해 식사 후 20여 분이 지나면 렙틴leptin을 분비하는데,

렙틴은 세포 내 먹이 조절 섭취에 관여하는 신경 펩타이드들의 합성을 조절함으로써 궁극적으로 먹이 섭취를 조절하고 에너지 대사를 촉진시켜 체중을 감소시키는 효과를 나타낸다. 대체적으로 마음챙김 섭식은 40분 정도의 과정이므로 렙틴이 시상하부의 포만중추satiety center를 자극하고도 남는 충분한 시간이 되기 때문에 많이 먹지 않은 단계에서도 포만감을 느껴 과식을 피할 수 있다.

과식을 하게 되면 당과 중성 지방의 혈중 농도를 올릴 뿐만 아니라, 소화 흡수를 위해 혈액이 위로 집중되어 배설 장기인 대장 · 신장 · 방광 · 땀샘 등에는 혈액이 충분히 공급되지 못한다. 그 결과로 대변 · 소변 · 땀 등의 배설이 저하됨으로써 노폐물 · 잉여물 · 수분이 축적되는 결과를 만든다. 결과적으로 혈액이 오염되어 만병의 근원이 되며, 수분 배설 저하는 부종浮腫이나 비만으로 이어진다.

마음챙김 섭식은 음식을 대하는 마음의 작용부터 알아차리는 마음챙김이 본질적 중심이 되어 식사 과정에서 만나는 모든 경험 하나하나에 주의를 기울이는 통찰 수행이다. 음식에 대한 의도를 알아차리면서 비판단적으로 순간순간 주의를 기울여서 식사의 모든 과정을 마음챙김하기 때문에 잡념 없는 편안한 상태를 유지하게 된다. 편안함을 느끼면 우리 몸은 체중 증가를 일으키는 유전자의 작동이 중단되고 체중 감량을 유도하는 유전자를 작동한다. 즉, 신진대사가 증진되고 지방 연소가 증가하며 insulrin 민감성도 높아져, 결과적으로 살이 빠지게 된다.

마음챙김 섭식의 정신적 효과

명상의 과학

자동차에서 두 개의 기어(브레이크와 액셀)가 하나의 엔진에 들어갈 수 없는 것처럼, 마음 또한 정신적 구성 요소들을 배타적으로 사용하기 때문에 두 가지의 마음 양식이 함께 들어갈 수 없다. 두 가지 양식은 행동 양식doing mode과 존재 양식being mode이다. 행동 양식은 자신이 원하는 상태와 현재 상태의 불일치를 감지했을 때 동기화되는 것이며, 이러한 행동 양식의 '나'라고 하는 행위자 안에는 여러 의지와 욕구가 존재한다. 서로 다른 자아의 부분들은 과거의 기억을 기반으로 예측을 동원하여 미래의 지배권을 놓고 경쟁을 벌인다. 그러나 우리 뇌는 진짜 기억과 자기보호를 위한 허위 기억을 구별할 수 없기 때문에, 따라서 그런 과거의 기억에 수반한 미래에 대한 예측도 망상에 불과한 것이다. 존재 양식은 있는 것을 수용accepting하고 허용allowing하는 것을 의미하며, 불일치를 줄이기 위해서 경험을 평가할 필요가 없다는 것을 뜻한다. 존재 양식은 현재에서 일어나는 생명 활동을 순간순간 초대하고 환영하며 허용하기 때문에 왜곡되어 있는 과거나 미래를 내려놓을 수 있다.

뇌과학자들이 명상하는 사람들을 대상으로 뇌파검사, 자율신경계검사를 연구한 결과를 보면, 주의를 집중하는 뇌나 부교감신경을 지배하는 자율신경계통의 뇌는 깨어 있었다. 대신 일반적인 뇌는 패러독스 코모션Paradoxe Commotion(이상한 동요) 상태였다.

명상하는 사람들의 뇌는 깨어 있으면서도 이완되어 있어서 성성적적惺惺寂寂, 즉 마음은 별처럼 또렷하게 각성되었으면서도 몸은 고요한 각성의 저대사 상태wakeful hypometabolic state를 유지하게 된다. 또한 명상이 지속되는 동안 학습이나 기억과 같은 주의 집중을 요하는 인지 과정의 각성에 영향을 미치는 내분비물질arginine vasopressin: AVP의 분비와 함께 기억력, 집중력과 관계되는 세타파가 증가하고 학습 능력을 증진시키는 산화질소NO가 분비된다. 산화질소의 분비로 우리 마음을 이완시키고 기분 좋게 만드는 도파민·엔도르핀과 같은 신경전달물질이 방출된다. 세계적인 명상가 아잔 브라흐마(Brahma, A.)가 전하는 바에 의하면, 영국하원의 의원들은 5분 동안의 마음챙김mindfulness 명상 후에 의회를 시작한다고 한다.

마음챙김 섭식은 보고, 감촉을 느끼고, 냄새 맡고, 맛을 알아차리는 과정을 통하여 공감각 지각까지 발달된다. 공감각은 공간 지각 능력이나 수리학적 이해, 언어 구사력, 기억력 등과 관련성이 큰 것으로 밝혀졌다. 1920년대 세계적인 암기 전문가인 솔로몬 셰레셰브스키(Shereshevskii, S.)는 공감각을 활용하여 복잡한 난수표를 3분 정도 본 뒤 40초 만에 그대로 기술했다고 한다.

감정과 마음챙김 섭식

미국 메닝거 재단Menninger Foundation의 엘머 그린(Green, E.) 박사는 "생리 상태의 모든 변화는 의식적으로든 무의식적으로든 감정 상태에 합당한 변화를 일으키고, 반대로 의식적으로든 무의식적으로든 감정 상태의 모든 변화는 생리 상태에 합당한 변화를 일으킨다." 라고 말한다. 비록 감정 변화에 따른 생리적 영향이 개인별로 다양하고 일정한 예측을 하기 힘들지만 슬픔이나 두려움은 대체적으로 위胃의 운동을 감소시키는 경향이 있고, 반면에 화가 나거나 공격적인 감정은 위의 운동을 증가시키는 경향이 있다. 한의학에서도 인체에 희喜·노怒·우憂·사思·비悲·경驚·공恐의 칠정七情이 있으며, 각각의 감정은 오장육부에 연관되어 있고 노상간奴傷肝, 사상비思傷脾라 하여 분노와 걱정이 간담과 비위에 미치는 부작용을 설명한다.

위는 자율신경, 즉 제10뇌신경에서 나온 부교감신경과 등골에서 나온 교감신경이 서로 연결되어 있다. 부정적 감정은 교감신경을 자극해서 위 근육이 긴장을 유발하여 소화 불량에 따른 부작용이 나타나지만, 부교감신경이 자극을 받으면 마음이 안정되어 소화 작용이 충만해진다. 우리는 '나'와 '대상'이 씨줄과 날줄처럼 얽혀 있는 상대적인 이 세계에 살고 있다. 대상에 대하여 일어나는 한 생각을 따라 우리의 감정 또한 무의식적으로 동시에 발현된다. 그러나 그 생각과 감정이 일어나는 순간을 판단하거나 평가하지 않으며 있는 그대로 바라보는 주시sati가 일어나면, 감정과 의식은 저절로 소멸된다. 마치 따뜻한 햇살에 스스로 녹는 봄눈처럼.

영성과 마음챙김 섭식

마음챙김 섭식은 '자기'인 내가 밖의 자기인 음식을 받아들이는 지엄한 생명 행위다. 내적 · 외적 자극에 휘둘리거나 종속되지 않는 깊은 수용력을 통해서 만나는 자각awereness은 심신의 건강은 물론 우리를 보다 차원 높은 내면의 평화로 인도한다.

요가에서는 음식의 섭취로 구성된 육체라는 껍질이 마음의 최고 깊은 단계인 환희歡喜에까지 도달하는 미묘한 다섯 층, 빤챠 코사pancha kosa를 설명하고 있다.

거친 물질인 음식의 섭취로 이루어진 몸은 호흡으로 유지되고, 호흡의 층은 감각을 받아들이는 마음과 연계되어 있으며, 마음의 층은 자각과 관조를 통하여 더 높은 지성으로 안내하고, 지성의 층은 육체와 정신을 넘어선 참자아 · 지복 · 환희의 층으로 우리를 이끌어 준다고 설명하고 있다.

◆ **요가의 Pancha kosa—존재의 5가지 층**

① Annamaya-kosa: 육체의 층. 음식을 섭수하여 영양원으로 하는 층으로 오감五感과 오행五行기관이 이 층을 위해 쓰인다.

② Pranayama-kosa: 오대 기관의 활동을 지배하는 호흡prana · 순환apana · 소화samana · 배설udana · 생식vyana 의 오기五氣를 말한다(티베트불교에서는 이 五氣에 더한 안이비설신眼耳鼻舌身의 10풍風을 통하여 건강한 몸을 지킬 수 있다고 설명한다).

③ Manomaya-kosa: 마음층. 미세 신체微細身體 중 감정을 조절하는 층으로 육체 안에 있는 또 하나의

신체로서 밀도와 파장이 미세하여 유체流體라고 불린다.

④ Vijanamaya-kosa: 지성층. 지고한 지식에 의한 직관력과 지혜의 통찰력을 주는 유체 차원의 미세
심층微細心體. 잠재의식과 무의식에 해당된다.

⑤ Anandamaya-kosa: 환희층. 영혼의 행복을 체험하는 최상의 미세한 심체心體층으로서 지고의 의식,
지복至福층으로 불린다.

이처럼 음식이라는 물질이 보이지 않는 비물질의 내적 차원으로 승화된다는 것은 식사
하는 동안의 마음챙김 명상이 점차 음식의 거친 에너지를 정묘한 에너지로 변화시켜, 이윽
고 영성의 높은 경지까지 이끌어 줄 수 있음을 의미한다. 자연적 위계인 홀론/홀라키의 섭
리에 따라 각 층은 하위의 층을 내포하면서 동시에 초월하고 있기 때문이다. 마음챙김 섭
식의 수행이 많아지고 깊어질수록 내 몸과 마음이 순화되고 건강해짐은 물론, 에고가 사라
지는 지고의 깊은 차원까지 자연스럽게 도달할 수 있다.

마음챙김 섭식을 통해서 변화되는 '나'

• 식사 과정을 통해서 일어나는 모든 현상과 변화의 순간순간을 놓치지 않고 주의를 기
울여 마음챙김하기 때문에, 평소 식사하면서 무의식적으로 떠올렸던 부정적 의식들이
절로 차단되어 심신의 독성이 해독되고 면역력이 높아진다.

• 평소 너무 빨리 먹거나 먹는 둥 마는 둥 하거나 대상(사람 · TV · 스마트폰 · 읽을거리
등)에게만 쏠려 있어 맛도 못 느끼며 먹었던 기계적 행위에 벗어나 자신의 무의식적인
식사 태도를 알아차리게 된다. 식탐과 폭식, 급히 먹는 습관을 통제할 수 있다.

• 마음챙김 섭식을 통하여 우리는 스트레스에서 오는 심리적 허기의 실체와 진정한 공
복감을 알아차리게 되어 스트레스를 조절할 수 있으며 몸과의 상호 교감에 절로 눈이 떠
지게 된다. 에고가 개입된 주관이 아닌 조절과 균형의 시각을 갖게 되어 오감이 일으키
는 풍랑에 휩쓸리지 않고 객관적인 고요한 상태를 항상 유지할 수 있다.

• 평소 내 몸을 위한 '먹거리'라는 관념만으로 무심하게 대했던 음식들에 대하여 생명을
향한 경외심과 존중하는 마음이 절로 일어나게 되며, 오직 나만을 기다리고 있다가 나에게
헌신하는 것으로 소명을 다한 존재들에게 정말로 감사하는 마음을 갖게 된다. 의식이
확장되면 모든 생명이 바다라는 생명체의 큰 장場에서 함께 한 물결로 흔들리는 파동
공명의 리듬이라는 것을 인지하게 된다.

마음챙김 섭식을 위한 식단

채식이 낮은 사망률과 큰 연관성이 있다는 대규모 연구 결과는 미국 로마린다 대학교 보건대학원에서 나왔다. 마이클 오를리치 교수 팀이 채식주의자 3만 7,950명과 채식을 하지 않는 3만 5,359명을 대상으로 2002년부터 6년간의 사망률을 조사한 바에 의하면, 이 기간 동안 사망한 채식주의자는 1,423명인 데 비하여 비채식군의 사망률이 상대적으로 약 12% 높았다고 한다. 이 연구 결과는 세계적으로 권위 있는 의학저널『내과학』에 발표되었으며 이러한 일련의 연구들은 채식이 고혈압 · 당뇨병 · 허혈성 심질환 등의 발병 위험을 낮추기 때문에 사망률의 저하에 영향을 발휘했다는 것을 말해 준다.

주식은 통곡식이 좋으며 비타민 · 미네랄 플라보노이드 · 파이토케미컬Phytochemical 및 효소의 섭취를 위하여 제철에 생산된 신선한 야채와 과일을 준비한다. 발효 식품인 김치와 된장을 활용한 음식은 필수적이며, 재료의 향과 맛이 그대로 유지되도록 단순하게 조리한 생채生彩와 숙채熟菜를 적절히 배합한다. 콩류, 어패류, 해조류, 견과류, 과일 등의 일부를 포함하여 채식 위주로 식단을 구성한다. 밥 · 국(찌개) 외 5가지 정도의 찬이 이상적이다.

음식의 궁합

마음챙김 섭식의 온전한 차원에서는 어떤 음식이든 음식을 받아들이는 내 마음의 태도가 가장 큰 수용력을 갖고 있지만, 장 건강에 좋은 음식 위주로 식단을 차린다면 플라세보 효과까지 곁들여져 더욱 큰 정신적 · 생리적 효과가 나타난다. 음식의 궁합은 일반적으로 영양소의 궁합과 함께 음양학 관점의 상생과 상극, 소화관이 받아들이는 소화 · 흡수의 장단점까지 고려하는 것이 좋다.

다음은 우리 한민족의 오랜 전통에서 나온 식생활의 지혜와 전문가들의 과학적 연구를 통한 좋은 궁합의 몇 가지 예시다.

〈좋은 궁합〉

멸치 + 풋고추　멸치에 들어 있는 칼슘과 인은 길항 관계의 작용으로 칼슘의 흡수를 인이 억제한다. 풋고추에는 칼슘 흡수를 돕는 철분이 함유되어 있어서 함께 먹으면 멸치의 약점이 보완된다. 그런 의미에서 풋고추멸치볶음은 영양학적 궁합이 잘 맞는 반찬이다.

된장 + 부추　된장의 핸디캡은 나트륨이다. 부추에는 나트륨을 몸 밖으로 배출하는 칼륨이 풍부하다. 된장에 사과를 갈아 넣은 된장소스와 부추와의 만남은 고혈압을 막아 주는 부추샐러드로 탄생한다.

호박 + 달걀　호박은 남과南瓜라고 불리는 것처럼 따뜻한 성질이 있어서 소화 흡수를 촉진하기 때문에 달걀의 단백질을 체내에 더 잘 흡수한다. 또 달걀의 칼슘과 호박의 섬유소가 함께 만났을 때 부교감신경이 활성화되어 몸의 긴장이 풀어지고 심리적 안정감을 얻게 된다. 그래서 스트레스가 유발되는 명절에 달걀호박전은 필수적으로 등장한다.

이 외 두부 요리와 미역국, 조개탕과 쑥갓, 토란국과 다시마, 닭고기와 인삼, 우유와 간, 홍어와 막걸리, 생강과 찹쌀, 된장과 부추, 수정과와 잣 등 지면상 열거하기 어려운 다양한 상생相生의 궁합이 존재한다.

〈기본적으로 좋지 않은 궁합〉

우리의 소화기관은 매우 복잡하고 섬세한 화학 공장이다. 음식물이 들어가면 그것에 맞는 소화효소가 가장 적절한 시간에 분비되어 영양분을 생체가 활용할 수 있는 상태로 분해한다. 위 속의 먹을거리가 소화될 때 단백질의 소화에서는 그 성질상 산성의 소화효소가, 탄수화물에는 알칼리성 소화효소가 필요하다. 그런데 만약 전분과 단백질을 함께 먹게 되면 전분 분해효소 프티알린 아밀라아제ptyalin amylase는 알칼리성 효소이기 때문에 위산에 의해 중화되고, 단백질이 소화될 때까지 전분의 소화는 지연되어 소화의 장애를 초래한다. 하여 우리가 일상적으로 상식하는 달걀토스트, 우유시리얼, 치즈빵 등의 단일한 조합은 궁합이 좋지 않은 얽힘이다. 이러한 상극相剋에는 장어와 복숭아, 도토리묵과 감, 토마토와 설탕, 게와 감, 튀긴 음식과 홍시, 조개와 옥수수, 문어와 고사리, 간과 수정과 등 일상에서 간과할 수 있는 여러 조합이 있다.

마음챙김 섭식 과정

이제부터 '마음챙김 섭식을 시작하려고 함'이라고, 우선 '의도'부터 알아차린다. 자세는 결가부좌나 반가부좌 또는 편안한 자세를 취하도록 하며, 의자에 앉았을 때는 엉덩이를 의

자 등받이에 바짝 붙이고 허리를 바로 펴도록 한다. 자세를 취하기 전에 움직이려고 하는 '의도'를 알아차리고, 동작하는 동안의 팔과 다리의 움직임·근육과 관절에서 오는 감각의 변화를 순간순간 마음챙김한다.

마음챙김 섭식 순서

식사하기 전에 먼저 복식호흡명상을 통해서 부정적 감정을 차단하고 마음을 편안하게 만든다.

한의학에서 오장육부五臟六腑의 중앙인 비위脾胃와 연계된 맛은 단맛甘이다. 영추靈樞의 오미五味 편에서, 수기水氣와 곡기穀氣는 모두 위胃로 들어가고 오장육부는 모두 위에서 기氣를 받으며, 곡기의 미味가 산酸한 것은 간肝으로 먼저 들어가고 곡기의 미가 고苦한 것은 심心으로 먼저 들어간다. 또한 곡기의 미가 감甘한 것은 비脾로 들어가고, 곡기의 미가 함鹹한 것은 신腎으로 먼저 들어간다고 하였다. 화학적 관점에서 귀밑샘의 소화효소인 프티알린은 복잡한 구조를 가진 다당류를 잘라서 이당류로 분해하여 밥을 많이 씹을수록 단맛이 나게 한다. 그런 까닭에 마음챙김 섭식에서는, 입에서의 소화효소가 충분히 분비되고 단맛이 비위를 활성화시키며 곡기에 있는 각각의 미가 위를 통해서 오장육부에 들어갈 수 있도록 제일 먼저 밥부터 먹는다. 요가에서도 맛의 순서로 맨 먼저 단맛을 권하면서, 섭취 순서에 따라 미세한 에너지의 흐름이 조절된다고 말하고 있다.

다음 순서는 담백한 생채인데, 이는 담미淡味가 오미五味의 근본인 때문이며, 생채는 소화효소가 살아 있어서 소화를 돕기 때문이다.

다음은 담백한 숙채이며 혀의 미각신경이 둔화되지 않도록 맵고 짠 자극성이 강한 음식은 뒤로 미룬다.

생선 같은 비린내가 있는 음식은 제일 나중에 먹도록 한다. 분자 밀도가 높을수록 장을 통과하는 시간이 길어지고 흡수와 동화가 일어나는 작용도 길어지기 때문이다.

한 입에 한 가지 음식만 먹도록 한다. 음식이 입안에서 한데 섞이면 식품마다 함유된 고유의 맛과 향을 마음챙김하지 못할 뿐 아니라 질긴 것, 부드러운 것이 한데 섞여 소화에도 지장을 준다.

마지막 순서로 밥만 한 숟갈 먹도록 한다. 이는 밥에서 우러나온 단맛이 반찬에서 나온 짠맛을 희석하여 갈증을 재우기 때문이다. 식사 도중과 식사 후에 마시는 물은 체내의 소화액을 희석시켜 장기적으로 소화 불량증을 야기한다.

마음챙김 섭식의 구성과 내용

마음챙김 섭식은 식사를 하려는 '의도'가 배고픔에서 유래된 것인지 아니면 식욕에서유래한 것인지 또는 스트레스를 보상받으려는 위장된 허기에서 유래된 것인지 알아차리는 것으로부터 시작된다. 배고픔은 생리적 몸이 요구하는 정상적 욕구이며, 식욕이나 위장된 허기는 비정상적으로 음식을 탐하는 욕구다. 식사명상을 위한 관찰과 자각은 근대 미얀마 위빠사나Vipassana 수행의 중흥조인 마하시 선사(Mahasi, S., 1904~1982)의 '식사할 때 마음 챙김하는 방법'을 참고로 하여 한국인의 식사 문화에 맞도록 재구성하였다.

* 밥상을 처음 바라보았을 때의 느낌을 관찰한다.

(식욕의 여부와 식욕에 대한 관찰 및 특정한 음식에 마음이 끌리는지를 알아차린다.)

- 밥상을 볼 때부터: 봄 봄 ······
- 숟가락을 잡을 때: 잡음 잡음 ······
- 밥상으로 숟가락을 뻗을 때: 뻗음 뻗음 ······
- 음식에 숟가락이 닿을 때: 닿음 닿음 ······
- 한입이 될 만큼 적당하게 만들 때: 만듦 만듦 ······
- 음식을 가져오며 팔꿈치를 구부릴 때: 구부림 구부림 ······

* 음식을 코 가까이 가져가서 그 음식의 향내를 알아차리고 그 향내를 맡는 자신의 마음을 관찰한다.

- 음식을 코 쪽으로 가져올 때: 가져옴 가져옴 ······
- 코로 향내를 맡을 때: 맡음 맡음 ······

* 음식이 입에 들어갈 때 혀가 느끼는 차가움, 뜨거움, 부드러움, 딱딱함, 거침, 매끄러움 등을 주시하고 그 감각에 따른 자신의 마음을 관찰한다.

- 머리가 음식 쪽으로 약간 숙여질 때: 숙여짐 숙여짐 ······
- 입을 벌릴 때: 벌림 벌림 ······
- 음식을 입에 넣을 때: 넣음 넣음 ···
- 숟가락을 내려놓을 때: 내려놓음 내려놓음 ······
- 머리를 바로 들 때: 바로 함 바로 함 ······

* 저작을 하는 동안 좌우 어느 쪽 치아로 씹고 있는지 마음챙김한다. 다른 쪽에서 씹고 싶다면 그 의도를 알아차린다. 음식물이 치아와 만나는 느낌, 음식의 맛, 입속의 부위와 부딪히는 느낌, 혀의 움직임, 침의 분비 상태, 저작을 하는 동안 음식을 빨리 넘기고 싶은 마음, 인두로 넘어가려는 느낌, 그리고 그것을 억제하려는 또 하나의 마음을 마음챙김한다.

- 음식을 씹을 때: 씹음 씹음 ……
- 맛을 알아차릴 때: 앎 앎 ……
- 충분히 씹어서 삼키고 싶을 때: 삼키려고 함 삼키려고 함 ……
- 삼킬 때: 삼킴 삼킴 ……

* 저작하는 동안 변화하는 음식의 맛과 그 맛에 반응하는 마음을 알아차린다. 음식물을 삼킬 때 목젖을 타고 넘어가는 느낌, 위에 닿았을 때의 느낌을 알아차린다.

- 목젖으로 넘어갈 때: 넘어감 넘어감 ……
- 식도를 타고 내려갈 때: 내려감 내려감 ……
- 위에 닿았을 때: 닿음 닿음 ……
- 치아 사이에 끼인 음식의 잔여물을 혀로 청소할 때: 청소함 청소함 ……
- 청소한 음식의 잔여물을 다시 삼킬 때: 삼킴 삼킴 ……

이상은 한 숟가락의 밥을 내 몸에 받아들이기까지의 모든 의도와 그 의도에 따른 식사 과정의 변화를 마음챙김한 과정이다. 아유르베다에서는 라사Rasa · 비르야Virya · 비파크 Vipak를 통하여 식사할 때의 마음챙김을 설명한다. 어떤 물질이 혀에 닿아서 처음 느껴지는 맛을 라사, 그 음식이 위 속으로 들어가기 직전과 직후에 느껴지는 느낌과 온도를 비르야, 그 음식이 위에서 소화된 맛의 감각을 비파크라고 한다. 마음챙김 섭식의 빈도가 높아지고 깊어질수록 비파크까지 알아차릴 수 있다.

나가는 말

2018년, 영국 옥스퍼드 대학교 연구진은 장내 미생물이 우리 뇌의 신경전달물질과 동일한 구조를 지닌 화학물질을 생산하고 있으며, 숙주에 대한 자연선택의 결과로서 각종 질환의 유발과 함께 사회적 행동이나 불안 · 우울증 같은 행동에도 영향을 줄 수 있다고 밝혔다. 장내 미생물 조성은 인종·유전적 특성·생활 습관 등 여러 요인에 따라 달라지지만 식사 습관이 가장 큰 비중을 차지한다. 2018년 『사이언스』는 섭취하는 음식의 경향에 따라 미생물 군집 분포 양상이 달라진다고 발표했는데, 관찰자의 마음이 대상에 작용하는 양자 물리학이나 일체유심조에 비추어 보면 더 중요한 것은 음식과 만나는 나의 마음이다. 우리가 표면의식에서 만든 정보는 마음의 개인무의식을 거쳐 다시 마음의 집합무의식으로 전달되고, 이는 다시 몸의 파동적 구조와 연결되어 드디어 몸의 물리적 구조에까지 정보가 전달되며, 나아가 우리 몸과 공생하고 있는 장내 미생물에도 영향을 미치기 때문이다.

양자물리학자 봄(Bohm, D.)에 의해 전개된 상보성 원리를 몸에 대입하면 몸을 구성하는 원자·분자·세포·기관·장기 등의 눈에 보이는 물질적 구조가 눈에 보이지 않는 파동적 구조와 함께 마치 동전의 앞면과 뒷면처럼 하나로 구성되어 있다. 그런 관점에서 마음챙김 섭식은 생명 영위에 절대적인 음식 섭취를 함에 있어서, 심신의 상호작용에 중점을 두는 참건강을 위한 중요한 수행이다. 그동안 마음챙김 섭식을 지도하면서 나타난 결과는 다음과 같다.

〈마음챙김 섭식 후 평가와 설문조사〉

대상: 양평군평생학습센터 '요가와 식이요법' 수강자, 교사 직무연수 수강자, 서울불교대학원대학교 평생교육원 식사명상 수강자 외 1회 체험 수강자(당시에는 식사명상이라고 표기함.)

1회의 식사명상 후 일부 설문조사 항목에 대한 응답

〈1회의 식사명상 후 일부 설문조사 항목에 대한 응답〉

• 음식에 대해 감사하고 경건한 마음이 일어났다. 밥맛이 향기로운 것을 처음 알았다.

• 식품마다의 고유한 맛을 알아차릴 수 있었다.

• 식탐과 편식 성향이 있는 것을 알게 되었다. 마음이 편안하고 유연해졌다.

• 그렇게 짜고 맵게 먹는 줄 몰랐다. 밥상 위 반찬들이 평소보다 배 이상 남았다.

• 평소의 반도 안 먹었는데 포만감이 느껴졌다.

• 소식을 하니 마음도 편해진 것 같다. 식곤증이 나타나지 않았다. 속 쓰림이 느껴지지 않았다. 뱃속이 편안함을 느꼈다. 식사 전 · 후와 식사 도중 물 마시던 습관이 사라졌다. 배변이 좋아졌다 등

---

* 석사 논문 「요가 수련과 병행한 식사명상이 중년 여성의 비만에 미친 효과」

(2010년, 주 1회, 회당 40여 분, 8주간)

대조군 : 요가 수련자 16명, 실험군 : 요가 수련과 식사명상을 병행한 16명

• 실험군에서 각자 체중 1.19kg, 체지방량 1.38kg 감량, 복부 지방률 0.02% 감소

• 특이 대조군과 비교하였을 때 평균적으로 내장 지방 3.68㎠ 감소

• 이 과정에서 위궤양, 기능성 소화 불량, 상습적 변비, 역류성 식도염 등의 증상 완화 및 해소

• 생명에 대한 존엄함, 음식과의 인연에 대한 성찰, 바른 식사 태도 정립, 소식, 식탐의 제어, 편식 교정, 군것질에 대한 충동의 사라짐, 배腹의 마음에 주의를 기울이는 습관, 일상에서의 생활을 마음챙김하는 빈도수와 깊이 증가… 등의 효과

마음챙김 섭식은 잘못된 식습관의 교정과 더불어 심리적 · 생리적 효과가 수반되기 때문에 심신의 안정 · 스트레스 해소 · 면역력 · 집중력 · 창의력 · 영성이 향상된다. 향후 더 체계적인 내용을 계발하여 다양한 연령 계층 대상자에게 적용한다면 모든 사람들의 삶의 질 향상에 보다 기여가 클 것이라고 전망한다.

참고문헌

강길전, 이기환, 홍달수(2008). 대체의학의 이론과 실제. 서울: 가본의학.

고기남, 고재원, 김재호, 김형기, 박철승, 박충모, 백성희, 서영준, 선웅, 안지훈, 오우택, 임대식, 정광환, 정용, 조형택, 한진희(2008). 생물학 명강: 세포는 우리에게 무엇을 말해 주는가 3. 서울: 해나무.

김호철(2004). 한방식이요법학. 서울: 경희대학교 출판국.

박자방(2010). 요가 수련을 병행한 식사명상이 중년여성의 비만에 미치는 효과. 경기대학교 대체의학대학원.

신호동(2010). 본초학총론. 명일출판사.

Francisco J. Varela, F., Thompson, E., & Rosc, E. (2013). 몸의 인지과학 (*The Embodied Mind*). (석봉래 역). 경기: 김영사.

Kabat-Zinn, J. (2012). 존 카밧진의 처음 만나는 마음챙김 명상 (*Mindfulness for Beginners*). (안희영 역). 서울: 불광출판사.

Nishioka, H. (2007). 씹을수록 건강해진다 (かめば體が强くなる). (이동희 역). 서울: 전나무숲.

Sonnenburg, J., & Sonnenburg, E. (2016). 건강한 장이 사람을 살린다 (*good gut : taking control of your weight, your mood, and your long-term health*). (김혜성 역). 서울: 파라사이언스.

Wilber, K. (2014). 켄 윌버의 통합비전 (*The integra vision*). (정창영 역). 경기: 김영사.

193

약초치유명상

이건호[5]

약초치유명상은 단순히 약초에 대한 몸의 반응만을 보는 것이 아니다. 약초가 지닌 색色·향香·맛味·약리성분藥理成分의 특성에 따라 감각이 일어나고 사라짐을 알아차린다. 몸의 반응에 따라 마음이 변화해 가는 것을 알아차리는 명상적 요소가 중요하다. 약초가 지닌 형태·색깔·향기·맛을 통한 명상적 요소와 약리성분을 통한 몸의 변화를 통한 치유적 요소가 통합되어 있다. 약초 바라보기(생명력 알아차림), 약초향 느껴 보기(마음 알아차림), 약초맛 느껴 보기(몸 알아차림)가 있다. 약초치유명상법은 약초의 생명력에 동화되어 몸의 변화를 가져오고 마음의 씻김을 통해 영성적 변화로 나아가는 mind–body–spirit 삼위일체의 명상법이다.

들어가는 말

약초의 꽃이나 형태가 주는 아름다움과 안온한 느낌, 약초의 향이 코를 통해 몸속으로

---

5) 경희으뜸한약 대표, 미국 코넬 대학교 의과대학 post-doc, 서울대학교 의학박사

번져 가는 느낌, 약초를 마실 때 혀를 통해 전달되는 갖가지 맛의 느낌, 마신 후에 몸의 국소 부위 또는 전신으로 퍼져 가는 느낌을 바라본다. 한편, 약초가 몸에 들어가면서 일어나는 생리적인 변화가 있다. 손발이 따스해지거나 심박 수가 늘어나거나 땀이 나기도 한다. 이러한 몸의 반응은 오장육부가 작동하고 있다는 것, 심혈관계, 신경계 등 기관계와 세포 하나하나의 존재감을 느끼게 한다. 내 몸의 보이지 않는 각 부위에 대한 감사의 마음이 우러나온다.

유사한 기존의 방법으로 허브향을 이용한 허브요법과 차를 이용하는 차명상이 있다.

허브요법은 향이라는 후각적 요소가 돋보이는 대체요법이고, 차명상은 혀를 통한 미각적 요소가 돋보이는 명상법이다. 약초치유명상은 약초 성분이 오장육부에 작용하는 과정 자체가 마음을 바라볼 수 있는 좋은 기회를 제공한다. 즉, 몸속의 생리적 변화에 따른 마음의 변화를 알아차리는 방법으로 승화시킨 것이다. 약초가 몸에 일으키는 반응을 통해 마음이 일어났다가 사라지는 과정을 보다 세밀하게 바라볼 수 있다는 것과 치유적 요소가 있다는 것이 기존의 명상법과 차이점이다.

향은 신속하게 느껴지지만 오래가지 못한다. 향이 나는 정유 성분은 휘발성이 있어서 쉽게 사라지기 때문이다. 맛은 오래간다. 혀에 약초의 성분이 남아 있기 때문이다. 온갖 망상이 일어났다가 사라지는 것은 마치 약초향이 순식간에 느껴졌다가 사라지는 것에 비유해 볼 수 있다. 마음의 집착은 마치 맛이 혀에 오래도록 잔류하는 것에 비유해 볼 수 있다.

향이 금방 날아가듯이 번뇌가 잘 사라진다면 세상살이에서 마음의 짐은 한결 덜어질 것이다. 약초치유명상은 생명과 생명의 만남이다. 자연 속 약초의 생명 기운이 사람의 몸에 들어와 함께 교감하는 것이다. 약초의 약리성분과 오장육부가 만나면 병에 시달리던 몸이 온전해진다. 두통, 소화 불량, 변비, 설사 등 몸의 증세나 불안, 공포, 걱정 같은 마음의 찌꺼기가 약초의 생명력을 만나 온전한 상태로 돌아오는 상생의 과정이다. 생명이 충만해지는 과정이다.

195

약초치유명상법의 구성

약초 바라보기(생명력 알아차림)

약초의 색깔만이 아니라 잎과 줄기, 가지의 형태를 세밀하게 관찰한다. 계절에 따라 달라지는 변화의 모습을 보면서 약초의 생명력을 느껴 본다. 약초가 자라고 무성해지는 과정을 보면서 생명체의 생장과 소멸을 느껴 본다. 주로 시각적 요소가 작용하지만 후각도 동원된다. 약초의 색깔과 형태를 바라보면서 그 생명력이 나의 몸과 마음에 충만하게 스며들 때 기울어진 몸과 마음이 복원되는 치유적 효과를 얻을 수 있다. 여기에서는 실례로 고혈압자를 위한 약초원 길 걷기 프로그램을 예시하였다.

약초향 느껴 보기(마음 알아차림)

약초에서 향기가 퍼져 가고 코끝에서 사라져 가는 동안 향기에 따라 마음이 일어나고 사라져 가는 과정을 알아차림해 본다. 약초향 느껴 보기에는 주로 후각적 요소가 작용한다. 향은 후각을 통해 신속히 뇌에 전달되지만 사라짐 또한 빠르다. 마치 번뇌가 갑자기 일어났다가 사라지고 어느 결에 또 다른 번뇌가 자라나는 것과 같다.

약초맛 느껴 보기(몸 알아차림)

약초차를 마셨을 때 몸속으로 들어가면서 발생하는 느낌을 따라가 본다. 오장육부 중 어디에서 일어나는가를 보면서 그동안 무심했던 내 몸 구석구석의 존재감을 느껴 본다.

약초는 고유한 성질에 따라 뜨겁거나 차거나 시원하거나 따스한 느낌을 실제로 일으키게 한다. 이러한 느낌이 생겨났다가 사라지는 과정을 통해 내 마음이 어떻게 일어나고 사라지는지를 알아차림해 본다. 마실 때는 미각이 주로 작용하지만 후각과 통합적으로 작용한다.

마신 후에 몸속에서 일어나는 반응에 대한 감지는 신경계와 심혈관계를 비롯한 신체 전반적인 기관계의 협조 관계로 이루어진다.

약초치유명상법의 실제

약초치유명상법은 약초 바라보기(생명력 알아차림), 약초향 느껴 보기(마음 알아차림), 약초맛 느껴 보기(몸 알아차림)가 있다. 바라보기는 주로 시각(눈), 향 느껴 보기는 후각(코), 맛 느껴 보기는 미각(혀)을 중심으로 이루어진다. 분야별로 특정한 감각기관이 주도하지만 감각은 뇌를 통해 통합적으로 이루어진다는 특성을 이해해야 한다. 예를 들어, 레몬을 바라보면 시큼한 맛이 연상된다. 시각이 미각을 자극시키기 때문이다. 모과의 시큼한 향은 타액 분비를 촉진한다. 후각이 미각을 자극시키기 때문이다. 약초의 색깔이나 형태는 시각, 향은 후각, 맛은 미각에 섬세한 느낌을 주며 약리성분은 몸에서 불편한 증상을 개선시키는 효과가 있다. 따라서 약초의 향을 맡거나 마셨을 때 몸속 오장육부에 작용하는 바가 있으며 심혈관계를 비롯한 각 기관계의 활성화를 가져온다. 심박 수 증가나 감소, 혈관 확장이나 축소, 호르몬 분비의 촉진이나 감소를 통해 몸에 변화를 가져온다. 이 과정은 한편으로 약초의 성질이 차고 뜨겁고 서늘하고 따스하다는 기미론氣味論과, 약초의 기운이 오장육부에 도달한다는 귀경론歸經論이라는 한의학적 요소를 잘 이해할 수 있다. 약초치유명상에서는 몸을 통해 체험함으로써 일반적인 명상보다 더 실제적이고 감각적인 느낌의 심화를 가져올 수 있다.

약초 바라보기(생명력 알아차림)

약초치유명상 중 약초 바라보기는 잘 정돈된 약초원 길을 걸으면서 약초를 바라보거나 생기 있는 분위기를 느끼는 과정에서 치유적인 효과를 거두기 위한 것이다. 편안하게 느껴지는 약초 앞에 머물러서 지긋이 바라보고 냄새를 맡아 본다. 내 앞의 아름다운 생명체와 나라는 생명체 간의 교감을 통해 자연과 내가 하나가 되고 움직이지 않는 생명체와 움직이는 생명체 간의 일체감을 느껴 본다. 대자연의 생명력이 내 몸에 충만해질 때 몸과 마음도 정화되어 가는 것이다.

고혈압자를 위한 "마음챙김기법의 약초원 길 걷기명상 프로그램"

1. 목적

"마음챙김기법의 약초원 길 걷기명상 프로그램"의 자각 훈련을 통한 부수적 효과로 고혈압 환자의 혈압 강화에 도움이 되도록 한다.

2. 소요 시간(1시간)

1) 맨발로 걸으면서 명상하기: 30분(계절과 날씨를 고려할 것)

2) 자유롭게 걸으면서 명상하기: 30분(신발 착용)

3. 복장

편한 복장(상하의)

*주의: 꽉 끼는 상의나 하의는 가급적 피하도록 한다.

4. 방법

1) 맨발로 걸으면서 명상하기(30분)

부드러운 흙으로 조성된 구간을 맨발로 천천히 걷는다. 이때 흙길 구간에는 발바닥 피부에 상처나 자극을 줄 수 있는 유리 조각이나 뾰쪽한 돌멩이가 없도록 잘 살펴야 한다.

먼저, 걷기 전에 발목을 비롯하여 무릎과 허리 등을 스트레칭으로 가볍게 풀어 준다. 양말을 벗고 바지를 미리 적당히 걷어 올린 다음 한 발씩 내딛는다. 이때 혈압 강하의 효과를 높이려고 욕심을 내지 않도록 하고, 단지 몸과 마음 안에서 일어나는 변화를 바라본다. 평소에 혈압이 높은 경우에는 뒷목이 뻣뻣하고 두통과 짜증을 내기 쉽다. 이것이 맨발걷기명상 과정에서 발생하더라도 그대로 내버려 둔다. 뒷목이 경직되고 어깨가 뻐근하며 두통이 생기는 과정을 거부하지 않고 받아들이도록 하다 보면 자연스럽게 혈압이 내려갈 수 있다.

맨발로 걸으면서 명상하기 프로그램의 입문자들은 무엇보다도 자연스럽고 편안하게 걷는 데에 주력한다. 한 걸음 두 걸음 걸으면서 발바닥에서 무릎 및 상체로 전해져 오는 느낌을 바라본다. 만약 발바닥 피부가 예민하거나 발목, 무릎 관절이 좋지 않은 경우에는 신발을 착용하고 실시하는 것이 좋다. 30분 걷기를 마치 운동처럼 걷는 것이 아니라, 마음속의 찌꺼기를 훌훌 털어 버린다는 느낌으로 편안하게 실시한다. 따라서 걷다가 힘들거나 지루하면 그 자리에 가만히 멈춰 서 마음속으로 온몸을 두루두루 살펴본다. 이 과정이 무난하게 완수되면 발바닥의 자극을 통한 쾌적함을 느끼게 되어 혈압 강하에 도움이 될 것이다.

2) 자유롭게 걸으면서 명상하기(30분)

편안한 복장으로 신발을 신은 상태에서 자유롭게 약초원 길을 걷는 것이다. 이때에는 사람들이 많이 왕래하지 않는 한적한 곳을 선택한다. 위쪽에서 내리비치는 햇빛을 느껴 보기도 하고 길 옆 수목들의 수많은 잎을 편안하게 바라본다. 때로는 앞으로 걷기도 하고 뒷걸음으로 걷기도 해 본다. 걷는 과정에서 신진대사를 활발하게 하고 음이온과 피톤치드와 산소가 풍부한 공기를 흠뻑 들이마시면서 호흡기가 정화되는 느낌을 가져 본다. 이 과정에서 마음이 안정되어 스트레스가 해소되면 혈압의 정상화에 기여할 것이다. 걷는 과정은 자유롭게 하되 마음이 안정되기 시작하면 발바닥에 의식을 두고 한 걸음 한 걸음 천천히 옮겨 본다. 일상생활 속에서 늘 바쁘게 걷다가 천천히 걷는 것이 쉽지는 않을 것이다.

하지만 느릿하게 걷는 의식적 행위를 통해 심장에 부담을 줄이는 행동이 어떤 것인지를 느낄 수 있을 것이다. 이때 심장이 편하게 느껴져 오는 것을 마음으로 잘 관찰해 본다.

이 과정이 잘 숙달되면 심신 이완이 보다 잘 이루어지면서 혈압이 내려가는 것까지 느낄 수 있을 것이다.

5. 효과

발바닥에는 신체의 각 부위에 연결된 자극점이 있어서 맨발로 걷는 과정에서 발바닥 마사지가 자연스럽게 이루어진다. 발바닥 자극은 수축기 혈압을 내리는 데 효과적이라는 국내 보고가 있었다(Park et al., 2004; Lee, 2006). 국내 간호학회지에 발표된 바에 따르면, 발바닥 마사지는 스트레스와 피로감을 완화시키고 혈액 순환에 도움이 된다고 하였으며 (Jang et al., 2009), 스트레스 완화 및 면역 반응에 기여한다고 보고하였다(Lee, 2006). 따라서 "마음챙김기법의 맨발걷기명상"을 통해 스트레스 완화 및 수축기 혈압 강하를 기대할 수 있다.

고혈압자를 위한 "마음챙김기법의 약초원 바라보기 프로그램"

고혈압자에게 자연환경을 이용한 긴장 완화를 통해 혈압 정상화를 유도하는 방법이 "약초원 바라보기 프로그램"이다. 이것은 약초의 색깔이 심신에 미치는 긍정적인 효과를 활용하는 방법이다. 특히 녹색 계통은 긴장 완화 효과가 있어서 혈압을 내리는 데 도움이 된다(Townsend, 2006). 이와 같은 원리를 바탕으로 약초원의 녹색 계열의 잎들이나 푸른 하늘을 바라봄으로써 근육과 신경의 이완을 통해 혈압을 내리고자 하는 것이다.

1. 목적

"마음챙김기법의 약초원 바라보기 프로그램"은 약초원의 대상을 있는 그대로 보기를 통한 자각 훈련의 부수적 효과로서 혈압이 내려가게 하는 것이다.

2. 소요 시간(1시간)

3. 복장
편한 복장

4. 방법
자유롭게 약초원 길을 걸으면서 처음에는 녹색 계통의 약초 잎들을 바라보거나 푸른 하늘을 바라본다. 이것은 눈의 피로를 풀어 주는 과정을 통하여 자연스럽게 심신 이완을 유도하는 것이다. 마음이 가는 대로 녹색 약초 잎을 보면서 시선을 옮기되, 먼 곳에서 서서히 가까운 곳으로 향한다. 고혈압 환자가 아주 가까운 곳으로 무리하게 시선을 집중하다 보면 신경이 과도해지면서 혈압 상승을 촉발하기 쉽다. 따라서 의도적으로 무엇을 관찰한다는 의식적 행위보다는 시각을 통해 편안하게 있는 그대로를 음미한다는 자세로 하면 된다. 녹색 잎을 바라볼 때 눈동자의 피로가 풀리면서 몸이 편안하게 이완되다 보면 마음의 이완까지 연결될 것이다. 걸으면서 약초원을 바라보는 것은 특별히 어떤 규칙으로 규제하는 것은 아니다. 가장 중요한 것은 몸과 마음을 완전히 이완시키는 것이다. 그렇게 함으로써 혈압 강하가 자연스럽게 유도될 수 있기 때문이다. 걷는 도중에 마음에 끌리는 약초가 있으면 그대로 멈춰 서서 자연스럽게 바라본다. 처음에는 약초 전체를 바라보다가 서서히 잎이나 가지 하나하나로 이동한다. 혈압이 높은 사람은 될 수 있으면 위를 계속 쳐다보지 말고 눈 아래 방향의 잎들을 바라보는 것이 좋다. 왜냐하면 개인에 따라서는 고개를 들고 시선이 무리하게 위쪽으로 향하고 있으면 혈압이 상승되는 경우도 있기 때문이다.

5. 효과
약초원 길을 걷게 되면 약초 자체에서 분비되는 물질이 심신에 유용한 효과를 주는 것으로 밝혀졌다. 특히 잣나무, 편백, 삼나무 수종이 있는 곳에서는 피톤치드가 풍부해서 인체에 보다 안정적인 상태의 뇌파와 맥박과 혈압의 감소가 일어난 것을 발견하였다고 한다(신원섭, 2007). 또한 약초원의 수많은 녹색 계열의 잎들은 심신 이완 효과를 가져다줌으로써 혈압의 안정화에 기여할 수 있다. 앞에 제시한 마음챙김기법의 약초원 길 걷기 프로그램과 약초원 바라보기 프로그램은 특성이 있다. 마음챙김기법의 약초원 걷기 프로그램은 인위적이지 않다는 것이다. 즉, '걷기'라는 행위를 통해 반드시 고혈압을 치유하겠다거나 마음을 안정시키겠다는 마음 자체를 갖지 않는다는 것이다. 또한 마음챙김을 자신의 호흡에만 집중하는 것이 아니라, 그 대상을 확장시켜 자연과의 교감 속에 마음을 맡긴다는 것이다. 예를 들어, 숲속에서 작은 바람에 살랑이는 잎사귀를 보면서 있는 그대로 느껴 본다. 그 바람이 자신의 피부에 와 닿을 때의 부드러운 감촉, 그에 따른 미세한 촉감의 확산이 신경계를 타고 번져 가는 것을 마음으로 바라본다. 이와 같이 자신의 몸과 마음이 자연 경관에 반응하면서 깊은 이완이 일어나는 가운데 원활한 신진대사를 바탕으로 혈압이 정상화되는 치유효과가 나타날 수 있는 것이다. 여기에서 중요한 것은 마음챙김 프로그램을 활용한 약초원 바로보기는 치료 자체가 목적이 아니라, 있는 그대로 바라보는 마음챙김 자각훈련이 치유적 효과를 부산물로 가져온다고 보는 것이다.

약초향 느껴 보기(마음 알아차림)

마음은 들뜨거나 가라앉거나 산만하거나 집착하는 등 수시로 변한다. 마음의 특성이다. 안정된 마음을 갖고자 하지만 자기 마음인데도 스스로 제어하기가 힘들다. 약초향 느껴 보기에서는 약초가 함유한 독특한 향에 따라 내 마음이 어떻게 일어나고 사라지는가를 바라본다. 향에 의해 마음이 들고나는 것을 알아차리는 것이다. 냄새에는 향기로운 것도 있지만 악취도 있다. 아름다운 향은 편안한 마음을 이끌고 자극적인 향은 마음을 흩트린다.

향은 후각을 자극해서 바로 뇌로 전달되기 때문에 반응이 빠르다. 뇌자극은 곧바로 마음의 변화를 일으킨다. 마음을 흔드는 약초향을 통해 '마음 알아차림'을 해 보자. 자연 속의 생명체인 나와 약초, 이 두 생명체의 교감이 향을 통해 이루어진다. 향이 후각을 통해 뇌신경을 자극해서 불러일으키는 갖가지 심상心象을 통해 마음이 일어났다가 사라지는 과정을 느껴 본다. 약초마다 특유의 향이 있다. 그중에서 향이 강한 것이 있는데, 방향성 물질이 풍부하다. 이 향은 약리성분이 있어서 성분에 따라 정신을 맑게 하거나 감기나 두통, 비염, 소화 불량에 좋은 효과 등이 있다.

한의학에서는 이 방향성 성분을 치료에 활용한다. 향을 느끼기 좋은 약초에는 박하, 형개, 모과, 당귀, 천궁, 육두구, 사인, 익지인 등이 있다. 그 자체로 향이 강렬한 것도 있고, 달여서 나는 향이 좋은 것도 있다. 모과처럼 달이기 전의 향이 더 좋은 것도 있다.

향을 맡는 과정을 통해서도 몸의 증상이 개선될 수도 있다. 약초에는 생체를 활성화시키는 약리성분이 있기 때문이다. 콧속의 후각세포는 뇌와 가까이 있기 때문에 마시는 것보다 빠른 효과가 있을 수 있다. 예를 들어, 청량한 박하향은 막힌 코를 뚫어 주고 머리를 상쾌하게 해 주어 두통을 해소하고 집중력을 높여 줄 수 있다.

〈주의 사항〉

• 약초를 달이지 않고 약재 자체의 향을 맡을 때는 코를 너무 가까이 대지 않도록 한다. 거리를 두고 음미하면서 서서히 코 쪽으로 가까이 가져온다. 꽃이나 잎의 미세한 가루가 코와 눈을 자극하기 때문에 알러지성 질환자와 비강 질환자(콧물, 재채기, 비염, 축농증), 안 질환자(안충혈, 결막염)는 피하거나 달여진 약초차의 향을 맡는 것이 좋다.
• 향이 강하다는 것은 그만큼 몸에도 자극을 많이 주는 것이기 때문에 자극적인 향은 오래 맡지 않는 것이 좋다.
• 향을 충분히 느끼기 위해서는 미리 실내 환기를 시키고 냄새나는 요인을 없앤다. 향에 집중하기 위해 식사나 흡연 직후에는 피하도록 한다. 주변의 소음이 차단된 조용한 곳이 좋다.
• 냄새를 거듭해서 맡으면 후각이 피로해진다. 감별하기 힘들어지기 때문에 첫 느낌에 주목해 보자.

감국甘菊

감국은 국화과Compositae에 속한 다년생 초본인 국화의 꽃을 건조한 것이다.

1. 감상 포인트

감국은 가을에 피는 국화과의 꽃으로 특유의 향이 있다. 피어 있는 상태나 채취한 직후에는 향이 강하지만 보관 기간이 길수록 향이 감소한다. 감국은 두통에 쓰이는 약초이다. 향을 맡으면 머리가 맑아지는 것을 느낄 수 있다. 박하의 청량함은 더운 여름날의 시원한 그늘을 느끼게 한다. 노란 감국의 향기는 따스한 가을 햇빛을 느끼게 한다. 향이 불러일으키는 계절감이나 따스함, 서늘함 같은 감각 그리고 안온함 같은 마음 상태를 바라본다.

2. 효과

서늘한 성질이 있어서 해열 효과가 있으며 어지러움이나 두통 증상에 좋다. 눈을 밝게 하며 눈이 충혈된 것을 사라지게 한다. 꽃과 줄기에 정유 성분인 보르네올borneol, 캄포camphor, 크리산테논chrysanthenone 등이 함유되어 있다.

박하薄荷

박하는 꿀풀과Labiatae에 속한 다년생 초본인 박하의 지상부地上部를 건조한 것이다.

1. 감상 포인트

향을 맡자마자 콧속으로 스며들면서 뇌까지 시원해지는 느낌이다. 잎사귀 종류의 약초는 향이 강한 편이다. 여름의 강한 햇빛을 받으며 자라는 박하는 향이 서늘하면서 청량한 느낌을 주기 때문에 흥분된 마음을 가라앉히고 막힌 곳을 뚫어 준다. 박하향은 여름 느낌이 있고 감국향은 가을 느낌이 있다. 두 향의 차이를 비교해 보자.

2. 효과

『동의보감』에 의하면 땀을 나게 하고, 독을 빠지게 하며, 감기로 인한 증상을 치료한다고 나타나 있다. 향을 내는 정유 성분으로 멘톨menthol이 주성분이며 멘톤menthone이 함유되어 있어서 코막힘이나 두통, 안구 충혈에 좋다. 스트레스에 따른 두통에도 좋아서 머리를 시원하게 한다. 심신 안정, 피로 회복에 좋다. 모세혈관 확장으로 땀샘 분비가 활성화되면서 피부를 통해 열 발산이 잘 이루어진다.

203

형개荊芥

형개는 순형과Labiatae의 1년생 초본인 형개의 지상부분地上部分을 건조한 것이다.

1. 감상 포인트

형개는 건조된 상태 그대로 향을 맡아도 좋고 달여서 맡아도 좋다. 강렬한 향의 자극감이 있기 때문에 약초를 눈이나 코에 가까이 대지 않도록 한다. 향기가 콧속으로 깊게 퍼져 가는 느낌을 따라가 본다. 박하향과 형개의 향을 비교해 본다.

2. 효과

머리와 눈을 맑게 한다. 혈액 순환을 촉진시켜 뒷목이 뻑뻑할 때도 좋고 관절 질환이나 통증을 감소시킨다. 정유 성분인 리모넨D.limonene, 풀레곤pulegone, 메톤D-methone을 함유하고 있어 항산화 작용, 항균 작용, 해열 작용을 한다.

사인砂仁

사인은 생강과Zingiberaceae에 속한 다년생 초본인 축사縮砂의 성숙한 과실果實을 건조한 것이다.

1. 감상 포인트

사인의 정유 성분으로 청량감이 느껴진다. 사인은 껍질에 싸여 있기 때문에 갈아 놓으면 향이 더욱 진하다. 박하향은 청량감이 강하고 형개향은 신속히 파고드는 느낌이 강한데, 사인은 이 두 가지가 섞여 있는 느낌이다.

2. 효과

사인은 방향성 소화제로 소화기의 운동성을 증가시켜 식욕을 증진시키며, 소화 불량에 좋고 설사를 멈추게 한다. 사인에는 정유가 3% 정도 함유되어 있는데, 보르네올borneol, 보르닐 아세테이트bornyl acetate, 린나룰linalool 등이 들어 있다.

당귀當歸

당귀는 산형과Umbelliferae에 속한 다년생 초본인 당귀의 뿌리이다.

1. 감상 포인트

구수한 듯하면서 은은히 퍼져 가는 당귀향은 따뜻한 느낌이 든다. 약초 방향제로 쓰이는 당귀의 향은 정유 성분에서 나오는 것이다. 박하, 형개와 같은 잎사귀 약초향과 뿌리에서 나오는 향은 어떻게 다른지 느껴 보자. 뿌리는 영양분과 물을 흡수해서 약초의 몸체로 올려 보내는 곳이다. 그 생명력이 담긴 당귀를 생각하면서 음미해 본다.

2. 효과

적혈구의 생성을 통한 조혈造血 작용으로 빈혈에 좋다. 말초 혈관의 혈류를 원활하게 하여 말초순환장애를 개선한다. 정유 성분과 데커신decursin, 데커시놀decursinol, 안젤란angelan을 함유하고 있다.

모과木瓜

모과는 장미과Rosaceae에 속한 모과나무의 과일을 건조한 것이다.

1. 감상 포인트

모과는 맛보다 향을 느끼기에 좋은 약초이다. 모과 특유의 시큼하면서 부드러운 향이 코끝을 감돈다. 뭉툭하고 못난 모습이지만 노란색의 열매가 따스함을 느끼게 한다. 열매는 약초가 싹을 틔우고 뿌리를 내려 비바람을 맞으면서 견뎌 낸 고귀한 결과물이다. 그 생명력이 담긴 모과의 향이 내 육신을 타고 들어오는 것을 느껴 보자.

2. 효과

『동의보감』을 보면 힘줄과 뼈를 튼튼하게 하고 다리에 힘이 없는 것을 낫게 한다고 나와 있다. 간에 작용하여 맺힌 근육을 풀어 주기 때문에 다리에 쥐가 나거나 저린 증상에 좋다. 위경련이 일어나거나 구토, 설사가 있을 때 사용한다. 플라보노이드 계열의 화합물이 많으며, 말릭산malic acid, 타르타닉산tartaric acid, 구연산citric acid, 비타민vitamin C 등이 함유되어 있다.

3. 주의 사항

혹시 모과차를 마시는 경우에는 비위가 허약해서 소화가 잘 안 되고 변비가 있는 사람은 가급적 피하도록 한다. 소화 불량을 촉진할 수 있기 때문이다.

205

약초맛 느껴 보기(몸 알아차림)

약초에는 고유의 5가지 맛이 있는데 이를 5미五味라 하며, 담미淡味까지 합쳐서 6미六味라 한다. 단맛甘味, 쓴맛苦味, 짠맛鹹味, 매운맛辛味, 신맛酸味, 담담한 맛淡味이 있으며 떫은맛澁味이 추가되기도 한다. 한의학에서는 맛에 따른 인체의 변화가 있다고 보며 치료에 활용한다. 예를 들어, 단맛은 맺힌 것을 풀어내는 작용이 있어서 근육통에 사용한다. 쓴맛은 기운을 아래로 내려가게 하기 때문에 얼굴이 달아오르는 데 사용한다. 짠맛은 굳은 것을 부드럽게 한다. 매운맛은 발산시키는 작용이 있으며, 신맛은 조여들게 하여 수렴시킨다. 약초 속에는 한 가지 맛만이 아니라 몇 가지 맛이 섞여 있는 경우도 많다. 맛에 집중하면 섬세하게 분별이 될 것이다. 약초향 느껴 보기에서 향은 후각을 통한 뇌자극으로 마음에 영향을 준다. 약초차 맛보기는 보다 입체적이다. 마시기 전에 약초차의 색깔을 보는 시각, 마실 때 혀를 통한 미각, 마신 후 오장육부에서 일어나는 감각이 통합적으로 일어난다. 몸에서는 심박 수가 증가하거나 혈액 순환이 촉진되고 손발이 따스해지는 변화가 있다. 몸의 변화는 마음에 영향을 줌으로써 편안한 마음, 기분 좋은 마음으로 이끈다. 몸의 변화가 마음의 변화를 이끌어 내는 것이다. 약초는 그 촉진자다.

1. 약초차 달이기

물 500㎖, 약초 30~50g. 달이는 시간은 약초의 성질에 따라 다르다. 두껍거나 딱딱한 경우는 미리 물에 담가 둔 다음에 1시간 정도 달인다. 물이 많이 줄어들면 보충하도록 한다.

잎사귀 종류나 계피 등 향기 나는 방향성 약초는 미리 물을 끓인 다음 약초를 넣고 10~20분간 달인다. 향의 소실을 막기 위해서이다. (약초는 산지 또는 제품에 따라 품질에 차이가 있을 수 있다. 맛이 무디면 양을 늘려서 달이도록 한다.)

2. 약초차 맛보기

약초 특유의 맛을 제대로 느끼기 위해서는 식후 2시간이 지나서 속이 비어 있는 상태가 좋다. 맛은 냄새와 함께 이루어지기 때문에 감기나 비염 등으로 코막힘이 있을 때는 세밀한 느낌을 갖기 힘들 수 있다. 편안하게 앉고 약초잔을 마주한다. 허리를 세우면 집중하기가 쉬워진다. 어깨의 힘을 빼면 이완에 도움이 되기 때문에 맛에 집중하기 좋다. 마음을 가라앉히고 향과 맛을 맞이할 준비를 한다. 약초차의 색깔을 눈으로 보면서 음미해 본 다음 코로 냄새를 맡아 본다. 맛은 혀를 통해 느끼는 맛과 코를 통해 느끼는 냄새가 합쳐져 이루어지기 때문이다. 약초차를 입속에 넣고 혀로 음미해 본다. 혀의 어느 부위에서 더 느껴지는지 지켜본다. 혀의 부분에 따라 각각의 맛을 느끼는 정도가 다를 수 있다. 일반적으로 단맛은 혀끝, 신맛은 혀 양옆, 짠맛은 혀 가장자리, 그리고 쓴맛은 혀의 뒤쪽이다. 약초차 맛보기는 과학적 데이터를 얻기 위한 실험이 아니다. 약초에는 단일한 맛만 있는 것이 아니라 여러 가지 맛이 함유되어 있는 경우도 많다. 선입견으로 맛을 예측하지 말고 어떤 맛들이 섞여 있는지 느껴 본다. 감각은 개인차가 있기 때문에 자료나 타인의 의견에 매이지 말고 자신의 느낌에 집중해 본다. 마음을 일으키는 몸작용의 수단으로 약초차의 맛을 활용하는 것이다.

맛이나 향에 의해 몸에서는 미각이나 후각 세포를 통해 반응이 나오는 것이다. 이에 따라 마음의 움직임이 일어나는 것을 알아차리는 것이다.

3. 주의사항

1) 약초에 따라 자극성이 강한 것이 있으므로 체질과 증상에 맞지 않을 때는 피하도록

한다.

2) 효과에 기재된 내용은 개인차가 있기 때문에 참고로만 이용한다. 치료 자체를 목적으로 할 때는 전문가의 조언에 따르는 것을 권장한다.

약초의 맛보기五味를 통한 알아차림: 매운맛 · 단맛 · 신맛 · 쓴맛

맵고 단맛: 계피桂皮

계피는 녹나무과Lauraceae에 속한 육계의 껍질이다.

1. 감상 포인트

맵고 단맛이 난다. 계피차에서 풍겨 오는 독특한 향부터 코로 음미한 다음 서서히 마셔 본다. 미각은 후각과 함께 느껴지는 것이기 때문에 계피의 맛을 더 풍부하게 느껴 볼 수 있다.

한꺼번에 마시지 말고 혀끝부터 안쪽으로 음미해 간다. 계피를 달이지 않고 그 자체를 입속에 넣고 씹어 보자. 혀끝에서 단맛이 느껴지면서 혀가 아린 것을 느낄 수 있다. 아린 맛은 매운맛인데 통각에 해당한다. 계피는 단맛 중에서도 혀에 강렬한 자극을 주는 단맛이다.

계피를 달였을 때 향은 훨씬 무디게 난다. 달이는 동안 정유 성분이 소실되기 때문이다. 달인 약초차도 향은 무딘 편이다.

207

2. 효과

매운맛과 뜨거운 성질은 소화기에 작용하여 뱃속을 따뜻하게 한다. 추위로 아랫배와 손발이 차면서 생기는 통증을 풀어 준다. 주성분은 신나믹 알데하이드cinnamic aldehyde이며 신나믹산cinnamic acid이 있다. 심장의 수축력과 심박동을 증가시키며 말초 혈관의 혈액 순환을 돕는다.

3. 복용 시 주의 사항

몸에 열이 많은 사람이나 임산부는 과용하지 않도록 한다.

4. 달일 때 주의 사항

정유 성분의 손실을 줄이도록 끓는 물에 10~20분 정도 달인다.

단맛: 감초甘草

감초는 콩과Leguminosae에 속한 다년생 초본인 감초의 뿌리를 말린 것이다.

1. 감상 포인트

감초를 달이면 진노란색으로 우러나온다. 감초는 단맛이 나는데 글리시리진glycyrrhizin 성분이 함유되어 있기 때문이다. 감초의 단맛은 혀끝뿐만 아니라 혀의 양쪽 가장자리와 끝쪽에서도 그 맛이 느껴지는 것을 알 수 있다. 감초차는 목 넘김이 부드럽다. 맛 중에서 쓴맛의 잔류감이 오래가는 편이고 단맛은 이에 비해 짧은 편인데, 감초의 단맛은 상당히 지속적이다.

2. 효과

해독 효과와 근육이 뭉친 것을 풀어 주는 효과가 있다. 소화관 평활근에 작용하여 경련을 풀어 주며 위산 분비를 억제한다. 수분을 흡수하여 설사나 구토를 멈추게 한다. 감초에는 사포닌saponin과 글리시리진glycyrrhizin이 함유되어 있다.

3. 복용 시 주의 사항

감초는 과량을 복용하면 부종을 유발할 수 있기 때문에 필요 이상으로 많이 마시지 않는다.

신맛: 산사山楂

산사는 장미과Rosaceae에 속한 산사나무의 성숙한 과실을 건조한 것이다.

1. 감상 포인트

산사를 베어 물면 처음에는 시큼한 맛이 들면서 단맛이 따라온다. 신맛이 강하며 단맛이 섞여 있기 때문이다. 입 안에 침이 감도는 것은 신맛이 침샘을 자극하기 때문이다. 달이는 동안 시큼한 향내가 퍼져 나온다. 달이고 나면 진한 갈색의 약초차가 되며 향은 별로 남아 있지 않다. 마셨을 때 입안 가득히 신맛이 감돈다. 다 마시고 나면 신맛이 잔류하는 가운데 떫은맛이 느껴진다. 혀가 신맛을 느끼면 침이 나오는 반응을 통해 우리 몸은 외부 자극에 대한 반사 작용이 갖춰져 있음을 느껴 본다.

2. 효과

위산 등 소화효소 분비를 촉진하여 소화가 잘되게 한다. 지방을 분해시키는 담즙 분비를 통해 육식 등으로 인한 소화 불량에 좋다. 볶아서 사용하면 설사를 그치게 한다.

성분으로 퀘세틴quercetin, 시트릭산citric acid, 안토시아니딘anthocyanidin이 함유되어 있다.

3. 복용 시 주의 사항

많이 마시면 쉽게 배고파지고 기운이 상할 수 있다. 위산 과다인 사람은 복용을 피한다.

쓴맛: 백작약白芍藥

백작약은 미나리아재비과Ranunculaceae에 속한 다년생 초본인 작약의 뿌리를 건조한 것이다.

1. 감상 포인트

백작약의 절단면은 흰색이다. 달이더라도 별다른 색깔의 변화가 없어서 맑은 연노란색이다. 향도 거의 나지 않는다. 달인 물을 서서히 마셔 보자. 혀 뒷부위에서 쓴맛이 나고 혀 양쪽에서 가벼운 자극감이 들면서 침이 난다. 백작약은 쓴맛과 아울러 신맛이 있어 혀 양쪽을 자극하기 때문이다. 마시는 동안 혀 가운데로 모아지는 느낌이 있는데, 이는 백작약의 신맛이 수렴하는 성질이 있기 때문이다.

2. 효과

통증을 멈추게 하고 땀을 거두어들인다. 가슴이나 배가 아픈 데 좋다. 설사를 멈추게 하며 열을 내리게 한다. 생리가 고르지 못한 것을 조절한다. 성분으로 파에오니플로린paeoniflorin, 파에오놀paeonol, 파에오닌paeonin 등이 있다.

3. 복용 시 주의 사항

배가 차면서 아프고 설사가 나는 증세가 있는 경우에는 복용을 하지 않는다.

4. 달일 때 주의 사항

성분이 잘 우러날 수 있도록 미리 물에 30분 정도 담가 둔 다음에 달이기 시작한다.

매운맛: 생강生薑

생강은 생강과Zingiberaceae에 속한 다년생 초본인 생강의 뿌리이다.

1. 감상 포인트

달이는 동안 매운맛의 증기가 나온다. 매운맛은 통각이기 때문에 눈의 점막에 자극감이 있다. 달이고 나면 연노란색 약초차가 된다. 마셨을 때 매운맛이 느껴지고 혀에 잔류감이 있다. 심박 수가 올라가고 몸이 따스해지는 것이 느껴질 수 있다. 마시고 난 다음에 식욕이 생기는 경우가 있다. 생강이 소화기 기능을 높여 준 결과이다.

2. 효과

평소에 몸이 차거나 추위를 타는 사람에게 좋다. 혈관운동중추를 강화하여 혈액 순환을 개선한다. 배를 따뜻하게 해 줌으로써 소화기의 기능을 정상화시켜 복통, 설사를 치료한다. 배가 차가워서 생기는 구토에 좋다. 가래나 설사 증세에도 사용한다. 주요 성분으로 징기베롤zingiberol, 징기베렌zingiberene, 진저롤gingerol 등이 함유되어 있다.

3. 복용 시 주의 사항

열이 많은 체질이나 열이 많은 증세가 있는 경우에는 피한다. 자극적인 성분이 있기 때문에 위염이 있거나 민감한 사람은 적은 용량을 사용해서 1회 복용으로 끝낸다.

4. 달일 때 주의 사항

생강의 성분이 잘 우러나올 수 있도록 잘게 썰어서 넣는다.

약초의 성질四氣을 통한 알아차림: 뜨거운 성질 · 따뜻한 성질 · 차가운 성질 · 서늘한 성질

약초마다 가진 고유의 성질은 그에 따른 몸의 변화를 가져온다. 예를 들면, 청양고추를 먹으면 강렬한 매운맛이 드는데, 땀을 내게 하고 발산되는 느낌을 갖게 한다. 땀이 난다는 것은 체열이 늘어났다는 것이다. 체열의 증가는 심박 수가 증가하고 혈관이 확장되면서 혈액 공급이 활발히 일어난다는 몸의 변화를 나타낸다. 발산되는 기운은 스트레스가 풀리는 효과가 있어서 몸의 변화가 마음의 변화를 이끄는 것을 볼 수 있다. 여기에서는 약초를 소재로 몸을 통해 특정한 마음이 일어나고 사라짐을 알아차림으로써 마음의 세계를 실제적으로 이해해 보도록 한다.

한의학에서 약초에는 4가지 성질이 있다고 본다. 이것을 4기四氣라 하는데, 차가운寒 성질, 뜨거운熱 성질, 따뜻한溫 성질, 서늘한凉 성질이다. 이 성질을 치료에 적용한다. 몸이 차가운 증세에는 따뜻한 성질의 약, 예를 들어 건강이나 계피를 사용해서 차가운 기운을 몰아낸다. 감기에 걸렸을 때 계피차를 마시는 경우이다. 몸에 열이 나는 증세에는 차가운 성질의 약인 맥문동, 치자, 황금 등을 사용해서 열을 꺼뜨린다. 약초에 함유된 성분이 몸에 작용을 일으키기 때문에 체질이나 증상에 맞춰서 약초를 선택하는 것이 좋다. 몸이 차가운 증세에는 따뜻한 성질의 계지나 인삼, 건강을 사용하는 것이 좋지만, 이와 반대로 치자나 목단피, 황금 같은 차가운 성질의 약초를 쓰면 증세를 악화시킬 수 있기 때문에 유의하자.

약초의 성질을 통한 알아차림의 방법은 약초 달인 물을 서서히 삼키면서 몸속에서 일어나는 변화를 살펴본다. 따스한 느낌이 식도를 따라 위장을 통과해서 퍼져 가는지 아니면 복부 전체적으로 퍼져 가는지 지켜본다. 이에 따른 내 마음 또한 편안해지는지 흥분되는지 살펴본다.

뜨거운熱 성질: 건강乾薑

건강은 생강과Zingiberaceae에 속한 다년생 초본인 생강 뿌리를 말린 것이다.

1. 감상 포인트

건강을 코에 가까이 대면 매운맛이 풍겨 온다. 이것은 건강에 함유된 진저롤gingerol 성분 때문이다. 달이는 동안에 증기를 통해 매운맛이 강하게 느껴진다. 눈에 자극감이 들 뿐만 아니라 기관지 부위에서도 느낄 수 있다. 달이면 갈색이 우러나오며 향은 별로 나지 않는다. 달이는 동안 정유 성분이 사라지기 때문이다. 서서히 마시면 혓바닥에 자극감이 들면서 매운맛이 난다. 식도를 타고 내려가는 동안 목구멍과 식도 부위에 자극감이 일어났다가 사라진다. 삼키자마자 아랫배에서 따스함이 일어났다가 사라지는 경우도 있다. 마신 다음에도 혀와 입천장에 매운맛의 잔류감이 남는다. 심장이 쿵쿵거리면서 아랫배나 손발이 따스해지는 경우가 있다. 건강의 성분이 심박출량을 늘리고 혈관 확장을 통해 혈액 순환을 촉진시키기 때문이다.

2. 효과

『명의별록名醫別錄』에 의하면 감기의 증세를 좋게 한다. 건강의 따뜻한 성질이 몸에서 차가운 기운을 없애 주기 때문이다. 구토나 가래를 없애 주고 추위에 따른 코막힘을 없애 준다. 중추신경 억제를 통해 진통, 진정 작용이 있다. 정유 성분으로 징지버렌zingiberene, 징지버론zingiberone, 펠란드렌phellandrene, 캄펜camphene 등이 있다.

3. 복용 시 주의 사항

열이 많은 체질이나 열이 많은 증세가 있는 경우에는 피한다. 자극적인 성분이 있기 때문에 위염이 있거나 민감한 사람은 적은 용량을 사용해서 1회 복용으로 끝낸다.

따뜻한溫 성질: 인삼人蔘

인삼은 두릅나무과Araliaceae에 속한 다년생 초본인 인삼의 뿌리를 건조한 것이다.

1. 감상 포인트

인삼은 특유의 향이 있는데 달이는 동안 은은하게 퍼져 간다. 다 달이고 나면 연노란색 추출물이 되며 향이 별로 남지 않는다. 마셨을 때 입안에 쓴맛이 감돈다. 몸이 차가운 체질이거나 추위를 타고 있을 때 손발이 따스해져 가는 과정을 느껴 본다. 인삼이 맞지 않는 체질이거나 열이 많은 체질은 뒷목이 당겨지거나 눈이 충혈되거나 혈압이 올라가는 것이 느껴질 수 있다.

2. 효과

원기를 보하고 마음을 편안하게 한다. 건망증이 있거나 잘 놀라고 어지러운 데 좋다.
심장 기능을 강화하며 소화액 분비를 증진시켜 식욕을 강화한다. 인삼 사포닌saponin이 다량 함유되어 있다.

3. 복용 시 주의 사항

평소 열이 많거나 혈압이 높은 사람은 피하는 것이 좋다.

4. 달일 때 주의 사항

건조된 인삼은 무척 딱딱하기 때문에 1~2시간 이상 물에 담가 둔 다음 달이도록 한다.

차가운寒 성질: 치자梔子

치자는 꼭두서니과Rubiaceae에 속한 치자나무의 성숙한 과실을 건조한 것이다.

1. 감상 포인트

치자는 달이는 동안에도 별다른 향이 나오지 않는다. 색깔이 무겁게 느껴지는 진한 갈색인 데다 쓴맛이 감돌지만 부드럽게 넘어간다. 얼굴 쪽으로 열이 올라와 있거나 스트레스가 쌓여서 가슴이 답답할 때 마음이 풀어지는 것을 느껴 본다. 치자 달인 물은 뜨거운 상태이지만 몸속으로 들어가면 몸속의 열을 식히는 작용을 한다. 맺혀 있는 마음이 마음의 힘만으로 풀어지지 않을 때 약초라는 외부 물질의 작용을 통해 해소시킨다. 몸의 작용을 통한 마음의 변화를 바라볼 수 있는 것이다.

2. 효과

발열중추를 억제하여 해열 작용을 한다. 얼굴이 확 달아오르거나 가슴이 답답할 때 사용한다. 여성의 갱년기장애나 화병으로 열이 달아오를 때도 좋다. 심장의 압출력을 감소시켜 신경의 흥분 상태를 완화시켜 준다. 치자에는 플라보노이드flavonoid 성분인 가데닌gardenin, 펙틴pectin이 함유되어 있다.

213

3. 복용 시 주의 사항

추위를 많이 타는 사람과 소화가 안 되면서 변이 무른 사람은 피하도록 한다. 천연색소 물질이 있기 때문에 마시고 나서 양치질을 하도록 한다.

4. 달일 때 주의 사항

치차를 달이면 붉은색의 성분이 우러나오므로 옷에 닿지 않도록 주의한다.

서늘한凉 성질: 맥문동麥門冬

맥문동은 백합과Liliaceae에 속한 다년생 초본인 맥문동의 덩어리 뿌리를 건조한 것이다.

1. 감상 포인트

맥문동은 향이 거의 나지 않아서 달이더라도 별다른 냄새가 나지 않는다. 달이면 노란색의 맥문동차가 나온다. 마시게 되면 묵직한 단맛이 나며 부드럽게 넘어간다. 단맛이 지나가면 약간의 쓴맛이 느껴진다. 여름에 더위를 타면서 갈증이 있을 때 마시면 더욱 좋다. 몸에 서늘한 기운을 제공하기 때문이다. 만약 겨울에 서늘한 성질의 약초차를 마실 때는 주변에 난방 기구가 없어야 약초의 성질을 제대로 느낄 수 있다.

2. 효과

약성이 서늘하고 자윤을 공급하기 때문에 열이 있고 점액성 자윤이 결핍될 때 사용한다.

열이 나면서 목이 건조하거나 기침이 나는 데 좋다. 당뇨 초기와 여름철에 더위를 많이 탈 때 쓰인다. 맥문동의 성분으로 글루코스glucose, 프룩토스fructose 등의 당류와 수크로스 sucrose 및 점액질이 함유되어 있다.

3. 복용 시 주의 사항

몸이 차가우면서 설사를 하는 증세와 감기 걸려서 가래가 나오는 증세에는 피하도록 한다. 쓴맛은 다른 맛에 비해 입안의 잔류감이 지속되므로 유의한다.

나가는 말

약초요법의 차별점은 몸의 변화가 확실히 나타난다는 것이다. 몸의 변화는 마음의 움직임을 가져오기 때문에 마음이 일어나서 움직이고 사라져 가는 것을 분명하게 알아차리는 장점이 있다. 또한 약초에는 약리성분이 있기 때문에 확실한 치유효과를 가져온다. 마음 다스림의 명상법에 약초라는 물질이 가미되기 때문에 몸, 마음 바라보기에 선명한 효과를 가져올 수 있다.

우리 몸에는 향기롭거나 악취 나는 것에 대한 분별심이 있다. 이는 후각이 존재하기 때문에 가능한 것이다. 맵고 싱겁고 짜고 쓴맛에 대한 분별심이 일어나는 것은 그것을 느끼는 맛세포가 있기 때문이다. 근본적으로는 그러한 맛과 향을 내게 하는 객관적 존재가 우리 밖에 있다는 것이다. 그것에 따라 인식 주체인 우리 몸이 느끼는 것이고, 이에 따른 좋고 싫음이 생겨나는 것이다. 좋은 것은 가까이 하게 되고 싫은 것은 멀리하게 되는 것이 마음이지만, 마음 다스림은 이러한 분별심을 뛰어넘는 것이다. 약초치유명상은 대상에 대한 분석이 아니라 알아차림을 위한 수행법이다. 약초에서 느껴지는 색·향·맛·몸의 느낌에 얽매여서는 안 된다. 약초가 특정한 감각을 활성화시키는 것은 몸의 변화이다. 이때 약초의 향이나 맛에 대한 몸의 반응이 어떻게 일어났다가 사라져 가는지 알아차리는 것이다. 알아차림을 통해 마음의 흐름을 알아차리는 단계로 수렴해 간다. 몸에서 일어나는 변화를 통해 내 몸이 살아 있다는 사실, 작동하고 있다는 사실, 기능을 하고 있음을 느끼면서, 지금 여기에 내 몸이 살아 있음에 감사함을 느낀다.

◆ 참고

1. 향이 있는 약초
진피, 백지, 청호, 곽향, 백두구, 초두구, 소회향, 익지인, 육두구

2. 5미五味에 따른 약초
- 단맛: 갈근, 생지황, 금은화, 인동등, 지골피, 사과락, 옥미수, 동규자, 맥아, 죽력, 합환피, 천마, 사삼, 황정, 흑지마, 저실자, 연자육, 대두황권, 상백피, 황기, 산약, 대추, 봉밀, 구기자
- 쓴맛: 시호, 황금, 황련, 황백, 고삼, 적작약, 연교, 목통, 구맥, 왕불류행
- 짠맛: 해구신
- 매운맛: 곽향, 사인, 백두구, 초두구, 건강, 소회향, 오약, 천궁, 홍화, 익지인
- 신맛: 모과, 산사

3. 4기四氣에 따른 약초
- 뜨거운 성질: 세신, 건강, 계피,
- 따뜻한 성질: 모과, 오가피, 창출, 사인, 백두구, 초두구, 소회향, 진피, 오약, 신곡, 맥아, 천궁, 현호색, 홍화, 황기, 산약, 감초, 대추, 두충, 익지인, 당귀, 숙지황, 오매, 석류피, 오미자, 복분자
- 차가운 성질: 황금, 황련, 황백, 고삼, 목단피, 적작약, 녹두, 지골피, 택사, 목통, 구맥, 삼백초, 상백피, 천문동, 구기자
- 서늘한 성질: 시호, 백작약, 지실, 지각, 울금, 결명자, 맥문동, 사삼, 옥죽

참고문헌

김명동, 권오창, 안경모, 이정훈, 이건호(2012). 도해 임상한의학 개론. 서울: 정담.

생약학연구회(1999). 현대 생약학. 서울: 학창사.

안희영, 이건호(2013). MBSR기법을 응용한 산림치유 프로그램 모델화 작업. 한국산림휴양학회지, 제 17권 4호, 1-12.

약품식물연구회(1991). **신약품식물학**. 서울: 학창사.

이상인(1991). **본초학**. 서울: 영림사.

이종대(2010). **30처방으로 보는 한방병리**. 서울: 정담.

이준우(2010). 산림휴양활동을 이용한 숲치유의 실험적 접근. 충남대학교 박사학위 논문.

조현섭, 조성민, 차진경(2008). 숲치유 프로그램이 알코올의존자 및 가족에게 미치는 치유효과. **한국 심리학회지** Vol. 13, No. 3, 727-743.

한국생약교수협의회(1998). **한방약리학**. 서울: 정담.

허준(1999). **동의보감**. 서울: 법인문화사.

황도연(2000). **방약합편**. 서울: 남산당.

Jang, S. H., & Kim, K. H.(2009). Effect of self-foot reflexology on stress, fatigue and blood circulation in premenopausal middle-aged women. *J Korean Acad Nurs, Oct: 39*(5), 662-72.

Kabat-Zinn, J. (2012). *Mindfulness for beginners: Reclaiming the present moment and your life*. Boulder: Sounds True.

Kabat-Zinn, J. (2012). **처음 만나는 마음챙김 명상** (*Mindfulness for Beginners*). (안희영 역), 207-230. 서울: 불광출판사.

Kaplan, R. (2001). The nature of the view from home: Psychological benefits. *Env ironment & Behavior, July vol. 33*, no.4, 507-542.

Lee, Y. M.(2006). Effect of self-foot reflexology massage on depression, stress responses and immune functions of middle aged women. *J Korean Acad Nurs, Feb: 36*(1), 179-88.

Park, H. S., & Cho, G. Y. (2004). Effects of foot reflexology on essential hypertension patients. *J Korean Acad Nurs, Aug: 34*(5), 739-50.

제6장 | *Integrative Body · Mind · Spirit Healing: Practice*

기·에너지 치유 관련 심신통합치유

◆ 온건강 양생도인기공치유(조효남)

◆ 하타요가치유(김제창)

◆ 차크라힐링(김성호)

◆ 몸마음영혼의 이완을 위한 수면요가치유(곽미자)

온건강 양생도인기공치유

조효남[1]

들어가는 말

氣와 氣 수련, 氣와 온건강(신체적 · 生命元氣적 · 정서적 · 심적 · 정신적/혼적 · 영적 건강)의 통합적 · 정신과학적 원리는 氣 치유 · 수련의 동의학적 원리와 함께 이미『통합심신치유학: 이론』편에서 상술하였다. 여기서는 동양의 전통기공 수련의 원리의 현대적 해석에 대해 요약하고 나서, 일상생활 속에서 심신(몸 · 기 · 맘, 精 · 氣 · 神)의 치유를 위한 핵심 · 치유로서 통합(보건 양생)導引氣功치유 수련의 기본 요결 원리와 지침에 대해 요약하였다. 이 양생도인기공 수련 원리와 지침에 따른 실제 기공 수련을 위한 수련 중 기초적인 부분을 제외하고는 주요 요결과 그 일부 주요 행공 요령의 설명과 그 각각의 치유효과는 간략하게 언급해도 몇 십 페이지가 넘게 되기 때문에 지면 제약 관계로 상세한 설명은 제외시켰다.

---

1) 서울불교대학원 대학교 석좌교수(심신치유교육학 전공 책임교수)

전통기공 수련

동북아의 중국과 한국에서 상고시대부터 전래되어 내려오는 氣와 氣功은 주로 神仙이 되기 위한 練丹術이나 神仙術로 인간이 보통 인간의 능력을 넘어 초능력을 발현하는 神通術을 부리고 人間을 넘어 神仙이 되고자 하는 욕망에서 비롯되었다고 볼 수 있다. 이에 따라 고대부터 중국에서는 金丹 · 練丹 수련이 있었고, 우리 상고사에서도 우리 고유의 仙道 · 丹學 수련이 있었음은 桓檀古記에 수록된 여러 문헌에 잘 나타나 있다. 오히려 상고시대에 仙道는 동이족인 우리에게서 중국으로 전래되었다고 전해지고 있다.『황제음부경 皇帝陰符經』만 해도 중국의 전설적 임금 황제가 동방에 가서 자부선생紫府先生에게서 전수받았다고 한다. 2세기 초 동한의『참동계천유參同契闡幽』의 저자이며 道家仙道의 시조라 일컫는 위백양이 백두산에서 眞人을 만나 연단술을 전수받았다고『신선전神仙伝』에 기록되어 있다. 물론 우리 고유의 仙道丹學의 원류는『桓檀古記』에 수록된〈三一神誥〉와〈參佺戒經〉〈太白眞訓〉등에 의해 우리의 고유의 仙道 수련 원리가 전래되고 있다. 이에 따라 신라의 국선도, 고려의 선도가 이조로 전해지면서 이조의 단학은 정념의『丹家要訣』, 이지함의『復氣問答』등에 의해 전해지고 있다.

통합치유도인기공 수련 원리

전통적으로 중국과 우리나라에서의 기공 수련은 무술 연마와 심신의 단련을 위한 무술기공이나 또는 신선이나 신통의 경지에 이르거나 전문 기공사 · 도인이 되기 위한 특이공능 · 신기공神氣功 · 金丹養生 기공의 수련 등이 전문적 기공 수련이라는 정도로 인식되어 왔다. 그러나 근래에 와서 氣에 대한 인식이 보편화되고 기공체조와 태극권 같은 것이 널리 보급되면서 기공은 요가와 마찬가지로 건강과 심신 수련을 위한 심신 수련법 정도로 인식하고 있다. 하지만 중국의『皇帝內經』의 導引안교를 비롯한 주요 한의학 문헌과 우리나라 허준의『東醫宝鑑』導引法나『醫方類聚』의 導引養生法 등에는 몸의 육장육부와 몸 · 氣 · 마음(精 · 氣 · 神, 身 · 氣 · 心)의 병을 치료하기 위한 다양한 導引氣功 養生術이 상술되어 있어서, 침 · 뜸 · 생약 처방 외에 몸 에너지, 氣 에너지, 정신 에너지(精 · 氣 · 神)의 수련과 단련을 위주로 하는 치료 목적의 의료도인기공이 있어 왔다. 하지만 전문가들을 제외하고는 일반인에게 제대로 인식되어 오지 못하다가, 최근에야 기치료사에 의한 氣치료와 함께 보건/의료/치료를 위한 의료도인법과 건강 양생을 위한 靜氣功 · 動氣功軟功 중심의 도인기공으로서의 기공 수련이 통합심신치유요법으로 주목을 받고 있다.

더구나 최근에 에너지의학, 양자의학 그리고 파동의학에서 인체의 氣와 미세 전기 · 자기 에너지와의 상호작용 그리고 양자파동 에너지와 밀접한 미세 에너지subtle energy로서의 氣 에너지에 대한 관심이 점점 더 높아지고 있다. 그리고 인체의 생체 에너지와 세포 에너지 준위의 활성화에 결정적 기능을 하는 미세 전자기 에너지(생체 전기 · 자기, 전자 · 광자의 흐름)이 氣 에너지와 밀접한 상호 관계가 있음이 밝혀지고 있다. 이에 따라 모든 수준의 몸 에너지가 양자파동 에너지, 기 에너지의 흐름과 직결되어 있다는 사실이 밝혀지고 있다. 하지만 아직도 氣功에 의한 심신의 통합치료 · 치유가 가장 효과적이고 점점 더 중요해지고 있다는 사실은 극히 일부 전문가를 제외하고는 아직까지 널리 인식되지 못하고 있다.

따라서 현대의 모든 몸 에너지 동작치료와 관계되는 운동, 헬스, 스포츠댄스, 몸 · 소마 동작 치료법들도 그 치료의 원리를 에너지의학 · 양자의학 · 파동의학 수준에서 이해해야 한다. 또한 그 원리를 더욱 심화하여 이해하려면 모든 몸 에너지 동작과 氣 에너지의 三身一体 수련의 원리와 현대치료치유 의료氣功 수련의 원리를 통합함으로써 모든 몸동작치료를 더욱 체계적으로 현대 에너지의학적으로 심화시킬수 있다.

앞에서 언급한 바와 같이 예전부터 우리 조상들이 기 수련을 위해 사용한 선도/단학이 중국보다 더 발전하였고 중국 도가의 練丹術도 우리의 丹學仙道가 그 원류이지만, 이조 때는 명맥만 유지해 오다가 근대에 와서야 우리 고유의 丹學 수련이 여러 丹學 · 仙道 수련 단체에 의해 대중적으로 널리 보급되고 있다. 반면에 현대적인 기공은 주로 중국에서 전통적인 도가의 수많은 유파에 의해 수없이 많은 다양한 무술기공, 내단공內丹功(金丹) 수련 법으로 내려오던 것을 오늘날 중국의 몇몇 뛰어난 기공사들이 현대화시켜 근래에는 한국과 일본에도 다양한 유파의 기공 수련들이 널리 보급되고 있다.

심신 수련의 기초 원리서인『태을금화종지太乙金華宗旨』나 금단金丹 수련의 고전인『참동계천유參同契闡幽』에 보면 도가에서도 원래 성명쌍수性命双修를 중시하였으나 기본적으로 명命 수련을 위주로 하는 외단공外丹功 혹은 내단공에 의한 기 수련법이 주류이다. 도가의 수련 중에 내단공을 위주로 하는 태을금화종지의 우도右道 수련의 기본 원리는, 신통神通과 용신用神에 의한 부적 · 주술을 통한 초능력 수련 위주인 좌도左道와는 달리, 소위 내기공인 금단 수련 원리인 소주천小周天, 대주천大周天에 의해 하단전下丹田에서 성태聖胎한 후, 양신陽神을 길러 환골탈태한 후 신선이 되거나 도통道通하고 득도하여 허명虛明(空·自性)으로 돌아간다는 원리가 금단 수련의 중심이 되어 있었다. 이것은 원래 불로장생의 금단연금술金丹鍊金術을 내단공으로 발전시킨 것으로, 그 수련의 원리와 과정을 주역의 원리에 따라 보여 주는 난해한 수련 원리서가 『참동계천유』이다.

그러나 도가의 수련은 유파가 너무 다양하고 금단 수련 원리와 기법 자체가 지극히 어렵고 난해할 뿐만 아니라 명 수련인 기 단련 위주의 수련이다. 물론 도가에서의 기 수련의 기본 원리에 따른 내기공 금단金丹은 도가에서 전진도全眞道의 유명한 도인인 종리권種離權이 가르친 바와 같이 [그림 6-1]에서 보듯이 후천의 정精(육신의 氣)과 기氣(생명의 氣, 元氣·眞氣)와 신神(마음의 氣와 정신의 氣, 心·意·識)에 대한 성명쌍수의 과학적 수련을 위한 원리가 모두 포함되어 있다. 인간의 몸, 기, 마음, 정신은 일체적으로(현대의 신과학의 홀론·홀라키에 의해) 상호 상향·하향 인과로 연관되어 있어서 하위의 기를 제대로 단련하면 상위의 기가 단련되는 상향 인과식 단련의 원리와, 역으로 상위의 기로써 하위의 기를 단련케 하는 하향 인과식 단련 원리를 통해 온생명기가 단련된다.

먼저 [그림 6-1]에서 보여 주듯이 상향식 단련에서 전통적인 氣환원주의적 설명을 하지 않고 설명하자면, '연정화기練精化氣'로 육신의 정기를 단련하면 (蓄氣養生되어) 원기가 좋아진다는 것이다. '연기화신練氣化神'은 엄격한 의미로는 진기(생명원기)를 단련하는 소주천小周天, 대주천大周天 같은 금단金丹의 기 수련을 하면 도태道胎하여 양신陽神을 길러서 불로장생하거나 신선神仙이 된다는 것이지만, 넓게는 단전호흡 같은 기 수련을 하면 식신識神인 혼기와 원신元神인 영기 같은 정신이 상승하여 신통의 경지에 도달한 도인이 된다는 것이다. '연신환허練神還虛'는 신神을 단련하면 결국 허虛로 돌아가서 도통하여 깨달음을 성취하게 된다는

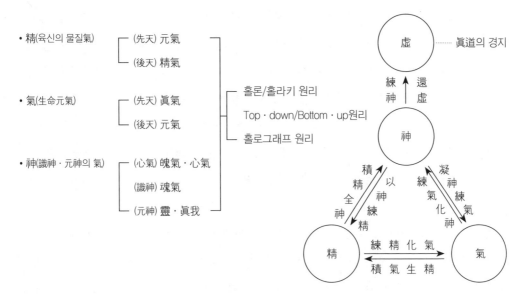

[그림 6-1] 정·기·신 수련 원리도

것이다. 역으로, '응신연기凝神練氣'는 신神, 즉 (識神 · 精神의 작용인) 마음을 (알아차림에 의해) 응시意念 · 意守하면 주천周天에 의해 단전의 기가 단련된다는 금단 · 단전 수련의 요체를 설명한 것이다. 뿐만 아니라 건강한 몸속에 건강한 마음과 정신이 깃든다는 현대적인 건강 원리가 '적정전신積精全神'의 원리이다. 반대로, 정신력이 강하고 건전하면 몸이 단련된다는 '이신연정以神練精'과 원기가 왕성하고 축적되면 육신의 '기'가 좋아지며 왕성하게 된다는 '적기생정積氣生精'은 현대적인 관점에서 보아도 과학적일 뿐만 아니라 精氣神(몸, 기, 마음 · 정신)의 三身一体的 과학적 통합 수련의 요체를 도가의 기 수련 원리에서 찾을 수 있다.

통합심신치유를 위한 현대적 도인기공 수련 요결

통합심신치유도인기공 수련 요결 원리

한마디로 말해, 현대적 통합치유導引기공이란 육장육부와 근골피육을 유주하는 12정경 · 기경팔맥의 366혈을 안마 · 지압 · 두드리기 · 박타 · 비틀기 등에 의해 다양하게 자극하는 기본 의료도인법 그리고 내단양생도인기공인 이완방송, 단전호흡, 動功 · 靜功, 軟功 · 硬功의 모든 치유행공을 알아차림의 意念 · 意守 · 意觀으로 수련하는 양생기공 수련을 통칭하는 말이다. 다시 말해, 전신의 울체되고 정체된 기와 혈을 도인하여 유주하게 하고 하단전의 후천 眞氣의 축기 양생을 통해 정기신을 치유 강화함으로써 기력 · 근력 · 기백 · 혼기를 수련하는 제반 도인 · 내단공의 기공을 통칭하는 것이다. 여기서 현대 통합치유기공으로서의 치유도인기공과 전통적이고 재래적인 기공과의 차이는, 알아차림이 현대 모든 근본 치유를 지향하는 심신치유, 명상치유 수련의 기본이듯이 모든 치유도인기공은 동작 행위, 감각 통증을 깊숙이 느끼는 알아차림意念과 병처에 의식을 집중하는 의수意守와 기의 흐름과 치유를 유도하는 심상화 · 내관을 위한 의관意觀을, 더 나아가 마음챙김을 포함하는 靜功을 중시하는 통합심신치유를 性命雙修로 實修行功하는 것이 기존의 도인치유기공과 다른 점이다.

전통적인 의료 · 보건 · 양생 도인기공은 정기신 치유 수련에 의한 몸과 기 치유 위주의 命主性從치유도인기공이었지만, 현대의 도인기공은 성명쌍유 · 쌍수를 위한 수련이다. 이를 위해서는 통합알아차림 치유도인기공 수련을 일상 속에서 단계적으로 수련해야 한다. 알아차림 없이 호흡에 맞추어 동작하면 그것은 체조이고, 알아차리는 의념을 하며 깊숙히 감각 통증을 느끼며 천천히 공을 들여 의수와 상관으로 하면 체조가 아닌 精氣身 수련이 된다. 즉, 처음에는 동작, 감각, 통증 위주의 알아차림 그리고 수련이 깊어지고 靜氣功을 몇 개월 이상 하여 공력이 생기면 '마음챙김' 알아차림을 할 수 있는 三意 알아차림 기반 정기신 성명쌍수의 자기치유와 자기성장의 기공이 된다. 여기서는 이러한 현대치유도인기공 수련의 원리와 요결의 지침에 대해서만 약술하고, 주요 치료·치유 기공의 행공 요결과 요령은 별도로 수록하지 않았다.

앞에서 언급한 바와 같이 온건강을 위한 치료·치유 도인기공(보건기공, 건강기공, 양생기공, 의료기공)은, 체질적으로 허약하거나 내·외인의 스트레스와 병리장애로 인해 칠정七情의 부조화나 반건강·미병未病 상태가 된 육장육부의 신체 기능의 치유에 일차적인 목표를 두고 있다. 더 나아가 생활습관병, 대사증후군, 내분비계의 교란, 인체 면역력 상실 등으로 인해 허약해진 신체의 치료에도 보다 적극적인 목표를 두고 있다. 심지어 치료(의료)기공은 암을 비롯한 의료적 치료로 치료하기 힘든 난치성 질병의 치료나 치유도 가능하다. 하지만 보다 포괄적으로, 치유도인기공은 질병의 치료나 미병 상태의 치유양생과 함께 혼의 위축으로 인한 심인성 모든 병리장애를 알아차림·마음챙김 기공에 의해 치료·치유하고 氣魄의 강화와 혼기의 강화를 통한 혼유를 하는 모든 심신장애의 예방 및 온건강 유지에 목표를 두고 있다.

이에 따라 치료·치유 기공의 유형으로는, 行氣法·吐納法, 周天修練·練丹法, 導引術·導引氣功, 立式·坐式·臥式(放鬆·貫氣·內觀)의 靜功·動功 行功法, 內丹功·養神法 … 등 무수한 치료 養生 導引氣功法들이 있다.

무엇보다도 치료·치유 도인기공의 특징은 氣功의 부작용으로 인한 심신의 편차가 거의 없고, 치료·치유 반응이 빨리 온다는 것이다. 기공은 도가기공의 『참동계천유』 『黃庭經』 등에 따른 금단 연단술 같은 내단공 수련이나 주천 수련 등을 제외하고 편차에 대한 걱정은 거의 없다고 해도 과언이 아니다.

따라서 치료·치유를 목적으로 하는 보건양생의료기공에서는 전통 선도·단학의 임독맥 주천 수련과 하단전의 金丹양생 수련보다는, 유불선의 性 수련(仙: 修心練性, 佛: 明心見性, 儒: 存心養性)보다는 몸 에너지·氣 에너지의 단순한 기공 몸동작 단련, 수련에 의한 치료치유가 아닌 성명쌍수性命双修로서 도인기공 시 의념意念(사띠sati, 알아차림, 마음챙김)과 몸의 치유를 위한 의수意守(단전, 주요 혈에 의식 집중)·상관想觀(병처에 치유의 氣가 집중하는 心像化, 육장육부 병처치유 상상 내관內觀)을 靜功 수련 시 집중명상태(기공태)나 마음챙김 기공태를 통합시키는 精·氣·神(身·氣·心)의 삼신일체三身一体적 기공 수련을 해야 한다. 이

223

에 따라 양자의학 · 에너지의학 · 파동의학 원리에 부합하는 치료 · 치유 효과를 최대화할 수 있고, 기공 수련에 의한 氣의 유주와 氣의 養生을 더욱 효과적으로 할 수 있다.

일반적으로 氣 수련에 의한 몸 에너지 동작 치료 · 치유는 인체의 특정 기능의 강화를 도모하는 대중요법인 有爲法 導引氣功이나 전신全身의 氣의 유주와 소통을 氣功에 의해 원활하게 하는 無爲法 氣功이나 有無爲法 氣功을 병행하는 치료 · 치유 수련을 의미한다. 하지만 어느 경우에도 몸 · 기 · 넋 · 맘 · 얼의 性命双修을 위해서는 精 · 氣 · 神(身 · 氣 · 心)의 삼신일체三身一体의 수련 원리를 따라야 한다.

따라서 氣 수련의 원리는 앞에서 설명한 精 · 氣 · 神 수련 원리에 따라야 하지만, 치료치유기공에서의 기본 요결은 形 · 氣 · 意의 합일合一 이다. 그러므로 어느 유파의 어떤 유형의 氣功을 막론하고 올바른 氣 수련의 要訣은 形 · 氣 · 意 의 合一에 의한 氣功態(명상태)의 실현에 있다고 말할 수 있다.

形 · 氣 · 意 三調 기공 요결

무엇보다 形 · 氣 · 意의 조화로운 合一은 몸과 호흡과 마음이 충분히 이완된 방송 상태에서 나오고, 이런 상태가 되어야 곧 명상태(入靜 · 入定상태)라고 할 수 있는 氣功態에 들어갈 수 있다. 따라서 치료 · 치유 기공의 효과를 극대화할 수 있는 '三調'의 形 · 氣 · 意 합일로 기공태에 들 수 있는 치료 · 치유 氣功要訣의 유형과 지침은 다음과 같이 요약할 수 있다.

調身形

기공의 특징은 폼새形가 매우 중요하지만 온몸의 氣의 유주流周와 유행을 돕는 자연스럽고 균형 잡힌 자세라면 어느 자세라도 가능하고, 氣功에는 명상 · 참선과는 달리 서 있는立式 靜功 · 動功의 다양한 자세와 동작이 더 보편적이다. 게다가 위로 바로 눕거나仰臥 옆으로 눕거나側臥 누워서臥式 하는 導引氣功은 다른 몸동작 수련이나 명상 수련에 비해 意念(사띠)과 意守(사마타), 그리고 內觀 · 觀想(心像化 AI, CV)에 의해 氣의 유주와 病處의 치료를 쉽게 할 수 있는 장점이 있다. 앉아서 하는坐式 導引기공도 다른 심신 수련과는 달리 편안히 허리를 바로 세우고 의자에 앉는平坐式 자세에서 가부좌(온가부좌, 반가부좌)에 이르기까지 모두 다양하지만 바른 자세로 치료 · 치유 導引氣功의 행공行功을 할 수 있다는 장점이 있다.

調息氣

다른 어느 수련이나 명상 수행보다도 氣功에서는 매우 중요하고 다양한 호흡법들(자연호흡, 완전호흡, 복식호흡, 단전호흡, 순식호흡, 역식호흡, 지식호흡, 폐식호흡, 태식호흡 등)이 사용되고 있다. 이와 같이 다양한 기공호흡법에 대해서는 뒤의 기공 실습 요령에 약술되어 있다.

調心意

모든 명상 · 영성 수련에서 조심調心이 중요하지만 도인기공 수련에서는, 특히 의념意念(의도적 의식 집중, 사띠)이 매우 중요하다. "마음(의식: 念)이 가는 데 氣가 가고 氣가 가는 데 血이 가고 血이 가는 데 精이 간다."라는 원리 때문에 마음챙김 명상에서 身(몸동작) · 受(감각) · 心(마음)에 대한 알아차림(念: 사띠)이 중요하듯이, 의념은 매우 중요하고 의념 외에 단전 수련이나 병처를 내관內觀 / 관상觀想하며 의식을 계속 집중하는 의수意守(사마타)도 중요하다. 특히 백회百會에서 용천湧泉에 이르기까지 주요 단전이나 경혈 그리고 몸의 중심을 氣가 관통貫氣하는 심상화 관상도 매우 중요하다. 그 외에 放鬆功같이 몸을 이완하는 훈련도 심신의 이완에 의한 調心法으로 기공에서는 중요시하고 있다.

225

중국의 道家기공이나 우리의 선도 단학기공의 종류와 유파는 너무나 다양하고 무수하게 많지만, 몸 에너지 동작치료를 위한 치료 · 치유 기공, 무술기공이나 신기공神氣功(초능력기공), 좌도기공 수련用神術은 치유도인기공 범위 밖이다. 그리고 金丹 수련을 목적으로 하는 周天小周天 · 大周天 수련도 본격적으로 하지는 않고 의수단전호흡에 의한 축기蓄氣양생과 임독맥 氣의 유주를 원활하게 하며 원기를 강화하고 몸의 온건강을 회복하고 지속하는 보건 · 양생 · 치료 · 치유기공을 하는 데 치료기공의 중점을 두고 있다. 따라서 다양한 도인술과 함께 도인기공으로 정기공靜氣功인 방송공放鬆功. 관기공貫氣功. 참장공站樁功(천지서기…), 육자기결六字氣訣 … 등과 동기공動氣功인 소위 기체조라는 다양한 연기공(태극십팔식 · 태극십이식 연기공 …)과 함께 軟氣功 · 硬氣功을 動功과 함께 수련하는 팔단금八段錦, 건신십이단금健身十二段錦, 달마역근경達摩易筋經 등과 (여기서는 다루지 않는) 태극권 · 오금회 · 자발공 등이 주요 치료 · 치유 기공법이다. 그리고 무엇보다 이들 기공을 바탕으로 하는 몸의 육장육부의 병약한 부위의 집중 치료와 다양한 만성 생활습관병, 대사증후군, 암 등의 난치병의 치료를 위한 집중치료 (의료)도인기공도 누구나 자기에게 필요하고 꼭 맞는 맞춤식 치료 · 치유 기공 수련으로 효과적으로 병행할 수 있다.

여기서 소개하는 치유양생도인기공 수련 중 기본 기공 수련은 3시간 8주 프로그램으로 수련하기에 적합한 실제 기공 수련 내용으로 구성되어 있으나, 프로그램 소개보다는 범주별 주요 기공 요결 소개 위주로 집필하였다.

기본 실습 요령

호흡법 실습

• **자연호흡법**은 보통의 흉식호흡을 의미한다. 그러나 기공에서는 예비 심호흡을 제외하고는 흉식 자연호흡을 거의 사용하지 않고, 기공명상에서도 호흡은 복식호흡, 단전호흡을 기본으로 한다.

• **완전호흡**은 기공에서만 있는 좋은 호흡법인데, 공기가 깨끗한 곳에서 수련하기 전에 몸의 濁氣를 내보내기 위해 吸氣(들이쉬기)호흡을 할 때 몸통 전체가 肺라고 생각한다. 그래서 복부 하단으로 천천히 깊숙이 들이쉬면서 맨 하단에서부터 차곡차곡 공기를 가득 차게 하며, 목까지 꽉 찰 때 일시에 '후' 하고 호흡을 내쉬면 몸의 탁기가 빠져나간다. 이렇게 일곱 번 정도 호흡하고서 무슨 導引氣功이든지 하면 기공 효과가 배가 된다.

• **복식**腹式**호흡**은 하단전을 중심으로 한 하복부로 호흡을 하는 기공·명상 수련에서의 보편적 호흡법이다. 기공 수련의 무술기공과 그 기초 기공인 硬氣功에서는 복식호흡 시 들이쉴 때 복부가 나오는 **순식**順式**호흡**과는 달리, 들어쉴 때 복부가 들어가고 (그래서 횡경막이 더 내려가는) 내쉴 때 복부가 나오는 **역식**逆式**호흡**을 한다.

• **단전호흡**은 의도적으로 의식을 주로 하단전에 집중하여(意守: 사마타) 호흡한다. 이때 가급적 부드럽고 가늘며 깊고 조용히 끊어지지 않게 천천히 길게 하는(柔·細·均·深·靜·綿·緩·長) 호흡법으로 하단전에 氣를 축기蓄氣하고 養生하여 元氣를 강화하는 氣功 수련에서 필수적인 호흡법이다. 하지만 정기공靜氣功이나 기공명상 시 하단전에 의식을 집중(의식)할 때의 호흡은 호흡을 의도적으로 하지 않는 **자연식 단전호흡**을 한다.

• **지식**止息**호흡**은 기공 시 들이쉰 후 내쉬기 전에 대개는 **역식**逆式**호흡**에서 호흡을 의도적으로 5~10초 내외에서 멈추는 호흡이다.

• **폐식**閉式**호흡**은 들이쉼에 호흡을 1분 이상 가두어 **태식**胎式**호흡**(피부호흡)을 확장하는 호흡 수련법으로, 함부로 하면 위험하고 편차가 생길 수 있는 고도의 특이공능 氣 수련

을 위한 전문 기공호흡법이다.

도인술

- 온몸의 표면 주요 경혈과 신경 스위치, 피부 · 근육 · 세포 · 조직의 생체전자 흐름을 자극하여 氣 · 血 · 精과 중추/말초 신경계의 흐름을 원활하게 하기 위한 모든 신체 부위를 자극하는 행위이다.
- 자극의 종류
  - 전신 안마(마찰), 지압하기　　－전신을 손바닥, 손가락으로 가볍게, 세게 두드림
  - 손발 비틀기, 꺾기, 두드리기　　－꼬집기(꽈샤)
  - 주요(얼굴, 머리, 목, 가슴, 손, 발) 경락 지압, 자극하기

(기상 전) 와식 기공체조

- 여기서는 아침에 기상 전이나 좌식 명상 수련 전후에 와식臥式으로 하는 주요 기공체조에 국한한다.
  - 몸통 펴서 뻗치기(스트레칭)　　－새우 허리 당기기
  - 허공 페달 밟기　　　　　　　　－무릎 세워 허리 뒤집기
  - 붕어 허리 좌우 휘젓기　　　　　－다리 세워 좌우 넘기기
  - 팔다리 들어 털어 주기　　　　　－요철 허리 굽히기
- 하타요가의 기본 아사나와 유사하고, 경직된 몸풀기와 어긋난 신체 교정을 위해 척추 · 관절 · 근육의 경혈을 자극하여 기혈의 유주와 신체 교정을 도와주는 동작 위주의 모든 좌식 · 와식 도인기공 체조이다.
- MBSR의 마음챙김 요가 자세들과도 거의 유사하다.

이완 放鬆功(근본 기공)

- Schultz 박사의 자율 훈련법/자기암시법과 유사하다.
- 긴장, 경직 상태의 몸 이완 상태 유도, 氣血의 흐름을 원활하게 한다.
- 意守와 결합해서 특정 장기 방송하면 치유효과가 높아진다.
- 심호흡을 3번 정도 하고 자연스럽게 눈을 감고 힘을 쭉 빼고 편안하게 시작한다.
- 식사 직후, 잠자기 전, 운동 후, 활동하면서도 하면 쾌면, 건강 유지, 불면증에 특효이다.

227

• 行功法: 와식 · 좌식 · 입식 모두 가능

   -三線방송: 기가 흐르는 線을 따라 방송   -국부방송: 특정한 부위(오장육부) 방송

   -분단방송: 따로따로 떼어서 방송   -전신방송: 몸 전체 방송

의수하단전호흡법

• 하단전호흡법은 모든 호흡법의 기초가 되는 호흡법이다.

• 자세: 서거나 앉은 자세로 허리를 곧게 세우고 두 손은 아랫배 중심에 모은다. 먼저, 입으로 길고 강하게 탁기를 3회 내뱉고 시작한다. 코로 숨을 천천히 들이쉬며 아랫배가 나오도록 한다. 이때 횡경막을 아래로 당기는 기분으로 호흡한다. 의식은 들숨 · 날숨에 따른 하복부의 움직임에 집중한다. 내쉴 때는 코로 천천히 내쉬되 아랫배가 등에 닿는 기분으로 완전히 뱉는다. 들이쉴 때도 아랫배가 천천히 같은 움직임으로 무리 없이 끝까지 팽창시킨다. 들숨, 날숨의 끝에서 자연스런 2~3초의 단절 止息이 있지만 의도적으로 무리하게 호흡을 멈추게 해서는 안 된다. 들숨과 날숨의 길이가 1대 1이 되도록 하고, 가능한 한 가늘고 길고 균일하게 하되 무리하지 않도록 한다. 처음에는 15~20초 정도이나 내공이 생기면 1분 정도까지 길게 단전호흡을 할 수 있다.

• 의수하단전법은 기공 수련의 기본적인 수련 방법 중의 하나이다. '의수意守'라는 글자의 뜻대로 정신을 특정한 부위에 집중하는 것을 말한다. 자세는 행 · 주 · 좌 · 와의 어떠한 상태에서도 가능하며, 그중에서는 좌식, 즉 앉아서 하는 수련이 기본이라고 할 수 있다. 일반적으로 정신을 아랫배의 중심, 즉 하단전에 모으고 고요히 그 상태를 유지하는 방법과 정신 집중과 함께 호흡을 고요히 가늘고 길게 쉬며 그 호흡을 하단전으로 모으는 방법의 두 가지가 대표적이다.

六字氣訣(대증기공)

• '쓰' 자 발성공: 폐 계통의 탁기를 내보낸다.

• '춰' 자 발성공: 신장 계통의 탁기를 내보낸다.

• '슈' 자 발음공: 간장 계통의 탁기를 내보낸다.

• '허' 자 발음공: 심장 계통의 탁기를 내보낸다.

• '후' 자 발음공: 소화기 계통의 탁기를 내보낸다.

• '쉬이' 자 발음공: 삼초의 화기를 내보낸다.

   -동의보감 등 여러 기공서에 나오는 기본 대증기공

–복식호흡/심호흡을 통해 육장육부의 邪氣와 濁氣가 내쉬는 호흡을 통해 나가게 하고, 진동 공명에 의해 육장육부 기능 활성화

• 六字의 말이 육장육부에 대응(감응)하는 소리는 간/담(슈), 비/위(후), 폐/대장(쓰), 심/소장(허), 신장/방광(취), 삼초/삼 포(쉬이)이다.

• 意守病處, 丹田, 穴位, 장부: 마음을 인체의 어느 부분에 의념을 집중하는 수련

• 瀉法 수련이므로 허증 환자는 안 된다.

–호흡은 자신의 호흡에 맞추어 조금 길게(내쉬는 데 40~50초) 10 → 20 → 36회 반복하나, 자신의 상태에 맞추어 조절한다. 六字 모두 하지 않고 2~3가지 중점 수련이 바람직하다.

意守法

• 行功: 입식 · 좌식 모두 가능하다.

–하단전의수: 意守丹田/관원(하초기부실, 신허증, 신장/방광, 요통, 상기…)

– 의수하단전법

– 중단전의수: 意守중단전/전중혈(심장병, 관상동맥, 상기증)

– 회음의수: 意守會陰穴(성기능, 전립선 질환)

– 백회의수: 意守百會穴(저혈압, 어지럼증)

– 족삼리의수: 意守足三里穴(다리 냉증, 통습증)

– 용천혈의수: 意守湧泉穴(상기방기, 하지 기능 강화)

– 내장의수: 意守內藏法(병든 내장, 의식 집중)

• 자연호흡/복식호흡으로 수련 시간은 得氣, 氣感, 오는 것을 기준하여 하단전 30분, 다른 곳은 5~10분, 짧으면 수 분도 가능하다.

貫氣法

• 의수법의 발전된 형태: 의수법보다 더 효과 있고 느낌이 빨리 온다.

• 경락 사이의 氣의 흐름에 집중하는 수련법이다.

• 行功法

–관원용천관기법

–흡기하면서 하단전에 의식 집중하고 내쉬면서 용천의 의식 집중하면서 氣가 내려가는 것을 상상하여 느낀다.

229

→ 좌식, 와식 어느 자세도 가능하고, 와식이 더 효과 있음

→ 호흡은 약간 긴 자연호흡이나 복식호흡

－니환용천관기법, 관원회음관기법, 니환회음관기법

站樁功

- 말뚝같이 우두커니 서 있는 立式靜功
- 호흡은 자연호흡, 복식호흡
- 調心은 의수단전, 용천관기법, 관상법
- 기본 자세

　－자연식: 상위식, 三圓식: 중위식, 下垵식: 저위식

數息觀

- 수식관은 동양전통 지혜의 거의 모든 수행 전통에서 전해 오는(사마타) 집중수련의 기본 수련인 호흡 세기 수련법으로 좌식調身 정좌수행이 보편적이다.
- 숨을 심호흡으로 크게 3회 내쉬어 탁기를 내보낸 후, 눈을 가볍게 감고 자연스럽게 코로 숨을 쉬며 숨이 들어가고 나가는 것을 하나로 해서 열까지 세기를 반복한다.(계속 세어 나가는 방법도 있다.) 의식의 주의력 집중을 들숨 날숨의 코끝 감각이나 하복부의 움직임 감각의 날숨을 기준으로 세 나간다. 중간에 잡념이 들어와도 호흡 세기를 계속하면 잡념이 사라진다. 수식관은 數・隨・止・觀・還・靜의 6단계 수련 단계로 되어 있는데, 수련이 깊어지면서 고급 단계로 자연스럽게 이어진다.

小周天

- 소주천은 양생기공의 꽃이지만 기 수련 초보자가 해서는 안 된다. 6개월 이상 하단전 호흡 수련을 전념하여 상당히 오랜 기간 하여 단전에 축기가 된 후에나 수련할 수 있는 고급 수련이다.
- 자세: 정좌하여 가부좌 또는 반가부좌를 하고 허리를 세우고 양손은 겹처서 하단전 앞에 둔다.
- 제1단: 명치에 기 모으기

　－하단전 호흡을 자연스럽게 하면서 정신이 고요해지면 조금씩 호흡을 가늘고 길게 한다. 숨을 내쉴 때에 마음을 명치(중단전)에 집중하여 '기'가 모이는 것을 상상한다.

–한 번 할 때 20분씩 가급적 하루 2~3회 이상 한다.

–3~5일 정도면 명치 부분이 묵직하게 느껴지고 10일 정도면 기가 흐르는 것이 뚜렷
  이 느껴진다. 확연히 느껴지면 제2단으로 진행한다.

• 제2단: 단전에 기운 모으기

–호흡은 하단전호흡으로 일단 명치까지 기운을 모은다. 내쉬는 숨으로 명치에 모인
  기운을 천천히 하단전까지 밀어 내린다.

–한 번에 25~30분씩, 하루 3회 실행한다.

–10일 정도면 뜨거운 기운이 단전까지 흘러간다. 이때 아랫배에서 소리가 나거나 장
  이 움직이기도 하고, 식욕이 왕성해지고 방귀가 나오기도 한다.

• 제3단: 단전에 정신 모으기

–하단전에 기가 모이면 정신을 하단전에 모으고 단전 부위가 항상 따뜻한 상태가 되
  게 한다.

–한 번에 30~60분씩, 하루 2~3회 40~50일간 실행한다.

–아랫배가 더워지고 마치 공기덩어리 같은 것이 뱃속에 느껴진다. 온몸, 특히 팔다리
  에 열기가 느껴진다.

• 제4단: 독맥 통하기

–제2단을 40~50일 정도 실행하여 하단전에 진기가 충만하면 꼬리뼈에서 척추를 따
  라 진기가 흐르기 시작한다.

–이때 진기가 올라가면 마음도 이를 따라가되 기운이 더 이상 올라가지 못할 경우, 이
  는 진기가 부족하기 때문이므로 '절대' 의식적으로 올리지 말아야 한다. 강제로 올릴
  경우 수기水氣는 못 올라가고 화기火氣만 올라가 뇌수가 말라서 두통 · 어지러움 · 상
  기 · 고혈압 · 치매 등 부작용이 올 수 있다.

–한 번에 40~60분씩, 하루 2~3회 수련한다.

–마치 수은주가 올라가는 느낌으로 독맥이 통하여 진기가 백회로 올라가고 원활해지
  면 흐르는 느낌은 오히려 약해진다.

–임독맥이 통하여 주천이 이루어지면 상단전(천안)이 열리며 신통력이 생길 수 있고,
  12정경뿐 아니라 기경팔맥의 유주가 원활해지며 쉽게 입정入定의 경지에 들어간다.

231

주요 導引行功法

天地 서기(태극식)

- 참장공치유기공은 단계적으로 여러 가지 방법이 있으나 최초의 단계 그리고 가장 기본이 되고 가장 중요한 수련은 '천지天地 서기' 수련이다. 수련 방법을 알아보자.
- 자세: 어깨 넓이로 벌린 양발이 평행이 되도록 선다. 항문을 약간 조이며 무릎은 조금만 굽히고 척추를 곧게 세운다. 이때 혀는 입천장에 살짝 대고 턱은 약간 당기는 기분으로 체중을 뒤꿈치와 앞꿈치로 6대 4가 되도록 한다. 어깨는 낮추되 양 팔꿈치를 들고 상박과 하박의 각도는 90도 이상, 손목을 뒤로 젖혀서 손바닥이 앞을 보게 하며 손가락은 자연스럽게 벌려서 마음속으로 종이 공을 잡는 것을 상상하며 살짝 굽힌다. 온몸의 힘을 빼고 이 자세를 유지하면 양 손가락 끝부분부터 전기가 오듯이 찌릿찌릿한 느낌이 온다. 손에 찌릿하고 묵직한 열감이 오는 것을 '기감氣感'이라고 하는데 이 느낌을 마음으로 유도하여 팔 위로 올려 어깨에서 앞뒤로 몸통을 지나 양 발끝까지 오도록 한다. 알아차림 의식意念은 통증이나 감각이 있는 부위에 집중意守하고, 특정 부위 감각이 사라지면 하단전에 집중한다. 처음에는 손끝만 강하고 다른 부분은 미약하게 느껴지지만, 반복 수련하면 몸 전체에서 '기감'을 느낄 수 있다. 이것이 '천지서기'의 1단계 기초인 '외부 경락 소통법'이다. 본격적인 통찰적 마음챙김(意念, 意守, 意觀 · 想觀 · 內觀)명상 수련으로 하는 고급 천지서기 참장공은 기초 수련 후 점차적으로 내공을 쌓아 가며 수련해야 한다.
- 시간: 하루 2~3회, 1회 10~15분 이상
- 주의: 평소 '기'가 뚫리기 직전 통증이 올 수 있으나, '기'가 소통되면 자연히 사라지고 병도 낫는다.
- 그 외에 斜式 참장공, 항룡장, 혼원장, 팔괘장 등 좀 더 고급의 다양한 참장공이 있으나 여기서 그 요결을 설명하지는 않는다.

주요 導引法

팔단금의 좌식도인법(퇴계의 좌공 8법 도인기공)

- 제1단: 치아를 마주치고 정신 모으기
- 제2단: 하늘 기둥 흔들기

- 제3단: 붉은 용이 바다를 휘젓기
- 제4단: 문질러서 신장에 기운 보내기
- 제5단: 외바퀴 돌리기
- 제6단: 쌍바퀴 돌리기
- 제7단: 손모아 정수리 누르기
- 제8단: 손 뻗쳐 발 집기

구단공

- 자세: 편안히 다리를 뻗고 위를 보고 똑바로 눕는다. 이때 온몸에 조이는 것은 모두 풀고 행한다.
- 1단: 하복부를 오른 손바닥으로 시계 방향을 따라 36회 문지른다.

  (1~9단 모두 사용하지 않는 손은 남자는 고환을 잡고 여자는 외음부를 감싼다. 그리고 손바닥은 반드시 맨살 위를 문지르고 정신은 손바닥과 피부 사이에 집중한다).
- 2단: 1단과 방향이 반대. 36회. 양손을 바꾼다.
- 3단: 오른손으로 단전과 양 젖가슴 사이(전중)를 왕복하며 문지른다(36회).
- 4단: 오른손으로 단전과 왼쪽 젖가슴 사이를 오가면서 문지른다(36회).
- 5단: 왼손으로 단전과 오른쪽 젖가슴 사이를 오가며 문지른다(36회).
- 6단: 오른손으로 단전-왼쪽 젖가슴-오른쪽 젖가슴-단전으로 둥글게 문지른다(36회).
- 7단: 왼손으로 6단의 반대 방향으로 둥글게 문지른다(36회).
- 8단: 오른손으로 중완(명치와 배꼽의 중앙)을 중심으로 우-좌-우로 문지른다. 이때 오른쪽에서 왼쪽으로 밀 때는 손바닥 뿌리 쪽, 왼쪽에서 오른쪽으로 당길 때에는 손가락 쪽에 힘을 준다(36회).
- 9단: 8단과 같은 요령으로 왼손으로 방향만 바꾸어 행한다(36회). 9단이 다 끝나면 옷이나 이불로 배를 덮고 약 5분간 마음을 고요히 하고 누워 있는다.
- 효능: 모든 질병의 예방과 치료에 효과가 있으나, 특히 암의 치료와 예방의 보조 요법으로 탁월한 가치가 있고, 위궤양, 위염, 장이 약한 사람, 중풍 후유증, 양기 부족 여성의 생리불순 및 대하 등에 뛰어난 효과가 있다.

제항공(항문 조이기)

- 자세: 어떠한 자세에서도 가능하다.

233

- 공법: 제항호흡은 두 가지가 있는데 이 두 가지를 병행해서 수련하는 것이 효과적이다. 첫 번째는 숨을 들이마시며 항문을 서서히 조이고, 숨을 다 들이마신 후에는 잠시 숨을 멈추고 항문을 강하게 조이고 그 상태를 유지한다. 다시 숨을 천천히 내쉬며 항문의 힘을 빼고 풀어 준다.

두 번째 방법은 자연호흡을 하며 항문을 빠르게 조였다 풀었다 하는 것을 반복한다. 이상의 방법을 가능하면 자주, 그리고 많이 행할수록 좋다.

주요 動功 수련

팔단금(입식 軟氣功)

- 팔단금은 양생도인기공 수련에서 오래되고 널리 알려진 기본 동기공으로, 다양한 행공 양식이 있으나 8개 단의 모든 동작이 주요 경락의 자극과 육장육부와 근골의 기혈, 기력 증강에 연관되어 있다. 신전과 이완 사이의 4~5초의 지식이 중요하고 흐름은 자연스레 순식으로하나 제2단은 역식호흡으로 해야 한다. 호흡은 특별히 신경 쓰지 않으나 동작이 체조와는 달리 아주 느리고 일정하게 이루어지므로, 이에 따른 균일한 호흡이 되어야 한다. 팔단금은 익히기 쉽고 효과가 좋아서 12세기부터 현재까지 여러 가지 형태로 다양하게 발전되어 왔다. 여기에 소개하는 팔단금은 어린이나 중·노년층도 쉽게 배우고 행할 수 있으며, 노인병 예방에는 더욱 효과적이다. 중국에서 장수한 사람들의 기록을 보면 공통적으로 팔단금을 꾸준히 수련해 왔다고 한다. 일반 체조를 하기에 몸이 따라 주지 않는 사람들은 반드시 팔단금을 익혀 아침저녁마다 해서 건강을 유지하기 바란다.
- 제1단: 양수탁천리삼초兩手托天理三瞧(양손으로 하늘을 치받쳐서 삼초를 다스린다)
  - 자세 및 동작: 양발을 자연스럽게 발을 나란히 벌리고 차렷 자세로 선다. 숨을 천천히 들이마시며 양 손바닥이 아래를 향한 채 좌우로 천천히 몸의 옆 부분을 따라서 올린다. 머리 위에 이르러 손은 깍지 낀 다음 하늘을 밀어 올리듯 팔을 쭉 편다. 동시에 얼굴을 들어 양손을 쳐다본다. 숨을 천천히 내쉬며 깍지 낀 채 양손을 하복부 앞으로 내리는데, 손바닥은 얼굴 앞에서는 앞쪽을 배꼽 앞에서는 위쪽을 향하게 한다. 깍지를 낀 채 앞의 동작을 8회 반복한다. 마지막 회에는 얼굴 위에서 깍지를 풀어 양 손가락이 가지런히 아래로 향하면서 내린다.
  - 효과: 전신의 혈액 순환을 원활히 하고 기를 보하며 저혈압을 고친다. 특히 어깨 ·

팔·목의 통증을 없애 준다.

- 제2단: 좌우개궁사사조左右開弓似射鵰(수리를 겨냥하며 쏘려는 듯 좌우로 활을 당긴다)

  - 자세 및 동작: 다리를 어깨너비보다 넓게 벌리고 마보 자세를 취한다. 상체를 바로 세우고 몸통 앞에서 양 팔꿈치를 굽혀 왼손은 위로, 오른손은 아래로 하여 서로 태극 모양으로 맞보게 한다. 양손은 주먹을 쥐는데, 왼손은 엄지와 집게손가락을 펴서 활을 쥐듯 가위 모양으로 벌리고 오른손은 활시위를 당기는 모양을 취한다. 왼손을 어깨 높이에서 천천히 왼쪽으로 수평이 되게 내뻗고, 오른손은 팔꿈치를 오른쪽 후방으로 끌어들이면서 주먹이 오른쪽 갈비뼈 밑까지 오게 하여 활을 당기는 형상을 취한다. 얼굴을 돌리고 눈은 왼손을 바라본다. 신전유지. 양손을 몸통 앞으로 거둬들여 앞의 자세로 돌아가되 이번에는 오른손이 위로, 왼손이 아래로 오게 한다. 방향만을 오른쪽으로 바꿔 앞의 동작을 그대로 되풀이한다. 좌우 교대로 2회씩 도합 8회 반복한다. 길고 깊은 역식호흡. 동작에 맞추려면 활을 당길 때 천천히 배가 등에 붙을 때까지 들숨하며 신전 자세를 10초 정도 지식을 한 후 이완하며 원자세로 돌아갈 때 날숨.

  - 효과: 심장과 폐·기관지의 기능을 돕는다. 하체의 힘을 키우고 손과 팔의 혈액 순환을 돕는다.

235

- 제3단: 조리비위비단거調理脾胃臂單擧(한쪽 팔을 번갈아 쳐들어 비와 위를 조리한다)

  - 자세 및 동작: 넓게 벌렸던 양발의 간격을 어깨너비로 되돌려 1단과 같이 자연식 선 자세를 취한 다음, 왼손을 몸통 앞을 따라 쳐들어 올려 머리 위에서 손바닥을 젖히면서 쭉 뻗어 올린다. 이때 왼손 끝은 오른쪽을 향하게 된다. 이와 함께 오른손은 손끝을 앞으로 쳐들어 손바닥으로 내리누르는 자세를 취한다. 4~5초간 신전유지. 왼손바닥을 아래로 향하게 하면서 몸통 한가운데를 따라 천천히 하복부 앞에까지 내린 후 대퇴 옆으로 거둬들여 원자세로 돌아간다. 동시에 온몸을 방송한다. 이번에는 오른손을 쳐들어 올리면서 위의 동작을 한다. 좌우 교대로 각각 2회씩 도합 8회 반복한다. 자연식호흡, 동작에 맞추려면 손을 올릴 때 들숨, 내릴 때 날숨.

  - 효과: 소화기 계통의 질병(위염, 위궤양, 위산 과다, 위하수, 위무력, 췌장 질환, 장 질환 등)을 예방 치료하고 팔과 어깨의 통증도 없앤다.

- 제4단: 오로칠상왕후초五勞七傷往後瞧(고개를 좌우로 뒤로 돌려 오로칠상을 물리친다)

  - 자세 및 동작: 3단과 같은 자연식 자세로 양손을 자연스럽게 허리에 걸친다. 머리와 윗몸을 천천히 왼쪽으로 한껏 돌린다. 눈은 뒤쪽을 바라본다. 머리부터 허리까지 윗

몸 전체를 원자세로 천천히 돌리면서 온몸을 방송한다. 좌우 교대로 각각 2회씩 도합 8회 반복한다. 몸을 회전할 때 들숨, 원자세로 돌아올 때 날숨.

-효과: 목과 오관의 피로를 풀고 머리를 맑게 한다.

• 제5단: 요두파미거심화搖頭擺尾去心火(머리와 허리를 요동하여 심화를 없앤다)

-자세 및 동작: 마보 자세로 서서 양손을 허리에 걸친다. 상체를 천천히 왼쪽으로 돌려서 천천히 굽히는데, 계속해서 앞쪽, 오른쪽으로 상체를 크게 회전해 원자세로 돌아온다. 머리도 상체와 함께 회전시킨다. 다음엔 반대 방향, 즉 오른쪽 → 앞쪽 → 왼쪽 → 원자세로 천천히 회전시키고 나서 온몸을 방송한다. 위와 같이 방향을 바꿔가며 각각 4회씩 도합 8회 반복한다. 몸을 굽혀서 돌릴 때 날숨, 일으키면서 원자세로 돌아올 때 날숨.

-효과: 신경성 질환, 고혈압, 심장 질환을 예방하고 단전과 허리, 다리의 기를 키운다.

• 제6단: 양수반족고신요兩手攀足固腎腰(양손으로 다리를 훑어올려 신과 허리를 강화한다)

-자세 및 동작: 1단과 같이 양다리를 벌리고 서서 양 손바닥을 허리 뒤쪽에 갖다 댄다. 무릎을 편 채 상체를 천천히 앞으로 굽히면서 양 손바닥으로 허리와 다리 뒤쪽을 거쳐 발뒤꿈치까지 지긋이 누르듯 의식을 손바닥과 몸 사이에 집중하며 쓰다듬어 내린다. 양 손바닥을 발목 안쪽으로 돌려 다리 안쪽을 거쳐 하복부에 이르면 양손을 허리 뒤쪽으로 미끄러뜨리듯이 돌리면서 상체를 뒤로 젖힌다. 신전유지. 다시 상체를 앞으로 굽히면서 앞의 동작을 도합 8회 반복한다. 상체를 굽히면서 날숨, 일으켜서 뒤로 젖히면서 들숨.

-효과: 요통을 치유예방하고 신장과 방광의 기능을 강화한다.

• 제7단: 찬권노목증기력攢拳怒目增氣力(눈을 부릅뜨고 주먹을 내질러 기력을 증강한다)

-자세 및 동작: 양발을 어깨너비 한 배 반으로 벌리고 무릎을 굽혀 기마 자세로 선다. 양손은 주먹을 쥐어 양 옆구리에 둔다. 마보 자세를 취하고 주먹 쥔 양손을 겨드랑이 밑으로 가져가되 권심拳心은 위를 향하게 한다. 왼 주먹을 돌려 손등을 위로 가게 하면서 앞으로 내지르듯 그러나 아주 천천히 내뻗는데, 이에 따라 허리는 오른쪽으로 약간 돌아가고 왼쪽 어깨는 팔을 따라 앞으로 나가게 된다. 주먹이 나갈 때는 손가락을 움켜쥐면서 두 눈을 크게 부릅뜬다. 신전유지 2~3초. 내뻗은 왼 주먹을 활짝 펴고 손바닥을 새끼손가락 쪽으로 크게 돌려 위를 향하게 뒤집어서 거둬들이되, 원위치로 돌아올 때는 다시 주먹을 쥔다. 위와 같이 좌우 교대로 각각 4회씩 도합 8회 반복한다. 주먹을 내지르면서 날숨, 거둬들이면서 들숨.

－효과: 전신의 기력을 충만하게 한다.

- 제8단: 배후칠전백병소背後七顚百病消(등을 일곱 번 뻗어 백병을 해소한다)

－자세 및 동작: 1단과 같이 양발의 간격을 어깨너비로 되돌려 자연식 선 자세를 취한다. 손바닥을 아래로 향한 채 양발을 좌우로 천천히 쳐들어 올리는데, 머리 위에 이르면 양팔이 수직으로 평행을 이루고 손바닥은 맞보게 하면서 발뒤꿈치를 쳐들고 온몸을 쭉 편다. 신전유지. 발뒤꿈치를 내림과 동시에 양손을 앞으로 모아 손바닥을 아래로 한 채 하복부까지 천천히 내리고 나서 원자세로 돌아가 온몸을 방송한다. 위와 같이 8회 반복한다. 팔을 올리면서 들숨, 내쉬면서 날숨.

－효과: 마음을 편안히 하고 전신의 긴장을 풀어 주며 '기'를 받아들이는 방법을 터득할 수 있다.

달마역근경

- 달마역근경은 달마대사의 비전이라고 하여 불가기공으로 유래되었다고 보기도 하나, 경락도인 기공 중에 유일하게 靜功과 動功, 軟功과 硬功이 조화롭게 통합되어 있고 동작과 연공이 정교하여, 일명 易筋洗髓經이라고도 일컫는다. 따라서 역근세수경은 행공 시에 俯掌貫氣와 按掌洗髓, 氣沈下丹을 강조한다. 그러므로 현대적으로는 행공 시 몸과 기와 마음의 알아차림 자각, 마음챙김意念·意守·意觀을 하면서 행공하면 행공의 치유효과와 기공 효과와 精氣神 수련을 심화시킬 수 있어서 도인 명상기공의 꽃이라 할 만큼 가장 중요한 통합양생도인기공이라 말할 수 있다. 그래서 필자는 정공을 참장공으로 별도로 하는 것을 바람직하게 보므로 팔단금에서 중요한 행공과 역근경을 합하여 마음챙김통합십단금으로 가르치고 있다. 무엇보다 짧은 시간에 작은 노력으로 큰 효과를 거둘 수 있는 수련법으로 '역근경'은 누구에게나 권할 만한 좋은 통합양생도인기공이다. 특히 청소년기의 발육을 돕고 중·노년기의 체력 관리에도 효과적일 뿐 아니라 만성 질환 치료에도 탁월한 효과가 있는 가장 중요한 동기공이다.

- 제1단: 拱手當胸(양손을 가슴 앞에 합장하는 자세 정공)

－자세: 발을 어깨너비로 나란히 하여 상체를 바로 세운다.

－행공법: 양팔을 앞으로 수평으로 들어 올렸다가 거두어 양손을 가슴 앞에 마주하되, 손끝을 합장하듯 구부려 서로 보게 한다. 눈을 반쯤 감고 마음을 고요히 하며 호흡은 복식자연호흡을 한다(5분간).

－효과: 신경 안정과 불면에 효과가 있고 원기를 보충케 한다.

237

• 제2단: 兩碑橫擔(양팔을 옆으로 뻗은 자세 정공)

　-자세: 1단 끝 자세에서 그대로 시작한다.

　-행공법: 양손을 어깨와 수평으로 쭉 펴고 손바닥은 위로 본다. 온몸의 긴장을 풀고 백회와 손바닥 노궁혈을 통하여 천기가 들어오는 상상을 하고, 나무가 땅에 뿌리박은 모양을 상상하며 온몸의 기운이 발바닥 혈과 용천을 통해 땅의 기운과 연결되는 것을 그린다(3~5분간).

　-효과: 폐·기관지 등 호흡기 질환, 심장 질환, 견비통, 전신의 혈액 순환을 돕는다.

• 제3단: 掌托天門(손바닥으로 하늘을 치받아 위로 뻗는 모양의 연기공)

　-자세: 2단 자세에서 그대로 시작한다.

　-행공법: 양 손바닥이 위를 보도록 하여 팔로 하늘을 받치는 기분으로 발뒤꿈치를 들며 밀어 올린 후, 4~5초간 지식을 하고 부장관기하며 앞으로 내린다. 온몸의 기운이 하나로 되는 것을 마음으로 그린다(8회 반복).

　-효과: 요통, 견비통, 자율신경 부조 등을 치료하고 오장육부의 기능을 촉진한다.

• 제4단: 摘星換斗(양손을 바꾸어 가며 별을 따듯 뻗어 올리는 연기공)

　-자세: 양발을 약간 나란히 벌리고 자연스럽게 선다.

　-행공법: 왼 손바닥을 위로 하여 뻗쳐 올린다. 동시에 오른손은 엉덩이 뒤에 걸쳐서 내리누른다. 이때 숨을 들이쉬며 시선은 왼손을 따라가며 올려 본다. 지식을 한 후 부장관기하며 앞으로 내린다. 좌우 교대로 각 4회 반복한다.

　-효과: 위산 과다, 위궤양, 소화 불량, 위통, 위경련 등 소화기 질환, 목과 어깨 및 허리 통증에 효과가 있다.

• 제5단: 捯曳九牛尾(아홉 마리 소를 끌어당기는 형세의 경기공)

　-자세: 앞 단과 같다.

　-행공법: 왼발을 왼쪽으로 비스듬하게 한 발자국 크게 내딛고, 왼 무릎은 굽히고 오른 다리는 편다. 동시에 왼 주먹은 아래에서 위로 올려치듯 올리고, 오른쪽 주먹은 손등이 밑으로 가게 하여 오른쪽 옆구리 뒤로 비틀며 뺀다. 이때 온몸의 기가 팽팽하게 들어감을 느낀다. 역식호흡의 들숨으로 자세를 왼쪽 무릎에 닿을 정도로 내리고 지식을 한 후 내쉬며 서서히 몸통을 바르게 올리고, 다시 들이쉬며 위로 서서히 젖히고 지식을 한 후 내쉬며, 몸통을 바르게 하고 다시 반복한다. 좌우 교대로 각 2회 반복한다.

　-효과: 견비통, 등 결림, 요통, 다리 저림이나 무력감을 치료하고 팔다리의 기혈 순환

을 촉진시킨다.

- 제6단: 出爪亮翅(숨겼던 양손을 앞으로 내밀어 뻗는 연기공/경기공)
  - 자세: 앞과 같은 자세에서 허리를 굽혀 손을 내민 후 돌아오며 기마 자세로 주먹을 쥔다.
  - 행공법: 숨을 천천히 들이쉬며 주먹을 돌려 풀며 양 손바닥을 앞으로 밀듯이 팔을 펴서 내민다. 4~5초간 지식을 하며 손바닥으로 기를 방사하듯 의식을 집중한 후 서서히 숨을 내쉬며 양 옆구리로 손을 돌려서 가져오되 주먹을 쥔다(8회 반복).
  - 효과: 단전의 기를 배양하고 기가 팔다리로 통하게 한다. 어깨·팔꿈치·손목·손가락 등 관절을 강하게 한다. 노약자의 심장·폐 질환에 아주 좋다.

- 제7단: 拔馬刀勢(등에 찬 칼을 빼는 자세로 회전하는 연기공)
  - 자세: 앞 단과 같다.
  - 행공법: 양팔을 옆으로 수평으로 벌린 후 왼손은 목 뒤로 바짝 감아 돌리고 오른손은 등 뒤로 최대한 돌려 감아 넣은 다음 상체를 오른쪽으로 서서히 최대한 비틀어 4~5초간 지식한 다음, 되돌아오며 머리를 위로 잠시 응시한 후 전면으로 돌아와 팔을 풀고, 좌우의 팔을 바꾸어 감아 이번에는 똑같이 왼쪽으로 비틀어 행공한다. 좌우를 교대로 각 4회 반복한다.
  - 효과: 관절·허리·배·등·척추를 단련한다. 특히 폐기종이나 천식에 탁월한 효과가 있다.

- 제8단: 三盤落地(무릎을 굽혀 몸을 가라앉히고 일어나는 연기공)
  - 자세: 앞 단과 같다.
  - 행공법: 양팔을 옆으로 뻗어 서서히 올리며 양손을 머리 위로 높이 쳐들었다가 아래로 내리며 무릎을 굽혀 쪼그려 앉는다. 이때 손바닥이 밑으로 가게 하며 땅을 휘감아 돌린 후 주먹을 쥐고 앞을 잠시 응시한 뒤, 무거운 것을 들어 올리듯 팔을 굽힌 채 서서히 일어난다(12회).
  - 효과: 요통·관절염·어지러움, 특히 메니에르 증후군에 좋고 혈액 순환을 촉진시킨다.

- 제9단: 靑龍探爪(청룡이 앞발을 내뻗듯이 팔을 뻗어 허리를 비트는 연기공)
  - 자세: 앞 단과 같은데 준비 자세로 허리를 굽혀 팔을 뻗어 내린 후 돌아오며 양손은 주먹을 쥐고 양 옆구리에 댄다.
  - 행공법: 왼손을 서서히 위로 끝까지 뻗어 올린 후 오른쪽으로 비틀며 최대한 돌려 뻗

고, 연속해서 아래로 긁듯이 원을 그리며 서서히 앉으며 내린 후, 다시 팔을 교차하며 돌려 주먹을 쥐고 일어나며 왼쪽 옆구리에 댄다. 왼쪽 · 오른쪽 교대로 각 4회씩 행한다.

　-효과: 요통과 견비통을 치료한다.

• 제10단: 餓虎撲食(굶주린 호랑이가 먹이를 낚아채듯 하는 경기공)

　-자세: 양팔을 기합과 함께 앞으로 쭉 뻗으며, 동시에 왼발을 앞으로 내밀고 무릎을 굽힌 후 오른발은 뒤에 둔 채 무릎을 편다. 상체를 숙이고 양손은 땅을 짚는다. 서서히 숨을 들이쉬며 기가 정신에 충만하게 넘치게 하며, 호랑이가 먹이를 낚아 올리듯 주먹을 쥔 채 몸을 뒤로 넘기며 고개를 바짝 뒤로 젖히고, 4~5초간 지식을 한 후 숨을 내쉬며 서서히 원자세로 돌아간다. 이것을 양쪽으로 각 4회 반복한다.

• 제11단: 打躬擊鼓(몸을 굽혀 천고를 두드리는 도인기공)

　-자세: 앞 단과 같다.

　-행공법: 팔을 옆으로 올려 양손을 깍지 끼어 머리 뒤에 두고 양쪽 귀를 막고 손끝이 머리 뒤에 서로 맞닿게 한다. 숨을 내쉬며 무릎을 편 채 천천히 상체를 숙인 후 머리 뒤통수를 검지로 중기를 12번 튕겨 올린다. 몸을 들어 올려 세운 후 그대로 좌로 우로 한 번씩 서서히 돌리며 비튼다. 숨을 들이쉬며 상체를 세운다. 이것을 8회 반복한다.

　-효과: 허리와 등을 강화, 머리로 가는 혈액 순환을 돕는다. 눈과 귀를 밝게 하고 건망증과 탈모를 방지한다.

• 제12단: 托尾勢(엎드렸다가 일어나며 몸을 아래위로, 그리고 좌우로 비틀어 회전하는 연기공)

　-자세: 앞 단과 같다.

　-행공법: 양팔을 옆으로 벌려 위로 올린 후 손바닥을 모아 뻗어 올린 다음, 가슴 앞으로 합장하듯 모아 내린 후 양 손깍지를 끼고 앞으로 내뻗은 후 밑으로 상체를 숙여 내리고, 서서히 상체를 위로 올려서 팔을 뻗어 젖힌다. 다시 허리를 굽혀 상체를 내린 후 왼쪽으로 돌려 서서히 뻗어 올리고, 최대한 젖힌 후 180° 회전시켜 오른쪽으로 서서히 내린 후 다시 올리며 젖힌 후, 180°회전하며 반대로 왼쪽으로 돌아 내린다. 이때 고개를 들어 전방을 주시한다. 이것을 좌우로 각 4회 반복한 후 깍지를 풀고 부장관기한 후 가슴 앞에서 합장을 하고 기첨하단氣添下丹을 상상한 후 내린다.

　-효과: 신장을 보하고 허리를 강화한다. 척추의 신경을 자극하고 노화를 방지한다.

• 收功(연공을 마무리하는 연공)

태극연기공軟氣功 12식

이 연기공은 필자가 태극권 주요 행공에 바탕을 두고 개발한 연기공으로, 태극권의 공간 제약을 없애고 자유롭게 행공하는 게 요령이다. 태극권을 수련하려면 개인이든 그룹이든 공간이 넓은 곳이 필요한 제약이 있기에, 개인의 형편이나 태극권의 주요 행공 중에 발동작은 좁은 공간 내에서 형편에 따라 약간씩만 행공 요령을 따라 자유롭게 움직이며 행공하도록 한 연기공이다. 주로 태극권의 팔과 몸동작을 중심으로, 태극권과 같이 부드러운 연기공 행공으로 하면 태극권의 행공 효과도 있다. 그래서 硬氣功이나 참장공 수련 후 몸 풀기와 함께 기의 유주를 돕는 보조 연기공으로 활용하면 좋다.

- 제1식: 양수승강식 연공
- 제2식: 양비승강식 연공
- 제3식: 분각형식 연공
- 제4식: 옥녀천사식 연공
- 제5식: 루슬요보식 연공
- 제6식: 람작미 연공
- 제7식: 전요추장식 연공
- 제8식: 여봉사폐식 연공
- 제9식: 도련후식 연공
- 제10식: 운수식 연공
- 제11식: 백학양시식 연공
- 제12식: 웅경공식

※주요 치료 양생기공(「오수일의 생활한방 · 氣요법」 참조할 것)

온건강 통합양생導引기공의 치유효과

전통적인 보건의료양생기공인 氣의 유주와 양생에 의한 정 · 기 · 신 치유 수련을 위주로 했던 치유도인기공은 무술기공 못지않게 심신의 치유와 단련을 목적으로 수천 년 동안 동북아의, 특히 중국의 한의학, 도가기공, 우리의 동의학 · 선도 기공의 주류로 내려왔다. 그래서 그 치료 및 치유효과는 여기서 언급할 필요조차 없이 수천 년간 검증되어 온 우리 동북아 고유의 심신, 심기신 치유 수련의 주류이다.

다만, 원래 精 · 氣 · 神 수련을 위한 전통 기공 수련은 氣 수련을 중심으로 하는 性命双修 수련이었으나 전통양생도인치유기공은 命主性從 수련이었다. 그러나 필자는 현대적 양생도인기공으로서 심신의 치유를 위해서는 命(氣)치유 수련 중심이지만 命 수련을 넘어서는 동작 · 감각 · 통증에 대한 깊숙한 느낌과 감정 · 마음에 대한 마음챙김 알아차림

(意念)과 주의 집중하기 수련(意守)과 심상화 수련(意觀)을 중시하는 性命双修를 지향하는 알아차림 치유기공 수련을 더 중요시하고 있다. 왜냐하면 氣功의 三調인 調身(形)·調息(氣)·調心(意)은 치유명상과 명상 수련의 기본 요소이기 때문이다. 특히 調心(意)의 三意(意念·意守·意觀)은 현대명상의 주류인 마음챙김의 알아차림(意念) 명상과 집중명상(意守·사마타)과 통찰(意觀·慧觀 명상과 想觀·內觀·심상화)명상의 요소를 이미 다 갖추고 있으나, 養生기공 수련에서만 意念과 意守를 주로 강조하고, 대증치료 위주의 의료도인기공에서는 想(內)觀을 강조해 왔다. 그래서 처음에는 치유도인기공을 命主性從으로 동작·감각·통증의 깊숙한 느낌 알아차림(意念)과 치유의 氣가 병처에 모여 치유가 활성화되는 집중 意守와 想觀(意觀·內觀)을 하다가, 어느 정도 몸과 氣의 치유가 되면 그 다음 단계는 특히 천지서기나 팔패장 같은 站椿功 수련을 마음챙김으로 하면, 性主命從 수련이 되어 정기신 통합수련이 된다(練氣化神·凝神練氣·練神還虛). 그래서 性命双癒·双修가 되면서 氣의 養生과 함께 氣功명상치유까지 되는 진정한 통합심신치유효과가 치유기제로 발현되면서, 자기치유를 넘어 영적 성장까지 할 수 있게 된다.

나가는 말

오늘날 에너지의학과 양자의학에서 물질적 생체기가 아닌 더 상위의 생명기로서의 氣에 대한 연구와 관심이 점점 더 높아지고 있다. 그리고 모든 수준의 물질 에너지, 양자 에너지, 의식 에너지가 생명 원기로서의 기 에너지와 직결되어 있다는 연구가 속속 나오고 있다. 또한 이 책에 동반하는 통합심신치유학 이론에서 밝힌 바와 같이, 동북아에서 수천 년간 精氣神·心氣身의 치료치유에서 온생명의 모든 수준에서 가장 중요한 생명 에너지로서의 氣가 모든 치료 치유·수련의 중심이 되어 왔고, 오늘날 에너지의학·양자파동의학에서 다시 그 중요성이 인식되고 있는 상황을 주목해야 한다.

오늘날 모든 몸 에너지 동작과 관계되는 운동, 스포츠, 몸·소마 동작, 춤·댄스 등의 치료치유들의 근본 치유효과도 현상적인 치유효과에서 한 걸음 더 들어가면 혼기와 기백과 원기 에너지의 발현과 연관시켜 이해해야 하는 원리가 신의학적(에너지·양자파동의학적)으로 곧 밝혀지게 될 것이다. 그래서 모든 심신치유법들은 심기신心氣身치유로, 三身一體적으로 통합적으로 치유하고 수련해야 한다는 것을 쉽게 이해할 수 있게 될 것이다.

따라서 모든 심신치유에서, 현대적 통합양생·치유도인 기공은 모든 심신의 병리장애의 근본 치료치유효과를 촉진하고, 근본 치유와 함께 의식의 성장으로 이끄는 견인차 역할을 하는 치료치유법으로서 심신치유기제 발현의 핵심 고리임을 모든 치유자는 깨닫게 될 것이다. 그래서 치유자는 먼저 스스로 온건강·양생 통합치유기공을 자기치유를 위해 습득하고 나서, 자신의 피치유자들이나 수련생들에게는 그들의 근기에 맞는 도인기공치유를 단계적으로 습득시키기 위해 반드시 실행하게 해야 하는 필수 기본 치유기제로서 현대적 알아차림 심신치유도인기공을 온전하게 인식하고 활용하게 되는 날이 올 것이다.

참고문헌

석원태(1989). 비전 내공·양생술 전서. 서림문화사.
오수일(1994). 생활한방·기요법. 스포츠조선.
오수일(2000). 삼극의학. 메디터치.
이윤희(1990). 참동계천유. 여강출판사.

제 6 장 · 기 · 에 너 지 치 유 관 련 심 신 통 합 치 유

하타요가치유

김제창[2]

들어가는 말

'하타요가치유'의 소개를 시작하면서

한국심신치유학회의 원고 요청을 받고 인도 하타요가의 쿤다리니 치유에 관하여 소개할 수 있게 되어 기쁘게 생각한다. 왜냐하면 인도 하타요가는 전 세계의 많은 명상 수행법 중에서 대중적으로 가장 폭넓은 인기를 얻고 있기도 하지만, 자본주의 사회에서 대중화되는 과정에서 깨달음을 얻기 위한 명상 수행법으로서의 목적에서 벗어나 고난이도의 유연성을 과도하게 추구하는 과격한 운동법 정도에 불과한 잘못된 방향으로 소개되거나 건강에 대한 효과 때문에 건강법, 건강증진법 등으로만 더 각광을 받는 것 등에 머무르는 것을 안타깝고 아쉽게 생각하고 있었는데, 이번 기회가 명상 수행법으로서의 하타요가의 탁월한 면모를 바르게 소개할 수 있는 기회가 될 수 있겠다는 생각이 들어서이다.

---

2) 국제명상아카데미(AOMA) 공동대표, (사) 한국정신과학학회 대외협력이사, (사) 한국요가명상협회 고문

필자는 인도 하타요가뿐만 아니라 인도 고전요가, 중국 선, 미얀마 위빠사나 등에 주로 관심을 가지고 연구 및 수행을 하고 있다. 그러나 그 중심이 되는 수행법 및 수행의 궁극적인 목표는 주로 미얀마 위빠사나명상법의 실천 및 그 이상의 실현에 두고 있어서 하타요가는 위빠사나명상을 더 깊게 수행하는 것을 돕기 위한 보조 행법으로만 실천을 해 오고 있다. 하지만 이 하타요가 수행법들이 깊은 명상 수행을 매우 효과적으로 도울 수 있다는 믿음이 있어서 이것을 바르게 소개하고 싶은 마음이 많았다.

A.D. 10C경 인도에서 명상 수행을 돕기 위하여 고안된 하타요가는 과학적 원리에 근거하고 있는 그 수행 체계와 수행법들이 매우 간결하고 체계적이어서 매력적이다. 뿐만 아니라, 명상 수행만으로는 쉽게 극복이 어려워서 오랜 세월 동안 고생할 수도 있는 수행의 장애들을 효율적으로 다스릴 수 있는 기법들이 다양하게 발달되어 있어서 완전한 깨달음을 추구하는 많은 재가 명상 수행자에게 그 수행을 꼭 권유하고 싶다. 특히 하타요가 수행의 주된 목적이자 도구 중의 하나인 강력한 영적 에너지 쿤다리니를 기술적으로 각성시켜서 잘만 활용한다면, 아주 빠른 시간 내에 수행의 장애들을 치유하고 깊은 깨달음으로 나아가는 데 많은 도움이 될 수 있다고 믿는다.

하타요가 수행법의 역사적 · 철학적 배경

245

인류의 오랜 염원 중의 하나인 모든 고통으로부터의 완전한 자유를 실현하기 위한 명상법의 수행이론과 수련법이 인도에서는 9개 학파의 철학으로 잘 정리되어 있다. 베다를 최후의 권위로 인정하는 정통 6파 중에서는 요가학파가, 베다를 최후의 권위로 인정하지 않는 비정통 3파 중에서는 불교, 자이나교 등이 깨달음을 얻기 위한 명상 수행법을 체계적으로 발전시켰다.

그중에서 B.C. 2C경 정립된 인도 고전요가와 A.D. 10C경 정립된 하타요가는 정통 6파 철학의 전통을, 미얀마 위빠사나와 중국 선은 비정통 3파 철학 중 불교의 전통을 이어 오면서, 현재에 이르기까지 많은 사람이 따르고 실천하는 체계적인 명상법을 잘 계승하여 오고 있다.

그러나 명상의 가장 큰 어려움 중의 하나는 사회 활동을 모두 끊고 출가 환경에 들어가 그 수행에만 전념한다고 하더라도 수행법의 실천과 터득이 매우 난해하여 재가자들은 감히 시작할 엄두조차도 내지 못하는 사람들이 대부분인 것이 현재의 실정이기 때문에, 정상적인 사회생활을 하면서 명상 수행을 지속한다는 것은 더더욱 어려운 것이 사실이다. 필자는 출가수행까지 고려하다가 결혼을 하여 재가자로서 수행을 지속하고 있는 입장이기 때문에, 이렇게 명상 수행이 어려운 현실을 안타깝게 생각하면서 우선은 필자 자신이 실천할 수 있는 현실적인 방법들을 모색해 보고 있는 중이었다.

그런데 인도의 요가 전통 중에서 A.D. 10C경 고락샤나타라고 하는 수행자를 주축으로 한 수행 그룹인 나타컬트에 의하여 시작되고 발전된 하타요가는 재가 수행자라고 하더라도 비교적 쉽게 실천할 수 있는 체계적인 수행법들인 체위법Asana, 호흡법Pranayama/Kumbhaka, 신체 정화법Suddhi Kriya, 생리 조절법Bandha & Mudra 등의 체계적인 이완법과 나름의 명상법도 발전시켜서 체계화하였는데, 이 수행 체계가 명상을 어려워하는 재가 수행자들도 비교적 쉽게 수행을 지속할 수 있도록 도와서 현실적으로 좋은 대안이 될 수 있겠다는 생각이 들어 소개드리고 싶은 마음이 많았다.

특히 1350년경에 발표된 스와뜨마람의 하타쁘라디삐까는 그 구성과 수행법의 간결함 때문에 많은 사람의 적극적인 호응을 얻어서 하타요가 전통의 가장 대표적인 소이경전으로 자리 잡았고, 1750년경에 발표된 게란다 무니의 게란다 상히타도 하타쁘라디삐까와는 그 수행 체계와 수행법들이 조금 다르기는 하지만 거의 같은 철학과 수행법들로 되어 있어 하타요가 전통의 가장 중요한 경전 중 하나로 인정받고 있다.

그러나 도제식 교육에 의하여 극소수의 사람들에게만 전해져 내려오던 하타요가의 전통 수행법들이 서구 세계에까지 널리 알려지게 된 데에는 스와미 마하라지 마다바다스지(1798~1921)의 혜안과 스와미 꾸발라야난다지(1883~1966)의 헌신적인 노력이 있었기 때문에 가능했다.

123세를 살았고, 깨달은 성자라고 알려져 있던 마하라지 마다바다스지는 꾸발라야난다지의 영적 스승이었다. 그는 꾸발라야난다지에게 "전통 요가의 수행법들이 너무도 소중한 것임에도 불구하고, 극소수에게만 전파되는 것이 매우 안타깝고 아쉽다. 그런데 자네는 과학도이니 20C 초에 발전하기 시작하는 서구 과학적 연구 방법론의 도움을 받아서 전통 요가의 철학과 수행법들을 연구하고 객관화하여 널리 전파하는 작업을 시작하여라!"라는 제안을 하였다. 그는 이 제안을 받아들여 1924년 인도 로나블라라고 하는 인구 5만 명의 작은 도시에 세계 최초의 과학적 요가연구소 까이발리아다마Kaivalyadhama를 설립하고, 연구소를 설립한 첫해부터 요가를 과학적으로 연구하여 그 결과를 매년 1~4회씩 『요가미맘사Yoga Mimasa』라고 하는 요가과학저널로 정리하여 출판하기 시작하였다. 그 연구 전통은 96년이 지난 현재에 이르기까지 계속되고 있으며, 특히 2008년도에는 그 과학적 연구의 성과를 인도 정부로부터도 인정받아 요가가 인도 공교육의 정식 교과목 중의 하나로 채택되게 하는

데 결정적인 기여를 하였다.

이 책에서 소개할 하타요가 풀코스는 빠딴잘리 요가수뜨라의 철학적 이상과 하타쁘라디삐까와 게란다 상히타 등에 정립되어 있는 인도 하타요가의 수행법들을 스와미 꾸발라야난다지(1883~1966)가 40년 이상 과학적으로 연구하여 체계적으로 정리해 놓은 과학적인 수련 프로그램인데, 하타요가의 수행법들이 미저골에 잠자고 있다고 믿어지는 강력한 영적 에너지인 쿤다리니를 각성시켜서 그 에너지 현상을 효과적으로 이용하는 것이 주된 목적이기 때문에 〈하타요가치유〉라는 제목으로 정리를 해 보려고 한다.

하타요가 수행법이 필요한 이유

필자는 중요 명상 수행법을 크게 출가수행법, 재가 수행법으로 분류할 필요가 있다고 생각한다. 왜냐하면 수행법들을 어떠한 환경과 조건에서 실천하느냐에 따라서 그 적용 방법과 효과에 매우 많은 차이가 나며, 출가수행법을 재가 상황에 그대로 적용한다든지 재가 수행법을 출가 상황에 그대로 적용한다든지 등으로 수행법을 잘못 적용하게 되면 투자한 노력에 비하여 좋은 결과를 얻기 어렵다는 것을 필자의 실수행을 통하여 뼈저리게 체험하였기 때문이다.

출가수행법이란, 머리를 깎고 직업적인 스님이 되어야만 실천할 수 있는 수행법이라는 뜻은 아니다. 그 정확한 뜻은 활발한 사회생활을 잠시 중지하고 침묵을 지키면서 다른 사람들과의 소통을 완전히 차단한 상태에서 실천하여야만 올바른 효과를 얻을 수 있는 명상 수행법을 말한다. 반면에 재가 수행법이란 정상적인 사회생활을 하면서 실천하더라도 그에 상응하는 효과를 얻을 수 있다고 보는 명상 수행법을 말한다.

출가수행법의 예로는 마하시(Mahasi, S., 1904~1982) 전통의 순수 위빠사나명상법, 고엔카(1924~2013) 전통의 사마타를 짧게 하고 바로 위빠사나를 수행하는 명상법, 파욱 사야도의 사마타를 길고 깊게 수행한 후에야 비로소 위빠사나를 수행하는 명상법 등을 들 수 있는데, 최소 10일 이상 길게는 6개월, 파욱 센터에서는 3년이 넘는 기간 동안 사회와의 소통을 완전히 차단하고 침묵을 지키면서 새벽 3~4시부터 시작하여 밤 9시경까지 하루 17~18시간을 수행해야 하는 명상법이다. 전통마다 수행법의 적용에 약간의 차이가 있기는 하지만, 보통은 일정 기간 동안 집중법samatha을 수행한 후 관찰법Vipassana을 실천하는 방식이 일반적이다. 그런데 이 수행법들 중에서 관찰법Vipassana보다는 한 점에 의식을 고정시키는 집중법Samatha이 일반적으로 재가 상황에서는 수행의 만족스러운 효과를 얻기가 어렵다고 생각한다. 왜냐하면 한 점에 의식을 고도로 집중하려면 사람을 만나서 소통, 대화하는 등 번거로운 활동을 완전히 멈추지 않고서는 만족할 만한 성과를 얻기 어렵기 때문이다. 따라서 재가 상황에서는 이 집중법samatha을 대체할 수 있는 다른 수행법이 필요하다고 느끼고 있었는데, 필자가 직접 실천해 본 결과 하타요가에 발달된 온몸의 이완을 주된 목적으로 하는 이완 수행법들이 깊은 명상 수행을 위해서도 꽤 좋은 방법이라고 생각된다.

인도 요가 수행법을 크게 분류하면 바로 관찰하는 요가Bhavanayoga와 이완 후 관찰하는 요가Pranasamayamayoga로 나눌 수 있다. 빠딴잘리 요가수뜨라를 소이경전으로 하는 고전요가는 바와나요가의 예, 스와뜨마람의 하타쁘라디삐까를 소이경전으로 하는 하타요가는 쁘라나삼야마요가의 예라고 할 수 있다. 여기에서 하타요가에 발달된 이완법에 주목할 필요가 있다. 하타요가에서는 출가수행법에 발달되어 있는 집중법samatha 대신 체계적인 이완법Pranasamaygmayoga을 발전시켰고 이 이완법을 깊은 명상의 실천을 돕는 보조 수행법으로 활용하고 있는데, 이것이 상당히 일리가 있는 방법이라고 생각한다.

필자는 매우 운이 좋게도 한국 사람으로서는 최초로 아내와 함께 1996년 인도 까이발리아다마 부설 요가 대학에 입학하여 변형되지 않은 하타요가의 정통 수행법들을 모두 체계적으로 배울 수 있었다. 그때 체계적으로 배웠던 이 하타요가의 이완법들이 재가 환경 속에서도 좋은 효과를 줄 수 있는 매우 탁월한 명상 보조 수행법으로 사용될 수 있다고 느껴 오랜 세월 동안 연구하며 실천해 오고 있고, 수련생들에게도 그렇게 지도하여 꽤 좋은 호응을 얻고 있다. 필자에게 이렇게 큰 행운이 주어진 것은 뭔가 필자가 금생에 반드시 실현해 내야만 하는 큰 미션이 있는 것은 아닌지 하는 생각까지 들게 한다.

그러한 마음으로 하타요가에 대하여 필자가 이해한 부분 중 일부를 이 책에서 소개하겠다.

스와미 꾸발라야난다지의 하타요가 풀코스

스와미 꾸발라야난다지의 하타요가 풀코스는 그가 새롭게 고안하여 만들어 낸 수련 프로그램이 아니다. 이것은 그가 인도 정통 6파 철학 중 고전요가학파의 소이경전인 빠딴잘리 요가수뜨라의 철학적 이상과 하타요가학파의 소이경전인 하타쁘라디삐까, 게란다상히타 등에 언급된 수행법들을 40년 이상 과학적으로 연구한 이후 조금의 변형도 없이 체계적으로 정리만 해 놓은 수련 프로그램이다. 그러므로 풀코스를 바르게 이해하기 위해서는 인도 요가의 수행 체계와 수행법 그리고 전통 하타 경전 중, 특히 1350년경 발표된 스와뜨마람의 하타쁘라디삐까를 중심으로 살펴보는 것이 도움이 되리라 믿는다.

인도 요가의 목적, 수행 체계 및 수행법의 정리

인도 요가는 단 하나의 목적, 두 개의 수행 체계 · 일곱 개의 수행법으로 정리할 수 있다.

목적: 단 하나의 목적

고전요가든 하타요가든 인도 요가에서 추구하는 것은 끊어짐 없이 알아차리려는 노력인 수련abhyasa을 통하여 물질적 마음 작용을 완전히 다스리고 정지시켜서 완벽한 평정심을 확립하는 것이다. 이 목적이 가장 잘 정의되어 있는 것이 빠딴잘리 요가수뜨라 1장 2절의 "요가란 물질적 마음 작용cittavrittis을 완전히 정지시키는 것이다Yogash cittavritti nirodhah." 그리고 바가와드 기따의 "평정심을 요가라고 한다Samatvam yoga uchayate." 등이다.

수행 체계: 단 2가지의 수행 체계

요즘 시중에 상당히 다양한 스타일의 요가가 유행하고 있어서 매우 혼란스러우리라 생각하는데, 인도 요가에는 단 두 가지의 수행 체계가 있을 뿐이다. 그것은 준비 없이 바로 관찰하는 요가인 바와나요가와 이완법을 실천한 후 관찰하는 요가인 쁘라나삼야마요가이다. B.C. 2C경 정립된 인도 고전요가가 바와나요가의 예라고 할 수 있고, A.D. 10C경 정립된 하타요가는 쁘라나삼야마요가의 예라고 할 수 있다. 조금 더 자세히 정리하면 다음과 같다.

249

1. 바와나요가Bhavanayoga [준비 없이 (바로 관찰하는 요가)]: 인도 고전요가

1) 지식의 요가Jnanayoga: 체계적 · 과학적인 지식을 주된 방편으로 수행하는 요가

2) 행동의 요가Karmayoga: 삶 속에서 실천되는 행동들을 주된 방편으로 수행하는 요가

3) 헌신의 요가Bhaktiyoga: 헌신과 사랑, 봉사 등을 주된 방편으로 수행하는 요가

2. 쁘라나삼야마요가Pranasamyamayoga (이완 후 관찰하는 요가): 인도 하타요가

1) 진언의 요가Mantrayoga: 소리의 진동을 주된 도구로 이완한 후 관찰하는 요가

2) 음양의 요가Hathayoga: 호흡법, 정화법, 생리 조절법 등을 이용, 이완한 후 관찰하는 요가

3) 용해의 요가Layayoga: 심신의 완전한 용해를 도와주는 수행법들

3. 7개의 수련법
인도 요가의 수련법은 크게 7가지로 정리된다.

1) 아사나(체위법): 다양한 자세들, 더 정확하게 말하면 명상을 위한 좌법

2) 디야나(명상법): 심신을 관찰하여 깨달음을 얻기 위한 수행법

3) 반다무드라(생리 조절법): 수의근, 불수의근을 의도적으로 조절하여 울혈을 이완하는 수련법

4) 수띠크리야(신체 정화법): 눈에서 항문까지 척추의 에너지 통로를 정화하는 6개의 수련법

5) 쿰바카(호흡법): 가슴을 부풀려서 호흡을 멈추어 가슴속 깊은 곳의 울혈을 이완

6) 야마, 니야마(금계, 권계): 수행 환경을 보호해 주는 수행법으로 5금계, 5권계

7) 미타하라(적절한 식생활): 수행을 도와주는 적절한 식생활, 주로 채식과 소식을 강조하는 수련법

이 인도 요가의 목적과 체계, 수행법들을 다시 요약, 정리하면 다음과 같다.

아사나(좌법)로 앉아서 바로 관찰명상을 하면 바와나요가이며, 아사나로 앉아서 명상을 하기 전 반다무드라, 수띠크리야, 쿰바카를 수행한 이후 관찰명상을 하면 쁘라나삼야마요가이다. 금하는 계율인 5개의 야마5Yamas와 권하는 계율인 5니야마5Niyamas, 그리고 적절한 식생활을 뜻하는 미타하라는 수행을 잘 할 수 있도록 좋은 수행 환경을 만들어 주는 수행법이라고 할 수 있다.

그러므로 고전요가에는 없지만 하타요가에만 발달되어 있는 차별화된 수련법은,

반다무드라 → 수띠크리야(카팔라바티) → 쿰바카(호흡법)

라고 할 수 있다.

이것을 다시 크게 분류하여 보면,

반다무드라(복강 정화) → 수띠크리야(두개강 정화) → 쿰바카(흉강 정화)

라고 말할 수 있다.

그러므로 하타요가를 간단하게 요약하면 배, 머리, 가슴으로 정리될 수 있다고 생각하는데, 스와미 꾸발라야난다지의 하타 풀코스에는 배, 머리, 가슴의 울혈을 이완하는 수행법들이 체계적으로 정리되어 있다.

배, 머리, 가슴 속에 생겨 있는 에너지의 정체로 인하여 생긴 울혈들을 기술적으로 이완하고 나면 척추를 따라 흐르는 스슘나나디의 에너지 통로가 열려서 미저골에 잠자고 있던 쿤다리니라고 하는 강력한 영적 에너지가 각성되어 척추를 따라 흐르게 되는데, 이 에너지 작용에 의하여 온몸에 생겨 있는 울혈과 에너지의 정체를 완전히 이완시켜서 몸 전체에서 신체 감각들을 선명하게 알아차릴 수 있는 상태가 된 후, 고통스러움, 불쾌함, 답답함 등 거친 감각들도 모두 용해시켜서 아주 미세하고 매우 기분 좋은 감각들만을 느끼는 상태를 만들어 준다.

이 경지가 되고 나면 온몸과 마음의 미세한 신체 감각의 변화 작용들이 모두 선명하게 알아차려져서 가장 미세한 변화까지도 확인할 수 있는 상태가 되어 더 깊고 섬세한 심신관찰이 가능해지기 때문에, 깊은 명상으로 나아가는 데 결정적으로 중요한 상태라고 할 수 있다.

전통 경전에 언급되어 있는 하타요가의 수행법들(스와뜨마람의 하타쁘라디삐까를 중심으로)

전통 하타요가 경전들 중 가장 중요한 하타쁘라디삐까의 수행 체계와 수행법들을 살펴보겠다.

스와뜨마람의 하타쁘라디삐까는 총 4장, 즉 4단계 요가로 구성되어 있다.

- 1장: 아사나(체위법)–15개의 아사나
- 2장: 쿰바카(호흡법 & 신체 정화법)–8/9개의 호흡법, 6개의 신체 정화법
- 3장: 무드라(생리 조절법/이완법)–10개의 무드라
- 4장: 나다누샨다남(명상법)–심장 주변에서 발생하는 소리를 주 대상으로 관찰하는 명상법

이 중에서 아사나와 나다누샨다남(명상)이 고전요가의 주된 목적인 명상에 해당되며, **쿰바카/신체 정화법 및 무드라**가 하타요가에만 발달되어 있는 차별화된 이완 수련법이다. 이 수련법들은 척추를 따라 형성되어 있는 소위 스슘나나디의 에너지 흐름 중에 정체가 잘 일어나는 차크라들을 기술적으로 이완시켜서, 미저골에 잠자고 있다고 믿어지는 **쿤다리니** 에너지를 각성시켜 척추를 따라 흐르도록 돕기 위한 기법들이다. 이 수행법들은 차크라에 정체되어 있는 에너지의 울혈들을 **쿤다리니**의 강력한 에너지 흐름에 의하여 짧은 시간 내에 이완시켜서 온몸 구석구석을 잘 느낄 수 있는 상태로 만든 후, 그 도움을 받아 깊고 섬세한 심신관찰을 할 수 있도록 구성되어 있다.

1. 1장: 아사나 Asana

하타쁘라디삐까에는 15개, 게란다상히타에는 32개의 아사나가 설해져 있는데, 이 두 경전의 아사나들이 거의 완전히 일치하기 때문에 전통 하타 경전에는 모두 32개의 아사나가 있을 뿐이다. 그 32개의 아사나 중에서도 20개 이상의 아사나가 좌법이고, 가장 중요하게 여기는 아사나는 성취자의 자세 Siddhasana 라고 불리우는 명상 자세이다.

2. 2장: 쿰바카 Kumbhaka

1) 8/9개의 호흡법 Pranayama

2장에는 8/9개의 호흡법 pranayama 과 6개의 신체 정화법이 설해져 있다. 8/9개의 호흡법은 주로 흉강의 조직들을 좌우로 최대한 부풀린 후 호흡을 멈추어 가슴속에 깊게 형성된 울혈을 이완하는 수행법이다.

(0) Anuloma Viloma(교호호흡)

(1) Ujjayi(성취자호흡)

(2) Bhastrika(풀무호흡)

(3) Suryabhedana(태양관통호흡)

(4) Sitkari(싯카리호흡)

(5) Sitali(시탈리호흡)

(6) Bhramari(벌소리호흡)

(7) Murccha(질식하는 호흡)

(8) Plavini(물에 뜨는 호흡)

2) 6개의 신체 정화법Suddhikriya

그리고 2장 쿰바카 장에 6개의 신체 정화법도 기술되어 있는데, 이것은 하타요가에만 발달되어 있는 매우 독특하고 가치 있는 수행법들이다. 이 수련법은 눈에서부터 직장, 항문에 이르기까지 척추를 따라 흐르는 에너지 통로를 정화하기 위한 수행법이며, 하타쁘라디삐까에 크게 6개의 수행법이 설해져 있다.

(1) 트라타카(눈 정화법): 촛불에 집중하여 1분 이상 응시하고 있다가 눈물이 나면 눈을 감는다.

(2) 네띠(코 정화법)

   ① 잘라네띠Jala Neti: 소금물로 하는 코 정화법, 콧구멍의 좌우 통로를 정화한다.

   ② 수뜨라네띠Sutra Neti: 끈으로 하는 코 정화법, 콧구멍에서 기도로 넘어가는 통로 정화법

(3) 다우띠(위 정화법)

   ① 바마나다우띠/쿤잘Bamanadhauti/Kunjal: 소금물로 하는 위 정화법

   ② 단다다우띠Danda Dahuti: 호스로 하는 위 정화법

   ③ 바스트라다우띠Vastra Dhauti: 헝겊으로 하는 위 정화법

   ④ 바흐니사라다우띠/아그니사라Bhahnisara Dhauti/Agnisara: 불로 하는 위 정화법

(4) 나울리Nauli: 소장, 대장 정화법

(5) 바스띠Basti: 직장 및 항문 정화법, 현대에는 관장법으로 대체하여 수행한다.

(6) 카팔라바티Kapalabhati: 뇌 및 전신 정화법

253

3. 3장: 무드라(생리 조절법)

무드라는 기쁨을 주다, 손의 자세 등 다양한 의미가 있는데 하타요가에서 말하는 무드라란 수의근, 불수의근을 의도적으로 조절하여 에너지의 정체로 생긴 울혈을 이완하고, 그 결과 깊은 쿰바카, 집중, 명상, 삼매에 이르는 깊은 명상 수행을 돕는 매우 기술적인skillful 수행법들을 말하며, 그중 호흡법과 직접 연결되어 있는 무드라를 반다라고 한다. 하타쁘라디삐까에 10개, 게란다상히타에 25개의 무드라가 설해져 있다.

1) 마하무드라

2) 마하반다

3) 마하베다

4) 잘란다라반다

5) 우디야나반다

6) 물라다라반다

7) 위빠리따까라니무드라

8) 케차리무드라

9) 바즈롤리무드라

10) 샥티 찰라니무드라

4. 4장: 나다누샨다남(명상)

4장에 설해져 있는 나다누샨다남이라는 명상법은 심장 주변에서 들려오는 소리를 주 대상으로 하여 관찰하는 명상법이다. AOMA에서 체계화한 과학적 명상법에서는 주된 관찰 대상이 신체 감각, 그중에서도 주로 고통스런 감각이기 때문에 하타요가의 명상법을 AOMA의 주 수행법으로 사용하고 있지는 않지만, 하타요가 수업을 할 경우 초보자들에게 가끔 지도하는 경우도 있다.

스와미 꾸발라야난다지의 하타요가 풀코스

하타요가 풀코스는 하타쁘라디삐까의 4단계 수행 체계의 수행법들과 인체의 구조 및 원리를 깊게 이해하여 구성한 과학적 수련 프로그램인데, 크게 3부분으로 나뉘어 있다.

- 신체 관리: 체위 수련법(아사나)
- 에너지 관리: 율혈 이완법(호흡법: 반다무드라/수띠크리야/쿰바카)
- 마음 관리: 명상법

신체 관리 수행법: 체위법(아사나)

시중에 유행하는 요가에서 가장 많이 알려진 수련법이 아사나이다. 보통은 매우 다양하고 현란한 고난이도의 자세들을 시도하는 것으로 알려져 있어서 '요가 = 아사나'라는 선입견이 형성되게 한 주원인이기도 한 수련법이다. 그런데 풀코스의 아사나 수련법은 시중에서 유행하는 아사나들과는 매우 다른 아주 간단한 원리와 구조로 구성되어 있는데,

크게 머리, 몸통, 사지로 되어 있는 인체의 구조를 가장 효율적으로 다스리는 형식으로 되어 있다.

몸통에서는 서양 해부학이나 인도 요가생리학 등에서 모두 중요하게 여기는 척추를 다스리는 데 초점이 맞추어져 있다. 척추는 서양 해부생리학의 입장에서 보더라도 인체의 모양을 유지할 수 있도록 도와주는 기둥의 역할을 할 뿐만 아니라, 그 속을 따라 31쌍의 척수신경이 통과하기 때문에 에너지가 흐르는 주된 통로라고 할 수 있다. 특히 인도 요가생리학에서 척추는 인체 전체에 분포되어 있다고 주장하는 72,000개의 에너지 통로인 나디 nadi 중에서 가장 중요한 스슘나나디 Sushumna nadi와 거의 일치하기 때문에 에너지가 흐르는 경부고속도로라고 할 수 있다.

풀코스의 신체 관리는 머리 관리, 척추의 소통, 사지로의 전신 혈액 순환을 한 후 송장 자세로 이완하는 구조로 되어 있다. 이것은 인체해부학적으로 볼 때도 기관을 중요한 순서대로 관리하는 가장 합리적인 방법이라고 보인다. 이해를 돕기 위하여 서양 운동법 등과 비교를 해 보자. 서양 운동의 대부분은 아마도 팔, 다리 운동과 골격근을 만드는 데 가장 많은 에너지를 사용하는데, 인체의 해부학적인 구조로 보더라도 가장 덜 중요한 부위인 팔다리에 가장 많은 에너지를 사용하는, 어찌 보면 매우 불합리한 방법이라고 보인다.

그러나 하타요가 풀코스에서는 인체에서 가장 덜 중요한 부위라고 할 수 있는 사지의 운동과 관리에 그렇게 많은 시간과 에너지를 사용하지 않으며, 가장 중요한 부위인 머리의 관리에 가장 많은 시간과 노력을 투자한 후, 가장 중요한 에너지의 통로인 척추의 소통 관리에 가장 중요한 포인트를 주고 있다. 팔다리를 위한 수행법은 프로그램의 제일 뒤에 전신의 혈액 순환을 돕기 위한 방법 정도로 최소로 하고 있다.

다시 한번 요약하면, 풀코스의 신체 관리 행법인 아사나 수련은 아래의 원리로 구성되어 있다.

- 머리의 관리
- 척추의 소통
- 사지로의 전신 혈액 순환
- 이완: 송장 자세의 실천

1. 머리의 관리

머리 관리법부터 보기로 하자.

하타요가에서 머리를 관리하는 방법은 머리를 아래로, 다리를 위로 올린 상태에서 긴 시간을 유지하는 방법을 사용하는데, 이렇게 하면 중력 작용에 의하여 혈액이 머리 속에 긴 시간을 머무르면서 뇌 속을 마사지한 후 내려와서 송장 자세로 이완하면 전신 혈액 순환이 되면서 뇌도 깊게 이완된다.

풀코스의 머리 관리 행법은 크게 네 가지 행법으로 구성되어 있다.

1) 물구나무서기 자세Shirshasana: 대뇌, 소뇌, 중뇌, 시상하부, 뇌하수체 등 신경계 관리
2) 어깨물구나무서기 자세Sarvangasana: 목 속에 있는 갑상선, 부갑상선 등 내분비계의 관리
3) 물고기 자세Matsyasana: 가슴 속의 심장, 허파 등 순환계, 호흡계의 관리
4) 쟁기 자세Halasana: 배 속의 위, 소장, 대장, 신장, 생식기 등 소화계, 배설계, 생식계의 관리

2. 척추의 소통

풀코스의 척추 소통 행법은 크게 세, 네 가지 행법으로 구성되어 있다. 척추 소통 행법은 엎드린 상태에서 척추의 마디, 마디를 차근차근 꺾으면서 에너지의 정체를 이완시키는 수련법들이다.

1) 코브라뱀의 자세Bhujangasana: 엎드려서 상체를 들어서 척추를 뒤로 꺾는 행법
2) 메뚜기의 자세Salabhasana: 엎드려서 다리 쪽을 들어서 척추를 뒤로 꺾는 행법
3) 활 자세Dhanurasana: 엎드려서 양손으로 발을 잡고 상, 하체를 동시에 뒤로 꺾는 행법
4) 쉬운 비틀기 자세Vakarasana: 앉은 상태에서 한쪽 무릎을 구부려 세우고 척추를 좌·우로 비틀어 주는 행법

3. 사지로의 전신 혈액 순환: 등신장 자세Pascimottanasana

사지로 전신 혈액 순환시키는 행법에는 등신장 자세Pascimattanasa를 제시하고 있다.

4. 이완: 송장 자세의 실천

위 행법들을 모두 실천한 후 송장 자세로 10분 이상 깊게 이완한다.

256

에너지 관리: 울혈 이완법(호흡법: 반다무드라/수띠크리야/쿰바카)

이 울혈 이완법은 전 세계적으로 하타요가에만 발달되어 있는 매우 차별화된 수행법들이다. 다른 말로 말하면 하타요가의 본론은 아사나가 아니라 이 울혈 이완 수련법이라고 말할 수 있다.

수행은 배, 머리, 가슴 순으로 실천하는데 그 수행법의 원리는 아래와 같다.

- 복강의 울혈 이완: 뼈가 없기 때문에 복부를 직접 마사지한다.
- 두개강의 울혈 이완: 가장 높은 곳에 있기 때문에 아랫배를 수축하여 혈액을 위로 퍼 올린다.
- 흉강의 울혈 이완: 신축성 있는 갈비뼈가 둘러싸고 있기 때문에 가슴통을 부풀려서 멈춘다.

1. 복강의 울혈 이완

복강의 울혈 관리는 건강뿐만 아니라 수행 차원에서도 매우 중요하기 때문에 매일 새벽 일어나자마자 이불 속에서 복강의 울혈 관리의 꾸준한 실천을 권한다. 필자는 매일 새벽 명상 수련을 하기 전 약 30분 정도는 반드시 복강 관리를 하고 있다. 왜냐하면 마음에 스트레스를 받으면 바로 배에 그 작용이 나타나는데, 그것을 제대로 관리하지 않으면 배 속에 깊게 울혈이 생기게 되어 매우 고통받을 수 있기 때문이다. 우리 속담에 사촌이 땅을 사면 배가 아프다든지, 소중한 것을 잃어버리면 속이 상한다, 밸이 꼴린다, 속이 뒤집어진다, 애간장이 탄다, 애가 녹는다, 비위가 상한다, 창자가 끊어지는 것처럼 아프다 등 마음과 배가 상호 관련된 것들이 많은 것을 보면 쉽게 이해하리라 생각한다. 그리고 "십 년 묵은 체증이 내려간 것처럼 시원하다."라는 속담에서 알 수 있듯이, 배 속에 생긴 울혈은 이완하기도 매우 까다롭기 때문에 매일매일 성실하게 관리해 줄 필요가 있다.

0) 복강의 울혈 점검 및 복부마사지

초보자에게는 특별하게 배우지 않더라도 가장 손쉽게 실천할 수 있도록 복부를 손으로 직접 마사지하는 방법을 권한다. 이 행법은 정식 하타요가 행법은 아니나 그 원리를 응용한 초보자들을 위한 쉬운 수련법이다. 방법은 양 손가락을 곧게 세워서 명치 근처에서부터, 복부 중앙, 배꼽, 아랫배, 복부의 우측 부위, 복부의 좌측 부위 등을 구석구석 깊게 눌러 보면서 아프거나 딱딱하게 굳어 있다고 느끼는 부위가 있으면 깊게 누른 상태에서 조심스럽게 돌리듯이 마사지해 준다. 다음의 수련법이 풀코스에 언급되어 있는 주요 복강 관리 행법들인데 자세한 설명은 다음으로 미룬다.

1) 우디야나반다Uddiyanabnadha

2) 요가무드라Yogamudra

3) 아그니사라Agnisara

4) 나울리Nauli

2. 두개강의 울혈 이완: 뇌 정화법Kapalabhati

이 행법은 호흡법이 아니라 6개의 신체 정화법 중 하나로, 아랫배를 힘차게 수축하는 수련으로 혈액을 펌프질하여 머리 속 모세혈관을 정화한다. 짧게는 10회에서부터 길게 하면 1만 회 이상 수행하는데, 수행법, 건강법으로도 매우 효과가 크기 때문에 하타요가에서 가장 중요한 수련법이다.

3. 흉강의 울혈 이완: 쿰바카 수행법

0) 가슴마사지 및 흉식 심호흡(뿌라카 & 레차카)

1) 우자이쿰바카: 흉곽을 최대한 부풀려서 가슴 속 깊은 울혈을 이완하기 위한 수련법이다.

2) 바스트리카쿰바카: 우자이를 안전하게 실천할 수 있는 호흡법이며 가장 많이 수행한다.

마음 관리: 명상법

인도 고전요가에서는 상키아 철학의 실체론적 이원론을 바탕으로 명상법을 설명하는 분리하는 지식Vivekakhyati을 수행 공식으로 하여 명상하며, 하타쁘라디삐까에서는 심장 근처에서 발생되는 소리를 관찰하는 나다누샨다남Nadanushandanam이라는 명상법이, 게란다상히타에는 또 다른 명상법이 설해져 있다. 그러나 AOMA에서는 인도 요가뿐만 아니라, 초기 불교를 배경으로 하는 미얀마 위빠사나, 선불교 및 대승불교를 배경으로 하는 중국 선 등의 명상법을 비교철학분석으로 검증하여 추출한 과학적 명상법 수행 공식을 바탕으로 명상을 실천하며 지도하고 있는데, 이에 대한 자세한 소개는 다음 기회로 미룬다.

〈AOMA의 과학적 위빠사나명상법 수행 공식〉
"수행 환경을 잘 보호하면서 신체와 정신의 더 미세한 변화 작용을 끊어짐 없이 알아차리면 모든 고통으로부터 자유로워진다."
– 김제창 –

하타요가 풀코스의 치유효과

이 수련 프로그램의 가장 중요한 치유효과는 신체 수련법으로 9개의 인체 시스템을 중요한 순서대로 차근차근 다스려서 이완시킨 후, 배, 머리, 가슴 속에 형성되어 있는 울혈들을 기술적으로 이완시켜 미저골에 잠재되어 있는 강력한 영적 에너지인 쿤다리니를 각성시켜 척추를 따라 흐르게 함으로써 머리끝부터 발끝까지 온몸 구석구석에 생긴 에너지의 정체를 완전히 이완시키고, 에너지의 정체로 인하여 생긴 배, 머리, 가슴 속 깊이 형성된 울혈들을 기술적으로 이완시키는 것이라고 할 수 있다.

따라서 이 행법이 성공적으로 수행된다면, 온몸 구석구석에 맺혀 있거나 에너지가 정체되어 있는 곳이 한 군데도 없이 다 이완되고 열려서 가장 왕성하게 혈액 순환이 되고, 9개의 시스템들도 가장 왕성하게 작동하는 상태가 되어 신체와 정신이 가장 완벽하게 건강한 상태로 회복된다고 할 수 있다.

뿐만 아니라 이 상태는 깊은 명상의 경지로 나아가는 데 결정적으로 중요한 상태이다. 왜냐하면 이 상태가 되어야만 비로소 신체, 정신의 미세한 변화 작용들을 모두 알아차릴 수 있기 때문이다. 울혈이 깊게 형성된 상태에서는, 어떤 사람들은 짧게는 수개월, 수 년에서부터 수십 년이 걸려도 깊게 형성되어 있는 울혈을 완전히 이완하기 어려운 경우가 매우 많을 것이라고 생각한다.

그러나 이 온몸의 울혈이 완벽하게 이완되어 빠짐없이 모두 느껴지는 상태가 되어야 비로소 심신의 현상이 모두 변화하는 현상일 뿐이라는 것을 체험으로 직접 확인할 수 있게 되고, 비로소 깊고 섬세한 심신의 현상을 있는 그대로 관찰할 수 있게 되기 때문에 깊은 명상으로 가기 위해서는 결정적으로 중요한 상태라고 할 수 있다.

나가는 말

필자가 30년 가까이 직접 실천, 연구하면서 지도하였던 수행법들 중 일부를 한국심신치유학회의 요청으로 〈하타요가치유〉라는 제목으로 정리해 보았다. 내가 몸으로 마음으로 터득하고 있던 것들을 글로 정리하면서 다시 한번 이해된 것들도 있고, 확실히 이해하였다고 생각했었는데 아직 부족하다고 느껴진 부분들도 발견되어 다시 한번 공부와 점검의 기회가 되어 기쁘고 감사하게 생각한다. 지면의 제한이 있어서 하타요가 수행법들에 대한 더 자세한 설명을 하지 못한 것과 이 하타요가 수행을 한 후 더 깊고 섬세한 관찰을 통하여 완전한 깨달음, 열반을 실현하는 것을 돕는 AOMA의 핵심 수행법인 '과학적 위빠사나 명상법'에 대한 설명을 하지 못해서 많이 아쉽지만 다음 기회로 미루어야 할 것 같다.

이 수행법들을 강호의 많은 수행자께서 직접 실천, 연구해 보시면서 질정과 절차탁마가 있기를 기대하며 졸고를 마무리한다.

참고문헌

김제창(2014). 명상의 과학화를 위한 철학분석 소고(A Treatise of philosophical analysis for scientification of meditation technique). (사)한국정신과학학회 2014 춘계학술 대회논문집, 152-176.

김제창(2016). 인도고전요가 명상법과 미얀마 위빠사나명상법 비교연구(Comparative Study between the Meditation Techniques of Indian Classical Yoga and Myanmar Vipassana)-빠딴잘리 요가수뜨라의 분리하는 지식(vivekakhyati)과 대념처경의 무상의 철저한 알아차림에 마음 챙김(Sampajano satima)을 중심으로. (사)한국정신과학학회 2016 추계학술대회 논문집, 137-158.

Chan, W. T. (1963). *The Platform Sciriture*. New York: S. T. John's University Press.

CheongHwa., & Hui-Neng. (2003). 六祖壇經. 서울: 불광출판사.

Digambaraji, S. (1998). *Svātmārāma: Haṭhapradīpikā of Svātmārāma*. India: Kaivalyadhama S. M. Y. M.

Goenka, S. N. (1999). *Discourses on Satipaṭṭhāna Sūtta*. India: Vipassana Research Institute.

Hospers, J. (2001). *An Introduction to Philosophical Analysis* (14th ed.). India: Allied Publishers Limited.

Je-Chang, K. (2000). Self-Realization in Zen Buddhism: According to Hui-Neng's Approach. M. Phil, Dissertation, Department of Philosophy, University of Pune.

Je-Chang, K. (2008). Comparative Study between the Meditation Techniques of Zen and Vipassana with special Reference to the Platform Scripture and Mahasatipatthana Sutta. Ph. D. Thesis, Department of Philsophy, University of Pune.

Ji-Eun, L. (2009). A Philosophical Analysis of the Concept of Anatta (Ātman) in the

Millindapañha. M. Phil, Dissertation, Deparment of University of Pune.

The Buddha. (1998). *Mahāsatipaṭṭhāna Sūtta: The Great Discourse of the Establishing of Awareness)*. India: Vipassana Research Institute.

Vipassana Research Institute (1990). The importance of Vedanāand Sampajañña: A Semiar on Vipassana meditation. Dhamma Giri, Igatpuri, Maharashtra, India.

차크라힐링

김성호[3]

들어가는 말

인간의 몸과 마음, 영혼의 치유에 대한 관심을 갖고 임상과 연구를 해 온 지도 어언 30년이 되었다. 그동안 물리치료와 심리치료, 요가테라피에 대한 임상을 바탕으로 심신의 통합적인 치료에 대한 다양한 경험들을 해 왔지만, 그중 차크라힐링은 클라이언트에게 도움이 될 뿐만 아니라 힐링을 하는 내 자신의 인생관에도 많은 영향을 주었기 때문에 더욱 널리 알리고 싶은 생각이 크다.

차크라힐링은 요가 수련을 통해서 얻게 되는 치유의 능력이며, 차크라힐링을 하는 것 자체가 요가라고 할 수 있다. 요가는 눈에 보이는 세계와 보이지 않는 세계, 즉 물질과 마음이 하나라는 것을 인식해 나가는 과정이며, 요가를 통한 이원성의 통합을 통해서 차크라힐링의 능력이 심화되며, 동시에 힐러는 차크라힐링을 통해서 영원에 대한 비전인 요가를 더욱 깊이 알 수 있게 되기 때문이다.

---

3) (사) 한국요가명상협회(KYMA, Inc) 회장, 쁘라갸아카데미 대표, 심신통합치유학 박사

차크라는 무엇인가?

차크라

차크라는 바퀴Wheel라는 의미의 산스크리트이다. 존 휠러와 이차크 벤토브는 우주의 구조가 보텍스 링Vortex Ring이나 토러스Torus로 이루어져 있다고 하였다. 토러스와 보텍스는 모든 3차원적 세계의 기본이 되는 기하 형태라는 것이다. 토러스와 보텍스 형태의 에너지 시스템은 가장 안정적으로 에너지를 유지하고 소통할 수 있는 형태라고 할 수 있다. 이러한 에너지 흐름의 형태는 자연의 물질 흐름으로도 유사하게 나타나는데, 예를 들면 일상 속에서 볼 수 있는 솔방울, 조개, 사과, 지문, 회오리바람, 물의 소용돌이 등이 보텍스와 토러스의 형태를 띠고 있으며, 미시적으로는 원자를 중심으로 움직이는 전자의 흐름에서부터 거시적으로는 블랙홀을 중심으로 회전하는 은하의 흐름에 이르기까지 모두 보텍스와 토러스의 에너지 흐름이 물질적인 형태로 드러난 예라고 할 수 있다. 즉, 우주는 바퀴의 축과 바퀴의 형태가 기본 구조라고 할 수 있다.

이러한 에너지의 순환 구조는 바로 우리의 인체에도 그대로 적용되는데, 이를 차크라라고 한다. 바퀴 형태 별들의 흐름 중심에 에너지가 집중되는 중심인 블랙홀이 있듯이 차크라는 인체 에너지 흐름의 중심에 있다. 중심 차크라는 척추를 중심으로 인체의 회음에서부터 정수리까지 7개가 있는데, 각각의 차크라는 인체의 특정 부위들의 육체적 · 심리적 · 영적인 정보를 담고 있다. 차크라의 가장 외곽으로는 거친 물질적인 에너지가 흐르며, 좀 더 안쪽으로는 심리적인 에너지가, 그리고 중심부에는 영적인 에너지가 흐른다. 요가 사상에서는 우리의 내면에는 영원히 변하지 않고 소멸되지도 않는 불멸의 의식이 있다고 보

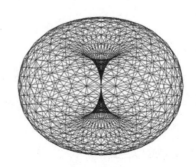

[그림 6-2] 차크라는 바퀴를 의미하는 산스크리트이다.　　[그림 6-3] 차크라는 보텍스와 토러스의 형태이다.

는데, 그 불멸의 의식을 아트만이라고 한다. 변화무쌍하게 돌아가는 차크라의 중심에는 마치 태풍의 핵처럼 고요한 중심이 있는데, 이곳이 참된 나, 즉 아트만의 거주지이다. 아트만은 변하지 않는 개아(지바아트만)이며, 동시에 우주 전체와 통일되어 있는 범아(파라아트만)이기도 하다.

7포인트 차크라

우주에는 거시적인 차크라라고 할 수 있는 수많은 은하와 블랙홀이 있듯이 인체에도 수없이 많은 차크라가 있다. 그런데 그중에서도 가장 중심이 되는 차크라는 회음부의 물라다라 차크라와 천골 안쪽의 스와디스타나 차크라, 허리의 태양신경총에 위치하는 마니뿌라 차크라, 가슴의 흉선 부위에 위치한 아나하타 차크라, 목의 갑상선 부위에 위치한 비슛디 차크라, 두 눈썹 사이 깊숙이 위치한 송과선의 기능과 관련한 아갸 차크라, 그리고 정수리 위의 사하스라라 차크라이다. 이들은 각각 물리적인, 정신적인, 영적인 차원에서의 위계적인 시스템을 갖는데, 그 위상 변화는 바로 인류의 신체, 심리적인 진화 과정과의 상관관계가 있는 것으로 여겨지고 있다.

크고 작은 수많은 차크라는 우리 신체의 전체에 분포되어 인체의 전반적인 상태에 영향을 주는데, 특정 신체 질환이나 신체 기능장애와 관련이 있다. 각 에너지 센터는 또한 우리의 정신적 · 정서적 강점 혹은 약점과 직접적인 상관관계가 있다. 요가의 전통에서는 현대의 심신의학적인 관점인 몸과 마음의 상호 관련성을 넘어서서 몸과 마음이 그 자체로 하나라고 인식한다. 그래서 몸에 문제가 생기면 동시에 심리적인 문제를 일으키며, 심리적인 문제도 신체적인 문제로 나타나게 된다. 단지 이러한 신체, 심리적인 상호작용에는 시차가 존재하는 것처럼 보일 수 있다. 그러나 그것은 발현상의 시차가 있는 것이 아니라, 잠재화되어 있는지 아니면 증상으로 나타나고 있는지의 차이 때문에 그렇게 느껴지는 것일 뿐이다.

각각의 차크라 시스템은 온전히 개방되어 원활하게 에너지가 소통될 수도 있고 일부가 막히거나 원래의 형태가 찌그러져 왜곡될 수도 있다. 또한 부정적인 에너지로 오염될 수도 있고 에너지의 결핍으로 차크라가 위축될 수도 있다.

1차크라(뿌리 차크라)

1차크라를 통해서 우리는 대지 위에 뿌리내리고 하나의 존재로서 설 수 있다. 1차크라는 인간의 존립의 기반이며, 자연과 연결되는 접점이다.

심리적으로 1차크라는 물리적인 세계에서 연결되고 안전감을 느끼는 것과 관련이 있다. 1차크라의 균형은 생존에 필요한 물질적인 자원들, 즉 의식주를 제공하는 능력을 갖게되는가와 관련되어 있다. 이 차크라의 불균형은 존립에 대한 불안을 심화시켜서 지나친 공포심과 두려움으로 나타날 수 있다.

신체적으로는 발, 다리, 직장, 꼬리뼈, 면역 체계, 남성 생식 기관 및 전립선의 기능과 관련되어 있어서 이 차크라의 문제가 생기면 퇴행성 관절염, 무릎 통증, 좌골 신경통, 섭식장애 및 변비 등의 질병이 야기될 수 있다.

2차크라(성 차크라)

2차크라는 대상과의 최초의 소통이 일어나는 자리이다. 모든 감각기관이 2차크라와 연결되어 열려 있으며, 인간은 2차크라를 통해서 대상을 좋은 느낌으로 혹은 불쾌한 느낌으로 인식한다.

심리적으로 2차크라는 관능성과 쾌락, 즐거움을 향유하고 함께 나눌 수 있는 능력과 관련되어 있다. 그러므로 2차크라가 활성화될 때, 우리는 외향적이고 적극적이며 열정적으로 세상과 접촉할 수 있게 된다. 그러나 이 차크라가 불균형할 때 나타나는 심리적인 패턴은 관능성에 대한 억압과 쾌락에 대한 무감각, 부적응과 소극성으로 나타나거나 욕구에 대한 지나친 집착으로 나타나게 된다.

신체적으로는 성적 및 생식 문제, 비뇨기의 문제, 신장 기능의 부전, 고관절, 골반 및 요통을 야기할 수 있다.

3차크라(태양신경총 차크라)

3차크라는 개인의 주도적인 의지를 반영하는 차크라이다. 그는 하나의 인간으로서 존중받을 수 있는 위치를 갈망한다.

그러므로 3차크라의 불균형은 심리적으로 성취하고자 하는 의지와 현실적인 상황의 부조화를 통해서 심화된다. 그는 자존심의 손상을 두려워하여 사회관계 속에서의 파워를 지향한다. 3차크라의 균형은 그를 순조로운 성공으로 연결되도록 하며, 높은 자존감을 통해서 자신과 타인을 수용할 수 있는 포용성을 갖게 된다. 그는 자신감이 넘치고 독립적이며 스스로를 컨트롤할 수 있다.

3차크라가 불균형하면 신체는 소화장애, 간기능장애, 만성 피로, 고혈압, 당뇨병, 위궤양, 췌장 및 담낭 문제, 결장 질환에 시달리게 된다.

4차크라(심장 차크라)

4차크라는 마음의 중심이다. 2차크라가 감각을 통해서 즐거움을 향유하려 했다면 4차크라는 상호 관계 속에서의 느낌을 통한 교감을 추구한다. 4차크라가 불균형하면 우리는 어떤 부정적인 느낌 속에 사로잡힌다. 질투, 포기, 분노, 괴로움, 외로움, 의심 등의 느낌들은 인간관계 속에서의 상호 소통을 억압하며, 단절과 결핍으로 가슴을 가득 채우게 된다. 4차크라가 균형을 이룰 때, 우리는 사랑하고 사랑받는 것에 익숙해지고 즐길 수 있게 된다. 기쁨과 감사, 사랑과 연민, 용서와 화해는 자연스러운 내적 흐름이 되어 부정적인 사고가 스며들 공간이 없어진다.

4차크라의 불균형은 신체적으로 천식, 심장병, 폐 질환, 가슴 문제, 림프계, 허리와 어깨의 문제, 팔과 손목 통증을 야기할 수 있다.

5차크라(인후 차크라)

5차크라는 하위 차크라에서의 안정과 불안, 쾌와 불쾌, 성공과 실패, 사랑과 미움 같은 이원적인 분별 의식이 하나로 통합되는 차크라이다. 5차크라는 진실하고 순수한 차원으로의 전환을 의미한다.

이 차크라의 불균형은 잘 경청하는 것과 느낌과 감정을 표현함으로 의사소통하는 관계에 어려움을 갖게 한다. 그는 정서를 표현하지 못함으로써 분노와 피해 의식에 사로잡히게 된다. 권력에 순응하지만 내면에서는 부지불식간에 울분을 삭히고 있는 것이다.

이 차크라의 균형은 인간으로 하여금 언어를 통한 의사 표현에 능동적으로 반응하고, 권위와 위선에 직면하여 진실을 말할 수 있으며, 다양한 예술 활동을 통해서 진실을 상징화할 수 있게 한다.

5차크라의 불균형은 갑상선의 문제, 인후염 등 목의 문제와 귀의 감염, 턱이나 입술, 혀와 같은 얼굴의 문제와 목과 어깨의 통증을 유발하게 한다.

6차크라(제3의 눈)

외부의 사물을 인지하고 파악하기 위한 눈이 있다면, 6차크라는 내면을 응시하는 눈이라고 할 수 있다. 우리의 시야가 외부로 향하게 될 때, 우리는 외부에서 투영되는 욕망에 집중하게 되며 그 욕망을 채우기 위한 많은 사고 작용을 하게 되는데, 이러한 과정을 통해서 지능이 발달하게 된다. 반면에 제3의 눈을 통해서 시야를 의식의 내면으로 돌리게 되면 지능 대신에 직관에 따른 새로운 인식을 하게 되는데, 이것은 요가 수행의 목적이면서 동시에 인간성의 최종적인 목적이라고 할 수 있다.

6차크라가 불균형하면 감각적으로 확인할 수 있는 것만이 진실이라는 논리에 빠지게 되어 일관성이 결여되고 변덕스러우며, 후회와 죄책감 그리고 염세적인 사고방식에 집착하게 된다. 6차크라가 균형을 이루면 목표에 정확하게 집중할 수 있고, 진실과 환상을 분명하게 구별할 수 있게 된다.

6차크라의 불균형은 신체적으로 두통이나 부비동의 문제, 눈의 피로, 시력 저하, 경련, 난청, 호르몬의 부조화를 초래하게 된다.

7차크라(크라운 차크라)

6차크라가 집중과 통찰을 통한 인간성의 완성을 성취하는 가장 핵심적인 통로라면, 7차크라는 인간성을 초월한 신성과의 합일이 성취되는 최종적인 차크라이다.

7차크라가 부조화하면 그는 현실적인 기반과 즐거움의 조건들, 사회적인 성공, 많은 사람으로부터 자극되는 친밀한 감정, 창조적인 영감에도 불구하고 인생의 고독에 절규할지도 모른다. 인간은 신성의 근원과 연결되지 못할 때 본성적인 소외감을 느낄 수밖에 없는 존재이기 때문이다.

7차크라가 조화롭게 된다면 그는 이제 확신을 갖고 내면의 신성에 이끌리게 된다. 반면, 7차크라의 부조화는 인체의 모든 기능을 마비시키며 취약하게 할 수 있다.

기타 두 손바닥과 발바닥 중심, 그리고 인체의 중요한 연결 부위에는 수많은 작은 차크라가 있다. 이 절에서는 발바닥의 작은 차크라를 힐링하는 방법만 소개하였다.

[차크라의 꽃]

무의식의 땅에 차크라의 꽃이 피어났다.
그 꽃잎은 생명의 불안에 떨었다.

그리고 즐거움에 떨었다.

> 욕망에 떨었고
> 사랑에 떨었고
> 울음에 떨었다.
>
> 이제 그는 직관의 꽃으로 피어났다.
> 그리고 어느 날
> 이 타오르는 꽃은
> 영원과 합류할 것이다.
>
> – 쁘라갸 –

268

차크라와 신체심리치료

심리치료에 있어서 중요한 치료적인 기전은 클라이언트의 무의식에 접촉하는 것이다. 우리의 의식은 무의식의 배경 위에서 프로그램화되었으므로 다분히 수동적으로 작동할 수밖에 없다. 그러므로 의식의 왜곡이 있을 때, 이것을 근본적으로 변화시킬 수 있는 방법은 무의식의 심층에 접촉하여 그 내용을 수정하는 것이라고 할 수 있다.

이렇게 무의식에 접촉하여 의식의 흐름을 수정하거나 제어하고자 하는 같은 목적으로 수행되어지는 것이 인도에서 기원한 요가이다. 요가의 전통에서는 무의식에 접촉하기 위해 삶의 현장에서의 수행을 강조하고 있다. 생활 속에서 무의식적인 습관을 제어하고 일에 전념하는 카르마요가는 이러한 요가 전통의 중요한 예라고 할 수 있다.

또한 비폭력의 실천이나 만족과 같은 요가의 덕목을 삶 속에서 실천하도록 강조하고 있는 빠딴잘리요가수뜨라의 가르침 또한 삶 속에서 무의식적으로 작동하고 있는 원초적인 욕망을 제어하고자 하는 목적으로 수행하도록 시스템화된 것이다. 이렇듯 요가는 현대 심리학의 무의식 패턴의 자각을 통한 심리치료의 메커니즘을 그 수행 체계를 통해서 일관성 있게 강조하고 있다.

그런데 요가의 과학은 무의식의 본질이 다름 아닌 의식과 에너지의 결박이라고 설명하고 있다. 인간의 몸에서 의식과 에너지가 묶이게 되면 의식도 에너지도 더 이상 활동하지 못하고 물질의 형태로 잠겨지게 된다. 이 물질로서의 육체에 고착화된 무의식과 에너지의 핵심을 요가과학에서는 쿤달리니 샥티라고 하며, 이것을 깨우는 것을 목적으로 모든 수행의 방법론이 체계화된 것이다.

쿤달리니 샥티가 깨어나면 무의식적인 정보들이 물질적인 육체에서 해방되게 된다. 그것은 존재의 모든 선입관이고 고정관념이며 조건화된 사고들이다. 그것은 또한 모든 신체적인 긴장이고 불균형이며 질병들이다. 물질로서의 육체에 갇혀 있던 무의식의 얼음들이 의식화되어 녹아내리면 무의식에 묶여 있던 에너지가 해방되어 육체와 차크라를 극심하게 뒤흔드는데, 이것을 쿤달리니의 각성이라고 한다.

쿤달리니, 차크라의 각성은 이러한 기전을 통해서 신체를 물리적으로 변화시키며 심리적인 변화가 일어나게 한다. 이 과정의 초기에는 갑작스럽게 해방된 무의식과 에너지의 활동으로 인해서 어느 정도 신체심리적인 혼란을 가중시킬 수 있다. 이러한 혼란과 어려움을 미연에 방지하고 체계적으로 차크라를 정화해 나갈 수 있도록 시스템으로 전승되어 온 대표적인 방법이 요가라고 할 수 있다.

차크라힐러가 되려면

요가철학에 따르면, 인간의 실체는 물질로서의 육체가 아니다. 오히려 차크라 시스템과 같은 에너지의 몸이 좀 더 실체로서의 몸에 가깝다고 본다. 그리고 에너지의 몸 또한 거친 에너지와 좀 더 정묘한 순도 높은 에너지의 몸이 있다. 그리고 에너지의 몸이 점점 더 정묘해질수록 의식 또한 순도 높고 고아한 의식의 몸으로 승화된다고 한다. 그 최종적인 궁극의 자리에 아트만이라고 하는 참자아가 있으며, 참자아는 어떠한 관찰의 대상도 아닌 순수의식, 즉 보는 자 그 자신이다.

이렇게 정묘한 에너지의 몸과 순수한 의식체를 개발시킨 요가 수행자는 자신을 채울 어떠한 욕망도 존재하지 않으므로 우주에 가득 차 있는 순수의식과 정묘한 에너지를 클라이언트의 몸과 마음으로 흘려보낼 수 있는 통로가 된다.

우리의 본성은 모두가 통로로서 존재한다. 나와 너, 우리와 그들을 연결시키고 통합시키는 통로이다. 우리는 전기 전도체처럼 에너지를 잘 소통시키기 위해서 존재하며, 서로의 벽을 허물고 하나가 되기 위한 목적으로 상호작용을 한다. 우리가 그 어떤 경험을 하든, 그 어떤 연상을 하든, 그 궁극에는 통합하려는 집단 지성의 보이지 않는 움직임이 있다. 이것을 깨달았다면 그는 이미 차크라힐러이다. 구체적인 힐링의 방법론이나 테크닉은 힐러

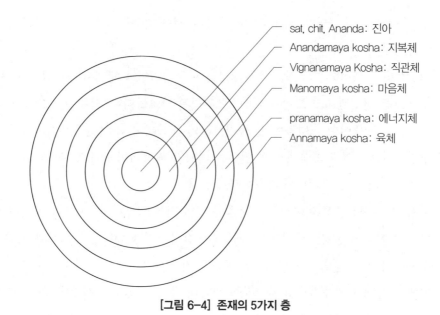

sat, chit, Ananda: 진아
Anandamaya kosha: 지복체
Vignanamaya Kosha: 직관체
Manomaya kosha: 마음체
pranamaya kosha: 에너지체
Annamaya kosha: 육체

[그림 6-4] 존재의 5가지 층

가 되기 위한 부수적인 조건이다. 차크라힐러는 자신의 차크라를 모두 관통함으로 서로를 연결시키는 존재이며, 소통의 과정에서 클라이언트의 몸과 마음의 치유가 극대화된다.

요가 수행은 차크라힐러의 길이다. 힐러의 순수의식과 정묘한 에너지를 개발하기 위해서 요가는 그 체계를 8단계로 구분하여 제시하고 있다.

첫 번째는 사회적인 통합을 위한 상호작용 훈련이다. 즉, 감각적인 욕망이나 소유욕을 충족하기 위해서 남을 해치거나 속이거나 훔치지 않는 것과 같은 사회 규범을 지키는 것이다.

두 번째는 몸과 마음을 청결하게 하고, 현재에 만족하며, 수련을 게을리 하지 않고, 자기를 탐구하고, 영원한 진리에 대하여 궁구하는 것과 같이 맑고 순수한 의식을 개발하는 것이다.

세 번째는 요가 동작을 통해서 몸을 정화하고 에너지가 잘 흐를 수 있는 몸을 개발하는 것이다.

네 번째는 요가 호흡을 통해서 더욱 정묘한 에너지가 잘 소통될 수 있도록 하는 것이다.

다섯 번째는 외부로 향하던 마음을 내면으로 향하여 고요하고 평화로운 마음을 개발하는 것이다.

여섯 번째는 집중을 훈련하는 것이다.

일곱 번째는 집중이 발전하여 하나의 대상에 몰입할 수 있도록 훈련하는 것이다.

여덟 번째는 집중하는 대상과 집중하는 자가 하나로 통합되는 단계, 즉 사마디에 들어가는 것이다.

이 과정은 요가 수행의 과정이며, 동시에 효과적인 치유를 할 수 있는 차크라힐러가 되는 길이기도 하다.

차크라명상

이 절에서는 차크라힐러가 되고자 하는 사람들을 위한 좀 더 구체적인 방법을 소개하고자 한다. 훌륭한 차크라힐러가 될 수 있는 왕도는 바로 요가 수행의 정수라고 할 수 있는 차크라명상을 꾸준히 수행하는 것이다. 전기 차를 장시간 힘차게 운행하려면 자동차의 배터리에 충전을 충분히 해야 하는 것처럼, 차크라힐링의 효과를 배가시키는 가장 중요한 관건은 힐러 자신의 차크라 상태라고 할 수 있다. 차크라명상은 일반적인 다른 명상법과 마찬가지로 오감에 집중하는데, 그중에서 특별히 시각과 청각 그리고 체성감각Somesthesis[4] 대상에 집중하는 명상이 발달되어 있다. 그리고 무의식의 의식화 또한 차크라 활성화를 돕는 중요한 명상법이다. 힐러의 차크라를 활성화하는 차크라명상의 방법은 아래와 같다.

271

얀트라명상

차크라명상의 전통에서 시각적인 명상의 대상으로는 얀트라Yantra가 있다. 언어적으로는 지원support 혹은 도구instrument라는 의미가 있는 얀트라는 명상을 성취하기 위해서 매우 유용한 도구로 사용되는 기하학적 문양을 말한다. 얀트라의 상징에는 높은 차원의 의식이 내재되어 있어서, 우리가 얀트라에 집중할 때 이 신비한 상징을 통해서 고차원의 의식의 중심으로 다가설 수 있다.

'스리 차크라'라고도 불리는 '스리 얀트라'는 모든 얀트라의 기원이다. 스리 얀트라는 인간에게 있어서 나선형의 에너지의 중심인 차크라를 의미한다. 얀트라는 마음의 움직임을

---

4) 체성감각은 척수신경 후근의 감각신경가지들을 통해 일어나는 전신감각으로서 피부가 수용하는 피부감각(표면감각)과 체내의 각종 조직에 있는 수용기가 수용하는 심부감각으로 구별한다. 즉, 마이스너소체, 메르켈촉각세포는 촉각, 골지-마조니소체는 촉압각, 파치니소체는 압각, 루피니소체는 온각, 크라우제소체는 냉각, 자유신경종말은 통각에 관여한다(네이버 지식백과).

[그림 6-5] 스리 얀트라

고요하게 집중시키는 힘이 있다. 또한 얀트라는 인간의 육체적 · 영적 건강에 탁월한 효과가 있다. 그러나 얀트라 자체로는 특별한 의미가 없고, 오직 수행자가 얀트라에 집중하여 에너지 공명을 일으킬 때 그 효과가 극대화되는 것이다. 얀트라 수행의 방법은 다음과 같다.

• 북쪽이나 동쪽으로 향하도록 벽에 걸어 놓는다. 이때 얀트라의 중심이 눈높이와 일치하도록 한다.
• 가능하면 눈을 깜빡거리지 말고, 얀트라의 세부적인 형태를 보려고 하기보다는 전체를 한꺼번에 응시하면서 얀트라의 중심에 집중한다.
• 매일 하루에 15~30분 이상을 수련하면 효과적이다.
• 적어도 일주일 동안 얀트라명상을 하면 얀트라 없이도 동일한 경험을 할 수 있다.

만트라명상

차크라는 문자로 이루어진 화환이라고 할 수 있다. 척추 아래의 뿌리 차크라에서 정수리 차크라까지 챈팅되는 모든 차크라의 연꽃은 씨앗 음절들이다. 각각의 소리 진동은 몸의 특별한 부분들을 진동시킨다. 각각의 차크라에 상응하는 씨앗소리들은 다음과 같다. 만트라Mantra명상은 차크라명상 수행자가 챈팅을 할 때, 각각의 차크라와 상응하는 만트라 음절이 몸의 해당 부분들에 울려 퍼지는 내적인 자각을 주시하는 방식[5]으로 진행된다.

• 물라다라 차크라: lang ~ 발에서 무릎까지 올라가는 땅의 에너지
• 스와디스타나 차크라: vang ~ 무릎에서부터 척추 기저부까지 상승하는 물의 에너지
• 마니뿌라 차크라: rang ~ 척추 기저부에서 심장까지 상승하는 불의 에너지
• 아나하타 차크라: yang ~ 심장에서 머리의 중심까지 상승하는 공기 에너지
• 비슈디 차크라: hang ~ 머리의 중심에서부터 정수리까지 상승하는 공간 에너지
• 아갸 차크라: aum ~ 개아의 빛을 신성의 빛으로 이끈다.

---

5) 이와 같이 차크라의 비자 만트라를 챈팅을 통해서 몸과 마음에 공명시켜서 심신을 조화롭게 하는 요가의 전통으로는 나다요가가 있다.

몸의 감각에 집중하는 명상

몸의 체성감각에 집중하여 차크라를 활성화하는 것은 요가의 모든 수행법과 관련이 있다. 먼저 아사나(요가 자세)는 거친 몸의 체성감각에 집중하는 것이며, 호흡은 좀 더 섬세한 몸의 체성감각에 집중하는 것이다. 그리고 감각 제어와 명상의 단계로 갈수록 점차로 체성감각보다는 보다 정묘한 느낌인 생체 에너지에 대한 감각, 즉 차크라에 대한 자각으로 이행해 간다고 할 수 있다.

현대 요가에서의 아사나는 체성감각에 주의력을 집중하는 것에 대한 중요성을 간과하는 경향이 있으나, 엄밀하게 말하면 아사나는 정형화된 요가 동작의 어떤 모양을 따르는 것이 아니다. 수행자가 몸의 동작과 정지의 과정 속에서 체성감각에 집중하여 그 변화를 관찰한다면 가만히 누워.있거나 앉아 있어도 요가아사나이며, 만약 체성감각에 대한 집중과 관찰이 없다면 그것은 진정한 의미의 아사나라고 할 수 없다. 체성감각에 집중하는 명상의 대표적인 방법은 요가니드라라고 할 수 있다. 요가니드라는 깊은 이완 속에서 신체 구석구석의 촉감, 온도감각, 무게감각 등에 대한 자각을 심화시키는 방법으로 진행되는데, 이러한 신체 자각의 심화를 통해서 프라나가 활동하며 차크라가 활성화되는 것이다.

273

무의식의 의식화

양자역학에 따르면, 전자에 대한 관찰자의 관측이 이루어지지 않으면 전자는 불확정한 상태에서 확률적으로만 존재하고, 관찰자가 관측하기 시작하면 특정의 상태로 구체화 된다고 한다. 이와 비슷한 심리 현상으로, 무의식에 대한 관찰자의 관측이 이루어지지 않으면 무의식은 불확정한 상태로 존재한다. 그러나 무의식에 대한 관찰자의 자각이 일어나면 무의식은 의식화되어 인식 대상으로 특정되며, 이때 무의식의 의식화와 함께 진행되는 것이 차크라의 각성이다. 요가생리학에 따르면, 우리 인체의 골반 기저의 중심에는 쿤달리니 샥티라는 생명 에너지의 중심이 있으며, 쿤달리니 샥티를 깨워서 척추를 타고 정수리까지 상승하도록 하는 일련의 수련 체계가 차크라명상이라고 할 수 있다. 그런데 바로 이 쿤달리니 샥티는 물리적으로는 에너지의 핵심이며, 심리학적으로는 무의식을 뜻한다. 차크라명상을 포함하는 하타요가의 다양한 행법들은 바로 물리적인 에너지로서의 쿤달리니 샥티를 깨우는 방법이라고 할 수 있다. 그러나 무의식의 의식화라는 쿤달리니 샥티를 깨우는 또 다른 심리학적인 접근은 실제적인 차크라의 각성을 위해서 병행되어야 할 중요한 수련의 한 축이라고 할 수 있다.

통합적인 명상

거시적인 세계의 모든 물상은 분명한 형태로 3차원의 공간을 차지하며 시간의 흐름에 따른 변화를 한다. 그러나 양자역학의 세계는 분명한 형태와 공간과 시간에 따른 구획이 확정되지 않는다. 차크라명상은 바로 이 거시적인 세계관에서 미시적인 양자역학의 세계관으로 인식을 확장시켜 나가는 과정이라고 할 수 있다. 미시적인 양자역학의 세계, 즉 차크라의 세계는 소리와 빛이 함께 명멸하는 지경이다. 소리가 빛이며, 빛이 소리다. 소리를 통한 만트라명상이나 이미지와 빛에 집중하는 얀트라명상 그리고 체성감각의 자각을 중심으로 하는 요가명상의 방법들과 무의식의 의식화를 포함하는 모든 명상의 방법은 오감에 따른 일반적인 감각에서 비롯된 우주관에서 양자역학의 세계로 인식을 확장시켜 나가는 과정이며, 양자역학의 세계에 근접하면 이러한 소리와 형태, 인식의 구분이 더 이상 무의미해진다. 오직 통합적인 명상만이 존재할 수 있는 것이다.

일반적으로 특정한 이미지로 인식되어 온 차크라는 사실 문자(소리)로 이루어진 화환(형태)이다. 척추 아래의 뿌리 차크라에서 정수리 차크라까지 챈팅되는 모든 차크라의 연꽃은 씨앗 음절들이다. 각각의 소리 진동은 몸의 특별한 부분들을 진동시킨다. 각각의 차크라는 4개, 6개, 10개, 12개, 16개, 2개의 꽃잎으로 이루어진 화환으로 구성되어 있다. 이 화환들은 각각 꽃잎의 개수만큼으로 이루어진 산스크리트 음절을 의미하는데, 모두 50음절이다. 50음절을 20번 반복하면 1,000개의 꽃잎으로 표현되는 정수리 차크라의 비자 만트라가 된다. 차크라 각각의 꽃잎 형태는 비자 만트라의 소리이며, 각각의 형태와 소리는 차크라의 비자 만트라에 상응하는 신체 부위의 체성감각과 연결되어 있는 것이다. 차크라명상은 챈팅이 수행될 때 각각의 차크라에 상응하는 만트라 음절이 이미지로서 형상화된 내적인 자각을 관찰하게 되는데, 이 과정을 통해서 자각하지 못하던 체성감각이 살아나며 각각의 차크라에 묶여 있던 잠재 에너지와 무의식도 해방되게 된다. 이처럼 차크라명상은 그 자체로 에너지와 의식의 확장이고, 이미지명상이며 소리명상이고 체성감각에 대한 명상이라고 할 수 있다.

차크라힐링의 방법

앞에서 설명한 것처럼 차크라힐링은 손의 위치나 스킬보다는 힐러의 마음가짐이 중요하다. 에너지가 정묘해지고 마음이 가벼워지면 힐러 자신의 차크라를 통해서 힐링하는 손으로 흐르는 고차원의 에너지가 클라이언트의 신체심리에 작용하기 시작한다. 힐러와 클라이언트 사이에서 육체와 마음의 상호 공명이 시작되는 것이다. 클라이언트의 차크라는 처음에는 외부에서 작용하는 다른 수준의 에너지에 저항하다가 시간이 지나면서 점차 진동하기 시작한다. 클라이언트의 신체심리적 상태에 따라서, 그리고 힐러의 자질과 그 순간의 의식 수준에 따라서 반응은 빠르기도 하고 더디기도 하다. 중요한 것은 서두르지 않는 것이다. 또한 잘하고자 하는 의도를 강하게 갖지 않도록 하는 것이다. 마음을 비운다는 것은 쉬우면서도 어렵다. 마음을 비우고 순수한 관찰자가 되는 것이 한 번에 완성되는 것은 아니지만, 꾸준한 요가 수련과 힐링을 통해서 점점 성장하게 된다.

차크라힐링을 통해서 클라이언트의 차크라의 공명은 점점 더 활성화되다가 어느 순간 다시 시작할 때처럼 조용해진다. 그러나 결코 처음의 상태와 같은 것은 아니다. 처음에는 공명하지 않으려는 저항 때문에 조용했다면, 나중에는 공명이 진행되어 동조화가 일어났기 때문에 다시 고요해지는 것이다. 이런 일련의 과정을 각각의 차크라를 통해서 반복하면 차크라를 통한 신체심리적 변화가 일어난다.

이러한 힐링의 수기 조작과 함께 심리상담기법의 기초가 다져진 힐러들은 정신분석과 같은 심리치료를 병행하는 것도 좋다. 차크라힐링은 무의식의 각성을 위한 물리적인 접근이지만 정신분석은 심리치료적인 접근이기 때문에 동일한 과정이며, 상호 간의 효과를 촉진시킬 수 있는 요법이라고 할 수 있기 때문이다.

차크라힐링의 실제

필자의 경험과 연구를 통해서 좀 더 효과적이라고 여겨지는 시퀀스를 아래에서 소개하고자 한다.

1. 먼저 클라이언트의 신체적인 정렬을 체크한다. 발끝에서부터 두개골에 이르기까지

몸 전체의 정렬을 체크하는 것이 필요하지만, 무엇보다도 골반과 견갑대 그리고 척추의 좌우 정렬을 검사한다. 그리고 측면에서 바라본 골반의 중립이나 요추의 전만 정도 등 소위 S라인이 어떤 방식으로 무너지고 있는지를 검사한다.

이 체형검사의 과정은 매우 중요하게 다뤄져야 하는데, 왜냐하면 클라이언트의 육체적인 문제뿐만 아니라 심리적인 상태까지도 매우 정밀하게 반영하고 있는 것이 바로 체형의 불균형이기 때문이다. 체형의 좌우 불균형은 비교적 근래의 문제를, 그리고 전후의 불균형은 매우 오래되고 고착된 삶의 문제들을 내포하고 있기 때문이다.

2. 클라이언트를 천장을 바라본 상태에서 편안하게 침대에 눕도록 한다. 힐러는 클라이언트의 오른 어깨 쪽에 의자를 놓고 편안하게 앉는다. 왼 손바닥을 클라이언트의 정수리에 위치한 7차크라(크라운 차크라) 위에 압박이 느껴지지 않도록 접촉한다. 그리고 오른손은 클라이언트의 하체를 향해서 허공에 위치한다. 이런 포즈를 취한 상태에서 클라이언트 정수리의 차크라가 열리면서 척추를 관통하는 것을 느낀다. 오른손으로는 에너지가 흐르는 방향을 제시하거나 에너지의 흐름이 더욱 증폭될 수 있도록 미세하게 흔들어 준다.

276

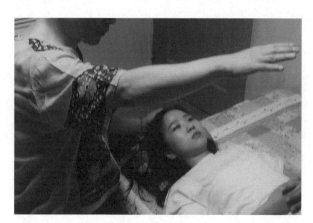

[그림 6-6] 시퀀스 ②

3. 먼저 복부의 장기들과 횡격막 그리고 근육들의 긴장도와 균형을 검진해 본다. 이제 왼손을 클라이언트의 4차크라(가슴 차크라) 위에 올려놓는다. 이성을 힐링하는 경우에는 가슴을 가로지르지 않고 손바닥을 가슴 중앙에 길이로 놓거나 쇄골 아래 부위에 놓아도 된다. 혹은 가슴에서 10cm 정도 떨어진 공간 위에서 힐링을 해도 무방하

다. 그러나 가능하면 가슴 위에 직접 접촉해서 힐링할 것을 권한다. 대부분의 클라이언트에게 있어서 가슴 차크라는 접촉 자체만으로도 심리적인 위안을 크게 줄 수 있기 때문이다.

이제 오른손은 클라이언트의 3차크라(배꼽 차크라) 혹은 2차크라(성 차크라)에 접촉한다. 4차크라는 섬세하게 반응하며 빠르게 열리기도 하지만, 3차크라(배꼽 차크라)의 반응은 조금은 더딘 편이다. 2, 3, 4차크라는 클라이언트의 비교적 최근의 현실적인 어려움들을 반영하고 있기 때문에, 이 단계에서는 심리상담치료를 병행하는 것이 효과적이다. 클라이언트는 가슴이 편안해지고 기분이 전환되는 것을 경험하는 경우가 많으며, 복부를 촉진해 보면 장기들과 장막들이 편안하게 이완된 것을 느낄 수 있다.

[그림 6-7] 시퀀스 ③

4. 다음은 복부의 2, 3번 차크라에 왼손을 올려놓은 상태에서 오른손은 두 무릎 사이 공간에 가져가서 손바닥을 골반 아래쪽을 향하도록 한다. 복부의 이완을 계속 느끼면서 오른손이 무릎 사이의 허공 속에서 1차크라(뿌리 차크라)를 열어서 2, 3번 차크라와 연결되도록 한다.

5. 이제 클라이언트를 침대에 엎드리도록 한다. 왼손을 등의 4차크라에 대고 오른손을 2차크라에 붙인다. 등과 천골 부위의 미세한 움직임을 느낀다. 근골격계통의 문제가 있는 경우는 왼손을 후두골 위에 올려놓고 오른손은 천골 위에 놓은 상태에서 두개골과 천골의 미세한 움직임을 관찰한다.

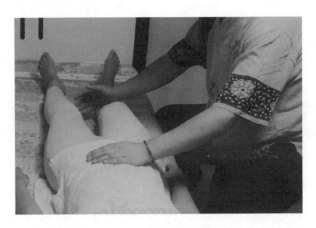

[그림 6-8] 시퀀스 ④

6. 차크라힐링의 마지막 시퀀스로 힐러는 클라이언트의 발바닥 쪽에 앉아서 발바닥 차
크라(발바닥 앞쪽의 움푹 들어간 부위)에 양손의 가운데 손가락을 접촉한다. 왼쪽 발과
오른쪽 발의 에너지가 열리기를 기다린다. 몸 전체의 에너지 상태를 개선하는 세션이
므로 5분 이상의 여유 있는 힐링이 필요하다. 보통은 오른발의 차크라가 먼저 활성화
되어 좌우의 편차를 보이다가 양발의 에너지가 함께 소통되기 시작한다. 이제 발바닥
차크라와 1차크라 그리고 상위의 차크라들이 서로 연결되고 소통될 때까지 기다린다.
조바심을 갖거나 애쓰지 말고 무심한 마음으로 기다리는 것이 관건이다.

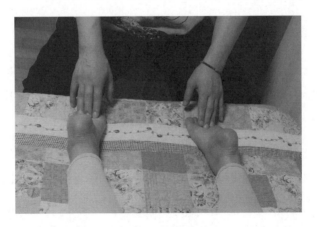

[그림 6-9] 시퀀스 ⑥

7. 클라이언트의 등을 가볍게 토닥여 주거나 쓸어 주고 잠시 이완한 후 일어나도록 한다.

차크라힐링의 효과

차크라힐링은 다양한 에너지테라피의 한 종류이다. 논문으로 보고된 에너지테라피의 효과는 다음과 같다.

생리적 효과

- 통증을 감소시킨다.
- 면역력을 높인다.
- 심혈관 질환의 개선 효과가 있다.
- 암 환자의 건강 증진에 효과가 있다.
- 수술 후 회복을 촉진한다.
- 상처 치료에 효과가 있다.
- 생리전증후군에 효과가 있다.
- 관절염을 완화한다.
- 체표온도를 변화시킨다.
- 뇌성마비 아동의 기능 향상에 효과가 있다.

심리적 효과

- 불안과 긴장을 완화하며 기분Mood을 좋게 한다.
- 우울증의 개선 효과가 있다.
- 외상 후 증후군PTSD에 효과가 있다.
- 불면증에 수면 촉진 효과가 있다.

기타

이 외에도 차크라힐링의 경험적 효과는 다양하고 광범위한데, 특히 체형 교정과 근골격계 통의 이완과 재정렬에 탁월한 효과가 있다. 또한 염증성 질환에 대한 효과는 빠르고 직접적이다. 그러나 차크라힐링의 가장 큰 효과는 차크라에 고착된 개인의 무의식적인 억압을 해소하고 좀 더 발전적인 상위 의식으로 통합될 수 있도록 함으로써, 차크라와 관련된 다양한 신체적인 질환들을 치유할 수 있는 균형과 에너지를 제공한다는 데 있다고 할 수 있다.

나가는 말

차크라힐링의 효과는 매우 직접적이고 다이나믹하지만 치유자들에 의해서 임상에서 활용하는 경우는 그리 많지 않은 것 같다. 그 이유는 눈에 보이지 않는 것에 대한 클라이언트의 신뢰 문제와 함께 힐러 자신이 스스로 클라이언트에게 치유가 일어나고 있다는 확신을 갖기가 어렵기 때문이라고 생각한다.

그런 이유로 필자는 앞으로 차크라힐링이 심리치료사들의 심리상담 과정에서 상담치유를 돕는 유용한 도구가 되기를 기대해 본다. 단언컨대, 그 결과는 상상보다 훨씬 더 만족스러울 것이라고 확신한다. 또한 차크라힐링과 현대 해부생리학적인 지식을 접목한 좀 더 과학적인 치료법이 개발되기를 기대한다. 현재 임상적으로 많은 노하우가 축적되고 있는 CST(두개천골요법)나 Visceral Therapy(내장기치료)가 이러한 실험들의 좋은 예라고 할 수 있다. 필자도 다년간 이러한 실험과 임상을 진행해 오고 있으며, 현재 PQTPrajna Quantum Therapy를 개발하여 임상에서 클라이언트들을 대상으로 적용하여 좋은 결과를 얻고 있다.

참고문헌

김성호(2007). 에너지명상의 에너지테라피와의 관련성에 관한 일 고찰. 불교와 심리 연구원, 2, 33-69.

김성호(2008). 에너지테라피. 도서출판 해란.

김성호(2013). 짜끄라 활성화 요가프로그램의 개발 및 효과에 관한 연구-스트레스의 증상과 반응, 부정적 자동적 사고에 미치는 효과를 중심으로. 서울불교대학원대학교 박사학위논문.

김성호(2018). 차크라명상의 임상적 활용-PQT. 한국요가학회 학술대회 자료집-차크라의 수행 체계부터 임상적 활용까지, 26, 53-70.

Johari, H. (2000). *CHAKRAS*. Destiny Books.

Oschman, J. (2005). 놀라운 에너지 의학의 세계 (*Energy Medicine: The Scientific Basis*). (김영설, 박영배 역). 노보컨설팅.

몸마음영혼의 이완을 위한 수면요가치유

곽미자[6]

들어가는 말: 휴식의 가치를 생각하며

"휴가 다녀왔어요?" "네 다녀왔어요." "어디 다녀왔어요?" "……."

여름이면 가까운 지인들끼리 주고받는 대화다. 휴가는 일정한 기간 동안 직장이나 업무로부터 쉬는 것을 의미하는데, 어딘가를 다녀와야 하는 것으로 인식되고 있다. 만약 휴가는 있되 국내든 해외든 어딘가로 떠나지 않았다면, 스스로 그것을 휴가라고 인식할 수 있을까? 휴가를 즐겼다고 말할 수 있을까?

많은 사람이 휴가를 여행이나 맛집 투어 등 일상으로부터 벗어난 특별한 무언가를 생각한다. 즉, 시간을 별도로 내어야 휴식이 될 수 있고, 별도의 시간을 내어 어딘가 다녀와야 하고, 그러려면 돈이 있어야 하고, 돈이 있어야 휴가를 즐길 수 있다는 것이다. 이 모든 것은 익숙한 일상으로부터 벗어나기 위한 것이며, 일상으로부터 벗어날 때 비록 여행으로 피로에 지쳐 돌아오더라도 휴가를 다녀왔다고 여긴다. 이러한 것은 우리 사회에서 볼 수 있는 휴식에 대한 흔한 오해라고 본다. 그렇다면 진정한 의미의 휴식은 무엇일까?

---

6) 춘해보건대학교 요가과 교수, 건강심리전문가, 수면요가전문가, 교육학 박사

우선 휴식은 시간을 별도로 내야만 가능한 것이 아니다. 많은 직장인은 시간 부족이라는 생각에 사로잡혀 있다. 카페에 앉아 커피를 마시면서, 인터넷 뉴스거리를 읽으면서 "바쁘다."라고 연발하는 이유는 무엇일까. 바쁘다고 외치면서 일에 집중하지 못하고 빈둥빈둥 시간을 보내는 이유는 무엇일까. 아마도 시간이 없어서가 아니라 시간에 대해 충만감을 느낄 수 없어서일 게다. 앞으로 해야 할 일, 과거에 했던 것에 대한 생각 등으로 마음은 현재 이 순간에 머물지 못한다. 현재에 대한 부재 때문에 바쁘다. 지금 여기에 머물지 못한다면 비싼 여행 경비를 들여서 해외에 다녀와도 달라지지 않을 것이다. 진정한 휴식은 시간의 충만함이며, 그러려면 지금 여기에 몰입할 수 있어야 한다.

휴식은 애쓰지 않음이다. 기대하지 않음이다. 삶의 경이로움은 오히려 기대하지 않을 때 일어나는 것 같다. 다양한 요가가 있지만 그중에서도 일상과 밀접한 요가는 행위요가 karma yoga다. 행위요가의 핵심은 모든 행위가 요가가 될 수 있으며, 기대 없이 행하되 행하는 것에 알아차림을 하는 것이다. 어떤 행위에 기대하지 않음은 행위의 결과에 집착하지 않고 내가 행한다는 자아의식 없이 행하라는 의미다. 요즘은 휴식마저도 애쓰는 시대가 되었다. 정보의 홍수로부터 좋은 맛집을 찾아내는 일, 남들보다 저렴하게 다녀올 수 있는 노하우, 그곳에서 두 배로 즐길 수 있는 꿀팁 등 휴식마저 애쓰지 않고 얻어지는 것은 없다는 생각이다. 그래서 애쓰지 않고 존재할 수 있는 휴식은 멀어지는 듯하다.

휴식은 일상으로부터의 탈출이 아니다. 어디에 휴가 다녀왔다는 말에는 일상과 다른 색다른 경험이 깔려 있다. 휴식을 일상의 탈출과 연결 지어 생각한다면, 그 반대편에서는 일상에서는 휴식할 수 없다는 생각이 깔려 있지 않은가. 삶은 일상을 벗어날 수 없음에도, 많은 대가를 지불하고서라도 일상으로부터 탈출을 시도하려는 것은 왜일까. 아마도 익숙함에서 오는 단조로움 때문이 아닐까 싶다. 요가에서 경계하고 있는 것은 익숙함이다. 익숙하다고 여기는 것은 제대로 볼 수가 없으며, 의식이 깨어 있기는 쉽지 않다. 즉, 습관처럼 보고 듣고 생각하고 말하게 되는 것이다. '습관처럼'은 무의식을 잘 나타내는 용어다. 습관으로부터 벗어나는 것이 진정한 의미의 휴식이 아닐까. 그렇다고 집 안에만 있으라는 의미는 아니다. 휴식을 위해, 휴가를 위해 집 밖으로 나가야만 한다는 강박관념으로부터 자유로워져야 한다는 의미다.

사회가 가지고 있는 휴식에 대한 흔한 오해에 자신도 모르게 휩쓸려 가고 있는 것은 아닌지 살펴볼 일이다. 삶은 현재이며, 지금 여기의 충만함으로 애씀 없이 존재의 근원을 느낄 수 있다면, 이것이 곧 휴식이요 휴가가 아닐까?

세 가지 차원의 이완

이완弛緩의 사전적 의미는 '바짝 조였던 정신이 풀려 늦추어짐' '굳어서 뻣뻣하게 된 근육 따위가 원래의 상태로 풀어짐'이다. 유사한 말로 '해이', 반대말로 '긴축' '수축' '긴장'으로 제시되어 있다. 일상에서도 뭔가 주의가 필요하거나 집중이 필요할 때 "해이해지지 마라." "긴장을 놓지 마라." "정신 줄 놓지 마라."라고 한다. 그래서 그럴까. 사회적으로 이완이라는 용어가 편안하게 쓰이는 것 같지 않다. 다른 한편, 제대로 즐기려면, 성공하려면 "긴장을 놓아라." "긴장을 풀어라." "긴장을 이완하라."라는 말도 자주 쓴다. 모든 질병의 원인은 긴장, 스트레스라고 한다. "오늘날 당면한 세계적인 문제는 기아, 빈곤, 마약 또는 전쟁의 공포 등이 아니다. 그것은 바로 긴장이다. 당신이 긴장으로부터 자유로워지는 법을 알게 된다면 당신은 인생에 있어서 당신의 문제들을 해결하는 법을 알게 될 것이다." 싸띠아난다 요가니드라yoganidra를 창시한 스와미 싸띠아난다(Satyananda, S.)의 말이다. 이처럼 긴장과 이완에 대한 생각은 사람마다 다르다.

스와미 싸띠아난다(1998)는 긴장과 이완의 예술을 요가니드라로 표현하고 있다. 스트레스는 예측할 수 없는 강한 자극이다. 스트레스 자극에 대해 어떻게 반응하는가에 따라 저마다 스트레스 반응은 다르다. 스트레스 반응은 긴장을 나타내는 심리적 용어다. 세 가지 차원의 긴장이 있는데, 육체적 긴장, 심리적 긴장과 영적 긴장이다(곽미자, 2011). 신체적, 심리적 긴장은 누구나 겪는 것이어서 쉽게 알 수 있을 것이다. 신체적 긴장과 심리적 긴장이 서로 연결되어 있다는 것은, 굳이 심인성 질환이나 플라세보 효과를 들지 않더라도 보편적이다. 신체와 마음의 관계를 논할 때 자율신경계와 호르몬의 변화, 뇌파의 변화 등을 통한 신경생리학적 연구 결과들은 몸과 마음의 긴장이 서로 연결되어 있음을 잘 나타낸다. 하지만 영적인 차원의 긴장은 어쩌면 생소하리라.

요가테라피yoga chikitsa의 관점에서도 질병의 근원은 심리적 차원이 아니라 영적 차원이다(곽미자, 2008). 몸의 질병이 마음에서 비롯된다는 것은 쉽게 납득이 가지만, 마음을 넘어 영적 차원이라고 하면 의아할 것이다. 영적 차원의 긴장은 자신이 의식하든 의식하지 못하든 누구에게나 있다. '나'라고 하는 생각, 즉 자아가 있는 한, 경험하는 자아와의 동일시가 있는 한 영적 차원의 긴장은 있다. 영적 차원의 긴장으로부터 자유로운 이는 해탈한 자라고 볼 수 있다.

영적 차원의 긴장은 참나 근원에 대한 무지avidya로부터 생긴다. 요가의 대표적인 경전

중 하나인 『요가수뜨라yoga sūtra』에 의하면, 고통의 근본적인 원인은 무지다. 무지로부터 나머지 네 가지 고통이 나오게 되는데, 즉 나라고 하는 자아, 좋아함과 싫어함, 죽음에 대한 두려움이라는 고통이 생긴다(2장 4절). 무지는 심리적 차원이 아니라 영적인 차원으로서 자신의 참나 본성을 알지 못하는 것을 의미한다. 즉, 무지는 영원하지 않은 것을 영원한 것으로, 순수하지 않은 것을 순수한 것으로, 고통을 즐거운 것으로, 참나가 아닌 것을 참나로 여기는 것을 의미한다(2장 5절).

따라서 요가의 관점에서 본다면, 진정한 의미의 이완은 육체적·심리적·영적 차원의 긴장으로부터 자유로운 상태다. 몸, 마음, 영혼의 휴식을 함께 경험할 수 있는 이완법이 있다. 사람에 따라서는 몸의 이완으로 경험할 수 있고, 마음의 잠재의식과 무의식의 이완으로 경험할 수 있고, 나아가 참나 본성의 상태에 머무는 영적 차원의 이완을 경험할 수 있다. 바로 수면요가가 그러하다. 이제 수면요가에 대해 살펴보자.

수면요가

284

수면요가의 의미

수면요가는 산스크리트로 요가니드라를 의미한다. 요가는 흔히 실재와의 합일 또는 하나됨, 비실재와의 분리를 나타내지만 여기서는 자각, 알아차림, 마음챙김과 같은 맥락이다. 니드라는 잠을 의미한다. 따라서 수면요가는 자각이 있는 잠이다. 일반적으로 잠은 무의식 상태다. 세상천지도 모르고 잔다는 말이 있듯이 바깥세상에서 무슨 일이 일어나는지 다섯 감각이 활동하지 않는 한 알 길이 없다. 자고 있는 동안에 자신이 자고 있음을 알아차리지 못하므로 대체로 잠은 마음의 무의식적 활동이다. "잘 잤다."라고 하는 것도 의식이 돌아오고 감각이 활동하는 경우다. 어떻게 잘 잤는지 그 과정을 묘사할 수 있는 이는 거의 없을 것이다. 혹시 자고 있는 동안 말로 표현할 수 없는 무한한 희열을 알아차리는가? 만약 그런 사람이 있다면 깨달음의 반열에 올랐을 것이다.

요가의 궁극적인 목적인 삼매samadhi와 잠의 경험은 유사하다. 다만 차이점으로서 잠은 자각이 없다면, 삼매는 자각이 있는 상태다(Swami Satyananda, 1989). 평온하게 자고 있는 아기의 모습을 본 적이 있는가. 천사가 있다면 그 모습이지 않을까 싶다. 아기의 얼굴에서 순수와 행복, 빛나는 침묵이 흐르고 있지만 정작 자고 있는 아기는 자는 동안 그 상태를 알아차리지 못한다. 따라서 자는 동안 삼매와 유사한 경험을 하지만, 무의식적이다.

수면요가는 잔 것 같기도 하고 안 잔 것 같기도 한 생시와 잠 사이의 미묘한 상태여서 사이킥psychic 잠이라고 한다. 수면요가를 체험한 많은 사람은 사이킥 잠의 상태를 경험한다. 아주 드물기는 하지만 잠에 대해 무의식이 아니라 깨어 있는 상태를 경험하기도 한다. 이른바 잠 없는 잠의 의식 상태를 경험하게 되는데, 이를 삼매라고 한다.

수면요가의 단계

스와미 싸띠아난다는 인도의 고대 수련법인 탄뜨라tantra의 니야사nyasa를 토대로 현대인에게 적절한 수면요가를 개발하였다. 스와미 싸띠아난다는 북인도의 비하르요가Bihar yoga를 창시하였기에 그의 수면요가를 '싸띠아난다 요가니드라' 또는 '비하르 요가니드라'로 부른다. 요가니드라 그 자체는 보편적인 용어다. 마치 요가 자세를 아사나asana라고 하듯이 보편적이다. '요가니드라'라는 용어가 보편적임에도 불구하고 많은 사람은 '요가니드라' 하면 '싸띠아난다 요가니드라'를 떠올린다. 그 이유는 그만큼 싸띠아난다 요가니드라가 대중적이고 체계적이기 때문이다.

싸띠아난다 요가니드라는 전체 여덟 단계로 구성되어 있다. 만약 누군가가 요가니드라를 안내하거나 또는 안내받으면서 이 단계를 따르게 된다면, 그는 싸띠아난다 요가니드라를 하고 있다고 볼 수 있다. 싸띠아난다 요가니드라의 여덟 단계는 아주 체계적이다. 다양한 이완법과 명상법, 마음챙김 심리치료를 포함하고 있어 요가의 이완치료로 불리기에 손색이 없다. 1단계부터 8단계까지의 여정은 마치 어딘가로 여행을 떠나기 위해 짐을 꾸리고 여행지에서 즐기다가 다시 집으로 돌아와 짐을 푸는 것과 같다.

요가의 경전 중 하나인 『만두키야 우빠니샤드Mandukhya upanishad』에 의하면 의식의 상태를 네 가지로 분류하고 있다. 첫째, 다섯 감각이 활동하고 있는 생시 상태의 의식jagrat, 둘째, 비록 감각이 직접적으로 활동하고 있지는 않지만 그 흔적이 남아 잠재의식에서 활동하고 있는 꿈 상태의 의식swapna, 셋째, 감각이 전혀 활동하지 않는 잠 상태의 의식nidra, 넷째, 순수의식turiya이다. 순수의식은 앞의 세 가지 의식 상태의 근원이 되고 있는 초월의식으로서 영원하다. 생시 상태의 의식은 감각이 활동하고 있는 상태에서 경험하는 생각과 감정이다. 꿈 상태의 의식은 서구 심리학에서는 잠재의식으로 일컬어지며, 명상 중에 보이는 이미지나 비전 등도 꿈 상태의 의식이다. 잠 상태의 의식은 무의식에 비유된다. 일시적으로 경험하는 자아가 사라지며, 경험자가 없기에 경험의 내용도 없는 것이 잠 상태의 의식이다.

수면요가의 여덟 단계 여정은 생시 상태, 꿈 상태, 잠 상태라는 세 가지 의식 상태를 경험하되, 자신을 그 경험의 내용들과 동일시하지 않고 경험들을 바라보도록 한다. 수면요가는 몸과 마음의 이완을 거쳐 마음의 깊은 층인 잠재의식과 무의식을 이완함으로써 치유를 가져오는 요가의 명상법이자 이완치료법이다. 수면요가의 각 단계별 안내는 곽미자의 『요가이완치료: 요가니드라 워크북』에 자세히 나와 있다. 이제 수면요가의 각 단계별로 여행을 떠나 보자.

준비 단계

아무리 더워도 준비운동 없이 물에 바로 뛰어들 수 없듯이, 외부 자극을 쫓아 움직이는 의식을 내면으로 향하기 위해서는 준비 단계가 필요하다. 준비 단계는 요가명상의 관점에서 보면 외부로 향하는 감각을 내면화pratyahara하는 과정이다. 즉, 주변 환경으로부터 감각적인 자극을 최소화하고 몸과 마음을 이완하는 단계다. 준비 단계는 자신과의 적응을 위한 단계라고 볼 수 있다. 낯선 무의식의 세계를 직면하기 위해서 준비 단계는 매우 중요하다. 준비 단계부터 편안하고 이완이 되어야 앞으로의 긴 여정을 편안하게 할 수 있기 때문이다.

수면요가의 준비 단계에서 사용되는 기법은 다양하지만 몇 가지를 추려 본다면 다음과 같다.

1. 환경의 이완

수면요가에서는 환경을 중시한다. 고요한 장소, 적절한 조명, 습도와 온도, 공기 등이 쾌적해야 한다. 환경은 스트레스가 아닌 편안한 이완을 줄 수 있어야 한다.

자신이 머무는 곳을 이완의 에너지로 채우려면 물건을 정리 정돈하고 청결하게 유지해야 한다. 눈에 거슬리는 것이 없는지 환경에 깨어 있는 것이 필요하다. 물론 사람마다 청결에 대한 인식 정도는 다르다. 하지만 스트레스가 쌓이고 피로할 때 평소보다 방이 지저분하거나 어지럽혀 있지 않은가. 내가 사용하는 공간도 나의 일부다. 왜냐하면 내가 무엇을 보는가는 곧 나의 잠재의식에 영향을 미치기 때문이다.

한번은 대학에서 기숙사생의 방을 점호하다가 벽에 걸린 뚱뚱한 외국 여성의 큼직한 사진을 보았다. 사진을 걸어 둔 여학생한테 예쁜 사진도 많은데 보기가 민망한 사진을 걸어 둔 이유를 물으니 다이어트를 위해서라고 했다. 그 사진을 볼 때마다 혐오감을 일으켜서 먹는 것을 자제하려고 걸어 두었다고 했다. 그래서 다이어트에 성공했느냐고 물으니 고개를 절레절레 흔들었다. 다이어트를 위해서도 이완이 필요하다. 하지만 그 사진은 볼 때마다 혐오감을 일으키니 무의식적으로 긴장하게 된다. 무의식적인 긴장은 스트레스 호르몬인 코르티솔의 과다 분비로 뇌의 포도당을 앗아 가며, 그래서 평소보다 단 것이 더 당기고 폭식하기 쉽다. 차라리 자신이 닮고 싶은 배우의 사진을 걸어 두는 것이 더 효과적일지도 모른다.

마음이 쉬려면 내가 머무는 곳이 편안해야 한다. 모든 곳에는 그곳만의 에너지 파동이 있다. 잠시 자신의 환경은 어떤지 둘러보자. 편안한 에너지인가? 또는 긴장을 주는 에너지인가? 나도 모르게 무의식적으로 그러한 환경의 에너지를 닮아 간다는 사실을 기억하라. 그것이 물건이든 머물게 되는 공간이든 또는 만나는 사람이든, 일상적으로 자주 보고 듣는 것을 닮아간다.

가끔 환경에 깨어 있기 위한 수련으로서 학생들에게 수업 전에 자신의 주위를 둘러보라고 한다. 그리고 자신이 보는 것에 불편함이 일어나는 뭔가가 있다면 그것을 알아차리고 마음이 편안해지도록 물건을 정리하거나 깨끗이 하라고 한다. 그러면 어떤 학생은 비뚤어진 액자를 바로 한다거나, 청소 용품을 제자리에 둔다거나, 자기 주변의 어지럽힌 책상을 정리 정돈한다. 그렇게 정리가 끝나고 나면 묘하게도 교실 전체 에너지는 새롭게 되고, 학생들의 마음은 고요해지며 집중력은 높아진다.

이제 자신이 사용하고 있는 방이나 거실, 주방 등을 찬찬히 둘러보라. 조금이라도 마음을 불편하게 하는 뭔가가 있다면 바로 정리 정돈을 하라. 정리 정돈한 다음 다시 둘러보고, 마음을 불편하게 하는 물건이 있다면 그것을 원하는 곳에 놓아 보라. 이렇게 몇 번 반복한 다음, 더 이상 손댈 것이 없다면 잠시 그 공간의 에너지를 느껴 보라. 그리고 사랑한다고 말해 보라. 그러면 조금 전 공간의 에너지와는 확연하게 다르다는 것을 느낄 것이다.

마음이 고요해지려면 감각 대상이 자극적이지 않아야 한다. 미니멀 라이프는 외부로 향하는 주의의 대상을 최소화하는 것이라고 본다. 그렇게 함으로써 외부 대상으로부터 주의를 거두어 내면으로 향하게 하는 효과가 있다. 만약 미니멀 라이프를 실천하는데도 마음이 고요하거나 충만하지 않다면 SNS, 인터넷, TV에서 쏟아지는 정보로부터 미니멀 라이프가 되고 있는지를 살펴야 한다. 비록 집 안의 물건을 최소화할지라도 자신의 주의가 온통 외부 감각 대상을 쫓아간다면 진정한 의미의 미니멀 라이프와는 거리가 멀 것이다. 진정한 의미의 미니멀 라이프는 매체로부터의 단식이다. 하루 동안 휴대폰 없이 지내 보라. 하루 동안 TV와 인터넷을 보지 않고 지내 보라. 바로 이런 것이 매체로부터의 단식이다. 다이어트를 위해 음식을 가려서 먹거나 적게 먹듯이, 마음을 이완하고 활력을 얻기 위해서도

287

매체로부터의 단식이 필요하다.

2. 바르게 눕기: 자세의 이완

수면요가의 준비 단계에서 몸을 이완하는 방법은 다양하다. 몸의 이완은 몸의 고요로 이어진다. 뭔가 불편할 때 몸을 가만히 두지 못하고 이리저리 뒤척이지 않는가. 수면요가를 할 때는 대체로 등을 바닥에 대고 누워서 실시한다. 두 다리를 어깨너비 정도 벌리고 손은 몸통 옆에 두되 손바닥이 위로 오게 한다. 이 자세를 요가에서는 송장 자세savasana라고 한다. 마치 죽은 듯이 몸을 움직이지 않고 몸과 마음을 휴식하는 것을 나타낸다.

자신의 체형이 반듯하지 못할 경우, 일자로 누웠다고 생각하지만 실상은 다르다. 머리에서부터 꼬리뼈까지 척주를 반듯하게 눕게 하더라도 이내 곧 자신에게 익숙한 자세로 비뚤어진 모습으로 눕는다. 그만큼 몸의 긴장이 쌓여 바르지 않은 자세가 더 편안하게 여겨지는 것이다. 이는 진정한 편안함이 아니다. 요가 경전인 『요가수뜨라』에서는 요가 자세를 편안하고 안정된 자세라고 했다(2장 46절). 자세가 바르지 않다면 비록 자신이 편안하게 누웠다고 여길지라도 안정감을 주지 못할 것이다. 왜냐하면 안정감은 바른 자세에서 오기 때문이다.

앉아서 명상 자세를 하지 않고 등을 바닥에 대고 눕는 것이 처음에는 쉬워 보인다. 하지만 결코 쉽지만은 않을 것이다. 어떤 이는 요가 자세 중 등을 바닥에 대고 반듯하게 누워 있는 송장 자세가 가장 어렵다고 한다. 몸을 움직이지 않고 수면요가를 실시하기 때문에 등을 바닥에 대고 눕는 것은 최대한 편안해야 한다. 만약 허리가 불편하다면 무릎 뒤에 베개를 넣어 보라. 고개를 살짝 들어 두 손으로 목덜미를 아래에서부터 머리로 쓸어 올린 후 머리를 바닥에 내려놓는다. 그러면 턱이 살짝 가슴 쪽으로 향한다는 것을 느낄 것이다. 손바닥을 위로 하여 손등을 몸통 옆 바닥에 내려놓는다. 만약 손등이 바닥에 편안하게 닿지 않는다면, 목과 어깨 근육이 긴장되어 있을 수 있으니 반듯하게 눕기 전에 간단한 요가 자세를 수련할 필요가 있다.

3. 소리 알아차리기: 소리로부터 이완

수면요가 준비 단계에서 감각의 이완을 위해 소리를 알아차리는 명상법을 자주 사용한다. 수면요가는 주로 눈을 감고 반듯하게 누워서 안내자의 목소리에 귀를 기울이면서 실시하므로 청각에 대한 이완이 필요하다. 소리를 알아차리는 명상법은 소리에 민감하거나 소리에 스트레스를 많이 받는 사람들에게 유용하다.

남들보다 소리에 민감하다고 여기는 사람은 지금 바로 잠시 눈을 감고 소리에 귀를 기울여 보라. 어떤 소리인지 분석하지 않고 그저 지금 소리를 듣고 있음을 알아차린다. 들려오는 소리에 좋다거나 싫다는 감정이 올라오면 그것을 알아차리고 다시 외부 소리가 들려오는 것을 알아차린다.

처음에는 들려오는 소리에 긴장이 느껴지고 편안해지지 않을지도 모른다. 생각을 일으키지 않고 몇 초 동안 주변 소리를 자각할 수 있을까. 소리에 귀를 기울여 듣다 보면 점차 마음이 고요해지는 것을 느낄 것이다. 그러면 소리에 반응한 것은 소리 그 자체 때문이라기보다 자신의 긴장감이라는 것을 알게 될 것이다.

자신의 내적 긴장을 이완하기보다 주변을 조용하게 만드는 데 온통 신경을 쏟게 되면 더 긴장하게 된다. 주변의 소음을 통제하는 것이 쉽지 않다면 청각의 내면화가 필요하다. 처음부터 듣는 것으로부터 쉽게 이완할 수 없다면, 귀를 먼저 이완하는 것도 효율적이다. 듣기 싫은 소리를 들어야 하는 경우, 귀가 긴장하고 귀와 연결된 신경이 긴장됨으로써 나중에는 목과 어깨까지 뻐근해지는 것을 알 수 있다. 귀만 잘 이완해도 목 근육이 이완된다. 편안하게 앉은 상태에서 고개를 정면으로 하고 고개를 오른쪽으로 돌려 보라. 이때 어느 정도 고개가 움직이는지를 파악한다. 다시 고개를 정면으로 하여 이제는 고개를 왼쪽으로 돌려 보라. 오른쪽으로 돌렸을 때와 다른 움직임과 감각을 느낄 수 있을 것이다. 어느 쪽이 더 뻣뻣한지를 파악한다. 만약 파악하기 어렵다면 몇 번 더 고개를 좌우로 돌린 후, 고개가 잘 안 돌아가는 쪽의 귀 전체를 1분 정도 마사지한다. 그런 다음 다시 마사지한 귀의 방향으로 고개를 옆으로 돌려 보라. 어떤가? 확연하게 차이가 나지 않는가?

4. 신체 감각 알아차리기: 감촉으로부터 이완

수면요가의 준비 단계에서 자주 활용하는 기법은 신체 감각을 알아차리는 것이다. 특히 몸 뒤쪽과 바닥 사이 닿는 감각의 알아차림을 자주 사용한다. 바닥에 닿은 몸의 뒤쪽을 머리 뒤에서부터 발꿈치까지 천천히 의식을 아래로 옮기면서 자각하는 방법이다. 바닥에 닿은 몸에서 일어나는 감각을 자각함으로써 의식을 내면화하도록 한다. 이 과정에서 유의해야 할 것은 자신이 어떤 감각을 느끼든 비판단적으로 수용하는 것이다. 이완하려고 애쓰지 않아야 하며, 어떤 감각을 추구하거나 피하지 않아야 한다. 또한 하나의 신체 감각에 집중하지 않고 각 신체 부위마다 의식을 옮긴다.

오감을 경험할 때 생각이 일어나기 이전의 상태에 머무는 것을 요가에서는 감각의 내면화라고 한다. 감각은 외부 세계와 내면세계를 연결하는 문지방과 같다. 감각이 바깥을 향하게 되면 경험하는 것에 생각이 일어난다. 반면에 감각이 내면을 향하게 되면 경험만이 있고 경험에 대한 생각은 일어나지 않는다.

상칼파: 무의식적 결심으로부터 이완

수면요가의 2단계는 상칼파sankalpa이다. 상칼파는 산스크리트로 각오, 다짐, 맹세를 의미한다. 자신이 소망하는 것을 꼭 이루겠다는 다짐이다. 소망의 다짐을 하나의 문장으로 만들어 수면요가 동안 마음속으로 세 번 반복한다. 반복할 때는 꼭 이루어진다는 믿음으로 반복한다. 이는 마음의 긍정적인 태도가 몸에 어떤 영향을 잘 보여 주는지를 나타내는 플라세보 효과와 같다.

수면요가의 상칼파는 무의식의 신념을 다루는 심리요법이나 성공 세미나, 비전교육 등에서 접할 수 있는 내용과 유사하다. 이를테면 긍정적인 문장이어야 한다거나, 현재형으로 이루어져야 한다거나, 짧고 간단해야 한다거나 하는 원리다.

상칼파는 가장 이완된 상태에서 욕구를 이룰 수 있도록 스스로 선택하고 결정하는 자각이 있는 결심이다. 우리는 일상에서 무의식적으로 결심하고 스스로 제한적인 신념을 만들어 간다. 자신이 결심했다는 것조차도 모르게 말이다. 이를테면, 마음의 위로를 받고자 친한 친구에게 속마음을 털어놨는데 그 친구는 위로보다 객관적으로 잘잘못을 가리고 문제 해결을 해 주려고 하였다면, '앞으로 이 친구한테는 이런 이야기를 하지 말아야지.'라고 자신도 모르게 결심한다. 무의식적인 결심은 '남들에게 말을 하여 위로받기보다는 그냥 비밀로 간직하는 것이 나아.'라는 무의식적 신념을 만든다. 이러한 신념이 대인관계에 어떤 영향을 미칠지는 자신도 잘 모를 뿐이다. 상칼파는 자각이 있는 결심이다. 무의식적으로 하는 결심이 아니므로 새롭게 자신의 잠재의식에 씨앗을 심는 것과 같다.

우리가 흔히 결심을 할 때를 보면 뭔가 일이 잘 풀리지 않거나 새해 새로운 각오로 임할 때다. 긴장된 상태에서 소망을 이루겠다고 다짐하는 것은 잠재의식이나 무의식 깊은 층까지 씨앗을 뿌리내리지 못하도록 하는 것과 같다. 의식 표면으로 올라오는 소망을 빠르게 실현시키기 위해서는 잠재의식 깊은 곳에서부터 뿌리를 내려야 한다. 그러려면 잠재의식이 이완되어 있는 상태에서 소망을 반복하는 것이 도움이 된다. 수면요가의 2단계는 정확하게 이러한 원리를 가지고 있다.

때로는 마음의 깊은 층을 이완하다 보면 자연스럽게 존재의 근원에 닿는 소망이 떠오르기도 한다. 수면요가를 체험하였던 한 여인은 수면요가 도중에 "상칼파를 떠올려라."라는 안내자의 목소리에 저절로 '나는 사랑이다.'라는 상칼파를 떠올리게 되어 희열을 느꼈다고 했다. 이처럼 수면요가를 통한 휴식의 목적은 존재의 근원과의 만남이다. 이런 점은 다른 여타 비전교육에서 간과하고 있는 수면요가의 영적 차원의 이완이라고 볼 수 있다.

이제 자신의 상칼파를 찾아보자.

"먼저 편안하게 이완합니다. 자신의 삶에 의미가 있는 소망을 떠올려 봅니다. 아무런 소망이 떠오르지 않을 수도 있습니다. 그러면 숨을 길게 내쉬면서 깊이 이완합니다. 만약 여러 가지 소망이 떠오른다면 가장 먼저 이루고 싶은 소망을 하나 선택합니다. 이제 선택한 소망을 꼭 이루겠다는 다짐을 나타내는 긍정적이고 짧은 하나의 문장을 만듭니다. 한 문장으로 만들었다면 이완된 상태에서 같은 문장을 세 번 반복합니다. 반복할 때 반드시 이루어진다는 믿음을 가지고 반복합니다."

위의 내용은 수면요가 도중 안내자가 안내할 때 참여자 스스로 정하는 상칼파이다. 평소에 자신이 원하는 소망이 뚜렷하다고 할지라도 막상 이완된 상태에서는 자신이 평소 생각하던 소망이 아닌 다른 것이 떠오를 수 있다. 이는 무의식에서 진정으로 원하는 것이 무엇인지를 알게 하므로, 이완된 상태에서 소망을 떠올리는 것이 중요하다.

의식순환: 몸의 기억으로부터 이완

수면요가의 3단계는 의식순환이다. 의식순환은 신체 각 부위를 일정한 순서에 따라 자각하는 방법으로서 신체 부위 자각의 순서는 싸띠아난다 요가니드라의 독특한 방법이라고 할 수 있다. 탄뜨라의 니야사 수련에서는 각 신체 부위마다 깃든 우주적 에너지sakti를 일깨우기 위해 각 신체 부위에 해당되는 만트라mantra를 찬송한다. 예를 들어, 엄지손가락을 자각하면서 그 부위에 해당되는 만트라를 읊조리는 것이다. 스와미 싸띠아난다는 현대인이 만트라를 외우기 힘든 점을 고려하여 만트라를 생략하여 특별한 순서와 함께 의식순환을 개발하였다.

의식순환은 MBSR의 바디스캔과 신체 자각이라는 점은 유사하나 자각의 순서가 다르다. 수면요가의 의식순환은 몸의 오른쪽부터 시작하여 왼쪽, 뒤쪽, 앞쪽, 신체 주요 부위, 몸 전체로 자각한다. 이제 수면요가의 의식순환을 체험해 보자.

"지금부터 자신의 의식을 안내하는 신체 부위에 두며, 그 부위의 감각을 알아차립니다. 감각은 맞고 틀린 것이 없으며, 하나의 신체 부위에 집중하거나 안내되기 전에 미리 다른 부위에 의식을 두지 않습니다. 먼저 **몸의 오른쪽**부터 시작합니다. 오른쪽 엄지손가락, 둘째 손가락, 셋째 손가락, 넷째 손가락, 다섯째 손가락, 손바닥, 손등, 팔목, 아래팔, 팔꿈치, 위팔, 어깨, 겨드랑이, 옆구리, 엉덩이, 오른쪽 허벅지, 무릎, 정강이, 종아리, 발목, 발꿈치, 발바닥, 발등, 엄지발가락, 둘째 발가락, 셋째 발가락, 넷째 발가락, 다섯째 발가락……

이제 의식을 **몸의 왼쪽**으로 가져갑니다. 왼쪽 엄지손가락, 둘째 손가락, 셋째 손가락, 넷째 손가락, 다섯째 손가락, 손바닥, 손등, 팔목, 아래팔, 팔꿈치, 위팔, 어깨, 겨드랑이, 옆구리, 엉덩이, 오른쪽 허벅지, 무릎, 정강이, 종아리, 발목, 발꿈치, 발바닥, 발등, 엄지발가락, 둘째 발가락, 셋째 발가락, 넷째 발가락, 다섯째 발가락……

이제 의식을 **몸의 뒤쪽**으로 옮겨 갑니다. 엉덩이, 허리, 등, 어깨, 목덜미, 머리 뒤통수, 정수리, **몸의 앞쪽**을 알아차립니다. 이마, 오른쪽 눈썹, 왼쪽 눈썹, 미간, 오른쪽 눈, 왼쪽 눈, 오른쪽 귀, 왼쪽 귀, 오른쪽 뺨, 왼쪽 뺨, 코, 오른쪽 콧구멍, 왼쪽 콧구멍, 윗입술, 아랫입술, 혀, 턱, 목, 오른쪽 가슴, 왼쪽 가슴, 가슴 중앙, 윗배, 배꼽, 아랫배……

이제 의식을 신체 주요 부위에 두도록 합니다. 오른쪽 어깨부터 손가락까지 오른팔 전체, 왼쪽 어깨부터 손가락까지 왼팔 전체, 양팔 전체, 오른쪽 고관절부터 발까지 오른쪽 다리 전체, 왼쪽 고관절부터 발까지 왼쪽 다리 전체, 양쪽 다리 전체, 머리와 얼굴, 목 부위 전체, 가슴과 배, 등, 골반, 몸통 전체, 온몸 전체를 알아차립니다."

싸띠아난다 요가니드라에서 의식순환은 단순히 감각을 이완하는 것에 머무는 것이 아니라 미세한 몸의 에너지 흐름을 조화롭게 한다. 몸의 오른쪽은 태양의 에너지로 불리는 핑갈라pingala 에너지로서 자율신경계의 교감신경에 해당된다. 몸의 왼쪽은 달의 에너지로 불리는 이다ida 에너지로서 부교감신경에 해당된다. 몸의 오른쪽부터 자각함으로써 교감신경을 이완하여 자율신경계의 조화를 가져오며, 요가의 에너지 체계에서는 핑갈라와 이다의 조화를 가져와 제3의 영적 에너지 채널인 수슘나sushumna를 활성화하는 데 목적이 있다. 또한 엄지손가락부터 자각하는 것은 손가락이 두뇌신체지도에서 가장 많은 비중을 차지하기 때문이다. 손가락은 제2의 두뇌라고도 한다. 치매를 예방하기 위해 박수를 권장하는 것도 이러한 원리에서다. 긴장할 때 손가락을 어떻게 하고 있는지 보라. 대체로 안절부절못하지 않는가. 손가락 못지않게 혀와 입술도 두뇌신체지도에서 비중을 크게 차지한다. 따라서 초조하고 불안할 때 손가락과 혀, 입술을 자각해도 쉽게 이완할 수 있다.

호흡 자각: 숨의 이완

수면요가에서 호흡 자각은 매우 중요하다. 호흡은 마음의 의식과 무의식을 이어 주는 다리라고 한다. 여러 이완요법에서 활용하고 있듯이, 신체 이완이든 마음의 이완이든 호흡을 이용한 이완은 수면요가에서도 자연호흡을 알아차리게 한다. 자연호흡을 자각하면서 동시에 신체의 특정한 부위를 함께 자각하면서 숫자를 거꾸로 센다.

수면요가 세션에 참여했던 어느 여인은 매번 수면요가의 호흡 자각 단계에서 잠으로 빠져들어 기억이 전혀 나지 않는다고 하였다. 필자는 호흡과 관련하여 기억나는 것이 있는지를 물었다. 그 순간 그녀는 나의 질문을 들으면서 곧바로 통찰하였다. 그녀는 어릴 적에 엄마가 몰아붙이듯이 말을 하면 숨이 막혔다고 하였다. 엄마와의 불편한 긴장이 호흡으로 연결되어 수면요가 도중에도 숨쉬는 것을 억압하였던 것이다.

호흡은 생각이나 감정과 연결되어 있다. 학생들에게 1분 동안 가슴을 웅크린 채 호흡의 숫자를 세어 보라고 한 적이 있었다. 또한 가슴을 펴고 눈을 감은 채 떠올리기 싫은 상황이나 안 좋았던 기억을 떠올리게 한 다음 호흡의 숫자를 세게 하였다. 놀랍게도 가슴을 웅크린 채 호흡하는 것보다 안 좋았던 기억을 떠올렸을 때의 호흡이 더 빠르고 얕은 것으로 파악되었다. 이처럼 호흡은 생각이나 감정과 밀접하게 연결되어 있다. 긍정적인 감정과 태도는 삶의 질을 결정한다. 자신의 삶의 질을 알고 싶다면 자신이 어떻게 숨을 쉬는지를 보라고 권하고 싶다.

호흡 자각은 수면요가에서 치유의 목적에 따라 다양하게 응용되지만, 이완이 목적이라면 자연호흡과 함께 자연스럽게 일어나는 복부의 움직임을 자각하라고 한다. 동시에 숫자를 9부터 1까지 거꾸로 세라고 한다. 반드시 9부터 거꾸로 셀 필요는 없다. 숫자를 거꾸로 세는 데는 원칙이 없으며, 특정한 숫자를 정하여 세어도 좋다. 다만, 거꾸로 세도록 권하는 까닭은 순차적으로 숫자를 세는 것에 익숙해진 두뇌에 활력을 주기 위해서다.

감각과 느낌의 자각: 이원성으로부터 이완

수면요가의 5단계는 대립되는 감각이나 느낌을 자각하는 과정이다. 대체로 무거움과 가벼움, 차가움과 뜨거움, 고통과 행복, 슬픔과 즐거움 등 서로 대비되는 감각이나 감정을 자각하게 하여 두뇌의 좌반구와 우반구의 조화를 가져오게 한다. 앞서 몸의 오른쪽을 관장하는 에너지는 태양 에너지라고 했다. 이는 두뇌의 좌반구와 연결된다. 몸의 왼쪽은 우반구와 연결된다. 좌반구와 우반구의 기능에 대한 설명은 이미 넘쳐 나고 있지만, 중요한 것은 상황에 필요한 기능 간의 적절한 조화이다. 지나치게 좌뇌 중심으로 사용해서도 안

되고, 우뇌 중심으로 사용해서도 안 된다. 수면요가의 다섯 번째 단계에서 대비되는 감각과 느낌을 자각하는 것은 이것과 저것이라는 이원성으로 양분화되어 있는 정서를 중립화하고 조화를 이루기 위해서다.

이를테면, 사랑과 미움은 끝과 끝을 달리지만 서로 통한다고 한다. 하루아침에 사랑이 증오로 변하는 모습을 드라마에서 흔히 보지 않았던가. 지나치게 흥분할 때 얼마 지나지 않아 슬픔의 에너지로 떨어지는 것을 보게 된다. 굳이 조울증이라는 단어를 붙이지 않더라도, 일상 속에서의 지나친 감정은 그 끝에 있는 감정을 건드리게 되어 이것과 저것의 갈등을 무의식적으로 겪게 된다. 만트라의 치료적 가치를 널리 알린 인도의 엑나뜨 이스와란(2016)은, 우리 문화는 흥분을 높이 평가하지만 지나친 흥분을 경계하라고 한다. 왜냐하면 올라간 것은 반드시 내려온다는 자연의 법칙에 따라 지나친 흥분은 곧 우울한 기분으로 떨어지기 때문이다. 흥분과 우울을 넘어서 변하지 않는 내면의 제3의 즐거움이 있는데, 수면요가에서는 이원성을 넘어 있는 그러한 근원의 기쁨을 향하도록 한다.

수면요가는 대비되는 감정을 실제로 경험하듯이 체험하기를 강조하고 있다. 실제로 경험하게 될 때, 몸에서 억압된 감정이 해소되기 때문이다. 지금 자기 앞에 레몬을 즙 내어 마신다고 상상해 보라. 입안에서 침이 고이고, 어떤 사람은 시큼한 냄새에서부터 벌써 인상을 쓰고 있을지도 모른다. 이처럼 수면요가에서 대비되는 감각과 느낌을 자각할 때 실제로 지금 이 순간에 체험하는 것이 중요하다.

시각화: 이미지로부터 이완

수면요가의 6단계는 시각화다. 시각화는 내가 경험하였던 것이든 아니든 눈을 감은 채 생생하게 보는 것을 의미한다. 심상요법과 유사하지만, 수면요가에서의 시각화는 마치 눈으로 보듯이 생생한 체험을 강조하고 있다.

일상에서 누구나 시각화를 경험하고 있지만 자각하지 못할 뿐이다. 이를테면, 잠들 때 꾸는 꿈도 일종의 시각화다. 다만, 시각화는 꿈과 유사하더라도 자각의 유무에 따라 다르다. 시각화는 자각이 있지만 꿈은 자각이 없다. 그리하여 꿈속에서의 자신을 실제로 자신이라고 동일시한다. 하지만 시각화는 어떤 이미지든 그것을 바라보는 자라는 것을 일깨운다. 또한 꿈은 내가 어떤 것을 꾸겠다고 내용을 선택하여 꾸는 것이 아니다. 물론 자각몽은 무의식의 꿈과 다르다. 시각화는 안내되어지는 대로 만들어 갈 수 있다는 측면에서도 꿈과 다르다.

시각화가 잘 되기 위해서는 이완을 해야 한다. 이완이 되지 않은 상태에서 수면요가의 꽂인 시각화를 시도하게 되면 긴장감을 낳을 뿐이다. 시각화 능력은 사람마다 다르다. 외부 세계로부터 정보를 받아들일 때 NLP(신경언어프로그램)에서는 선호표상체계가 사람마다 달라서, 시각적인 유형은 기억을 할 때 시각적인 요소를 더 잘 인식하고 기억한다는 것이다. 바다를 떠올리라고 하면 어떤 사람은 하얀 갈매기, 푸른 색깔, 하얀 파도, 조개 등 시각적으로 정보를 받아들인다. 대체로 시각적인 선호표상체계를 가진 사람은 쉽게 시각화를 하는 경우를 보게 된다. 예를 들어, 볼펜을 하나 꺼내 얼마간 보라고 한 뒤 눈을 감고 자신이 보았던 것을 생생하게 떠올려 보라고 한다. 그러면 시각적인 사람들은 실제로 눈을 뜨고 보았던 것처럼 눈을 감고서도 생생하게 보는 것이 쉽다.

수면요가에서 시각화는 매우 중요하다. 무의식의 깊은 이완 상태에서 무의식의 잠재 능력을 충분히 활용할 수 있기 때문이다. 진정으로 치유되기 위해서는 무의식에 대한 통찰이 섬광처럼 가슴을 울려야 한다. 한 예를 들면, 마약중독 환자들을 대상으로 수면요가를 10회 실시한 적이 있었다. 시각화 단계에서 해변을 걷고 있는 장면을 이야기 형태로 시각화하였다. 수면요가가 끝난 뒤 한 여인은 자신이 젊은 시절 사랑했던 남자친구가 오토바이 사고로 죽어 화장한 가루를 바다에 뿌렸는데 그 장면이 떠올랐으며, 자신의 현재 삶이 그때 해결되지 않았던 정서로부터 영향을 받고 있음을 통찰하였다.

수면요가에서 시각화는 대상을 떠올려도 좋으며, 이야기 형태로 마치 지금 경험하고 있는 것처럼 현재형으로 만들어 갈 수 있다. 이제 종이 위에 자신이 좋아하는 장소를 떠올려서 그곳을 산책하고 있는 모습을 마치 이야기처럼 써 보길 바란다. 많은 생각을 하지 않고 그냥 떠오르는 대로 쓰다 보면 지금 여기에 의식이 머무는 것을 경험하게 되고, 자신도 몰랐던 깊은 무의식을 통찰할 수 있으며, 의식이 확장되는 것을 자각할 수 있다.

상칼파: 의지력의 강화

수면요가의 7단계는 2단계에서 떠올렸던 상칼파를 똑같은 문장으로 반복하는 것이다.

"앞서 자신의 소망을 이루고자 다짐한 문장을 같은 문장으로 마음속으로 세 번 반복합니다. 반복할 때는 반드시 이루어진다는 믿음과 열정으로 반복합니다."

2단계에서의 상칼파가 무의식 깊이 뿌리내리는 것이라면, 7단계에서 상칼파의 반복은 현실 세계에서 소망을 이루고자 하는 의지력을 나타낸다고 볼 수 있다. 소망은 한 번 말하는 것으로 그치지 않고 강한 의지가 있어야 빨리 이루어진다. 2단계의 상칼파가 하루를 보

295

내고 잠들기 직전에 마지막으로 기억하는 생각이라면, 7단계의 상칼파는 아침에 잠에서 막 깨어나려고 할 때 가지는 첫 생각에 비유될 수 있다. 아침의 첫 생각이 그날의 하루를 이끌어 가는 힘이 될 것이며, 하루의 마지막 생각이 그날 밤의 이완을 가져다줄 것이다.

수면요가에서뿐만 아니라 평소의 일상에서도 자신의 상칼파를 틈날 때마다 기억하는 것이 좋다. 상칼파를 떠올리게 되면 여러 가지 생각들을 줄일 수 있으며 집중력을 가져다 줄 수 있다. 또한 자신에게 필요한 생각을 할 수 있는 의지력을 기르는 데도 도움이 된다.

마무리 단계: 외부 세계로의 이완

드디어 수면요가의 마지막 단계다. 마지막 단계는 마치 긴 여행을 끝내고 집에 도착하여 짐을 푸는 것과 같다. 여행의 후유증을 없애고 행복했던 순간을 잘 유지하기 위해서는 마무리도 좋아야 한다. 수면요가의 마무리 단계는 외부 세계에 적응할 수 있도록 하는 단계다.

의식을 내면으로 향하게 하는 준비 단계가 중요했던 만큼 의식을 외부로 향하게 하는 마무리 단계도 중요하다. 마무리 단계에서도 여러 기법이 있지만, 신체 감각에 대한 자각과 소리에 대한 자각을 활용할 수 있다.

마무리 단계의 소리 자각은 현실과 접촉하도록 도와주기 위해 수면요가를 실시하는 동안에 들려오는 소리의 대상을 안내하기도 한다. 예를 들어, 시계 소리, 냉장고 소리 등 주변에서 들려오는 소리를 구체적으로 안내하는 것도 도움이 된다. 다만, 그런 소리에 대해 판단하지 않고 듣는 것은 준비 단계의 소리 자각과 같다.

수면 및 수면요가의 가치

수면요가의 효과는 다양하다. 스트레스와 긴장으로 인한 여러 질병을 치유하는 데 도움이 될 뿐만 아니라 이완을 필요로 하는 곳마다 수면요가의 가치는 빛을 발한다. 무엇보다도 수면요가는 수면의 가치를 높이는 데 기여하고 있다. 우리는 무던히도 잠과 싸운다. 두 부류의 싸움이 있다. 하나는 잠을 안 자려고 애쓰는 것이고, 다른 한편으로는 잠을 잘 자려고 애쓴다. 수면요가는 이 두 부류의 싸움을 해결한다. 잠은 오지만 시간이 부족하거나 운전을 해야 하는 경우처럼 잠을 자서는 안 되는 상황의 사람에게 수면요가는 마치 깊은 잠을 잔 것과 같은 효과를 주어 수면 빚을 청산하는 데 유용하다. 스와미 싸띠아난다(1998)는

1시간의 수면요가는 4시간의 잠을 잔 것과 같은 효과가 있다고 하였다. 수면요가는 잠을 적게 자고도 많이 잔 것과 같은 효과를 가져다주어 피곤할 때 언제든 실시해도 좋다.

반대로, 수면요가는 잠을 자고 싶지만 쉽게 잠들지 못하는 불면증을 겪고 있는 사람들을 깊은 잠으로 안내한다. 불면증을 10년 넘게 앓고 있던 한 학생은 항상 해가 뜰 때 잠이 든다고 하였다. 그 학생에게는 처음이자 마지막이 되었던 수면요가 세션을 접할 기회가 있었는데 저녁 8시에 시작하여 9시에 마쳤다. 훗날 그 학생은 수면요가를 한 그날은 밤 11시 이전에 잤다고 알려 주었다.

잠은 레크레이션recreation이다. 『요가수뜨라』(1장 38절)에 의하면 "꿈과 잠의 의식 상태에서 얻어지는 지식을 통하여 마음을 다스릴 수 있다."라고 한다. 앞서 『만두키야 우빠니샤드』의 네 가지 의식 상태 중 꿈과 잠의 의식 상태에 대해 언급하였는데, 정확히 수면요가에서 다루고 있는 의식이 바로 꿈과 잠 상태의 의식이다. 잠재의식과 무의식을 이완하도록 하여 치유와 창의적인 영감을 가져오도록 한다. 해결되지 않은 문제가 있을 때 한숨 자고 나면 생각이 정리되고 기분도 가벼워지는 것을 알 것이다. 새로운 에너지로 재충전 recreation된다. 만약 잠을 잘 수가 없다면 삶이 얼마나 피폐해질지 상상이 될 것이다.

"잠을 자면 꿈을 꾸지만, 잠을 자지 않으면 꿈을 이룬다." 어느 고등학교를 방문하였을 때 복도에 걸려 있던 문구이다. 자고 싶은 만큼 다 잔다면 어느 세월에 꿈을 이룰 수 있겠느냐는 의미다. 이 같은 신념 덕분일까. 많은 학생이 6시간 이내로 자면서도 자신이 많이 잔다고 여기고 있다. 청소년들에게 있어서 잠은 노후 건강을 위한 투자라고 여겨진다. 왜냐하면 성장 호르몬은 청소년기에 가장 많이 생산되는데, 이는 골격과 키를 크게 하는 밑거름이 되며, 성장호르몬을 잘 분비하기 위해서는 잠을 충분히 자야 하기 때문이다. 수면 호르몬인 멜라토닌이 줄면 성장 호르몬이 그만큼 줄어든다. 네고로 히데유키(2016)는 이미 감소한 성장 호르몬은 수면으로 증가될 수 없으나 12시에서 7시 사이에 잠을 자면 성장 호르몬 분비를 더 높일 수 있다고 한다. 청소년의 사망 원인 1위가 10년째 자살이라는 인터넷 기사를 심심찮게 보게 된다. 건강한 잠을 가장 필요로 하는 청소년 시기에 수면 부족으로 정신건강을 위협하고 있지는 않은지 살펴볼 일이다.

"미인은 잠꾸러기다."라는 광고 문구가 있었다. 수면 중 호르몬들의 역동을 고려한다면 틀린 말은 아니다. 수면 중에 여러 가지 호르몬이 분비된다. 성장 호르몬은 자는 동안에 세포를 젊게 해 주는 역할을 한다. 프로락틴 호르몬은 여성의 유선을 자극해 가슴을 크게 하고 피부를 촉촉하게 하는 효과가 있다. 잠을 제대로 못 자게 되면 피부가 푸석푸석해지는데, 이것은 성장 호르몬뿐만 아니라 프로락틴 호르몬의 부족 때문이다. 흔히 나이가 들면 자연스럽게 잠이 줄어든다고 하는데, 이는 멜라토닌의 분비량이 줄어들기 때문이다. 사토 도미오(2006)는 『잠의 즐거움』에서 멜라토닌을 '호르몬의 지휘자'로 표현하고 있다. 체내에 필요한 여러 호르몬은 건강할 때 서로 균형을 이루며 분비되고 있는데, 그 조절을 맡은 것이 멜라토닌이라는 것이다. 멜라토닌은 마치 하나의 악기와 같은 다양한 호르몬을 서로 균형을 이루게 하여 필요할 때 분비되도록 지휘한다. 심지어 스트레스 호르몬으로 알려진 코르티솔도 적절히 분비가 되어야 아침에 상쾌하게 일어나게 된다. 주로 새벽 시간에 코르티솔 호르몬이 증가하게 되며, 저장된 에너지를 이동시켜 다음날 사용할 수 있도록 한다. 새벽녘의 코르티솔 분비는 기분 좋은 아침을 맞이하기 위해 필요한데, 이 또한 멜라토닌이 지휘한다는 것이다. 하지만 잠이 부족할 경우, 몸은 이를 스트레스 상태로 받아들여 코르티솔이 필요 이상으로 분비되어 혈당치를 높이고 면역력이 떨어지게 하는 원인이 된다.

아이들은 자는 모습마저 예쁘다. 자는 동안 '나'라고 하는 자아가 사라진 모습은 더없이 이완되어 보인다. 하지만 많은 사람은 잘 때도 걱정거리를 들고 있어서 그런지 미간을 찡그리고 자는 경우가 있다. 눕자마자 곧바로 잠으로 떨어진다는 사람들조차도 자면서 긴장하고 있다. 흔히 언제 어디서든 금방 잠드는 사람은 자신이 잠을 잘 잔다고 여긴다. 하지만 수면의학자는 그런 사람들에게 오히려 수면 부족 현상이 아닌지를 살펴보라고 권한다. 왜냐하면 푹 잔다고 해도 잠들기 전까지 보통 15분에서 20분 정도 걸리는데(Mass, 1998), 바로 곯아떨어진다는 것은 그만큼 잠이 부족하다는 의미이기 때문이다.

수면의 주기를 보면, 이완을 나타내는 알파파의 각성 상태를 거쳐 세타파가 많이 나오는 비렘수면NREM sleep의 1단계, 수면방추와 케이-복합체가 나타나는 2단계, 델타파가 전체의 20% 이상을 차지하는 3단계를 거쳐 렘수면을 가지게 된다. 수면의학자마다 달리 표현하고 있지만 대체로 수면의 한 주기는 90분에서 110분 정도다. 아무리 많이 자더라도 피로는 그대로인 것처럼 여겨진다면, 적절한 이완 없이 델타파 상태의 잠으로 떨어지는 것은 아닌지, 렘수면의 주기는 어떤지를 살펴볼 필요가 있다. 수면요가는 수면의 질을 향상하고 수면의 양을 조절하기 위해 현대인에게 필요하다. 건강한 잠이 누구에게나 필요하듯이 수면요가는 그 대상의 특징을 고려하여 누구에게나 실시 가능하다. 다만, 효율적인 안내를 위해 수면요가 안내자의 전문성이 필요할 뿐이다.

나가는 말: 휴식을 발견하며

휴식은 멀리 있는 것이 아니다. 시간을 내고 돈을 투자해야 하는 것도 아니다. 많은 에너지를 들여 노력해야만 얻어지는 것도 아니다. 지금 이 순간 여기에서 가능하다. 돈을 들이지 않고 시간을 별도로 내지 않아도 된다. 다만, 습관적인 익숙함으로부터 낯설게 볼 수 있는 자각이 필요하다. 진정한 휴식은 자각 그 자체이다. 자각하는 순간, 의식은 확장되며 에너지는 흐르게 된다. 휴식은 심신을 회복시킬 뿐만 아니라 참나의 근원을 직접적으로 만나도록 한다. 어쩌면 약간의 심신 이완을 위해서가 아니라, 자신의 순수한 본래 성품에 평화롭게 머물기 위해 휴식은 필요하다.

주변 환경에서부터 몸의 자세, 움직임, 신체 감각, 보는 것과 듣는 것, 숨 쉬는 것에서도 휴식을 발견할 수 있다. 휴식은 애씀보다는 내려놓음이며, 무의식이기보다는 알아차림이다. 마치 어떻게 숨을 쉬는지 배우려고 애쓰지 않아도 자연스럽게 숨을 마시고 내쉬듯이, 단지 숨을 알아차리기만 하면 되는 것과 같다. 그리고 가장 단순한 것을 지루해하지 않고 바라볼 수 있는 약간의 의지가 필요하다.

수면요가는 의식 차원에 많은 영향을 주고 있는 무의식을 이완하는 데 더 초점을 두고 있다. 굳게 닫힌 무의식의 창고가 열릴 때 영감, 창의력, 문제 해결력, 정화, 치유와 같은 선물을 받기도 한다. 때로는 낯선 두려움이나 슬픔, 불안과 같은 어두움도 만나게 되지만 이 모든 것에는 해방되고 싶은 에너지가 있다. 이를 두려워하지 않고 안전하게 바라볼 수 있도록 하는 것이 수면요가다.

수면요가는 여덟 단계로 구성되어 있으며, 여덟 단계를 모두 안내할 경우 30분에서 50분 정도 걸린다. 때로는 일부 단계를 생략하여 간략하게 5분에서 15분 등 짧은 수면요가도 가능하다. 필자의 경우 낮 동안 졸리거나 피로할 때, 10분에서 20분 정도 알람시계를 맞춰 놓고 수면요가를 스스로 실시하기도 한다. 그렇게 수면요가를 하고 나면 다시 몸이 가벼워지고 눈이 맑아지는 것을 느낄 수 있다.

하루는 마치 수면요가의 여정과 같다. 하루의 일과를 모두 마무리하고 잠자리에 들 때 그 순간을 수면요가의 준비 단계라고 여겨 보라. 그리고 수면요가를 스스로 하다가 잠든다. 아침에 일어날 때는 갑자기 눈을 뜨지 않고 마치 수면요가의 마무리 단계처럼 천천히 외부 세계를 의식하면서 소리와 몸의 감각을 알아차리고 가볍게 몸을 움직여 외부 세계를 맞이할 준비를 한다. 필자는 인도 비하르 요가 대학교에서 수면요가를 2년간 체험하였을 때 매번 잠에 빠져들었던 것 같다. 하지만 수면요가를 하고 난 뒤 매번 아무것도 기억나지 않았더라도 아무런 효과가 없었던 것은 아니었다. 수면요가를 집중적으로 체험하였던 2년 동안은 마치 케케묵은 무의식의 창고에 맑고 따스한 햇살이 스며드는 듯 많은 정화가 일어났다. 다만 나의 의식이 기억하지 못할 뿐이었지만, 무의식은 편안하게 휴식하였음에 틀림없다. 이처럼 수면요가는 무의식을 이완하는 것이 얼마나 중요한지를 인식하게 하고, 무의식을 이완할수록 자신의 무의식을 더 깊이 신뢰하게 된다는 것을 알게 한다.

참고문헌

곽미자(2008). 판차코샤를 통한 요가치료의 이해와 치료방법 고찰. 상담학연구, 제9권 제2호. 한국상담학회.

곽미자(2011). 요가이완치료. 요가니드라 워크북. 한국요가출판사.

네고로 히데유키(2016). 호르몬 밸런스. 스토리.

샤토 도미오(2006). 잠의 즐거움. 국일미디어.

엑나뜨 이스와란(2016). 언제 어디서나 할 수 있는 수련 만뜨람. 슈리 크리슈나다스 아쉬람.

Maas, J. B. (2001). 쾌면력. (은영미 역). 나라원.

Swami Satyananda Saraswati (1998). *Yoga Nidra*. India, Bihar: Yoga Publication Trust.

감정·정서 치유 관련 심신통합치유

◆ 미술치료−창조적인 길 찾기 여정(원희랑)

◆ 여성과 향기테라피(김윤탁)

◆ 감정돌봄치유(김성희)

◆ 12단계 촉진치료 중독치유−중독에 대한 영성적 회복 접근법(구민준)

◆ 섹스테라피(임세라)

1

미술치료
- 창조적인 길 찾기 여정

원희랑[1]

"인간은 창작하고 있을 때 자신을 발견한다."

-도널드 위니컷(D. W. Winnicott)

302

들어가는 말

나는 가끔 미술치료실에 오는 내담자나 미술치료사가 되려는 사람들에게 왜 미술치료를 선택했는가를 묻곤 한다. 그들의 대답은 미술치료는 심리치료처럼 어렵거나 무겁지 않을 것 같다, 미술치료는 왠지 앉아서 과거의 상처나 문제 등에 대해 이야기하기보다는 흥미로운 활동을 하면서 치료할 것 같아 매력적이다, 미술치료는 알 수 없거나 말할 수 없는 속마음이 미술에 나타나서 마음을 다루는 데 도움이 될 것 같다, 미술을 하면 마음이 안정되고 기분이 전환되어서 힘들고 답답한 마음을 실컷 미술로 해소하고 싶다 등 다양하다. 이런 저런 이유와 더불어 미술치료의 효과와 전문성이 경험적으로 또 학문적으로 밝혀지면서, 우리나라에서 미술치료는 대중적으로 널리 알려지고 어디서나 접할 수 있을 정도로 급성장한 심리치료 분야가 되었다.

미술치료는 말 그대로 미술과 치료가 합해진 말로, 1961년 『미술치료 회보Bulletin of Art

---

1) 서울불교대학원대학교 상담심리학과 미술치료학 전공 교수, 수련감독미술치료 전문가(SATR), 강남미술치료연구소장

제2부 • 주요 심신통합치유요법의 실제

Therapy』 창간호에서 울만(Ulman, S.)이 사용하기 시작했다. 미술치료는 교육, 재활, 정신치료 등 다양한 분야에서 널리 사용되고 있는데, 어떤 영역에서 활용되던 간에 공통적인 의미는 시각예술이라는 수단을 사용하여 인격의 통합 또는 재통합을 돕는 일이다. 더불어 미술은 자신과 세상을 발견하고 그 둘 간의 관계를 구축해 가는 수단이다(Ulman & Dachinger, eds, 1975).

미술치료의 목표는 조형 활동을 통해서 개인의 갈등을 조정하고, 자기표현과 승화 과정을 통해 자아성장을 촉진시키고, 자발적인 조형 활동으로 개인의 내적 세계와 외적 세계 간의 조화를 이룰 수 있도록 돕고, 비언어적인 커뮤니케이션기법으로서 언어성 이미지와 시각적 이미지를 통해 지금까지의 자기상실, 왜곡, 방어, 억제 등의 상황에서 보다 명확한 자기발견과 자기실현을 꾀하게 하는 것이다(한국미술치료학회 편, 1999).

미술치료에서의 미술은 우리가 잘 알고 있는 이중섭, 천경자, 고흐(Gogh, V.), 피카소(Picasso, P.), 로댕(Rodin, A.), 클림트(Klimt, G.)의 미술작품뿐만 아니라, 우리가 어린 시절에 그렸던 낙서와 아빠 얼굴, 친구들과 만들었던 점토 인형, 부부가 함께 색칠하고 꾸며서 보관하던 추억 상자 등과 같은 그리기, 콜라주, 오브제, 조각, 소조 등을 모두 포함하는 시각 예술로서의 조형 활동을 의미한다. 미술치료에서의 미술은 자신이나 타인과의 소통을 위한 표현의 통로이자 장소이므로, 미술을 잘하는 것을 목표로 하는 미술교육과 구별된다.

미술치료에서의 치료는 인간의 심리와 정신을 다루는 심리치료 또는 정신치료를 의미한다. 따라서 미술치료란 전문적인 훈련을 받은 미술치료사가 치료적 관계 속에서 미술의 치유성과 심리치료 또는 정신치료 이론을 합하여 심리적인 발달과 회복을 돕는 일이라고 할 수 있다.

303

미술치료의 발전과 심신치유

미술치료의 뿌리는 고대이며 원시인의 동굴 벽화에서부터 시작되었고, 미술의 치유적인 측면은 제례 의식이나 의복, 몸치장, 주술적인 도구와 일상 용품 등에서 볼 수 있다. 인간이 아름다운 자연을 좋아하는 것과 같이 창작 행위 역시 우리에게는 자연스럽고 본성적이고 자발적인, 아마도 타고난 능력인 것 같다. 인류와 가장 가까운 원숭이와 침팬지도 그림을 그리고 색칠하기를 좋아하고, 유아는 배우지 않고도 자연스럽게 그림 그리기를 시작한다. 요즘 텔레비전 프로그램을 통해 깊은 산속 자연인들의 생활을 보면, 자연과 창작 활동이 인간의 치유에 얼마나 큰 영향을 주는지 실감하게 된다. 자연인들은 구할 수 있는 재료들로 집을 꾸미고 소품을 만들며 의미를 부여하고, 스스로 다짐하고 즐거워하면서 자신을 치유한다.

19세기 후반에 정신과 의사들은 환자들의 그림 특성에 관심을 갖게 되었다. 그 후 전쟁 후유증을 겪는 군인들과 심리적 외상을 입은 어린이들이 미술 작업을 하면서 심리적인 균형을 찾고 건강해지는 놀라운 과정을 목격하면서 미술치료에 대한 관심이 더욱 커졌다. 1940년대부터는 정신병동에서 전문적인 미술치료가 시작되었다. 우리나라에 본격적으로 도입되기 시작한 것은 1990년대 초이며 정신병 치료와 예방을 위해 시작되었다. 이후 특수아동의 발달 지원, 심리적 발달, 청소년과 성인의 일시적인 적응 문제, 위기, 재난, 심리적 외상, 관계의 문제, 자아실현, 노인의 재활과 적응 등으로 미술치료 영역과 대상은 빠른 속도로 확장되어 왔다.

미술치료사이자 미술치료학자인 루빈(Rubin, J., 1999/2006)은 아주 멋진 이미지를 사용하여 미술치료의 역사를 설명하고 있다. 오랫동안 다양한 수원지를 가진 많은 시내가 여러 가지 물질을 가지고 미술치료라는 지식의 호수로 흘러들었고, 그 속에서 모든 종류의 생물이 탄생하면서 끊임없이 혼합물을 팽창시키고 풍부하게 하듯이 미술치료가 다채롭게 발전하고 있다. 다양한 시내들이란 정신역동이론, 분석심리학, 인지행동치료, 발달심리, 예술치료, 가족치료 등등 다양한 심리치료이론과 특수교육, 교육학, 재활심리, 미술교육, 미학 등 다양한 관련 분야의 이론들이 미술치료에 녹아들었고, 미술치료사들은 내담자를 돕기 위해 이를 열심히 치료에 접목해 왔다.

주목할 만한 일은, 최근 들어 미술치료의 치유기제와 효과를 뇌과학에 기반하여 설명하기 시작했다는 점이다. 이는 기존의 미술치료가 미술의 표현성, 투사성, 창조성, 관계성, 신체 활동성 등에 초점을 두면서도, 인간 내부와 외부 세계의 소통이나 의식과 무의식의 소통이라는 심리치료이론에만 중점을 둠으로써 미술치료 고유의 치유기제를 설명하는 데 한계가 있었던 점을 극복할 수 있게 했다. 이전의 미술치료접근들은 미술치료과정에서 왜 그러한 효과가 일어나는지 설명하는 데 다소 부족한 듯했다. 뇌과학 기반 미술치료는 신체와 정신의 연계성에 관심을 두면서 이를 해결해 가고 있다.

미술치료란 미술매체라는 실재하는 물체를 가지고 신체의 감각/운동기관을 활용하여, 뇌의 여러 영역과 기능을 동원하여 개인적으로 의미 있는 미술작품을 창조하는 과정이므로 뇌의 발달과 재배선에 효과가 크다고 설명한다. 이 과정을 살펴보면 미술매체를 접하면서 시각과 촉각, 청각 등 감각이 활성화되고, 미술매체와 작업 과정은 형태와 크기 등 지각과 슬픔과 기쁨 등 정서를 일으키고, 작품의 계획과 실행, 감상, 수정, 의미 해석, 언어화, 치료사와의 소통 등 복잡한 인지 기능과 상징화를 거치면서 고등 뇌기능을 사용하게 된다. 다시 말하자면, 미술치료에서 다양한 미술매체와의 상호작용은 말초신경 자극으로부터 지각, 자발적인 정서 표현으로 이어지며, 예술매체를 이용한 표현 과정에서 창조되는 촉각과 시지각, 감각 등은 일차 경로를 통해 입력되고, 다음 단계의 인지와 언어 경로를 통해 정서, 의미, 연상, 행동으로 표출된다. 미술치료에서 다양한 매체를 이용한 예술적 표현은 관련 지각 및 감각 신경 경로를 활성화시켜 정서적 공명을 불러일으키고, 결과적으로 치료적 효과를 증대시킨다(Lusebrink, 2004). 이를 두고 코헨(Cohen, N. H., 2008/2011)은, 미술치료는 뇌의 상하, 좌우 소통과 통합을 촉진하여 치유와 발달에 기여할 수 있다고 명쾌하게 정의했다.

뇌과학 기반 접근 역시 하나의 시내가 되어 미술치료라는 호수에 흘러들어 혼합물을 끊임없이 팽창시키면서 더욱 풍부하게 만들고 있다. 이러한 미술치료의 발전은 몸과 마음의 연계성 속에서 미술치료의 치유기제와 치유과정을 더 잘 이해할 수 있게 했고, 미술치료가 심신치유로서 한 걸음 더 나아갈 수 있게 했다.

미술치료의 장점

웨드슨(Wadeson, H., 1980)은 심리치료로서 미술치료의 장점을 다음과 같이 요약했다.

첫째, 미술은 심상image의 표현이다. 우리는 말이라는 형태를 취하기 전에 심상으로 느끼고 생각을 한다고 할 수 있다. 미술매체는 종종 심상의 표현을 자극하여 창조적 과정으로 나아가게 한다.

둘째, 미술은 방어를 감소시킨다. 미술은 비언어적 수단이므로 의식의 통제를 덜 받는다. 예상치 않았던 인식은 가끔 내담자의 통찰, 학습, 성장으로 이어지기도 한다.

셋째, 미술은 어떤 유형의 대상을 즉시 얻을 수 있다. 눈으로 볼 수 있고 만져 볼 수 있는 것이 내담자로부터 생산된다. 이러한 실재 형상을 갖는 대상을 통해서 치료자와 환자 사이에 하나의 다리가 놓여진다.

넷째, 미술은 자료의 영속성이 있어 회상할 수 있다. 미술작품은 보관이 가능하므로 필요한 시기에 다시 보면서 치료 효과를 높일 수 있다. 때로는 새로운 통찰이 일어나기도 하고, 감정을 회상하기도 하면서 기억의 왜곡을 방지할 수 있다. 치료사와 의뢰인은 내담자의 변화를 한눈에 알 수 있으며, 치료팀 회의에서도 내담자의 생생한 목소리를 전할 수 있다.

다섯째, 미술은 공간성을 지닌다. 언어는 일차원적인 의사소통 방식임에 반해, 미술은 공간적이고 시간적인 제한을 덜 받으므로 다양한 경험과 주제를 한번에 표현할 수 있다.

여섯째, 미술은 창조성과 신체적 에너지를 유발한다. 내담자들은 대체로 미술작업을 하고 이야기하고 감상하고 정리하는 과정에서 점차로 활기찬 모습을 보인다. 이는 단순한 신체적 운동이라기보다는 '창조적 에너지'의 발산이기 때문이라고 볼 수 있다.

미술치료의 특징: 삼자 관계(내담자, 미술치료사, 미술)

언어를 매개로 하는 심리치료와 미술치료를 구별할 때, 미술치료사들은 언어상담이 내담자와 치료사라는 양자 관계로 이루어지는 데 반해 미술치료는 내담자와 치료사 그리고 미술이라는 삼자 관계로 이루어진다고 설명한다. 여기에서의 미술은 미술매체, 미술 제작 과정, 미술작품을 의미하며, 미술치료에서 미술은 치료사를 돕는 제2의 치료사 역할을 한다고 해도 과언이 아니다. 내담자와 치료사의 관계 속에서 이루어지는 치료적 내용들은 심리치료에서 많이 연구되었고 미술치료에서도 다르지 않다. 그러나 내담자와 미술, 치료사와 미술의 관계 속에서 이루어지는 치료적 내용들은 미술치료만의 고유한 특성과 효과를 갖게 한다.

내담자

먼저, 미술치료의 첫 번째 요소인 내담자는 그 적용 범위가 매우 넓다. 연령에 있어서는 유아부터 노인까지, 병리에 있어서는 정신병과 장애에서 정상인의 자기실현까지 미술치료 대상으로서 임상 현장에서 현재 다양한 형태의 미술치료 서비스를 받고 있다. 내담자의 형태도 개인, 가족 및 소집단, 대집단 모두 가능하며, 치료 회기는 단기와 장기, 집단의 경우 개방 집단과 폐쇄 집단 등이 가능하다.

미술치료에 적절한 내담자가 누구인지는 의사나 상담사 등 정신건강 관련 종사자들이 미술치료사에게 의뢰하는 내담자를 보면 알 수 있다. 먼저, 언어 상담이 적절하지 않을 정도로 언어 표현을 거부하거나 못하거나 부적절하거나 의미 없는 언어 표현을 사용하는 내담자들이다. 또한 언어 상담에 진전이 없거나 흥미를 못 느끼거나 미술을 좋아하거나, 언어만이 아니라 통합적인 자극과 활동이 필요한 내담자들에게 미술치료는 더 도움이 될 수 있다. 미술치료 임상 현장에서 보면, 아동이나 청소년, 심각한 정신증을 보이는 내담자, 섭식장애, 자해, PTSD, 함묵증, 중독, ADHD, 뇌의 손상이나 미발달을 보이는 내담자 등 큰 어려움을 겪는 내담자가 많은 것은 미술치료의 통합적이고 정신·신체적인 측면을 잘 말해 주는 것이라 생각한다.

미술치료사

미술치료의 두 번째 요소인 치료사는 전문가로서 인간의 발달과 병리, 심리치료, 미술치료에 대한 충분한 공부와 더불어, 미술을 전문가 수준으로 잘할 필요는 없지만 미술치료에서 필요한 정도의 미술 지식과 기술에 숙달되고, 미술을 소통의 도구와 표현의 도구로 사용할 수 있는 미술을 좋아하는 사람이 적합하다. 또한 심리치료사로서의 인성적 자질을 연마하고 미술치료 임상 수련을 통해 전문적인 치료적 개입에 대해 훈련받아야 한다. 필자의 개인적인 미술치료 임상 및 슈퍼비전과 교육 경험에 비추어 보면, 미술치료사는 미술의 치유적 힘에 대해 스스로 경험하고 신뢰하는 것과 전문가로서 지속적으로 공부하고 자기수련하는 것이 가장 중요한 소양인 듯하다.

미술

미술치료의 세 번째 요소인 미술은 미술매체와 미술작업, 미술작품으로 나눌 수 있다. 미술치료에서 미술은 내담자를 담아 주고holding, 자신의 정신적인 재료들과 안전하게 거리를 둘 수 있도록 한다. 또한 캔버스는 자신을 비춰 볼 수 있는 거울이 되고(Moom, 2009/2019), 연습하고 싸울 수 있는 안전한 대상이 됨으로써 자신만의 창조적인 길 찾기 여정을 함께한다. 이 점이 미술치료의 가장 큰 특징이자 장점이고, 미술이 제2의 치료사라고 하는 이유이다.

미술매체는 전 매체prematerial라고 해서 밀가루, 비누 거품, 모래, 솜, 천, 나뭇가지 등과 같이 미술재료로 가공되지 않은 일차적인 모든 재료를 말한다. 그 외에 그리기매체(연필, 사인펜, 색연필, 크레파스, 파스텔, 수채 색연필, 먹물 등), 색칠매체(그림물감, 아크릴물감 등), 콜라주매체(잡지, 색종이, 한지 등), 만들기매체(지점토, 색점토, 액체 괴물, 석고 가루, 석고 붕대, 천, 솜 등), 화지(다양한 크기의 도화지, 켄트지, 화선지, 한지, 색지, 비닐지, 캔버스, 사포, 달력 종이, 우드락 등), 기타매체(상자, 여러 가지 끈, 나무조각, 철사, 수수깡, 스티커, 스팽클 등), 미술도구(붓, 가위, 점토 칼, 풀, 본드, 글루건, 팔레트, 물통 등) 등이 있다.

미술매체의 심리적 · 신체적 특성에 따라 이완적인 매체와 통제적인 매체, 인지적인 매체와 정서적인 매체 등으로 나누기도 한다. 랜드가튼은 미술재료의 통제성에 초점을 두고 젖은 점토(가장 낮게 통제)-그림물감-부드러운 점토-크레파스-두꺼운 도화지-콜라주-단단한 점토-얇은 사인펜-색연필-연필(가장 높게 통제)과 같이 미술매체를 나누었다. 루즈브링크(Lusebrink, V. B.)는 미술매체를 유동성과 딱딱함으로 분류하였는데, 2차원 매체는 랜드가튼과 유사하며, 3차원 매체는 저항의 정도에 따라서 수성 점토-유성 점토-나무-돌 순으로 나누었다.

핑거페인팅이나 갯벌 같은 느낌의 점토처럼 물이 많이 들어간 습식 재료이면서 도구를 사용하지 않는 매체일수록 통제가 낮고 이완적이며 퇴행적 · 정서적이라고 볼 수 있다. 반면에 도구를 사용하거나 연필, 사인펜과 같은 정교하게 사용할 수 있는 매체일수록 통제적이고 덜 이완적 · 인지적이라고 볼 수 있다. 이완적이고 감각적인 매체들은 매체와의 거리가 가장 가까우므로 거리두기를 통한 이해와 통찰보다는 표출과 해소, 몰입에 더 유용하다. 반면에 통제가 높은 매체들은 거리두기가 쉽지만 정서적인 접촉이나 감각적인 연결에는 덜 유용할 수 있다.

미술의 측면 중 미술작업은 미술치료사가 놓치기 쉬운 부분이다. 미술매체와 미술작품의 의미와 해석에 집중하다 보면 그렇다. 미술작업은 얼굴 표정, 신체 움직임, 작업과 관련 없는 행동, 언어적 표현과 더불어 매체를 다루는 방식이다. 매체에 대해 적극적인가 수동적인가, 발달적으로 근육 운동과 눈손 협응, 운동 기능이 잘 되고 있는가, 퇴행적인가, 표출적인가, 충동적인가, 통제적인가, 수축적인가, 공격적인가, 공감적인가, 위축되었나, 절차가 계획적이고 적절한가, 작업에서의 좌절과 성공에 대해 어떻게 반응하는가, 숨기려는 동작이 있는가, 상징적인 작업이 있는가, 도피적인 열중인가, 상동적인가, 숙달을 위한 것인가, 창조적인가, 모방적인가, 몰입하는가, 머무를 수 있는가, 즉 보유할 수 있는가, 피상적으로 작업하는가 등등이다. 내담자는 이 과정을 통해 자신과 만나고, 내부와 외부의 소통을 확립하고, 창조적인 길 찾기를 반복적으로 시도하게 되며, 자신과 환경의 조화를 창조해 간다.

미술의 측면 중 미술작품은 미술치료에서 많이 강조되었고 과분하게 많은 관심을 받아 왔다고 생각한다. 미술치료에서 내면의 정보를 드러내고 알아내는 통로로 미술작품을 사용하는 전통 때문에 미술작품을 해석하는 방법과 이론은 매우 발달했고 널리 알려져 있다. 미술작품의 형식과 내용, 상징성, 자신과의 관련성, 작품에 대한 언어적 설명 등이 치료적으로 중요한 의미를 갖는다. 이에 대한 정신분석적 · 발달적 · 인지행동적으로 미술작품을 분석하는 방법들은 우리에게 많은 치료적 정보를 주었고, 내담자를 이해하고 치료하는 데 큰 도움이 되었다. 하지만 작품에만 관심을 갖다 보면 미술매체와 미술작업 과정이 갖는 치유적 속성을 놓치기 쉽고, 적절한 치료적 개입에서 실패할 가능성도 있다.

미술 영역에 대한 뇌과학적 접근

미술치료의 핵심이라고 할 수 있는 미술 부문에 대해 루즈브링크는 미술치료에서 매체와 작업 과정과 작품을 어떻게 평가하고 개입할 것인가에 대해 표현치료연속체(ETCExpressive Therapies Continuum)를 제안하여 일목요연하게 설명하고 있다(Kagin & Lusebrink, 1978; Lusebrink, 1990). ETC는 오래전에 발표된 것이지만 뇌과학의 발달과 더불어 최근에야 빛을 보게 되었다. ETC에서 제시하는 발달적 · 위계적인 체계는 뇌의 발달 과정을 잘 반영하고 있으며, 뇌의 상 · 하, 좌 · 우 기능과 미술치료의 창조적이고 통합적 치유과정을 결합하여 보여 주고 있다.

ETC는 미술치료에서 매체와 창작 과정에서의 정보 처리 수준을 이해하고 분류하는 방법으로, 3가지의 순차적인 단계는 모두 창조적인 단계로 연결된다. 3가지 단계는 운동감각적Kinesthetic/감각적Sensory-K/S 단계, 지각적Percepture/정서적Affective-P/A 단계, 인지적Cognitive/상징적Symbolic-C/Sy 단계, 네 번째 단계는 창조적Creative 단계이다.

각각의 단계는 양극성을 가지며, 한쪽 극성이 강조되면 다른 하나의 개입은 줄어든다. 이 4단계의 표현 양식은 치료과정뿐만 아니라 인간의 삶 전반에 걸쳐서 나타난다. 잘 기능하는 사람에게는 이 모든 단계에서 쉽게 접근이 가능하다. ETC는 아래에서 위로 뇌의 발달 과정을 보여 주고 있으며, 이는 반성적 거리두기reflective distancing를 포함하고 있고, 좌측

309

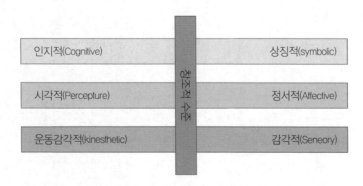

[그림 7-1] 표현치료연속체(Expressive Therapies Continuum: ETC)

(Kagin & Lusebrink, 1978; Hinz, 2009/2011)

과 우측은 뇌의 좌측과 우측을 나타내기도 한다.

따라서 인지, 상징적인 수준에서만 작용하는 내담자의 경우는 운동, 감각적인 개입이 필요할 수 있고, 운동, 감각이나 정서적인 수준에서 주로 작용하는 내담자의 경우는 인지나 상징적인 수준으로 안내할 필요가 있다. 또한 감각은 바로 위의 정서 반응과 관련이 있고, 이는 바로 위의 상징 단계와 관계가 깊다. 마찬가지로 지각은 인지적인 단계로 쉽게 나아갈 수 있다. 각 단계의 양극은 서로 상호 상승 작용을 하지만 일정 수준까지 작용하면 역 U자 형태로서 더 이상 진전이 없고 창조적인 개입에 힘입어 다음 단계로 나아간다. 또한 한쪽의 과도한 사용이나 발달은 반대편의 사용이나 기능을 멈추게 하여 건강한 기능을 잃고 양쪽 기능의 통합적인 작용과 창조적인 작용으로 다음 단계로 나아가는 과정을 밟지 못한다(Lusebrink, 1990; Hinz, 2009/2011).

K/S 단계(운동감각적Kinesthetic / 감각적Sensory)는 미술매체에 대한 기본적인 운동 표현과 그에 따른 에너지와 감각의 시각화로 표현된다. K 요소는 매체가 가지는 속성에 따라 결정되며, 운동감각적 반응을 이끌어 내기도 하여 이완과 각성을 일으키기도 한다. 정신병리적 특징은 정신없는 낙서, 매체를 던지거나 파괴하는 행위, 경계와 제한을 무시하는 행동이나 두드러지게 에너지가 결여된 행동 등이다. S 요소는 촉각기관을 통해서 의식적이거나 무의식적인 내적 활동을 통해서 얻어진 감각에 관한 것으로 재료, 표면, 질감의 탐구에 초점을 둔다. 정신병리적 특징은 감각 경험에 지나치게 몰두하거나 과도하게 감각에 예민한 것이다. 이 단계에서는 반성적 거리가 가장 짧으며 감각이 최대화되면 지각의 개입은 최소화된다고 볼 수 있다.

P/A 단계(인지적Cognitive / 상징적Symbolic)는 K/S 수준에서의 행위와 감각이 발전되어 형성된 지각과 정서에 관련된다. P 요소는 형태와 그 차이에 초점을 두어 형태의 경계를 선으로 표현하고 각 영역을 색으로 칠하는 등 배경과 전경을 구별하는 특성을 보인다. 정신병리적인 특징은 붕괴되거나 불완전한 형태, 전경과 배경의 역전, 기하학적인 형태나 세부 묘사에서의 과장과 결여, 정서적인 제한이 매우 작은 형태나 최소한의 색과 공간의 사용으로 나타난다. A 요소는 촉각이나 시각 자료에 대한 정서적인 반응을 통해 활성화된다. 정서의 등장과 구별, 다양한 색채의 사용이 나타난다. 정신병리적인 특징은 색의 무분별한 혼합, 전경과 배경의 결합, 형태 간의 간섭, 색의 충돌이나 부적합성 등이 나타난다. 반성적 거리는 점차 증가한다.

C/Sy 단계(인지적Cognitive / 상징적Symbolic)는 이전의 단계와는 다르게 추상적인 사고를 발전시켜야 하며 질적으로 다른 정보 처리 과정을 필요로 한다. C 요소는 인지 작업을 강조하면서 분석적이고 논리적인 사고에 초점을 둔다. 언어를 통한 표상에 기반하며, 매체의 특성을 이용한 문제 해결은 중요한 인지적 측면이다. 정신병리적 특징은 기저선과 공간 구조의 붕괴, 형태들의 비논리적인 관계,

개념적 의미 상실과 과도한 언어 사용 등이다. Sy 요소는 자전적인 과정과 상징적인 표현을 포함하는 전반적인 정보 처리 과정이다. 정서적인 상징 이미지, 추상적이고 직관적인 개념 형성을 특징으로 한다. 정신병리적인 특징은 상징의 모호함과 기이함, 상징과의 과도한 동일시, 전경과 배경의 역전 등이다. 상징과의 퇴행적 동일시는 퇴행적 행동을 유발하며 반성적인 거리를 감소시킨다. 지나치게 추상적이거나 일반적인 상징을 이용할 경우는 반성적 거리가 지나치게 멀어질 수도 있다.

Creative 단계(창조적Creative)는 자기통합 및 자기실현을 위해 힘을 활용하는 단계이다. 이때 매체는 아직 형성되지 않은 내적 경험과 현실 사이의 매개체 역할을 한다. 창조적인 실현화 단계에서는 내담자와 매체 사이에 적극적인 대화가 개입하는 특징이 있다.

미술치료기법: 그림검사

미술치료는 진단적인 개입과 치료적인 개입으로 나눌 수 있다. 진단적인 주제와 활동이 치료적인 활동으로 이어지기도 하지만, 기법의 개발 목적이 무엇인가에 따라 진단적인 그림검사기법과 치료적인 미술치료기법으로 나눌 수 있다. 미술치료기법은 주제와 활동 방법을 단순화시켜서 소개한 것으로서 치료사의 전문적인 개입이 있을 때 효과를 발휘할 수 있다. 여기에서는 많이 활용되는 그림검사와 치료기법들을 간단히 소개하고자 하며, 상세한 방법과 전문적인 개입은 관련 학회지와 논문, 문헌 등에 소개되어 있다.

자유화

주제나 매체, 활동 방법을 내담자가 스스로 결정하고 작품을 완성하도록 한 후 작품에 대해 설명하도록 한다. 작품 완성 후 매체의 선택과 매체를 다루는 방법, 공간의 형태와 공간 활용, 선과 형태, 색채, 주제와 내용, 작품에 대한 내담자의 언어적 표현들을 토대로 분석한다. 정신분석적 · 인지행동적 · 뇌과학적 분석 등이 가능하나 신뢰도와 타당도에서 동의를 얻지 못한 부분이 있으므로 사용에 제한이 있다. 그러나 초기에 내담자의 전반적인 미술발달 수준이나 미술표현 수준, 내담자 문제의 핵심 등을 알아보는 데 도움이 된다.

인물화(Draw A Person: DAP)

인물화 검사는 주로 A4 용지에 연필과 지우개를 사용하여 사람의 전체 모습을 그리도록 하고 반대 성의 인물을 한 장 더 그리도록 한다. 누구를 그릴 것인가는 내담자가 결정하도록 하며 막대기 사람이나 얼굴만 그린 경우 다시 그리도록 한다. 그린 후 사후질문이라고 해서 누구인지, 몇 살인지, 어떤 사람인지 등에 대해 질문한다. 그린 사람의 성격과 자아상, 자기개념, 주요 대상에 대한 정보를 얻을 수 있는 검사로서, 구체적인 지시가 있으므로 자유화에 비해 저항이 적은 편이다. 굿이너프(Goodenough), 해리스(Harris), 마초버(Machover), 코피츠(Koppitz) 등 많은 연구자들에 의해 개발되었고 해석 규준이 제시되어 있다. 인물화 검사는 언어적인 검사가 어려운 내담자들의 지능을 알아보는 인물화 지능검사로도 개발되었으며, 오래전이지만 한국판 표준화 규준이 제시되기도 했다.

집, 나무, 사람 그림검사(House-Tree-Person test: HTP)

A4 용지 4장에 연필로 집, 나무, 사람, 반대 성의 사람 전체의 모습을 그리도록 순서대로 지시한다. 그린 후 어디인지, 누구인지, 무엇을 하는지 등에 대해 사후질문을 한다. 내담자의 성격 전반과 대인관계, 발달 수준, 자아상, 무의식적인 자아상 등 풍부한 정보를 얻을 수 있다. 벅(Buck)과 해머(Hammer)가 개발한 그림검사로서 종합심리검사에서 널리 활용되고 있다.

동적 집, 나무, 사람 그림검사(House-Tree-Person test: KHTP)

A4 용지 1장을 가로로 놓고 연필로 집, 나무, 사람을 그리는데, 사람은 무엇인가 행위를 하는 것을 그리도록 한다. 그린 후 어디인지, 누구인지, 무엇을 하는지, 나중에 어떻게 되는지, 집에는 누가 있는지 등에 대해 사후질문을 한다. 집, 나무, 사람 그림검사에서 발전한 것이므로 이에 준하지만, 세 요소 간의 역동성과 집과 나무와 사람의 관계에 초점을 두고 해석한다. 성격 특성보다는 발달과 현재의 적응 상태, 생활 에너지 등에 대한 정보를 얻을 수 있는 검사이다. 번즈(Burns)가 개발한 것으로 세 요소 간의 역동성을 어떤 요소가 중시되고 무시되는가와 세 요소의 밀착 여부 등을 주로 해석한다. KHTP에 색채를 넣어서 하는 방법도 있다.

◆ 그림검사 시의 유의점

그림검사는 투사검사이다. 투사검사는 반응을 피검자가 스스로 만들어 내는 검사이므로, 주어진 반응이나 답 중에서 고르는 객관적 검사보다는 내담자의 내면에 대해 풍부한 정보를 얻을 수 있다는 장점 때문에 널리 활용되고 있다. 반면에 그림검사의 단점은 피검자의 반응이 매우 다양하므로 검사자의 주관성을 배제하기 어렵다는 점인데, 이는 우리도 경험해 보았듯이 코에 걸면 코걸이 귀에 걸면 귀걸이가 되기 쉽다. 따라서 그림검사는 전문적인 교육을 받은 후 해석 기준에 준하여 해석해야 한다. 그리고 검사 시에는 지시문을 제시하고, 피검자가 내용과 방법에 대해 구체적인 질문을 하는 것은 그림 주제에 대한 갈등을 의미하는 경우가 많으므로 구체적인 지시나 답을 주지 않고 하고 싶은 대로 하라고 한다.

동적 가족화(Kinetic Family Drawing: KFD)

A4 용지를 가로로 제시하고 연필과 지우개를 사용하여 나를 포함한 나의 가족 모두가 무엇인가 하는 그림을 그려 보도록 한다. 색채를 사용하지 않는 것은 색에 부여되는 심상과 감정을 배제하기 위해서이다. 어떤 장면을, 어떤 가족을 그릴 것인지 전적으로 내담자가 선택하도록 한다. 그린 후 각각 누구인지, 무엇을 하는지, 분위기는 어떤지, 그린 순서는 어떠한지, 생략된 사람은 있는지, 각자의 생각이나 감정은 어떠한지 등에 대해 사후질문을 한다. 그림을 그린 사람이 주관적으로 갖고 있는 가족에 대한 태도, 생각, 감정, 인식 등을 평가할 수 있는 검사도구로서, 객관적인 가족의 역동이나 가족의 상태를 검사하는 것이 아니다. 번즈가 개발한 것으로 해석은 5개의 영역으로 나누어지는데, 인물상의 행위action, 그림의 양식styles, 상징symbol, 그림의 역동성dymanics, 인물상의 특징figure characteristics을 본다. 동적 가족화는 동적 학교생활화, 동적 직장생활화 등으로 응용되기도 한다.

새 둥지화(Bird's Nest Drawing: BND)

A4 용지에 연필과 색연필을 사용하여 둥지가 있는 그림을 그리도록 한다. 그림을 그린 사람의 애착안정성을 평가하는 도구로서 카이저(Kaiser)가 개발하였다. 해석은 둥지의 기능과 모습, 알의 유무와 상태, 아기 새, 부모 새, 아기 새와 부모 새의 관계, 부모 새의 양육활동, 색의 수와 주된 색, 공간, 선의 질, 위협적인 요소 등을 중심으로 본다.

사과 따는 사람 그림검사(Person Picking an Apple from a Tree: PPAT)

8절 흰 도화지에 12색 마커로 사과나무에서 사과를 따는 사람을 그리도록 한다. 검사 시 제한 시간은 없다. 이 검사는 나무와 사람으로 표현되는 자기상과 사과를 따는 활동에서 보이는 문제 해결 능력과 목적을 성취하는 방법 등을 알아보는 검사이다. 갠트(Gantt)와 태본(Tabone)이 개발한 것으로, 색의 적절성, 내적 에너지, 공간, 통합성, 논리성, 사실성, 문제 해결력, 선의 질, 사람의 행동, 사람의 유무, 그림의 방향 등을 해석한다.

이야기 그림검사(Draw A Story: DAS)

A4 용지에 연필이나 펜을 주로 사용하여 제시된 카드 중에서 2개의 그림을 골라 둘이 만나면 무슨 일이 일어날지 상상해서 그려 보도록 한 후 그림의 내용을 이야기하도록 한다. 검사 시 위에는 그림을 그리고 밑에는 몇 줄 정도 이야기와 이름, 날짜 등을 쓸 수 있도록 인쇄된 검사 용지를 사용해도 좋다. 제시되는 그림은 A형과 B형으로 구분되는데, 보통 A형을 사용하며 14개의 자극 그림이 카드 형태로 제시된다. 이 검사는 우울과 공격성을 측정하는 도구로서 아동에게서는 타당도와 신뢰도가 상대적으로 높게 나오는 것으로 알려져 있다. 실버(Silver)가 개발한 것으로, 그림의 내용과 이야기에 따라서 1점에서 5점으로 채점할 수 있다. 파괴적이고 적대적이며 절망적이고 고립된 그림은 1점, 양가적이거나 감정이 빈약한 내용은 3점, 우호적이고 양육적이며 사랑이 깃든 것은 5점으로 채점된다.

빗속의 사람 그림검사(Person In The Rain: PITR)

A4 용지에 연필로 '비가 오는 날의, 빗속의 사람'을 그리게 하는데, 만화나 막대기 같은 사람이 아닌 완전한 사람을 그리도록 한다. 내담자가 경험하고 있는 스트레스 정도와 스트레스에 대한 대처 능력을 측정하기 위한 도구이다. 에이브러햄(Abraham)이 개발한 것으로, 비와 천둥, 번개, 물웅덩이 등은 스트레스의 양과 질을 의미하며, 우산, 비옷, 장화, 행동 등은 스트레스에 대한 대처 자원을 의미하는 것으로 해석한다. 채점 기준은 여러 항목으로 개발되어 소개되어 있다.

314

풍경구성법(Landscape Montage Technique: LMT)

A4 용지(또는 8절 도화지)와 검정 사인펜, 24색 크레파스를 사용한다. 검사자는 먼저 화지 가장자리에 검정 사인펜으로 테두리를 그려서 검정 사인펜과 함께 피검자에게 건네준 후, "지금부터 풍경화를 그릴 겁니다. 순서대로 그리고 추가할 것이나 색칠은 다 그린 후에 하세요."라고 말하며 강, 산, 밭, 길, 집, 나무, 사람, 꽃, 동물, 돌의 순서로 불러 준다. 풍경을 구성하는 능력을 보는 것이므로 미리 알려 주지 말고 제시된 순서대로 불러 준다. 그린 후에는 누구인가, 어디인가, 계절, 강물의 방향, 분위기 등에 대해 질문한다. 정신병동에서 모래놀이치료에 적합한지 분별하기 위해서 주로 조현병 환자들에게 사용한 것으로 알려져 있으나, 정신병적 증상을 구별하거나 아동의 구성력이나 계획성, 환경인지 등을 알아보는 데 활용되기도 한다. 일본의 심리치료사인 나가이(Nagai)가 개발한 것으로, 구성 포기, 각 요소의 배치, 각 요소의 크기와 공간, 논리성, 색의 현실성, 사람의 유무 등을 종합해서 해석한다.

집단체계진단, 가족체계진단

315

2명이면 8절 도화지, 4명 이상이면 4절 도화지 이상 큰 것을 사용하는 것이 좋으며 크레파스나 콜라주 재료를 활용한다. 첫 번째 과제는 말을 하지 않고 함께 작품을 만든 후 말을 하면서 제목을 정한다. 두 번째 과제는 말을 하면서 함께 작품을 만들고 제목을 정한다. 가족의 경우 두 팀으로 나누어 각 팀에서 말을 하지 않고 함께 작품을 만드는 과정이 선행되기도 한다. 가족 또는 집단에서 일어나는 실질적인 역동을 검사자가 직접 검사한다는 점에서 동적 가족화와는 다르다. 이 검사는 대인관계에서의 특징, 집단원이나 가족 구성원 간의 관계와 역동을 파악하는 것이다. 랭가튼(Landgarten)이 개발한 것으로, 먼저 그림을 시작한 사람, 맨 나중에 참여한 사람, 리더, 추종자, 그림을 침범하는 사람, 그림을 도와주는 사람, 비언어적 정서적 교류, 협력, 소외, 각자의 상징적인 역할, 하위 그룹 활동 등을 중심으로 해석한다. 이 검사는 해석 항목이 정교하게 발달하지는 않았지만, 관계(부모와 자녀, 부부, 직장, 동료, 친구 등)를 검사할 수 있는 도구로서 임상 현장에서 매우 유용하게 활용되고 있다.

미술치료기법

미술치료에서 활용되는 치료기법은 치료 목표에 따라 매체, 주제, 활동 방법이 매우 다양하고, 임상 현장에서 미술치료사와 내담자가 만들어 가는 창조적인 길 찾기 과정이기도 하다. 여기에서는 활동 방법을 중심으로 치료기법을 제시한 주리애(2010)의 방법에 따라 미술치료기법들을 소개하고자 한다.

매체 탐색

미술치료사는 회기에서 대략적인 이야기를 주고받은 후 또는 언어적인 대화가 전혀 불가능하거나 언어가 너무 많은 경우에도 미술작업을 시작하도록 제안한다. 이때 가장 먼저 하는 일이 매체를 탐색하는 것인데, 매체를 둘러보도록 할 수도 있고 제시된 매체를 탐색해 보도록 할 수도 있다. 탐색은 시각, 촉각, 후각, 청각, 운동감각 등을 사용하여 만져 보기, 두드려 보기, 화지에다 해 보기, 이리저리 살펴보기, 들어 보기, 당겨 보기 등등 내키는 대로 해 보도록 한다. 감각적인 접촉과 자극이 필요한 경우에는 매체 탐색이 치료의 목표가 되기도 한다. 탐색이 제한적이거나 허둥지둥 무질서한 경우에는 탐색 방법을 안내할 수도 있다. 그리기의 경우 화지의 크기와 질감을 탐색하도록 한 후, 파스텔이라면 점으로 찍어 보기도 하고 각진 면으로 선을 그어 보기도 하고 넓은 면으로 면을 칠해 보도록 하고, 한 가지 색 위에 다른 색을 겹치거나 가로질러 보게 하기도 한다. 매체를 탐색하는 것은 미술에 대한 불안을 줄여 주고 창조적인 과정으로 나아가게 하는 첫걸음이다.

모방해서 따라 하기

미술에 대한 부담이 크고 자신감이 너무 없을 때, 마음이 매우 혼란해서 어디서부터 시작해야 할지 종잡을 수 없을 때, 몸과 마음이 정상적인 균형을 잡지 못할 때, 쉬운 작업도 스스로 계획하거나 시작하지 못할 때, 모방해서 따라 하기는 좋은 시작이 될 수 있다. 좋아하는 화가의 작품을 보고 따라 하기, 다른 사람의 작품이나 치료사의 작업을 따라 그리기 등은 외부에서 제공되는 틀로부터 안정감을 얻을 수 있게 한다. 그러나 다른 작품을 똑같이 모방해야 하는 것은 아니며, 잘못될 것에 대한 부담이 더 커질 수 있으므로 부분적으로 스스로 변형하면서 할 수 있는 만큼 자연스럽게 따라 하는 것이 좋을 것이다. 물론 반항성과 저항 행동이 문제가 되는 내담자라면 그대로 따라 그리는 것이 치료적으로 더 도움이 될 수 있다.

문양에 색칠하기

따라 하기와 같은 맥락에서 대중적으로 널리 보급된 만다라 문양이나 캐릭터 문양 등에 색칠하기를 권할 수도 있다. 기존의 만다라 문양들은 균형과 조화를 갖추고 있어서 색칠을 하면서 틀이 주는 안정감과 인지적인 균형을 되찾게 한다. 만다라 문양 색칠하기는 자발적인 색 선택과 다양한 분위기의 작품이 완성되면서 적응과 조절, 환경의 제한과 자기다움의 조화를 경험할 수 있다. 그러나 모방하거나 색칠하기의 반복은 내담자가 내면의 자료로 접근하여 치료적인 내용을 다루는 것을 피하는 방법이 되거나 창조적인 작업을 지연시킬 수도 있으므로 치료사는 이 기법을 사용할 때 유의해야 한다.

자극 제시

그림을 그리는 데 저항이 있거나 공포, 수줍음 등이 심해서 미술 시작이 어려울 경우, 그림 그리기를 자극하고 촉진하기 위한 기법이다. 화지에 치료사가 밑그림을 그려 주기, 완성되지 않은 그림을 조금 그려 주기, 잡지에서 어떤 이미지를 오려서 붙여 주고 나머지를 완성하게 하기, 단어를 보고 떠오르는 이미지를 그리기 등이다.

난화

자극 제시의 한 방법이기도 한 난화는 긁적거리기와 같은 낙서를 의미하는데, 미술치료사들이 매우 좋아하는 치료기법으로 널리 활용되고 있다. 크레파스, 색연필, 물감, 점토 등 매체는 다양하게 활동될 수 있고, 무엇을 그리겠다는 의도나 형식 없이 자유롭게 선이나 형태를 간단하게 혹은 반복적으로 그린 후, 그 속에서 어떤 이미지나 형상을 찾아서 작품으로 완성한 후 이야기를 나눈다. 이는 유아기 그림 형태로서 누구나 할 수 있는 것이라서 아동부터 노인까지 쉽게 할 수 있다. 매우 투사적인 측면이 있지만 놀이적인 측면과 이완적인 측면도 있고, 작품 창작에 대한 자신감도 느낄 수 있게 한다.

자유화

내담자가 스스로 선택해서 그린 자유화는 미술치료의 핵심이라고 할 수 있다. "그리고 싶은 것을 그리세요, 마음에 떠오르는 것을 그리세요, 하고 싶은 작품을 해 보세요." 등으로 제안할 수 있다. 내담자의 건강한 삶을 위한 창조적인 길 찾기 여정이 고스란히 드러난다. 치료사는 공감적으로 주의 깊게 보고 듣고 반응하며, 질문하고 감상하고 따라가면서 길동무가 되어 주면 된다.

주제화

미술치료기법이라고 하면 주로 주제화를 떠올리게 된다. 다리 그리기, 첫 기억 그리기, 화산 만들기, 감정사전 그리기, 인생선 그리기, 외상 사건 그리기, 추상적인 초상화 그리기, 감정 표정 콜라주, 좋아하는 것과 싫어하는 것 콜라주, 나 상자 만들기, 가면 만들기, 가족 상징물 만들기, 방패 만들기 등 매우 많은 기법이 소개되었다. 이는 치료사와 내담자가 창조적으로 생각해 낼 수도 있으며, 각각의 기법은 치료의 목표에 따라 적용할 필요가 있다. 이 주제화들은 다루어야 하는 치료 목표를 염두에 두고 문제에 다가가기, 표현을 촉진하기, 해소하고 표출하기, 방어를 감소시키기, 문제를 다루기, 거리두기, 발견하기, 이해하기, 통찰하기, 새로운 시도하기, 미래 희망, 행동 연습, 성취감 등의 치료적 효과를 위해 제안된다.

시리즈로 작업하기

작품에 대한 아이디어가 빈곤하거나 동일한 주제와 대상만을 반복하는 내담자의 경우는 시리즈로 연결되는 작품을 제안하는 것도 좋다. 공룡만을 그리는 아이라면 다른 것을 그리도록 종용하기보다는 공룡 식구, 공룡 친구들, 공룡 놀이터, 공룡의 여행, 다른 나라의 공룡 등으로 확장해 간다. 또는 아기 공룡, 학생 공룡, 엄마 공룡, 아빠 공룡, 할머니 공룡, 아픈 공룡, 화가 난 공룡 등으로 연결해 가는 것도 방법이다. 이는 일정한 맥락 속에서 생각과 시야를 넓히고 다양한 표현 속에서 정서와 생각들을 풍부하게 활성화시켜 자아를 강화하고 확장해 가도록 돕는다.

함께하기

미술치료는 비언어적인 소통을 촉진하는 데 효과적이다. 자신의 내면과의 소통, 타인과의 소통을 촉진한다. 미술치료에서 미술치료사가 내담자를 돕기 위해 하는 미술을 반응미술이라고 한다. 내담자와 치료사가 협력적으로 또는 경쟁적으로 함께 미술작업을 하는 것이다. 돌봄과 지지, 격려, 도전, 경쟁 등 작품 속에서 많은 상호작용이 일어날 수 있으며, 내담자는 치료사를 통해 대인관계에서의 새로운 경험과 연습을 할 수 있다. 함께하기는 형제, 부모, 집단원들과도 할 수 있으며, 상호작용 속에서 자기이해와 타인이해가 향상되고 소통 방법을 습득하게 된다. 치료사는 상호작용의 목표에 따라 적절하게 합동작품, 협동작품, 작업 방식과 주제 등을 제안할 수 있다.

작품의 수정

완성된 작품을 수정하는 것은 아마도 창조적인 길 찾기의 백미라고 할 수 있다. 작품이 완성된 후에 작품에 대한 이야기를 나눈 후, 작품을 이리저리 감상하면서 수정하고 싶은 곳을 수정하라고 제안할 수 있다. 미술작품은 곧 자신을 비추는 거울과도 같아서 작품은 자신을 형성하는 복합적인 이미지 중 하나라고 본다. 그림에서 잘못된 것을 발견하면서 내담자는 현실적인 자기발견과 자기수용을 할 수도 있고, 불만스럽거나 없애고 싶은 기억, 개선되기를 바라는 점 등을 이미지 수정을 통해서 자신에게 다짐할 수도 있다. 뇌과학적인 접근에서는 이를 두고 기억의 재구성이라고 하는데, 이러한 미술작업들은 치료 장면에서 펼쳐진 힘들고 괴로운 이미지와 이야기들과 함께 동시에 경험되면서 긍정적인 부분으로 교정적으로 재경험된다.

작품의 전시

미술치료의 종결은 대부분 작품 전시로 마무리된다. 전시는 벽에 걸거나 진열해서 하는 방법, 노트북이나 핸드폰으로 보는 방법, 모아 놓은 작품을 하나씩 들추어 보는 방법 등 다양하다. 이는 자신의 변화와 자신의 치유과정을 한눈에 보면서 확인하고 이미지로 저장하며, 자신의 여러 측면들을 통합하도록 돕고, 치료에 대한 마지막 글쓰기나 작품은 자전적인 맥락을 만들도록 돕는다.

319

이 외에도 집단에서 하는 기법과 가족을 위한 기법이 많다. 이러한 기법들은 치료적인 목표에 따라 치료사가 적절하게 선택해서 제안해야 하나 내담자가 자신에게 필요한 것을 더 잘 하는 경우가 많아서, 치료사가 이론이나 프로그램에 매여 일방적으로 주제나 활동을 제시하는 경우 치료가 더디게 진행될 수도 있음을 유의해야 한다.

미술치료의 효과와 치유기제

미술치료의 효과는 우리나라에서 보고된 연구만으로도 수천 편에 이르며 효과성도 큰 것으로 보고되고 있다. 특수아동의 발달과 재활에서 시지각, 언어 및 지능 발달, 사회성, 정서 조절 등에서 다양한 효과들이 제시되고 있으며, 유아동의 애착과 부모 · 자녀 애착을 안정화시키는 데 도움이 되고, 아동의 정서와 또래 관계, 자존감 향상, 행동 조절에 도움이 되며, 청소년의 자아정체감과 비행, 우울을 개선하고, 성인의 우울과 불안, 외상, 삶의 질을 개선하며, 노인의 우울과 인지 기능, 사회적 행동을 향상시키고, 부부 및 가족의 소통과 상호 이해를 돕는다. 이 외에도 미술치료의 효과는 다양한 대상의 다양한 증상을 개선하는 데 효과적인 것으로 보고되고 있다.

이러한 미술치료의 효과는 어디에서 오는 것인가, 치유기제는 무엇인가를 뇌과학적 접근을 중심으로 살펴보면, 첫째, 미술작품 제작 과정은 통제와 조정에 대한 내면의 감정에 긍정적으로 작용한다. 둘째, 반복적인 작업과 미술이라는 형식은 광범위한 뇌영역과 뇌기능을 자극하여 뇌를 재배선하는 데 도움이 된다. 셋째, 감각기관에서의 긍정적이고 반복적인 미술경험은 기억의 형성과 재구성에 기여한다. 넷째, 색채와 감각은 작품을 하는 동안 정서적으로 쉽게 각성시키고, 표현 기회를 제공하고, 정서적인 반응을 이해하고 통합하도록 함으로써, 정서에 대한 변연계의 상향식 표현과 피질의 하향식 조절을 통합하여 정서의 뇌와 똑똑한 뇌 사이 상호작용을 돕는다. 다섯째, 예상치 못한 심각한 위기는 정서적으로 압도되어 대뇌피질의 고등 언어 기능을 멈추게 하는데, 정서적으로 두드러진 정보는 색채와 형태로 떠오르므로 미술치료는 비언어적이고 정서적인 체계와 직접적으로 접근하여 작업하는 데 유리하다. 여섯째, 미술작품을 제작하고 제목을 붙이고 이야기를 나누는 과정은 감각 경험과 변연계의 정서를 피질의 똑똑한 기능과 통합하도록 돕는 과정이므로, 미술치료과정은 편도체 활동의 감소와 전전두 활동의 증가를 돕는다. 일곱째, 미술치료사와 내담자의 뇌와 신경 체계는 서로 대응하면서 동시성synchronize을 가지며, 사람은 거울뉴런을 통해 공감적인 모방과 타인의 행동을 통해 학습할 수 있으므로 미술치료의 관계적 측면은 매우 도움이 된다.

미술치료사 교육과정

미술치료사가 되는 길은 단기 코스, 학회 코스, 대학 및 대학원 코스 등 매우 여러 가지가 있지만, 인간을 치유하는 전문가가 되는 과정이므로 탄탄한 이론적인 학습과 수련, 임상 경험과 슈퍼비전으로 체계화된 과정을 선택하기 바란다. 발달재활 분야에서 처음으로 국가인증 자격증이 실시되고 있는데, 최소한 700시간 이상의 수련과 관련 필수 · 선택 과목으로 20여 학점을 요구하고 있다. 또한 미술치료 전공 학사, 석사, 박사 과정이 전국 40여 개 대학교에 개설되어 공교육 체계 안에서 전문가를 양성하고 있다. 현장에서 치료기관들이 미술치료사를 모집하는 경우에도 전공자와 공신력 있는 자격증 소지자를 선호하는 추세이다. 가장 중요한 것은, 반드시 미술을 전공하거나 잘할 필요는 없지만 미술을 좋아하고 심리치료사라는 직업이 적성에 맞으면 될 듯하다.

321

나가는 말

여러 가지 아름다운 생명체가 어울려 사는 미술치료라는 오래된 호수에 뇌과학이라는 시내가 흘러들어 더 깊고 넓은 호수가 되었다. 삶에 지치고 상처받은 내담자들이 이 치유의 호수에서 미술치료사의 안내를 받으면서 창조적인 길 찾기 여정의 노를 저어 갈 것이다. 부디 그들이 닿고 싶어 했던 곳에 도착하기를 기원한다.

이제 미술치료라는 시내가 통합심신치유라는 더 넓고 더 깊은 호수로 흘러들어, 20여 개가 넘는 시내들과 어우러져서 더 많은 사람을 행복하고 건강한 곳으로 안내할 수 있기를 바란다.

참고문헌

주리애(2010). 미술치료학. 서울: 학지사.

한국미술치료학회 편(1999). 미술치료 이론과 실제. 대구: 동아문화사.

Cohen, N. H., & Carr, R. (2011). 미술치료와 임상뇌과학 (*Art Therapy and Clinical Neuroscience*). (김영숙, 원희랑, 박윤희, 안성식 역). 서울: 시그마프레스. (원저는 2008년에 출판).

Hinz, L. D. (2016). ETC 표현미술치료—미술치료를 사용하기 위한 기본구조 (*Expressive Therapies Continuum, A Framework for Using Arts in Therapy*). (전순영, 박윤희 역). 서울: 하나의학사. (원저는 2009년에 출판).

Kagin, S. L., & Lusebrink, V. B. (1978). The expressive therapies continuum. *Art Psychotherapy, 5*, 171-180.

Lusebrink, V. B. (1990). *Imagery and visual expession in therapy*. New York: Plenum Press.

Lusebrink, V. B. (2004). Art Therapy and the Brain: An Attempt to Understand the Underlying Processes of Art Expression in Therapy. *ART THERAPY, 21* (3). 125-135.

Moon, B. (2019). 실존주의 미술치료. 캔버스 거울 (*Existential Art Therapy, The Canvas Mirror* 3rd Ed). (원희랑 역). (2009). 서울: 학지사. (원저는 2009년에 출판).

Rubin, J. (2006). 미술치료학 개론 (*Art Therapy, An Introduction*). (김진숙 역). 서울: 학지사. (원저는 1999년에 출판).

Ulman, E., & Dachinger, P. (eds) (1975/1996). *Art therapy in th eory & practice*. New York: Schocken Press. (reprinted 1996, Chicago: Magnolia Street Publishers).

Wadeson, H. (1980). *Art Psychotherapy*. New York: John Wiley & Son.

여성과 향기테라피

김윤탁[2]

들어가는 말

향기테라피는 식물의 광합성 작용으로 생성되는 피토케미컬과 같은 항산화 성분을 통해 우리의 생리적 · 심리적인 다양한 부조화 증상을 치유하는 자연 건강법이다.

식물의 향기를 응축시킨 것이 아로마 에센셜 오일이다. 에센셜 오일은 식물 에너지의 가장 순수한 정수이다. 에센셜 오일 한 방울에는 씨앗, 뿌리, 나무, 잎, 꽃, 열매에 이르기까지의 식물 에너지가 농축되어 있다. 아름다움과 생명력이 녹아내린 한 방울의 에센셜 오일에는 인간의 몸, 마음을 변화시킬 에너지가 들어 있다.

순서로는 간단히 에센셜 오일의 특성과 향기가 인체에 흡입되는 경로를 살피고, 여성이 불편함을 느끼는 몇몇 증상에 맞추어 일상 속에서 쉽게 이용할 수 있는 우유나 꿀, 소금 등의 부재료를 통해 증상을 완화시킬 수 있는 내용으로 구성을 했다.

---

2) 한국향기명상협회 회장, 문화재단 고도원의 아침편지 깊은산속옹달샘 명상치유센터 수석강사, 일본 체리슈인터내셔널 메디컬 아로마 테라피스트

향기의 힘을 빌어 몸의 건강과 미용뿐만 아니라, 마음과 영혼의 상처도 치유될 수 있기를 바란다.

에센셜 오일이란

여름 꽃을 증류해서
유리병 속에 넣지 않으면
그 아름다운 자태를 잃어버릴 뿐만 아니라
잔영조차 덧없이 사라지고 만다.
하지만, 꽃을 증류해 놓으면 설사 겨울이 다가온다 할지라도
꽃의 본질은 그 향기 속에 영원히 남아 있을 것이다.

—셰익스피어(Shakespere)

셰익스피어는 덧없이 사라지는 꽃을 오래 간직하기 위해서 증류해 보관할 것을 노래했다. 역사 속에서 인류가 식물의 향기를 오래도록 간직하기 위한 방법을 모색해 왔음을 알 수 있다. 아랍의 연금술사인 아비센나(Avicenna)는 식물 속에 들어 있는 향기로운 에센스를 증류하는 방법을 찾아냈다. 그 결과물이 바로 에센셜 오일이다. 에센셜 오일 한 방울 속에는 식물의 정수가 그대로 농축되어 있다.

에센셜 오일의 특성

향기테라피는 향을 내는 천연 식물의 꽃, 잎, 씨앗, 줄기, 뿌리, 과일, 풀, 껍질, 가시, 수지 등 여러 부위에서 추출한 방향성 정유인 에센셜 오일essential oil을 사용한다. 식물 안에는 허브(방향 물질)라고 불리는 것이 약 3,500종류나 있다.

에센셜 오일을 추출하는 식물은 이 중 약 200종류이다. 에센셜 오일이 이들 식물의 어디에나 들어 있는 것은 아니다. 식물의 특성에 따라 각각 꽃, 잎, 수지, 수피 등의 세포 조직 내에 있는 작은 주머니 안에 들어 있는 향 성분을 추출한 방향 물질이 바로 에센셜 오일이다. 감귤류는 과일 껍질 표면 가까운 곳에 향 주머니를 갖고 있으며, 제라늄이나 로즈 같은

꽃은 그 꽃잎에, 샌달우드는 나무속 내부의 깊은 심층부에, 펜넬은 씨앗의 세포 조직 속에 향 주머니를 갖고 있다.

식물 안에 들어 있는 방향성 분자는 산소, 수소, 탄소로 이루어져 있으며, 이 세 종류의 분자가 공기 중에 퍼지면서 향기를 발산한다. 에센셜 오일은 휘발성이 있으나 유지 성분은 아니기 때문에 끈적이는 감촉은 없다. 탄소의 수가 많아 물에 녹지 않는 알코올이라 부르기도 하며, 물에 오일을 떨어뜨리면 분리가 된다. 오일이라는 이름이 붙어서 혼동하기 쉬우나, 식물성 오일의 일반적인 끈적끈적한 오일과는 완전히 다른 성분이다. 에센셜 오일은 마치 물과도 같은 촉감이다. 에센셜 오일은 식물성 오일과 같이 식물을 원료로 한 것이나, 샐러드 오일이나 올리브 오일과 같은 식물의 오일 성분과는 완전히 다른 물질로 되어 있다. 이렇게 식물성 오일과 에센셜 오일이 다른 이유는, 에센셜 오일은 천연 화학물질이 수십 종류에서 수백 종류가 모여 생긴 유기 화합물이기 때문이다.

에센셜 오일은 '식물의 호르몬'이라고도 말한다. 인간이 살아가는 데 반드시 필요한 각종 호르몬처럼, 식물이 살아가는 데 에센셜 오일 성분은 꼭 필요한 성분이다. 이 성분은 해충들로부터 몸을 보호하고, 생식 활동을 하기 위해 중요한 역할을 한다. 에센셜 오일은 식물들이 태양 빛과 땅의 은혜로 빚어낸 신비로운 향 물질을 응축시킨 보석과도 같다.

에센셜 오일의 흡수 경로

후각 루트

공기 중에 증발한 에센셜 오일 성분은 맡는 것에 의해 코안의 후각세포에 도달하고, 그 정보는 전기적 신호(신경 임펄스)로 변해 대뇌에 전달된다. 후각의 경우는 다른 감각과는 달리 대뇌신피질의 인식을 기다리지 않고 가장 먼저 대뇌변연계로 전달된 후, 시상하부로 전해져 항상성 유지homeostasis에 직접적인 영향을 미친다.

에센셜 오일의 향기를 맡으면 기분이 안정되고 에너지가 생기며 몸과 마음에 조화를 이룰 수 있다. 향기는 기억과 관련되며 잠재의식에 영향을 미쳐 치유 작용을 일으킨다. 또한 에센셜 오일 성분의 정보는 뇌의 신경세포에서 분비되는 여러 가지 신경전달물질의 방출에 영향을 미친다.

코, 폐 루트

에센셜 오일의 향기를 맡으면, 먼저 코의 점막에서 흡수되어 혈액으로 들어간다. 폐에서는 폐포의 막을 투과해서 혈액으로 들어간다. 흡입 후 일정 시간이 흐르면 날숨으로 배출된다. 일부 에센셜 오일의 성분에는 호흡기계의 염증 제거와 기침을 멈추게 하는 작용이 있다.

피부 루트

에센셜 오일을 캐리어 오일에 희석한 블렌딩 오일을 피부에 바르면 피부에 잘 스며들어 표피를 통해 진피층까지 흡수되어 혈관이나 림프관으로 들어간다. 이것을 경피 흡수라 한다. 피부는 피지막이나 각질층의 장벽 영역이 있어 쉽게 물질을 통과시키지 않는다. 그러나 에센셜 오일은 지용성이며 작은 분자 구조로 되어 있어 진피층까지 도달하기 쉽다.

에센셜 오일 성분은 혈액 속에 들어가 다른 화학 성분과 마찬가지로 체내를 돌며 여러 조직에 영향을 미친다. 최종적으로는 간에서 분해된 후 신장에서 여과되어 소변, 땀, 날숨, 대변 등으로 배설된다.

생리 부조화와 향기

여성의 몸은 임신이나 출산을 하기 위한 구조로 되어 있어 매우 민감하다. 여성은 여성 호르몬의 과다나 감소로 인한 생리통이나 생리 불순 또는 생리전증후군이나 갱년기 증후군 등 몸과 마음의 부조화로 크고 작은 고통을 겪는다. 여성 호르몬이 포함되어 있는 에센셜 오일과 캐리어 오일을 적절히 사용한 레시피는 이러한 불쾌한 증상이나 통증에서 벗어나는 데 도움을 준다.

생리통

여성은 생리 때가 되면 몸이 나른하고 무거우며 아랫배가 뒤틀리는 것 같은 통증에 회사에 출근해서도 제대로 업무를 볼 수 없는 상태가 되기도 한다. 남성들은 절대 이해할 수도 경험할 수도 없는 여성만의 고충인 것이다. 증상도 다양해서 빈혈이 생겨 어지럽기도 하

고, 부종이 심하고 식은땀이 나기도 한다. 매달 어김없이 찾아오는 통증에 만성 불안 증세
가 생기기도 한다. 다음은 이러한 증상을 도와줄 레시피와 방법들이다.

입욕

💧 라벤더 3방울 + 주니퍼베리 2방울 + 제라늄 1방울

천연 소금 15g에 앞의 레시피를 떨구어 욕조의 따스한 물에 섞는다. 호르몬 조절 작용이
있는 제라늄, 부종과 노폐물을 배출시키는 주니퍼베리, 통증과 스트레스 해소에 도움을 주
는 라벤더가 점차 생리통의 불쾌한 기분을 사라지게 하고 긴장을 풀어 줄 것이다. 욕조가
없을 때는 손과 발만을 따로 담그는 수욕이나 족욕도 좋다.

마사지

💧 캐리어 오일 30ml + 사이프러스 3방울 + 클라리세이지 3방울

만성적인 생리통으로 고통받는 사람은 생리 시작 전부터 미리 마사지를 하는 것이 좋
다. 호르몬 조절 작용과 진통 작용이 있는 앞의 레시피를 캐리어 오일에 넣고 블렌딩한다.
이것을 손바닥에 덜어 따뜻하게 한 후에 아랫배와 천골 근처를 부드럽게 마사지한다. 생
리 시작 일주일 전부터 생리가 끝날 때까지 지속하면 더욱 효과적이다.

PMS(생리전증후군)

일반적으로 배란기가 끝난 후부터 생리를 시작하기 전까지의 기간에 갑자기 기분이 가
라앉기도 하고 예민해지기도 하면서 작은 일에도 상처받기 쉬운 감정의 기복이 매달 반복
되고 있다면 생리전증후군이라 보아야 한다. 생리전증후군은 증상도 다양하여 우울증, 불
안, 집중력 상실, 두통, 구토, 식욕 감퇴, 폭식, 공격성이 나타나기도 한다. 심한 경우는 일
상생활을 하기가 어려울 정도이기도 한 이 증상은 당사자 아니면 모를 외로운 통증과의 사
투이다. 증상이 시작되는 생리 2주 전의 배란일 정도부터 여성 호르몬을 조절해 주는 에센
셜 오일을 사용하면 증상을 완화시킬 수 있다.

입욕

💧 제라늄 3방울 + 라벤더 2방울

매달 생리가 시작되기 2주일 정도부터 우울해지기 시작하는 기미가 보이면 우유를 따뜻하게 하여 앞의 레시피를 넣어 블렌딩한 후, 욕조에 풀어 넣고 몸 전체를 담구어 입욕을 한다. 향기는 자율신경을 조절하고 있는 시상하부에 직접 전달되어 신경전달물질이나 호르몬의 분비를 조율하는 힘이 있다. 향기를 맡으면서 하는 목욕은 호르몬 밸런스가 무너지면서 야기되는 생리전증후군에 아주 효과적이다. 따뜻한 물에 몸을 담그고 깊이 호흡을 하다 보면 통증과 함께 초조감이나 울적한 마음이 옅어지는 것을 느낄 수 있다.

마사지

💧 캐리어 오일 30㎖ + 주니퍼베리 4방울 + 제라늄 2방울

생리하기 1주일 전부터는 혈액 순환과 림프 순환이 원활하지 않아 부종이 생기기 쉽다. 앞의 레시피를 블렌딩하여 손바닥에 덜고 따뜻하게 한 후, 발목에서 심장을 향하는 방향으로 마사지를 한다. 발목 복숭아뼈 근처, 아킬레스건, 무릎 안쪽, 서혜부, 명치, 쇄골, 손목, 겨드랑이 방향으로 림프절을 향해 쓰다듬는다. 주니퍼베리는, 특히 독소를 배출해 부종을 없애는 역할을 하는 에센셜 오일이어서 몸 안에 과도하게 축적된 수분을 배출시키는 데 도움이 된다.

갱년기

폐경 전후 여성 호르몬인 에스트로겐이 감소함에 따라 일어나는 불쾌한 증상을 통칭하여 갱년기 장애 또는 갱년기 증후군이라 한다. 느닷없이 얼굴이 붉게 달아오르고 땀은 비오듯 쏟아지는데 손발은 차다. 두통이나 구토, 어지럼증이 생기기도 하고 쉽게 피곤해진다. 정신적인 면에서도 짜증과 서러움, 섭섭함 등이 복합적으로 나타나 자신은 물론 주변도 힘들게 한다. 갱년기는 누구에게나 찾아오는 통과의례와도 같은 것이지만 막상 자신이 갱년기임을 느끼게 되면 당혹스럽다. 벌써 갱년기가 되었다는 것이 서럽고, 병이 아니기에 드러내 놓고 말하기도 곤란한 상황이 답답하다. 이럴 때는 솔직하게 가족과 주변에 도움을 청해야 한다. 불필요한 오해로 관계가 멀어지지 않도록 이해를 구하고 스스로도 적

극적으로 해법을 모색해 나가야 한다. 갱년기의 감소된 여성 호르몬을 보충해 주고 자율 신경을 안정시키는 에센셜 오일을 사용한 향기요법은 몸과 마음의 안정과 함께 행복하고 멋진 갱년기를 보내는 데 도움이 될 것이다.

입욕

💧 로즈 3방울 + 자스민 2방울 + 네롤리 1방울

우유 30ml와 꿀 5ml에 앞의 레시피를 넣어 따뜻하게 데운 후 섞는다. 욕조에 따뜻한 물을 받으면서 녹인 레시피를 넣어서 휘젓는다. 달콤한 꽃향기가 욕조 물에 녹아 향기가 피어오르고 우유와 꿀의 부드러운 조화로 마음과 몸도 따스해지고 부드러워지는 느낌이 들 것이다. 세 가지 다 고대의 왕녀들이 즐겨 사용했던 고가의 향기이며, 갱년기의 호르몬 밸런스를 맞추어 주는 데 탁월하다. 욕조에서 나온 후에는 물로 씻어 내지 말고 타월로 가볍게 물기만을 닦아 낸다. 에센셜 오일과 우유와 꿀이 그대로 스며들어 건조했던 피부도 촉촉해진다. 욕조가 없을 때는 간단히 세면기에 손이나 발만을 담그는 수욕이나 족욕을 해도 좋다.

마사지

💧 캐리어 오일 30ml + 클라리세이지 3방울 + 제라늄 3방울 + 펜넬 2방울

갱년기 때는 모든 게 귀찮아지고 외출하기도 싫어져 집에만 있게 된다. 이럴 때일수록 향기를 통해 에너지를 얻어 새로운 취미 생활을 찾아보거나 친구들과의 교류 시간을 가져 보는 것도 기분 전환에 도움이 될 것이다. 하루가 끝나 잠자리에 들기 전이나 TV 방송을 시청할 때에 마사지를 한다. 유리병이나 작은 접시에 캐리어 오일 30ml에 앞의 레시피 3종류를 떨어뜨려 희석한 후, 이것을 손바닥에 조금씩 덜어 두 손을 덮어 따뜻하게 한 후에 골반 주변이나 아랫배를 시계 방향으로 마사지한다. 서혜부 주변이나 허벅지 주변을 하는 것도 좋다. 여성 호르몬의 감소에 따른 불쾌한 증상들이 점차 진정되는 것을 느낄 수 있다. 셀프 마사지도 좋으나 때로는 가족들에게 등 같은 손이 닿지 않는 곳을 마사지해 달라고 부탁해 받아 보는 것도 좋다.

불면

잠자리에 들기는 해도 깊은 잠이 들지 않고, 잠이 들었다 해도 아침까지 내리 자지 못하고 한밤중에 눈이 떠져 난감해지는 경우가 있다. 또 많이 잤음에도 불구하고 피로가 풀리지 않는다면 잠의 질이 높지 않다고 보아야 한다. 이럴 때 세로토닌과 멜라토닌을 생성시켜 숙면을 취할 수 있는 에센셜 오일을 사용해 보도록 한다. 샤워보다는 입욕을 해서 하루의 피로를 풀어 주고, 방에는 조명 밝기를 낮춘다. 향기를 맡으며 고요하고 깊은 호흡을 하다 보면 자신도 모르게 온몸과 마음이 이완되면서 자연스러운 잠의 세계로 빠져들어 가게 된다.

입욕

💧 클라리세이지 1방울 + 라벤더 2방울 + 카모마일로만 1방울

피로한 날은 욕조에 몸을 푹 담그고 심신의 피로를 풀어 본다. 38~40℃ 정도의 미지근한 물에 진정 효과가 있는 3종류의 에센셜 오일을 소금 한 줌에 떨어뜨린 후 잘 섞는다. 욕조에 몸을 깊이 담그고 입으로 날숨을 깊이 내쉬고, 코로 깊은 숨을 들이쉬면서 향기를 즐긴다. 이때 욕실의 조명을 조금 낮추고 초 한 자루를 켜 놓아도 좋을 것이다.

베개에 떨어뜨려 방향욕

💧 스위트오렌지 1~2방울

왠지 모르게 마음이 안정되지 않아 잠들 수 없을 때에는 베개 끝 모서리에 스위트오렌지 에센셜 오일을 떨어뜨린다. 티슈페이퍼에 떨구어 베개에 끼워도 좋다. 감귤계의 달콤하고 신선한 스위트오렌지 향기는 긴장이나 스트레스를 완화시키고 마음에 원기를 부여하는 효능이 있다.

입욕제로 입욕

💧 제라늄 4방울

쇼크를 받거나 패닉 상태가 된 날에는 악몽을 꿀 수도 있으므로 잠자리에 들기 전에 입

욕을 하는 것이 좋다. 꿀 큰 수저 하나에 마음을 진정시킴과 동시에 고양시키는 효과가 있는 제라늄을 넣어 블렌딩한다. 38~40℃ 정도의 따스한 물에 넣고 잘 휘저어 섞은 다음 몸을 담그고 느긋한 시간을 즐긴다. 몸도 마음도 따뜻해져 숙면을 취할 수 있다.

긴장되거나 초조할 때

⚬ 스위트오렌지, 자스민, 로즈우드 중 1~2방울

시험이나 면접을 볼 때, 많은 사람 앞에서 프레젠테이션이나 강의를 해야 할 때는 정도의 차이는 있겠지만 누구나 긴장하고 떨릴 것이다. 주먹을 꽉 쥐거나 손을 비벼 보기도 하고 물을 마셔 보기도 하지만 불안하고 초조해서 입안이 바싹 타들어 갈 때, 손수건이나 티슈 또는 웃옷 깃 안쪽에 에센셜 오일을 한 방울 떨어뜨리고 깊은 호흡을 한다. 그러면 마음이 고요해지고 움츠렸던 가슴이 펴지면서 긴장이 풀리는 것을 느낄 수 있다. 긴장이 해소되면 우뇌가 활성화되어 준비했던 자료를 충분히 풀어 낼 수 있는 여유로움을 가지게 된다.

331

집중력

⚬ 레몬, 로즈마리, 페퍼민트 중 1~2방울

우리의 뇌는 약 1.5마이크로밀리볼트 전압의 뇌파가 형성되는데, 그것은 각기 베타파, 알파파, 세타파, 델타파로 나뉜다. 뇌를 연구하는 학자들은 뇌파가 알파파나 세타파 상태가 될 때에 지혜와 생명력, 영적인 힘이 발현된다는 것을 밝혀냈다. 명상을 할 때 뇌파는 알파파와 세타파 상태가 된다. 긴장되고 흥분된 상태에서 서서히 풀려나 깊은 바닷속과도 같은 평화를 느끼게 된다. 이런 상태가 되면 잠재되어 있던 생명력이 발현되어 무한한 우주의 지혜의 바다에서 나에게 필요한 정보를 낚아 올리게 된다.

집중해서 공부를 하거나 창조적인 아이디어를 끄집어내야 함에도 불구하고 마음은 자꾸 콩밭을 헤맨다거나 할 때는 참으로 난감하다. 머리를 흔들어 다시 몰두해 보지만 다시 엉뚱한 생각을 하고 있는 자신을 발견한다. 이럴 때는 뇌세포를 자극해서 집중력을 높이는 맑고 청량한 로즈마리나 레몬의 상큼한 향기로 에너지를 높여 본다. 속절없이 쏟아지는 잠 때문에 읽어도 무슨 말인지 모를 때, 졸음을 쫓아 주고 기억력을 높여 주는 페퍼민트를 사용하면 샤프하고 시원한 향기가 몸과 마음을 리셋시켜 줄 것이다.

불안감과 두려움 해소

💧 버가못, 로즈 중 3방울

불안감이나 두려움은 살아가면서 겪게 되는 자연스러운 삶의 반응일 것이다. 인간만이 아니라 동물의 세계에서도 이러한 감정은 외부의 위험 상황에서 스스로를 방어하거나 보호할 수 있게 하는 생명 유지 체제이다. 즉, 자연스러운 반응이다.

그런데 이 감정을 솔직하게 받아들여 표현하면 바로 해소가 되어 잠재의식에 흔적이 남지 않는다. 그러나 그 감정을 받아들이지 않고 일부러 피하거나 억압하면, 오히려 그것은 사라지지 않고 잠재의식의 영역에 쌓이게 된다. 그리고 그 양이 많아지면 몸에도 점점 축적되어 가시적 현상으로 표출이 된다. 통증이나 우울증의 형태 등, 그 표현되는 양상은 다양하다.

불안감이나 두려움을 해소시키는 향기는 버가못과 로즈이다. 따뜻한 물을 채운 욕조에 로즈나 버가못 에센셜 오일을 소금에 떨구어 넣은 뒤, 몸을 담그고 꿀을 넣은 레몬티를 따뜻하게 한 잔 가득 마시면 몸도 마음도 행복해진다. 아로마 램프에 발향을 하든지 휴대하며 맡아도 좋지만, 캐리어 오일에 블렌딩하여 가슴차크라에 바르면 마음이 안정되고 평화로워질 것이다.

우울증 치유에 뛰어난 버가못의 상큼함과 사랑의 명약인 로즈의 달콤함을 함께 즐겨 보도록 한다. 향기에 취해 있다 보면 어느덧 내 불안감과 두려움의 감정은 연민과 위로로 내게 와 있음을 알게 된다.

그 두려움에게 안녕~ 하고 인사를 건넨다.

점차로 가슴이 따스해짐을 느낄 수 있다.

피부 미용과 향기명상

피부 미인이라는 말이 있다. 얼굴이 미인이 아니더라도 피부가 투명하게 맑으면 그 자체로 얼굴이 빛나고 아름다워 보인다. 마치 아기들을 보듯이 왠지 마음도 착하고 맑을 것 같다는 생각을 하게 된다. 반면에 아름다운 이목구비를 갖춘 얼굴이라도 피부가 거칠고 탁하면 그다지 돋보이지 않는다. 왜 그럴까? 피부는 마음과 긴밀히 연결되어 있기 때문이다. 우리는 섭취하는 것으로 몸을 구성하고 에너지를 얻어 생명을 영위하고 있다. 특히 피부는 무엇보다도 우리의 심리 상태를 아주 예민하게 반영한다. 충격을 받을 경우 얼굴의 핏기가 가시며 하얗게 질리기도 하고, 격심한 분노를 느끼면 얼굴 피부 전체가 붉다 못해 검붉은 색으로 변하기도 한다. 극도의 공포는 피부를 파랗게 질리게 하고 순식간에 닭살이 돋기도 한다.

이처럼 피부는 단지 몸을 감싸고 보호하는 기능만이 있는 것이 아니라, 마음의 변화를 민감하게 드러내는 표시판과도 같은 역할을 한다. 지속되는 불안정한 심리 상태는 만성적인 피부 트러블을 초래한다. 큰마음 먹고 고가의 좋은 화장품을 사거나 피부 연고를 바르면, 일시적으로 개선되는 듯 보이다가 다시 원상태로 돌아가는 반복 패턴을 보인다. 결국 본래 내 피부는 이런 타입이라고 스스로를 합리화시키는 단계로 접어들며 개선해 보려는 노력을 접게 되는 자포자기의 길로 들어서게 된다. 이때부터 잡티나 여드름 등 드러난 피부의 결점을 가리기 위해 화장은 점점 두터워지고, 모공이 막힌 피부는 더욱 더 부조화를 일으키게 된다.

피부는 마음의 거울이기도 하며, 내장의 거울이기도 하다. 피부 표면에 검버섯이 있으면 보이지 않는 내장에도 검버섯이 있다고 보아야 한다. 피부는 마음과 몸을 연결하는 통로라고 볼 수 있다.

마음을 편하고 안정되게 하면 마음의 창구인 피부도 편안해진다. 마음이 불안하고 초조하면 얼굴에 그 부조화가 뾰루지나 잡티, 기미 등으로 나타나기도 한다. 그러면 어떻게 마음을 평화롭게 다스릴 수 있을까?

향기를 이용한 명상요법을 통해 마음을 다스려 피부 미인이 되는 원리를 살펴보기로 한다.

향기는 코로 흡입하면 감정을 주관하는 뇌인 대뇌변연계로 들어가서 우리의 감정을 조율한다. 대뇌변연계에서 정보를 접수하게 되면 뇌하수체와 시상하부를 통과해 몸의 신경계와 내분비계, 면역계를 지나 몸의 각 부분에 정보를 전달한다. 이러한 모든 정보는 피부 생리 활성 물질을 촉진시켜 피부로 드러나게 된다. 뇌를 통해 들어온 향기 정보는 신속하게 정보를 몸과 마음으로 전달하고, 그 전달은 피부 생리 활성화 물질을 분비시켜 피부를 활성화시키고 저항력과 회복력을 높일 뿐 아니라 생명력이 넘치는 피부를 만든다. 이러한 매개 물질이 바로 향기이다.

향기를 의식하며 깊이 숨을 흡입하면 몸과 마음의 피로와 긴장을 풀어 주고 깊은 이완 상태가 되기 시작한다. 향기를 맡을 때는 아주 천천히 깊게 숨을 마시도록 한다. 숨을 쉬는 것만으로도 행복감을 느끼게 되며 깊이 이완되어 스트레스가 해소된다.

건조할 때

계절이 바뀌는 환절기 때는 어김없이 피부가 까칠하다. 마치 마른 낙엽처럼 건조하고 입가나 눈가에 잔주름이 잡히는 것이 보인다. 좋다는 화장품을 뭉텅뭉텅 발라 보지만 개선될 기미는 보이지 않는다. 피부 표면이 아니라 심층부에서 수분을 비축할 힘이 저하된 탓이다. 노화로 가는 지름길인 건조한 피부를 향기로 촉촉하게 바꾸어 보기로 하자.

흡입

💧 제라늄, 라벤더, 로만 카모마일 중 1~2방울

피부 건조 현상에는 먼저 충분히 수분을 보충하고 난 후 유분을 보충하는 것이 좋다. 여름에는 에어컨 바람과 겨울에는 히터의 바람으로 피부는 1년 내내 외부의 온도 차와 싸우고 있다. 지친 피부는 대사 기능이 떨어져 있으므로 신진대사를 올려 줄 필요가 있다. 우선 모공을 충분히 열어 피부를 부드럽게 하기 위해서는 페이셜 스팀이 효과적이다. 세면기에 따뜻한 물을 받고 앞의 레시피 중 마음에 드는 향기를 떨구어 얼굴 전체에 증기를 쏘인다. 마치고 난 다음에는 차가운 냉습포를 해 준다.

마사지

💧 캐리어 오일 20㎖ + 라벤더 2방울 + 제라늄 1방울 + 로즈우드 1방울

향기 오일을 흡입한 후에는 마사지를 해 주는 것이 좋다. 캐리어 오일에 앞의 레시피를 넣고 마사지 오일을 블렌딩한 다음 입가나 눈가 등을 마사지한다. 세게 문지르지 말고 부드럽게 발라 준 후, 톡톡 두드리듯 스며들게 한다. 잠자리에 들기 전 얼굴에 발라 놓으면 밤 사이에 피부 진피층까지 깊숙이 스며들어 아침에는 뽀송뽀송해져 있는 얼굴을 느낄 수 있다. 얼굴에 그냥 번들거리고 남아 있는 일반 오일들과 다른 점이 바로 에센셜 오일이다. 노화를 지연시키고 피부에 생기를 되찾아 주는 레시피가 마법의 시간을 선물할 것이다.

주름, 피부 처짐

피부의 재생력이 약해지면 피부에 탄력이 없어지고 주름이나 늘어짐이 생기게 된다. 노화가 진행되기 시작한 피부에는 세포를 활성화시키는 에센셜 오일이 필요하다. 로즈나 프랑킨센스 등 피부에 활력을 부여하고 주름을 개선하는 에센셜 오일이 있다. 또 캐리어 오일 중에도 마카다미아넛츠 오일처럼 노화를 방지한다고 알려진 것이 있다. 이러한 소재를 잘 블렌딩하여 피부에 탄력과 윤기를 주도록 한다.

로션으로 스킨케어

💧 로즈 1방울 + 글리세린 5㎖ + 스위트오렌지 플라워 워터 95㎖

로즈 에센셜 오일을 사용하여 매일 사용하는 로션을 만든다. 보습 효과가 높은 글리세린(5㎖)에 로즈 에센셜 오일을 더해 블렌딩한다. 신진대사를 촉진하는 작용이 있는 스위트오렌지 플라워 워터(95㎖)를 넣어 잘 혼합하면 촉촉한 로션이 완성된다. 이것을 세수한 후에 화장 솜이나 손에 덜어 넉넉하게 얼굴 전체에 발라 준다. 로즈 에센셜 오일에는 세포의 성장을 촉진하는 작용이 있다.

335

오일로 마사지

💧 샌달우드 4방울 + 프랑킨센스 2방울 + 이브닝 프라임로즈 5㎖ 또는 스위트아몬드 캐리어 오일 25㎖

오리엔탈조의 향기인 수지에서 추출한 에센셜 오일로 마사지한다. 이브닝 프라임로즈 캐리어 오일(5㎖)과 스위트아몬트 캐리어 오일(25㎖)에 앞의 레시피를 넣어 마사지 오일을 만든다. 이것을 중지와 약지에 덜어 마사지를 하면 피부에 탄력이 생긴다.

기름진 얼굴

여름도 아닌데 땀이 난 것처럼 온통 기름져 보이거나 모공이 커 보이는 피부, 화장이 고르게 펴지지 않고 잘 뭉친다면 피지 분비의 밸런스가 맞지 않을 가능성이 높다. 이럴 때는 피지를 정돈해 주는 효능이 있는 에센셜 오일을 사용하는 것이 좋다.

흡입

💧 사이프러스, 주니퍼베리, 레몬 중 1~2방울

건조한 피부와 마찬가지로 지성 피부나 민감성 피부에도 페이셜 스팀은 효과적이다. 앞의 에센셜 오일 중에서 마음에 드는 향기를 골라 세면기에 따뜻한 물을 받아 잘 섞은 후, 향기를 흡입해 본다. 점차로 피부가 정돈되는 느낌이 들 것이다.

마사지

💧 캐리어 오일 20ml + 버가못 2방울 + 그레이프후르츠 1방울 + 제라늄 1방울

피지 분비를 억제하고 밸런스를 맞추어 주는 에센셜 오일을 사용하여 페이셜 마사지 오일을 만든다. 특히 제라늄은 지성 피부와 건성 피부가 함께 있는 복합성 피부에도 적합한 오일이다. 적당량을 손바닥에 덜어 손을 따뜻하게 한 후에 정성껏 두드리듯 펴 바른다.

이마를 관자놀이 쪽으로 펴 바르면서 미소를 보낸다. 그동안 염려와 불안으로 찡그렸던 이마에게 사랑을 보낸다. 코를 마사지하면서 콧날 근처 팔자 주름 있는 곳까지 가운데 손가락을 이용해 위아래로 충분히 마사지한다. 충분히 맑은 공기를 제공하지 못했던 것을 미안해하며 정성껏 마사지한다. 볼을 귀 쪽으로 쓰다듬으며 얼굴 피부를 느껴 본다. 손에 닿는 느낌을 느낀다. 손에 사랑을 담아 쓰다듬는다. 입술 주변을 부드럽게 원을 그려 마사지한다. 마지막으로, 귀 뒤에서 흉쇄유양돌기근을 따라 쇄골까지 부드럽게 쓸어 주면서 얼굴을 바라본다. 자신의 전체적인 얼굴 인상을 바라보며 미소를 짓는다. 너무 심각하게 살았던 것은 아닌지, 자신만의 잣대로 판단해 행여 말이나 눈초리로 다른 사람에게 상처를 주지는 않았는지를 생각한다. 그동안 얼마나 사랑의 눈길, 따스한 말과 미소를 전했었는지를 떠올린다. 지금 이 순간부터 한 번의 눈길, 한 마디의 말에도 사랑과 감사가 피어나기를 소망한다.

다이어트와 향기명상

우리는 어느 때 마음의 평화를 잃어버릴까? 아마도 누군가를 용서할 수 없거나 미워하거나 분노할 때, 걱정이나 고민이 있을 때 등일 것이다. 또는 바라던 일이 이루어지지 않거

나 자신이 원하던 것과는 다른 결과가 나왔을 때도 마음이 편치 않다. 이런 것을 스트레스를 받는다고 할 것이다. 이렇게 스트레스 상태일 때 우리 몸은 자율신경(혈관계, 호르몬계, 내장계의 움직임을 조정하는 신경)의 움직임에 이상이 와 시상하부에 있는 식욕중추신경이 비정상적으로 되어 과식을 하게 된다. 자율신경은 극히 민감하기 때문에 마음이 안정되어 있을 때에는 정상적으로 활동하지만, 불안해하거나 긴장하면 활동에 이상이 온다. 마음이 여유롭거나 편할 때는 과식증이나 거식증 같은 이상식욕 증세를 보이지 않는다. 예를 들어, 성실하게 목표를 향해 매진하여 모든 일이 순조로울 때나 연애를 하고 있을 때에는 마음에 여유가 있으므로 음식을 필요 이상으로 먹을 필요가 없을 것이다. 요컨대, 우리는 쓸쓸하거나 불행하다고 느낄 때 혹은 마음이 허전할 때 먹는 것으로 부족함을 채우려는 경향이 있다.

그렇다면 마음을 편안하게 하기 위해서는 어떻게 해야 할까? 결코 어려운 일은 아니다. 항상 꿈과 희망을 갖고, 그것이 실현된 뒤의 기쁜 모습을 마음속에 떠올리면서 뚜렷하게 '확신'하기만 하면 된다. 정확한 이미지를 떠올리고, 그것을 실현했을 때의 기쁨을 느낄 수만 있다면 그 이미지는 반드시 현실화된다. 왜냐하면 3차원의 세계에서 일어나는 모든 일은 그 전에 이미 4차원 이상의 세계(마음의 세계)에서 일어나고 있기 때문이다.

많은 사람이 마음의 여유를 잃고 긴장하는 원인 중의 하나는 어른이 되면 인생의 반을 포기하기 때문에, 즉 꿈이나 희망에 대한 기대가 없어지기 때문이다. 그렇다면 꿈이나 희망을 왜 잃어버리는 것일까. 그것은 4차원 이상의 세계를 알지 못하기에 자신의 꿈이나 희망이 실현 불가능하다고 여기고 포기하기 때문이다. 마음의 세계를 정확히 알고, 진실로 소망하는 것은 반드시 실현된다는 것을 알게 된다면, 사람들은 꿈과 희망을 갖고 행복한 삶을 살 수 있을 것이다.

보통 사람의 경우 1회 호흡에 의한 공기 섭취량이 150~250cc 정도인 데 비해, 명상호흡에 의한 공기 섭취량은 750cc 이상이 되므로 3배 이상의 산소를 들이마시게 된다. 그렇다면 다량의 산소가 체내로 들어오면 어떤 효과가 있을까?

우선 체내에 남아도는 지방이 충분한 산소에 의해 연소되어 칼로리로 바뀌므로 불필요한 살이 빠지게 된다. 또한 혈액 내에 산소가 많아지면 혈액이 정화되어 병에 걸린 사람은 치유 능력이 높아지고 피로를 쉬 느끼지 않는 건강한 체질이 된다.

뇌는 다른 신체 부위보다 10배나 되는 산소를 필요로 하는 기관으로, 산소가 충분히 공급되면 기억력과 집중력이 향상되지만 부족하면 집중력이 떨어져 건망증도 심해질 뿐만 아니라 두통의 원인이 되기도 한다.

또한 명상호흡을 하면 장의 연동 작용이 활발해져 위장의 상태도 좋아진다. 하루 세 끼 식사를 맛있게 할 수 있을 뿐만 아니라, 필요한 영양분은 흡수하고 남는 것은 배설하여 지방분을 연소시켜 불필요한 살이 빠지게 된다.

비만은 식사, 운동, 스트레스와 크게 관련이 있다. 식사의 내용이나 시간, 양은 적당한지, 평소 스트레스를 받으면 과식하는 습관은 없는지 살펴봐야 한다. 기본이 되는 것이 조정되지 않고서는 반복되는 요요 현상에 몸도 마음도 지쳐 가게 된다. 향기를 이용하여 편하고 기분 좋게 뇌 속의 시상하부를 조정하여 원하는 몸매를 행복하게 만들어 보도록 하자.

지방 연소를 촉진하는 향기 마사지

💧 캐리어 오일 30㎖ + 그레이프후르츠 4방울 + 로즈마리 3방울 + 펜넬 1방울

로즈마리 향기는 심신을 정화시킨다.

로즈마리는 몸 안의 남아도는 수분을 배출하고 셀룰라이트 해소에 도움을 주는 향기이다. 로즈마리 향기를 가까이하면 다이어트 효과를 실감할 수 있다. 로즈마리 향기와 그레이프후르츠의 향기를 블렌딩하면 효과가 보다 높아질 것이다.

로즈마리의 힘을 강화시키는 마법의 레시피

💧 로즈마리 2방울 + 그레이프후르츠 1방울 + 사이프러스 1방울

전신 마사지 오일로 지방을 분해시켜 보자.

캐리어 오일 10㎖에 앞의 레시피를 블렌딩한다. 이 마사지 오일로 허벅지나 아랫배, 팔뚝 등을 일주일에 3번 정도 마사지한다.

부종을 배출하는 향기 입욕

💧 사이프러스 2방울 + 주니퍼베리 3방울 + 로즈마리 1방울 + 천연 소금 15g

천연 소금 15g에 앞의 레시피를 떨구어 욕조에 따뜻한 물을 받고 넣는다. 독소와 노폐물을 배출하고 이뇨 작용이 있는 사이프러스와 주니퍼베리 향을 맡으며 온몸을 담그고 있으

면 림프 순환이 촉진되어 몸이 가벼워지는 것을 경험할 수 있다.

맡기만 해도 식욕이 조절되는 방향욕

💧 그레이프후르츠, 주니퍼베리 중 3방울

연구 결과에 의하면, 지방을 연소시키는 것은 자율신경 중 교감신경이 하는 역할이다. 아무리 먹어도 살이 안 찌는 타입은 평소 교감신경이 활성화되어 있는 상태이고, 물만 먹어도 살이 찌는 타입은 교감신경이 잘 활성화되지 않는 타입이라 볼 수 있다. 그레이프후르츠는 교감신경을 활성화시켜 기분을 상승시켜 스트레스를 해소하고, 시상하부의 식욕 중추를 조율하여 과식을 막아 주며, 담즙의 분비를 촉진시켜 지방 분해를 돕는다. 주니퍼베리는 림프 순환을 촉진시켜 이뇨 작용이나 노폐물 배출에 탁월하다. 아로마 램프에 발향하여 공기 전체를 향기롭게 해도 좋고, 식사 전에 가볍게 손목 근처에 한두 방울 떨어뜨린 후 깊은 호흡을 하며 향을 맡으면 과식을 막는 데 도움이 된다.

식욕 억제

다이어트를 할 때 맛있어 보이는 것이 눈앞에 있으면 견디기 힘들어진다. 또한 여러 가지 스트레스로 인해 과식을 하게 된다. 과식하고 싶지 않을 때는 식욕을 조절하는 작용이 있는 향기가 도움이 된다. 음식을 자제하는 데에서 오는 스트레스를 억제하는 향기를 이용해 본다.

향기 크림으로 방향욕

💧 페퍼민트 2방울

페퍼민트 향유를 사용한 향기 크림을 만들어 휴대한다. 식사 전이나 음식 유혹에 질 듯한 상황이면 병에 든 에센셜 오일을 직접 맡든지 손목에 조금 발라 향기를 맡는다. 위의 근육이 이완됨과 동시에 초조한 기분이 사라지고 과식을 억제하게 된다. 크림은 밀랍(3g)에 호호바 오일(15ml)과 페퍼민트 에센셜 오일을 넣어서 만든다. 페퍼민트 에센셜 오일은 피부에 자극이 강하므로 눈이나 입 근처에는 사용하지 않도록 한다.

나가는 말

향기테라피는 후각과 피부를 통해 심신을 치유하는 자연 건강법이다.

이제까지 에센셜 오일을 이용해 여성의 심신의 부조화를 조화롭게 하는 방법을 살펴보았다. 생리통이나 갱년기 증상, 피부 트러블과 다이어트, 불안과 초조, 불면 증상 등 여성이라면 조금씩은 불편함을 겪고 있는 부분들을 중심으로 간단한 흡입이나 입욕 또는 수욕과 족욕 등을 통해 불편한 증상을 완화할 수 있도록 레시피를 정리했다. 각자 자신의 상황이나 증상 또는 향기의 호불호에 따라 선별하여 향기테라피를 즐길 수 있을 것이라 생각한다.

삶에서 다가온 모든 순간은 어느 것도 동질의 것이 없다. 영원한 시간 속에서 모두 점멸하던 불꽃처럼 사라져 간다. 모두가 찰나이다. 아무도 그 순간을 멈출 수도, 연장시킬 수도 없다. 전율하던 사랑의 절정도, 눈부시게 아름답던 꽃의 자태도 어느 순간 속절없이 시들어 버린다. 그러기에 그 덧없음이 더 소중하고 애틋하다. 향기테라피는 덧없는 자연의 향기를 농축시켜 간직한 에센셜 오일로 삶의 상처를 치유하는 방법이다. 향기를 통해 위로받는 시간이 되시길 바란다.

참고문헌

이세희(1995). 아로마테라피. 홍익재.

이케다 아키코(2018). 천연약 (天然おくすり 身近な食材や植物で不調を癒やす). (김은혜 역). 한문화.

Buhner, S. H. (2005). 식물의 잃어버린 언어 (Lost language of plants). (박윤정 역). 나무심는사람.

Burr, C. (2005). 루카투린 향기에 취한 과학자 (The emperor of scent). (강미경 역). 지식의 숲.

Classen, C. (2002). 아로마: 냄새의 문화사 (Aroma: the cultural history of smell). (김진옥 역). 현실문화연구.

Tompkins, P., & Bird, C. (2006). 식물의 정신세계 (Secret life of plants). 정신세계사.

감정돌봄치유

김성희[3]

들어가는 말

리사 펠드먼 배럿(Barret, L. F.)은 고전적인 감정이론에 대해 새로운 견해를 제기하는 심리학자이자 정신의학자다. 뇌의 특정 영역에서 감정의 영역이 본질적으로 존재하고 특정 신체 표시를 수반한다는 존 듀이(Dewey, J.)의 '제임스–랑게 감정이론'과 폴 에크먼(Ekman, P.)의 감정이론에 비해 그녀는 감정이 촉발되는 것이 아니라 인지나 지각처럼 만들어진다는 것이다.

구성된 감정이론은 감정이 사회적–심리적–신경적 관점에서 개인의 경험에 따라 달라진다는 견해이다. 고전적 견해는 행복, 분노, 기타 감정 범주마다 독특한 신체지문이 있다고 가정하지만 구성된 감정이론은 다양성이 표준이다.

감정의 또 다른 이름은 스트레스다. 우리는 이미 스트레스가 신체 내부에 미치는 영향에 대해 알고 있다. 정신–신경–면역학PNI은 사건에 대한 우리의 인식이 우리 몸 내부에서 어떻게 연결되어 나타나는지 볼 수 있도록 해 준다.

---

3) 나우평생교육원 원장, 한국심신치유학회 이사, MBSR 지도자

고통은 감정이 만들어지는 것과 같은 방식으로도 작동된다.

$$S(Suffering) = P(Pain) * R(Resist)$$

S는 고통, 혹은 불만족을 통칭하며 P는 일상생활에서 '나'가 경험하는 크고 작은 심리적 · 물리적 통증이다. R은 이 경험에 대해 저항하거나 회피하거나 수용할 수 있는 상태를 나타낸다. 일상생활에서의 불편한 감정, 사건 등에 저항할수록 그 강도가 세진다. 우리가 저항하지 않고 발생한 사건들에 대해 수용할 수 있다면 생활 통증은 원래 크기의 통증만 경험하고 증폭되는 심리적 고통의 값은 제로가 될 것이다.

신경학자인 안토니오 다마시오(Damasio, A.)는 합리적인 사고를 하려면 감정이 필요하다는 것을 뇌영역의 손상된 환자를 연구하면서 '신체적 표시이론'을 구성하였다. 합리적으로 판단하려면 판단의 과정을 느껴야 한다고 발표했다. 신체적 표시란 과거의 경험과 감각, 감정이 쌓이고 쌓여 머리가 생각하기 전에 반응을 보이는 '자동판단장치' 같은 것이다.

합리적 사고를 통해 감정을 극복하기는 어려울 수 있다. 감정은 의미를 구성하고, 행동을 명령하며, 신체 에너지를 조율하게 한다. 감정은 나와 세계를 연결하여 나와 우리 모두의 적절한 욕구를 조율하는 선율로 작용하는 전령과도 같은 것이다. 몸을 경계로 안팎이 만나야만 우리는 숨쉬고 먹고 느끼고 판단할 수가 있는 것이다. 감정은 순간순간 자신의 필요를 알려 주는 나침반과도 같아서 삶을 적극적이고 능동적인 주체로 만들어 준다. 또한 상대의 필요도 확인하여 함께 합의하고 조율하여 삶이라는 춤을 추게 만든다. 또한 감정과 연결된 신체를 자각함으로써 보다 전체적으로 자신을 잘 돌볼 수 있고 감정을 통해 자기와 상대를 깊게 이해하는 통로로 작용한다.

그러나 다양한 감정이 아닌 '자동판단장치'처럼 누적된 한두 개의 감정습관이 '나'를 힘들게 한다면, 우리는 이 부분을 잘 살펴보며 살아온 삶의 궤적에서 돌봄이 필요한 시기에 방치되고 억눌렸던 감정을 알아차림으로써 감정의 자동습관에서 벗어날 수 있을 것이다.

존 카밧진(Kabat-zinn, J.)은 알아차림의 무경계성에 대해서 자신의 관점을 잠깐 유예하고 상대방의 관점에서 보고 그와 함께 느끼고자 할 때 공감을 통해 비분리성을 경험한다고 하였다. 얼핏 보기에 의식은 주관적 체험처럼 보이기 때문에 우리가 주체이자 사고하는 자, 느끼는 자, 보는 자, 행위자, 그리하여 우주의 중심, 의식의 중심, 의식의 장의 중심이라고 생각하지 않기가 어렵다고 했다. 이렇게 생각하는 우리는 모든 것을 지극히 개인적(자기

중심적)으로 받아들이고, 의식은 '나' 안에 자리 잡고 있는 중심으로부터 사방으로 확장하는 것처럼 느껴지기 쉽다. 그러므로 그것이 '나의' 의식인 것처럼 생각되기 쉬운 감각의 속임수라 하였다.

우리는 몸을 접속점으로 몸 안의 상호 연결된 역할들과 몸 밖의 유, 무형과 연결되어 동전의 양면처럼 어느 한쪽만 따로 독립적으로 존재할 수 없다는 비이원성과 상호 연결성을 명상을 통해 체험할 수 있다. 몸 내부도 환원적으로 이름을 명명했지만 그것은 편의상 붙인 이름이고, '그것'은 다른 것들의 연결 안에서만 기능할 수 있는 것이다. 마찬가지로 '나'도 몸 밖 세계와 몸 안 세계가 만나 생명이 유지되는 것이다. 숨을 들이쉬고 내쉬면서 음식(다른 생명)을 먹으면서 몸을 유지하는 것을 상상해 보면 알 수 있을 것이다. 내부와 외부가 따로 독립해서 홀로 존재할 수 없다는 전일적 패러다임의 전환이 필요하다.

개념을 돕기 위해 도식화해서 살펴보면 [그림 7-2]와 같다. 우리는 세계와 분리되어 홀로 떨어진 외롭고 고독한 존재가 아니라, 함께 연결되어 삶을 창조해 나가는 생명의 장에 참여하고 있기에 나와 너는 동등한 가치로 소중한 존재가 되고 있는 것이다.

자, 이런 인식을 바탕으로 감정은 경험을 어떻게 구성해 가는지 살펴보자. 마크 윌리엄스(Williams, M.)는 감정을 만드는 몸 내부의 연결성을 [그림 7-3]과 같이 재구성하였다.

343

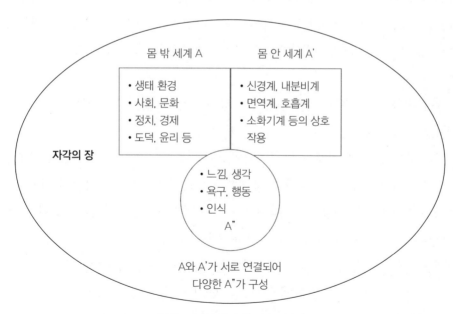

[그림 7-2] 전일적 심신치유모델

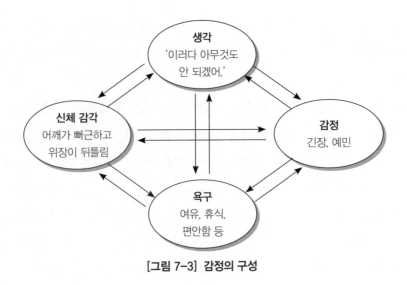

[그림 7-3] 감정의 구성

감정은 생각, 느낌, 신체 감각, 행동에 대한 욕구 등의 결합체이다. 생각이 기분과 감정을 자극한다는 사실은 오래전에 밝혀졌지만, 반대로 기분이 생각을 자극할 수 있다는 사실은 1980년대에 와서 분명해졌다. 이 네 가지 가운데 한 가지라도 자각이 되면 자동항법장치처럼 돌고 도는 감정의 수레바퀴에서 내려설 수 있을 것이다.

감정은 순간순간 변하는 유기체의 보편적 필요를 알려 주는 몸의 선율이다. 욕구가 계속 달라지는 것은 당연한 것이며, 순간순간 자기 내면의 요구에 적절하게 대응하는 것이 필요하다. 또한 '나'의 필요와 '너'의 필요를 조율하면서 균형을 유지하는 것이 지혜로운 삶의 길이기도 하다.

감정을 돌본다는 것은 우리의 욕구와 생각, 신체 감각에 대한 자각까지를 포함하는 광범위한 돌봄의 시작이 된다.

감정돌봄치유의 7가지 체계는 감정을 자각하여 공감하고, 감정과 연결된 신체 감각을 알아차림으로 자동 반응에서 벗어나며, 불편함을 겪고 있는 자신의 몸에 대한 연민의 마음을 불러일으켜 고통받는 이들의 어려움에 동참하는 연민심을 증진시키기도 한다. 또한 그 순간 자신이 필요로 하는 보편적 욕구를 찾아 능동적인 삶을 살게 하고, 자신의 욕구가 존중받아야 하듯이 상대방의 욕구도 존중되어야 한다는 상호 연결성을 자각하게 한다.

이 7가지 방식은 서로를 돕기도 하고 때로는 단계를 건너뛰면서 자신이 필요한 부분만 선택해서 작업할 수도 있다. 단계라는 단어는 순서를 의미하는 것으로 해석하도록 하자.

◆ **7가지 돌봄 체계**

1단계: 감정 알아주기
2단계: 마음챙김하기
3단계: 연민하기
4단계: 그 순간 필요했던 것 찾아보기
5단계: 새로운 선택지 찾아보기
6단계: 상대방 입장 되어 보기–조율하기
7단계: 연결하기–자신과 상대방을 위한 기원(만트라)의 문구 만들어 보기

1단계: 감정 알아주기

여러분은 감정을 어떻게 생각해 왔는가? 기쁨, 즐거움, 행복, 편안함 등의 좋은 감정과 두려움, 불안, 분노 등의 부정적인 감정으로 크게 이분법적으로 양분하고 있지는 않았는가? 좋은 감정은 계속해서 느끼고 싶고, 부정적인 감정은 전혀 느끼고 싶지 않을 수도 있을 것이다. 그러나 감정은 좋고 나쁜 것으로 구분되기보다 '나'라는 생명체를 안전하게 또는 풍요롭게 만들기 위해 작동하는 전령으로서 구성되어진다는 것을 도입부에서 보았다. 감정의 창조성에 대해 살펴보자. 감정은 이제 제대로 대접받아야 한다. 우리 사회는 감정을 억누르고 이성적인 사람을 선호하는 문화가 있어 왔다. 이런 억압은 이제 크고 작은 조절 장애를 가져오고 있다. 사례를 통해 감정이 어떻게 생겨나는지 살펴보자.

사례1: 주말에 전체 가족 모임이 있어서 일정을 비우고 기다리고 있었다.
토요일 저녁 모임이 무산되었다는 문자 연락이 왔다.

갑돌이: 친구들 모임도 연기하고 모처럼 부모형제와 함께 지낼 생각을 하고 있다가 문자를 받게
되었다.

여러분이 갑돌이라면 이 순간 어떤 기분이 들 것인가?
'집에 무슨 일이 생긴 것인지' 걱정이 제일 먼저 떠오를 것이다. 이어서 일이 생겼다면

전화가 왔을 것이라는 생각과 함께 '연기할 것이면 미리 알려 주면 좋았을 텐데' 하는 약간의 짜증이 생겨나지 않았는가? 뇌는 빠르게 이전 기억을 소환한다. '예전에도 큰형은 이렇게 일을 처리했던 것 같다'는 생각이 들면서 동생들을 무시하는 큰형의 무신경에 화가 슬쩍 올라온다. 한 가지 상황에 감정과 생각 등이 서로를 증폭시키면서 불쾌한 쳇바퀴가 계속 돌고 있다.

이제 갑돌이는 잊어버리고 갑순이로 장면을 전환해 보자.

> **갑순이**:오랜만에 부모님 볼 생각에 즐거웠는데 아이가 아침부터 고열과 기침으로 병원에 왔다가 문자를 받게 되었다.

여러분이 갑순이라면 그 순간 어떤 기분이 들 것인가?

'아픈 아이와 함께 어떻게 할까?' 하고 고민하고 있다가 문자를 받게 되었다면 약간의 안도감이 느껴질 것이다. 참석하기 어려울 수도 있어서 미안하다고 할 생각이었다면 편안한 기분이 느껴질 수도 있다.

갑돌이와 갑순이는 동일한 사례에서 서로 다른 감정을 느끼고 있다. '걱정' '짜증' '화'의 감정이 갑돌이가 느끼는 것이라면, 갑순이는 '안도감' '편안함'을 느끼고 있다. 어떻게 이런 일이 생겨나는가?

알아차리셨는가? 그렇다.

갑돌이가 처한 상황과 갑순이가 처한 상황이 다르기 때문이다. 우리는 종종 우리의 기대, 바람, 소망으로 인해서 좌절된 일들이 상대방 때문에 생겨났다는 오해를 하게 된다. 또한 발생한 감정(걱정, 짜증, 화)을 표시 내지 않으려는 노력 때문에 몸에서는 압력이 생겨난다. 이때 여러분은 자신의 감정을 잘 살펴보고 자기공감을 시작할 수 있다. '걱정이 되는구나.' '짜증이 나는구나.' '화가 올라오는구나.' 이렇게 자신의 감정을 알아차리고 연결시켜 공감하면 우리 내부에 심리적 여유 공간이 생겨난다. 감정에 압도되는 순간을 자각하면 그 감정보다 큰 자기를 발견하게 된다.

〈자기공감 연습하기(느낌말 목록 참고)〉

연습 1 새벽에 일을 나가는 동생이 밤늦도록 돌아오지 않을 때
- 느낌말 찾아보기: 초조하고, 근심되는

연습 2 서울 지리에 어두운 올케가 차를 갖고 나가서 저녁 8시가 넘도록 오지 않을 때
- 느낌말 찾아보기: 걱정되고, 염려되는

연습 3 지난 한 주간, 혹은 한 달간 일어났던 일 중에 기억나는 것들을 적어 보고 느낌을 찾아서 공감해 주기
- 생활 사건:

- 느낌말 찾아보기:

〈느낌말 목록Feeling List〉

욕구가 충족되었을 때	욕구가 충족되지 않았을 때
• 감동받은, 뭉클한, 감격스런, 벅찬, 환희에 찬, 황홀한, 충만한	• 걱정되는, 까마득한, 암담한, 염려되는, 근심하는, 신경 쓰이는
• 고마운, 감사한, 즐거운, 유쾌한, 통쾌한, 흔쾌한, 기쁜, 반가운	• 무서운, 섬뜩한, 오싹한, 간담이 서늘해지는, 뒤숭숭한, 겁나는, 두려운, 진땀 나는, 주눅 든
• 따뜻한, 감미로운, 포근한, 푸근한, 사랑하는, 행복한, 훈훈한, 정겨운, 정을 느끼는, 친근한	• 불안한, 조바심 나는, 긴장한, 떨리는, 안절부절못하는, 조마조마한, 초조한
• 뿌듯한, 산뜻한, 만족스런, 상쾌한, 흡족한, 운한, 후련한, 든든한, 흐뭇한, 홀가분한	• 불편한, 거북한, 겸연쩍은, 곤혹스러운, 멋쩍은, 쑥스러운, 언짢은, 괴로운, 난처한, 답답한, 갑갑한, 서먹한, 어색한, 찜찜한
• 편안한, 느긋한, 당당한, 친밀한, 친근한, 긴장이 풀리는, 안심이 되는, 차분한, 가벼운, 평온한	• 슬픈, 구슬픈, 그리운, 목이 메는, 서글픈, 서러운, 쓰라린, 애끓는, 울적한, 참담한, 처참한, 한스러운, 비참한, 안타까운, 처연한
• 평화로운, 누그러지는, 고요한, 여유로운, 진정되는, 잠잠해지는	

- 흥미로운, 매혹된, 재미있는, 끌리는
- 활기찬, 짜릿한, 신나는, 용기 나는, 기력이 넘치는, 기운 나는, 당당한, 살아 있는, 생기가 도는, 원기가 왕성한, 자신감 있는, 힘이 솟는
- 흥분된, 두근거리는, 기대에 부푼, 들뜬, 희망에 찬, 기분이 들뜬

- 서운한, 김빠진, 애석한, 야속한, 낙담한, 냉담한, 섭섭한
- 외로운, 고독한, 공허한, 허전한, 허탈한, 막막한, 쓸쓸한, 허한
- 우울한, 무력한, 무기력한, 침울한, 꿀꿀한
- 피곤한, 고단한, 노곤한, 따분한, 맥 빠진, 귀찮은, 지겨운, 절망스러운, 좌절한, 힘든, 무료한, 성가신, 지친, 심심한
- 혐오스런, 밥맛 떨어지는, 질린, 정 떨어지는
- 혼란스러운, 멍한, 창피한, 놀란, 민망한, 당혹스런, 부끄러운
- 화나는, 끓어오르는, 속상한, 약 오르는, 분한, 울화가 치미는, 분개한, 억울한, 열받는

2단계: 마음챙김하기

마음챙김은 현재의 순간에 일어난 일에 대해 있는 그대로 비판단적인 주의를 기울이는 수련이다. 판단하지 않는 주의를 기울이는 것은 그 자체로 어려운 일은 아니다. 다만, 우리가 살아오면서 관계를 맺어 온 많은 일이 판단과 비교, 평가로 물들어 있고 더 나은 사람이 되어 보려는 각고의 노력 덕분에 '있는 그대로의 자신'을 수용하기 힘든 마음의 구조가 생겨났을 수 있다. 또한 살기 위해 채택한 생존 전략이 부적절한 습관이 되어 있기도 하다.

그러나 좋은 소식은 '지금, 이 순간' 여러분이 판단하지 않는 주의를 내면으로 돌려 몸과 마음에서 일어나는 일들을 관심 있게 지켜보면 오래지 않아(생리학적으로 3~10분) 몸의 감각, 감정이나 생각도 변화한다는 것을 알아차리게 될 것이다.

몸은 내부와 외부 세계가 만나는 접속점으로, 상호작용을 통해 자신의 소망, 기대의 충족과 좌절을 경험하는 에너지의 장이다. 그 순간의 경험을 자각하고 따뜻하게 알아주면 몸 내부에 긴장이나 좌절된 기억도 와해될 것이다. 감정은 몸과 생각의 중간 정도 에너지의 형태이며 감정은 몸의 감각을 수반한다. 감정과 생각을 그대로 마음챙김하는 것은 상당한 수준의 숙련을 필요로 한다. 힘든 순간, 그 일을 겪고 있는 몸의 감각을 알아차리면

보다 구체적이면서도 이 일이 자신에게 이렇게까지 어렵고 괴로운 일이였다는 자신에 대한 깊은 이해와 연민이 생겨나기도 한다.

• 방법 1

① 감정이 올라올 때 그것과 직접 대면하기보다는 빠른 걸음으로 걷기 알아차림을 시작한다. 오른발, 왼발 걷다가 감정이 약해지면 호흡으로 주의를 전환하여 들숨과 날숨을 알아차린다.

② 숨의 거칠고 짧고 끊기는 특징을 따뜻한 마음으로 알아차린다. 숨이 편안해질 때까지 친절하게 주의를 기울여 준다

• 방법 2

① 감정이 감지될 때 감정과 연결된 신체 부위를 찾아서 손을 올려놓는다. 가슴, 목, 명치, 아랫배, 머리, 얼굴, 어금니, 어깨 등

② Felt Sense의 변화를 알아차린다. 묵직함, 딱딱함, 열감, 팽창감, 압박감, 질식감, 쑤심, 저림, 당김, 떨림 등

③ 감각의 변화를 관찰하는 것이 어려우면 호흡에 주의를 기울였다가 몸의 감각으로 되돌아가는 연습을 반복한다.

몸 내부에서 일어나는 신체 부위의 지점을 점차로 좁혀 가면서 친절한 주의를 기울여 준다. 예를 들어, 가슴 위에서 압박감이 어느 정도로 느껴지는지, 이 압박감이 계속 같은 강도의 크기로 느껴지는지, 변화가 있는지를 그대로 경험해 준다. 이 일을 경험하는 순간, 호흡은 어떻게 달라지고 있는지 신체 감각과 호흡의 변화를 알아차린다. 생각을 잠시 멈추어, 고통을 증폭시키지 않고 감정과 몸의 감각에 주의를 기울이는 과정을 통해 깊은 자기이해와 통찰, 연민심을 늘려 가는 연습을 하는 것이다.

〈연습하기: 마음챙김하기Mindfulness〉

1. 편안하고 안정된 장소에 앉는다
2. 들이쉬고 내쉬는 호흡을 10회 정도 알아차린다
3. 최근 일어났던 불편한 일을 떠올려 본다.
4. 그 일을 떠올리는 동안 긴장되고 움직임이 있는 신체 부위를 찾아본다.
5. 그 일을 경험하는 정서적 몸의 질감felt sense과 변화를 친절하게 자각한다.
6. 어려움이 느껴지면 주의를 호흡이나 발의 감각으로 전환했다가 다시 몸의 감각으로 주의를 이동시켜 본다.

연민하기

"연민Compassion이란, 연민의 대상이 고통에서 벗어나기를 소망하는 마음가짐입니다… 그런 간절한 바람이 먼저 자신을 껴안고, 이어 더 고귀한 길로 나아가 남들을 껴안게 될 것입니다."라고 달라이 라마(Dalai Lama)는 말했다. 자기연민은 다른 사람을 향한 친절의 토대가 된다.

크리스토퍼 거머(Germer, C. K.)는 자기연민을 위한 자기배려와 보편적 인간성에 주목한다. 자기배려는 자기심판과 정반대로 자신의 결함과 부족함에 대해 관용적이 되는 것이다. 우리는 스스로를 심판하는 경향이 있어 마음의 상처에다 모욕까지 보태기 쉽다. 자기연민은 일이 힘겹고 차질이 빚어져도 비난하거나 가혹하게 대하기보다 따스하고 이해심 있게 자신을 대하는 것이다. 보편적 인간성 측면에서 보면 우리가 불운을 당할 때, 고통을 당하는 사람이 세상에 오직 자신뿐이라고 느끼기 쉽다. '나'와 '내 실수'라기보다 더 넓은 시야에서 상황을 바라볼 때, 모든 사건이 상호 연관되어 우리의 경험과 다른 이들의 경험이 공유된다. 이러한 보편적인 인간성을 자각함으로써 혼자라거나 고립되었다는 느낌으로부터 벗어날 수 있다.

• 방법 1: 마음챙김과 연민이 혼합된 방법
① 긴장이 느껴지는 신체 부위에 손을 댄다.
② 따뜻하고 친절한 마음으로 신체 감각의 변화에 주의를 기울인다.
③ 긴장된 부위가 편안해지기를 바라는 마음으로 숨을 불어넣는다.

④ 불편함이 빠져나간다는 마음으로 숨을 내쉰다.

⑤ 애쓰지 않고 자연스럽게 자신을 향한 연민의 마음으로 반복한다.

• 방법 2: 감정이 강렬해서 신체 알아차림이 어려울 경우

① 빠른 걸음으로 걷는다.

② '내가 편안해지기를' 하고 기원하면서 소리를 내거나 마음속으로 암송한다.

③ 고통받는 자신을 향해 따뜻한 마음을 가져본다.

그 순간 필요했던 것 찾아보기

마셜 로젠버그(Rosenburg, M. B.)는 상황에 따라 달라지는 보편적 욕구의 충족이나 좌절을 통해 우리의 감정이 발생한다는 전제하에 감정을 길잡이로 우리의 욕구를 찾아가도록 하는 NVC모델을 만들었다. 멋진 발상이다. 나의 욕구가 존중받기를 바라는 것처럼 상대방의 욕구도 존중되어야 할 것이고, 나아가 우리는 서로의 욕구를 조율하면서 함께 삶을 춤출 수 있을 때 의식의 성장을 이룰 수 있게 된다.

351

개인이 진정으로 필요Needs로 하는 것들을 충족하는 방식으로 삶을 설계하기보다 가정이나 사회가 내린 잣대에 따라 살아오느라, 우리는 종종 우리의 욕구를 잊어버리고 드러난 감정에 휩싸여 감정적 소모가 많은 삶을 살아오지는 않았는가?

욕구를 찾아 깊은 내면으로 들어가 보자.

• 사례: 자기공감 사례의 연습에서 느낌을 찾아본 것을 기억하라.

• 연습 1. 새벽에 일을 나가는 동생이 밤늦도록 돌아오지 않을 때

　① 느낌말 찾아보기: 초조하고 근심되는

　　　이 느낌과 연결된 욕구를 찾아보도록 하자.

　② 욕구 찾기(욕구 목록 참고)

　　　안도와 예측 가능성이 필요했구나.

• 연습 2. 서울 지리에 어두운 올케가 차를 갖고 나가서 저녁 8시가 넘도록 오지 않을 때

① 느낌말 찾아보기: 걱정되고 염려되는

② 걱정되고 염려되는 느낌과 연결된 욕구에는 어떤 것이 있을까?

　예측 가능성과 공동체성이 필요했구나.

이렇게 자신의 Needs와 연결되면 감정(초조하고 근심된, 걱정되고 염려되는)에 사로잡혀 이렇게 만든 상대방과 자신을 비난하기 쉬운 마음 상태에서 벗어나 '아, 내가 안도감, 예측 가능성, 공동체성이 필요했구나.' 하는 자기이해로 국면이 전환된다. 자신의 욕구를 찾게 되면 욕구를 충족시킬 다양한 방법을 모색할 수 있게 된다.

〈1단계: 자기공감에서 생활 사건을 적었던 것을 기억하라〉

> **연습 3** 지난 한 주간, 혹은 한 달간에 있었던 생활 사건 하나를 떠올려 적어 본다.
>
> • 생활 사건:
>
>
> • 그때의 느낌은?
>
>
> • 그때의 욕구는?

〈보편적 욕구 리스트〉

자율성	삶의 의미
자신의 꿈, 목표, 가치를 선택할 수 있는 자유 자신의 꿈, 목표, 가치를 이루기 위한 방법을 선택할 자유	기여, 능력, 도전, 명료함, 발견, 보람, 의미, 인생 예찬(축하, 애도), 기념하기, 깨달음, 자극, 주관을 가짐(자신만의 견해나 사상), 중요성, 참여, 회복, 효능감, 희망
신체적/생존	
공기, 음식, 물, 주거, 휴식, 수면, 안전, 신체적 접촉(스킨십), 성적 표현, 따뜻함, 부드러움, 편안함, 돌봄을 받음, 보호받음, 애착 형성, 자유로운 움직임, 운동	**진실성** 진실, 성실성, 존재감, 일치, 개성, 자기존중, 비전, 꿈

사회적/정서적/상호 의존

주는 것, 봉사, 친밀한 관계, 유대, 소통, 연결, 배려, 존중, 상호성, 공감, 이해, 수용, 지지, 협력, 도움, 감사, 인정, 승인, 사랑, 애정, 관심, 호감, 우정, 가까움, 나눔, 소속감, 공동체, 안도, 위안, 신뢰, 확신, 예측 가능성, 정서적 안전, 자기보호, 일관성, 안정성, 정직, 진실

놀이/재미

즐거움, 재미, 유머, 흥분

아름다움/평화

아름다움, 평탄함, 홀가분함, 여유, 평등, 조화, 질서, 평화, 영적 교감, 영성

자기구현

성취, 배움, 생산, 성장, 창조성, 치유, 숙달, 전문성, 목표, 가르침, 자각, 자기표현

5단계: 새로운 선택지 찾아보기

욕구Needs와 욕망desire은 구분된다. 욕구가 유기체의 보편적인 필요라 한다면 욕망은 자신이 원하는 방식을 반영하는 것이라 할 수 있다. 우리가 흔히 알고 있는 사례를 한번 더 확인하고 가자.

여러분들이 목이 마르다고 하자. 이때 필요한 것(욕구)은 갈증을 해소하는 것이다. 물, 과일, 야채, 주스, 맥주 등이 해당될 것이다. 각각의 갈증 해소 방식은 욕망이 반영된 것이다. 이것은 쉽게 선택하고 비교적 집착이 덜할 것이다. 그러나 관계로 가면 이야기는 달라진다. 여기 한 부부가 있다. 아내를 사랑하는 남편은 일주일에 2회 정도는 부부관계Sex를 통해 사랑을 확인하고 싶어 한다. 아내는 집안일과 육아와 파트타임 일로 피곤해서 휴식이 필요하다. 남편의 요구에 응하지 않는 아내를 보면서 남편은 사랑이 식었다고, 관심이 없어졌다고 의기소침해질 것이다. 아내는 배려 없는 남편의 이기심에 짜증이 폭발할 것이다. 남편의 욕구는 두 가지로 나타난다. 사랑과 성적 표현. 성적 표현은 대상이 아내라는 비교적 제한적인 반면, 사랑은 다양한 형태로 충족시킬 수가 있다. 여러분이 남편이라고 생각하고 사랑받기 위해 무엇을 할 수 있는지 적어 보라.

- 아내의 피로를 풀어 줄 마사지 숍 예약하기
- 오늘 하루 힘들었던 일 들어 주기

- 아이들과 놀아 주기
- 저녁 산책하기
- 저녁 나가서 먹기 등

우리가 사랑받기 위해 해 볼 수 있는 일은 나열하기가 힘들 만큼 많을 것이다. 이 다양한 선택지를 보고 있으면 우리가 얼마나 삶의 보편적 욕구에 대해서 수동적으로 살아왔는지 알 수 있다. 상대가 해 주기를 바라면서 주저하고 맘 졸이던 때가 얼마던가? 이제 우리가 필요했던 것들을 얻기 위해 이런 수동적인 삶에서 보다 적극적이고 능동적인 방식으로 다양한 시도를 해 보도록 하자.

〈연습해 보기〉

1. 존재감이 필요할 때, 나는 무엇을 해 볼 수 있을까?

2. 인정받는 것이 필요할 때, 그 사람의 인정이 정말 필요한 것인지 확인해 보고, 그렇다면 그의 인정을 얻기 위해 무엇을 해 볼 수 있을까?

3. 질서가 필요할 때, 질서를 위해 내가 할 수 있는 것에는 어떤 것이 있을까?

6단계: 상대방 입장 되어 보기-조율하기

이제 우리는 5단계 정도까지 작업하면서 공감과 마음챙김, 연민, 자신의 욕구와 욕구를 충족하는 다양한 선택지에 대해서 연습해 보았다. 심리적으로 마음의 여유 공간이 생겼다면 상대방 입장에 잠시 서 보도록 하자. 만약 상대방 입장에 서는 일이 편하지 않거나 공감하는 마음이 덜 생긴다면, 그것은 아직 자신을 위한 공감이 더 필요하다는 신호다. 그럴 때는 우선 자신을 향한 공감의 연습을 충분히 해 주기 바란다.

- 1단계의 자기공감 사례를 기억하는가? 자기공감 연습 1에서 늦도록 돌아오지 않는 동생의 입장에 잠시 서 보자.

동생: 새로 시작한 일이 계획대로 되지 않고 불안정하다. 대출 할부금도 상환해야 하고 생활비도 필요한데, 이 회사는 애초에 약속한 정규적인 일 대신에 마구잡이로 하루살이처럼 일을 시킨다. 어떻게 돌파구를 찾아야 할까…….

• 동생의 느낌을 잠시 느껴 본다.
  불안한, 초조한, 막막한, 절망스러운 기분이 느껴진다.

순간 눈물이 핑 돈다. '아, 이런 마음이었겠구나.' 동생의 요즘 행동과 태도에 약간의 무거움과 단절감이 눈 녹듯 사라진다. '이렇게 힘든 마음 상태였구나.'를 공감하면서 마음은 연민으로 차오른다.

• 동생의 좌절된 욕구는 무엇일까?
  예측 가능성, 지지, 효능감, 안전 등이 예상된다.

우리가 동생의 입장에 서는 순간, 자신의 욕구는 멀리 사라지고 절박하고 절망스런 동생을 어떻게 지지해 주는 것이 좋을지 자신이 할 수 있는 것을 찾아볼 마음이 생기기도 한다.

• 자기공감 연습 2에서 차를 갖고 나간 올케의 입장을 추측해 본다.

  올케: 아들(초등 2학년)을 데리고 언니 집에 왔는데, 운전해서는 처음 온 길이고, 혹시 휴일이라 차가 밀리면 운전도 서툴고 아들도 힘들 수 있으니 늦게 가야겠다.

올케의 입장에 잠시 서 보자. 어떤 느낌이 드는가? 느긋하고 가벼운 느낌이 느껴진다. '어라, 이 기분은 뭐지? 자신은 걱정되고 염려되었는데 상대방은 전혀 다른 느낌일 수도 있다. 올케의 충족된 욕구는 무엇일까? 여유와 홀가분함일까? 모처럼 집을 나가 언니하고 이야기도 하면서 여유도 즐기고 집안일에서 벗어나는 홀가분함의 욕구가 충족되었을지도 모른다.
올케의 형님은 걱정되고 염려되는 느낌을 계속 갖기보다는 전화로 확인하기로 하고 전화를 했더니, 혹시 차가 밀릴까 봐 늦게 출발하려고 했다는 이야기를 들었다. 안도감과 더불어 순간적으로 '미리 전화를 해 주면 좋았을 텐데…….' 하는 생각이 스치고 지나가는 것을 알았다.

상대방 입장에 서 본 형님은 자신의 욕구인 공동체성과 예측 가능성을 위해 꼭 상대방이 움직여야만 하는 것이 아니라는 통찰과 함께 '올케가 자신을 걱정하고 있을 것이라는 생각을 미처 못 할 수도 있다.'라는 이해가 생기는 것을 알게 되었다.

우리는 종종 자신의 관점에 사로잡혀 자신과 상대방을 추측하는 경향성이 있다. 이렇게 관점을 바꿔서 상대방의 입장에 서는 것만으로도 전혀 다른 입장과 느낌을 알 수 있게 된다. 자신과 상대방의 입장 모두를 공감하는 작업은 우리에게 더 넓은 조망을 갖게 하고 관계에서 오는 갈등 상황에 더 적절하게 대처할 수 있도록 도와준다.

〈연습하기: 자기공감 연습 3에서 작성했던 내용을 가지고 상대방 입장에 서 보기〉

1. 상대방 관점에서의 사건 기술하기

2. 그때의 상대방 느낌 찾아보기

3. 그때의 상대방 욕구 찾아보기

7단계: 연결하기-자신과 상대방을 위한 기원(만트라)의 문구 만들어 보기

존 카밧진은 우리가 내적으로, 그리고 외적으로 다소 분열된 삶을 살아가는 경향이 있고, 우리의 본성 깊은 곳에서 우리가 실제로 누구인지 잠시 잊음으로써 있는 그대로의 우리가 아닌 타인으로, 심지어는 우리가 만들어 낸 허상으로 존재함으로써 이러한 분열을 키운다고 하였다. 실재하는 우리 자신의 아름다움, 분열되지 않고 분열될 수 없는 전체성과의 접촉을 상실하며 개인으로, 한 사회로서 괴로움과 편치 않음을 경험한다고 하였다. 우리를 우리 자신으로부터 분리시킨 이것을 근본 갈등의 핵심으로 보았다.

치유는 하나의 과정이다. 우리의 전체성에 대한 인식, 자기분열에 대한 지속적인 거부가 필요하다. 결국 치유란 과거 한때의 자신의 모습을 강요하거나 우리가 안전하게 느끼도록 혹은 우리가 바라는 방식대로 되어 가도록 강요하는 것이 아니라, 있는 그대로의 우리의 본모습으로 돌아가는 것이다.

아서 케스틀러(Koestler, A.)는 보다 큰 전체를 이루는 작은 생물들의 공존을 '홀라키'라고 불렀는데, 홀라키는 구성원 중 하나가 나머지 다른 구성원을 어떻게든 지배하고 있다는 개념이 없다. 이들 구성원을 '홀론'으로 명명했으며, 홀론은 단순한 부분이 아니라 부분으로서의 기능도 함께하는 전체를 말한다. 인간은 창조의 최상 단계에 있는 것이 아니라 보다 작은 세포 영역과 보다 큰 생물권 영역 양쪽을 가리키고 있는 것으로, 계층 조직이 아닌 조합과 조정, 재조합이라는 자기유도적인 시너지로 함께 창발하는 것이다.

존 카밧진은 우리가 이런 '앎' 자체에 머물면서 보다 덜 자기중심적으로 행동할 수 있음을 알려 준다. 우리는 근본적인 차원에서 '그들'이 우리임을 알기 때문에 다른 존재의 이익을 위해 해를 입히지 않고 강요하지 않는 태도를 지녀야 한다. 이러한 상호 연결성은 근본적인 것으로 공감과 연민이 생겨나는 곳이며, 타인에 대한 우리의 느낌이, 타인의 자리에 우리 자신을 대입해 보고 다른 사람과 함께 느낄 수 있는 생각과 경향이 생겨나는 곳이다. 이것이 마음과 생명에 관한 단순히 기계적이고 환원론적인 견해에서 생겨나는 허무주의와 근거 없는 상대주의를 넘어 윤리와 도덕, 온전히 인간이 되는 것의 초석임을 강조하였다.

연결하기는 이런 관점에서 내 주변과 사회, 나아가 지구로까지 연결되는 확장된 연민심이라고 할 수 있다.

357

〈연습해 보기〉

- 편안하고 안정된 자리를 찾아서 앉는다.
- 나와 상대를 위한 기원문을 작성해 본다.
  '내가 편안하기를, 상대가 편안하기를'
  '내가 안전하기를, 상대가 안전하기를'
  '내가 인정받기를 바라는 것처럼, 상대방도 인정받기를'
  '내가 행복하기를 바라는 것처럼, 상대방도 행복하기를'
- 바라는 상태의 이미지를 마음속에서 그리면서 자신과 상대방을 위해 3분 정도 친절한 마음을 가져 본다.

이제 일상생활에서 일어나는 크고 작은 에피소드들에 대하여 7가지 방식의 사용이 익숙해지면, 우리가 알게 모르게 쌓아 놓았던 우리의 생애사적인 감정과 만나서 돌보고 치유하고 해방시켜 보도록 하자.

생애사적 감정 돌보기

생애사적 감정은 우리의 자동 반응과 만나는 길이다. 사건은 이미 사라졌지만 감정은 남아 있어 우리의 세포 안에 내용의 기억 없이 우리를 추동하는 에너지의 형태로 저장되어 있다. 지금 느끼는 감정을 길잡이로 해서 오래 묵은 우리의 감정과 만나 보자.

지금 당신은 지구라는 별에서 몇 년을 보냈는가?

미라라는 한 여성과 함께 50대의 기억과 생애 첫 기억을 살펴보고자 한다. 여러분은 여러분의 나이에서 시작해서 역순으로 내려가면서 40대, 30대, 20대, 10대, 초등학생, 7세 미만 순으로 작업해 보라. 7세 미만의 기억은 기억나는 대로 전부 작업해 보면 유의미한 것들을 구성할 수 있을 것이다. 여러분이 구성하고 있는 핵심 감정이나 자동감정습관의 윤곽이 드러나고, 드러난 만큼의 자유가 우리에게 주어진다. 우리가 살아오면서 구성했을 다양한 경험습관의 재조정을 통해 현재의 충만한 삶과 접촉하는 기회를 맞이해 보자.

〈사례1: 50대 어느 날의 전화 통화〉

막냇동생에게 전화가 왔다. 이런저런 사정으로 시골로 내려간 미라의 안부를 자주 챙겨 주는 고마운 동생이었다. "언니, 큰언니가 시골에 방 있는지 알아보라고 하네. 엄마를 시골로 보내면 어떨까 하나 봐." 미라는 갑자기 가슴에 묵직한 것이 치솟아 오르려는 것을 감지한다. "왜, 엄마를 이리로 보내려고, 나 내려온 지 한 달밖에 안 됐는데?" 막내는 "서울 생활은 생활비도 많이 들고 하니까 부담이 되는 것 같아서 그럴 거야." 미라는 감정이 빠르게 올라오는 것을 느끼고 속으로 욕이 나오는 것을 간신히 참고, "더 통화하면 왠지 욕이 나올 것 같아 끊어야겠다."라고 말했다. 그리고는 몇 달 동안 서로 연락을 하지 않고 지냈던 일들을 떠올렸다.

갑자기 표현하지 못했던 생각들이 쏟아져 나온다.

• 생각 적어 보기
  – '내가 어떤 상황에서 여기를 내려왔는데 나한테 엄마를 맡길 수가 있는가?'
  – '10년도 넘게 가족을 돕다가 빈털터리가 되었는데 아직도 나한테 떠넘기려는가?'
  – '살 만한 사람들이 좀 돌봐 드리지, 가진 것 하나 없는 나한테 어떻게 이럴 수가 있는가?'
  – 나는 '대체 뭘 위해서 그렇게까지 애쓰면서 살아왔을까?'
  – 자신이 바보같고 한심하다는 생각과, 모든 것을 끝장내고 싶다는 독한 생각들이 꼬리를 문다.

- 1단계: 감정 알아주기

  '허무하겠구나.' '화가 나겠구나.'

- 2단계: 마음챙김하기(정서적 몸felt sense 알아차리기)

  분노가 머리 위로 맹렬한 속도로 솟구쳐 올라오고, 목과 가슴 위에서 엄청난 압박감이 내리누르고 있다. 뭔가 심장이 터질 것 같은 팽창감도 느껴진다. 숨은 순간 멎은 것 같다. 뜨거운 열기가 얼굴 위로 올라온다.

- 3단계: 연민하기

  가슴 위로 손을 대고, 숨을 불어넣는다. 숨이 잘 쉬어지지 않는다. 숨이 부들부들 떨리면서 거칠고, 열기로 가득하다. 그 위로 따뜻하고 친절한 마음으로 숨을 넣어 주고, 길게 숨을 내쉰다. '내가 편안해지기를' 마음속으로 반복하면서 '분노와 슬픔'으로 얼룩진 '나'에게 연민의 마음을 내어 준다.

- 4단계: 필요했던 것 찾아보기

  신체적·경제적으로 어려움을 겪고 있는 미라에게 절실하게 필요한 것들은 도움과 배려, 따뜻한 관심과 돌봄이 필요했겠구나.

- 5단계: 새로운 선택지 찾아보기

  지금 내가 처한 형편과 어려움을 솔직하게 표현하고 정서적 도움을 청해 본다.

- 6단계: 상대방 입장 되어 보기

  미라는 자신이 참고 살아 온 세월이 길었기에 상대방 입장에 바로 들어가기가 어렵다고 했다. 시간이 지나고 회복이 된 후에 미라는 상대방 입장에 서 보기로 했다. 큰언니의 입장에 서 보니, '가족을 위해 애써 왔던 동생이 어려움에 처하자 여러 가지로 도움을 주었는데 그 시간이 장기화되다 보니 부담이 생기기도 하고, 지속적으로 도와주기도 어려워서 어머니와 함께 생활하면 생활 부담은 덜어지지 않을까 하는 생각에서 한 말이었겠구나.' 하는 생각이 들었다.

- 7단계: 연결하기

  미라는 자신과 큰언니를 위해 만트라를 만들었다.

  '내가 편안해지기를, 큰언니도 편안해지기를.'

미라가 엄마에 대해서 어떤 감정을 갖고 있을지 가족은 알지 못했다. 미라 자신도 잘 모르는 감정이었다(표현되지 못한 감정). 언제나 엄마를 생각하면 안쓰럽고, 잘해 드리고 싶은 마음만 있었기에 형제자매들은 미라가 엄마를 많이 위한다고 생각했을 것이다. 그런 두 사람이 함께 있으면 서로 도움이 될 것이라고 여겼을 것이다. 그러나 미라는 엄마를 잘해 드려야 한다는 마음을 평생 가져갔으며, 자신이 어려움에 처했을 때조차 뭔가를 해 드려야 한다고 여겼다. 그 세월이 길어지고 자신의 삶이 취약해지자 부담과 실망, 서운함, 분노 같은 감정이 내면화되어 간 것이다. 표현되지 못한 감정은 몸에 쌓여지고 상대방의 선의에서 나온 말도 분노로 뒤바뀌어 관계는 끊어지고 고립된 마음 상태는 삶에 대해 회의적인 시야를 갖게 된 것이다. 미라는 이 작업을 통해 자신이 억눌러 온 감정의 실체를 자각하게 되었고, 엄마의 사랑을 얻기 위해 무의식적으로 과도한 노력을 해 왔으며, 일정 부분 긍정적인 면도 있었으나 자기 자신에 대해서는 무리수를 두는 방식으로 자신을 코너로 몰았다는 통찰이 왔다.

〈사례2: 어린 시절의 첫 기억〉

회상

어린 시절을 회상하던 미라는 1~2살 때의 모습을 떠올리게 되었다. 미라의 눈앞에는 어린 아기와 할머니, 엄마가 보였다. 그런데 엄마와 할머니는 어린 미라를 보고 계신 것이 아니라 다른 곳에 시선이 가 있었다. 그 에너지가 느껴질 정도로 두 분이 향한 곳은 오빠가 있는 방향이었다. 그 장면을 보고 있던 어른 미라는 갑자기 뼛속까지 스며드는 외로움에 소스라쳐 놀랐고 3시간을 목 놓아 울었다. 어릴 때부터 쌓아 놓았던 오래된 정서와 깊숙이 만나게 되는 경험이었다. 뭔가가 해방된 기분, 무거운 것이 떨어져 나간 것 같은 기분이었고 마음이 가벼워졌다.

미라의 경우, 오래된 감정과 만나는 것 자체가 분출구가 되어서 눈물로 솟구치고 정화로 이어져 몸에 오랫동안 함께했던 외로움의 감정이 쓸려 나가 감정체가 가벼워진 것이다. 유아 시절은 누구나 주 양육자와 애착관계가 잘 형성되어야 한다. 생존의 문제가 오로지 양육자에게 달린 어린 존재는 먹고 마시고 배설하고 눈을 마주치며 상호작용하는 가운데, 사랑받는 기분과 돌봐 주는 편안함을 통해 세상이 살 만하다고 느끼게 된다. 상호작용을 할 시간이 현저히 적은 아이는 버려지고 방치되는 기분이 누적되어 고독한 기분을 정서의 기본 베이스로 달고 살게 된다.

미라는 유아기 때의 작업을 하면서 외로움과 눈물이 폭류처럼 온몸을 휩쓸고 지나가서 연민이나 몸의 감각을 살펴볼 수가 없었다고 했다. 그저 그 아기의 외로움이 뼈에 사무쳐 울고 또 울었다고 한다. 7단계를 모두 거치지 않고도 터져 나온 눈물은 그것 자체로 정화가 되기도 한다.

어른이 된 우리는 모두 우리 안에 보살핌을 필요로 하는 많은 아이inner child를 가지고 있다. 지금 우리는 적어도 그때보다는 많은 자원을 가지고 내면아이를 돌볼 수 있다. 이 아이를 돌봐 주지 않으면 우리 안의 감정체가 무거워지고 염려, 두려움, 불안 등의 감정에 쉽게 빠져들 수 있다. 이 감정을 그대로 두면 우리의 의식이 성장해 가는 데 어려움을 주겠지만, 이러한 감정들을 직면하고 허용하고 돌봐 주면 자신에 대한 깊은 이해와 더불어 감정과 연결된 사람들에 대한 연민과 용서도 생겨나게 된다.

〈연습해 보기: 생애 첫 기억에 대한 회상〉

- 안전하고 편안한 자기만의 공간을 확보하기(촛불, 아로마 오일과 함께하면 더욱 좋다.)
- 복식호흡처럼 숨을 들이쉬고 길게 내쉰다(10회 반복한다).
- 어린 시절로 돌아가서 회상을 시작한다.
- 드라마의 한 장면처럼 눈앞에 장면을 상상한다(아이가 입고 있는 옷을 통해 계절을 추론, 장소와 등장인물 확인, 가장 중요한 것은 아이의 표정을 통해 어떤 기분일지 느껴 보는 것이다).
- 이 장면을 쳐다보고 있는 지금 당신의 기분은 어떤가? 어떤 신체 부위가 움직이는가? 어떤 감각들이 경험되는가?
- 그 아이의 느낌과 그 당시에 필요했을 것들을 적어 본다.
- 그 신체 부위에 손을 대고 따뜻한 마음으로 숨을 불어넣어 준다.

361

나가는 말

우리는 있는 그대로의 우리를 사랑하기보다 이상적인 모습을 상정해 놓고 달려가느라, 행복을 언제나 미래로 가져다 놓고 현재는 미래를 위한 수단 정도로 여기고 있을지도 모른다. 그렇게 살아온 삶이 부메랑처럼 우리를 힘들게 하고 있다면 이제 우리 자신을 소외시켜 온 모든 것을 보살피는 따뜻한 치유의 시간이 시작된 것이다. 아래의 시구절처럼……

〈사랑 이후의 사랑〉

기쁨과 함께 당신 자신이
당신의 문에 도착하는 때가 올 것이다.
당신 자신의 거울 속에서
이 둘은 서로를 반기며 미소 짓게 될 것이다.
그리고 여기 앉으라고 말할 것이다. 먹으라.
한때 당신 자신이었던 이 이방인을
당신은 좋아하게 될 것이다.
와인도 주고 빵도 주라.
당신의 가슴도 그 자신에게 주라.
당신을 좋아했던 그 이방인에게.

−데릭 월콧(Walcott, D.)

참고문헌

Barrett, L. F. (2017). 감정은 어떻게 만들어지는가 (*How Emotions Are Made*). (최호영 역). 생각연구소.

Bradshaw, J. (2004). 상처받은 내면아이치유 (*Home coming: Reclaiming and championing your inner child*). (오제은 역). 서울: 학지사.

Germer, C. K. (2011). 나를 위한 기도: 셀프컴패션 (*Mindful path to self-compassion*). (한창호 역). 아름드리미디어.

Kabat-Zinn, J. (2017). 온정신의 회복 (*Coming to Our Senses: Healing Ourselves and the World Through Mindfulness*) (안희영, 김재성, 이재석 역). 서울: 학지사.

Macy, J. R. (2004). 불교와 일반시스템이론 (*Mutual causality in Buddhism and general systems theory*). (이중표 역). 불교시대사.

Margulis, L., & Sagan, D. (2016). 생명이란 무엇인가 (*What is Life?*). (김영 역). 리수.

Rosenburg, M. B. (2004). 비폭력대화 (*Nonviolent communication: A language of life*). (캐서린 한 역). 바오출판사.

Varela, F., Thompson, E., & Rosch, E. (2013). 몸의 인지과학 (*Embodied mind: cognitive science and human experience*). (석봉래 역). 서울: 김영사.

Watt, T. (2012). *Mindfulness: A Practical Guide*. MJF Books.

Wilber, K., Patten, T., Leonard, A., & Morelli, M. (2014). 켄 윌버의 ILP (*Intergral Life Practice*). (안희영, 조효남 역). 서울: 학지사.

Williams, M., & Penmam, D. (2013). 8주 나를 비우는 시간 (*Mindfulness: an eight-week plan for finding peace in a frantic world*). (안희영, 이제석 역). 불광출판사.

4

12단계 촉진치료 중독치유
- 중독에 대한 영성적 회복 접근법

구민준[4]

"좀 더 끝으로 와"

"안 돼. 떨어질 거야"

"좀 더 끝으로 오라니까"

"안 돼. 떨어져"

결국 그들은 벼랑 끝에 섰다.

그는 그들의 등을 밀었고, 그들은 하늘을 날았다.

—아폴리네르(Apollinaire)

들어가는 말

1930년대 초, 스위스의 칼 융(Jung, C)은 미국의 사업가이자 알코올의존증(알코올 중독) 환자였던 롤랜드 하자드(Hazard, R.)를 1년간 치료했었다. 이제 괜찮겠다며 귀국한 그는 곧 재발을 겪었고, 다시 찾아온 그에게 융은 어떤 의료 또는 정신심리로도 치료할 수 없는 심각한 문제라 하며, 아주 드문 경우지만 '영적 각성spiritual awakening' 또는 '종교적 체험religious experiment'으로 치료되는 경우가 있더라는 조언을 해 준다. 미국으로 돌아간 그는 융의 조언대로 '옥스포드 그룹'이라 칭하는 기독교 '도덕재무장 운동'을 통해 단주에 성공하게 된다.

첨단 조영 장비 등 의학기술의 발달을 통해 중독에 관련된 두뇌의 기능들이 밝혀지기 시작했고, 도대체 어떤 일들이 일어나고 있는지 융의 시대에는 몰랐던 일들에 대해 우리는 이제 알 수 있게 되었다. 그러나 오늘날에도 중독치료자들은 중독은 궁극적으로 '영성'에 관련된 질병이란 말을 하고 있다.

---

4) 한국중독전문가협회 이사, 중독전문가, 상담심리사, 요가 명상 전문가

> '중독자들은 자유를 잃고, 중독의 강박성에 의해 완전히 지배된다. 중독은 그래서 영성의 마비이다. 따라서 중독의 회복을 위해서는 종교가 반드시 필요한 것은 아니지만, 중독성 사고로부터 영성으로의 전환은 필수적이다. 물론 종교는 영성을 포함하며, 회복 과정에서 추가적인 원천과 힘이 될 수 있다. 그러나 회복을 위하여 종교가 절대적으로 필요한 것은 아니다.
>
> —중독성 사고, 에이브러햄 트위스키(Twerski, A. J.)

인류 역사에서 본격적인 중독 회복자들이 수백만씩 나타나기 시작한 최초의 사건인 '익명의 알코올 중독자들Alcoholic Anonymous: A. A'의 설립 역시 어떤 특정 치료법보다 '자기가 이해한 대로의 위대한 힘'의 영성에 기반하고 있으며, 이후로 제럴드 메이(May, G. G.), 스캇 펙(Peck, M. S.) 등의 치료자들 역시 해결책은 결국엔 '영적 회복'이라 말하고 있다. 영적 회복이란 중독이 망가뜨리는 인간으로서의 핵심 영역인 자기 자신과 다른 사람과 자신을 둘러싼 세계와 신神과의 관계 회복을 의미하며, 단순한 중독 행위나 물질의 중단만이 아닌 '전 존재적 차원에서의 도약과 변화'를 의미한다.

> 내가 말할 수 있는 한, 우리 존재의 핵심은 유대교와 기독교의 영적 거장들이 마음heart이라고 불러 온 그것이다. 그것은 그저 한 사람만의 중심일 뿐 아니라 한 사람이 가장 가까이, 가장 직접적으로 하나님의 임재를 느끼는 곳이다. 그리고 우리 의지의 중심, 모든 선택과 행위의 핵심이다. 나아가 그것은 우리가 다른 사람과의 연합 그리고 하나님의 모든 창조 세계와의 본질적인 연합을 깨닫는 곳이다.
>
> —중독과 은혜, 제럴드 메이

1990년대 후반 미국 NIAAANational Institute on Alcohol Abuse and Alcoholism가 실시했던 비교연구인 〈Project MATCH〉에서는 영성 및 질병 개념에 근거한 12단계 촉진치료12Step Facilitation Therapy가 인지치료, 동기 강화와 동등하거나 오히려 중한 중독 증세의 회복에 있어서 비교 우위의 효과가 검증된 바 있다. 12단계 촉진치료는, 특히 환자의 의존 정도가 심한 경우에 효과적이였으며, 의존 정도가 경미한 경우엔 인지행동치료가, 분노가 심한 환자인 경우에는 동기 강화치료가 가장 효과적이었다. 로빈 제이푸트(Foote, R. K.)는 12단계 촉진 중재 모델The Twelve Step Facilitation Intervention Model에서 "중독자 및 중독 가정의 회복이란 질병 영역(중독자와 그들의 가족—환자/내담자), 경험 영역(12단계 촉진자/동료 후원자), 전문적 치료 영역(12단계 촉진자/상담사/의사)이 함께 통합적으로 서비스가 이루어질 때 효과적이다."라고 제안한 바 있으며, 2005년도 NIAAA에서 영성적 접근에 바탕을 둔 12회기의 매뉴얼이 발표되었다. 이를 근거로 한국형 12단계 촉진치료를 만들어 2007년부터 임상에서 시행했고 (한국중독재활복지협회, 신양호), 2009년 중독정신의학회에 정식으로 발표하여 현재에 이르게 되었다.

도대체 영성이 중독의 회복에 왜 중요한 것일까? 그렇다면 중독은 무엇이며, 영성이란 무엇이고, 이 둘은 어떻게 상관이 있는 것일까?

중독

1만 년 전쯤 어느 날, 아시아의 동쪽 끝 어느 지역. 오늘날엔 초기 인류라 불리는 유인원으로서 열댓 씨족 정도 규모가 한곳에 모여 거주하기 시작했을 무렵, 어떤 중간 규모 부족의 구성원 K는 사냥에 실패하고 주거지로 돌아가고 있었다. 익숙한 언덕들 사이를 지나서 바위 모퉁이를 돌아설 때 그는 갑자기 코를 킁킁거리기 시작했다. 낯익은 듯 낯선 달큰한 냄새… 그는 바위 뒤쪽을 돌아서 낮은 관목 덤불 쪽으로 다가섰다. 관목의 아래에서 나는 달큰한 냄새. 그는 그곳에서 언제 열렸는지 모를 몹시 달콤한 야생 딸기 군락을 발견했고, 처음 먹어 보는 그 열매의 맛과 향을 실컷 즐긴 뒤에 주거지로 돌아갔다.

다음날, 그는 그곳을 일삼아 찾아갔었다. 다시 한번 남아 있는 달콤하고 즙이 많은 딸기를 맛볼 수 있었다.

그 후로도 그는 그곳을 종종 들렀다. 그러나 이미 다 따 먹어서일까, 아니면 계절이 바뀌어서일까 그 맛있는 야생 딸기는 더 이상 그곳에 없었다. 그래도 그곳을 들르는 그의 행위는 종종 이어졌다. 그리고 아주 가끔씩, 적은 양의 딸기가 자라나 있었지만 그때처럼 맛있지는 않았다.

K의 걸음으로 두 시간 이상 걸리는 야생 딸기 군락이 있는 바위 뒤 덤불. 이제 원시인 K는 매일 그곳을 갔다. 힘겹게 멧돼지나 노루를 뒤쫓는 일은 뒤로 밀린 지 오래되었다. 그에겐 가끔 먹게 되는 그 맛있는 즙이 많은 산딸기 찾기가 삶의 전부가 되어 버렸다. 가족들 역시 채집해 온 열매와 씨앗과 가끔씩 사냥해 온 귀한 고기를 나누지 않았다. 그래도 그는 언덕 뒤 산딸기 군락을 종종 갔다. 그 산딸기 언덕은 그에게는 삶의 전부가 되었다. 갓 태어난 아기가 굶어도, 아이들과 아내가 굶주리고 말라 가도 그에겐 산딸기 군락에 가 보는 것이 삶의 전부였다. 달콤한, 풍성한, 향기로운 그 산딸기 즙 생각만 하면 그는 행복했다.

- -

2018년 봄, 아시아의 동쪽 끝 어느 지역. 이제 25살이 된 H양은 눈을 떠서 그때의 일을 생각해 봤다. 엄마 고향인 남쪽 지역에서 엄마랑 오빠랑 7살 때부터 살았다. 아빠는 서울 어딘가에 있다는 데 관심 없다. 기억이라곤 아빠가 엄마의 머리채를 잡고 엄마는 악쓰는 기억뿐. 어느 날 잠을 자는 데 5살 많은 오빠가 나를 만졌다. 엄마한테 말하니 계집애가 몸가짐을 잘 해야 한다며 되레 혼이 났다. 에휴, 내 팔자야… 지겨운 그 소리.

그 후로 거리에서 노는 건 익숙한 일이 되었다. 하루는 중2 무렵에 함께 집을 나온 친구가 엄청 취했는데, 사귄 지 3일 된 오빠의 원룸이 가까워 사정 얘길 하고 친구를 좀 재운다고 일 나간 오빠한 테 부탁했다. 오빠는 서랍을 열지 말라고 신신당부했지만, 친구가 자는 걸 확인한 K는 그 서랍을 열어 봤다. 가루와 주사기들, 태운 흔적들. 화들짝 놀란 H양은 자는 친구를 깨워서 그곳을 서둘러 빠져나왔고, 그 오빠의 모든 연락을 차단했다.

얼마 뒤 찾아온 오빠가 설명하고 싶다며 술을 함께 먹자고 그랬고, 언제나 그렇듯 술 한잔한 후에 모텔에 간 그녀에게 오빠는 팔을 내밀라고 그랬다. 싫다고, 안된다고. 하지만 마음속 한구석 이게 그거구나… 어떨까… 하는 충동이 일었다. 따끔 하고 나서 별다른 느낌이 없었다. 별것 아니다 싶었 는데, 한순간에 왼쪽 뇌 반구가 하늘로 혹~ 날아가 버렸다.

그 후로 H양은 일 삼아 그 오빠를 찾아갔다. 어느 순간 오빠는 주사를 주는 대신 일을 할 것을 요구하기 시작했고, 찾아오는 남자들과 만나면서 H양의 삶은 우리가 아는 대로 흘러갔다. 귀여운 외모의 그녀는 현재, 손님을 골라 받는 이른바 '업소'에서 일하고 있다. 오빠랑은 헤어진 지 오래다. 한 번에 '세 칸'씩이나 하는 그녀에게 더 이상 다른 재미라는 건 사라진 지 오래다. 중간에 아이도 한 번 낳았는데 장애가 있어서 시설로 보냈다. 작년 그 아이가 제주도 해수욕장에서 사고로 죽었다고 연락이 왔다. 어떡할까요? 아이 시신은? 알아서들 하라고 그랬다. 마음? 아픈 게 이런 건가? 감정이 랄 만한 것들이 점점 사라진다.

그녀는 자신이 절대 중독자가 아니라고 생각한다. 언젠가 내가 마음만 먹으면 그만둘 수 있다고 생각한다. 맞아. 난 중독자가 아직 아니니까…….

367

이 이야기들은 중독Addiction에 대한 중요한 몇 가지를 말한다. 중독은 신체적이며 진화에 서 생존에 필요한 것에 기초한다는 점, 그리고 사고의 왜곡과 생활의 기능을 점차 와해시 킨다는 점이다.

원시 시절부터 맛있는 음식을 구할 수 있는 곳이나 방법을 기억하는 두뇌 깊숙한 곳의 기 능을 담당하는 곳, 내가 안전하고 안락하며, 사랑하고 사랑받는 기억들, 맛있는 것을 먹고, 함께하는 모든 기억들이 그곳에 있다. 웬델 베리(Berry, W.)의 소설 〈기억Remembering〉에서 나오듯 그 기억이란 우리 존재 깊은 곳에 있는 공통된 삶의 기쁨에 대한 재참여Re-Membering 이다('불완전함의 영성' 중에서). 중독은 엄마의 젖을 입안 한가득 물 때와 같은, 인생의 가장 처음부터 가장 깊은 내면의 기쁨과 안온감, 영과 육체를 포함한 우리 존재 전체에 함께 자리를 잡는다. 그리고 그 핵심에 있는 것이 바로 '쾌락보상회로', 대뇌 측핵nucleus accumbens에서 복측피개영역ventral tegmental area에 이르는 우리 두뇌의 영역이다.

1953년, 캐나다 맥길 대학교 교수 제임스 올즈(Olds, J.)와 피터 밀너(Milner, P.)는 각성 상태 학습의 영향에 대해 쥐 실험을 하던 도중 두뇌에 심는 미세 전극을 실수로 다른 부위에 심어 놓았다. 그리고 전기 자극을 주자 쥐들은 마치 무언가 좋은 것이 있는 것처럼 그곳을 탐색하기 시작했다.

여기에 영감을 얻은 이들은 쥐가 스스로 스위치를 누르면 전기 자극이 오도록 만들었다. 이들은 스위치를 강박적으로 누르다가 결국 굶어 죽게 되는데, 이렇게 발견된 두뇌의 부위가 쾌락중추, 측좌핵이다. 이곳은 기억, 동기, 학습에 깊이 관여하기 때문에, 우리가 중독을 대한다는 것은 우리 생존에 필요한 핵심을 다룬다는 것을 말한다. 그 핵심에 신경전달물질neurotransmitter 중 하나인 '도파민'이 자리 잡고 있다.

생리적으로 중독자란 어떤 물질이나 행위를 할 때 남들보다 더 쉽게, 더 많은 도파민을 분비할 수 있는 사람들이다. 예를 들면, 스트레스(자극)를 받을 때 술을 한잔하면(행위) 기분이 좋아진다(결과)와 같이 자극-반응-결과로 이어지는 보상학습 체계가 다른 사람들보다 쉽고 강하게 만들어지는 이들인 것이다.

모든 중독 행위/물질들은 처음 기분의 변화를 동반한다. 이렇게 인력으로 어쩔 수 없이 변화되는 행복감을 통제하려는 시도가 곧 중독이라고 볼 수 있다. 중독은 가장 근본적인 수준에서 보자면 행복에 대한 갈망을 통제하고 충족시키려는 노력이다. 중독자들은 특정한 종류의 기분 변화나 황홀감에 매혹된다. 각성, 포만감, 환상 등과 같은 다양한 중독적 황홀감 중 각성과 포만감이 가장 흔하고, 환상은 모든 중독에 포함되어 있다고도 볼 수 있다. 약물, 술 몇 잔을 마셨을 때, 도박, 섹스, 쇼핑, 절도 등을 실행할 때 나타나는 각성은 강렬하고 노골적이고 절제되지 않는 힘이 느껴지고, 자신이 전능하고 공격당할 수 없는 존재처럼 여겨진다. 각성 상태는 힘에 대한 욕구를 직접적으로 자극한다. 그리고 그 전능감을 주는 힘을 다시 느끼려 하면서 점차 의존하게 된다. 각성을 추구하는 중독자는 두려움에 휩싸인다. 그들은 자신이 힘을 상실할까 봐, 또 자신이 실제로 얼마나 무력한지 다른 사람들에게 들킬까 봐 두려워한다. 포만을 통한 황홀감은 고통이나 괴로움의 감각을 마비시키기 때문에 특정 유형의 중독자들에게 각별히 매혹적이다. 그러나 이 황홀감 역시 희미해지고 언젠가는 사라지기 때문에 중독자는 본래 느꼈던 고통에 더해서 즐거웠던 감각을 상실하는 고통까지 겪는 것이다. 포만에 의한 중독자는 결국 더 자주 물질이나 행위를 하게 되고 양을 늘리게 된다.

— 중독의 심리학, 크레이그 네켄(Nakken, C.)

그렇다면 자극과 쾌락에 의한 보상학습이 전부인가? 그렇지 않다. 중독과 회복의 신기한 점이 바로 여기에 있다.

빅터 프랭클(Frankl, V.)은 프로이트(Freud, S.)의 쾌락이론을 비판하면서 "인간은 쾌락을 목표로 할수록 자멸할 수밖에 없다."라고 했다. 그에 의하면 '행복'을 목표 자체로 삼으면 필연적으로 그것을 관심의 목표로 삼게 된다. 그러나 그렇게 되면 그 사람은 행복해야 할 이유를 보지 못하게 될 것이 분명하고, 그러면 행복 그 자체가 사라져 버리고 말게 된다. 즉, 쾌락이나 행복이란 어떤 목적이 아니라 결과로서 이루어지는 것이며, '행복할 이유'가 자연스럽게 행복을 가져오게 된다는 것이다. 그는 인간에게 있어서 행복할 이유를 찾는 것과 같은 어떤 '의미를 찾으려는 의지'야 말로 행복과 쾌락으로 가는 길이라고 설명한다.

이런 프랭클의 분석은 중독자들을 관찰할 때 더욱 많은 부분을 알게 해 준다. 중독 회복자들은 중독 상황에서 쾌락을 추구하면 할수록 가슴의 구멍은 더욱 커져 가고, 결국 기쁨을 위해서가 아니라 겨우겨우 고통스럽지 않기 위해서 중독 행위를 할 수밖에 없게 됐었다고 말한다.

만일 내면의 어떤 '의미에 대한 의지'가 작동하지 않는다면, 집착의 대상을 숭배하게 된 유사 종교 행위, 보상학습의 논리에 의한다면 그렇게 반복적으로 하는 것이 너무나 당연한 이 중독을 포기하는 것은 불가능할 것이다. 그러나 드물지만 그 순환에서 벗어나 있는 중독 회복자들이 실제로 존재하며, 그들을 통해 보여지는 그 '의미'는 모두가 각각 다르다. 어떤 이에게 그 '의미'란 신이 될 수도, 어떤 이에게는 오가는 계절이 될 수도 있다. 빅터 프랭클처럼 수용소 철망에 핀 꽃이 될 수도, 석양에 떠오른 아내의 얼굴이 될 수도 있는 것이다.

이 의미에의 선택이 바로 그가 얘기한 "자극과 반응 사이에 공간이 있다. 그리고 그 공간에서의 선택이 우리의 삶의 질을 결정한다."일 것이며, 동양의 지혜가 말하는 '마음챙김'일 것이다. 그 핵심은 바로 '바라보는 것을 통한 영성의 체험'이며, 조망의 획득, 수용, 거리 두기, 내려놓기 등 여러 용어로 설명되고 있다. 그중 가장 유명한 것이 바로 '바닥치기Hit the Bottom'이다.

중독의 영향

일단 중독이 진행되면 다음의 4가지 영역에서 '만성적이고 진행되며 치명적인' 손상이 일어나게 된다. 그것은 바로 신체Bio, 마음Psycho, 사회Social 마지막으로 영적Spiritual 영역에서의 손상이다. 중독은 인간을 구성하는 '전체'에 파괴를 일으킨다.

　신체에 있어서는 너무나 잘 알려져 있다. 여러 기관에 문제를 보이나, 결국 신체적으로 중독이란 '뇌의 질환'이다. 정신적 측면 역시 사고, 정서, 성격 등 모든 측면에서 총체적인 난국을 나타내게 된다. 크레이그 네켄에 의하면 중독은 3단계를 거치면서 심화된다. 그 첫 단계가 바로 행동의 변화 이전에 형성되는 '중독적 성격'이다. 이것이 마치 빙의되듯 점차 심각해지면서 기존의 인격과 갈등을 빚다가 결국 전체를 차지하게 된다. 이 '자아의 상실'을 지킬 박사와 하이드를 인용해서 정확하게 설명하고 있다.

> 처음에는 지킬의 몸을 벗어 버리는 것이 어려웠지만 최근에는 점점 더 확실히 반대 양상이 나타나기 시작했다. (중략) 나는 본래 가지고 있던 더 나은 자아를 서서히 잃어버리면서 두 번째이자 더 나쁜 자아에 점점 융화되기 시작했다.

　이러한 성격이 형성되고 점차 자리를 잡아 가고 주도권을 행사할 때(중독 행위를 할 때)가 잦아지면 잦아질수록 중독자는 다음과 같은 순환 과정을 거치게 된다.

> 괴로움 - 중독 행위나 물질을 할 욕구 자각 - 실행을 하고 난 후 기분이 나아진다 - 실행을 한 것에 대한 자책 등으로 더욱 괴로워진다 - 무한 반복
>
> 　　　　　　　　　　　　　　　　　　　　　　　　　　-중독의 심리학

　이 실패의 반복을 통해 수치심이 내적으로 형성되며 지배해 나가게 된다. 통제를 시도하지만 누구나 실패할 수밖에 없다. 중독은 깊은 곳에 뿌리를 내리고 있기 때문이다. 이제 수치심은 그의 존재 전체에게 영향을 미치게 된다. 이를 견디기 위해 중독자는 마치 아기와 같은 지독한 '자기중심성'을 형성한다. 정서적으로는 양육 대상이 사라진 유아와 같은 불안과 우울을 지닌다. '사고' 측면에서는, 치유-회복적 측면에서 접근할 때 가장 부딪히게 되는 중독의 대마왕, 바로 '부정'이 대표적인 특성으로서 나타나게 된다. 이 부정denial은 수치심에 기반한다.

　부정denial을 대장으로 이를 뒷받침하기 위해 남 탓하는 '투사projection'와 술이나 도박, 약물을 하게 만드는 다양한 핑계를 만들어 내는 합리화rationalization를 통해 중독자는 내가 중독자가 아니라는 신념을 만들어 낸다. 실제로 중독상담에 있어서 가장 어렵고 회복의 출발점 거의 대부분을 차지하는 것은 이 사고의 왜곡을 넘어서 자신의 문제를 인정하는 '병식

Insight'을 지니도록 돕는 것이며, 그 나머지가 회복 유지와 재발 방지이다.

사회적 측면에서 중독은 가족과 사회관계 두 가지를 손상시킨다. 그리고 마지막으로 오늘의 주제인 영적인 측면에서의 손상을 만들어 낸다. 다음의 일화를 보자.

남쪽 해안 지방에서 태어난 52세 Y씨. 일찍이 아버지의 음주 폭력을 피해 가출했고, 험한 생활을 하다가 20대 중반쯤 일제 단속을 피해서 제주로 내려왔다. 이곳에서 소개받아 하게 된 뱃일. 30대에 접어들 무렵, 동네 아가씨까지 소개받아 가정을 이뤘고 자녀도 두었다.

착실하게 일하던 Y씨는 겨울 파도가 높아지는 때면 동네 사람들과 모여 술 한잔씩을 하곤 하였다. Y씨의 어릴적부터 다짐은 '나는 절대 아버지처럼 되진 않을 거야.'였지만, 결국 배를 타는 날들이 점차 줄어들었다. 매일 마시는 술 그리고 자신이 집만 비우면 최씨 가게 쪽을 바라보며 눈웃음 짓는 것 같은 아내. 아내가 무슨 소리냐고 펄쩍 뛰면 뛸수록, 저것이 내가 돈을 안 벌어 와서 우습게 본다며 때려 부수고, 아내를 때리고, 말리는 딸아이 머리채를 휘감았다. 다음날이면 유리 파편과 함께 박살 난 문짝을 보면서 "미안하다. 다신 안 그럴게."라고 사과하고, 오후엔 다시 만취해서 때려 부수고 패는 일이 반복되었다.

견디다 못한 아내와 딸에 의해 정신병원에 강제로 두 달간 입원당한 Y씨는 그 후로도 4차례 강제 입퇴원을 반복했었다. 알코올 중독… 결국 간경화 말기 판정을 받고 서울의 큰 병원에서 17세 된 아들의 간을 이식받았다. "아빠, 다신 술 안 먹을 거지?" "응. 내가 술 마시면 개다……."

간 이식 수술 후 퇴원하는 날, 병원 정문 앞 편의점에 들어가서 가족들 눈앞에서 마치 보란 듯이 소주 2병을 들이켰다.

"어떻게 이럴 수가 있어……?"

"나보고 알코올 중독이라며? 왜? 중독자가 술 마시는 게 이상해?"

절로 이런 말이 나올 것이다. "나쁜 놈……." 이 글을 읽은 많은 사람과 마찬가지로 흔히 중독자는 나쁜 놈으로 인식된다. 중독자들이 수많은 사람으로부터 수천 번을 들어 왔던 말은 '어떻게 저럴 수가' '나쁜 놈' '의지가 약한 인간' '이해할 수가 없어' 등 비난하는 말들이다. 그들이 여기에서 버티기 위한 방법은 자신의 중독 사실을 부정하는 방법뿐이다. 부정으로 현실을 왜곡하는 것이 일시적으로는 효과가 있는 것처럼 느껴진다. 그러다가 점차 앞의 일화처럼 행위와 일상에서의 통제 불능이 나타난다. 알코올 중독자가 술 마시는 것이 뭐가 이상하냐는 얼핏 듣기에 맞는 것 같은 희한한 논리가 등장하다가, 결국엔 그것마저 무너져 내리게 된다.

기분의 변화를 주었던 중독 행위는 더 이상 기분을 변화시켜 주지 못한다. 인체는 도파민 수용기의 숫자를 줄여 버리기 때문에 아무리 잦은 횟수, 아무리 많은 양을 쏟아부어도 더 이상 기분이 좋아지지 않는다. 이제는 핑계조차 대지 않고 중독 행위에 몰입한다. 술병을 숨기거나 도박장 출입을 비즈니스라고 핑계 대는 등의 모습은 사라진다. 신체적·정서적 이상이 생기고, 모든 관계에서 고립돼서 틀어박힌다.

이 단계부터 혼자의 힘으로는 중독에서 빠져나올 수 없는 상황이 된다. 이때 일어나는 것이 바로 '영적인 죽음'이다. 완전하고 전방위적으로 '존재'가 무너져 내리게 된다. 그것도 매우 빠른 속도로. 인간을 다른 짐승들과 구분시켜 주는 특징들, 인간 내면에 자리 잡고 있는 신의 모습들이 바로 영성이다. 이 영성의 파괴가 중독 말기의 주요한 양상이다.

> 영적이란 단어에는 세상과 의미 있는 방식으로 연결되어 있다는 뜻이 들어 있다. 그 정의에는 자신의 체험에서 의미를 뽑아낼 수 있는 능력이 포함된다. 자신이 세상에 소속되어 있으며 세상의 중요한 한 부분을 이룬다는 느낌은 중독이 진행되면서 상실된다. 자기 자신과 자신의 가치를 안다는 느낌이 점점 더 멀리 사라진다.
>
> 중독은 영혼의 질환이다. 누구나 다른 사람의 영혼과 연결될 수 있는 능력을 가지고 있다. 중독은 자아에 가해지는 공격이며, 중독으로 고통받는 사람의 영혼에 대한 직접적인 공격이기도 하다. 사람의 영혼이 생명을 지탱한다. 그러므로 중독은 영혼의 죽음으로 이어진다.
>
> 중독이 오래 진행될수록 그 사람은 점점 더 영적으로 고립된다. 이것이 중독에서 가장 무섭고도 슬픈 부분이다. 중독 행동의 실행이 점점 더 중요해지면서 석양, 미소, 웃음, 타인으로부터의 격려, 그 밖에 영혼을 살찌우는 다른 것들은 의미가 없어진다.
>
> – 중독의 심리학

> 이것은 사랑과 악, 아름다움이 존재하듯 분명히 존재한다. 삶은 우리의 '소유가 아니며 우리의 업적도 아니다. 다만 우리가 무엇이고, 어떻게 존재하며, 누구인가 하는 것이며, 그러한 존재함be-ing 이야말로 진정한 활동일 것이다. '사랑'이 그러하듯 영성도 우리가 '존재'하는 하나의 방식 혹은 길이다.
>
> – 불완전함의 영성

중독은 우리 내면과 우리의 관계 모두에 대해 우리가 '존재'하는 자체를 파괴한다. 동물과 우리를 구분 지어 주는 특징을 파괴한다. 신체와 정신 그리고 우리 존재 자체에 대한 파괴가 일어나는 것이 바로 중독의 마지막 모습이다.

앞서 아들의 간이식 수술을 받은 Y씨의 경우, 술과의 관계 이외에 그의 존재 그 무엇도 남아 있지 않다. 39세에 알코올성 치매에 걸린 K씨는 병원 입원 생활을 직원 연수라고 석 달째 믿고 있다. K라는 한 집안의 가장이자 5살, 12살 두 아이의 아빠인 그의 존재는 지금 어디에 있는가? 결국 중독은 대개 마지막에 와서 존재라는 측면에서 한 사람을 지워 버리는 '영적인 파괴'로 마무리 지어진다.

중독의 회복

중독에 '완치'란 없다. 한번 중독된 두뇌는 예전으로 돌아가지 않는다. 20년을 안 하다가 다시 하면, 몇 달 만에 예전이나 예전보다 못한 상태로 되돌아가게 된다. 그래서 중독에는 완치가 아니라 '회복 중'이라는 표현을 쓴다.

중독치료는 입원, 투약 등의 의학적 조치를 기본으로 한다. 이것은 많은 사람이 오해하고 있는 것처럼 의지로 되는 일이 아니다. 왜냐하면 뇌 안의 화학물질의 변화와 함께 물리적인 변형이 동반되기 때문이다. 그러나 의지가 없는 의학적 치료만으로는 또한 해결이 되지 않는다는 점에 중독 회복의 또 다른 어려움이 존재한다. 앞서도 설명했듯이 중독이란 질병은 신체-정신-사회-영성이라는 인간 존재 전체 영역에 파괴적인 손상을 입히는 질병이기 때문에 회복 역시 전방위적으로 이뤄져야 한다. 중독은 결국 자신을 이루는 신체-정신-영적 복합체와 자신 또는 타인과의 관계의 단절이며, 회복이란 자신과 자신, 자신과 타인의 관계의 회복이기 때문이다.

20C 초에 실행되었던 주요한 중독 관련 생쥐 실험에서, 우리에 한 마리씩만을 두고 코카인이 든 물과 그냥 물을 두었을 때 쥐들은 코카인이 든 물만 강박적으로 마시면서 빠른 속도로 스스로를 죽여 나갔었다. 이것이 중독물질의 화학적 결합에 대한 증거로서 그동안 사용되어 왔었다. 중독은 생리적 노출이 원인이라는 생각이 바로 그것이다.

그러나 캐나다 벤쿠버 대학교의 브루스 알렉산더(Alexander, B. K.) 교수는 이 환경에 대해서 의문을 가지게 되었다. 그리고 이루어진 그의 실험이 속칭 '쥐 공원Rat Park'이라는 것이었다. 비좁고 삭막한 우리에 둔 16마리의 쥐와, 많은 양의 다양한 치즈와 놀이 시설, 많은 친구와 함께 놀거나 짝짓기를 할 수 있는 넓고 쾌적한 환경이 있는 '쥐 공원'에서 살게 된 16마리의 쥐를 비교해 본 실험 결과, 쥐 공원의 쥐들은 모르핀이 든 물에는 관심을 보이지 않았다.

충동적으로 먹는 쥐는 거의 없었으며, 강박적으로 그 물만을 먹는 쥐도 단 한 마리도 없었다. 즉, 혼자 두었을 때는 거의 100%의 남용을 보이다가 함께 두자 0%의 남용률을 보였던 것이다. 나머지 반대편의 16마리 쥐에게서는 반대되는 결과가 나타났다. 여기까지가 세상에 잘 알려진 이야기이다.

이후 연구 팀은 무려 57일 동안, 이번엔 두 종류의 우리 모두에게 모르핀만 들어간 물을 제공했었다. 결과는 당연히 두 종류의 우리에 사는 쥐들 모두가 중독이 되었다. 그리고 57일 후 다시 모르핀 물과 그냥 물 두 종류를 함께 제공하기 시작했을 때 놀라운 결과가 나타났다. '쥐 공원'의 쥐들은 모르핀 물보다 순수한 물을 더 많이 마시기 시작한 것이다!

이것은 쥐들만의 이야기가 아니다. 마침 비슷한 시기에 인간에게도 비슷한 대규모 사회적 실험이 일어나게 되었다. 베트남전쟁에서 미군들은 전쟁의 공포를 잊기 위해 광범위하게 마약류에 노출되었었다. 참전 군인 중 20%가 헤로인을 복용하고 있었고, 뉴스를 보던 미국인들은 종전이 되면 수십만의 중독자가 거리를 활보할 것이라고 걱정했었다. 그리고 종전을 맞게 된 후 막상 그들이 돌아오고 나서의 조사에서, 헤로인을 사용했던 대부분의 참전 군인들이 금단 증상조차 겪지 않았으며, 95%의 사람들이 그냥 약물을 끊었던 것으로 나타났다. 추적 종단 연구 결과, 그들은 가족과 친구들에게로 돌아갔다는 것이 드러났다.

374

왜 영적인 치료가 중독에서 필요한가?

산이 높으면 골이 깊은 것과 마찬가지로, 중독이 주는 황홀감은 삶에서 오는 여러 가지 고통을 막아서는 일종의 유사 전능감을 제공해 준다. 네켄은 우리가 자연스럽게 초월을 갈망하기 때문에 이렇게 황홀감에 이끌리는 것이라 설명하고 있다. A.A의 설립자 빌(Bill, W.)의 말대로 중독자는 '일종의 신'이 되고자 하는 것이다. 중독자는 전적인 '자기통제'를 추구하는 사람들임을 역설적으로 이해해야 한다. 잠깐 왔다가 사라지는 유사 전능감, 마치 신이 된 듯한 '비로소 이제야 온전해진 느낌'은 대개의 중독자가 말하는 가슴이 뻥 뚫린 느낌, 공허감을 채워 준다.

그러나 반드시 사라지고야 마는 이 유사 전능감은 중독 상황에서 해결되지 않은 원래 가지고 있던 삶의 고통에 덧붙여서, 즐거움이 사라지는 고통, '이별의 고통'까지 만들어 낸다. 온전히 신과 연결되고자 하는 인간으로서의 갈망, 불완전한 존재로서 완전하고 싶어하는 인간의 한계를 극복한 유사한 느낌을 중독은 반복적으로 주고 다시 뺏는다.

제럴드 메이의 말처럼, 결국 중독자들이 내적으로, 열광적으로 추구했던 것은 잃어버린 부분, 신과의 연결, 전체와의 연결감, 영성의 회복이며, 이것을 왜곡되고 잘못된 방향으로 추구하고 있는 것이다. 그렇기 때문에 영적인 회복이 중독에 있어서 중요한 것이다. 자신을 인간으로 구분해 주는 신을 닮은 모습과의 재연결, 이것이 바로 영적인 회복이다.

12단계

중독의 역사에서 1935년은 주목할 만한 한 해이다. 앞서 언급한 롤랜드 H는 회복을 하면서 또 다른 절망적인 중독자였던 에드윈 T. '에비'를 감화시켰다. 바로 이 '에비'가 A.A의 창립자였던 빌과 만나게 된다.

옥스퍼드 그룹의 종교 배타성에 실망감을 느낀 극심한 알코올 중독자이자 무신론자인 빌은 어느 순간 '종교와 무관한' 완전한 포기에 의한 무한한 현존과 빛의 경험을 한다. 빌은 이 경험에 의해 비종교적인 '위대한 힘'에 의지해 술을 끊는 데 성공했고, 친구 에비가 반복적인 재발과 단주를 하며 고통스럽게 죽음을 맞이한 이후에도 죽을 때까지 단주에 성공한다.

빌은 이 경험을 통해 중독의 회복을 시작하는 데 있어서 '자신의 상태의 가망 없음'이란 주제에 대한 설득이 필요하다는 것을 발견하게 된다. 이후 애크론의 외과 의사이며 역시 중증의 중독자였던 봅(Bob, S.)과 만나 자신의 방식으로 회복을 도우면서 '익명의 알코올 중독자들Alcoholic Anonymous: A.A'의 공동 설립자가 된다. 이때가 바로 1935년이였으며, 이 해부터 인류 최초로 수백만 단위의 중독 회복자가 나타나기 시작한다. A.A는 무엇보다 중독으로부터의 회복을 위해 '영성'이 필요함을 주장하면서 인간 본연의 불완전함에 대한 인정과 수용에서 답을 찾았다. "무엇보다 먼저 우리는 신 행세하기를 그만두어야 한다."라고 『익명의 알코올 중독자들Bog Book』에서 제안한다. 이러한 통찰에 따르면, 알코올 중독자(또는 모든 인간)가 알코올(또는 다른 약물이나 섹스, 돈, 물질의 소유, 권력, 특권)이 거짓으로 약속한 평온과 평화를 얻을 수 있는 유일한 길은, 우리가 신 행세를 그만두고 자신의 실수와 결점을 받아들이는 것 그리고 자신의 삶의 모든 영역을 스스로 조절할 수 없다는 사실을 인정하는 것이다(불완전함의 영성, 2009).

이 A.A의 초창기 창립자들이 주목한 부분이 바로 '위대한 힘'에 대한 항복을 통한 자기중심성의 포기, 정직, 겸손, 인내와 같은 특성의 성장과 이를 통한 '영적인 회복'이다. 이 경험을 담아 1939년 출간한 『익명의 알코올 중독자들Aicoholic Anonymous』(통칭 Bog Book)에서 이 덕목들은 12단계12steps로 요약되어 있는데, 이것이 바로 12가지의 권장되는 덕목들, 바로 '12단계'이다. 이것은 중독 회복에 있어 일종의 '성서'로서 그 효과가 지난 시간 동안 검증되어 왔으며, 알코올뿐만 아니라 도박G.A, 약물N.A, 섹스나 관계, 일중독 등의 남용 및 회복자 모임을 아예 12단계 모임이라고 부를 정도로 치료 원리로 보편화되었다. 또한 중독 가족이나 자녀들 역시 이 원리에 따라 자조 모임을 구성하고 있다. 이 12단계는 다음에 나올 12단계 촉진치료와 함께 다루겠다.

한국형 12단계 촉진치료

12단계 촉진치료Twelve Steps Facilitation Therapy는 중독자들로 하여금 A.A 12단계 중 첫 3단계의 목표를 달성하도록 촉진시키는 치료 프로그램이다. 즉, 알코올 중독 환자들은 음주 조절이 되지 않는다는 사실을 부정하고 있으므로 조절 능력 상실과 자신의 술에 대한 무기력함을 인정하고 어떤 위대한 힘에 대한 믿음을 통하여 포괄적이고 근원적으로 다시 회복해야 한다는 것이다. 알코올 중독을 하나의 일탈된 행동과 왜곡된 성격에 의한 것으로 간주하며, 그래서 치료는 단순한 단주 유지가 아니라 전반적인 행동 양식의 변화가 수반되어야 하는 끊임없는 회복 과정Recovery Process이라고 생각한다. 환자들의 영적Spiritual 변화를 촉구하며, 음주를 포기한 환자들이 결국 단주만이 유일한 대안이라는 사실을 받아들이도록 유도한다. 치료 프로그램은 매 시간마다 구체적 의제를 가지고 교육하고 토론하도록 구조화된 12주간 12회의 치료 시간으로 구성되어 있다. 환자들은 구체적인 실천 사항을 개인 일지에 기록하도록 권고된다. 물론 치료 프로그램을 완수한 이후에도 지속적으로 A.A 모임 참여가 필요하다. 이러한 12단계 촉진치료TFT는 집단상담과 교육, 독서치료가 결합된 형태로 이루어진다. 개인적 경험들에 대한 나눔과 전문적 촉진자와 각자 서로에 대한 조언, 그리고 생활 속에서 해당 회기의 주제에 걸맞은 나눔이 이루어진다.

프로그램이 진행되는 동안의 개인적 헌신과 약속을 지킬 것을 다짐하는 참여 동의서를 작성한 후 주 1회, 통상 1~2명의 촉진자와 10여 명의 중독자가 모여서 진행하며, 만일 재발할 시에는 자발적인 입원 해독치료를 받고 다시 모임으로 복귀하도록 권장한다.

일반적인 진행 순서는 다음과 같다.

1. 촉진자의 시작 선언과 A.A 모임의 '평온함을 청하는 기도': 종교와 무관하며 강요되지 않는다.
2. 오늘의 단계와 자료를 읽고 함께 나누는 시간: 매뉴얼, 보조 자료, 척도집 등을 사용한다.
3. 촉진자의 조언
4. 휴식
5. 오늘의 단계와 자료를 읽고 나누는 시간(이때 단계의 실천적 생활 나눔의 시간): 중독 회복 중인 선배들과의 경험, 실천 방안 나눔
6. 촉진자의 조언
7. 촉진자의 마침 선언과 마침 기도

한국형 12단계 촉진치료의 실재

12단계 촉진치료 모임에 참석하기 위해서는 정직, 겸손, 수용과 비밀의 보장과 매일의 기도와 명상이 기본적으로 요구되며 주 1회, 각 단계별로 매회기 2시간 정도의 집단 모임이 이루어진다. 각 회기별로 12단계와 관련된 주 의제들이 설정이 되어 있고, 이와 관련한 활동이 이뤄진다. 각 회기별 요약 과정은 다음과 같다.

377

I 회기. 성찰, 수용의 단계

"당신의 지난 삶들을 돌아보고 성찰하는 시간을 가지십시오."

1단계: 우리는 알코올에 무력했으며, 우리의 삶을 수습할 수 없게 되었다는 것을 시인했다

정신과 의사 스캇 펙은 중독을 신성한 질환이고 중독을 극복한 사람들은 인간의 더 깊숙한 본성을 지니게 된다고 여겼다. 그는 "중독은 강력한 갈망을 갖게 되는 상태로, 우리는 이 갈망을 술에 내어 주는 것이다. 하지만 이 강력한 갈망에 맞대응하고 우상에 팔아넘기지 않으면 새로운 현실을 보게 된다. 중독은 우상 숭배의 하나이다."라고 했다.

이는 중독만큼 동물과 신의 중간자로서의 인간을 잘 보여 주는 질병이 없다는 뜻이기도 하다. 그 자신 역시 심각한 알코올 중독자였던 A.A의 창립자 빌은 "살고 싶다면 영혼의 기초를 찾아야 합니다. 그렇지 않으면 우리는 죽을 것입니다."라고 하였다. 술을 끊기 위해

영혼의 기초를 찾으라는 것은 도대체 무슨 얘기인가?

극적인 자기중심성에서의 탈피와 중독에서의 회복은 같은 의미나 다름없다. 인간으로서의 자기 밑바닥을 확인하는 것, 전방위적인 죽음과 희망 없음을 확인하는 포기의 순간을 '바닥치기Hit the Bottom'라고 한다. 그러나 삶에 대한 포기가 아니라 중독으로 이끌어 왔던 '자기'에 대한 포기이다. 여기서 극적인 전환이 일어난다.

이제 더 이상 갈 곳이 없는 바닥으로서의 인간이, 마치 인간으로서의 예수가 이 잔을 내게서 거두어 달라는 자기중심의 욕구에서 아버지의 뜻대로 하시라는 온전한 의탁으로의 전환, 죽음을 받아들일 정도의 온전한 자기포기가 이루어질 때 중독에서 회복의 싹은 피어나기 시작한다. 포기, 그것도 완전한 항복으로서의 포기와 그에 대한 수용을 통해서 죽음이 삶으로서 전환되는 일종의 변용이 나타나게 되는 것이다.

A.A 12단계 중 제1단계는 모든 12단계와 마찬가지로 선언이 아니라 치밀한 과거 경험에 탐색을 통한 진솔한 자기고백이다. 12단계란 바로 '중독을 벗어난 용사의 모험담'이다.

첫 회기에서는 12단계 중 제1단계를 다루고 각자의 경험담을 듣는다. 이 고백은 중독 회복에 있어서 가장 중요한데, 그것이 바로 자신이 통제할 수 있다는 그릇된 믿음에 대한 포기이다. 중독의 회복에 있어서 중독 사실의 인정이 얼마나 중요한지에 대해 나누고, 중독 회복 경력자들의 초기 회복자들에 대한 조언이나 실천 방안 등을 구체적으로 듣고 촉진자가 조언을 덧붙인다. 영적인 성장을 위해서 자기포기의 중요함과 포기를 통한 새로운 채움에 대해서 나누기도 한다. 또한 자서전을 써 보는 것의 중요함과 의미에 대해 나눈다.

아울러 각종 보조 자료를 통해 '교육'이 이루어지는데, 중독이란 모든 질병을 통틀어서 유일하게 '교육'이 강력한 치료 효과를 발휘하는 분야이기 때문이다. 자신의 상태에 대한 객관적 자료들을 접하게 되면서 보다 깊은 차원의 자기관찰이 이뤄지게 된다.

II 회기. 자가진단의 단계

"자가진단을 통해 자신의 문제점을 알아보자."

2단계: 우리보다 위대하신 힘이 우리를 본정신으로 돌아오게 해 주실 수 있다는 것을 믿게 되었다

'위대하신 힘'에 대한 각자의 경험을 다룬다. 종교적 의미보다는 자신의 중독적 자기중심성을 깨부술 수 있는 무조건적인 '항복'의 대상으로서, 각자의 주관적인 '위대하신 힘'에 대해서 각자 나누게 되는 시간이다. 많은 경우 종교적 대상을 꼽기도 하나, 또 다른 많은 경우 각자의 배우자, 부모, 친구, 성직자나 상담자, 촉진자나 후원자 등의 말을 수용하기 시작하는 것을 '위대하신 힘'으로 꼽기도 한다. 즉, 1단계에서 자신의 삶을 통제할 수 없다는 철저한 인정을 한 이후 '방향을 잘못 잡은' 자기의지의 '완전한' 포기와 대체를 선언하는 순간이다.

아울러 중독 관련 척도검사를 시행하여 자신의 현재 상황에 대한 이정표를 마련하는 회기이기도 하다. 중독 척도AUDIT-K 등와 변화동기자원 평가SOCRATES검사 등을 스스로 해 보고, 다 함께 이를 알아가는 상황에서 다시 한번 자신이 중독과 관련한 삶의 통제 능력을 잃었음을 수용하고 항복할 수 있도록 촉진자와 동료 회복자들과의 나눔을 통해서 도움을 받는다.

Ⅲ회기. 항복, 선택의 단계

"당신이 알코올, 약물에 중독되었음을 인정하고 회복의 길을 선택하십시오."

3단계: 우리가 이해하게 된 대로, 그 신의 돌보심에 우리의 의지와 생명을 맡기기로 결정했다

의지와 생명을 맡길 정도의 '항복'만이 회복으로 나아가는 길이라는 수용과 해방의 역설을 다룬다. 모든 회기와 마찬가지로 집단상담과 교육, 경험 나눔들이 이루어지는데, 특히 3회기의 주제인 항복에 있어서 선배 중독 회복자들이 말해 주는 자신의 '바닥치기' 경험과 '자신만의 위대한 힘'에 대한 수용과 항복의 실제 생활에서의 이야기들이 큰 힘을 주는 회기이다.

> 절벽에서 실수로 떨어지던 어떤 사람이 떨어지는 도중 필사적으로 팔을 내젓다가 나뭇가지를 하나 잡고 매달리게 되었다. 위로 기어올라 가는 것은 불가능하고 떨어지면 나락인 절체절명의 상황에서 그는 간절히 기도했다.
>
> "하느님, 제발 도와주세요."
>
> 그러자 놀랍게도 응답이 왔다. "그래, 알겠다. 그 손을 놓아라."
>
> 그는 아래를 내려다보고 손을 더욱 움켜쥐었다. "하느님, 뭔가 오해하신 것 같은데 손을 놓기엔 너무나 높습니다. 손을 놓으면 저는……."
>
> "손을 놓거라."
>
> 잠시 침묵을 지키던 그는 소리 높여 외쳤다.
>
> "그 위에 혹시 다른 분 안 계신가요?"

379

중독자들의 특징 중 하나가 바로 자신을 해치는 중독 행위에 대한 '집착'이다. 마치 절벽에서 가지를 움켜쥔 손처럼 그것만은 놓지 않으려 애를 쓴다. 무엇인가에 매달리는 한 속박에서 벗어나 '해방'을 누릴 수 없다. 중독자들 역시 이것에 대해 알고 있으나 놓기를 거부한다. 이러한 수용과 항복을 통한 해방의 역설을 위해 12단계는 지속적인 덕목의 실천을 통한 수행을 하도록 한다.

중독 질환이 한번 시작되면 완치란 없기에 중독 행위의 중단 상태를 지속적으로 유지하는 것만이 유일한 방법이며, 중독 행위의 중단 상태를 유지하는 기초 중의 기초는 바로 자신이 조절할 수 있다는 생각의 포기, '중독적 자기'의 포기이다.

Ⅳ회기. 자기분석의 단계 1

"중독 인격을 검토하고 새로운 정체감을 형성하십시오."

4단계: 철저하고 두려움 없이 우리 자신에 대한 도덕적 검토를 했다

이번 회기에서 다루게 되는 것은 자기분석이다. 12단계 덕목에서 '술'이 나오는 것은 제1단계뿐이다. 12단계에서는 중독 물질이나 행위를 하게 된 것을 '성격적 결함'의 결과가 드러난 것으로 본다. 따라서 회복을 위해 성격적 결함에 대한 자기분석을 하게 된다. 단순한 중독 행위의 포기만으로 회복은 불가능하며 언제든 재발할 수 있기 때문에, 특별한 이번 회기에서 모인 멤버들은 자신의 비도덕적인 특성에 대해서 미세하고 면밀하게 관찰하면서 그것을 언어로써 개방한다.

회복에 있어 가장 중요한 무기는 '정직'이다. 철저하고 담백한 정직을 바탕으로 진솔한 자기고백을 촉진하며, 다른 회복 멤버들의 고백을 들으며 몰랐던 자신을 알게 된다. 결국 중독 행위란 자기성격적 결함의 결과였을 뿐이며, 한 나무에서 열리는 무수한 꽃과 같이 크고 작은 자신의 잘못된 행위와 생각들은 그동안 진짜 자신인 줄 착각하고 살아온 '중독적 인격'의 표현이었다는 것을 깨닫게 된다.

Ⅴ회기. 자기분석의 단계 2

"자기장애를 검토하고 새로운 정체감을 형성하십시오."

5단계: 우리의 잘못에 대한 정확한 본질을 신과 자신에게, 그리고 다른 어떤 사람에게 시인했다

중독의 특징인 사고의 왜곡에 관해 주로 공부하게 되는 회기이다. 부정, 투사, 합리화와 함께 또 다른 중독적 사고의 틀을 이루는 방어기제들을 각자의 현실 경험을 바탕으로 공부한다.

부정denial 등 중독적 사고는 결심만으로 쉽사리 사라지지 않는다. 이 단계에서 중독적 사고의 특성과 중독자들의 공통된 특성인 '심각한 자기중심성'을 만들어 내는 자기애성 성격장애에 대한 정보를 제공받고 나누게 되며, 필요한 경우 자기애성 성격장애 등의 진단 척도를 동원해서 표면으로 자기의 결함들이 나오도록 돕는다. 12단계 촉진치료의 바탕에 깔린 겸손과 정직이라는 집단의 특성은 부정을 보다 쉽게 해체시키고 병식의 형성을 용이하게 만들어 준다.

중독 재발의 씨앗이 될 자기결함마저 인정하고 그것의 유지를 포기하는 것이 이번 회기의 주된 주제이다. 또한 그러한 자기결함들이 생기게 된 성장 배경 등에 대한 관심과 인식이 생기게 되는 시간이기도 하다. 이를 위해 각종 심리학적 연구 결과들과 척도검사들이 사용된다. 12단계 촉진치료의 철학적 배경은 영성과 실용주의이다. 따라서 중독 회복에 도움이 될 수 있는 모든 것들을 사용할 수 있는 만큼 사용하고 실질적인 도움을 추구한다.

Ⅵ회기. 화해, 용서의 단계

"당신 자신을 용서하고 타인과 화해하십시오."

6단계: 신께서 이러한 모든 성격상 결점을 제거해 주시도록 완전히 준비했다

앞서 찾아낸 각자의 결함들 역시 자신의 모습이라는 것에 대한 수용과 용서 그리고 통합을 위해 회기를 진행한다. 또한 모든 자기 삶의 파괴적인 장면들에는 공통적으로 자기 자신이 있었음을 자각하고 타인과의 화해를 실천하도록 한다. 성격 차원에서의 자기검토와 이번 회기에서 회복탄력성을 교육하고, 남김없이 용감하게 자기의 결점들에 도전하도록 촉구한다.

Ⅶ회기. 각성의 단계

"당신의 도덕관과 가치관을 검토하십시오."

7단계: 겸손하게 신께서 우리의 단점을 없애 주시기를 간청했다

도덕관과 가치관을 검토하도록 한다. 이것을 위해서 분노, 화, 공포심, 후회와 연민을 증상으로서 다루게 된다. 이제까지의 회기, 앞으로 남은 회기들과 마찬가지로 수용과 겸손의 태도를 지향하면서 각자의 과거, 최근의 경험담을 나누면서 이러한 주제 부분에 대한 검토를 해 나간다. 앞서의 성격적 결함들과 마찬가지로 자신의 도덕과 가치관에 대해 개방하면서 언어화해서 내놓게 된다.

Ⅷ회기. 지혜의 단계

"온전한 자아를 선택하십시오."

382

8단계: 우리가 해를 끼친 모든 사람의 명단을 만들어서 그들 모두에게 기꺼이 보상할 용의를 갖게 되었다

이제까지 이뤄져 왔던 자기이해를 바탕으로 자기완성을 지향하는 단계로 나아가게 된다. 부족한 것들에 대한 보완의 방법으로서 자기분석, 종교적 가르침들, 명상과 수행의 방법들이 제시되는데, 촉진자의 경험과 매뉴얼, 보조 자료로 역시 이뤄진다.

아울러 오래된 회복 멤버들이 나누는 실용적 방안들, "이렇게 했더니 나는 달라졌다."와 같은 실질적 도움들이 함께 제공된다. 예를 들면, "처음에 위대한 힘 어쩌고 그러는 게 정말 나는 와닿지 않았었다. 그냥 좋다니까 그럼 눈 딱 감고 삼 일만 마누라 하자는 대로 해 보자 마음먹었었다. 처음엔 반나절도 하기 어렵더니 조금씩 늘어나서 벌써 십 년이 되었다. 나에게 위대한 힘은 아내였다. 신기하게도 점차 화나는 일이 줄어들고, 그러더니 몇 년 지나니까 아내의 얼굴이 제대로 보이기 시작하는데, 정말 제대로 한 번도 얼굴을 본 적이 없었구나 싶었다. 내 진짜 회복은 그때부터 시작이다."라는 단주 회복 10년 차 한 멤버의 경험 등이다.

회복은 결과가 아니라 회복하고자 하는 마음이 지속되는 상태라는 말이 있다. 부족한 자기에 대한 이해를 통해서 완성을 지향해 나가는 평생의 과정에 대한 나눔이 이번 회기에서 진행된다.

Ⅸ 회기. 치료 원칙의 단계

"타인의 경험과 전문 교육 속에서 지혜를 구하십시오."

9단계: 어느 누구에게도 해가 되지 않는 한, 할 수 있는 데까지 어디서나 그들에게 직접 보상했다

이번 회기에서는 실질적 치료 원칙과 실행 방법을 다룬다. 특히 회복에 있어서 영성의 중요함과 그를 통한 중독에 있어서의 전인적 치유가 일어남을 교육하고 나눈다. 또한 자기가 살아오며 미친 크고 작은 피해에 대한 직접적인 보상과 실천을 강조한다. 영성은 생각이 아니라 과정과 행위에 머물기 마련이기 때문이다.

중독에서 얘기하는 영성이란 '불완전함의 영성'이다. 그 영성은 인간의 내적 불변성, 즉 본질적인 불완전함이라는 기본적이고 생래적인 인간의 결함에 대한 것이므로 영원하고 무한하며 지속적이다. 실수는 당연히 경기의 일부이고 인간다움의 진실이다. 우리가 실수를 부인한다면 그것은 자신을 부인하는 셈이 된다. 왜냐하면 인간은 불완전하고 실수하는 존재인 까닭이다. 인간이 된다는 것은 대답할 수 없는 질문을 하는 것이다. 하지만 인간은 그런 질문을 멈추지 않는 존재이다. 깨어졌으면서도 온전해지기를 갈망하는 존재요, 상처를 입었지만 그 상처를 통해 치유의 길을 찾는 존재이다. 인간은 역설을 끌어안은 존재이다. 고대의 이상대로 우리는 '신보다는 못하고 짐승보다는 나은 존재이지만, 신이기도 하고 짐승이기도 한' 존재이기 때문이다.

우리는 '전부'가 아니지만 물론 '전무'도 아니다. 영성은 역설의 두 극단 사이에 놓여 있다. 바로 그 자리에서 우리는 우리의 절망과 무력함 그리고 상처 입음을 직면할 수 있다. 우리의 한계를 이해하려는 노력을 통해 우리는 고통을 줄이는 방법을 발견하고, 상처와 치유의 의미를 이해하려고 애를 쓴다. 영성은 우리가 깨어지고 불완전한 존재임을 받아들이는 데서 시작한다.

– 불완전함의 영성

단순한 단주가 아닌 금주Sobriety와 회복에 대한 주제를 나누고 영적인 평정과 영성의 실현이라는 주제에 대해 소박하고 담백한 자기 시각과 경험에서의 이야기를 나눈다. 거창하지만 실질적인 삶에서의 내용들이 나오게 되는데, 한 가지를 소개하자면 다음과 같다.

"러시아워 시간 어떤 다리를 건너다 옆 차와 시비가 붙었는데 서로 큰소리를 주고받았습니다. 밀리는 차들 뒤로 옆 차가 십여 미터 나아가다가 정차해서 저를 기다리는 걸 보면서 그 몇 초간 많은 생각을 했었습니다. 어떤 욕을 할까, 어떤 소리를 지를까 궁리하면서 화를 불 지피며 그 차 옆으로 붙여 가는데 저쪽 운전자가 저에게 이렇게 말했습니다. '아까 소리 질러서 미안합니다. 날이 너무 덥고 차가 막혀서 그만 말을 그렇게 했어요.' 순간, 나의 초라함 모두를 뒤덮는 감각이 일어났습니다. 그 순간의 그는 저에게 '위대한 힘'이었습니다. 그날 저녁의 행복감이란 참으로 온전하고 편안했습니다."

이처럼 12단계 촉진치료에서 다루는 영성은 어떤 거창한 것이 아닌 각자 생활에서의 경험에서 우러나오게 된다. 그 주제는 주로 '위대한 힘'의 발견과 경험들에 있는데, 실재에 기반한 그 경험들의 진솔한 나눔은 강렬한 자극들과 반응에 익숙해져 있는 중독 회복자들로 하여금 삶의 기쁨과 그 기쁨들의 연속에 대한 재발견을 촉진한다. 이 미세한 즐거움들의 재발견과 그것들의 연속되는 것에 대한 발견이야말로 삶 전체의 조망을 뒤바꿔 놓게 된다.

X회기. 영적 성장의 단계

"당신이 태어난 목적은 '성장'입니다."

10단계: 인격적인 검토를 계속하여 잘못이 있을 때마다 즉시 시인했다

이제 10단계부터는 '유지' 단계로 분류된다. 위대한 힘이 들어와서 힘을 더욱 발휘할 수 있도록 자기 마음의 집안을 청소한다는 비유를 쓰기도 하는 회기이다.

12단계 회복 모델의 영적 원리인 무력함, 신앙, 겸손, 정직, 남에게 끼친 해에 대한 보상, 자기희생 등을 다루고, 영성의 특징에 대해서 다룬다. 올바른 삶을 위한 10단계로서 반성과 불시 점검, 잠자리 점검 대차대조표를 통해서 그날그날의 자기 삶을 돌아보고, 이를 통해서 12단계적인 삶과 현실이 얼마나 맞았는지와 동떨어졌었는지에 대한 평가를 하도록 한다.

12단계라는 것은 상상이 아니라 1939년 A.A 회복자들이 자기가 했던 회복의 경험과 방법들을 정리한 것이다. 철저한 경험의 산물인 것이다. 이에 따르면 12단계라는 것은 평생 해 나가야 할 덕목이며, 완성이란 것이 없고 단지 '성숙'이 있을 뿐인 것이다. 이것은 영적 굴복, 영적 체험, 영적 성장이라는 불완전함의 영성을 이해하고 성장할 뿐이다.

실질적으로 매뉴얼과 보조 자료들을 이용하며 회기가 진행되나 커다란 방향의 주제인 영성과 영적 원리, 12단계적인 삶의 검토 등과 관련된 '현실적 삶에서의 생생한 경험'들이 테이블 위에 놓여진다. 그것에 대해 각자의 주관적 경험대로 나누고 보조 자료들을 통해 공부를 한다.

XI회기. 12단계적 삶 준비 단계

"영적 각성을 통한 영적 회복의 길."

11단계: 기도와 명상을 통해서 우리가 이해하게 된 대로의 신과 의식적인 접촉을 증진하려고 노력했다. 그리고 우리를 위한 그의 뜻만 알도록 해 주시며, 그것을 이행할 수 있는 힘을 주시도록 간청했다

신은 상처를 통해서 들어온다고 한다. 중독은 사람으로 하여금 신과 접촉하도록 한다. 그리고 가장 상처받기 쉬울 때 항복이 일어난다. 그때 상처를 통해서 신이 들어오는 것이다. 그 불완전함을 종교에서는 죄라고 부르고, 의사들은 병이라고 부르며, 철학자들은 오류라고 부른다. 결코 통제하고 조절하지 못한다는 현실적인 깨달음이 바로 항복과 포기를 통해서 일어나게 되며, 이때 역설적으로 '신'에게 가까이 갈 수 있는 길이 열린다는 것이 바로 A.A의 회복 원리이다. 이것이 바로 '바닥치기Hit the Bottom'이다. 이것을 다음과 같은 이야기로 비유하고 있다

"하늘에 계신 신은 모든 사람을 줄로 잡고 계신다. 당신이 죄를 지을 때, 당신은 그 줄을 끊는다. 그러면 신께서 그것을 다시 매신다. 매듭을 만드셔서, 그래서 당신을 좀 더 가까이 당기신다. 반복해서 당신을 줄을 끊고, 그리고 매듭이 늘어날수록 신께서는 당신을 점점 더 가까이 당기시게 된다."

영성과 그 실천을 위해 각자의 주관적 삶에서의 기도와 명상에 대해 나누고, 생활 속에서 어떻게 실천하고 있는지에 대해 나눈다.

XII회기. 12단계적 삶 실천 단계

"미래생활 계획표 작성 그리고 실천의 길."

12단계: 이런 단계들의 결과, 우리는 영적으로 각성되었고, 알코올 중독자들에게 이 메시지를 전하려고 노력했으며, 우리 일상의 모든 면에서도 이러한 원칙을 실천하려고 했다

실천의 길로서 생활 계획의 작성을 하며, 삶의 방식을 구체적으로 변화시키고, 재발을 예방하는 방안에 대한 교육과 나눔이 이뤄진다. 이미 여기까지 온 사람이라면 입원 해독 치료를 거친 이후 또는 거치지 않더라도 최소한 12주간 중독 행위의 중단이 이뤄진 사람들이다. 만일 중간에 재발했다면 자발적으로 입원해서 의학적인 해독치료를 받고 재합류하도록 권유받기 때문이다. 집단적인 12단계 촉진치료가 매주 이뤄지는 동시에 개인 상담이 병행되며, 약물과 통원치료가 함께 이뤄진다.

나가는 말

스캇 펙은 중독 질환을 '신성한 질병'이라 하며 다음과 같이 표현하고 있다.

"A.A에 속한 알코올의존증 환자들은 엄청난 축복을 받고 있으며 대단한 자질을 지녔다. 여기서 축복이란 알코올의존증이라는 축복을 말한다. 알코올의존증이 축복인 이유는 자신의 상처를 드러 내 놓고 깨부수는 질병이기 때문이다. 알코올의존증 환자라고 해서 그렇지 않은 사람보다 더 많이 상처를 입는 것은 아니다.

사람은 누구나 슬픔과 두려움을 가슴에 품고 있다. 의식하지 못할 수도 있지만, 모두 그런 감정을 지니고 있다. 모두가 상처 입은 사람들이지만, 알코올의존증 환자는 그것을 더 이상 숨기려 들지 않는다. 반면에 나머지 사람들은 태연한 겉모습 뒤에 무엇이든 숨기려 든다. 그렇기 때문에 자기에게 가장 중요한 일과 가슴 아프게 하는 것들에 관해 서로 이야기를 나눌 수 없다. 그러므로 알코올의존증이라는 엄청난 축복이야말로 이 병의 본질이다. 알코올의존증은 사람들을 겉으로 보이는 어떤 위기 속으로 몰아넣는다. 그 결과 알코올의존증 환자들은 A.A 모임과 같은 공동체에 들어간다."
-끝나지 않은 여행

패트릭(Patrick. C.) 박사는 12단계를 실천하면서 회복되고 있는 알코올의존자들에게 공통적인 삶의 원칙들을 발견하였다. 이는 다음 그림에 나온 세 가지의 삶의 주제로 요약될 수 있다. 알코올 의존자들이 극단적인 삶, 즉 의존적 성향으로부터 벗어나 회복의 여정을 가기 위한 방법으로 12단 계를 실천하려고 노력한 결과 삶의 균형Balance, 삶의 초점Focus, 삶의 책임Responsibility이라는 주제가

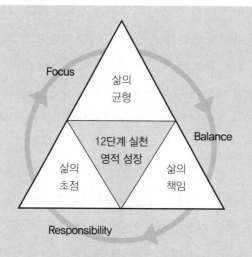

Patrick의 12단계에서의 삶의 기본 주제(신양호, 2007)

실천되고 있다는 것이다. 삶의 균형을 유지하기 위해 혼돈과 극단적인 행위를 피할 수 있게 되고, 매 순간에 직면한 현재와 주어진 하루에 삶의 초점을 맞추게 되어 자기집중을 하게 한다. 그리고 알코올의존자는 스스로의 한계를 인정하고 자신의 삶에 대한 책임을 가지게 되므로 도움을 받을 수 있는 A.A의 참여에 대해서도 본인의 책임하에 선택의 자유가 있게 된다(김복희, 2010). 이 치료법은 알코올의존증 환자의 인지, 감정, 행동적 영역에서의 긍정적 변화를 이끌어 냈으며(김복희, 2010), 이후 이어진 질적 연구에서도 치료적 성과가 있는 것으로 나타난 바 있다(유금선, 2011). 미국 심리학의 아버지 윌리엄 제임스(James, W.)는 종교적 경험의 다양성을 다루며, 종교적 체험이란 유신, 무신론의 종교뿐 아니라 비종교적 전통에 있어서도 나타난다고 한 바 있다. 이를 경험한 사람은 궁극적 실재와의 관계를 통해 이전의 상태와는 완전한 변화(겸손, 행복, 감사, 기쁨, 환희, 내적인 평화 등)를 보이고, 고차원의 심미적 삶의 태도(내외면의 신비와 조화, 아름다움을 자각)를 느끼게 되며, 본 마음을 깨달아 도덕적이고 윤리적인 태도를 지니게 되는 변화를 보인다고 한다. 이 변화를 통해 이들은 자기중심적이고 이기적인 삶을 포기할 수 있게 되고, 이상적 힘의 요청에 순종하며, 그러한 경험을 하기 이전의 상태와는 달리 무한히 자유스럽고 고양된 느낌을 가지게 되고, 분열, 부조화, 미움의 감정에서 조화, 일치, 사랑의 감정이 모든 대상과의 관계 속에 드러나게 된다고 말한다. 이것을 영적 체험 혹은 영적 자각의 상태라고 말할 수 있을 것이다. 이러한 상태에 도달하는 방법을 의지적 유형volitional type과 내맡김 유형surrender type으로 나누어, 의지적 유형은 의식적이고 자발적 결단을 통해 이루어지는 점진적 과정이고, 내맡김 유형은 비자발적이고 무의식적이며 무엇인가에 붙잡혀서 갑작스럽게 이루어지는 과정이라고 말했다.

-깨어 있는 오늘 하루, 김경승

12단계 촉진치료는 어떤 특수한 기법에 의존하는 것이 아니라 생활 양태의 변화, 인격의 변화, 중독자 개인 존재 자체의 변화를 촉구한다. 이를 위해서 그 회기 주제에 맞는 다양한 독서 자료와 이론적 배경들, 척도와 생생한 멤버들의 경험을 제공하며 강제하지 않고 '자각'하도록 이끌어 간다. 그 이면에 자리한 '불완전함'을 수용하는 영성이 바탕에 깔려 있으며, 그 영성의 배경은 각자가 이해한 대로의 '위대하신 힘'이며 인간의 바탕에 있는 본연의 위대한 힘, 그것의 발견에 있다.

디팩 초프라(Chopra, D.)는 그의 책 『중독보다 강한』에서 중독은 영성의 결핍에서 비롯되며, 중독의 영향은 또다시 영성의 파괴로 이어진다고 한 바 있다. 이 점은 보다 높은 차원에서 인간 존재의 근원적인 경험이 물질이나 행위로 인한 '가짜 신의 숭배'를 이기고 '본정신으로 돌아오게' 해 줄 수 있는 점을 또한 시사한다. 이보다 높은 차원은 기독교, 불교 등 주류 종교에서 말하는 위대한 신이 될 수도 있으며, 자신이 찾아낼 수만 있다면 지금 바로 곁에 있는 그 사람이 될 수도 있는 것이다. 결국 덜라드(Dollard, J., 1983)가 "중독은 욕망으로 인해 사랑을 잃어버리는 질병이다. 영성은 세 가지 차원(자신, 타인, 신)과의 관계 회복을 통해 사랑을 회복하는 것이다."라고 한 말이 의미하듯 중독에서의 회복이란 결국 영적인 회복이 핵심이 되는 것이다.

신은 상처를 통해 들어온다고 했다. 중독이라는 가장 바닥까지 가는 상처투성이 인간에게 '포기와 항복이라는 역설을 통한 회복'을 추구하는 12단계 촉진치료와 그 바탕이 되어 주는 12단계는 지금 이 순간에도 전 세계에서 수백만의 각종 중독자들을 회복과 삶의 길로 끌어올리고 있는 중이다. 12단계 촉진치료를 통한 인간이 인간으로서 존재할 수 있도록 하는 '영성'의 회복을 통한 기적은 지금도 현재 진행형이며, 그 어떠한 중독치료법보다도 많은 사람을 '정상적인' 삶의 자리로 끌어올리고 있는 중이고, 그곳에 삶의 균형, 삶의 초점, 삶의 책임이 각자의 일상에 자리를 잡아 가고 있다. 이러한 삶의 전환을 통해서 중독자들은 결국 자신의 상처를 통해 드러난, 단 한 번도 사라지거나 망가져 본 적이 없는 본래의 자기를 깨닫게 될 것이다.

참고문헌

고담의료재단 마야마더스병원 정신건강의학연구원(2015). 깨어 있는 오늘 하루 (Keep It Simple). (김경승 역). 하나의학사.

김병오(2013). 중독을 치유하는 영성. 대서.

김복희(2010). 12단계 촉진치료가 알코올의존 회복에 미치는 효과성 연구. 인하대학교 대학원 석사 학위 논문.

유금선(2011). 알코올의존자의 회복 경험에 관한 연구: 12단계 촉진치료를 중심으로. 인하대학교 대학원 석사학위 논문.

한국중독재활복지협회 12단계 촉진치료공동체. 12단계 촉진치료 워크북.

Chopra, D. (2004). 중독보다 강한 (*Overcoming addictions: the spiritual solution*). (최승자 역). 북하우스.

Fankl, V. E. (2017). 빅터 프랭클의 삶의 의미를 찾아서 (*Will to meaning : foundations and applications of logotherapy*). (이시형 역). 청아출판사.

Kurtz, E., & Ketcham, K. (2009). 불완전함의 영성 (*Spirituality of imperfection: modern wisdom from classic stories*). (정윤철, 장혜영 역). 살림.

Ludwig, A. M. (2016). 중독자의 내면심리 들여다보기 (*Understanding the Alcoholic's Mind*) (김원, 민은주 역). 소울메이트.

MAY, G. G. (2005). 중독과 은혜 (*Addiction and grace: love and sprituality in the healing of addiction*). (이지영 역). IVP.

Nakken, C. (2008). 중독의 심리학 (*Addictive Personality*). (오혜경 역). 웅진지식하우스.

Patric, C. (1994). *A Gentle Path through the Twelve Steps.* Hazelden Publishing & Educational Services.

Peck, M. S. (2007) 끝나지 않은 여행 (*Further Along the Road Less Traveled: The Unending Journey Towards Spiritual Growth*). (김영범 역). 열음사.

Twerski, A. J. (2009). 중독성 사고 (*Addictive thinking : understanding self-deception*). (이호영, 이종섭, 김석산 역). 하나의학사.

5

섹스테라피

임세라[5]

들어가는 말

사람들은 시대를 막론하고 성적 능력을 어필하며 성에 관한 농담을 나누거나 이슈화하는 것을 즐긴다. 프로이트(Freud, S.)는 성에 대한 농담이 우리에게 주는 독특한 쾌락이 있기 때문이라고 한다. 성이라는 주제는 드러내 놓고 이야기 나누기에는 외설로 취급되거나 천박하다고 취급될 수 있고 그 의도와 상관없이 잘못된 판단으로 평가되어지는 것을 피해 갈 수 있기 때문에 농담을 통해 인간의 본능인 성과 가까워지려는 정신적 노력이라고 할 수 있다. 리차드 모리슨(Morison, R.)과 데이비드 버스(Buss, D. M.) 등은 이러한 이유로 사람들이 사교적인 의도로 외설이나 음담패설을 공유해 왔고 성을 주제로 한 미술, 영화, 드라마 등의 예술도 각광을 받아 왔으며 의상, 헤어, 메이크업 등을 통해서도 인간 본연의 성적인 면모를 드러내 가면서 살아간다고 한다.

인간행동의 모든 출발점은 남녀 간의 성관계를 위한 성행동의 기초이다. 이는 한 인간을 창조해 내는 신비스런 출발점이며 절차이다. 또한 사회의 최소 구성 단위인 가족구성원

---

5) 능인대학원대학교 교수, 통합의학협회 부회장, 성신여자대학교 심리학과 박사

을 탄생하게 하고 가정을 형성하며 유지시켜 주는 중요한 접착제 역할을 하기도 한다. 이와 같이 기본적이면서도 복잡한 측면을 지닌 성의 본질을 파악하기 위하여 뛰어난 진화생물학자이자 과학 저술자인 제러드 다이아몬드(Diamond, J.)는 다른 동물들에게서 찾아보기 힘든 인간만의 독특한 성적 습성을 예로 들어가면서 그러한 특성을 통해 인간이 진화해 온 원인을 추적하기도 했다. 이는 곧 인간의 성관계 강화 수단을 통한 일부일처제 체계가 형성된다는 주장이다. 그리고 일부일처제를 통해 자녀에 대한 공동육아 및 경제적 협동과 서로 의존하고 돌보는 시스템을 만들어 간다고 주장하였다. 이때 여성과 남성은 모두 독특한 성적 신호를 갖고, 성관계에 필요한 기법들을 터득하고 발전시켜 나간다. 그러나 최근 국내의 연구자료들을 보면 성기능장애나 섹스리스 커플들이 넘쳐 나고 있다. 연구자마다 약간의 차이는 있으나 성기능장애로 불리었던 성기능부전의 유병률이 50~60%로 보고되고 있다. 그중에서 섹스리스를 호소하는 사람들은 40~50%이다. 그들이 이구동성으로 궁금해하고 해결하고자 하는 바는 '어떻게 하면 만족스러운 섹스를 할 수 있는가' 하는 문제이다. 이를 위해 '섹스테라피'라는 개념이 도입되었다. 먼저, 섹스테라피에 대해서 간단히 설명하자면 성적인 도전과 곤란, 문제를 극복하기 위한 대체 수단이 될 수 있다. 또한 내담자가 지닌 섹스에 대한 부정적인 요소에서 탈피하도록 돕고, 섹스의 긍정적 측면에 대해 인정하고, 만족감을 증대시키고, 섹스 숙달 능력을 개발하고 얻게 하는 방법이다. '섹스테라피'는 다양한 정신장애와 공존 질환으로 나타나는 성 문제를 밝혀내고 치료하거나 '성기능부전'이나 '성별 불쾌감'이 있음을 진단한 후에 치료 계획을 세우고 치료를 해 나가는 과정을 말한다. 그러기 위해서 섹스테라피스트는 기본적인 성 문제 및 성장애에 관련된 진단적 특징을 숙지하고 섹스테라피에 들어가기 전에 정확한 문제를 측정할 수 있어야 한다. 섹스테라피 개입은 우선 성 문제 및 성심리의 정확한 측정을 통한 심리평가를 해야 한다. 이를 위해 '섹스어시스먼트'를 한다. 즉, 성적인 문제가 무엇으로부터 기인하는가, 어떻게 치료해 나가야 하는가 하는 성치료를 위한 문제평가를 하고 치료 계획을 세우기 위해서이다. 그리고 섹스테라피의 방향을 결정하여야 한다. 또한 프로파일의 해석 능력을 겸비하고 심리평가보고서를 이해할 수 있어야 한다. 무엇보다도 내담자에게 성적인 문제를 드러내 놓을 수 있도록 허용해 주고, 자신감을 북돋우며, 성에 대한 부정적인 메시지를 재정의해 주고, 성에 대한 잘못된 정보에 대한 해석과 정확한 정보를 제공하는 일을 해야 한다. 이를 위해 본 절에서는 섹스치료를 위하여 섹스테라피의 기본 원칙과 가이드라인, 내담자평가를 위한 진단적 특징에 대해 기술하고자 한다. 더불어 섹스어시스먼트와 관련된 평가 내용, 일반적인 섹스테라피를 위한 접근 모델과 방법 및 치료 효과에 대하여 설명하고자 한다.

섹스테라피

섹스테라피의 기본 원칙

내담자들은 성 만족과 성감의 질을 높임으로써 쾌감을 증대하고 극대화하는 것을 원한다. 이를 위해 패리 브리튼(Britton, P.)은 다음과 같은 섹스테라피의 10가지 기본 원칙을 소개하였다.

첫 번째로, 섹스테라피는 미래의 성과와 결과를 위해서 내담자를 조력하여 현존하는 성 문제나 성기능에 근거하고 내담자가 되고 싶어 하는 것과 하고 싶어 하는 것 그리고 갖고 싶어 하는 것을 결정해 주어야 한다. 이를 통해 섹스테라피에서 결과를 결정하는 것은 치료자나 코치가 아닌 내담자라는 점을 강조한다. 두 번째로, 섹스테라피는 내담자의 꿈과 소망 그리고 원하는 결과에 대하여 긍정적으로 강화하는 것이다. 이는 더 강렬한 오르가슴을 원하고 오르가슴의 유형의 내용과 무관하게, 흥분 유지 방법이 어떠하든지 간에 내담자가 원하는 성관계 방식을 허용해 주고 내담자가 선택한 방법들을 존중해 주어야 한다. 예를 들면, 내담자가 3명이나 그 이상의 파트너들과의 성관계를 원할지라도 치료사는 무비판적인 태도로 코칭적 태도에 임해야 한다. 세 번째로, 섹스테라피스트는 안내자라는 점이다. 또한 내담자의 사고, 감정, 행동에 장애가 되는 바를 알고 극복하도록 도와주어 내담자의 성적 에너지가 흐를 수 있도록 가능성을 열어 주는 과정임을 알아야 한다. 네 번째로, 내담자는 정신병적으로 보는 모델이 아니므로 내담자를 환자 취급하거나 치료사와 관계에서 상하관계로 취급하지 말아야 한다. 무엇보다도 코치는 내담자의 목표에 협력하는 존재가 되어야 한다. 다섯 번째로, 내담자는 언제나 치료사에게 분명한 길을 안내한다는 점을 간과해서는 안 된다. 섹스테라피의 초점은 항상 치료사의 욕구보다는 내담자의 욕구가 우선시되어야 한다. 내담자들은 섹스테라피스트나 섹스테라피스트의 개인적인 성생활이나 성적 테크닉에 관심을 가지고 질문을 해 온다. 그들은 테라피스트나 코치를 모델링하고자 하는 의도가 강하다. 그러나 이때 염두에 두어야 할 점은 내담자의 상처를 치유하기 위해 적절한 선에서만 치료사의 사적 내용을 공유하는 것이 적절하다는 것이다. 여섯 번째로, 섹스테라피는 단기간에 작동한다. 섹스테라피의 기본 원칙은 치료 기간이 짧아야 한다. 예를 들면, 내담자가 오르가슴 중심의 신체 작업을 할 때 과제를 내 주어 자신의 집에서 훈련을 반복하게 해야 하는데, 이때 다양한 장애에 부딪힌다. 즉, 반응의 강도를 점진적으로 상승시킬 때 신체 감각이 이상이 있거나, 심리적인 문제로 성기능장애거나 성행위에 대한 저항이 심하거나 성적 대상에 대한 정서적 · 대인관계적 측면에서 어려움이 있을 경우에는 긍정적인 결과를 이끌어 내는 것이 힘겹다. 개입 및 처치 기간은 수 주 혹은 수개월이 소용될 수도 있다. 이러한 한계점으로 인해 근대의 정신분석치료를 통한 성치료의 접근 방식을 따르는 것보다는 단기 개입 방법인 PLISSIT모델에서의 내담자의 변화를 위한 기간을 한정 지은 후 목표 중심의 섹스테라피를 해야 한다. 일곱 번째로는 섹스에 관련된 용어 선택과 사용에 유의해야 한다는 점이다. 내담자가 변화해야 될 바에 대하여 과제를 내 주되, 과제나 숙제라고 표현할 경우에는 내담자가 부담을 느낄 수 있으므로 '집에서 해야 할 것'이라는 말로 대신한다. 혹은 '집에서 해야 할 놀이'라고 표현하여 내담자가 섹스는 즐거운 일이라는 인식을 지니도록 한다. 여덟 번째로, 섹스테라피는 정보 제공과 교육만으로는 충분치 않고 실험적이고 경험적인 과정으로 다양한 행동을 실습하도록 안내되어야 한다. 아홉 번째로는 섹스테라피스트의 적극적인 역할을 통해 내담자의 치료과정에 참여해야 한다. 이를 위해 내담자에게 도움이 될 만한 충고 및 의견을 제시해 주어야 한다. 열 번째로, 심각한 과거의 정서적인 문제에 초점을 맞추는 것은 섹스테라피의 범위 밖의 일임을 알아야 한다. 예를 들어, 어린 시절이나 인생 전반에서 겪은 심각한 사건으로 인한 트라우마나 정신병리로 인한 점이 성적인 장애가 된다면 그 심각한 정신적인 부분은 심리치료사에게 의뢰하게 해야 한다.

가이드라인

섹스테라피스트는 내담자와의 관계에서 매우 신중한 경계선을 설정해야 한다. 외모나 행동이 유혹적이거나 자극적이어서는 안 되므로 과도한 화장이나 액세서리는 피하고 평범하고 단정한 옷차림이어야 한다. 물론 행실과 말의 높낮이와 음성의 톤이 적당해야 한다. 외모는 매력적이어야 하지만 역할에 알맞지 않은 외모 꾸미기는 금물이다. 더불어 내담자와의 상호작용을 위한 적절한 장소를 선택하고 구분할 줄 아는 능력도 겸비해야 한다. 예를 들어, 상담실 내에 구비되어 있는 성인용품을 선택, 사용할 수 있도록 조력하고, 상황에 따라서는 성인용품점에 내담자를 안내하는 역할을 해야 한다.

전통적인 치료사는 내담자에게 자신의 사적인 성적 내용을 가급적이면 개방하지 않도록 훈련받았다. 그러나 오직 내담자의 이익을 목적으로 하는 경우에는 코치나 치료사의 성에 대한 개인적인 개방이 허용된다. 단, 내담자가 중심이 되도록 하여야 한다.

또한 코칭이나 테라피를 준비하기 위하여 섹스어시스먼트를 할 때에는 현재 성 문제나 성기능을 측정할 수 있는 평가도구를 채택하고 다루며, 이를 통해 코칭이나 테라피를 계획하고 진행할 수 있어야 한다. 테라피스트가 임상심리사일 경우에는 정신병리를 진단 diagnosis하지만, 코치는 성과 관련된 양상들을 측정하는 어시스먼트assessment를 한다. 이에 심각한 정신병리가 있거나 신체의 감각적인 문제로 판단될 때는 정신의학자나 임상심리 학자에게 내담자를 리퍼브해야 한다. 섹스테라피스트는 성 문제에 중복되는 만성적인 우울증, 경계선적 성격장애, 히스테리성 성격장애, 강박장애, 조현병과 같은 정신과적인 장애에 관련된 지식으로 무장하고 있어야 한다. 일반적인 의학적 지식으로 내담자에게 충고하는 정도로 정보를 제공하면 안 된다. 무엇보다도 이에 대한 분석보다는 평가를 통한 코칭과 치료 과정을 계획할 수 있어야 하며, 내담자가 선호하는 성반응과 성패턴을 경청하고 공감하며 지지하고 협력해 나가야 한다. 이때 코치나 치료사의 내담자에 대한 긍정적인 격려와 피드백은 내담자가 문제를 해결해 나가는 데 큰 버팀목이 된다. 마지막으로, 반드시 과제 중심의 회기 진행을 통해 그들이 원하는 목적과 목표를 달성할 수 있도록 지켜보고 체크해 나가며 바람직한 방향을 제시하여 줌으로써 내담자의 변화를 확인해 나가는 것이 중요하다.

섹스테라피의 모델

성기능부전sexual dysfuction을 위한 섹스테라피

성기능부전이 있는 내담자들에게 잭 에넌(Annon, J.)은 PLISSIT모델, 마스터스와 존슨 (Masters & Johnson)의 감각초점 훈련sensate focus exercise과 스퀴즈법squeeze technique, 시만즈의 시만즈기법stop–start technique, 자위Masturbation, 최면치료hynotherapy, 이완요법relaxation therapy, 체계적 탈감작법hyposensitization, 자기주장 훈련Assertiveness training, 게슈탈트치료Gesutalt Therapy 인지행동치료Cognitive Behavial Therapy, 제니탈이미지 테크닉Genital Image technique 등을 통해 개입한다. 성별 불쾌감이 있는 내담자들에게는 정신치료, 가족치료, 사회지지기반치료 등을 적용한다. 이에 대해 살펴보면 다음과 같다.

잭 에넌은 PLISSIT모델을 통해 성치료를 해 나갔다. 이는 허용Permission이라는 단어의 첫 알파벳인 P를 제시했다. 내담자의 성적 취향과 성적 잠재력을 이끌어 내기 위하여 내담자가 원하는 것과 경험해 보지 못했던 것들까지도 꺼내어 놓고 표현하도록 허용하는 것이다. LI는 제한된 정보Limited Information라는 뜻의 첫 글자들을 일컫는다. 내담자들은 성 고민과 관련된 구체적인 정보를 명확히 알고 싶어 한다. 이때 이와 관련된 정보에 한해서 그들에게 정보를 제공해야 한다. 즉, 성에 관한 주제 이외에 다른 내용들은 가급적 삼간다. SS는 구체적인 제안Specific Suggestion의 첫 글자들을 의미하며 섹스테라피를 위한 회기 내에서 실행 가능한 과정을 알려 주고 연습하도록 하는 단계로서 치료 변화가 일어나도록 하는 데 도움이 되는 과정이다. IT는 집중치료Intensive Therapy를 의미하며 각 단어의 첫 글자들이다. 이는 내담자의 치료적 요구에 알맞은 단기적이고 집중적인 치료를 말한다.

감각초점 훈련은 섹스테라피에서 기본적이고 필수적인 방법이다. 이는 행동치료의 대표적인 것으로서 가장 큰 장점은 성행위 완수에 대한 불안감에서 해방시키고 흔히 성기능장애자들이 오랫동안 젖어 있는 'fear-spectator-failure-fear'의 악순환을 깨뜨리는 데 효과적이다. 실행 단계를 살펴보자면, 우선 첫 단계로 조용하고 안전한 장소에서 커플이 유방이나 성기 부위를 제외한 배우자의 신체 부위를 각자가 서로 애무하게 한다. 이 훈련의 목적은 성에 대한 욕구를 불러일으키는 것이 아닌 피부를 서로 만짐으로써 오는 촉감, 윤곽, 온기 등을 인지하게 하고, 상대방으로부터 애무받는 감각을 인지하도록 함을 목적으로 한다. 이때 애무는 상대방을 성적으로 흥분시키는 시도가 아니고 서로에 대한 사랑을 인식하게 하는 단계로 사용되며, 성행위 완수에 대한 불안감과 부담감을 감소시키는 수단으로 활용한다. 이 단계가 잘 시행된다면 다음 단계(두 번째 단계)로 유방이나 성기 부위를 포함하여 신체를 교대로 애무하도록 한다. 이때는 신체적 감각이나 성의식을 증강시키기는 하지만 성적 반응을 기대하거나 유도하는 것은 금지하는 단계이다. 이 연습이 잘 될 경우에는 상호 애무하는 방법을 취하고 자신의 성행위나 반응을 관찰하고 지켜보도록 안내한다. 이를 'spectatoring role'을 극복하는 단계라고도 한다. 이때는 성적 흥분으로 인한 성행위는 하지 않도록 하는 것이 중요하다. 이러한 연습이 성공적일 경우 다음 단계(세 번째 단계)로 넘어가도록 한다. 이때 반드시 성행위를 하지 않는 것이 중요하다. 다만, 스퀴즈법을 사용한다. 스퀴즈법은 단기간 훈련으로 성기능장애의 일환인 남성 조루증에 대해 98%의 성공률을 보인다는 기법이다. 이 방법으로 치료 후 5년 후의 추적조사에서 재발은 0.5%인 것으로 알려졌다. 스퀴즈기법은 남성 조루증의 치료를 위해 음경의 흥분도를 증가시키기 위하여 실시하는 기법이다. 이 방법은 자신 혹은 상대방이 음경을 발기시키고 자극하여 사정 직전에 이르렀을 때 귀두를 손으로 조여 사정을 멈추게 하는 방법을 반복 훈련하는 방법이다. 사정 직전에 쥐고 누르기squeeze하지 않고 그냥 자극을 그만두는 기법을 중지-시작기법stop-start technique이라고 한다. 스퀴즈법과 중지-시작기법을 몇 차례 반복한 후에 자극에 익숙해지면 여성 상위로 삽입성교를 실시한다. 'femail on top', 즉 '여성 상위' 체위를 취하고 남성의 발기 상태와 상관없이 음경을 여성 성기 부위에 대고 부드럽게 문지르도록 한다. 이때 남성이 삽입을 하려고 하면 단순한 'nongenital touching' 혹은 'cudding'으로 전환해야 한다. 즉, 극치감이 올 때 성기를 빼내고 10~20초 경과 후 사정감이 사라질 때 여성 상위로 다시 성교를 실시한다. 사정하고 싶은 느낌이 발생하면 2~3번 이 내용을 반복하고, 여성 상위 성교에 성공하면 그다음에는 측위로 삽입한다. 이 단계까지 잘 진행되고 완수하면 이후에 완전 성교를 할 수 있게 된다고 한다. 정상위는 극치감 조절이 어렵기 때문에 원하는 경우 마지막에 실시한다. 또한 사정까지의 목표 시간을 약 15분으로 잡고 실시하면 더 좋은 효과를 기대할 수 있다.

남성 성욕장애, 남성 발기장애 등에 대해서는 자위를 권한다. 이때 squeeze technique과 stop-start technique를 실시해 가면서 성적 반응을 증강시키고, 완전 발기나 사정의 가능성을 확신해 나가도록 한다. 여성 절정감장애의 경우에도 자위를 권유하고, 진동기vibrator를 보조적으로 사용하도록 권한다. 이때 성적 환상과 인지행동치료를 병행하기도 한다.

카플란(Kaplan, H. S.)은 마스터스와 존슨의 성치료기법에 정신분석적 치료 개념을 통합하여 또 다른 성치료기법을 고안해 내었다. 기존의 성치료방법과 치료 형태가 약간 다르며 치료사가 한 사람으로 부부를 대상으로 치료하는 방법이다. 이는 치료사와 커플, 즉 세 사람이 한 팀이 되는 Cotherapy team이며 치료적 효과가 높으므로 치료비를 경감할 수 있다. 또한 환자를 매일 보지 않고 일주일에 1~2회 정도의 빈도로 하거나, 필요에 따라서 치료 기간을 변경하는 유연한 방법으로 접근하거나 치료 기간에 대한 제한을 두지 않기도 하는 방법이다. 이때 신체적 검사는 내담자 모두에게 시행하지 않고 필요한 커플에게만 요구한다. 무엇보다도 성적 과제를 경험하는 장소에 대해 특정 장소를 고집하지 않는다. 이때 중시하는 것은 모든 내담자에게 일련의 연속적인 똑같은 성적Sexual 과제를 내 주지 않고 사례별로 각 내담자에게 필요한 과제만을 처방해 주는 것이다. 기타 정신치료적 기법으로 최면치료와 이완요법을 활용한다. 이는 내담자의 불안을 해소하고 성에 대한 병적인 태도를 수정하도록 하기 위함이다. 이 외에도 행동치료를 통해서 성기능장애를 비적응행동으로 여기고 성에 대한 병적 감정 혹은 행동반응을 치료해 나가는 방법이 있다. 이때 체계적 탈감작법과 자기주장 훈련을 커플이 함께해 나가게 한다. 그리고 집단치료Group Therapy를 통하여 성 문제와 더불어 나타나는 수치심, 불안감, 죄책감 등을 지닌 커플들을 대상으로 강한 지지집단을 형성하도록 유도하는 것이 매우 중요하다. 동일한 처지에 있는 사람들끼리 느끼는 감정과 사고를 토론하고 해결방안에 대한 전략과 대안에 대한 정보를 서로 교환함으로써 게슈탈트치료, 인지행동치료적인 접근이 가능하다. 이 밖에도 기존의 자신 모습에 담긴 성에 대한 역할 연습Role Playing을 통해 자신을 인식하고 변모하고 싶은 모습을 연습해 보는 방법인 역할 창조Role Creative 연극을 해 보는 것도 유용하다.

성별 불쾌감gender dysphoria을 위한 섹스테라피

성별 불쾌감의 치료는 매우 복잡하고 완치율이 낮다. 필자는 박사 과정 동안 섹스테라피스트로서 다양한 내담자들의 심리적 문제를 조력하였다. 필자가 소속된 병원은 산부인과 및 성형외과가 설치되어 있었다. 어느 날 한 내담자가 얼굴 성형수술을 하기 위하여 마취를 하고 수술대에 올랐는데, 수술 도중에 그의 성기(남성)가 발기를 하였다고 한다. 이에 기겁한 간호사는 그 환자의 성기를 가리키며, "으악~! 이것 좀 보세요 선생님. 징그러워 죽겠어요."라고 소리를 질렀다고 한다. 그때까지 그 환자의 성별은 여성인 것으로 알려져 있었고, 환자가 말한 대로 진료기록부의 성별란에 여성으로 기입돼 있었기 때문이었다. 최근에는 나의 모교에서 열린 성치료연구회에서 남성에서 여성으로 성전환수술을 한 트렌스젠더를 만난 적이 있다. 그녀는 현재 뮤지컬 배우와 가수로서 활발한 활동을 하고 있는 유명인이었다. 그녀는 자신이 성전환수술을 하게 되면 여자가 될 것이라고 굳게 믿었다고 한다. 그리고 성전환을 위하여 셀 수 없을 만큼 많이 호르몬치료를 하였다. 그러나 수술 이후에 재차 인식한 점은 '나는 여자도 남자도 아닌 트렌스젠더일 뿐'이라면서 울먹였다. 또 다른 사례로는 필자의 박사 과정 때 지도교수님이 성 불쾌감을 지닌 한 젊은 남성 내담자를 상담한 적이 있었는데, 상담회기가 진행되어 갈수록 그 내담자는 치료사(나의 박사과정 지도교수님)에게 애정의 눈빛을 보내고 수줍어하는 표정과 말투, 몸짓을 보였다고 한다. 이때 치료사는 매우 어색한 감정을 지니게 되었다고 한다. 치료사는 성별 불쾌감을 지니고 있고 동성애자였던 그 내담자에게 "나에게도 이성의 감정을 느끼냐."라는 질문을 했다고 한다. 수줍은 표정으로 고개를 끄덕였던 그 내담자는 치료사에게 전이 감정을 느꼈던 것이다. 이후 그 내담자는 연락을 끊고 상담소에 오지 않았다고 한다.

성별 불쾌감을 겪는 내담자와 치료자 사이의 전이, 역전이 감정을 잘 다룸으로써 정신치료의 경과 및 예후는 좋은 방향으로 흘러갈 수 있다. 대부분의 내담자는 성 문제와 동반된 우울감과 불안증을 경감시키는 데 치료의 초점을 두어야 한다. 그리고 가족치료와 사회지지기반치료를 병행함으로써 사회 구성원으로서 다른 사람들과 다르지 않다는 인식을 지니도록 하며, 그들과의 갈등을 완화하고 고통을 덜 느끼면서 살아갈 수 있도록 도와야 한다.

DSM-5에 의한 내담자평가

섹스테라피를 위한 내담자평가는 DSM-5Diagnostic and Statistical Manual and Mental Disorders Fifth Edition(정신질환의 진단 및 통계편람의 진단 기준)를 토대로 하여 진단적 특징을 숙지하고 상담에 임해야 한다. 남성에게서 나타나는 성기능부전은 남성 성욕감퇴장애Malle Hypoactive Sexual Desire Disorder, 조기사정Premature Ejaculation 등이 있고, 여성에게서 보이는 성기능부전은 여성 극치감장애female Orgasmic disorder, 여성 성적 관심/흥분장애Femail Sexual Interest/Arousal Disorder, 성기-골반통증/삽입장애Genito-Pelvic/Penetration Disorder 등이 있다.

성기능부전의 진단적 특징

남성들과 관련된 성기능부전은 다음과 같다.

남성에게 보이는 성기능부전은 사정 지연, 발기장애, 남성 성욕감퇴장애, 조기사정 등이 있다. 이 외에도 물질/약물치료로 유발된 성기능부전이나 달리 명시된 성기능부전, 명시되지 않은 성기능부전 등이 있다. 성기능부전의 아형으로는 평생형, 후천형, 전반형, 상황형으로 구분하는, 즉 평생형lifelong은 성 문제가 첫 번째 성 경험 때부터 존재해 온 것이며, 후천형acquired은 성적 장애가 상대적으로 정상 성기능 시기 이후에 발생함을 나타낸다. 전반형generalized은 성적 어려움이 특정한 종류의 자극과 상황 혹은 파트너와 무관하게 발생하는 경우를 말하며, 상황형situational은 성적 어려움이 특정한 종류의 자극과 상황 또는 동반자와 관계가 있어서 나타날 때를 말한다. 섹스테라피스트는 성기능부전의 아형을 숙지하고 그에 알맞은 치료 계획을 수립하여야 한다.

사정 지연bradyspermatism은 사정에 도달하지 못하거나 사정에 도달하는 시간이 지연되는 것을 말한다. 이는 적절한 성적 자극과 사정하고 싶은 욕구가 있지만 사정하는 데 어려움을 겪거나 사정이 아예 불가능한 것이다. '지연' 시간이나 형태에 대한 명확한 개념은 없다. 왜냐하면 극치감에 대해 정해진 합의가 없기 때문이며, 남성 내담자나 그의 파트너가 수용할 수 없을 만큼의 시간 길이가 얼마인지는 사람마다 다르기 때문이다. 발기장애erectile disoder는 파트너가 있는데도 불구하고 성적 활동에서 반복적으로 발기가 되지 않거나 발기를 유지하는 데 실패하는 것이다. 문제가 오랜 기간, 즉 적어도 대략 6개월가량 동안 지속되어 왔고 성적인 상황 대부분에서 발생함을 말한다. 이때 대부분이라 함은 성적 상황의 75%를 말한다. 이 증상은 특정한 형태의 자극 혹은 특정 파트너 등의 특정한 상황에서 발생할 수도 있다. 혹은 일반적인 방법이나 모든 방식의 상황과 자극, 파트너와의 관계에서 발생한다. 발기장애를 지닌 남성은 낮은 자존감과 낮은 남성성을 보이며 우울감을 경험하거나 했다고 보고하기도 한다. 이후 성적 접촉에 대한 두려움과 회피가 발생할 수도 있으며, 감소된 성적 만족과 성적 욕구 감소가 파트너와 해당 남성에게서 나타난다.

남성 성욕감퇴장애는 성행위에 대한 욕구의 부족과 성적인 생각 혹은 환상의 결여나 결핍이 지속되거나 반복적이어야만 한다. 최소 기간은 대략 6개월간 나타나야 하는데, 이는 때때로 발기나 사정에 대한 걱정과 연관이 있을 수 있다. 즉, 지속적인 발기의 어려움은 남성이 성적 활동에 흥미를 잃게 만드는 원인이 될 수 있다. 이런 남성은 성행위를 먼저 시작하지 않지만 상대가 성행위를 하려는 시도는 받아들이기도 한다. 간혹 먼저 성행위를 시도하기도 하는데, 성욕이 낮아도 자위나 상대와의 성활동은 가능하다.

조기사정은 질 내 삽입 이전이나 직후에 개인이 예상한 사정할 때까지의 경과 시간을 채우지 못하고 그 이전에 사정을 하는 것이다. 이는 예상된 사정대기시간과 측정된 사정대기시간이 비슷하지 못한 것인데, 이성애자인 남성에서 평생형 조기사정을 진단할 때 질 내 사정지연시간을 60초, 즉 1분 정도로 측정한다. 이때 성욕과 발기는 다소 괜찮다. 조기사정은 아편계 사용 중단 후에 나타날 수 있다.

그 밖에도 물질이나 약물치료로 유발된 성기능부전Substance/Medication-Induced Sexual Dysfunction이 있는데, 이는 물질이나 약물치료의 시작, 용량 증가, 중단과 시간적 관련성이 있는 성기능장애를 말한다. 즉, 알코올, 아편계, 진정제, 수면제, 항불안제, 코카인, 자극제 등의 중독 및 금단과 관련되어 나타날 수 있다. 이 외에도 항우울제, 항정신병 약물, 호르몬 피임제 등도 성기능부전을 보인다. 그중에서도 항우울제의 부작용은 극치감 또는 사정의 어려움을 갖게 하는데, 항우울제로 유발된 성기능부전은 치료약물을 복용한 후 8일 만에 나타나기도 한다. 경도에서 중등도의 극치감 지연을 보이는 환자들 중 약 30%는 6개월 내에 장애가 지연관해되는 것을 경험한다고 한다. 특히 세로토닌 재흡수 억제제로 유발된 성기능부전이 약물치료를 중단한 이후에도 지속되기도 한다. 기분조절제인 리튬과 항경련제도 부정적인 영향을 준다.

여성들과 관련된 성기능부전은 다음과 같다.

여성 극치감장애는 오르가슴이라고 불리는 극치감 경험의 곤란과 극치감각의 강도가 확연히 감소되는 것을 말한다. 여성의 극치감을 유발하는 자극의 유형과 강도는 매우 다양하고 주관적 묘사를 통해서 표현되므로 병력 청취만으로 진단하기가 매우 어렵다. 이 진단이 내려지기 위해서는 증상이 성적 활동의 거의 대부분이나 모든 경우, 즉 대략 75~100%에서 경험되어야 한다. 그리고 그 증상이 대략 최소 6개월 이상의 기간을 경과해야 한다. 그리고 그로 인하여 현저한 고통이 증상과 함께 반드시 동반되어야 한다. 만약 여성 극치감장애가 다른 정신질환이나 물질, 약물치료의 효과된 의학적 상태로 더 잘 설명된다면 여성 극치감장애로 진단될 수 없다. 많은 여성이 음핵 자극이나 음경과 질이 접촉할 때 극치감을 경험한다. 그러므로 단순히 어느 한쪽만을 자극했을 때 감각을 못 느낀다고 하여 극치감장애로 서둘러 진단 내려서는 안 된다. 무엇보다도 대인관계나 관계에서 오는 스트레스, 친밀한 파트너의 폭력이나 다른 심각한 스트레스 요인과 같이 맥락상 대인관계와 관련된 요인이 존재한다고 해도 여성 극치감장애로 진단하지 않는다.

그리고 여성 성적 관심/흥분장애를 평가하기 위하여 대인관계 상황이 반드시 고려되어야 한다. 여성이 성적 동반자보다 더 낮은 성적 활동에 대한 욕구를 보일 때 '욕구 불일치'는 이 장애로 진단하지 않아야 한다. 장애의 진단 기준을 충족하기 위해서는 최소 대략 6개월의 기간 동안 적어도 6개의 지표 중에서 3개 이상의 요인이 없거나 혹은 빈도나 강도의 감소가 있어야 한다. 즉, 성적 활동에 대한 관심의 결핍, 성적 또는 성애적 사고의 결핍, 성적 활동을 시작하는 것이나 성적 동반자의 성적 활동 시도를 좋아하지 않는 등으로 표현될 수 있다.

또한 성기-골반통증/삽입장애는 성교의 어려움, 성기-골반통증, 질 내 삽입이나 통증에 대한 두려움, 골반저근의 긴장과 같은 4개의 증상 차원을 보인다. 이 중 어떤 하나라도 주요한 증상으로 나타나면 현저한 고통을 겪을 수 있다. 즉, 질 성교나 질 내 삽입 시 현저한 어려움을 겪음으로써 음부나 질의 통증이 나타난다. 골반통은 욱신거리고 타는 듯하며 살을 에이는 듯하고 쑤신다고 호소한다. 성행위를 마친 후에도 통증이 나타나기도 하고, 소변을 볼 때, 즉 배뇨 시에 발생하기도 한다. 그리고 산부인과의 진료를 받을 때도 나타난다. 즉, 여성에 따라서 그 반응이 다르지만 대부분 질 내 삽입 중 혹은 질 내 삽입 예상 시 혹은 질 내 삽입을 마친 후에 나타난다. 이러한 고통을 피하기 위해 성관계를 회피하는 행동이 동반된다. 그러나 내담자에 따라서 통증의 동반 없이도 성관계를 회피하는 경우가 있으니 유의하여 판단하여야 한다. 한 예로 2~3년 전 부부상담을 의뢰한 젊은 부부가 있었다. 그들은 호주의 영주권을 가지고 있었고 신혼이었다. 성관계를 매우 두려워하고 회피하는 젊은 아내로 인해 두 사람은 이혼을 하기로 결심하였다고 한다. 결혼한 지 몇 개월밖에 안 되었고 중매결혼을 한 상태였는데 남편의 아버지는 목사님이고 아내의 어머니는 장로였다. 양가의 어른들은 같은 교회의 목사와 장로였기 때문에 이혼을 한다 해도 계속 얼굴을 대면할 수밖에 없는 처지였다. 이를 염려한 두 사람은 이혼 결정에 대하여 정중히 양가 부모에게 설명하려고 귀국을 하였다. 그때 이혼 사유를 들어 본 친정어머니인 장로가 부부에게 부부상담을 받아 볼 것을 권유하여 필자에게 상담을 받으러 오게 되었다. 아내의 성관계 회피 사유를 들어 보니 결혼 전에 교제할 기간의 부재로 인해 정서적 유대 관계가 없었고 평소 대화할 시간도 없는 것이 문제라고 토로했다. 무엇보다도 아내는 남 편이 술에 취해서 성관계를 시도하는 점이 무섭고 공포감마저 느껴지기 때문에 회피한다 고 하였다. 남편의 입장을 들어 보니 낯선 외국 땅에서 밤에 일하지만 정규직도 아니고 임 시직인 직장을 다니고 있었으므로 정체성 혼란을 겪는 중이었다. 그러나 한국에서 귀하게 외동딸로 자란 아내는 남편의 처지를 공감하려는 관심조차 보이지 않으며 대부분의 낮 시 간을 비디오를 빌려다가 보는 일로 소일하면서 남편을 위한 식사 준비도 제대로 하지 않는 다는 점을 토로했다. 남편이 술에 취한 채 무섭고 공격적인 태도로 아내와의 성관계를 시 도하는 이유는 철이 없다고 느껴지는 아내와 평생 살아갈 일을 생각하니 화가 치밀기 때문 이라고 했다. 즉, 처리되지 않는 정서적 갈등으로 인해 술을 먹고 공격적인 태도로 성관계 를 시도한다는 것이었다. 아내 또한 신체적 문제는 없었지만 남편에 대한 두려운 정서적 거리감이 문제였다. 남편이 성관계를 시도할 때마다 아내는 몸의 전신이 뻣뻣하게 굳어 양다리를 일자로 쭈욱 뻗은 상태에서 시체처럼 오므렸고, 남편은 한껏 시도해 보았지만 아 내의 몸을 열 수가 없었으며 삽입은 당연히 실패하였다. 이러한 사례에서는 신체적인 통 증보다는 정서적 갈등이 주된 원인이므로 성기-골반통증이나 삽입장애와는 별도로 진단 해야 한다.

성별 불쾌감의 진단적 특징

성별 불쾌감을 겪는 내담자들은 태어나면서 정해진 출생 시의 성별과 그들이 경험하고 표현하는 성별 사이에 뚜렷한 불일치 양상을 보인다. 이러한 불일치감으로 인하여 고통 받고 있다는 증거가 있어야 한다. 예를 들면, 남자아이로 태어났으나 여자아이처럼 표현 하고 경험하는 경우를 말한다. 즉, 남성으로 태어난 사춘기 전의 성별 불쾌감이 있는 소년 이 여자가 되고 싶다는 소망을 표현하거나 소녀라고 주장하고, 미래의 자기 자신은 여자가 될 것이라고 주장한다. 그들은 여아의 옷과 헤어스타일을 선호하고, 타인들로부터 여아로 인식되기도 하고, 자신의 이름을 여자 이름으로 바꾸고 여자로서 불리길 원하며, 그렇게 불러 달라고 요구하기도 한다. 놀이에서도 자신과 반대되는 성을 뚜렷하게 표현한다. 이 외에도 접촉 스포츠, 게임, 인형 놀이, 소변을 볼 때조차도 자신과 반대되는 성의 포즈를 취한다. 텔레비전 시청이나 영화를 보거나 만화 캐릭터를 그릴 때조차도 자신이 소망하는 성별에 집착하고 반복해서 재현해 낸다. 아동기에는 자신과 반대되는 성의 성기가 싫다고 하거나 다른 성의 성기를 가지고 싶다고 말하다가, 차츰 더 성장한 청소년기 즈음에는 이차성징을 싫어하거나 완강히 거부하는 특징을 보인다. 이에 자신의 신체적 변화에 대해 깊이 고민하며, 자신의 성기를 제거하기를 원하거나 다른 성별의 성기를 갖고 싶어 한다. 성별 불쾌감을 겪는 성인은 이차성징을 가지고 사는 것을 원치 않고 이차성징을 제거하는 것을 시도한다. 그리고 출생 시의 성별이 아닌 자신이 경험한 성별, 즉 자신이라고 믿고 경험하며 표현하는 성별의 행동과 의복, 습관 등을 사용하면서 살아간다. 이들은 의학적 도움으로 성별을 바꾸지 않더라도, 자신의 성별이 출생 시의 신체적 조건으로 결정지어진 성별이 아닌 출생 후 자신이 경험하는 성별로 내적 확실성을 지니고 살아간다. 그중에는 남성이나 여성이 아닌 성별 역할을 선택하는 방법으로 살아가는 이들도 있다. 성전환을 시도하기 전의 성별 불쾌감을 지닌 사람들은 자살 위험성이 매우 높고, 성전환수술 이후에는 부적응으로 인한 자살 시도를 지속하기도 한다.

다면적 인성검사MMPI를 통한 섹스어시스먼트: 성격적 특성에 따른 성반응 양상

단순한 성 문제인지 혹은 중증의 정신질환인지 혹은 성기능부전이나 성별 불쾌감과 같은 이상심리인지를 가늠하기 위하여 심리검사psychological tests를 하여야 한다. 이는 개인의 흥미, 태도, 성격, 능력들의 구성 요소들을 객관화, 표준화된 도구 및 투사검사를 통해서 측정하여 내담자를 조력하는 데 정확성을 기하기 위함이다. 내담자들의 성반응의 원인을 파악해야 하기 때문이다. 자신도 모르는 다양한 정신증적 신경증적 문제를 겪고 있을 수 있으며 신체 질환을 앓고 있을 수 있다. 신체 질환에 관련된 사항은 신체적 검사를 담당하는 전문기관에 가도록 권유한다. 심리검사를 한 후 심리평가를 통해서 내담자가 지닌 문제를 유추해 내는 것은 섹스테라피 방법을 적용하기 전에 반드시 해야 할 사항이다. 이를 통해 섹스테라피스트는 내담자가 경험하는 부적응적 문제 및 문제를 지닌 내담자를 총체적으로 이해하고, 문제의 성질을 정확하게 규명하고 진단하기 위한 절차를 거쳐야 한다. 이는 성에 관련된 부적응적 문제의 진단과 치료적 방침을 결정하는 데 필요한 정보를 얻기 위한 것이며, 내담자에 대한 총체적인 이해를 하기 위함이다. 그리고 이러한 과정을 통하여 성에 관련된 사항들을 객관적으로 파악할 수 있고, 심리검사 도구들을 통한 총체적인 심리평가psychological assessment를 하여 단시간 내에 내담자의 문제점을 정확히 파악하여 그들이 궁금해하는 점을 알려 줄 수 있다. 무엇보다도 내담자의 현재 상태와 상황뿐만 아니라 과거 성에 대한 이슈를 파악하고, 가능하다면 미래에 대한 치료 계획까지 수립하고 개입 방법을 세울 수 있다. 이를 위해 사용되는 도구들은 다면적 인성검사Minnesota Multiphasic Personality Inventory: MMPI, 문장완성검사Sentence Completion Test: SCT, 지능검사Intelligence test, 투사검사 Projective test, 신경심리검사Neuropsychological Test 등이 있다.

먼저, 객관적 자기보고식 검사인 다면적 인성검사에 대해 설명하자면, 10개의 임상 척도로서 내담자의 심리를 유추해 내는 검사이다. 1번부터 0번까지를 말하며 1번 척도는 건강염려증Hypochondriasis: Hs에 관련된 정신병리가 있을 경우에 나타난다. 이 척도 점수가 높게 나오면 만성적인 경향이 있는 모호하고 다양한 신체 증상을 나타내고, 내담자들은 불행감을 느낀다고 보고하며 자기중심적이고 애처롭게 호소하기도 한다. 또한 적대적이고 타인의 주의 집중을 바란다. 이 척도 점수가 2번 척도와 3번 척도와 함께 상승할 때 신체형 장애, 불안장애, 우울장애로 진단이 내려지는데, 이 증상으로 인한 신체적 고통이 가장 주된 증상이고 위장 계통의 증상을 가장 빈번히 호소한다. 수면장애, 의기소침, 절망감 등을 동반하고 타인과의 관계에서 거리를 둔다. 에너지 수준이 낮으므로 성적 욕구가 낮다. 히스테리아를 나타내는 3번 척도나 조현병 특성을 나타내는 8번 척도와 함께 상승하기도 하며, 이때는 망상적 요소를 띠기도 하고 자살과 성적인 면에 집착이 과도하게 나타나 명백한 사고장애를 보인다. 친밀한 관계에 대한 의심, 질투, 양가적 감정, 초조, 흥분이 높아 성적 문제나 장애를 보인다.

2번 척도라고 불리는 우울Depression: D에 관련된 척도 점수가 높을 경우, 우울한 기분과 자기 자신에 대한 과소평가와 열등감을 자주 나타낸다. 더불어 풀죽은 표정을 보이고 비관적이고 과민하며 걱정이 많고 무기력하다. 그리고 매사에 지나치게 억제적이고 죄의식을 쉽게 느낀다. 이들은 사기가 저하되고 미래에 대한 희망이 없으며, 자신이 처한 상황 전반에 대한 불만족감 등을 인식한다. 그리고 우울한 기분, 자기비하, 흥미의 상실, 정신운동성 지체, 신체적인 불평과 지나친 걱정을 한다. 이 척도와 함께 3번 척도 점수가 상승할 경우의 주요 증상은 피로감, 허약감, 저하된 활동력 등의 신체적 증상이며, 여기에 불행감, 우울, 긴장, 불안, 초조 등의 우울과 불안의 정서가 동반되고 의욕 저하가 두드러지기도 한다. 특히 자아부적절감과 함께 타인으로부터 보호적인 태도를 이끌어 내기 위한 무의식적 시도로 인해 스트레스와 실패감 및 절망감, 무력감 경험을 반복하지만, 지나친 감정 통제로 인해 정서 표현이 거의 안 된다. 불안과 죄의식으로 인한 성불감증frigidity, 성적 무력증impotence 등과 같은 성기능부전의 양상을 띠고 성적으로 부적응을 겪는다.

3번 척도인 히스테리아Hysteria: Hy 점수가 높은 사람은 스트레스 처리에 있어서 부정과 억압 방어 등의 신경증적 방어를 자주 사용한다. 그리고 매우 의존적이며 유아적이다. 자기도 취적이기도 하고 외향적인 것처럼 보이기도 하며 소박함도 보인다. 그러나 심리적 과정에 대한 관심이 부족하기 때문에 자신의 문제에 대한 통찰력이 부족하게 되어 대인관계가 피상적이거나 깨지기 쉽다. 극심한 스트레스 상황에서는 신체 증상을 동반한다. 이들의 주요 특징은 연극적인 성격, 미성숙, 자기중심적ㆍ요구적 억압과 부인의 방어기제를 주로 사용, 허영심, 감정 반응의 변화무쌍, 사회관계에서 의존적으로 요구하는 경향이 높다. 연극성 성격의 사교적인 측면, 타인에 대한 냉소, 불신, 적개심, 반항적 태도, 저조한 신체적ㆍ정신적 기능 호소, 좋은 외양을 유지하려고 애씀, 관심과 확신에 대한 욕구가 높다. 권태와 무기력, 명백한 우울, 모호한 신체적 호소, 생기가 없고 피곤하며, 고통으로 내내 불편한 상태를 겪는다. 또한 정서의 억압과 전환을 시사하는 두통, 통증, 불편감, 심혈관 문제 등과 같은 신체 증상을 호소한다. 무엇보다도 타인에게 사랑을 받고 싶은 욕구는 높은 반면 타인과의 진정한 관계는 맺을 수 없는 피상적인 면을 보이고, 좋은 외양을 유지하려고 애쓰는 성격으로 인한 연극적 성행동을 하며 윤활, 흥분, 통증, 극치감장애 등을 보일 수 있다.

4번 척도 점수가 높을 경우 반사회성Psychopathic Deviate: Pd을 보이며 반항, 가족관계 분열, 충동성, 학업이나 직업 문제, 범법 행위, 알코올이나 약물 남용 등 반사회적 행동을 나타낸다. 반사회적 성격장애가 흔하며, 외향적이고 사교적이며 남에게 호감을 주지만 남을 속이고 조정하는 데 능숙하다. 또한 쾌락을 탐닉하고 자기과시적이고 신용이 없으며 미성숙하고 매우 적대적이다. 감정 흥분이 잦고 공격적인 행위와 상황 판단 시 장애를 보인다. 주요 특징으로는 널리 인정되고 있는 관습이나 규범에 대해 분노에 찬 동일시의 거부, 계획을 세울 수 있는 능력 결여, 충동 통제 문제, 정서적 반응의 부족함, 결혼이나 가족관계에서의 마찰, 행동화나 투사, 외향화의 방어기제를 사용, 미숙함, 자기애, 책임감 결여, 판단력 빈약 등이 나타난다. 두려움을 모르는 대담한 사교성, 가족의 통제에 저항하고자 하는 특성으로 인해 현재 가족, 즉 배우자나 파트너와의 갈등이 증폭되어 성 문제를 초래할 수 있다. 이는 근원적으로는 원가족과의 갈등과 문제가 반영되는 것이며, 반항과 저항 또는 짜증을 내는 등의 주제로 권위에 반발하고 따지기 좋아하는 양상을 초래한다. 이는 부모 및 사회의 요구, 관습과 도덕규범에 분개하는 성격적 특성이기 때문이다. 때로는 사회 불안이 없고 확신에 차 있으므로 혼외정사에 죄책감이 없고 당당한 태도로 임하며, 주변 사람과 동침한 일에 대해 자랑삼아 떠벌리고 다닌다. 그리고 사회적 소외형에서는 애착을 형성하는 능력이 없지만 이러한 패턴을 되풀이하는 자기 자신에 대해 슬픔을 느낀다. 그러나 피해를 입은 가족구성원의 상처에 대한 공감을 할 수 있는 능력이 없다. 내적 소외 양상을 띠는 사람일 경우, 우울 요소로 자기비난과 후회를 반복하고 죄책감도 느낀다. 이러한 태도로 인하여 정상적인 배우자와 정상적인 성생활이 힘들고, 새로운 성적 파트너와의 관계도 결국은 파국에 이르는 과정이 되풀이되며, 성실하고 상대방을 배려하는 태도가 아닌 자기중심적인 성행동을 하므로 상대방에게 만족감을 주지 못한다. 사회적 관계에서 극도의 피로감을 느끼므로 조기사정장애를 동반하는 경우가 흔하다.

5번 척도에서는 남성성과 여성성 성향Masculinity-Feminity: Mf에 대하여 측정한다. 이 점수가 높은 남성은 예민하고 탐미적이며 수동적이거나 여성적이다. 높은 점수를 얻은 남자들은 다소 수동적이고 의존적이면서도 야심이 있고 민감하며 문화적 · 심미적 추구에 흥미를 느끼는 경향이 강하다. 낮은 점수의 남성은 남성적이고 공격적이며 거칠고 모험을 즐기며 무모하기까지 하다. 그리고 실질적이며 관심 범위는 좁다. 높은 점수의 여성은 남성적이며 거칠고 공격적이며 자신감이 있다. 그리고 전통적인 여성적 역할의 여러 측면을 거부하는 진취적인 성향을 나타내고, 적극적이고 공격적이며 자기주장이 강하고 경쟁적이며 거침이 없고 지배적인 여성의 모습을 보인다. 무엇보다도 여성에게서 흔히 보이는 감정적인 모습이 덜하고 무디다. 낮은 점수의 여성은 수동적이고 복종적이며 쉽게 자주 호소하며 타인의 흠을 잘 잡고 과민하며 잔소리가 심하다. 이 척도는 남성 동성애자들의 반응을 근거로 구성하였다. 이 점수가 높은 남성일 경우, 성적 정체감에 대한 갈등이나 이성애적 욕구의 저하를 나타낸다.

6번 척도는 편집paranoia: Pa에 관련된 것으로, 점수가 높을 때 의심이 많고 사람들과 거리를 두고 약삭빠르며, 불신적이고 경계적이며 지나치게 조급하고 과민한 특징을 보인다. 또한 타인 비난적이며 원망이 많고 적대적이고 따지기를 좋아한다. 무엇보다도 타인으로부터 차별대우를 받고 있다는 느낌을 강하게 가지고 있고, 악의를 마음에 품고 있으면서 감추는 경향이 있다. 상당한 분노와 적대감이 있으며, 주요 방어기제로 투사나 주지화를 사용한다. 즉, 점수가 더 높은 경우에는 증상이 나빠진다고 볼 수 있으며 현실 검증력 손상, 망상, 분노와 적대감, 원망이 현저하고 쉽게 겉으로 표출한다. 점수가 너무 낮은 경우(T점수 35 이하)에도 자기중심적이고 고집이 세며 쉽게 흥분하고 눈치나 타인과의 관계에서 통찰이 없다. 또한 대인관계에서의 민감성을 노골적으로 부인하고, 다소 냉소적이고 냉담하다. 그리고 편집증적이고 망상적이며 방어적이고 회피적이기까지 하다. 성 상대 배우자나 커플에 대한 의심과 적개심, 분노, 망상이 주를 이루어 온전한 인간관계에 장애를 지니므로, 여성의 경우 흥분이나 윤활에 문제를 보이고 성관계 자체를 거부하며 상대에 대해 비난과 폭언을 하거나 혹은 냉정한 태도를 유지하고, 편집망상으로 인한 질투로 인해 원망이 깊어지기도 하며 성생활을 회피할 수 있다.

7번 척도인 강박Psucharthrenia: Pt이 높을 경우 긴장과 불안이 높고, 생각에 사로잡혀 있을 만큼 집착이 강하며, 강박적인 공포를 지니고 융통성이 결여되어 있다. 자기비난을 자주 하여 쉽게 죄의식에 빠져들고 열등감과 부족함을 자주 느끼며, 지나치게 이지화하거나 합리화를 하고, 자신의 심리적 측면의 부정성에 대하여 해석하기를 저항한다. 높은 점수를 보인 환자들은 융통성이 없고 작은 일에 지나치게 신경을 쓰며, 양심적이고 지나치게 관념적이며 분석적인 경향을 보이고, 우유부단하고 회의적이며, 달성하기 어려운 목표를 설정하고 죄책감이 심하며 피로 호소가 잦은 경향을 보인다. 이와 반대로 매우 낮은 점수를 받은 환자들은 흔히 불안이나 두려움 없이 안정적이고 자신의 처지에 만족하기도 하지만, 무엇보다도 강박사고나 행동으로 인하여 정신쇠약에 이르러 성적 무력감을 느끼거나 성행동에 강박적으로 집착하거나 배우자의 성격적 특징에 과도하게 집착하는 양상으로 인해 성행동에 지장을 초래한다. 그리고 성관계를 할 때 그 자체에 몰입하지 못하고 본인 신체의 특징적인 면에 과도하게 집착함으로써 성생활에 방해를 받는다. 이때 자기관찰Self-Monitoring 모드로 사고가 전환되어 자신의 성행동이 부자연스러워지고, 극치감에 방해를 받거나 삽입 행위를 하지 못하고 포기해 버리게 될 수도 있다.

8번 척도인 조현병Schizophrenia: Sc에서 높은 점수가 나타날 경우, 전통적인 규범에서 벗어나는 정신분열적인 생활 방식을 보인다. 항상 위축되고 수줍어하며 우울하고 열등감과 부족감을 지니며 긴장과 혼란으로 점철돼 있다. 판단력장애가 있으며 상황에 알맞지 않고 적절하지 못한 정서적 반응을 보인다. 점수가 매우 높아질 경우 현실 검증력 손상, 기괴한 지각장애, 망상, 환각 등을 동반한다. 일반 상식이 부족하고 문제 해결 기술이 부족하다. 정신병적이지 않은 집단(65T 내외)이라고 하더라도 소외감, 고립감, 스트레스 대처 혼란, 분열형적이거나 분열성적인 생활 방식을 보인다. 환자 집단(75T 내외)에서는 이완된 연상, 구체화된 개념적 사고, 빈약한 판단력의 사고장애, 양가적이고 제한된 정서, 공감 능력 저하 등을 보인다. 낮은 점수를 받더라도 이들은 실제적인 문제들에 흥미를 보이며, 지나치게 순종적이고 권위에 수용적이며 문제에 대한 창조적인 해결책 모색에 어려움을 보인다. 이로 인해 성생활에서도 다른 사람과 라포가 결여된 느낌을 지니며, 다른 사람과의 의미 있는 관계로부터 철수하는 특성을 보인다. 무엇보다도 가족으로부터 소외되었다는 생각과 반감, 증오심을 지니므로 친밀감을 깊이 경험할 수 있는 성관계에 문제가 발생한다. 정서적 무감각, 불쾌한 초연함, 무감동이 주된 특징으로, 삶 자체에 대한 손상된 애착을 반영하는 정서적 소외의 특징을 보이므로 성생활 자체에 무관심하거나 감각을 못 느끼거나 성생활에 다른 어떤 존재가 개입하거나 끼어들었다는 환각이나 환청, 환시, 망상 등을 보이기도 한다. 더불어 나타날 수 있는 증상은 심리적 허약함의 느낌, 의욕 상실, 무력감, 과도한 억제 퇴행, 고갈되었거나 활성화되지 못한 의지, 소진된 느낌, 흥미 상실, 무쾌감증 등으로 인해 성생활의 이상 증상을 보인다. 특히 1번 척도와 함께 상승할 때 집착이 너무 강하여 망상적인 수준에 이르기도 하는데, 사고가 혼란되고 산만함을 보인다. 자신의 성적 정체감에 대해서도 불확실감과 부적절감을 갖는다.

9번 척도인 경조증Hypomania: Ha에서 보이는 높은 점수는 매우 사교적 · 외향적 · 충동적 성향일 수 있음을 알게 해 준다. 힘과 에너지가 넘치는 것처럼 보이고 낙관적이며, 자유분방한 도덕관을 지니고 있으며 들떠 있고 즐거움이 넘친다. 술을 즐겨 마시기도 하고 과장된 자기평가를 하지만 정서는 불안정하다. 인내심이 결여되어 있고 계획을 잘 세우나 끝맺음을 잘 하지 못한다. 다른 사람을 조정하고 자기 자신에 대한 가치를 극대화한다. 이러한 성격으로 인해 일상생활이나 직업적 측면에서 실패가 많고 불안정한 생활을 영위하게 되며, 변덕스러운 정서 표현이 잦으므로 가족이나 배우자와의 관계가 원만하지 못하게 되어 결국 상대 배우자나 파트너가 곁을 떠나는 경우가 흔하다. 정신병적이지 않은 환자(80T 내외)는 에너지가 넘치고 열광적이며, 참을성이 없고 가만히 있지를 못하며, 경쟁적이고 쉽게 분노하며 성급하게 심리치료를 종결하려는 경향을 보인다. 조증장애가 의심(80T 이상)되는 점수를 보이는 사람은 팽창성, 주의 산만, 과다 활동, 사고의 비약 그리고 현실 검증의 손상을 가져오는 과대망상을 보인다. 점수가 낮은 사람(40T 미만의 환자)일지라도 무기력함, 관심도 없이 축 처져 있음, 흥미나 주도성 또는 참여하려는 마음이 없고 만성적인 피로와 신체적인 탈진된 모습과 정신운동성 지체를 보인다. 이로 인해 자신이나 다른 사람들의 동기나 목표에 대한 무감각, 상대의 기분을 부드럽게 만드는 솔직함, 죄책감에 대한 부인, 공감 능력이 부족하고 편의주의적 도덕성을 옹호한다. 이에 불륜을 일삼거나 무분별하고 쾌락적인 성 태도로 삶을 이어 가기도 한다. 높은 점수의 사람은 물질남용과 가정폭력을 행사하기도 하므로 제대로 된 성생활을 하기엔 역부족이다. 혹은 낮은 점수는 회피성 성격장애에서 보이는 유형의 취약성을 띠므로 성관계를 피할 수도 있다.

마지막으로, 0번 척도Social introversiom: Si는 내향성을 측정한다. 이 점수가 높은 사람은 정서장애, 기괴한 행동, 부적절한 기분, 충동적 행동, 망상을 보인다. 높은 점수는 내향적이어서 수줍어하고 위축되어 있다. 사회적으로 보수적이고 순종적이며, 지나치게 억제적이고 무기력하며 순응적인 태도를 보인다. 긴장과 융통성 없음과 죄의식에 잘 빠진다. 낮은 점수를 보이는 경우에는 외향적이고 쾌활, 자기표현적 · 공격적이며, 말이 많고 충동적이며 억제하지 않는다. 자발적이며 타인을 조정하고 기회주의적이고 사회관계에서 진지함이 결여되어 있다. 신경증적인 요소들을 반영하는 척도이며, 이에 개인적인 부적절감, 냉소적 태도, 과민성, 다른 사람과 겉도는 느낌 등의 성격적 특성으로 인해 성생활에 영향을 받을 수 있다.

이 외에도 문장완성검사라는 검사를 통해서 성격검사를 해 보고, 실제적인 일상생활에 영향을 줄 만한 무의식적 사고를 검사한다. 그 검사는 주제와 빈칸이 있는데, 떠오르는 대로 그 빈칸을 채우는 방식이다. 예를 들면, "내가 가장 두려운 것은_____." "나에게 있어서 남자들이란_____."이라고 되어 있다. 이때 밑줄 안에 내담자가 떠오르는 생각을 채운다. 한 예로, 필자가 만난 내담자는 "내가 가장 두려운 것은 불이다."라고 적었다. 어린 시절에 불이 났으며 자신의 복부에 화상 자국이 있어서 남편과의 성관계를 완강히 거부하였다고 보고하였는데, 내담자의 가족으로부터 정보를 수집한 결과 불이 난 적이 없었으며, 실제로 그녀의 복부에는 화상 자국이 없었다. 그럼에도 불구하고 그녀는 스스로 웃옷을 걷어 올리고 자신의 배를 내려다보면서 필자에게 보이며 "안 보여요?"라고 물었었다. MMPI-II를 통해 객관적 검사 이외에 다양한 full Battery를 해 본 결과, 그녀는 분열형 성격장애로 판단되었다. 그녀는 5년간의 결혼생활 동안 단 한 번도 남편에게 성관계를 허용해 주지 않았다는 이유로 의뢰되었다. 첫 내원 시에는 그녀가 아닌 남편과 시어머니가 와서 그녀의 문제를 진단하고 상담해 주기를 원했었다. 평소에 사회적 관심의 철수와 고립된 행동을 보였으나, 남편과 시어머니는 그저 얌전한 성격이라고 믿었다고 한다. 아무것도 하지 않고 하루 종일 외출도 하지 않으며 텔레비전만 시청하고, 음식을 만들거나 친구들과 통화도 하지 않는 아주 조용한 성격이었다고 했다. 그러나 밤이 되어 남편이 성관계를 시도하는 순간 온 힘을 다해 발로 남편을 차면서 소리를 지른다고 하였다. 건장한 체격의 군인인 남편의 힘으로도 목적을 달성할 수 없을 만큼 완강하였다고 했다. 이처럼 성 문제를 겪는 내담자의 근원적인 이유는 면밀히 평가해 보지 않으면 알 수가 없고 치료 계획을 세울 수도 없다. 그러므로 다면적 인성검사와 정신장애 진단 기준을 토대로 한 객관적 검사와 배우자와 자신에 대한 인지평가인 제니탈이미지검사Genital Image tool, 투사검사인 로르샤흐Rorschach, 주제통각검사Thematic apperception test, 가족화검사Kinetic Femily Drawing Test: KFD, 인물화검사Drawing a Person Test: DAP, 침대그림검사Bed Drawing Test, 커플그림검사Drawing Test for Couple 등을 통해 측정해 보는 것이 중요하다. 이 외에도 반드시 신경학적 결함으로 인한 인지평가를 위해서 신경심리검사와 정상적 지능으로 사고하고 행동할 수 있는지를 측정하기 위한 지능검사를 해야 한다. 이를 통해 일반적이지 않은 성 문제 및 성부전이나 성별 불쾌감 등의 근원을 밝혀내고 섹스테라피를 시작해야 하기 때문이다.

섹스테라피를 위한 접근법 및 치유효과

앞의 가이드라인에서 열거한 기법들 중 섹스테라피를 위하여 정신건강의학과에서 인정하고 일반적으로 쓰이고 있는 접근법은 다음과 같다.

프로이트의 정신분석적 접근법

정신분석적 이론에서는 거세 불안이나 성과 관련된 무의식적 욕구나 불안에 대한 자유연상을 통해 섹스테라피스트와 전이, 역전이 감정 및 내담자의 방어기제를 다루어 나가면서 치료를 한다.

◆ **남성 성기능부전에 대한 주장**

• 발기장애나 조루증은 상대방을 좌절시키고 고통스럽게 만드는 무의식적인 분노의 표현으로 보며, 여성 상대에 대해 무의식적으로 누적되어 온 여러 가지 불만, 실망, 분노, 공격성이 우회적으로 표현된다.

• 어린 시절 어머니에게 느꼈던 분노와 적개심이 무의식적으로 나타날 수도 있으며, 오이디푸스 갈등에 기인한 거세 불안을 회피하기 위해 나타난 현상으로 본다.

◆ **여성 성기능부전에 대한 주장**

• 여성에게 나타나는 질경련은 성적 만족을 원하는 남성의 성기가 자신의 질에 삽입되는 것을 봉쇄함으로써 상대방을 좌절시키는 상징적 의미를 지닌다. 즉, 남편이나 상대 남성에 대한 무의식적 적대감을 표현하는 우회적인 방법일 수 있다.

• 남성에 대한 경쟁심은 무의식적인 남근 선망과 관련이 있다고 본다. 어린 시절 여자아이는 남자아이가 지니고 있는 남근을 부러워하고, 남자에게 경쟁심을 느끼게 된다. 이러한 남근 선망을 강하게 지니고 있는 여성은 남자의 애무와 성교 행위로 인해 수동적으로 흥분하고 절정감을 느끼는 것을 남자에게 굴복하는 것으로 여기게 된다. 이것은 남성에 대해서 무의식적으로 적개심을 지니고 있거나 강

한 경쟁심을 느끼는 여성에게 나타나며, 이 외 초자아가 지나치게 강할 때에도 성기능장애가 나타날 수 있다.

⇨ 앞의 사항들이 해당되는 내담자의 무의식을 꺼내어 놓을 수 있도록 유도하며, 정신분석을 통해 치료해 나간다.

카플란의 접근법

정신역동적 접근과 전통적 성치료기법을 조화시킨 프로그램을 개발하였고, 성기능장애가 기본적으로 불안에 의해 야기된다고 본다. 이러한 불안은 유아기에 생긴 뿌리 깊은 무의식적인 갈등에서 생길 수도 있고, 최근에 경험한 성행위에서 느낀 불안일 수도 있다. 불안 수준이 깊고 강할수록 성반응주기의 초기 단계에서 문제가 생기며, 이때 성욕구 단계에 문제가 있는 경우에는 매우 강렬한 불안감을 느낀다. 그리고 성적 흥분 단계에서의 문제는 중간 수준의 불안이 관여된다. 이 단계의 사람들은 육체적으로 이미 상당히 흥분된 상태에서 불안을 체험하고 더 이상의 흥분을 억압한다. 마지막 절정감 단계에서의 문제는 경미한 수준의 불안이 관여된다.

- 한 명의 치료자가 부부를 대상으로 치료한다.
- 치료자는 내담자와 매주 1~2회 정도 만나 치료하며 치료 기간에 제한을 두지 않는다.
- 내담자 개개인의 성기능 문제에 따라 각기 다른 문제를 살펴보고 개선하도록 조력한다. 그러나 모든 환자에게 동일한 프로그램을 적용하지는 않는다.

마스터스와 존슨의 접근법

성적 수행에 대한 두려움과 관찰자적 태도를 극복하도록 돕는 데 일차적 목표를 두고, 성행동 시 상대방을 충분히 만족시켜야 한다는 불안을 감소시키는 동시에 성행위 시에 느끼는 감각에 집중하게 하여 관찰자적 태도를 탈피하도록 조력한다. 또한 스퀴즈 테크닉을 통해 성반응의 각 단계에서 체험되는 신체적인 감각에 집중. 몰입시킨다.

- 성기능장애를 지닌 개인보다는 부부를 주된 치료 대상으로 한다.

- 치료진도 남녀 두 명의 치료자로 구성한다.
- 치료에 앞서 신체적 검사와 심리사회적 검사를 통해 성기능장애의 요인을 다각적으로 평가한다.
- 2주 동안 매일 짧은 기간 내에 적극적인 방법을 통하여 치료한다.
- 행동주의적 치료이론에 근거하여 성기능 문제를 개선하는 구체적인 행동 방법을 제시하여 연습시킨다.

인지행동치료에 의한 접근법

◆ 성에 대한 역기능적 신념이 있는지 확인하고 개입

- 성적 능력은 나의 가치평가에 매우 중요하다. 성기능이 약하면 나는 무가치한 존재이다.
- 성행위 시에 항상 상대방을 만족시켜 주어야 한다. 상대방이 절정감을 느끼지 못한 성행위는 실패한 것이다.
- '성적으로 만족시켜 주지 못하면 상대방은 나를 무시하고 싫어할 것이다.'와 같은 신념들은 대부분 잘못된 것이고, 실제 성행위 시에 실현되기 어려운 것이다.

411

◆ 성에 대한 부정적인 신념의 예

- '성행위는 본래 추잡하고 죄스런 짓이다.' '정신적 사랑은 고귀한 것이지만 육체적 사랑은 천박한 것이다.' '성행위를 원하는 사람은 나를 단지 성적 대상으로 여기는 것이다.' '내가 먼저 성행위를 원하면 나를 색골로 볼 것이다.' '성적으로 흥분하여 적극적으로 행동하면 상대방이 나를 음탕한 사람으로 무시한다.' 등이 있다.

◆ 성행위 시 부정적 사고를 확인하고 개입

- 불안은 성기능장애를 유발하는 매우 중요한 요인으로서, 불안해지면 성행위에 몰두하지 못하고 자신의 상태를 확인하려는 자기초점적주의self-focused attention의 경향이 강하게 나타난다. 즉, 자신의 신체적 반응이 제대로 이루어지고 있는지를 자꾸만 확인하려 한다. 이때, 부정적인 사고가 증폭된다. '지금 실망하고 있나 보네. 나에게 성적 매력을 느끼지 못하는 거야.' '또 실패했어. 왜 늘 이 모양이야. 나는 성적으로 무능해.' 등의 반응을 보인다.

◆ **인지행동치료의 방법**

• 성에 대해서 올바른 지식과 현실적인 기대를 지니도록 돕는다.

• 성과 성생활에 대한 건강한 신념과 태도를 지니도록 유도한다.

• 불안을 증가시키는 부정적인 신념과 부정적 사고가 성기능을 위축시킨다는 점을 인식시킨다.

• 성기능장애 환자가 성행위 시에 자주 갖게 되는 부정적 사고를 확인하고 이에 대한 타당성과 유용성에 대해서 환자와 논의한다. 아울러 성행위 시에 느낄 수 있는 긍정적이고 현실적인 사고를 가르치고 연습시킨다.

• 역기능적인 신념도 탐색하고 올바른 지식과 현실적인 기대를 가지도록 돕는다.

• 불안과 긴장을 감소시키기 위해 체계적 둔감법, 모방학습, 긴장 이완 훈련을 실시한다.

• 구체적인 성적 기술을 가르치는 것도 중요하다.

• 성적 파트너와의 솔직한 대화와 갈등 해결이 필요하므로 의사소통 훈련, 자기주장 훈련, 사회적 기술 훈련, 부부관계 개선 훈련도 필요하다.

나가는 말

　신체 접촉의 욕구와 제니탈 접촉을 통한 행위는 반드시 종족 번식이나 생식만을 목적으로 하지 않고, 애착을 형성하고 가족과 공동체를 형성하며 서로 의존하고 돌보면서 살고자 하는 인간의 기본 욕구에서 비롯된다. 그러나 성과 관련된 문제는 정신장애나 신체 질환을 겪는 사람들뿐만이 아닌 일반인 중에서도 매우 흔하게 발견되고 있다. 이에 다양한 분야에서 정신의학자, 임상심리사, 상담심리사, 간호사, 사회복지사 등이 인간의 성에 대하여 연구하고 내담자들을 조력하기 위한 방법을 고심하며 다양한 방법으로 개입하고 있다.

　인간의 성적 발달은 결코 단순히 신체적 발달만으로 완성되는 것이 아니며 정신적인 발달의 정상성과 함께 발달되어야 한다. 온전한 인격으로 올바른 성심리를 지녀야만 인간의 기초 행동인 성행동을 통해 진정으로 친밀감을 나눌 수 있다. 이를 통해야만 비로소 두 사람의 영적 교감을 통한 온전한 합일감 경험이 가능하다. 그러나 인간은 각자 다른 성장 과정을 겪으면서 다양한 성격적 특성을 형성한 채로 만나 성적 상호작용을 시도한다. 그러므로 성적 배우자 간에 부적응이 일어나는 것은 어쩌면 자연스러운 현상일 수도 있겠다. 이에 본 절에서는 섹스테라피의 기본 원칙과 가이드라인을 통해 섹스테라피의 모델을 정립한 학자들의 기법을 소개하였다. 그리고 내담자평가를 위한 진단적 특징에 대해 간략히 설명하기 위하여 미국의 정신의학회APA에서 출간한 『정신질환의 진단 및 통계 편람』의 성기능부전과 성별 불쾌감에 대해서 기술했다. 더불어 섹스어시스먼트와 관련이 있다고 여겨지는 다면적 인성검사에서의 임상 척도를 기술하고, 이에 덧붙여 정신병리학적으로 진단되는 성격적 특성을 안내하였으며, 이로 인해 파생되는 성 문제, 성적 부적응 및 성기능의 특징을 열거해 보았다. 일반적인 섹스테라피를 위한 접근 모델과 방법 및 치료 효과에 대해서는 매우 기본적인 접근법 네 가지만을 요약해 두었다. 프로이트는 "우리가 마음에 새겨야 할 중요한 사실은 어떤 단일한 목적으로도 성 사례에 적용할 수 있는 것으로 규정될 수 없다."라고 하였다. 이는 섹스테라피스트로서 "현재 우리들과 만나는 내담자들에 대한 단순한 정보만으로는 만족할 만한 해결 방법을 제시할 수 없다."라는 의미가 되기도 한다. 그럼에도 불구하고 이 절을 통해 섹스테라피스트가 알아야 할 기본적인 사항을 기술해 보았다. 부디 섹스테라피에 임하는 임상가들은 인간의 본능과 그들의 대상 사이에서 존재하는 감정과 생각과 행동의 불일치의 매듭을 풀어 갈 수 있도록 자신의 내적 정돈을 점검하고, 전문적 지식 체계와 진정성을 지닌 마음으로 다가가길 바란다.

413

참고문헌

민성길(2015). 최신정신의학 제6판. 일조각.

박영숙(1998). 심리평가의 실제. 하나의학사.

APA(2015). 정신질환의 진단 및 통계편람 제5판 (*Diagnostic and statistical manual of mental disorders, 5/E*). (권준수 역). 서울: 학지사.

Britton, P. (2014). 섹스코칭의 예술 (*The Art of Sex Coaching*). (채규만, 현혜순 역). 서울: 학지사. (원저는 2005년에 출판).

Buss, D. M. (2008). 욕망의 진화 (*Evolution of desire : strategies of human mating*). (전중환 역). 사이언스 북스.

Freud, S. (2003). 성욕에 관한 세 편의 에세이 (*Sigmund Freud Gesammelte Werke*). (김정일 역). 열린책들.

Freud, S. (2008). 농담과 무의식의 관계 (*Sigmund Freud Gesammelte Werke*). (임인주 역). 열린책들.

통합심신치유학 [실제] 편

제 **8** 장 | *Integrative Body·Mind·Spirit Healing: Practice*

인지행동·마음·의식 치유 관련 심신통합치유

- ◆ 인지행동치료 및 스키마치료의 이론과 실제(박영숙)
- ◆ 그림책마음챙김치유(김기섭)
- ◆ 자서전 글쓰기 치유(조상윤)
- ◆ 에니어그램을 통합 자기치유−마음의 문을 여는 아홉 가지 열쇠(이종의)
- ◆ 인지행동치료−공황장애를 중심으로 살펴보는 인지행동치료(설경인)
- ◆ 자기돌봄을 위한 시네마 치유 코칭(류승원)

1

인지행동치료 및 스키마치료의 이론과 실제

박영숙[1]

들어가는 말

인간이 살아가면서 마주치는 다양한 삶의 괴로움은 자연스러운 것이다. 세상은 양극성으로 이루어져 있어서 기쁨이 있으면 슬픔이 있고, 행복이 있으면 불행이, 빛이 있으면 어둠도 있다. 그렇다면 괴로움을 잘 살펴보면 그 언저리에 행복으로 가는 문이 있을까? 그렇다. 괴로움 속에 행복으로 들어가는 문이 있다. 그 문을 열면 행복, 평정, 성장으로 나아가는 길이 열린다. 어떻게 열 것인가? 괴로움을 피하지 않고 맞아들여 관찰하고, 그것의 원인인 생각을 알고 바꿈으로써 가능하다. 그리고 바꿀 수 없는 부분은 받아들임으로써 고통이 완화된다.

괴로움은 크게 두 가지로 나눌 수 있다. 첫째, 생로병사와 관련되거나 일상에서 피할 수 없는 불가피한 괴로움이 있으며, 둘째, 자신에게 주어진 상황을 받아들이는 마음의 방식과 관련한 조건적인 괴로움이 있다. 불가피한 괴로움을 받아들여야 하는 '순수한 고통'이라 한다면, 조건적인 괴로움은 '때 묻은 고통'이라고 할 수 있다. 조건적인 괴로움은 경험되어

---

1) 타라심신치유센터장, 서울불교대학원대학교 박사 수료, 국제인지행동치료 전문가(ACT) 고급 과정 수료

지는 상황을 개인이 해석하는 '생각'이 원인이 된다. 인지치료는 조건적인 괴로움인 생각을 바꾸어서 심리적 괴로움을 완화할 수 있다고 가정한다.

인지행동치료

인지치료는 펜실베이니아 대학교의 아론 벡(Beck, A. T.)에 의해 1960년대에 처음 소개되었다. 인지치료의 목적은 정신적 고통에 내재되어 있는 왜곡된 부적응적인 생각을 찾아서 검토하고 수정함으로써 내담자들이 정신적인 괴로움에서 벗어나도록 하는 것이다.

벡은 내담자가 부정적인 방식으로 자신의 경험을 왜곡시킨다고 보았다. 이러한 생각의 출발점은 기존의 정신분석적 관점이 우울증 연구에 대한 기대를 충족시키지 못하는 것에서 기인했다. 인지치료에서는 모든 심리적 장애에 공통적으로 생각의 오류가 있으며, 이러한 역기능적인 생각은 내담자의 기분과 행동에 영향을 미친다고 보았다. 따라서 내담자들이 자신의 문제에 맞서기 위한 대안적인 관점을 갖도록 돕는다. 이를 위한 생각에 대한 현실적인 검증과 생각 바꾸기는 기분과 행동의 호전을 가져오게 된다. 지속적인 호전을 위해서는 내담자에게 내재하는 생각의 깊은 층인 믿음의 변화가 필요하다고 보았다.

행동기법은 인지치료와 더불어 행동의 변화를 도입해 생각, 감정의 변화를 유도할 수 있다는 가정하에 인지행동치료Cognitive Behavioral Therapy에서 병합해서 실시된다. 이러한 행동 실험은 내담자의 생각이나 가정의 타당성을 검증하는 중요한 평가기법이기도 하다.

인지치료의 특징

- 인지치료는 단기적이고 한시적인 치료를 목표로 하며 구조화된 치료이다.
- 치료적 효과가 탁월하고 수련 방법도 타 정신치료에 비해 상대적으로 수월하다. 우울증이나 불안과 같은 정신과적 증후군들의 핵심인 인지오류를 확인하고 대안으로 더 가능성 있는 설명들을 제공함으로써 거의 즉각적으로 증상을 약화시킬 수 있고, 내담자에게 이러한 인지기술을 훈련시키면 지속적인 호전을 가져올 수 있다.
- 지금 여기here and now의 상황을 강조한다. 현재 고통을 주는 상황을 보다 현실적으로 평가하고 해결함으로써 증상을 경감시킨다. 지금 여기의 문제에 초점을 맞추면 10~14주 내에 거의 모든 증상의 완화를 가져오게 된다.

- 과거로 관심이 옮겨 가는 경우는, 내담자가 과거의 문제나 상황에 강한 관심을 표현할 때, 현재의 문제에 대한 작업이 인지적·행동적·감정적 변화를 거의 일으키지 않을 때, 내담자의 역기능적 사고가 언제, 어떻게 생겨났고, 이러한 역기능적인 사고가 내담자에게 어떻게 영향을 주는지 아는 것이 중요하다고 판단될 때 등이다.
- 목표 지향적이며 문제 중심적인 치료이다.
- 내담자의 역기능적인 사고와 믿음을 식별하고 평가하며 반응하도록 가르친다.
- 내담자 자신이 스스로의 치료자가 될 수 있도록 교육하는 것을 목표로 하며 재발 방지를 강조한다.

인지모델

인지치료는 인지모델을 근거로 한다. 인지모델에서는 사람들의 감정이나 행동이 어떤 사건에 대한 그들의 지각에 의해서 영향을 받는다고 가정하며, 느낌을 결정하는 것은 그 상황 자체가 아니고 그 상황을 해석하는 방식에 달려 있다고 보았다(Beck, 1964; Ellis, 1962).

인지모델을 뒷받침할 수 있는 견해로서 로마의 철학자 에픽테토스(Epictetos, B.C 4세기)는 다음과 같이 말했다.

> "인간은 사물로 인해 고통받는 것이 아니라 그것을 받아들이는 관점으로 인해 고통받는다. 스토아학파와 마찬가지로 도교, 불교 등의 동양철학에서도 인간의 감정은 생각에 기초한다고 강조해 왔다. 아무리 강렬한 감정이라도 생각을 바꾸면 통제할 수 있다는 것이다."

아들러(Adler, A., 1931)는 다음과 같이 말했다.

> "우리는 우리 자신이 경험에 부여하는 의미에 의해 결정되는 자기결정적 존재이다. 의미는 상황에 의해서 결정되는 것이 아니며 우리가 상황에 부여한 의미에 의해서 우리는 스스로를 결정한다."

즉, 사람의 마음이 환경적·생물학적인 영향과 감각을 수동적으로 받아들이는 것이 아니라 오히려 자신의 현실을 일궈 나가는 데 적극적으로 관여하고 있다는 견해이다(Clark, 1995).

인지모델의 원리

- 경험이나 사건 또는 상황을 해석하는 방식은 직접적으로 기분과 행동에 영향을 주며, 기분과 행동 역시 해석에 영향을 미친다. 즉, 생각은 감정 및 행동과 연결되어 있다.
- 이 같은 해석 과정은 지속되며 이 과정을 통해 생활 사건을 이해하게 된다.
- 믿음 체계는 행동과 지각에 영향을 미친다. 또한 그에 부합하는 정보들만 주목하거나 떠올릴 수 있다. 마찬가지로, 믿음에 부합하지 않는 정보들은 선택적으로 간과할 수도 있다.
- 이러한 선택 과정은 인지 작용을 약화시킬 수 있다. 인지 작용의 약화는 대처 반응이 작동하지 않는다는 것을 의미한다. 효과적이지 못한 대처 행동은 부정적인 사건을 지속시키는 악순환을 만들게 된다.

자동 사고

심리적 고통을 경험하는 동안 사람들의 생각은 경직되거나 왜곡되고 자신의 판단을 과잉 일반화하거나 절대적인 것으로 받아들이게 된다(Weisharr, 1996). 감정이 동요될 때 사람들은 자기 생각에 지속적으로 부정적인 편견을 끌어들여 정보 처리를 왜곡시킨다. 이처럼 감정적 고통을 경험하게 하는 왜곡된 생각을 자동 사고automatic thought라 한다. 자동 사고는 무의식적이고 자동적이며 비합리적인 생각이다.

우리는 일상적인 많은 생각 중 의식에서 인지할 수 있는 객관적 정보에 바탕을 둔 생각과 더불어, 또 다른 수준인 무의식적으로 나타나는 매우 빠른 평가적 사고를 지닐 수 있다. 이러한 생각들을 자동 사고라고 부른다. 자동 사고는 심사숙고하거나 합리적으로 판단한 결과가 아니다. 이러한 사고들은 자동적으로 튀어나온 것처럼 보이고 흔히 아주 빠르고 짧게 나타난다. 무의식적인 생각 습관에서 나타난 자동 사고는 언뜻 인식할 수도 있으나, 대개는 자동적 사고에 뒤따르는 감정의 변화를 인식하는 경우가 더 많다. 또한 자동 사고는 무비판적으로 받아들이기 쉽다. 이러한 자동 사고가 나타나는 마음의 방식을 자동 조종 방식이라고 하며 전 의식의 영역에서 일어나기 때문에 주의를 집중할 경우 알아차릴 수 있다. 대개 자동 사고들은 고통스러운 정서적 반응과 역기능적인 행동을 일으킨다. 자동 사고는 부정적 감정이 경험될 때 선행되어 나타난다고 볼 수 있다(Beck, J. S., 1997).

부정적 자동 사고를 바로 의식할 수는 없으나 인지치료의 표준적인 질문을 통해서 쉽게 내담자가 주의를 기울일 수 있게 된다. 이러한 생각의 오류를 알아차리고 교정하는 방법을 가르치는 것은 내담자들로 하여금 좀 더 근거에 기반을 둔 융통성 있고 상대적인 정보 처리 과정으로 돌아갈 수 있게 해 준다.

자동 사고가 심리적 고통을 가져오는 이유

생각의 오류

우리에게 다가오는 많은 정보에 대해 성공적으로 대처하기 위해서는 유용한 정보에 선택적으로 주목할 필요가 있다. 선택적인 주의 집중과 지각, 기억 능력은 적응적인 기능을 하게 한다. 인지이론에서는 인지적 과정들이 선택적이기 때문에 긍정적이거나 부정적인 방식으로 현실을 왜곡할 가능성이 있다고 본다. 사람들의 생각은 다양하게 왜곡될 수 있다. 검증되지 않은 자동 사고의 인지 왜곡은 위험하거나 심한 감정적 장애를 야기하고 부정적인 영향을 끼칠 수 있지만 쉽게 찾을 수 있기 때문에 인지치료는 여기에 초점을 맞춘다.

생각 오류의 반복

불행한 느낌에서 벗어나기 위해 시도하는 반복적인 자동 사고들이 더 깊은 불행과 불만족을 야기하게 된다. 반복되는 생각은 정신적 습관이 된다. 의식적으로 선택하거나 결정하지 못하는 상태에서 나타나는 습관적인 생각들은 관성을 가지게 된다. 파괴적인 감정에서 벗어나고자 하는 반복적인 생각들이 실제로는 상황을 더 악화시키면서 역설적으로 더 깊이 빠져들어 사로잡히게 된다. 이때 부정적인 사고의 단편을 알아차리는 것은 쉽지 않다. 이러한 상태가 점검되면 불안이나 우울의 감정 패턴에 긍정적 변화를 가져올 수 있다 (Teasdale, 2014).

감정적 고통을 수반하는 생각 오류의 유형들

전부 아니면 전무의 사고

연속적 개념보다는 오직 두 가지의 범주로 나누어 상황을 본다.

예 '완벽하게 성공하지 못하면, 실패한 것이다.'

재앙화

미래에 대해 보다 현실적인 어떤 다른 고려도 없이 부정적으로 예상한다.

예 '나는 매우 화가 날 것이고, 전혀 기능하지 못할 것이다.'

긍정적인 면의 평가절하

긍정적 경험, 행한 일, 자질 등을 고려하지 않고 스스로에게 비이성적으로 말한다. 사소한 부정적인 측면에 집착하여 긍정적인 측면을 보지 못하는 것을 말한다.

예 '계획이 성공했지만 내가 유능한 것이 아니라 단지 운이 있었을 뿐이야.'

감정적 추론

부정적인 감정으로 인해 자신의 느낌이 사실이라고 믿는다.

예 '죄책감이 느껴져. 난 이런 고통을 당할 만해.'

지나친 일반화

현재의 상황을 넘어서는 싹쓸이식 부정적 결론을 내린다.

예 남자친구와 헤어지고 나서: '아무도 날 좋아하지 않을 거야.'

421

명명하기

덜 위험한 결론으로 이끄는 좀 더 합리적인 증거를 고려하지 않고, 자신이나 다른 사람에게 고정적이며 전반적인 이름을 붙인다.

예 '나는 실패자야. 그는 바보야.'

속단하기

명백한 증거 없이 부정적 결론을 내린다.

- 독심술: 다른 사람이 무슨 생각을 하는지 다 안다고 믿는다. 다른 사람이 자신에게 부정적인 반응을 보일 것이라고 확신한 나머지 확인해 볼 필요조차 없다고 생각한다.

  예 모임에서 아는 사람을 만났지만 그 사람이 아는 척을 안 할 때: '나를 무시하기 때문에 나를 피하는 것이 틀림없어.'

- 점쟁이 예언: 마치 점쟁이처럼 자신에게 어떤 불행한 일이 일어날지 안다는 듯이 행동한다. 그리고 자신의 예언이 마치 확고한 사실인 것처럼 믿는다.

예 '이번 일은 해내지 못할 거야.'

과장하기와 축소하기

부정적인 사실의 중요성을 지나치게 과장하고 긍정적인 일의 의미는 축소시켜 버린다.

예 '업무 처리에 실수를 했어. 모든 사람들이 이 사실을 다 알게 될 것이고, 나는 얼굴을 들고 다니지 못하게 될 거야.'

강박적 부담

마치 그렇게 하지 않으면 비난을 받을 것처럼, '반드시' '절대로' '~해야만 해' 등의 단어를 사용하며 스스로를 압박한다.

예 '내가 실수를 한다면 끔찍한 일이야. 나는 항상 최선을 다해야만 해.'

나와 관련짓기

실제로는 자신에게 책임이 없음에도 불구하고 부정적인 외부 사건을 자기 탓으로 돌리는 것을 말한다.

예 '남편이 우울해하는 것은 내가 무언가를 잘못했기 때문이야.' '이번 달 회사 매출이 급감했어. 그건 모두 내 책임이야.'

터널시야

어떤 상황의 부정적인 면만 본다.

예 '우리 아들의 담임선생은 올바로 하는 것이 없어. 그는 비판적이고 무감각하고 형편없이 가르치고 있어.'

생각 바꾸기

자동적으로 스쳐 지나가는 생각은 심사숙고한 결과가 아니라 일종의 습관 같은 것이기에 왜곡된 자동적 사고를 알아차리면 그 사고의 타당성을 평가할 수 있게 된다. 이때 주어진 상황에 대한 자신의 해석이 잘못된 것임을 알고 그것을 바꿔 준다면 감정이 변화되는 것을 느낄 수 있다.

자동적 사고 기록
1. 상황: 힘든 감정과 관련된 상황을 있는 그대로 적기(기분을 나쁘게 만든 실제 사건, 사고 흐름이나 백일몽, 회상)
2. 1의 상황에서 어떤 기분을 느꼈는지 각 기분을 점수로 평가하기(1~100%) −슬픔, 불안, 분노 등을 구체화
3. 자동적 사고 기록 −2의 기분을 느끼기 전에 어떤 생각이 떠올랐는가?
4. 2와 3을 경험할 때 느껴지는 몸의 감각은 어떠한 것들이 있는가?
5. 행동 −위의 생각, 감정, 감각이 가져오는 행동은 무엇인가?
6. 합리적 반응 기록 −자동적 사고가 진실인 증거 −자동적 사고가 거짓인 증거
7. 자동 사고를 바꿀 수 있는 새로운 생각은 어떤 것들인가?

핵심믿음

핵심믿음은 가장 깊은 곳에 있는 생각이다. 자동 사고는 핵심믿음에 의해 유지된다. 어린 시절부터 사람들은 자신과 다른 사람들 그리고 세상에 대한 믿음을 형성해 나간다. 이러한 믿음은 초기의 발달 단계에서부터 자신의 환경을 이해하려 하고, 적응적으로 기능하기 위해서는 자신들의 경험을 조리 있게 조직화할 필요에 의해 기인한다(Rosen, 1988). 핵심믿음은 아주 근원적이고 깊은 수준의 믿음으로 흔히 그들 자신조차도 인식하지 못한다. 사람들은 이러한 믿음에 대해 의문 없이 당연한 것으로 여기고 절대적인 진리로 받아들인다. 따라서 자신의 핵심믿음을 입증하는 정보에만 선택적으로 관심을 가지고, 그와 반대되는 정보는 무시하거나 개의치 않는 경향이 있다. 믿음은 활성화될 수도 있고 잠재되어 있을 수도 있다. 활성화된 믿음은 일상의 행동을 지배하는 원칙으로 나타난다. 이는 일반적으로 스트레스 상황하에서 활성화된다(Beck, J. S., 1997).

역기능적 믿음은 기능적인 새로운 믿음으로 개발되고 학습될 수 있다. 이는 치료자에 의해 내담자 자신의 생각을 스스로 식별, 평가, 수정하도록 가르치며 역기능적 사고의 기저에 잠재되어 있고 많은 상황과 연관된 믿음에 치료의 초점을 옮김으로써 가능하다. 부정적 핵심믿음을 수정하면 내담자가 앞으로 겪을 수 있는 감정적 고통에 대한 취약성을 줄이는 데 도움이 된다.

핵심믿음을 드러내는 하향식 화살기법

치료자: 그 일과 관련해서 당신에게 불안을 유발하는 것은 무엇입니까?

↓

내담자: 남편이 외도하고 있는지도 모르겠어요.

치료자: 만약 그가 외도하고 있다면, 그래서 어떻게 되는 거죠?

↓

내담자: 글쎄요… 그가 그 여자와 도망갈 것 같아요.

치료자: 그리고 만약 남편이 그 여자와 도망간다면……?

↓

내담자: (눈물을 글썽이며) 나는 아주 혼자가 되고 아무도 날 원하지 않을 거예요.

치료자: 만약 아주 혼자가 되고 아무도 당신을 원하지 않게 된다면 그것은 당신에 관해 무엇을 의미하나요?

↓

내담자: 그것은 내가 매력이 없고 역겹다는 것이에요. (핵심믿음)

부정적 핵심믿음에 대한 대안적 믿음 선택

내담자의 핵심믿음이 밝혀지면 보다 새롭고 적응적인 믿음을 선택할 필요가 있다.

- '나는 힘이 없어. 나는 외부 환경의 희생자야.'
  → '나는 내 삶을 통제할 수 있고, 그것에 책임이 있어. 환경은 환경일 뿐이고, 나는 그것을 대하는 나의 태도를 결정할 수 있어.'
- '나는 중요하지 않아. 내 느낌과 필요는 중요하지 않아.'

→ '나는 가치 있고 독특한 사람이야. 나의 느낌과 욕구는 다른 사람들만큼 돌볼 가치
　　가 있어.'

• '세상은 위험해. 잘 알고 있고 익숙한 것만이 안전해.'

　　→ '나는 세상에서 좀 더 편안해짐을 배울 수 있어. 나는 세상이 제공하는 학습과 성
　　　　장의 기회를 기대하고 있어.'

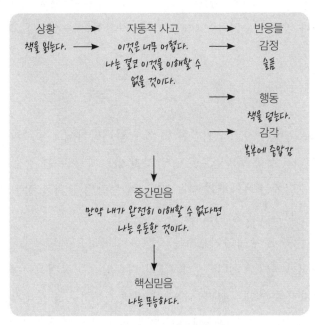

[그림 8-1] 인지모델

생각이 몸과 마음에 미치는 영향

인간의 경험은 생각, 감정, 행동, 신체 감각의 4가지 요소로 나뉠 수 있다. 이들은 서로
연관되어 상호작용하므로 인지치료에서의 생각의 변화는 감정, 감각, 행동의 변화를 가져
올 수 있으며 행동의 변화 또한 생각의 변화를 가져올 수 있다는 것이 인지행동치료의 관
점이다.

예를 들어, 발표를 앞두고 있는 신입사원이 있다고 할 때,

• 생각: '발표를 잘 해야 할 텐데 실수라도 하면 어떡하지?'
• 감정: 불안
• 감각: 가슴 두근거림, 근육 경직, 목소리 떨림

• 행동: 목소리 작아짐, 말이 빨라지거나 더듬음

등이 나타날 수 있다.

이때 '감정'이나 '신체 감각'은 우리가 직접 조절하기 어렵다. 인지행동치료는 여기에서 '생각'을 변화시키는 것을 인지치료, 행동의 변화를 이용하는 것을 행동치료라고 하며 두 가지를 합해서 인지행동치료라고 한다. 즉, 생각, 감정, 감각, 행동 사이의 연관성을 관찰하고 생각의 오류나 행동을 수정하여 여타의 증상을 완화하는 것이라고 할 수 있다.

산파술

산파술Guided Discovery이란 정보를 인식할 수 있도록 내담자에게 일련의 질문을 하는 것에 바탕을 둔다. 소크라테스식 문답법으로도 알려져 있는데, 이유는 질문을 통해 반성적 성찰을 촉진하는 교수법에서 유래했기 때문이다. 이 문답법에 의한 질문의 힘은 내담자 스스로가 답을 찾도록 도와줄 수 있다.

벡(1993)은 올바른 답을 요구하기보다는 사고를 자극하고 깨달음을 증진시키는 방식으로 질문이 표현되어야 한다고 했다. 인지치료가 지속적이고 긍정적인 효과를 거두는 이유 중의 하나는 내담자가 자신의 부정적인 사고에 대해 질문하는 법을 배우고 치료 후에도 계속 그렇게 하기 때문이다. 자동 사고에 대한 질문은 자신의 긍정이고 부정적인 전체 상황을 보지 않고 치료에 필요한 정보를 간과하는 것을 알아차려 부정적인 생각을 수정하는 데 사용된다. 내담자는 부정적 감정들을 겪을 때 그 순간에 무슨 생각이 스쳐 갔는지 물어보고, 이후 질문법을 사용해 그것들의 유효성을 진단한다.

> **내담자**: 저번 밤에 창밖에 비가 내리는 것을 앉아서 보고 있었는데 정말 우울했어요. 그렇게 느끼는지 잘 모르겠어요.
>
> **치료자**: 함께 찾아볼까요? (내담자가 고개를 끄덕인다.) 당신이 내리는 비를 보면서 했던 생각을 기억할 수 있나요?
>
> **내담자**: 외출하기엔 끔찍한 밤이라고 생각했어요.
>
> **치료자**: 집 안에 있는 것이 좋았나요?
>
> **내담자**: 예. 그렇지만 그날 밤 저는 '항상 집에만 처박혀 있는' 것 같았어요.
>
> **치료자**: 왜 항상 집에만 처박혀 있었다고 생각하죠?

내담자: 저는 갈 곳이 아무 데도 없고, 만날 사람도 아무도 없어요. (내담자는 기분이 가라앉고 바닥을 쳐다본다.)

치료자: 당신한테 갈 곳이 아무 데도 없고 만날 사람이 아무도 없다는 말은 어떤 의미인가요?

내담자: 내 인생이 지루하고 따분하다는 거죠. 저는 아무런 미래도 없고 행복해질 가망도 없이 지내는 것 같아요.

치료자: 그런 생각(자동 사고)이 당신을 우울하게 만드는 건가요? (내담자가 끄덕인다.)

◆ **자동 사고에 대해 질문하기**

1. 증거는 무엇인가?

   이러한 생각을 뒷받침하는 증거는 무엇인가?

   이 생각에 반대되는 증거는 무엇인가?

2. 또 다른 설명이 존재하는가?

3. 그 생각을 해 나가는 데 일어날 수 있는 가장 최악의 일은 무엇인가?

   가장 최상의 일은 무엇인가?

   가장 현실적인 결과는 무엇인가?

4. 자동 사고를 믿어서 나타나는 효과는 무엇인가?

   내 생각을 바꾸면 그 영향은 무엇인가?

5. 그것에 대해 무엇을 해야만 하는가?

   문제 해결 방법은 무엇인가?

6. 만일(내 친구) _____가 나 와 유사한 상황에 처해 있다면 내가 무슨 말을 해 줄 것인가?

— 주디스 벡(Beck, J. S., 1993).

페데스키와 그린버거(Padesky, C. A., & Greenberger, D., 1995)는 산파술을 '인지치료의 핵심'이라고 했으며 이를 능숙하게 사용하기 위해 많은 연습이 필요하다고 했다. 산파술은 부정적 사고를 발견하는 데뿐만 아니라 대안적이고 적응적인 사고와 믿음을 구성하는 데도 쓰인다.

행동기법

행동기법은 인지기법과 함께 시행된다. 증상의 형성에 관계되어 있는 잘못된 습관이나 행동을 더 바람직한 행동으로 대치하기 위해 실시한다.

근육 이완 훈련

내담자에게 신체 근육 일부나 전부에 힘을 주었다가 완전히 힘을 빼는 동작을 반복하게 하는 것으로, 심장 박동이 느려지고 말초 혈류량이 증가하며 근육 이완이 동반된다. 내담자는 긴장과 이완의 느낌을 의도적으로 통제하는 방법을 학습하게 되는데, 이는 불안과 신체 통증에 효과가 있다.

호흡 훈련

흔히 공황장애 환자들에게 실시되는 신체조절기법으로, 공황 시에 불안 수준이 증가하면서 발생하는 과호흡으로 인한 일련의 신체 증상들을 예방해 주기 위해 복식호흡 훈련을 지속적으로 연습하게 한다.

점진적 노출

최소한의 불안을 유발하는 단계로, 단계적으로 시작하여 내담자가 그들의 두려움에 대면하는 것을 돕기 위해 사용한다. (예를 들어, 거미를 두려워하는 환자의 목표가 거미를 손으로 집는 것이라면, 첫째 단계는 거미가 있는 사진을 보고, 둘째 단계는 방에 거미가 들어 있는 단지를 놓고 그 방에 앉아 있는 것으로, 목표를 이룰 때까지 단계적으로 실행한다.)

활동의 예정 짜기

의기소침하고 동기가 부족한 사람들은 시간 혹은 날짜별로 그들의 활동을 계획하는 것이 도움이 될 수 있다. 이러한 것이 그들을 활동적이 되도록 하며, 이렇게 함으로써 그들이 더욱 의욕적이고 덜 우울해질 수 있다는 것을 깨닫게 해 준다.

―스테판 파머(Palmer, S., 2000).

심리도식치료

성격 문제를 지닌 내담자들은 대체적으로 심리적인 융통성이 부족하기 때문에 인지행동적인 기법에 잘 반응하지 않으며 짧은 기간에 유의미한 변화를 이뤄 내지 못하는 경우가 많다.

심리도식치료Schema Therapy는 이러한 고질적이고 만성적인 심리장애를 지닌 내담자들에게 적용하기 위해 생겨난 인지행동치료를 의미 있게 확장시킨 심리치료 방식이다.

인생의 덫

심리도식은 인생의 덫으로 초기 부적응 도식이라고도 한다. 어린 시절의 환경이 완벽할 필요는 없지만, 인간이 잘 적응된 성인으로 성장하기 위해서는 기본적으로 충족되어야 하는 핵심적인 욕구들이 있다. 이는 '안전감, 타인과의 연대감, 자율성, 자존감, 자기표현, 타인에 대한 배려'와 같은 기본 욕구들이다. 인생의 덫은 이러한 핵심 욕구의 결핍을 의미한다.

심리도식schema은 자기-패배적인 감정과 사고 패턴으로 인생 초기에 시작되어 일생동안 반복되고 변화하기 힘들다. 그것은 마치 자기 모습의 일부와도 같으며 인간은 심리적 패턴의 일관성을 유지하려는 추동을 갖는다. 비록 심리도식이 고통을 유발한다고 하더라도 개인에게 익숙하고 편안하며 당연한 것으로 느껴진다. 사람들은 심리도식을 자극하는 사건에 쉽게 이끌리며 바꾸기가 매우 어렵다. 또한 개인의 정체감과도 직결되기에 초기 부적응 도식을 포기한다는 것은 일종의 죽음, 즉 자기 일부분의 죽음처럼 보일 수도 있다. 심리도식을 진실로 여기기에 내담자의 생각, 느낌, 행동 및 대인관계에 중요한 영향을 미친다. 성인이 된 후에도 자신에게 해로웠던 아동기 상황들을 다시 반복하게 만드는 역설적인 역할을 한다(Young, 2005).

핵심갈등

인생의 덫은 왜 우리가 누릴 수 있었던 것을 스스로 포기하게 되는지에 대해 에이브러햄 매슬로(Maslow, A.)의 말로 이해할 수 있다. "어린아이가 자아를 지키기 위해 가족들과 영영 헤어져야만 한다면, 아이는 분명 자아를 버리는 길을 택할 것이다."

우리가 지닌 인생의 덫에는 어린 시절 가족이나 친지들과 맺은 관계를 지켜 가기 위해 그 대가로 자신의 잠재력을 희생해야 했던 절박한 사정이 들어 있다. 이렇게 부적합하게 굳어진 어린 시절의 생존 방식과 관련한 인생의 덫은 인간관계에서 끊임없이 되풀이되며 우리의 사고방식과 생활사에 깊이 뿌리내리게 된다.

심리도식의 특성

• 일생 동안 반복되는 패턴임
• 자기파괴적임
• 살아남기 위해 투쟁함

심리도식의 구성

• 자동적 사고들에 공통으로 존재하는 핵심믿음
• 자신과 세상과 미래를 보는 틀로서 자동 사고를 만들어 냄
• 비슷한 상황에 처했을 때 강렬한 감정을 일으키는 믿음

인생의 덫이 저장되어 있는 곳

인생의 덫은 편도체라고 부르는 감정과 관련된 뇌의 부분에서 거센 반응을 일으킨다. 편도체는 자신의 인생에서 소스라치게 놀랐던 순간, 무서웠던 순간, 성이 났던 순간들을 기록하는 거대한 보관소와 같아서 자신의 부정적인 기억을 저장하는 센터로서 작용한다. 우리가 분노, 불안에 휩쓸리거나 슬픔에 젖거나 상처로 괴로워할 때마다 이 편도체에 흔적이 남는다.

심리도식의 생물학적 연구에 따르면, 외상을 경험하는 동안 편도는 정서적 기억을 저장하며, 해마와 신피질은 인지적 기억을 저장한다. 정서 반응은 사고, 추리, 의식에 관여하는 두뇌의 고차원적 정보 처리 체계 없이도 일어날 수 있다(Le Doux, 1996). 편도 체계는 무의식적이고 자동적이며 저장된 정서적 기억이 영원한 것처럼 본다. 편도 체계는 섬세한 구별을 하지 않으며, 개인이 자신의 심리도식을 초래한 아동기 사건의 잔상자극에 접하게 되면 그 사건과 연합된 정서와 신체 감각은 편도 체계에 의해서 무의식적으로 활성화된다. 비록 심리도식치유를 통해 활성화 정도가 어느 정도 감소될 수는 있지만, 이러한 정서와 신체 감각의 활성화는 자동적이며 일생 동안 지속되는 영원한 것이다.

치료의 목표는 내담자의 심리도식이 무엇인지 자각하도록 하고, 심리도식과 연관된 기억, 정서, 신체 감각, 인지, 행동을 약화시키도록 대처 방식 등을 작업함으로써 심리도식에 대한 의식적인 통제를 증가시키는 것이다.

우리가 성장하는 데 필요한 것

- 기본적 안전감
- 자율성
- 타인과의 연대감
- 자존감
- 자기표현
- 현실적 한계

기본적인 안전감(버림받음/불신과 학대)

1. 버림받음

사랑하는 사람이 자신을 떠나고 영원히 정서적으로 고립되어 살게 될 것이라는 느낌을 말한다. 가까운 사람이 죽거나 다른 사람을 더 좋아해서 버림받을 거라고 느끼는 등 혼자 남게 될 것이라 느껴 가까운 사람에게 매달리거나 역설적으로 쫓아 버리게 된다.

2. 불신과 학대

다른 사람들이 어떤 방법으로든 자신을 해치거나 학대할 것이라는 예측을 한다. 따라서 자신을 보호하기 위해 타인을 불신한다. 결코 어느 선 이상 접근하게 놔두지 않으며 남의 의도를 의심하고 최악의 상황을 예상한다.

자율성(의존/취약성)

1. 의존

다른 사람의 도움 없이는 일상생활을 지속할 수 없다고 느끼며 타인에게 의지하고 지속적인 지원을 원한다. 어린 시절 독립성을 주장하다 무력감을 느낀 적이 있을 것이고, 어른이 되어서도 의지할 만한 강한 사람들을 찾아서 그들이 자신의 생활을 좌지우지하게 만든다.

2. 취약성

재앙, 자연재해, 범죄, 질병, 경제적 파산 등이 닥치리라는 두려움 속에 산다. 어느 곳에서도 안전하다는 생각을 하지 못한다. 어린 시절 부모가 자녀의 안전을 너무 걱정한 나머지 과보호해서 세상을 위험한 곳으로 잘못 인식한 것에서 기인할 수도 있다. 따라서 오직 안전에만 힘을 쏟는다.

타인과의 연대감(정서적 박탈/사회적 소외감)

1. 정서적 박탈

사랑받고자 하는 욕구가 결코 충족되지 못할 것이라는 믿음이다. 어느 누구도 자신을 진심으로 걱정해 주거나 감정을 이해해 주지 못한다고 생각한다. 냉정하고 인색한 사람들에게 끌리거나, 반대로 자신 스스로가 타인에게 냉정하고 인색한 태도를 가질 수도 있다.

2. 사회적 소외

친구와 집단과의 관계에 대한 것으로 세상으로부터 격리되어 있다는 느낌, 남과는 다르다는 느낌과 관련된 것이다. 어린 시절 또래에게 배척당한 경험이 있을 수 있거나 뭔가 남들과 다르게 느껴지는 유별난 특징이 있을 수 있다. 집단 속에서 사교적 활동을 하거나 친구 사귀는 것을 회피한다.

자존감(결함/실패)

1. 결함

자신 스스로가 내적으로 결점과 결함에 있다고 느낀다. 타인과의 교제를 통해 충분히 가까워지게 되면 자신은 사랑받을 수 없게 될 것이라는 확신을 갖는다. 어린 시절 가족에게 존중받지 못하고 여러 결점으로 인해 비난받아 왔고, 그래서 자신은 사랑받을 가치가 없다고 자책하면서 타인에게 거절당하는 것을 홀로 예상한다.

2. 실패

성과를 내야 할 분야인 학교, 직장, 운동 등에서 제대로 해낼 수 없다는 믿음이다. 어린 시절 열등감을 느끼는 상황에 처했을 수 있다. 어른이 되어서도 자신의 실패를 과장하고 실패를 초래할 행동을 함으로써 덫을 지속시킨다.

자기표현(종속 혹은 복종/가혹한 기준)

1. 종속 혹은 복종

타인을 기쁘게 하기 위해 혹은 그들의 욕구를 만족시키기 위해 자신의 욕구와 소망을 희생하고 남들이 자신을 조종하도록 내버려 둔다. 자신을 우선함으로써 타인에게 상처를 줄까 염려하는 경우와, 복종하지 않으면 처벌을 받거나 버림받을 것이라는 두려움 때문이다. 지배적이고 권위적인 관계 속에서 상대에게 종속되거나 요구만 많고 보답하지 않는 사람들과의 관계 속에 빠져들게 한다.

2. 가혹한 기준

스스로 설정해 놓은 극단적인 기준에 맞추기 위해 처참할 정도로 노력한다. 행복, 기쁨, 성취감, 대인관계의 만족을 희생한 채 지위, 돈, 성취, 질서, 인정 등을 지나치게 강조한다. 자신뿐만 아니라 타인에게도 엄격한 기준을 적용하며 매사를 깐깐하게 따지려 들 것이다. 항상 최고를 기대하며, 그렇지 못할 경우 항상 불만족스럽게 느낀다.

현실적 한계

1. 특권 의식

삶의 현실적 한계를 수용하는 능력의 부재를 의미한다. 자신이 특별하다고 느끼며 자신이 원하는 것은 뭐든지 즉각적으로 표현하거나 행하거나 가질 수 있다고 생각한다. 남들이 치러야 하는 대가 같은 것을 무시하며 자기규제에도 문제가 있을 수 있다. 어린 시절 버릇없이 자란 경우가 많다.

인생의 덫 질문지

각 항목별로 12살 이전까지의 느낌과 성인이 된 현재(지난 6개월 동안의 상태)의 느낌에 얼마나 일치하는지 6점 단위로 평가한다.

〈표 8-2〉 스키마 질문지

질문	어린 시절	현재
1. 날 떠나 버릴지도 모른다는 두려움에 사람들에게 매달린다.		
2. 사랑하는 사람이 다른 사람을 더 좋아하게 되어 나를 떠날까 봐 굉장히 걱정한다.		
3. 사람들의 궁극적인 목적이 무엇인지 경계하는 편이다.		
4. 사람들이 나를 해치지는 않을까 하는 걱정에 경계를 늦출 수 없다.		
5. 보통 사람들보다 병에 걸리거나 다른 나쁜 일이 내게 닥칠까 봐 더 많이 걱정하는 편이다.		
6. 파산해서 거지가 되거나 남에게 의탁하게 될까 봐 걱정한다.		
7. 살아가는 동안 혼자 힘으로 난관을 극복해 나갈 수가 없기 때문에 도움을 줄 사람이 필요하다.		
8. 부모님과 나는 서로의 사생활에 지나치게 관여하는 경향이 있다.		
9. 나를 돌봐 주거나 나와 마음을 나누거나 내게 일어나는 일에 대해 깊이 염려해 줄 사람이 없었다.		
10. 사람들이 이해와 공감, 지도, 충고, 지지에 대한 정서적 욕구를 만족시켜 준 적이 없다.		
11. 나는 소속감이 없다. 나는 남들과 다르고 어디에도 어울리지 않는다.		
12. 나는 따분하고 싫증 나는 사람이다. 사교적인 자리에서 어떻게 이야기를 해야 할지 모르겠다.		
13. 내가 원하는 사람이 나의 모든 진실을 알게 된다면 나를 사랑할 수 없을 것이다.		
14. 다른 사람들의 사랑, 관심, 존경을 받을 가치가 없다.		
15. 일(학업)에 있어서 남들보다 능력이 없다.		
16. 남들보다 재능, 지적 능력, 경력이 모자라기 때문에 나는 이 자리에 어울리지 않는다고 느낀다.		
17. 다른 사람들이 원하는 대로 해 줄 수밖에 없다. 그러지 않으면 어떤 방식으로든 내게 보복하거나 나를 거부할 것이다.		
18. 사람들은 내가 남들만을 위하고 자신을 위할 줄 모른다고 생각한다.		
19. 나는 최선을 다한다. 적당한 수준에서 만족할 수 없다.		
20. 할 일이 너무 많아서 쉬거나 즐길 시간이 없다.		
21. 다른 사람들이 지키는 정상적인 규칙이나 관례를 따를 필요는 없다.		
22. 나는 일상적이고 지루한 일들을 완수해 내거나 내 감정을 조절하는 습관을 기르지 못했다.		

* 채점 기준

완전히 나와 다르다.	1	어느 정도는 나와 일치한다.	4
대부분 나와 다르다.	2	대부분 나와 일치한다.	5
나와 다른 면보다 일치하는 면이 조금 더 많다.	3	나와 완전히 일치한다.	6

인생의 덫 답안지					
인생의 덫	어린 시절	현재	어린 시절	현재	가장 높은 점수
버림받음	①	①	②	②	
불신과 학대	③	③	④	④	
취약성	⑤	⑤	⑥	⑥	
의존	⑦	⑦	⑧	⑧	
정서적 박탈	⑨	⑨	⑩	⑩	
사회적 소외	⑪	⑪	⑫	⑫	
결함	⑬	⑬	⑭	⑭	
실패	⑮	⑮	⑯	⑯	
종속	⑰	⑰	⑱	⑱	
무자비한 기준	⑲	⑲	⑳	⑳	
특권 의식	㉑	㉑	㉒	㉒	

* 각 덫에 대한 네 가지 점수를 보고 그중 가장 높은 점수를 답지의 가장 마지막 칸에 적는다. 가장 높은 점수가 4, 5, 6점 정도가 된다면 첫 칸에 표시해 둔다. 가장 높은 점수가 1, 2, 3점 정도라면 빈칸으로 둔다. 체크가 표시된 항목이 당신에게 해당되는 것이다. 점수가 높을수록 강한 영향을 준다(새로운 나를 여는 열쇠, p. 30 참조).

심리도식의 변화를 위한 단계

자신이 걸려 있는 덫을 확인하고 이름을 붙인다

자신의 덫을 인식한다. 덫을 인식하고 그것이 자신의 인생에 어떤 영향을 미쳤는지 알게 되면 그것을 더 잘 바꿀 수 있게 된다. 덫에 대해 이름을 붙이고 덫의 내용을 잘 이해함으로써 자신을 이해하는 통찰이 첫 단계이다.

덫의 기원을 이해하고 자신 안의 상처받은 어린 아이를 느껴 본다

인생의 덫을 느끼는 것이다. 불행하게도 통증을 차단함으로써 인생의 덫과 접촉할 기회를 잃게 되므로 덫을 느끼기 위해서는 어린 시절을 기억할 필요가 있다. 그리하여 내면의 어린이에게 말을 걸어 보고 그 아이의 감정에 공감하도록 한다.

눈을 감고 어린 시절을 떠올려 이미지 속으로 가능한 한 깊이 들어가 본다. 초기의 기억 들을 생생하게 그려 봄으로써 덫으로 인한 고통과 감정을 느끼게 될 것이다. 그것이 너무 고통스러워 혼자서는 회상할 수 없다면 안내자 혹은 동반자가 필요한데, 치료자가 그 역할 을 해 줄 수 있을 것이다. 어린 시절의 자아와 연결되면 이 어린아이와 대화를 하고 얼어붙 은 내면의 아이에게 생명을 불어넣어 성장과 변화가 일어나 치유되게 한다.

덫을 변화시킬 수 있는 증거를 모으고 이성적 수준에서 그 타당성을 논박한다

덫의 타당성에 대해 의문을 제기한다. 덫이 사실이라는 증거와 반대의 증거들을 작성한 다. 대부분의 경우 덫이 잘못되었다는 증거들이 더 많을 것이다. 실제로 자신은 결함투성 이도 실패자도 아니고, 무능하지도 학대받을 운명도 아닌 것이다.

덫에 원인을 제공한 사람에게 편지를 쓴다

쌓인 감정은 내면의 어린아이를 얼어붙은 채 남아 있게 한다. 내면의 어린아이가 목소 리를 내고 자신의 고통을 표현하게 한다. 자신에게 상처를 준 사람에게 편지를 쓸 때, 그 상대가 부모일 경우 죄책감 극복이 어려울 수 있다. 부모를 공격하는 것은 어려운데, 편지 에 자신의 감정을 표현하고 그들의 행동이 잘못되었음을 말하고 희망하는 바를 얘기함으 로써 자신감을 가질 수 있고 문제의 근원을 보다 확실히 파악할 수 있다.

덫의 패턴을 자세히 살펴보고 패턴을 깬다

지금 자신의 인생에서 가장 큰 영향을 주는 덫을 선정하고 그것을 극복하기 위해 노력 한다. 만약 그것이 너무 어려워 보인다면 관리가 가능한 덫을 선택해 좀 더 쉬운 것부터 시작한다.

부모를 용서한다

반드시 부모를 용서할 필요는 없다. 특히 심하게 학대를 받았거나 외면을 당했다면 용 서하지 않아도 된다. 그러나 치유의 과정이 진행됨에 따라 자연스럽게 부모를 용서하게 된다. 점차 부모를 강력한 부정적인 대상으로 보기보다는 문제와 걱정거리를 가진 인간일 뿐으로 느끼게 된다.

인지행동치료와 스키마치료의 효과

인지행동치료는 우울증의 치료법으로 개발되었지만, 그 효과가 인정되고 체계적인 연구와 실제적인 임상 경험을 통해 더욱 정교해지면서 그 적용 범위가 점차 확장되어 왔다.

현재, 인지행동치료는 우울증뿐만 아니라 사회공포증, 강박증, 공황장애, 범불안장애, 외상 후 스트레스장애 등과 같은 불안장애 그리고 신체화 장애, 건강염려증, 섭식장애 등과 같은 정신신체장애를 비롯하여 만성적인 대인관계 곤란을 유발하는 성격 문제 및 부부갈등에 대한 개입에 이르기까지 다양한 심리적 문제(인지, 정서, 행동 및 대인관계 영역)에 적용되고 있다. 또한 연구와 치료과정에서 지속적으로 치료기법이 발전되고 있고, 치료의 효과도 경험적으로 검증되었다.

심리치료자 코친(Korchin, S. F.)에 따르면, 현재 전 세계적으로 약 400여 개의 심리치료 이론이 있으며, 이 중에서 다수의 치료자에 의해 선호되고 있는 주요 이론만도 10여 가지에 이른다고 한다. 다양한 심리치료 이론과 방법들은 각기 독특한 장단점을 지니고 있어서 우열을 가리는 일은 어렵지만, 인지행동치료는 이 중에서도 가장 주목받는 치료법이며 충실한 이론과 경험적으로 입증된 치료 효과를 기반으로 나날이 발전하며 진화하고 있는 대표적인 심리치료이다.

심리도식치료의 효과는 3년 동안의 개인 외래 심리도식치료와 개인 전이중심치료를 비교했을 때, 심리도식치료의 경우가 더 낮은 중도 탈락률과 더 높은 회복률을 보였으며 연구 종료 시에 두드러진 개선을 보이고 비용 효율성을 보였다고 보고했다(van Asselt et al., 2008).

437

나가는 말

서두에서 언급했던 바와 같이 세상의 모든 것은 양면성과 다양성을 가지는데, 심리적 고통을 겪고 있는 내담자들은 이 점을 간과하는 경우가 많다. 현실에서 드러난 상황에 대해 자신이 선택한 하나의 관점에 사로잡혀 생각의 타당성을 미처 검증하지 못하는 것이다. 이때 자신의 견해와 믿음에 갇혀 융통성을 잃는 대가로서의 고통을 치른다. 이러한 고통은 성장에 대한 경종이다.

인지행동치료와 스키마치료는 왜곡된 생각과 고통스러운 감정습관을 관찰함으로써 현실을 있는 그대로 보게 하고, 현실 타당한 새로운 대안을 선택함으로써 심리적 고통을 완화하고 적응적인 삶을 살며 성장을 향해 나아가는 데 도움을 준다.

불안, 우울, 분노와 같은 부정적 정서로 인한 고통은 자신이 원치 않는 현상에 대한 저항으로 인해 더욱 강화된다. 인지치료와 스키마치료는 고통을 강화시키는 것에 대해 통찰하고 변화를 유도하지만, 더 나아가 인지행동치료의 새로운 흐름인 수용전념치료ACT에서는 인간이 가진 보편적인 괴로움에 대한 투쟁을 멈추고 이 순간을 기꺼이 받아들이며 영위하고 싶은 삶에 접촉하여 자신의 꿈을 현재의 삶으로 가져오는 것에 전념하는 것을 제안한다. 인지행동치료가 마음챙김 명상과 만날 수 있는 조건인 자신에 대한 관찰은 수용으로 나아가 ACT의 주요한 개념으로 자리 잡게 되었다. 즉, 깨어 있는 마음은 자신을 고통스럽게 하는 생각과 감정으로부터 벗어나려고 하는 대신 고통스러운 감정과 친구가 되어 자신의 경험에서 일어나는 마음의 현상들을 통찰하고 받아들이며, 저항함으로써 악순환을 일으키는 역설을 종식시키는 치료의 마지막 단계라고 말할 수 있다.

지금까지 인지행동치료 및 스키마치료의 개념들을 짧게 살펴보았다. 마무리를 하면서 위에서 살펴본 개념들과 일치되는 하나의 짧은 기도문으로 끝내고자 한다.

〈평온을 위한 기도〉
"신이시여, 바꿀 수 있는 것에 대해서는 과감히 변화시킬 수 있는 용기를 주시고
바꿀 수 없는 것에 대해서는 수용할 수 있는 마음의 평안을 주시며
바꿀 수 있는 것과 없는 것을 구분하는 지혜를 주소서!"

– 라인홀트 니버(Niebuhr, R., 1943).

참고문헌

Beck, A. T. (2017). 인지치료와 정서장애 (*Cognitive Therapy and the Emotional Disorders*). (민병배 역). 서울: 학지사.

Beck, J. S. (1997). 인지치료 (최영희 역). 서울: 하나의학사.

Farrell, J. M. (2018). 심리도식치료 임상가이드 (Neele Reiss and Ida A. Show. *The Schema Therapy Clinician's Guide: A Complete Resource for Building and Delivering Individual, Group and Integrated Schema Mode Treatment Programs*). (이은희, 송영희 역). 서울: 학지사.

Hayes, S. C., & Smith, S. (2010). 마음에서 빠져나와 삶속으로 들어가라 (*Get Out of Your Mind & Into*

Your Life). (문현미, 민병배 역). 서울: 학지사.

Neenan, M., & Dryden, W. (2011). 인지치료에 대해 알고 싶은 100가지 (*Cognitive therapy: 100 key points and techniques*). (이종호, 박희관, 이중용 역). 서울: 학지사.

Teasdale, J., Williams, M., & Segal, Z. (2017). 8주 마음챙김(MBCT) 워크북 (*The Mindful Way Workbook: An 8-Week Program to Free Yourself from Depression and Emotional Distress*). (안희영 역). 서울: 불광출판사.

Young, J. E., & Klosko, J. S. (2003). 새로운 나를 여는 열쇠 (*Reinventing your life: how to break free from negative life patterns*). (김봉석, 이동우, 최영민 역). 서울: 열음사.

Young, J. E. & Klosko, J. S., & Weishaar, M. F. (2005). 심리도식치료 (*Schema therapy: a practitioner's guide.*). (권석만, 김진숙, 서수균, 주리애, 유성진, 이지영 역). 서울: 학지사.

2

그림책마음챙김치유

김기섭[2]

들어가는 말

독일과 일본, 미국의 서점에는 어른을 위한 그림책 코너가 마련되어 있다. 한 조사에 의하면 미국에서 그림책을 구매하는 사람의 3분의 1 이상은 자녀를 가질 계획이 없는 성인이다. 이러한 현상은 한국도 마찬가지이다. 그림책을 가장 많이 구입한 계층은 자녀를 둔 부모가 아니라 결혼을 하지 않은 여성이다.

'할아버지가 읽었던 그림책!' 아마존 닷컴의 그림책 광고 문구이다. 일본에서는 그림책 작가의 신간 출간 기념 사인회에 노인들이 줄을 선다. 손자에게 그림책을 선물하려는 노인들이 아니라 어릴 때부터 그림책을 즐겨 온 그림책 마니아들이다.

일반적으로 그림책은 어린이, 그중에서도 유아의 전유물로 인식되어 왔다. 그러나 최근 들어 그림책은 어린이뿐만 아니라 어른도 주요한 독자로 부상하고 있다. 심지어 어른을 위

2) 인문치유 허브 MBHT연구소 대표, 용인송담대학교 외래교수, 실존심리상담사

한 그림책도 등장하고 있다. 그림책의 영역이 넓어지면서 재평가되고 있는 것이다.

그림책은 '0세부터 100세까지 즐길 수 있는 책'이라고 말한 일본의 임상심리학자인 가와이 하야오는 그림책이 오묘하여 그 속에 담긴 세계가 넓고 깊다고 말한다. 그래서 "한 번 보면 언제까지나 마음속에 남아 있으며 문득문득 떠올라 새삼 감동하여 문화가 다른 사람도 거부감 없이 받아들일 수 있는 보편성을 갖고 있다."라고 설명한다. 사실 작가주의 그림책을 읽어 본 사람은, 그림책이 전 세대를 아우른다는 점을 인정한다. 그림책이 아이들 취향의 그림과 글을 담은 책의 특성에서 벗어나 유아에서부터 노인에 이르기까지 전 세대가 즐길 수 있는 '시와 그림으로 이루어진 예술 도서'라는 보편성을 획득하고 있기 때문이다.

이렇게 그림책이 전 세대에 걸쳐 인기를 끄는 이유는, 유아에게는 유아의 시선에 맞는 기쁨과 흥미를 주고, 어린이와 청소년 그리고 청장년과 노인에게는 각각의 세대가 살아오면서 겪은 경험만큼이나 층위가 다른 즐거움과 감동을 주는 까닭이다. 이것이 그림책의 매력이다.

그림책이 어린이뿐만 아니라 남녀노소 누구나 즐기는 책으로 인식이 바뀐 데에는 두 가지 이유가 있다. 하나는 심리적 요인이다. 끊임없는 경쟁과 빠르게 변하는 사회구조 속에서 쫓기듯 살아가는 현대인은 수많은 스트레스와 마음의 고통을 겪는다. 육체적인 폭력뿐만 아니라 정신적 폭력에도 노출되어 우울, 불안, 무기력, 의기소침, 강박증, 부정적인 생각들로 고통을 받는다. 따라서 마음속에 내재되어 있는 불안감을 떨쳐 내고 자신을 돌아보고자 하는 욕구가 커지게 되었다. 이러한 욕구는 인생의 의미를 압축적으로 보여 주는 글과 아름다운 그림이 곁들여진 그림책에서 평온과 치유를 얻고자 하는 요구로 나타났다는 해석이다.

또 하나는 독서치료, 문학치료의 보급과 확산에 따른 영향이다. 2000년 이후 본격적으로 알려진 독서치료, 문학치료는 안내자(치료사)들로 하여금 그림책의 치유적 가치를 발견하는 계기를 불러일으켰고, 특히 문학치료에서 그림책은 중요한 치료적 도구로 활용되었다. 그간의 이러한 시도와 활용은 기존의 그림책에 대한 인식을 깨는 변화를 가져왔다고 말할 수 있다.

그림책마음챙김치유 프로그램은 그림책에 대한 이 같은 인식의 변화와 궤를 같이한다. 그림책의 치유적 가치를 전제로 프로그램을 구성했고 또 전 세계적으로 관심을 모으는 마음챙김의 치유기제를 적용했기 때문이다. 그림책의 정서적 이해와 치유기능에다가 '지금-여기'의 인지적 통찰을 접목한 것이다. 따라서 이 프로그램의 목표는 치유적 기능을 가진 그림책을 접한 뒤 일어나는 과거의 억눌린 욕구를 알아차리고 잘못된 신념으로부터 벗어나 자유롭고 건강한 삶을 살도록 돕는 것이다. 프로그램에서 사용하는 마음챙김은 참여자의 몸과 마음에서 일어나는 느낌, 생각, 욕구 등을 비판하지 않고 말없이 들어 주는 경청의 의미로 쓰였다. 그림책을 읽고 나누는 과정 속에서 일어나는 현상, 즉 자신의 얘기를 스스로 들어 주고 성찰적 자각을 하는 것이다.

그림책마음챙김치유 프로그램은 그림책을 읽는 과정, 느낌을 공유하고 토론하는 과정, 명상을 통한 자각과 깨달음을 현실적 삶에 적용하는 창조 과정으로 나누어진다. 이 전체 활동을 거치면 참여자는 자신에게 일어나는 경험을 수용하면서 그 전의 무의식적인 습관을 멈추고 자각에 이르게 된다.

이 프로그램은 아날로그적인 감성과 정서적인 접촉을 중요시한다. 참여자가 처한 상황에 맞는 그림책 텍스트를 선정하고 담담하게 그림책을 읽어 주는 낭독 활동, 그림책에 들어 있는 생생하고 시적인 문장, 어릴 적 동심을 자극하는 아름답고 환상적인 그림 등을 신중하게 다루고 중요하게 여긴다. 이러한 요소들은 독서치료, 심리치료와 차이가 있고, 시치료와도 다른 점이다.

지금부터는 그림책마음챙김치유 프로그램의 구조와 기법 등을 살펴보고 프로그램을 구성하는 핵심 요소와 치유원리, 진행 과정과 단계별 기법 등을 알아본다.

그림책마음챙김치유 프로그램의 기법

앞서 밝힌 대로 이 프로그램의 목표는 그림책을 통해 진행자와 참여자가 상호작용하는 가운데 참여자 스스로 자신의 문제를 해결하고 건강한 삶을 살도록 돕는 것이다. 즉, 자기치유로 가는 징검다리 역할을 하는 것이다. 이런 점에서 그림책마음챙김치유 프로그램은 심리치료와 닮아 있다. 그러나 심리치료가 참여자-문제-치료자의 관계를 유지한다면, 그림책마음챙김치유는 참여자-그림책-진행자의 관계를 형성한다. 즉, 심리치료에서 말하는 문제의 자리에 변화와 각성을 주는 그림책을 놓은 것이 다른 점이다.

또 이 프로그램은 독서치료와 유사하다. 하지만 독서치료와 달리 지식과 시간의 제한을 덜 받고 그림책 속 아름답고 환상적인 그림을 감상할 수 있으며, 독서치료 영역에서는 생소한 알아차림 개념을 통해 심리적 · 인지적 문제를 해결한다는 점에서 차이가 있다.

프로그램의 구성 요소

그림책마음챙김치유 프로그램을 이해하기 위해서는 프로그램의 구성 요소를 먼저 이해해야 한다. 핵심 구성 요소는 그림책, 마음챙김, 진행자와 참여자이다. 각각의 의미를 살펴보면 다음과 같다.

그림책

그림책의 개념은 아동문학 전문가들마다 다르다. 그러나 '그림을 통해 메시지를 전달하는 책, 글과 그림이 서로를 보완하는 형태를 취하며 아동문학이나 회화의 영역과는 별개로 독립적으로 발전하고 있는 고유한 예술 형식'이라는 점에는 이의가 없다. 무엇보다 글Text과 그림Illustration을 동시에 경험한다는 점은 그림책의 고유한 특성이라고 할 것이다.

앞서 말했듯이 그림책은 더 이상 어린이의 전유물이 아니다. 연령과 성별에 관계없이 인간의 감성 변화에 따른 시대적 산물로 바뀌고 있다. 어른을 위한 그림책의 출현이 이러한 사실을 증명한다. 어른을 위한 그림책은 어린이를 대상으로 하는 그림책과 똑같이 글과 그림이 결합되어 있고, 짧은 문장과 아름다운 그림이 들어가 있다. 하지만 글의 역할이 어린이의 언어적 한계를 넘어 자유롭고 은유적이며, 그림 역시 어른의 복잡한 내면세계를 담아 은유적이고 함축적이다. 또 내용적인 면에서도 스펙트럼이 넓다. 사회적 이슈에서부터 어른들의 삶, 사랑, 유머, 회고 그리고 환경 보존, 사회 문제 제기 등 다양하고 두텁다. 급변하는 현대사회를 살아가야 하는 현대인의 스트레스와 긴장을 해소하고 기계적이고 반복적인 삶의 굴레에서 자신을 뒤돌아보고 심신을 정화하려는 목적이 담겨 있기 때문이다.

마음챙김

마음챙김은 판단을 내려놓고 매 순간 경험하는 대상에 온전히 주의를 기울이는 것을 말한다. 불교 수행 전통에서 기원한 심리학적 구성 개념으로, 현재의 순간을 있는 그대로 받아들이는 태도로 몸과 마음에서 일어나는 현상을 자각하는 것이다. 마음챙김에 대한 합의된 정의는 없으나 대부분의 연구자는 마음챙김을 현재 순간과 자각, 수용의 3요소로 설명한다. 사피로(Shapiro) 등의 학자는 마음챙김의 요소에 의도를 추가하여 주의와 의도, 태도가 서로 상호적으로 영향을 주고받는다고 본다.

이 프로그램에서 마음챙김은 평가나 비판을 하지 않고 자신의 몸과 마음에서 일어나는

443

느낌과 생각, 욕구를 있는 그대로 경청하는 것으로 정의한다. 프로그램 전 과정에서 일어나는 모든 경험을 통합적으로 수용하여 알아차림의 힘을 키워 나가는 것이 목표이다.

진행자와 참여자

진행자는 그림책이 지닌 치유적 효과를 이해하는 사람이다. 또 그림책의 치유효과를 다루면서 이야기 속에 들어 있거나 자연스럽게 드러나는 의미들을 포착하여 전달하는 사람이다. 진행자의 가장 큰 역할은 참여자로 하여금 자기 자신을 스스로 들여다보도록 하는 것이다. 즉, 진행자는 참여자가 보이는 다양한 반응을 주의 깊게 살피고 족쇄처럼 걸려 있는 감정을 적극적으로 노출하도록 용기를 주면서 스스로를 직시하도록 돕는 것이다.

그림책마음챙김치유 프로그램에서 참여자는 환자가 아니다. 환자로 취급받지도 않는다. 오히려 그림책에 관심이 있거나 그림책의 여러 면을 탐구하려는 사람에 가깝다. 또 그림책을 통해 자신이 직면한 영혼의 현실을 마주 보고 치유받기를 원하는 사람들이다. 따라서 참여자들은 자발적으로 지원한 사람이 대부분이며, 이 프로그램을 통해 공통적으로 이완과 휴식, 마음 정화와 의식의 각성을 경험한다.

프로그램의 치유원리

그림책마음챙김치유 프로그램은 네 가지의 치유원리를 가지고 있다. 언어가 지닌 치유원리, 그림책 본래의 치유원리, 그림책 읽어 주기의 변화 원리, 마음챙김의 치유원리가 그것이다.

첫째, 언어는 자신의 존재를 드러나도록 도움으로써 치유의 세계로 이끈다. 철학자 하이데거(Heidegger, M.)는 "우리는 언어를 통해 세계를 만난다."라고 말했다. 언어와 접촉함으로써 진정한 존재 체험을 하며 자신과 세계를 이해하게 된다는 것이다. 우리는 언어로 나를 표현하고 상대를 이해한다. 대표적인 예가 언어를 통한 심리치료이다. 언어의 상호작용을 통해 내담자가 모르던 세계를 조금씩 새롭게 발견해 나가도록 돕는다. 이 프로그램에서 치료적 매개는 그림책이다. 하지만 그림책을 읽고 공유하는 과정은 모두 말로 이루어진다. 즉, 참여자들은 언어로써 자신의 존재를 드러내고 진행자는 언어 속에 담긴 참여자의 핵심 감정을 파악한다. 그리고 참여자의 왜곡된 의식을 인지하고 정서적으로 이해하는 과정을 밟아 나간다. 그런 점에서 그림책마음챙김치유 프로그램은 언어의 상호작용을 통한 치유성을 신뢰한다.

둘째, 그림책에는 인간의 보편적 심리와 욕구가 담겨 있어 우리는 그림책을 보면서 어린 시절 또는 현재 채워지지 않은 욕구를 만난다. 그로 인해 야기된 심리적인 문제를 발견하고 객관적인 거리두기 과정을 통해 문제를 해결한다. 그림책 속에서 펼쳐지는 이야기들은 어릴 적 누구나 한두 번쯤 겪었던 보편적인 사건들이다. 이 사건들은 그림책에서 재연되면서 어른들로 하여금 진정한 자아찾기에서 과거를 돌아보게 하고, 이 과정에서 지친 마음을 위로받는 기회를 얻게 된다. 한마디로 그림책 텍스트를 읽는 것은 자기 자신을 읽어 내는 것이고, 과거의 나, 현재의 나, 미래의 나를 만나는 과정이다. 여기서 치유가 일어난다.

셋째, 이 프로그램에서는 진행자가 그림책을 읽어 준다. 그래서 읽어 주는 사람의 역할이 중요하다. 진행자가 깊은 공감과 울림이 있는 목소리로 읽어 주면, 참여자들은 귀로 언어를 듣고 눈으로 그림 전체와 세부를 읽는다. 또 몸 전체로 그림책의 세계로 들어가는 체험을 한다. 이 체험은 순간적으로 현실을 잊고 깊이 몰입하도록 이끈다. 『시가 마음을 만지다』를 쓴 최영아는 인간의 목소리 자체가 잠재되어 있는 의식을 되찾고 치유할 수 있는 능력이 있다고 말한다. 그가 말하는 인간의 목소리란 '내면의 자아와 교감할 수 있는 통로이자, 병든 마음을 달래 주고 정화시킬 수 있는 가장 좋은 매개체'이다. 읽어 주기는 이 프로그램에서 빼놓을 수 없는, 다른 치유법과 구별되는 치유원리이다.

마지막으로, 마음챙김은 팔리Pali어 사띠sati의 번역어이다. 이는 자각awareness, 주의attention, 기억하기remembering 등의 의미를 가지고 있다. 사띠는 영어권에서 mindfulness로 번역되며, 우리말로는 마음챙김으로 불린다. 마음챙김에 대해 깊이 연구한 존 카밧진(Kabat-zinn, J.)은 마음챙김을 통해 생각은 '단지 생각일 뿐'임을 보게 되며 정서를 회피하거나 제거하기 위한 행동을 할 필요가 없음을 자각하게 된다고 한다. 또 수용전념치료ACT를 개발한 헤이스(Hayes, S. C.)는 마음챙김의 수용적 태도가 지닌 치료적 효과를 높이 평가한다.

근본적인 변화를 설명하는 마음챙김의 치유기제로 탈중심화decentered, 탈자동화deautomatization 등이 있다. 탈중심화는 마음챙김을 통해 자신의 즉각적인 경험으로부터 한 걸음 거리를 둠으로써 경험의 본질을 변화시키는 능력을 말하고, 탈자동화는 지각과 인지를 통제하는 자동적 처리 과정을 소거하는 것이다. 본 프로그램에서 마음챙김은 자신의 문제를 있는 그대로 수용하고 알아차림의 힘을 키워 참여자의 치유를 돕는 원리로 쓰이고 있다.

프로그램 진행 과정

그림책마음챙김치유 프로그램은 여느 심리치료과정과 마찬가지로 일정한 과정을 거쳐서 진행된다. 개발 초기 독서치료와 문학치료에서 이론적 기초를 제공한 마자(Mazza, N.)의 이론과 문학치료학자 변학수의 치료단계 모델을 채용했으나 현장에서 적용하면서 순서와 과정을 조금 바꿨다. 프로그램의 진행은 도입 단계-공유 단계-통각 단계-창조 단계 순으로 이루어진다.

1. 도입 단계

이 단계는 진행자와 참여자가 신뢰를 형성하면서 서로를 이해하고 감정을 표현하는 단계이다. 친밀감을 쌓으면서 활동 주제와 관련한 시와 노랫말을 낭송하며 프로그램의 이해를 돕는다.

2. 공유 단계

진행자가 들려주는 그림책을 듣고 참여자가 현재 자신의 몸과 마음에서 일어나는 느낌, 감각, 감정, 욕구를 발표하고 공유하는 단계이다. 특히 마음이 머물렀던 인상적인 장면과 기억과 경험, 미해결 과제 등을 이야기하면서 참여자들 사이에서 치유를 경험한다. 자신의 문제에 대해 성찰적 깨달음을 얻는다.

3. 통각 단계

진행자와 참여자, 참여자와 참여자 사이에 그룹치유과정이 끝나면 주제명상에 들어간다. 시 읽기, 그림책 읽기에서 시작하여 참여자 간에 나눈 경험을 떠올리면서 몸과 마음에서 새롭게 자각하거나 깨달은 바를 통합적으로 수용한다. 짧게는 2~3분, 길게는 10분가량 소요된다.

4. 창조 단계

주제명상이 끝난 후 참여자 개인의 관점이 바뀌었거나 깨달은 바를 은유적으로 표현한다. 짧은 시, 오행시를 짓거나 편지 쓰기, 그림으로 표현하기, 버츄카드 고르기 등의 활동을 한다. 참여자는 자신에게 일어난 심리적 역동과 자각을 자기 것으로 받아들이고 인생의 목표를 새롭게 설정한다.

단계별 지도 방법

프로그램 진행 전 단계

그림책마음챙김치유 프로그램을 진행하기 전에 대상, 인원, 주제, 그림책, 프로그램 운영 방식을 정해야 한다. 대상은 그림책을 통해 치유를 원하는 청소년 및 어른이며, 참여 인원은 대략 4~15명 정도가 적당하다. 인원이 15명이 넘을 경우 진행자 외에 보조 진행자를 두거나 참여자를 그룹으로 나누어 진행한 후 함께 공유하는 과정을 거친다. 프로그램 운영은 주어진 시간에 따라 다르지만 한 가지 주제 아래 그림책 1권에서 3권이 필요하다.

그림책을 선정할 때는 각별한 주의가 필요하다. 참여 대상의 연령, 성별, 직업군에 따라 그림책 선정 기준이 달라지기 때문이다. 선정 원칙은 보편적인 주제를 가진, 그래서 어느 연령층에게나 적용 가능한 그림책을 고르되 대상에 맞춰 그에 맞는 그림책을 선정하는 것이다. 참여자의 독서 수준을 기초로 이해하기 쉬운 책을 골라야 하지만 참여자의 흥미도 고려해야 한다.

그림책이 선정되었으면 각 단계에 맞는 단계별 활동 계획을 세운다. 먼저 도입 단계에서는 어떤 활동으로 관심을 끌고 주제에 접근할 것인지를 고민한다. 그다음 공유 단계, 통각 단계에서는 어떤 질문과 활동으로 알아차림과 접촉을 시도할 것인지 준비해야 하며, 참여자 개인의 공유된 경험을 명상을 통해 어떻게 통합적으로 수용할 것인지 정해야 한다. 예를 들어, 눈을 감고 명상할 때 어떤 말로 참여자를 리드할 것인지 생각해 두어야 한다는 것이다. 마지막으로, 창조 단계에서는 여러 가지 기법 중 어떤 방식으로 자각과 깨우침을 표현하도록 할 것인지 세심하게 고려해야 한다. 예컨대, 글이나 시로 표현하기 어려워하는 참여자에게는 그림이나 기호 또는 몸으로 표현하게 하고 관련되는 버츄카드를 뽑도록 할 수도 있다.

이때 진행자와 참여자 사이의 신뢰 관계 형성은 매우 중요하다. 신뢰 관계가 이루어지지 않으면 치유효과는 떨어지고 소기의 목적을 달성하지 못한다. 따라서 진행자는 자신을 소개하는 과정에서 공신력을 쌓아야 하며 프로그램의 목적과 가치, 효과 등을 사전에 전달해야 한다.

효과적인 진행을 위해 참여자들이 지켜야 할 규칙을 정해 놓는 것도 중요하다. 이른바 그라운드 룰을 정해야 한다. 그림책마음챙김치유 프로그램에서는 일곱 가지 규칙을 세워 놓고 있다.

① 공감대화법을 사용해야 한다. 공감대화법은 참여자가 발표할 때 앞의 참여자가 발표한 내용의 핵심을 요약하면서 지지와 공감을 보내는 것이다. 그런 다음 자신이 하고자 하는 말을 발표한다. 이를 통해 인정과 존중의 분위기를 만든다.

② 진행자와 참여자, 참여자와 참여자 사이에 옳고 그름을 따지는 토론은 금지한다. 그러나 긍정적인 지지나 질문은 권장한다.

③ 프로그램을 하면서 알게 된 이야기나 사적인 정보는 발설하지 않겠다는 약속을 해야 한다. 참여자들의 자유로운 표현 공간을 확보하는 데 절대적으로 필요하다.

④ 참여자는 자신의 느낌, 감정, 생각, 경험 등을 자유롭게 말할 수 있으나 다른 참여자를 고려하여 장황하게 말하지 않도록 주의해야 한다. 필요하다면 발언 시간을 정해 놓을 수도 있다.

⑤ 참여자는 자신의 발표 순서가 돌아왔을 때 할 말이 없으면 '패스'를 선언할 수 있다. 반드시 발표해야 한다는 부담은 참여자를 위축시킨다. 다만, 모두에게 공평하게 발언할 기회를 주되 개개인이 가진 개별성과 고유성은 존중한다.

⑥ 글로 표현하기 어려우면 그림이나 이미지, 기호로 표현해도 무방하다. 자각과 깨달음을 표현하는 수단은 자유롭게 선택하도록 해 주어야 한다.

⑦ 참여자는 정답을 말해야 한다는 부담을 갖지 않아도 된다. 대신 자신의 주관적 느낌, 감정, 생각 등을 자유롭게 표현한다. 이때 다른 참여자는 공감적 경청의 자세로 들으며 자신의 몸과 마음에서 일어나는 움직임을 알아차린다.

이 외에 진행자는 참여자의 상태에 대한 심리검사를 하거나 프로그램 참여 이유와 목적을 사전에 파악할 필요가 있다.

도입 단계

프로그램에 대한 이해를 높이고 참여자의 흥미를 유발시키며 상상력을 발휘하도록 집중시키는 워밍업 과정이다. 더불어 친밀감을 형성하면서 참여자의 감각과 느낌을 표현하도록 돕는다. 신체 자각하기, 환경 자각하기, 색종이 · 버츄카드 뽑기, 그림으로 표현하기, 시와 노래 가사(말) 낭송 기법 등이 주로 사용된다.

1. 신체 자각하기

참여자 스스로 현재 느끼는 신체 감각을 알아차리도록 한다. 신체 중에서 에너지가 집중되어 있거나 긴장되어 있는 부분에 대해 자각한다. 신체 현상은 통합되지 않는 감정들과 관련이 있기 때문이다.

2. 환경 자각하기

보통 참여자들은 자신에게 몰입되어 있어 주위에서 일어나는 일을 자각하지 못한다. 그래서 현실과 단절되어 있는 경우가 많다. 이때 진행자가 앉아 있는 참여자에게 그 자리에 앉은 이유를 물어 참여자로 하여금 환경에 대한 자각을 하도록 유도한다.

3. 색종이 뽑기

이 방법은 참여자 자신의 심리를 알아차리도록 하는 방법이다. 여러 가지 색종이를 제시하고 참여자에게 좋아하는 색종이를 뽑게 하거나 현재 심리를 보여 주는 색종이를 뽑도록 한다. 참여자는 이 활동을 통해 '지금-여기'에 있음을 자각하게 된다.

4. 버츄카드 뽑기

참여자에게 52개의 버츄카드 중 하나를 무작위로 뽑게 한다. 그런 다음 카드 앞뒷면에 있는 문장과 글귀를 천천히 읽게 한다. 진행자는 참여자가 카드의 내용을 읽는 동안 자신에게 일어난 변화와 자신의 삶과 어떤 연관이 있는지를 질문한다. 카드를 뽑은 참여자들은 자신이 놓인 현실을 대변한다거나 자신이 해야 할 일을 제시받곤 한다.

449

5. 그림으로 표현하기

그림책의 주제나 제목을 활용하여 그림을 그리는 것이다. 예를 들어, 그림책 『두고보자 커다란 나무』로 프로그램을 진행할 때 나무를 그려 보는 시간을 가진다. '나무' 하면 떠오르는 어릴 적의 나무나 자신이 생각하는 나무 또는 이미지를 그리도록 한다. 그런 다음 참여자가 그린 나무를 설명하는 시간을 갖는다. 이를 통해 다룰 주제에 대한 이해를 높이게 된다.

6. 시와 노래 가사 낭송하기

그림책에 관한 주제를 사전에 공유하기 위한 방법으로 고안됐다. 주로 시와 대중가요의 가사를 활용한다. 이때 음악을 들려주어도 좋다. 그런 다음 어떤 느낌이 드는지, 떠오르는 이미지가 무엇인지 발표하며 알아차린 감정을 가지고 상호작용한다. 이때 어떤 시를 고르느냐는 대상에 따라 달라진다. 시 한 편이 분위기를 좌우하는 만큼 진행자는 참여 대상과 참여자들의 상황에 적합한 시를 선정해야 한다.

공유 단계

그림책을 만나 대화하고 치유하는 단계이다. 이 단계에서 참여자는 그림책 속 등장인물과의 동일시를 통해 울음을 쏟아 내기도 하고, 다른 참여자의 발표를 들으면서 마치 자신의 일인 양 가슴 아파하기도 한다. 먼저, 그림책과 작가에 대한 소개를 한 후 그림책을 천천히 읽어 준다. 읽기를 마친 뒤 잠깐 침묵한다. 그 이유는 생각이 모이는 시간을 주기 위해서이다. 그런 다음, 진행자는 공통적인 핵심 질문 세 가지를 제시한다. 그림책에 따라 질문을 추가할 수도 있다. 참여자들은 자신의 느낌, 감정, 경험, 기억, 욕구 등을 떠올리고 공유하는 과정을 거친다.

1. 그림책과 작가 소개하기

프로그램에서 나눌 그림책을 소개한다. 제목을 보여 주고 작가의 이력과 작품 세계를 간략하게 설명한다. 이때 작가의 다른 작품도 소개한다. 이어서 그림책의 각 요소를 설명한다. 표지, 면지, 속표지를 보여 준다. 앞과 뒤의 표지를 보여 주고, 뒤표지에 글이 있는 경우 읽는다. 앞뒤의 면지도 보여 주면서 작가의 숨은 의도를 추측해 보도록 한다. 이 과정에서 그림책의 내용이 무엇일지 궁금증을 유발하도록 하면 좋다. 참여자가 이미 그림책을 알고 있다고 하더라도 이 과정은 생략하지 않는다.

2. 그림책 읽어 주기

그림책마음챙김치유 프로그램에서 중요하고 의미 있는 과정이다. 진행자와 참여자 사이에 정서적 몰입, 감성적인 교감이 일어나는 시간이다. 읽어 주기는 단순히 글과 그림을 읽어 주는 것이 아니다. 참여자의 반응을 관찰하고 적절한 질문을 하며 사고 활동을 공유하는 과정이다. 특히 그림책 읽어 주기는 그림책의 서사 텍스트와 그림 텍스트를 실감나고 생동감 있게 들려주는 개방적인 행위이다. 진행자의 목소리를 통해서 느껴지는 곡조, 리듬, 음악성은 참여자의 내면을 깨우고 사고를 변화시킨다.

그림책은 천천히 담담하게 읽는 것이 좋다. 전체를 가볍게 천천히 읽는다는 마음으로 읽되 다른 페이지로 넘어갈 때는 잠시 멈춘다. 이때 참여자들은 페이지를 넘기는 순간에 앞의 내용을 정리하고 다음 내용을 호기심을 가지고 기다리게 된다. 이렇게 하면 참여자들은 더 몰입하고 그림책에 푹 젖게 되는 이중 효과를 거둘 수 있다. 그림책의 글이 짧으면 두 번 반복하여 읽어도 무방하다. 한 번 읽을 때보다 느낌이 더 생생하고 풍부해지는 장점이 있다.

3. 공통질문

그림책 읽기를 마친 뒤 진행자는 질문을 제시한다. 참여자는 질문을 받고 자신의 몸과 마음에 집중하여 떠오르는 신체 감각과 감정, 기억 등을 적는다. 공통질문은 어떤 그림책을 읽더라도 반드시 들어간다. 방식은 다음의 질문 ①, ②, ③에 대한 자신의 답을 활동지에 적도록 하거나 A4 용지를 3등분하여 쓰도록 한다. 세 가지 공통질문은 다음과 같다.

> ① 지금 이 순간 내 몸과 마음에서 일어나는 느낌, 감각, 생각, 감정, 욕구는 무엇인가?
> ② 그림책을 읽어 줄 때 내 마음이 머문 곳(인상적인 장면)은 어디인가?
> ③ 과거 혹은 최근에 떠오르는 사람과 경험, 기억은 무엇인가?

4. 손가락에게 말 걸기

앞의 세 가지 공통질문 외에 질문을 추가할 때는 이 방식을 쓴다. 먼저, 손가락을 펼친 손을 종이에 대고 그리게 한다. 첫째 손가락 옆에는 앞의 공통질문 ①번의 감각, 느낌 등을 쓰고, 둘째 손가락에는 ②번의 답(장면과 그에 관한 이유)을 쓰며, 세 번째 손가락에는 ③번 질문에 대한 자신의 경험을 적는다. 넷째와 다섯째 손가락에는 아래의 추가질문 중에서 두 개를 골라 적으면 된다. 진행자가 그림책에 따라 질문을 새로이 선정하여 제시할 수도 있다.

> - 그림책을 누구에게 소개할 것인가?
> - 주인공에게 해 주고 싶은 말은 무엇인가?
> - 그림책의 주제를 어떤 물건(대상)에 비유할 수 있을까?
> - 내 삶과 견주어 보기
> - 치유 글쓰기

5. 공유하기

진행자의 안내에 따라 참여자 개인이 정리한 자신의 내면적 풍경과 경험을 공유하는 시간이다. 참여자들은 공통질문에 답하기, '손가락에게 말 걸기'에 적은 내용을 순서대로 발표한다. 예컨대, '손가락에게 말걸기'의 경우 참여자들은 첫 번째 손가락 질문, 즉 '지금 이 순간 내 몸과 마음에서 일어나는 느낌, 감각, 생각, 감정, 욕구는 무엇인가?'에 대해 자신의 주관적 체험을 발표하면 된다. 이렇게 참여자 모두가 한 바퀴 돌면서 발표를 마치면 두 번째 손가락 질문으로 넘어간다. 발표 순서는 손가락이 바뀔 때마다 달리해도 무방하다.

이때 첫 번째 그라운드 룰인 공감대화법을 활용한다. 한 참여자가 발표하면 그다음 발표자는 앞에서 발표한 사람의 핵심 내용을 간추려 말한 뒤 자신의 느낌, 생각을 이어서 발표한다.

참여자들은 공통질문에 답하는 과정에서 자신이 직면한 영혼의 현실을 발견하게 된다. 또 자신의 주된 관심사, 자신을 지배하는 감정, 관계가 원만하지 않은 사람, 미처 생각하지 못한 기억과 경험을 떠올리고 접촉한다. 또 자신이 억눌렀던, 그래서 해소되지 않았던 미해결 과제와도 조우하게 된다.

특히 두 번째 질문, 즉 '내 마음이 머문 곳은 어디인가?'를 묻는 질문에서 위와 같은 반응이 두드러진다. 흥미로운 점은 참여자마다 마음이 머무른 곳이 다 다르다는 것이다. 다시 말해, 서로 다른 장면(대목)을 지목한다는 것이다. 이를 통해 진행자는 참여자가 어떤 부분을 중요하게 여기는지, 어느 부분에 가치를 두는지를 알 수 있다. 참여자들은 다양한 관점이 존재함을 느끼며 다른 참여자의 의견에 공감하면서 심리적 공명을 일으킨다. 어떤 참여자는 현재 자신이 겪는 고통이 자기만의 고통이 아니라 보편적인 것임을 깨닫기도 하며, 다른 참여자가 자신보다 더한 고통을 이야기할 때는 자신의 고통이 별것 아니라는 사실을 알고 자신의 족쇄에서 벗어나 치유가 일어나기도 한다.

452

대다수의 참여자들은 자신의 고통이 무지의 소산이고 자기중심적 사고에서 기인한 것임을 깨닫는다. 그러면서 일종의 해방감과 함께 카타르시스를 경험한다. 또 자기에 대한 이해를 통해 진정한 삶의 가치를 깨우치고 타인과의 관계를 회복한다.

통각 단계

치유와 성장, 변화를 얻는 단계이다. 앞 단계에서 해 온 시 읽기, 그림책 읽기, 공유하기에서 나온 이야기를 반추하면서 몸과 마음에서 일어난 모든 일들을 수용한다. 판단하지 않고 온전히 주의를 기울임으로써 결과적으로 자각이 이루어진다.

참여자들은 조용히 눈을 감고 말 없는 '내 안의 상담자'의 이야기에 주의를 기울인다. 이렇게 함으로써 내면에 일어나는 일에 대해 객관적으로 관조하고 판에 박힌 타성에서 벗어나 주체적인 힘을 기르게 된다. 통각의 단계에서 중요한 부분은 진행자의 주제명상 지시문이다. 진행자는 참여자들에게 조용히 눈을 감게 한 뒤 다음의 지시문 내용을 제시한다.

> 자! 모두 잠시 눈을 감겠습니다. 이제부터 밖으로 향한 우리의 눈을 안으로 돌려 우리가 이제까지 만나고 체험하고 깨달은 것들을 되돌아보는 시간을 갖겠습니다. 시와 그림책을 읽고 함께 공유했던 내용, 인상 깊었던 장면들을 하나씩 떠올려 보십시오.
>
> 〈잠시 침묵〉
> 이제부터는 우리가 이 과정을 통해 얻은 자각과 깨우침을 짧은 글이나 시로 표현해 보겠습니다. 만약 글 쓰는 일이 어려운 분은 그림이나 이미지, 기호로 표시해도 됩니다.

이 단계에서 주제명상은 참여자의 프로그램 참여 횟수와 명상 경험에 따라 탄력적으로 운영한다. 프로그램 초기에는 2~3분 정도로 짧게 하고 프로그램 경험이 늘어나면 10분 이상으로 늘려 잡는다.

창조 단계

통각 단계를 거쳐 표현된 참여자 개인의 깨우침을 공유하고 표현하는 단계이다. 이 단계에서 참여자는 자신을 객관화하고 자신의 감정을 이해한다. 그리고 긍정적인 감정을 가지고 자신이 행동할 새로운 방향을 설정한다. 참여자 스스로 새롭게 갖게 된 관점이 자신의 행동과 태도에 어떤 영향을 줄 것인지 살펴보는 시간이기도 하다. 이때 공유하는 방식은 치유 글쓰기, 오행시 쓰기, 그림/이미지로 표현하기, 버츄카드 뽑기 등이다.

1. 치유 글쓰기

글쓰기는 자신의 생각을 명확하게 정리하는 방식이며 동시에 치유방법이다. 마음의 고통이나 슬픔을 서서히 그러나 확실하게 완화시켜 주는 효과가 있다. 이 단계에서는 참여자 개인이 깨달은 부분을 자유롭게 쓰면 된다. 시간은 약 5분가량 주어진다.

2. 오행시 쓰기

치유 글쓰기와 마찬가지로 새롭게 알게 된 부분 또는 깨달은 부분을 시로 정리하는 것이다. 평이하게 기술해도 되고 은유적 표현을 사용해도 좋다. 은유의 방법은 자기와 닮은 것을 말하거나 어떤 사물에 빗대어 표현하면 된다. 은유는 지금까지 어느 누구에게도 말하지 않았던, 심지어 자기 자신도 모르고 있던 모습을 드러냄으로써 참여자 개인의 문제를 이해하는 중요한 자료를 제공한다. 사람들은 자기 삶에 대해 어떤 형태로든 의미를 부여

453

하며 살아가기 때문이다.

오행시 쓰는 방법은, 먼저 첫째 줄은 첫 한마디 쓰기, 둘째 줄은 첫 한마디에 대한 두 마디 쓰기, 셋째 줄은 첫 한마디에 대해 더 말해 주는 세 마디 쓰기, 넷째 줄은 첫 한마디에 대해 좀 더 설명하는 네 마디 쓰기, 다섯째 줄은 첫 한마디를 반복하면서 쓰면 된다. 아래는 그림책 『희망의 목장』을 읽고 프로그램 참여자가 쓴 오행시이다.

> 우리는 희망을 가지고 산다.
> 희망은 기다리는 자의 몫인가, 찾아나서는 자의 몫인가.
> 희망은 어둠 속에서 빛나고, 절망 속에서 둥지를 튼다.
> 절망은 곧 희망이다.
> 우리는 희망을 가지고 산다.

3. 그림 혹은 이미지로 표현하기

모든 참여자가 자신의 생각을 글로 잘 표현하지는 못한다. 이럴 때는 그림이나 이미지, 기호로 표현하도록 하면 어렵지 않게 따라 할 수 있다. 오히려 문장으로 서술하는 것보다 이미지로 표현하는 것이 깨달음을 더 함축적으로 나타낼 수 있다.

4. 버츄카드 뽑기

도입 단계에서 버츄카드를 무작위로 뽑는 것과는 다른 활동이다. 지금까지 해 온 각 단계를 돌이켜보면서 자신에게 의미 있게 와 닿는 카드를 뽑는다. 이 단계에서는 52개의 카드를 모두 보여 주고 그 속에서 자신이 깨달은 바를 미래 지향적 관점에서 살펴보며 뽑는다. 참여자는 용기와 결단을 다짐하며 현재의 삶에 도전하게 된다.

사람들은 단지 마음을 열어 놓는 것만으로도 자신이 겪는 아픔의 80%를 치유하고 새로운 미래를 위해 나아갈 수 있는 힘을 얻는다고 한다. 일리가 있는 말이다. 마음을 열고 자신의 얘기를 털어놓는 행위는 자신이 놓인 현재 위치를 자각한다는 뜻이기 때문이다. 자각은 치유의 열쇠이다.

그림책마음챙김치유 프로그램의 전 과정은 공유를 전제로 진행된다. 이때 중요한 것은 진행자나 참여자 모두 서로를 돕는다는 차원에서 접근해야 한다는 것이다. 교과서적인 딱딱한 가르침을 전하기보다는 따뜻한 감성을 가지고 상처를 치유하려는 자세를 견지해야 한다. 그러려면 참여자가 보여 주는 반응과 태도에 대해 공감하고 경청하는 태도가 필수적이다.

프로그램의 치유효과

독서치료사이자 작가인 레진 드탕벨(Detambel, R.)이 쓴『우리의 고통을 이해하는 책들』에는 500여 명을 설문조사한 보네 박사의 이야기가 나온다. 설문의 주제는 '당신은 이제껏 읽은 책 중 정신적으로 도움을 받은 작품이 있습니까?'이다. 보네 박사의 조사 결과에 따르면, 사람들이 도움을 받았다고 응답한 책은 의학적 내용이 담긴 책이 아니었다. 파울로 코엘료(Coelho, P.)와 같은 작가들의 소설들이 차지했다. 사람들은 그 책들을 읽으며 자신들이 변화되었다고 응답했다. 구체적으로, 어떻게 도움이 되었는가를 답변한 내용을 다섯 가지로 분류해 놓았는데, 옮기면 이렇다.

① 이해하고 발견하게 해 주는 것
② 자신이 혼자가 아니라는 사실을 깨닫게 해 주는 것
③ 새로운 각도로 세상을 볼 수 있는 또 다른 관점을 갖는 것
④ 중요한 도움을 준다는 것
⑤ 독서는 여행이고 도피이기도 하지만 방어 수단도 된다는 것

그림책마음챙김치유 프로그램을 경험한 참여자들의 응답도 이와 크게 다르지 않다. 참여자들은 그림책의 등장인물, 상황과 자신을 동일시하고, 다른 사람의 경험을 들으면서 카타르시스를 느꼈다. 그리고 자신을 깊이 들여다보았다. 또 자신의 정체성을 확인하고 경직된 사고, 잘못된 인식을 알아차리고 유연한 사고로 바뀌었다. 또한 새로운 각오를 통해 자신의 삶을 변화시키는 결정을 내렸다. 무엇보다 자신의 핵심 감정을 들여다보고 스스로 해결책을 찾게 하는 과정을 통해 치유를 경험했다. 치유효과를 정리하면 다음과 같다.

자기이해를 증진시켜 삶의 가치를 깨닫는다

참여자들은 자신이 겪는 영혼의 현실을 확인하고 자신을 재발견했다. 이들은 공통적으로 그림책의 내용이 자신의 이야기라고 털어놓았다. 동일시를 경험한 것이다. 이 경험을 통해 참여자는 그동안의 심리적 문제, 미해결 과제를 접촉했다. 무엇보다 다른 참여자들과의 공유 과정을 거치면서 자신이 겪는 문제가 자신만의 문제가 아니라는 사실을 이해하고 자신의 감정을 깊이 받아들였다. 다음은 프로그램 참여자가 밝힌 생생한 목소리이다.

참여자(50대 중반 남성)

아저씨가 우산을 아껴 사용하지 못하는 장면에서 나 자신과 매우 닮았다는 걸 알아차렸다. 아저씨가 곧 나였다. 나는 새로 물건을 사면 바로 사용하지 못하고 한참 뒤에나 써 왔다. 인생도 그렇게 살았다. 중요한 순간에 도전하기를 멈추고 주저하고 망설였다. 나중에 아저씨는 우산을 쓴 아이들에게서 참다운 기쁨을 발견하고 비로소 우산을 꺼내 사용한다. 아저씨처럼 대상이 어떤 것이든 간에 아끼고 무서워 사용하지 못하는 일은 없어야겠다. 지금, 여기에 집중하면서 경험하는 삶이야말로 풍요롭게 사는 길임을 알았다.

– 아저씨 우산

참여자(60대 초반 여성)

지금 어머니는 요양원에 있다. 일주일에 서너 번 요양원을 찾는다. 어머니는 치매 환자다. 나를 알아보지 못한다. 살아 계시지만 인지 능력이 떨어져 기억 능력이 제로에 가깝다. 그림책『희망의 목장』의 주인공을 보면서 어머니가 생각나 눈물이 났다. 원자력발전소 근처에서 목장을 하던 주인공이 기르던 소가 원전 사고로 인해 방사능에 오염된다. 다른 사람들은 안전한 지역으로 떠났지만 자신이 기르는 소를 차마 죽게 내버려 둘 수 없었던 그는 목장을 떠나지 못하고 먹지도 팔지도 못하는 소를 기른다. 매일 밥 주고 똥 치우는 일을 일을 반복한다. 주인공이 그렇게 하는 것처럼 나도 어머니에게 똑같이 한다. 어머니가 알아보든 못 알아보든 간에 요양원을 찾는다. 주인공이 소에게 "걱정하지 마. 너희를 지켜 줄게. 나는 소치기니까."라고 말하듯 나도 어머니에게 그렇게 할 것이다. 치매 환자인 어머니는 사랑의 완성이 무엇인지를 나로 하여금 깨닫게 해 주니까. (눈물)

– 희망의 목장

잘못된 신념을 깨닫고 타인과 상호작용하는 방식을 변화시킨다

참여자들은 그동안 자신이 지니고 있었던 가치나 신념이 잘못된 가정과 전제에 기초하고 있다는 사실을 알아차렸다. 그림책은 자신이 겪는 걱정과 고통을 객관화하도록 돕는다. 이를 통해 참여자들은 자아관념의 실체를 보고 자신을 고통 속에 빠트린 무지와 자기중심성을 자각한다. 지금껏 인간관계를 맺어 오면서 자기중심적이고 자동화된 사고를 당연하게 여겨 왔음을 깨닫는다. 이러한 자각은 참여자들로 하여금 내면을 통찰하고 다른 사람과의 관계를 회복하게 만들었다.

> **참여자(30대 후반 여성)**
> 최근 남편이 배드민턴에 빠져 산다. 시합을 얼마 남겨 두지 않아서인지 직장에서 돌아오거나 휴일이면 배드민턴장으로 달려간다. 집안일을 도와주기는커녕 거들떠보지도 않는다. 그런 남편이 야속하고 괘씸하다. 그런데 이 그림책을 접하고 생각이 바뀌었다. 내 생각이 잘못되었음을 깨달았다. 남편의 행복은 배드민턴을 치는 일이라는 걸 안 이상 내가 소중하게 생각하는 사람이 행복해한다면 지켜 줘야겠구나 하는 생각이 들었다. 남편에게 이런 내 마음을 전해야겠다.
> – 두고 보자 커다란 나무

457

> **참여자(40대 초반 여성)**
> 나에게 있어 커다란 나무는 남편이다. 남편이 지방에 멀리 있으면 괜찮지만 가까이 있으면 불평과 불만스러운 일만을 찾았다. 남편은 성가신 존재였다. 그러나 『두고 보자 커다란 나무』를 읽고 나서 그렇게 성가셨던 남편이 얼마나 소중한 사람인지 깨달았다. 남편에게 미안한 마음이 든다. (눈물을 흘리며) 잘해 주어야겠다는 생각을 많이 한다.
> – 두고 보자 커다란 나무

카타르시스를 경험하고 자신의 다양한 정체성을 수용한다

프로그램 참여자들은 그림책을 읽고 나누고 주제명상을 하는 과정에서 미처 깨닫지 못했던 자신을 발견하는 경험을 한다. 과거의 기억과 경험을 떠올리면서 그동안 잊고 있었거나 미처 몰랐던 자신의 정체성을 발견하고 수용하면서 자신감을 회복한 것이다. 자신 안에 다양한 '나'가 존재한다는 사실을 이해하고 받아들인다.

> **참여자(50대 중반 여성)**
>
> 그림책 속의 생쥐는 모든 걸 가지고 있으면서도 불안해한다. 그런 생쥐의 모습이 애처로웠다. 왜 불안해할까. 나에게도 이런 류의 불안(걱정)이 있다. 남편과 사별을 한 지 10여 년이 지났다. 편모로서 아이들이 아버지의 부재로 인한 결핍을 챙겨 주지 못하는 건 아닐까 하는 불안한 마음이 컸다. 양부모 가정에 비해 한부모 가정은 불안정하고 균형을 잃었다고 생각했기 때문이다. 그러나 그림책을 보면서 이런 걱정이 기우임을 알았다. 이런 걱정을 할 시간에 아이들에게 필요한 일을 해 주는 것이 더 낫다는 생각이 들었다. 설사 남편이 있다 한들 지금보다 더 완벽할 수 있을까. 오히려 문제가 더 많을 수도 있다는 생각이 들었다.
>
> – 용기가 필요해

> **참여자(40대 후반 여성)**
>
> 삶의 주인이 된다는 게 무엇인지 오십을 바라보는 지금에서야 깨닫고 있다. 제 삶에 찾아온 변화들이 놀랍고 감사할 뿐이다.
>
> – 호랑이씨 숲으로 가다

458

창조적인 삶의 목적을 재설정하다

그림책은 남녀노소 상관없이 모든 연령층의 마음을 움직인다. 보편적인 감정선을 건드리기 때문이다. 또 그림책을 보며 자기 나름의 의미를 부여하는데, 이것은 그림책을 읽으며 세상과 자신의 의미를 다시 해석하는 것이다. 이러한 과정은 현실을 새롭게 규정하고, 자신을 주인공으로 하는 창조적인 이야기를 써 나가는 힘이 된다.

그림책『점』은 그림을 못 그리는 아이가 주인공이다. 미술 선생님은 이 아이에게 그것이 무엇이든 자신 있게 표현해 보라고 권한다. 신경질이 난 아이는 연필을 도화지에 내리꽂는다. 일주일 뒤 아이는 자신이 내리꽂은 점이 금색 액자에 담겨 있는 것을 보고 놀란다. 아이는 '저것보다는 잘 그릴 수 있어.'라고 마음먹고 점 그림을 그려 나간다. 그림이 쌓이자 점 그림만을 가지고 전시회를 연다. 곧 아이는 학교에서 유명인사가 된다. 선생님의 역할이 얼마나 중요한지를 일깨워 주는 그림책이다. 한 참여자는 그림책『점』을 자신의 삶과 견주어 이렇게 비유했다.

참여자(40대 중반 여성)

그림책 『점』은 나다. 『점』은 나에게 출발을 뜻한다. 나는 고심 끝에 이혼을 했다. 내가 아이 둘을 책임져야 한다. 이혼 당시도 그렇고 지금도 그렇고 막막한 건 변하지 않았다. 그런데 이 그림책을 보면서 위안을 얻었다. 그림책 속 주인공은 무에서 유를 만들어냈다. 그림 그리는 걸 싫어하는 아이에서 그림 전시회를 연 유명 화가가 되었다. 하고자 하는 열망과 의지가 있었던 것이다. 나의 처지도 이와 다르지 않다. 주인공 아이처럼 하고자 하는 열망과 의지를 갖는다면 하지 못할 일이 없을 것이다. 두렵지 않다. 나는 출발선상에 있다. 그림책에서 용기와 함께 어떻게 살아야 하는지 알았다. 나의 삶은 아직 끝나지 않았다.

– 점

참여자(30대 중반 여성)

그림책은 내 과거와 현재를 직관적으로 투영시켜 주면서 어떻게 살아야 할지 중요한 가치마저 제시해 주었다.

– 태어난 아이

459

그림책마음챙김치유 프로그램은 때때로 참여자의 주어진 상황을 변화시키고 시선을 바꾸어 준다. 또 참여자 개인이 스스로를 존중하고 자신을 더욱 건강하게 발달시키는 방법을 터득하는 기회를 제공한다.

나가는 말

지금까지 그림책마음챙김치유 프로그램의 치유원리와 단계별 진행 방법, 치유효과에 대해 설명했다. 일본에서 그림책 평론가이자 활동가로 활약하는 야나기다 구니오는, 그림책은 '마음의 재생 역할'을 하며 그림책의 힘은 '내일을 사는 힘이 되며, 인생을 떠받쳐 주는 힘'이 된다고 말했다. 그가 말하는 마음의 재생이나 인생을 떠받치는 힘은 비단 그림책에서만 볼 수 있는 치유적 기능은 아니다. 오래전부터 인문학은 치유의 전통이 가지고 있었고, 그중 문학은 세상을 이해하고 심리적 갈등을 풀어 주는 역할을 해 왔다. 계몽주의 철학자 몽테스키외(Montesquieu, C.)의 말은 이 점을 잘 보여 준다.

> "나는 한 시간 정도만 책을 읽어도 마음의 모든 고통이 사라진다."

실제로 책은 삶의 현실을 보여 주는 바로미터이자 삶을 돌아보게 하는 거울이다. 책을 읽는다는 것은 자신의 내면을 들여다보는 일이다.

그림책마음챙김치유 프로그램은 앞서 말한 대로 그림책을 포함한 책의 치유적 기능을 지지한다. 또 치유원리에서 언급한 것처럼 마음챙김의 기제는 현재의 경험을 있는 그대로 받아들이고, 내외적 경험에 대해 거리를 두고 주시하도록 해 준다. 마음챙김의 선물은 자각과 명석함이다. 순간순간의 현실을 기꺼이 받아들이는 마음을 기를 수 있다는 점에서 축복이라고 말할 수 있다. 우리가 겪는 뿌리 깊은 두려움과 불안, 무의식적이고 습관적인 행동과 태도에서 벗어나게 해 주기 때문이다.

이 프로그램의 성공은 진행자의 역할에 달려 있다고 해도 과언이 아니다. 진행자가 그림책이 지닌 치유적 가치를 이해하고 마음챙김에 대한 바른 지식과 수행 철학을 가지고 있을 때 효과가 크다.

그러나 중요한 덕목이 하나 더 있다. 참여자 스스로 자기 자신을 들여다보도록 이끌어 주는 진행자의 능력이다. 그림책을 방편 삼아 참여자와 상호작용하며 자아인식에 도달하도록 해 주는 것이다. 그렇게 하려면 무엇이 필요할까. 아마도 인간에 대한 통합적인 이해와 애정을 갖춰야 하지 않을까. 그렇게 될 때 우리는 고통을 넘어 자기치유로 나아갈 수 있을 것이다.

참고문헌

김성수(2015). 가정폭력피해 쉼터여성을 위한 글쓰기명상 프로그램 개발과 효과성 연구. 서울불교대학원대학교 박사논문.

김소영(2018). 어른을 위한 그림책테라피. 고양: 피그말리온.

김정규(2017). 게슈탈트 심리치료. 서울: 학지사.

김정호(2011). 마음챙김 명상 멘토링-행복을 늘리고 상처를 치유하는 기술. 서울: 불광출판사.

김현희, 김재숙, 강은주, 나해숙, 양유성, 이영식, 이지영, 정서혜(2012). 상호작용을 통한 독서치료. 서울: 학지사.

명법(2016). 은유와 마음-새로운 나를 만나는 은유이야기 수업. 서울: 불광출판사.

박억규(2012). 그림책 읽어주기'를 통한 독자의 반응양상 연구. 춘천교육대학교 교육대학원 석사논문.

변학수(2006). **통합적 문학치료**. 서울: 학지사.

이상희(2011). **그림책의 넓이와 깊이**. 원주: 원주권역 학교도서관지원센터 원주평생교육정보관.

임난영(2006). 어른을 위한 그림책에 대한 연구. 숙명여자대학원 디자인대학원 석사논문.

최영아(2009). **시가 마음을 만지다**. 파주: 샘앤파커스.

가와이 하야오, 마츠이 다다시, 야나기다 구니오(2007). **그림책의 힘**. (햇살과 나무꾼 역). 서울: 마고
　　북스.

야나기다 구니오(2006). **마음이 흐린 날에 그림책을 펴 주세요–생명을 살리는 한 권의 그림책**. (한명희
　　역). 서울: 수희재.

Detambel, R. (2018). **우리의 고통을 이해하는 책들–프랑스의 창조적 독서치료** (*Les livres prennent soin
　　de nous: pour une bibliothérapie (réative)*. (문혜영 역). 진주: 펄북스.

Kabat-Zinn, J. (2013). **존 카밧진의 마음챙김 명상** (*Wherever you go there you are*). (김언조, 고명선
　　역). 안양: 도서출판 물푸레.

자서전 글쓰기 치유

조상윤[3]

들어가는 말

프로이트(Freud, S.)는 사고나 감정, 행동을 억압하고 금지하면 생리적인 노력이 요구된다고 하였는데, 중요한 사건에 대해 일부러 반응을 억제하거나 무시하려고 하면 우리의 몸은 스트레스를 받게 되고, 이러한 스트레스는 인체에 생물학적 변화를 가져오면서 육체적·심리적 고통을 유발한다는 것이다(김준희, 2010). 이렇게 처리되지 못한 상처받은 마음을 치유하기 위해서는 억압된 감정을 해소하고, 그에 대한 새로운 이해 과정이 필요하다. 즉, 다양한 관점으로 고통스러운 문제를 인식하고 더욱 능동적인 방법으로 사고나 감정, 행동을 이해하게 되면, 지금까지 처리되지 못한 감정과 행동을 이해하게 되면서 새로운 가치를 만드는 복합적인 사고 전략을 갖게 된다는 것이다.

융(Jung, C. G.)은 환자들에게 그들이 겪은 경험을 적게 했는데, 글쓰기 치유는 적극적 상상을 통한 창의적 활동이 참여자의 무의식으로 연결되면서 치유적 힘을 얻을 수 있다고 하였다(채인숙, 2011).

3) 국제사이버대학교 보건복지행정학과 교수, 한국인간복지실천학회 부회장, 심신통합치유학 박사

이와 같이 글쓰기를 통해 스스로를 조절하고 치유할 수 있는데, 우리도 이미 편지나 일기, 메모 등의 글을 쓰면서 치유의 효과를 경험한 바 있을 것이다. 여기에서 말하는 글쓰기란 단순히 종이에 무엇을 써 보는 것을 의미하며, 이러한 행위를 함으로써 인간은 스스로를 표현하고 느끼며 인식하고, 자신에 대해 묻고 다투게도 되는 것이다. 즉, 기존의 감정들에 대한 새로운 이해를 가능하게 하고 나아가 자신의 삶에 대한 긍정적인 이해를 가능하게 하여 정신적·육체적 건강을 돕는 것으로, 이러한 감정 표현의 글쓰기는 자신에 대한 이해를 돕고 긍정적인 자존감을 갖게 하며 자신과 타인과의 관계나 자신과 세상과의 원활한 소통을 이루게 하는 힘을 갖게 되는 것이다.

언어가 지닌 치유적 효과 때문에 미국에서는 오래전부터 글쓰기를 치료의 한 방법으로 사용해 왔으며, 1960년 이래 글쓰기는 사례에 대한 연구를 바탕으로 '시를 통한 치유'라는 독립적인 방향으로 발전해 나갔다.

심리치료 영역에서 발전한 '시를 통한 치유'는 여러 가지 정신적·신체적인 질병에 효과가 있는 것으로 밝혀지면서 정신병원에서도 도입되었으며, 시를 통한 치유는 다른 심리치료와 함께 활용되기도 하였다.

연구 결과에 의하면, 글쓰기 치유를 받는 그룹은 공동체 구성원들과 원만한 관계를 유지하였으며, 심리적인 면에서도 매우 적극적이고 활발한 것으로 나타났다. 또한 우울증으로 치료를 받아 온 여성들도 글쓰기 치유를 받은 뒤 우울, 분노, 불안 등이 줄어들었으며, 자살을 시도하는 청소년들이 위험한 상황에 놓여 있는지의 여부를 글쓰기 치유 때 작성한 글로 확인할 수도 있었다. 가장 놀라운 점은 글쓰기를 통해 몇 가지의 육체적인 병을 고칠 수 있다는 것인데, 심장 전문가 오르니시(Ornish, D.)는 규칙적으로 일기를 쓰게 되면 마음의 짐을 덜게 되고 심장에 가해지는 부담을 줄일 수 있다는 사실을 증명하였다(김동희 역, 2011).

일기와 같이 자서전도 자신의 삶을 진솔하게 기록한 글이라고 할 수 있는데, 자서전을 쓰면서 지금까지 지나온 자신의 삶을 되돌아보고 인생을 정리하며 남은 인생에 새로운 의미를 부여할 수 있기 때문에 치유적 효과를 기대할 수 있다(김성훈, 배종희, 2014). 설령 그동안의 삶이 통속적인 기준으로 볼 때 부족하다 할지라도 자서전을 쓰는 데는 걸림돌이 될수 없다. 그저 자신을 되돌아보고, 기록하고 앞으로 나아갈 의미를 찾을 수 있다면 그것만으로 자서전의 가치는 충분하다. 이러한 글쓰기는 개인의 힘들고 어지러운 마음이 자신의 내면에서 꺼내져 글로 옮아 가며 치유의 수단이 되기 때문이다(유강하, 2007).

최근 노인뿐만 아니라 '자신의 삶'을 글로 표현하고 싶어 하는 사람들이 많아지면서 지방자치단체와 교육기관을 중심으로 '자서전 쓰기'에 관한 교육이 증가하고 있다. 이와 더불어 자서전 쓰기에 대한 관심은 높으나 부담을 갖는 이들을 위해 자서전 제작을 돕는 실버산업 업체들도 생기고 있는데, 그만큼 자신의 삶을 글로 표현하고 싶어 하는 사람이 많다는 것이다. 자서전 쓰기는 노인만을 위한 전유물이 아닌 다양한 연령층과 목적으로 활용되고 있으며, 특히 심리적 어려움을 겪는 이들을 위한 치유의 방법 중 하나로 인식되고 있고 실제 프로그램으로 진행되기도 한다.

글쓰기는 타인과의 소통뿐만 아니라 자신과의 소통을 위한 창구로서 역할도 한다. 즉, 쓰기 행위를 통해 필자 스스로가 내적으로 성장하고, 이를 바탕으로 건강하고 행복한 삶을 실현할 수 있도록 도와주는 것이다. 또한 자기표현적 글쓰기는 내면의 성찰과 자아확신, 학습자의 내외적 상황과의 관련성에 초점을 두기 때문에 여타 글쓰기 방법과는 다른 의미가 있다고 할 수 있다(최숙기, 2007).

자서전의 이러한 치유효과로 인해 여러 지방자치단체와 교육기관을 중심으로 '자서전 쓰기'에 관한 교육과 프로그램이 증가하고 있다. 그러나 자서전 쓰기 프로그램 대부분이 글쓰기 등 이론교육에 치중되어 실질적인 적용과 자신의 책이 만들어지는 경우는 많지 않다. 즉, 사람들은 자신의 삶을 글로 표현하고 싶어 하지만 자서전 쓰기는 기본적인 글쓰기의 능력을 동반하여야 가능하기 때문에 많은 이들이 중도에 포기하고, 참여자에 비해 최종적으로 완성되어 자서전이라는 작품으로 도출되는 경우가 흔치 않은 것이다.

이를 해결하기 위해서는 누구라도 쉽게 쓸 수 있는 자서전 글쓰기 프로그램을 통해 많은 이가 상처를 치유할 수 있는 방법을 접할 수 있는 과정이 무엇보다 필요하다 할 것이다.

자서전 글쓰기 치유의 실제

『나는 꽃』 자서전 글쓰기 치유 프로그램을 개발하기 위해 선행연구 및 문헌자료를 활용하여 증거 기반에 의한 이론적 검토를 실시한 결과, 자서전 글쓰기 프로그램을 구성할 때 관찰자적 입장에 의한 접근, 독백의 방식에 의한 서술, 사건 위주의 작성, 시대순에 의한 작성 그리고 글쓰기만이 아니라 그림 그리기(색칠하기), 사진 및 말하기 등에 의한 표현도 가능하도록 하는 것이 효과적이라는 것을 확인할 수 있었다. 이런 연구들을 통해 개발되어 실제 현장에서 활용되고 있는 심신통합치유 프로그램으로 『나는 꽃』(조상윤 외, 2016) 자서전의 사례를 통해 구체적 방법을 살펴본다.

자서전 쓰기 프로그램의 구성과 사례

자서전 쓰기 프로그램 구성

『나는 꽃』에서는 개인의 삶을 사계절에 비유하여 태어나서부터 초등학교 시절까지의 소년기를 봄으로, 여름은 13세 전후부터 30세 전후 연령으로, 가을은 취업과 결혼, 가족생활 등의 문제에 직면한 중년의 시절로 대략 60세 이전, 겨울은 노년기라는 표현 대신 장년기로 표현하였으며 60세 이후로 가정하였다. 과거와는 다른 사회 환경으로 인해 노인의 개념이 변하였기에 이를 반영한 것이다.

프로그램의 전체적인 구성은 1부 자기소개서를 시작으로, 2부에서는 '나는 꽃'을 주제로 내가 꽃인 이유 그리고 3부에서는 '나의 꽃'이라는 주제로 나의 아름다운 모습과 향기를 알아차리는 과정으로, 4부에서는 '다시 꽃으로 태어난다면 어떻게 할 것인가'란 주제로 미래의 자신을 구상하도록 [그림 8-2]와 같이 구성하였다. 이를 통해 자서전이 완성될 즈음 스스로가 얼마나 아름다운 꽃이었는지 참가자 각자가 알아차리도록 한 것이다.

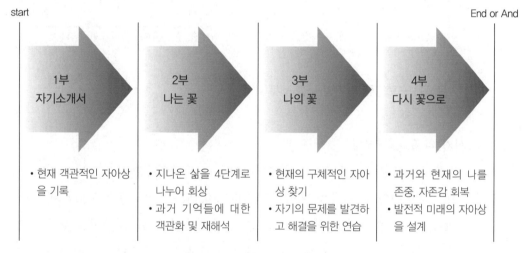

[그림 8-2] 매뉴얼 구성 단계

자서전 글쓰기 프로그램 구성 및 내용

자서전 글쓰기는 알아차림 명상을 기반으로 자신에 대한 이해와 성찰적·생애사적·생태적 글쓰기와 색칠하기 그리고 발표하기를 통합하여 구성하였다. 더불어 자신의 삶을 되돌아보면서 자신과 소통하고 타인과 공감할 수 있도록 내용을 구성하였으며, 『나는 꽃』프로그램 구성 및 세부 내용과 준비물은 다음 〈표 8-2〉와 같이 제시하였으나 상황에 따라 얼마든지 회기와 세부 내용을 탄력적으로 운용할 수 있다.

〈표 8-3〉 자서전 쓰기 『나는 꽃』 프로그램 구성 및 세부 내용

구분	주제	세부 내용	준비물
1회기	별칭 짓기, 자기소개서	라포 형성, 자기소개서 만들기	교재 색연필 필기도구 전지 메모장
2회기	생애주기표, 몸 알아차림	현재 자신을 객관적으로 알아보는 프로그램	
3회기	소년기 – 컬러링, 연상기법	그림과 명제에 맞춰 소년기의 기억들을 기록	
4회기	청년기 – 컬러링, 연상기법	그림과 명제에 맞춰 청년기의 기억들을 기록	
5회기	성년기 – 컬러링, 연상기법	그림과 명제에 맞춰 성년기의 기억들을 기록	
6회기	장년기 – 컬러링, 연상기법	그림과 명제에 맞춰 장년기의 기억들을 기록	
7회기	삶의 요모조모, 자화상	현재 자신을 명확하게 알아보는 프로그램	
8회기	삶의 철학과 나에게 주고 싶은 상	주변 사람들과의 관계의 정의를 찾고 이를 통해 참행복을 위한 방법을 재설계	
9회기	다시 꽃으로, 자유여행, 희망직업, 소원나무	미래 희망을 설계하면서 자존감 회복	
10회기	나의 꽃 만들기	자서전을 마무리하면서 자신의 꽃 만들기 자서전 완성 및 전시회	전시용품 케익

* 출처: 조상윤, 공재훈, 김동기, 김은희, 유수열(2016). 자서전 쓰기-나는 꽃. 경기: 글래스하퍼 크리에이티브.

자서전 글쓰기 프로그램 회기별 구성 세부 내용

1. 1회기: 라포Rapport 형성

자서전 쓰기 프로그램은 개인적인 삶의 이야기를 통해 참여자들 간의 격려와 지지가 큰 역할을 차지하게 된다. 참여자들 간 안면이 있다고 하더라도 서로를 진심으로 신뢰할 수 있는 관계 형성이 중요한 요소가 된다. 라포가 형성되면 참가자는 진행자를 포함한 참여자들 간에도 자신의 마음을 숨기지 않을 것이며, 온전한 치유를 위해서는 사소한 감정과 생각까지도 표현할 수 있어야 하는데, 이러한 라포 형성 시간을 통해 이를 완성해야 한다.

이 회기를 통해 참가자와 진행자가 온전하게 소통할 수 있는 토대가 마련되는 것인데, 혹시 있을지 모를 프로그램 과정 중 발생하게 되는 저항에도 서로에 대한 믿음이 있기 때문에 비교적 쉽게 해결할 수 있을 것이다.

주요 내용	1. 강사 소개 2. 라포Rapport 형성 프로그램: 자기소개하기 3. 전체 프로그램 세부 내용 안내
강사 소개	오늘부터 ○○회기 동안 여러분들과 함께 짧다면 짧고 길다면 긴 인생 이야기를 만들어 갈 강사 ○○○입니다. 심신통합치유 프로그램 '나는 꽃'은 어렵게만 생각했던, 하지만 한 번씩은 누군가에게 들려주고픈 또는 어딘가에 남기고 싶었던 여러분들 삶의 이야기를 쉽게 만들어 가는 프로그램입니다. 이 과정을 통해 나를 한번 되돌아보고, 지금의 진정한 나를 찾고, 미래를 설계할 수 있는 소중한 시간이 될 수 있기를 소망합니다.
프로그램	**별칭 짓기** 1. 라포 형성을 위한 프로그램으로, 참가자 4~5명씩을 한 조로 하여 집단을 만든 후 조 이름과 개인별 좋아하는 꽃을 선정하여 별칭을 짓는다. 2. 준비한 명찰 또는 종이에 각자 본인의 꽃 이름(별칭)을 적고 소개한다. 3. 한 사람의 발표가 끝날 때마다 칭찬의 박수를 유도한다. 4. 개별 발표 후 4~5인으로 팀을 구성하여 팀별로 집단화(꽃밭)를 완성토록 하고, 함께 나와 완성한 집단화를 발표하며, 개별적으로 참여 소감을 발표하도록 한다. 5. 과제로 다음 시간까지 교재의 내용 중 일부를 완성해 오도록 한다.

* 출처: 자서전 쓰기 '나는 꽃' 프로그램 진행 계획.

2. 2회기: 자기소개서, 생애주기표, 몸 알아차림

자서전 글쓰기의 첫 번째 과정은 자기소개서 작성을 통해 현재의 자신을 조금 더 객관적으로 바라보고 기록하게 한다. 본격적인 자서전 쓰기에 들어가기 전 현재의 삶에 익숙해져서 잊고 있었던 자신의 삶 전체를 점검해 보도록 안내한다. 구체적으로 '나는 누구인가?'에 대한 답을 찾아보고 기록하도록 한다. 살아오면서 많은 자기소개서, 이력서를 써 왔지만 진학을 위해서나 취업을 위해 나를 꾸미고 덧붙이면서 어쩌면 나와 동떨어진 자기소개서와 이력서는 아니었는지 생각해 보고, 주인공인 자신의 프로필을 작성해 보도록 하는 것이다.

개인의 삶을 쉽고 일목요연하게 정리할 수 있는 방법으로 '생애주기표'가 있다.

'생애주기표'는 과거부터 현재까지 삶의 경험과 느낌을 연대기별로 그래프화하여 자신을 조금 더 객관적으로 관찰하고 돌이켜 보면서 현재보다 나은 미래를 설계할 수 있는 도구이다. 이를 완성한 후 가장 행복했던 순간과 불행했던 순간 3개씩을 발표하게 하는데, 이 시간을 통해 그동안 알아차리지 못했던 자신의 삶을 알아차리게 되며, 힘들고 불행하다고 생각했던 시간들도 사고의 재구조화를 통해 행복한 기억으로 전환하게 된다.

3. 3~6회기: 인생의 사계

인간의 삶을 순환하는 자연에 비유하여 봄, 여름, 가을, 겨울로 구분하고, 봄은 소년기로 순수했던 시절의 기억들을 다루고, 여름은 청년기로 열정과 낭만이 넘쳤던 시절을, 가을은 성년기로 일과 가정에서의 선택과 집중에 대한 이야기들을 다루며, 겨울은 장년기로 멋진 삶을 재설계해 보는 4개의 단계Chapter로 나누어 돌이켜 보고 기록한다.

즉, 태어나서부터 현재까지의 지나온 삶을 4개의 단계로 나눠 설정을 하고, 각 단계별 명제를 따라 색칠을 하고 글을 쓰다 보면 어느덧 삶의 기억 속에서 흩어졌던 조각들을 모을 수 있을 것이다.

주요 내용	1. 글, 그림을 연상기법을 통하여 과거의 기억을 기록하고 발표한다. 2. 단계별 키워드를 통하여 자신의 역사를 정리한다. 3. 과거를 재해석함으로써 치유와 자아성찰의 시간을 갖는다.
프로그램	1. 각 단계별 시작하는 시를 읽게 한다. 2. 각 단계별 꽃 컬러링의 꽃말을 명시한다. 3. 각 단계별로 2가지 명제를 선택해서 하나씩 작성하게 한다. 4. 작성한 내용을 개인별로 발표한다. 5. 나머지 명제는 과제로 내어 준다.
세부 내용	• 꽃 컬러링-각 단계를 상징하는 꽃 컬러링은 본격적인 세부 연상기법으로 들어가기 전 명상과 집중력 그리고 색채를 통한 심신의 안정을 위한 프로그램이다. • 연상기법-각 단계는 연상기법이라는 그림과 명제를 제시한다. 각 단계의 보편적인 키워드에 맞는 그림과 명제에 따라 색칠을 하고, 글을 써 가면서 잊고 있었던 기억을 찾고 기록한다. • 사진 틀-각 단계에 어울리는 사진을 붙이고 사진 속의 장면을 설명한다. • 자서전-명제에 따라 각 단계의 자서전을 정리하는 프로그램이다.

* 출처: 자서전 쓰기 '나는 꽃' 프로그램 진행 계획.

4. 7~9회기: 삶의 요모조모 등

1회기부터 해 왔던 글쓰기 작업을 구체화하는 과정으로, 자신의 살아온 흔적을 기록했던 일반적인 삶의 과정에 이어 조직 안에서의 위치, 누군가의 어머니, 아버지라는 명제에서 조금 더 명확해진 자신을 발견할 수 있도록 정리한다.

이를 기록하기 위해 자신의 삶을 살펴보고, 알아차리는 과정을 기록하고, 현재 나의 주위를 둘러보고 늘 익숙했던 것, 잠시 잊고 있었던 것들에 대해 알아차리고 기록한다. 또한 내 삶의 좌우명이나 현재 살고 있는 집, 숨기고 싶었던 비밀 등 소소하지만 소중한 자신의 흔적을 정리해 보고 삶에서 중요하다고 생각했던 것들을 정리해 보는 것이다.

469

1) 내 삶의 철학은 무엇인가?

우리는 일상생활에서 살아 있다는 것에 대해 강한 존재감을 느낄 때가 있는데, 그것은 타인으로부터 인정받거나 스스로 존귀한 존재임을 자각하게 되는 때로, 충만한 자아감을 경험하게 된다. 이러한 자존감을 증진하기 위한 다양한 방법 중 칭찬, 감사, 용서는 가장 쉬우면서도 효과가 높은 방법 중 하나이다. 내 마음이 진정한 자아를 찾고 행복감을 느끼게 해 주는 과정이므로 구체적으로 기록한다.

칭찬	스스로에게 칭찬할 것들을 찾아보고 기록한다. 내가 아닌 주변 사람들로부터도 칭찬할 것들을 찾아서 기록한다. 대상이 내가 아닌 다른 사람이라면 직접 말로 전해도 좋다. 칭찬 목록을 작성하다 보면 스스로가 얼마나 존귀한 존재인지 새삼 깨닫게 될 것이다.
감사	긍정심리학에서 중요하게 여기는 감사 목록을 직접 작성해 본다. 지금의 내가 있기까지 감사한 일들, 고마운 사람들의 구체적인 감사 목록을 적어 본다. 자연이 대상일 수도 있는데, 맑은 하늘, 시원한 공기, 들에 핀 아름다운 꽃 등 우리 일상의 다양한 환경과 나를 배려해 준 사람들을 통해 우린 많은 감사 목록을 찾을 수 있을 것이다.
용서	나 자신이 행복해지기 위해서 중요한 것 중 하나는 심리적인 스트레스가 없어야 한다. 누군가를 미워하는 순간 내 마음에는 아픈 상처가 불행의 늪에서 헤어나오지 못하게 될 것이다. 세상에서 가장 이기적인 자기사랑 방법은 내 안의 원망, 미움을 없애 버리는 용서이다. 조그마한 원망이라면 이 기회에 한번 용서를 시도해 보는 시간을 갖고 발표까지 해 보는 것이다.

2) 비워야 할 것, 채워야 할 것

칭찬, 감사, 용서의 시간을 거치면서 마음속에 담아 두었던 개인의 해결되지 않았던 문제들이 정리가 되면, 이를 통해 새로운 자신의 내면을 돌아보게 하는 시간이 필요하다.

그것이 유형이든 무형이든 보다 나은 삶을 설계하기 위해서는 현재 내 주위를 정리해 보는 것이 필요하다고 할 수 있다. 쉬운 방법은 자신의 내면을 바라볼 수 있도록 하는 것으로, 스스로 가진 것 중 비워야 할 것과 채워야 할 것을 찾아보고 기록하는 것이다.

구체적인 방법으로, 살아가면서 누구나 가지게 되는 자신만의 삶의 방식 중 바람직하지 않거나 조금 더 성숙하기 위해 비워야 할 것과 채워야 할 것을 찾아보는 방식이 있는데, 이를 통해 다시 한번 스스로를 알아차리게 되는 것이다.

3) 자화상

나이 40이 되면 자기 얼굴에 책임을 지라는 말이 있는데, 이것은 나이가 들면 우리 얼굴에 살아온 삶의 흔적이 고스란히 남게 되기 때문이다.

자신의 모습은 자신이 누구보다 잘 알고 있다고 생각하지만, 외모와 보이지 않는 내면까지 누구보다 잘 알고 있을 것 같은 자신을 떠올려 보면 의외로 쉽지 않다는 것을 알게 된다. 이 과정을 통해 스스로는 어떤 얼굴을 하고 있으며, 왜 이런 얼굴을 하게 되었는지 알아차리게 된다. 눈을 감고 스스로의 얼굴을 자세히 떠올려 본다.

먼저, 자신의 머리 스타일이 어떤지 떠올려 보고, 이마와 눈, 코, 입을 떠올려 본다. 사람들은 나의 얼굴 중 어느 부위를 긍정적으로 생각하는지, 나의 얼굴 중 왜 이 부분에 대해 그런 생각을 했는지, 내가 생각하는 내 얼굴의 만족스런 부분은 어디인지, 내가 생각하는 부위와 다른 사람이 생각하는 부위가 같은지도 생각해 본다.

매일같이 거울을 보지만 내 얼굴을 사랑스럽게 또는 자랑스럽게 본 적이 있었는지 떠올려 본다. 어쩌면 내가 감추려고 했던 내 얼굴의 단점이 알고 보면 장점일 수도 있음을 깨닫기도 한다. 이제 열심히 살아온 나의 얼굴을 그려 보고, 멋있다고 생각되는 부분과 개선되었으면 좋겠다고 생각되는 부분도 기록해 본다.

4) 나에게 주고 싶은 상

누구라도 삶에서 낙오되지 않기 위해 부단한 노력을 했을 것이다. 가정에선 누군가의 아버지, 어머니로 혹은 남편이나 아내로 부끄럽지 않은 가족의 일원이 되기 위해 노력했을 것이다. 직장 혹은 다양한 조직에서 사회생활을 하면서 자신의 역할을 묵묵히 지켜 왔을 것이다. 이렇게 열심히 살아온 나에게 세상에서 단 하나밖에 없는 상을 주게 된다면 어떤 내용의 상이 될까?

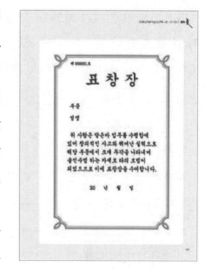

지금까지 살아오는 동안 다른 사람들에 의해 평가되기만 했을 뿐 나 스스로가 자신을 평가하는 시간은 많지 않았다. 이 순간만큼은 스스로가 평가자가 되어 자신을 평가해 보고, 살아오는 동안 가장 중요하게 생각했던 것은 무엇이며 그것을 지키기 위해 어떤 노력들을 해 왔는지 떠올려 본다. 다른 사람들은 잘 알아주지 않았던 분야이지만 스스로는 무엇보다 가치 있다고 생각했던 소중한 것을 떠올려 보고, 자신만을 위한 특별한 상을 수여해 본다.

5. 9회기: 다시 꽃으로

인간은 누구나 과거에 이루지 못한 일들에 대한 미련과 회한을 가지고 있기 마련으로, 마주치고 싶지 않은 과거 속의 인물들, 생각조차 하고 싶지 않은 상처와 감정들도 시간의 흐름 속에 자연스럽게 잊혀지거나 정리되어진다.

미래의 나는 어떤 모습으로 재탄생할까? 이 시간 '다시 꽃으로'는 과거의 부속물로 존재하던 나를 새로운 나로 재설계해 보는 시간이다. 과거에 대한 회상을 바탕으로 다가올 미래와 남아 있는 생을 재설계하는 것이다.

자서전 쓰기를 하며 자신의 과거부터 현재까지 모습을 떠올리고 글로 표현하며 그림으로 그려 보기도 하였다. 행복했던 순간도 있었을 것이고 슬펐던 순간도 있었을 것이다. 다시 돌아가고 싶은 순간이 있었던 반면, 떠올리기도 싫은 힘든 시간도 있었을 것이다.

그동안 잊고 있었던, 혹은 알아차리지 못했던 스스로를 어느 정도 찾게 되었을 것이다. 그럼에도 지금까지의 과정을 충실히 해 왔다면 스스로가 자랑스럽게 느껴질 것이다. 스스로 '정말 열심히 살아왔구나.'라는 생각을 통해 가치 있는 자신을 발견하게 되는 것이다. 아무도 가르쳐 준 적이 없는 나만의 인생길을 열심히 걸어왔음을 알아차리게 되는 것이다.

이제는 우리 미래의 삶에 대한 설계를 해 보는 시간으로, 지금까지 어떤 삶을 살아왔는지, 어떤 일을 해 왔으며 겪어 왔는지가 아닌, 스스로가 조금 더 의미 있는 삶을 영위할 수 있도록 앞으로의 미래를 설계해 보는 것이다. 이를 통해 조금 더 긍정적인 자아상을 완성할 수 있을 것이다.

1) 자유여행

시간이 없고 돈도 없고 삶이 바쁘다는 핑계로 일상의 자유로움을 외면하며 살지는 않았는가? 진정한 여행은 시간도 돈도 아닌, 떠날 수 있는 용기만 있다면 얼마든지 가능하다.

세상 어디라도 갈 수 있는 비행기 티켓이 있다면, 언제 어디로 누구와 함께 가고 싶은가? 구체적으로 기록해 본다. 꿈을 기록하게 되면 계획이 되고, 그 계획을 실천하게 되면 꿈은 현실이 되는 것이다.

2) 자유이용권

딱 한 번만 쓸 수 있는 입장권이 있는데, 어디를 가든 무엇을 하든 모든 것이 가능한 이용권이라면 당신은 이 자유이용권으로 어디에서 무엇을 하고 싶은가?

3) 희망직업

어릴 적 꿈이 무엇이었느냐는 질문에 어떤 답을 했는지 기억하는가?

성인이 된 지금은 어떤 꿈을 간직하고 있는가? 100세 시대 제2의 삶을 설계하게 된다면 어떤 직업을 갖고 싶은가? 자신이 하고 싶은 일을 할 때 행복지수는 높아진다고 한다. 하고 싶었던 일, 잘할 수 있는 일, 행복해질 수 있는 일, 그것을 찾아 지금 기록해 본다.

이루지 못한 꿈, 갖고 싶었던 직업 또는 도전하고 싶은 자격증을 기록하며 미래를 재설계해 보는 것이다.

4) 소원나무

버킷 리스트bucket list란 죽기 전에 꼭 해 보고 싶은 일과 보고 싶은 것들을 적은 목록으로, '죽다'라는 뜻으로 쓰이는 속어 '킥 더 버킷kick the bucket'으로부터 시작된 소원 목록을 만들어 본다.

미래의 막연한 희망을 이야기하고 그려 보는 것보다 버킷 리스트, 즉 소원 목록을 만들어 보면서 하나하나 이루어 나가는 방법은 꿈과 희망을 좀 더 구체화하는 방법이 될 것이다.

5) 유언장

제시한 양식에 맞춰 유언장을 작성하고 발표하는 시간으로, 이미 작성해 본 유언장일지라도 이 프로그램을 통해 내용은 풍요로워지고 더 많은 치유의 경험을 하게 될 것이다.

6) 사전의료의향서

제시한 양식에 맞춰 사전의료의향서를 작성하고 발표하는 시간으로, 발표하는 이들의 내용을 들으며 나의 기록은 조금 더 발전적인 방향으로 내용이 수정되기도 하고, 이러한 과정을 통해 스스로 자아를 회복하게 된다.

6. 10회기: '나의 꽃' 만들기

자서전 글쓰기 프로그램을 종료하는 시간으로, 그동안 완성한 자서전을 전시하며 소감을 나누는 시간을 통해 그간의 노고를 격려하며 칭찬하는 시간을 갖는다.

케이크 등을 준비하여 새로운 출발을 다짐하고, 자신의 결과물을 완성해 낸 것에 대해 서로가 축하와 격려의 시간을 갖는다.

프로그램으로 진행이 된다면 가족, 친구, 지인 등을 초대하여 축하하는 시간을 통해 자

473

서전에 더욱 의미를 부여할 수 있을 것이다.

자서전 글쓰기 치유의 사례와 방법

나는 종종 내 인생이 길을 잃고 방황하는 하루살이 같다는 생각을 했다. 얇은 유리컵처럼 쉽게 깨지기 쉬운, 태풍에 방향을 잡지 못한 조그마한 배처럼 위험천만해 보이는 모습으로 죽을힘을 다해 달려왔건만 원했던 길이 아닌 느낌. 다시 달리기가 힘들어 포기할까 고민하며 달렸는데 또다시 원하지 않은 이상한 곳에 도착한 느낌… 언제쯤이면 닿을 수 있을까 늘 걱정이었다. 아주 잠깐 살다 가는 인생일 텐데 갈 길은 왜 이렇게 멀어 보이는지… 여기서 중간 점검이라도 하게 된 것은 참으로 다행스런 일이다.

-자서전 쓰기 프로그램 참가자의 글 중

자서전 쓰기를 통한 치유 실천 사례

자서전 쓰기 지도자 강사 과정을 이수한 강사들과 2016년 4월부터 국제사이버대학을 비롯하여 서울, 부산, 용인, 충주, 인천, 수원, 전북 부안군 등 다양한 지역과 기관에서 프로그램을 진행하였다. 노인을 대상으로는 강원도 원주 귀래면의 '유현 건강 장수마을'에서 2016년 8월부터 매주 1회기씩 3개월간 자서전 쓰기 프로그램을 진행하였으며, 용인시와 수원시의 노인대학 등에서도 진행되었다. 농어촌 지역에서는 전북 부안군민을 대상으로 인문학 수업으로 진행하였으며, 경기도 양평군 서후숲 도서관, 충주시 평생교육기관 등에서 일반인을 대상으로 진행하였고, 도시 지역에서는 롯데백화점 문화센터를 중심으로 평생교육기관, 종합사회복지관, 노인복지관 등에서 관련 프로그램을 [그림 8-3]과 같이 진행하였다.

자서전 글쓰기 '나는 꽃'의 진행

자서전 쓰기 프로그램을 진행하는 과정에서 진행자는 참여자의 고민을 이해하게 되고 그 고민에 따른 대안을 제시하게 된다. 프로그램 활동을 통해 『나는 꽃』 자서전의 특성을 확인할 수 있었으며, 다음과 같이 요약할 수 있었다.

첫째, 자서전 쓰기는 글을 통해 표현하지만 그림을 통해서도 표현할 수 있다. 어떤 이들은 글을 잘 써야 하지 않을까라는 두려움과 부담감을 갖고 있으며, 자신이 작성한 글을 누군가가 보는 것에 대해 부담을 갖기도 한다. 즉, 사람은 누구나 자신의 생각을 글로 표현하는 것에 대해 긍정적으로만 생각하지는 않는데, 특히 글을 모르는 어르신의 경우에는 더욱 그럴 수 있다. 이 점에서 진행자들은 글뿐만 아니라 그림을 통해서 자신의 경험과 생각을 표현할 수 있도록 안내하였다. 물론 글을 모르는 분들이 글을 통해 표현해야 하는 경우에는 보조자가 옆에서 지원하기도 하였다.

둘째, 자서전 쓰기의 구성은 생애주기표 작성과 더불어 소년기, 청년기, 성년기, 장년기 등으로 구분하여 타임라인을 만들어 살펴볼 수 있도록 구성되었다.

셋째, 자서전 쓰기의 핵심 과제는 참여자가 자서전 쓰기에 관한 이론교육을 받는 것으로 끝나는 것이 아니라 실제로 나의 '책'을 만들어 보는 것이다. 그러나 대부분 지자체 혹은 복

[그림 8-3] 「나는 꽃」 자서전 쓰기 과정의 실제 사례

지관에서 진행되는 프로그램을 살펴보면 자서전 쓰기에 관한 이론교육과 함의는 충분히 공지되지만 '자신의 책'이 만들어지는 경우는 많지 않다. 그런 점에서 『나는 꽃』이라는 교재는 참여자에게 자서전 쓰기에 대한 이론교육뿐만 아니라 자신의 참여에 의해 자신만의 '책'을 만든다는 점에서 중요한 특징을 찾고 있다고 할 수 있다.

마지막으로, 자서전 쓰기 『나는 꽃』을 완성한 뒤 가족 혹은 지인들에게 보여 줌으로써 참여자의 지나온 삶과 생각, 미래에 대한 갈망 등을 이해할 수 있도록 하면서 나와의 소통을 포함하여 타인과의 소통, 특히 가족 간의 원활한 의사소통이 가능하도록 하였으며, 이를 통해 참가자 개인이 몸과 마음의 치유를 경험할 수 있도록 진행하였다.

위에서 제시한 다양한 기관에서 자서전 쓰기 '나는 꽃' 프로그램을 진행한 결과, 참여자들의 반응은 다음과 같이 정리할 수 있었다.

> 참여자 A: 글을 읽고 쓰지 못해서 참여할 수 없을 것이라고 생각했는데 여러 선생님을 통해 도움을 받고 글쓰기뿐만 아니라 색연필로 그림 색칠을 통해 나의 생각을 표현할 수 있어서 참여하는 동안 즐겁고 행복했다.
>
> 참여자 B: 누구에게도 말하지 못했던 고민거리를 말로 표현하게 되니 답답함이 줄어들었고, 말과 글로 풀어내니 가슴이 시원해졌으며 마음의 상처가 없어지는 것 같아 기뻤다.
>
> 참여자 C: 나의 경험과 삶에 대해 되돌아볼 수 있었고, 글로 표현하게 되면서 우울감과 억울함 그리고 분노 등이 줄어드는 것 같았으며, 가족 간의 관계가 많이 좋아졌다.
>
> 참여자 D: 가족 간의 소통에서 그동안 많은 어려움이 있었는데, 이 과정을 통해 서로를 이해하게 되었고 쓸모없는 존재로만 인식되었던 나 자신을 더 많이 사랑하게 되었다. 나 자신을 사랑하게 되니 미래를 위해 더 열심히 준비해야겠다는 목표도 생겼다.

이 외에도 참여자들은 자서전 쓰기 프로그램에 참여하면서 그동안 경험하지 못했던 그림과 글쓰기를 통해 나만의 자서전을 써 보고, 선생님들과 함께 어울리며 기쁜 마음으로 참여하였다고 하였다. 어떤 어르신의 경우, 걷는 것도 불편하지만 다리가 먼저 프로그램에 참여하기 위해 달려간다는 표현도 하였다.

'자서전 쓰기 프로그램'에 참여한 참가자들은 대부분 자신만의 소중한 자서전도 완성하는 결과를 나타냈다.

이처럼 자서전 쓰기 프로그램은 참여자들에게 자신의 삶을 되돌아보는 성찰적 의미와 그림과 글을 사용하여 교재에 작성해 봄으로써 대화 역량을 키워 주었으며, 말하기를 통해 자신의 생각을 타인에게 전달하며 대인관계 형성에 도움을 주게 되었다. 그 결과, 자서전 쓰기 프로그램 이외에도 타인에 대한 관심과 미래에 대한 준비 등 과거와는 다른 미래 설계를 말하는 참여자가 많았다.

실제로 진행되고 있는 '나는 꽃' 자서전 쓰기 프로그램은 몸과 마음의 건강을 위한 훌륭한 도구로 활용되고 있으며, 자서전 쓰기 프로그램 과정을 통해 자신과 타인에 대한 이해와 공감이 형성되면서 인간관계 형성에도 매우 긍정적인 영향을 미치고 있음을 확인할 수 있었다(조상윤, 2017).

나가는 말

자서전 글쓰기는 자신의 일생을 소재로 스스로 표현하거나 타인에게 구술을 통해 표현하여 쓴 것을 의미하며, 이를 통해서 자신의 삶을 되돌아보고 미래를 준비할 수 있도록 하는 도구가 된다.

이러한 자서전 쓰기 프로그램을 구성할 때, 관찰자적 입장에 의한 접근, 독백의 방식에 의한 서술, 사건 위주의 작성 등에 의한 구성, 글뿐만 아니라 사진, 그림 그리기(색칠하기), 말하기 등에 의한 표현도 가능하다는 것을 확인할 수 있었다.

또한 글쓰기를 어려워하는 참여자가 있을 수 있다는 점에서 글쓰기뿐 아니라 사진, 그림, 상담, 놀이 등을 활용한 다양한 접근을 통해 과거의 기억을 떠올리고, 이러한 과정에서 과거 해결되지 않았던 문제들이 해결될 수 있도록 하는 접근이 필요하다.

글쓰기와 명상을 통합하여 접근 시 치료적 효과가 더 크다는 연구(박해랑, 2015)에 의하면, 글쓰기 치유를 통해 불안감과 정서장애 수치가 낮아졌고, 자존감과 만족도가 높아졌으며, 자기신뢰와 태도 변화, 자아존중감과 개인적 성취도에서의 긍정적 변화, 학업 성적의 향상 등의 효과를 연구 참여자를 통해 밝혔으며, 박혜경(2014)은 암 환자의 자기표현적 글쓰기가 심신치유에 도움이 된다는 것을 연구를 통해 밝혔다. 암 환자들을 대상으로 자기표현적 글쓰기가 투병 생활에 미친 영향을 조사한 결과, 분노가 어느 정도 해소되고 두려움을 극복할 수 있었으며, 고통도 완화되고 우울한 감정을 해소하는 데 도움이 되었으며, 자기성찰을 통해 긍정적인 미래를 설계할 수 있었다. 무엇보다도 암이라는 외상 후 스트레스가 오히려 삶의 전환점이 되어 긍정적인 마인드를 갖는 데 도움이 되었다는 것이다. 즉, 자기표현적 글쓰기를 통해 암이라는 외상적 충격에 자신의 고통과 슬픔, 감정 등을 글로 표현하며 노출하는 과정을 통해 삶이 변화되었는데, 긍정적인 마인드를 형성하고 자신의 상황을 객관적으로 알아차리는 과정을 통해 암이라는 신체 질환의 치유에 큰 도움이 된 것이다.

이러한 다양한 연구를 통해 긍정적 치유효과가 있음을 밝혔음에도 불구하고 글을 쓰는 것에 대해 일반인은 쉽게 접근하지 못하는 실정이다. 더욱이 글을 모르거나 체계적인 글쓰기가 힘든 경우에는 참여 자체를 거부할 수 있다. 이는 치유에 필요한 시간과 횟수의 조정 등 글쓰기를 진행하는 과정에 참여자의 특성에 따라 필요한 조치가 선행되어야 하는 것임을 제시하는 것이다.

이러한 제반 여건을 감안하여 '나는 꽃' 자서전 글쓰기 치유 프로그램이 탄생하게 되었고, 실제 프로그램 참여자들은 자신을 좀 더 많이 이해하게 되었으며 일상생활에서 긍정적인 방향으로 선택을 하게 되었고, 자신과 타인과의 관계 개선에도 도움이 되어 스트레스가 줄어들었다고 한다.

결과적으로, 사람들에게 자서전 글쓰기는 심리적 안정을 바탕으로 신체적인 건강을 챙길 수 있는 심신의 통합적인 치유를 위한 좋은 방안이 될 수 있으며, 현대사회의 크고 작은 스트레스로 인해 나타나는 불안과 우울 등 여러 정신적 문제들을 치유하고 예방하는 데 자서전 글쓰기 치유 프로그램은 충분한 역할을 할 수 있을 것이다.

참고문헌

김성훈, 배종희(2014). 스포츠 스타들의 자서전에 담긴 숨은 역량 찾기. 한국초등체육학회지, 20.

김준희(2009). 치유적 글쓰기에 관한 연구사. 도서출판 역락.

김준희(2010). 글쓰기의 치유과정에 관한 연구. 한말연구학회, 26.

박해랑(2015). 대학생을 통한 글쓰기의 치료적 효과 연구. 문학과 언어, 37(2).

박혜경(2014). 암환자의 자기표현적 글쓰기 사례 연구. 작문연구 제23집. 한국작문학회.

유강하(2010). 인문학, 인간다운 삶을 빛다. 중국어문학논집, 65.

조상윤(2016). 자서전 쓰기를 통한 심신통합치유효과에 관한 고찰. 한국인간복지실천연구, 17.

조상윤(2017). 자서전 쓰기를 통한 심신통합치유모형 개발. 휴먼서비스연구. 2017. 12.

조상윤, 공재훈, 김동기, 김은희, 유수열(2016). 나는 꽃. 글래스하퍼 크리에이티브.

최숙기(2006). 자기표현적 글쓰기의 교육적 함의. 작문연구, 5.

Werder, L., & Steinicke, B. S. (2011). 즐거운 글쓰기 (Schreiben von tag zu tag). (김동희 역). 도서출판 들녘.

에니어그램을 통한 자기치유
- 마음의 문을 여는 아홉 가지 열쇠

이종의[4]

들어가는 말

나는 누구인가?

이 질문으로부터 자신과의 만남은 이루어진다. 내가 나인데, 그 '나'가 누구인지.

열 길 물속은 알아도 한 길 사람 속은 모르겠으니… 이러한 연유로 인간은 유구한 역사 속에서 자기존재에 대한 탐색과 터득을 위하여 심혈을 기울여 연구해 오고 또 자기의 한계를 극복하기 위한 여러 가지의 방법 등을 발굴하고 고안해 오고 있는 것이 아닐까.

가만히 자신의 내면을 들여다보면 우리 모두는 깊은 내면으로부터 올라오는 막연한 두려움을 만나게 된다. 그 두려움의 실체를 알지 못한 채 불안감, 결핍감이 느껴지기에 보이는 것으로 그 공허를 채우려 한다. 많은 것을 소유하면 사라질까? 남들로부터 좋은 평가를 받으면? 신나고 재밌는 일을 하면? 육체가 건강하면?

두려움, 결핍감에서 벗어나려 열심히, 성실히 노력하여 달성하고 나면, 그 만족감은 잠

시이고 궁극적인 행복에의 도달이 아니라는 것을 곧 알게 된다.

그렇다면 우리가 진정으로 찾고 있는 것은 무엇일까?

모든 사람에게는 궁극적으로, 근원과 참된 정체성을 발견하고자 하는 살아 있는 지성이 있다. 자신이 참으로 누구인지 발견하기 위해서는 내면으로 뛰어들어야 한다. 깊이 있게 자신 속으로 들어가 보면(성찰을 통해), 자신이라고 믿고 있던 것들, 자신의 모든 생각, 마음이 지어낸 이야기, 정서, 신체 감각들은 참자신Real |이 아니라는 것을 알게 된다. 그것들은 욕망 안에서 끊임없이 변화하지만, 진짜 알갱이로 자리 잡고 있는 어떠한 것은 사라지거나 변하지 않는다. 하늘을 덮고 있는 구름은 항시 변하고 움직이지만 바탕이 되는 하늘은 늘 그 자리에 있는 것처럼. 이 모든 지각과 경험이 일어나도록 역동하는 그 본바탕이 바로 '우리 자신'이다.

에니어그램에서는 성격 유형을 아홉 가지의 필터로 대별하고, 모든 사람이 그중에 한 개를 자신의 생존 전략으로 삼아 세상과 접촉한다고 본다. 이는 생득적이어서 이미 의지적 선택이 불가능한 것이다. 그러하기에 나의 기질적 특성, 성격은 절대적인 선물이며 소명이라고 한다. 우리는 각각의 필터를 부여받았기에 서로 다른 관점과 태도가 발생하는 것이다. 우선, 자기 자신과 타인을 제대로 알기 위해서는 이 아홉의 필터를 이해해야 한다. 에니어그램에서는 이 필터를 집착이라고 말하며 나를 이끄는 원동력이 된다고 한다. 집착이라는 용어가 부정적으로 들릴 수 있으나, 이 집착은 소명에서 비롯되었기에 내가 온전한 '나 자신'이 되기 위해서는 이 집착을 잘 알아야 할 것이다. 사람 마음의 문을 여는 아홉 가지 열쇠, 즉 아홉 집착을 가지고 우리 자신의 영혼의 깊은 곳으로 들어가서 '진정한 나'를 만날 수가 있다.

에니어그램의 태동과 구르지예프

본디 에니어그램은 BC.2500년경에 시작된 것으로 추정한다. 정확한 기록이 없으므로 여러 가지 역사적 진실을 추적해 가면서 살펴본 바, 이쯤에 고대 근동 지방에서 개인의 영적 성장과 은수자들의 영적 지도를 위하여 사용되었던 흔적을 찾게 되었다. 가장 정확한 언표는 동양에서 비롯된 '고대 전통의 지혜'라는 것이다.

오늘날 에니어그램이 전파된 유래는 이슬람교의 한 종파인 수피들이 영적 지도를 위해 비밀리에 전수해 오던 것이 러시아의 영성가로 알려진 구르지예프(Gurdjieff, G. I.,

1866~1949)에 의하여 현대사회에 소개된 것이다. 구르지예프는 에니어그램의 목표가 성격이나 인성personality을 파악하는 것이 아님을 명백히 가르쳤다. 그는 인성을 거짓 인성false personality과 참된 인성true personality으로 나누고, 인간의 진정한 본성Essence을 찾기 위한 영성 수련의 길을 제시했다. 구르지예프는 영성 수련을 통해서 인식되는 자아관을 다섯 단계로 이야기한다.

첫째, 평상시의 상태로서의 수많은 나Many Is
둘째, 관찰하는 나Observing I
셋째, 기계적인 삶에 저항하여 수련하는 나Deputy steward I
넷째, 모든 나를 통제하는 나Steward I
다섯째, 영원하고 참된 나Real I이다.

'영원하고 참된 나'를 인식하고 살기까지의 의식의 단계를,

첫째, 잠자는 상태
둘째, 선잠 깬 상태
셋째, 자기를 의식하는 상태Self-consciousness
넷째, 객관적 세계를 의식하는 상태Objective consciousness를 거친다고 한다.

대다수의 사람은 보통 일상에서 '잠자는 상태'에 있다. 두 눈을 뜨고 숨을 쉬고 있으면서도 본능과 습관에 떠밀려서 학습된 대로 기계적인 삶을 살거나 외부 조건에 떠밀리거나 저항하면서 살아간다. 그러하기에 비슷한 상황에서도 환경과 외부 조건에 의하여 자신도 모르게 그때그때 달리 느끼고 달리 해석하고 일관성 없게 행동하는 것이다. 축적된 삶의 방식에 따라 본능적으로 살아가는 이런 상태의 사람을 '불난 집에서 자는 사람'이라 하고 '자아의 틀에 갇힌 포로'로 비유하기도 한다. 만 세 살을 정점으로 본성이 뒤틀리면서 그 이후로는 가족이나 주위 환경과의 상호작용에서 자기방어와 보전의 본능이 작용하면서 성격이 드러난다. 만 여섯 살이 되면서 성격이 강화되고, 그 이후로는 의식의 상태가 변화될 따름이다.

'선잠 깬 상태'는 보통 사람이 일상을 살아가는 방식이다. 상상에 빠져서 허망한 꿈을 꾸면서 현실 도피인 줄도 모르고, 모르는 것도 안다고 착각하며 우기고, 거짓인 줄도 모른 채

자신을 속이고, 근사한 것과 동일시하며 잘난 체하고……

셋째 단계인 '자기를 의식하는 단계'는 극단적인 상황(배우자나 자식의 죽음, 위기 상황일 때)에서 생기게 된다.

'객관적 의식의 상태'인 넷째 단계는 극히 드문 경우인데, 존재하는 모든 것에 대해 진실을 꿰뚫어 볼 수 있는 우주의식(신의식)으로 깊은 성찰과 명상 수련을 통하여 경험할 수 있다.

그러므로 에니어그램은 성격심리학personality psychology의 범주가 아니라 영성심리학spiritual psychology의 체계로 배워야 하며, 궁극적으로 온전함으로의 인간의 본성을 회복하는 것을 목표로 삼아야 한다.

마음의 문을 여는 아홉 유형의 열쇠

에니어그램이란?

에니어그램은 그리스어(희랍어)의 에니어(아홉)와 그라모스(점, 무게, 이미지)의 합성어로, 아홉 가지의 특성(특유 성향)을 이야기한다. 사람은 태어날 때 완전함에서 굴절되어 자신만의 특화된 성향을 갖게 되는데, 아홉 가지 중 하나로 좀 더 굴절되어 다른 사람과 차별화되는 것이다. 이미 본질이 굴절되어 왜곡된 상태로 세상에 던져져서 본질의 완전함을 잃었기에 잉태되는 순간부터 불안과 두려움을 떠안게 된다. 태어난 후에는 굴절된 나의 성향이 자신이라고 받아들이며, 세상에서 도태되지 않으려 그 성향을 자신의 생존 전략으

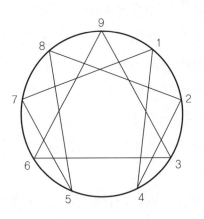

[그림 8-4] 에니어그램

로 차용하게 된다. 그러한 과정에서 특유의 집착이 드러나게 되고, 집착은 나를 이끄는 방향키로 내 전 생애에 영향을 입힌다. 본질이 굴절되어 집착으로 드러났으나, 그러한 집착은 본질로부터 변형된 것이기에 우리는 자연히 집착을 거쳐 본질로 돌아가려는 소명을 갖게 된다. 집착의 양면성이라 하겠다.

아홉 유형의 소개

1유형: 완벽함을 추구하는 사람

모든 일에 완벽을 기하고, 스스로의 높은 기준에 합당하기 위해 노력을 아끼지 않는다. 공정함과 도덕심이 강하며 자신의 윤리관에 자신감을 갖고 있다. 반듯하고 단정한 옷차림을 선호하며 대체적으로 얼굴에 긴장감과 딱딱함이 서려 있다. 강한 의무감으로 휴식을 취하기 어렵고 '해야 한다'는 말을 자주 한다. 이미 완성해 놓은 일도 다시 뜯어고치려 하고, 어떤 일에서든 잘못된 부분을 지적(시각이 부정적)하고, 나은 방식을 제시한다(가르치려 한다).

내면의 전쟁을 그만두고 평화를 찾으려 노력하고, 자신이 좋아하지 않는 부분을 인식하고 바꾸려 하지 말고 더 깊이 이해하려 할 때 이들의 극복이 일어난다. 자신은 '올바른 길을 걷고 있다.' '매사를 정확하게 파악하고 있다.'라는 생각에 만족감을 느낀다.

이들의 근원적 문제는 '내가 옳다'고 하는 독선과, 분노를 들키지 않으려고 억압하는 것으로 더 많은 문제를 초래하게 된다.

2유형: 타인에게 도움을 주려는 사람

남들에게 관심이 많고, 특히 어려움에 처한 사람에게 도움의 손길을 뻗친다. 지나친 호의, 걱정, 관대함, 아첨하기 등으로 끊임없이 사람들의 기분을 맞추려 노력한다(호감을 얻기 위해). 헌신에 대한 감사와 보답을 원하나 그렇지 않을 때 분노하기도 한다. 타인이 필요로 하는 것에 몰두하지만, 타인의 도움을 필요로 하고 있는 자신에 대해서는 자각하지 못한다.

내면에서 올라오는 자신의 욕구를 거부하지 말고 인정하고 받아들일 때 극복이 이루어진다. 이들은 동정심이 많고 사람들에게 애정과 관심으로 생기를 불어넣어 주면서 격려를 잘 한다. 벌이 꿀에 끌리듯이, 상냥하고 친절한 이들에게 우리도 끌리게 된다.

이들의 근원적 문제는 자신의 상처를 인식하지도 못하고 도움을 거부하는 교만(자만심)

483

과 '나는 줄 것만 있어.'라고 생각하는 구세주, 순교자 콤플렉스이다.

3유형: 성공을 추구하는 사람

목표 지향적이고, 성취하기 위해서 일에 매진한다(일기계). 항상 효율을 중시하고 사생활을 희생시켜 가면서 성공에 매진한다. 경쟁적이고 자신의 가치가 곧 실적의 가치라고 여기며 훌륭한 역할과 성공한 사람을 자신과 동일시한다. 인생의 가치를 '실패냐 성공이냐'라는 척도로 재고 실적을 중시하는 열정적인 사람으로, 그들은 일이나 인간관계에서 성공을 꿈꾼다. 자신에게 유리하게 하려고 하는 거짓된 내면의 세계를 직시하고, 실패를 인정하며, 성취와 성공만이 인생의 행복한 척도가 아니라는 것을 받아들일 때 극복이 일어난다. 리더십이 뛰어나며 사회적으로 받아들여지기 좋은 자질을 자신의 것으로 만들 수 있다. 자신감이 넘치는 인상으로 주위 사람들에게 좋은 인상을 심어 주려 하며, '성공했다' '일을 효율적이고 성공적으로 완수해 냈다'는 것에 가장 큰 만족을 얻는다.

이들의 근원적 문제는 성공에 대한 집착으로 자신과 남을 기만하거나 속일 수(속임수) 있으며, 과도하면 허영에 빠진다.

4유형: 특별함을 추구하는 사람

독특함을 추구하는 사람으로, 무엇보다도 감동을 중시하고 평범함을 싫어한다. 상상 속에서 시나리오를 만들어 자신의 감정을 지속시키고 강화시키려 한다. 인간의 어두운 부분(상실, 이별, 고통)에 흥미가 있고, 특히 죽음과 친화력이 있다(자기의 죽음을 종종 그려 봄). 독특한 자신의 고유함과 특별함에 유혹을 받아 특별한 존재가 되려고 하고, 곧잘 우울에 빠진다. 아무도 날 이해하지 못한다고 느끼므로 공동체에서 함께 일하기 힘들다. 감정의 균형을 이루고 객관성을 유지하려 노력하며, 있는 그대로의 현실을 받아들이고 참여할 때 극복이 일어난다. '나는 특별한 존재이다.' '나는 감수성이 풍부하다.'라는 자기 모습에 가장 큰 만족을 느낀다. 심미안이 있고 매혹적이며 아주 개성적인 창조성을 가진 사람이다.

이들의 근원적 문제는 자신이 갖지 못한 것을 갖고 있는 사람들에 대한 질투와 우울한 환상, 어떤 것을 얻으면 바로 다른 것을 원하는 변덕이다.

5유형: 지식을 탐구하는 사람

모든 것을 '알고, 이해하고 싶다'는 집착에 지식을 쌓아 가는 것을 좋아하며, 항상 현명하게 판단하려고 노력한다. 사람 앞에 나서고 주목받는 것을 좋아하지 않으며, 고독을 즐기는 경향이 강하고 자신만의 시간과 공간을 아주 중요하게 여긴다. 사생활이 공개되는 것이 두려워 경계적인 자세로 관계를 맺고 현실에 개입하지 않으려 한다. 내적 공허감을 채우기 위해 지식, 정보, 물건 등의 수집욕이 강하다. 사람들과 거리두기가 습관화되어 있고 신체적인 접촉을 싫어한다(독신자적 기질). 삶으로부터 초연하지 말고 적극적으로 개입하여 관계 속에서 가슴을 열고 사랑을 체험하고, 내부로 움츠리지 말고 외부를 향해 나아가서 활동에 참여할 때 극복이 일어난다. '지혜로운 사람' '현명한 사람' '무엇이든지 잘 알고 있는 사람'이라는 자신의 모습에 가장 큰 만족을 드러낸다.

이들의 근원적 문제는 자신을 드러내면 텅 빈 것같이 느껴져서 대인관계가 어렵고(비사교적), 말, 시간, 지식, 돈 등과 자신의 욕구에도 인색하다.

6유형: 안전을 추구하고 충실한 사람

책임감이 강하고 안전을 추구하는 유형으로서, 친구나 자기가 믿는 신념에 가장 충실한 사람이다. '삶은 위험과 불확실함으로 가득 차 있다.'라는 신념에 위험을 감지하는 데에 민감하고, 끊임없이 문젯거리가 있는지를 의심한다. 전통이나 단체에 강한 충성심을 갖고 있으나 외부인에게는 경계심이 많다. 갑작스런 변화와 모험, 도전을 좋아하지 않는다. 내면의 공포와 두려움의 실체(머릿속에 있는 공포)를 알아차리고 자신의 결정을 신뢰하며 확신을 갖고 적극적으로 행동할 때 극복이 이루어진다. "책임감이 있다." "신실하다." "충성스럽고 믿을 만하다."라는 말에 가장 큰 만족을 얻는다.

이들의 근원적 문제는 안전에 대한 보상으로, 사소한 근심과 불필요한 의심에 시달리고 미래에 대한 지나친 걱정으로 최악의 상태를 떠올리며 상상 속의 공포에 빠진다.

7유형: 즐거움을 추구하고 계획하는 사람

밝고 명랑하며, 모든 일을 낙관적으로 보려고 하고 호기심이 많다. 한 가지 일에 열중하기보다는 이 일 저 일 옮겨 다니며 새로운 것을 배우기를 좋아한다. 상상력이 풍부하고 아이디어가 무궁무진하나 생각 자체로 끝나는 경우가 많다. 주의가 산만하고 끈기가 부족하며 구속당하는 것을 싫어한다. 고통(육체적·심리적)을 회피하려 하고, 어두운 현실을 덮어 두고서라도 즐겁게 지내고 싶어 한다. 평범한 것에서 즐거움을 찾고, 참을성을 키우며, 고통을 피하지 말고 직면하여 받아들일 때 이들의 극복이 일어난다. 호기심이 많고 상상력이 풍부하며 다양한 아이디어를 제시하는 다재다능한 사람이다. '항상 즐겁다' '너무나 유쾌하다' '앞으로의 계획이 무궁무진하다'는 것에 만족을 얻는다.

이들의 근원적 문제는 내면의 두려움, 공허함 때문에 폭음(폭식), 방종(무절제)에 빠질 수 있으며, 싫증을 쉽게 느끼고 고통을 피하려 흥분과 재미를 탐닉하게 된다.

8유형: 강함을 추구하고 자기를 주장하는 사람

삶은 위협적이고 적대적이라고 여기며 전력을 다해 싸우는 전사이다. 자기주장이 강하고 직설적이므로 남에게 겁을 주며 맞선다. 도전이 주는 강렬함과 흥분을 즐기며 무모하게 덤비는 면이 있다. 피해자와 약자를 옹호하고 보호하려고 하며, 정의롭지 못한 자들에게는 앙갚음하려 한다. 힘의 문제를 직시하고 마음을 열어 타인을 받아들이고 용서하는 자애로움을 지닐 때 극복이 일어난다. 그리하여 정의를 위하여 놀라운 의지력과 활동력으로 세상에 좋은 영향을 미칠 수 있으며, 관대하고 자신의 울타리 안에 있는 사람들을 위해 끝까지 책임을 진다. '강하다' '의리 있다' '힘이 넘친다'는 자신의 모습에 가장 만족을 느낀다.

이들의 근원적 문제는 자신의 잘못을 인정하지 않고 큰소리치며 부정, 부인하는 것과, 타인을 이용하고 소유하며 억압하면서도 양심의 가책을 느끼지 못하는 파렴치함이다.

9유형: 조화와 평화를 바라는 사람

태평한 평화주의자로, 갈등 상황을 극도로 꺼리며 자신의 내면이 혼란스러워지는 것을 피한다. 내면에 고집스러움과 저항이 있어서 어떤 일에 동의해 놓고도 싫으면 행동으로 거부(수동적 공격)한다. 스스로 특별할 게 아무것도 없는 사람으로 여김으로써 삶에 뛰어들지 않고 뒤로 물러나 있다. 자기 자신의 가치를 인정하고, 확고한 신념으로 목적을 설정하고 과감히 행동할 때 이들의 극복이 일어난다. 수용적이며 가식이 없고, 남에게 위안을 주며 관대하고 도량이 넓다. 편견 없이 다른 사람의 기분을 이해할 줄 알기 때문에 타인의 고민을 잘 들어 준다. '안정감'과 '조화'로 넘쳐 있는 상태에서 가장 큰 만족을 느낀다.

이들의 근원적 문제는 세상에 뛰어들어 활기차게 살려고 하지 않고 안일하게 살려고 하는 데서 오는 나태함(게으름)과, 갈등을 피하기 위해 할 일을 뒤로 미루는 것이다.

마음의 문을 여는 아홉 유형의 열쇠key word를 요약하여 소개하자면,

1유형의 **완벽함을 추구하는 사람**은 도덕과 공정으로 세상을 개혁하고 싶어 한다.

2유형의 **타인에게 도움을 주려는 사람**은 이타적이며 희생적인 봉사자의 모습을 띤다.

3유형의 **성공을 추구하는 사람**은 목표가 분명하고 동기 부여와 리더십을 발휘한다.

4유형의 **특별함을 추구하는 사람**은 감수성이 뛰어나고 미적 감각과 예술성이 드러난다.

5유형의 **지식을 탐구하는 사람**은 이성적이고 현상을 파악하는 관찰자의 모습을 지닌다.

6유형의 **안전을 추구하고 충실한 사람**은 공동체를 중시하며 책임감이 강하고 성실하다.

7유형의 **즐거움을 추구하고 미래를 계획하는 사람**은 상상력과 기발한 아이디어 뱅크이다.

8유형의 **강력함과 자기를 주장하는 사람**은 불의에 도전하고 정의, 의리를 중시한다.

9유형의 **조화와 평화를 바라는 사람**은 주변을 품으려 하며 편안함과 너그러움이 드러난다.

이것이 바로 우리 각자가 지닌 잠재력이고 재능talent이며 다른 사람과 차별되는 고유한 성격이다.

에니어그램 프로그램 운영

487

원리

에니어그램의 아홉 유형은 사람이 각자 갖고 있는 아홉 가지 기운energy을 의미한다. 동양의 기氣 개념으로 이해할 수 있으며, 기의 성질에 따라서 성격이 결정된다고 본다.

사람의 기energy는 크게 구분하여 신체의 세 군데로부터 나온다. 장(내장), 가슴(심장), 머리(뇌)이며, 이 중에 한 곳으로부터 좀 더 강한 기운이 드러나게 되면서 서로 다른 특성을 지니게 된다. 궁극의 지향은 이 세 군데의 기운이 균형을 이루어 하나로 통합되는 것이다. 이는 지덕체智德體의 균형으로 설명될 수 있다.

이 세 중심이 셋으로 분화되어, 사람을 이루고 있는 가장 밑바닥의 기본 성향을 아홉 유형으로 분류한다. 장형(8, 9, 1유형), 가슴형(2, 3, 4유형), 머리형(5, 6, 7유형)이다. 이들은 공통적인 특징이 있는데, 장형은 분노, 가슴형은 불안초조, 머리형은 두려움이라는 지배정서가 있다. 그리고 공통된 욕망으로 장형은 지배욕, 가슴형은 애욕, 머리형은 명예욕에서 좀 더 자유롭지 못하다.

또 같은 유형으로 분류되었다 하여도 여러 요소가 부수적으로 결합하여 작동하므로 똑

같은 모습으로 표출되지는 않는다. 제일 중요한 것은 그 사람을 이루고 있는 틀, 보편적인 동기가 같다고 보는 것이다. 하지만 위기의 순간(생명의 위협, 스트레스 상태)에는 각각의 성향(성격 유형)의 틀이 작용하므로 그 기운의 역동을 구별하여 아는 것은 매우 중요하다. 특히 성향은 의식의 상태에 따라서 건강하게 또는 불건강하게 드러나기에, 실생활에 지대한 영향을 미치게 된다.

아홉 유형의 특성과 성향에 영향을 미치는 부속 유형들을 살펴봄으로써 수평적 접근(유형 특성, 날개 화살표 개념, 행동 양식)과 수직적 접근(본능적 변형, 의식의 흐름, 의식 발달 수준)을 통하여 인간의 성향에 대한 총체적인 이해를 돕는다.

에니어그램 프로그램의 운영

기본 단계: 힘의 중심energy center과 아홉 유형의 이해(10시간, 1박 2일)

1. 내용
* 유형검사지 실시(연구소 개발)
* 자기고백 시트지 작성(성격적 특성, 라이프 스토리 등)
* 강의
* 성격 유형별 워크숍, 발표
* 개인 인터뷰(자신의 성격적 딜레마 고백)
* 기억명상(어린 시절~현재)

2. 강의 및 워크숍, 수련

첫날(전반기)은 강의 형태로 설명을 하고, 둘째 날 워크숍을 진행한다. 첫날 강의에서 힘의 기운氣이 주로 어디에서 나오는지를 기준으로 장형, 가슴형, 머리형을 찾고, 세 힘의 중심이 세 개로 나눠진 아홉 유형에 대하여 설명을 한다. 이 기운은 우리 모두의 신체기관으로부터 나오는 것이기에 한 사람 안에 모든 모습이 섞여 있다. 다만, 그중에서 제일 많이 속해져 있는 부분을 찾는 것이다. 지금 외부적으로 인지되는 태도도 학습된 모습일 수 있기에, 제일 중요한 것은 어릴 때 자신의 성격으로 되돌아가서 찾아야 한다. 어릴 때 모습과 지금 자신의 성향을 보면서 자신의 성격의 변천도 알 수 있다. 그 변화 과정을 봄으로써 자신을 이루고 있는 틀이나 부정적인 것으로부터 신경증적 문제나 열등감, 성격적 결함 등을

488

알아차리고 교정할 수가 있다.

둘째 날(후반기)은 같은 유형끼리 모여서 유형별 워크숍을 통하여 자신을 확인하는 시간을 갖는다. 질문지(자기고백 시트지)를 중심으로 이야기를 나눈다.

그 후 1유형부터 9유형까지 발표를 하는데, 발표를 하는 이유는 같은 유형끼리는 이해가 되지만 동시에 같은 질문에 다른 대답을 하는 타 유형의 발표를 들으며 사람이 각각 다르다는 것을 가슴으로 느끼게 된다.

기본 과정의 마무리 단계로 기억명상을 한다. 기억명상은 어린 시절부터 지금까지 연령별로 또는 학령별로 기억을 떠올려 본다. 그 당시의 감정에도 머물러 본다. 그 과정에서 내면 깊숙이 가지고 있는 본질적인 문제, 심리학적인 심리장애, 종교 차원에서의 죄성이 내성향(집착이 내재화된)에서 비롯되었음을 성찰하게 된다. 그 장애를 온전히 알아차리고 받아들이는 순간, 그것으로부터 자유로워질 수가 있다.

3. 기대 효과

자신의 성향과 다른 사람의 성향을 알게 됨으로써 많은 의문과 갈등에서 풀려날 수 있다.

자신의 성격적 결함을 인정하게 되고 동시에 성격적 강점도 알게 됨으로써 자신을 긍정적으로 발전시킬 수 있는 동력을 얻는다.

어린 시절부터의 기억을 떠올려 보면서 그때의 상처도 나와 상대의 성향에서 비롯된 것임을 이해하게 된다.

심화 단계: 유형에 영향을 미치는 부속 요인들(15~20시간)

1. 내용
* 강의: 날개, 화살표 개념, 행동 양식, 에너지의 흐름
* 그룹 나눔, 발표
* 과제: 행동 특성 사례 찾기, 에너지의 흐름 관찰하기(통합 방향, 퇴행 방향)
* 우울증과 자살 충동 경험 나누기
* 빛 수련(장기에 붙어 있는 정서상처치유)

2. 강의 및 워크숍, 수련
아홉 유형에 부수적으로 영향을 미치는 날개이론, 화살표이론, 행동 양식, 에너지의 흐

489

름 등을 다룬다.

어떤 사람은 개성이 강하여 성격이 분명하게 드러나는데, 색깔이 너무 강하여 모가 난 듯한 느낌도 갖게 한다. 그러므로 우리는 자신의 성향에 이웃한 옆의 유형(날개 유형)을 활용하여 원만한 모습으로 보완할 수 있다. 그러므로 날개 유형의 성향을 상황에 따라서 적절하게 활용하는 것이 성격의 유연함에 도움을 준다. 우리는 사회적으로 잘 적응하기 위하여 날개 유형의 에너지를 활용한다.

또한 성격은 상대와 상황에 따라서 다르게 표출된다. 내 상황이 좋으면 나의 성격을 뛰어넘어 보다 성숙한 모습으로 대처를 하게 된다. 하지만 상황이 안 좋을 때는 성격이 불건강한 모습(평소와 다른 모습)으로 표출되기도 한다. 이를 에니어그램에서는 화살표(에너지의 움직임)이론으로 설명한다. 화살표는 집착의 극복 정도로 자기 성격 유형의 진행 방향(퇴행)과 역진행 방향(성장)으로 이루어진다.

8유형의 예를 들어 보자면, 이들의 성향이 건강하게 드러나면 용감하고 정의롭기에 불의에 앞장서서 상황을 개선시키고 약자를 돕는 큰 기운의 사람인데, 불건강할 때는 자기주장과 고집이 엄청 세며 상당히 폭력적인 기질의 사람이기도 하다. 가정이나 사회에서 비폭력적인 태도를 가르치면 폭력적이지 않으려고 결심은 하지만, 그것에 억눌려서 나중에는 더 큰 폭력을 쓰게 된다. 이들에게 폭력성이 있다는 것을 알게 하고 주변에서도 이해하면서 이들 안에 있는 약한 사람에 대한 연민과 불의에 빠진 사람을 돕고자 하는 마음을 키우도록 격려하면, 8유형의 폭력적인 기운은 자연히 내려가게 되고 2유형의 특성인 남을 도우려는 욕구로 옮겨 가게 된다. 이를 8유형의 통합 방향인 2유형과 결합을 이루는 에너지의 흐름으로 설명한다. 곧 의식의 성장으로의 변화를 의미하는 것이다. 이러한 변화가 단시일 내에 이루어지지는 않지만, 자기 자신의 성향을 올바로 알고 용기 있게 받아들임으로써 이미 반 이상은 해결이 되는 것이다. 그러므로 에니어그램은 산속에서 도를 닦지 않더라도 사회 안에서 성찰, 비공식 명상 등을 통하여 얼마든지 자신을 개선시킬 수 있다.

자신의 행동을 잘 관찰하다 보면 이미 패턴화되어 있다는 것을 알 수가 있다. 이는 자아의식이 현실에 대한 착각으로 인해 왜곡된 행동으로 세상과 관계를 맺고 있는 것으로, 세상에 대해 공격적으로 관계를 맺는 공격 유형(8, 1, 3유형), 움츠림 유형(9, 4, 5유형), 의존 유형(2, 6, 7유형)으로 나뉜다.

또한 우리 안의 에너지는 끊임없이 움직이므로 상황에 따라 긍정적으로 또는 부정적으로 흐르게 된다. 그러므로 스트레스 상태에 오래 머물 때 의식은 계속 퇴행의 사이클을 타게 된다. 자각하여 멈추지 않으면 결국 자살의 충동에 빠지게 되고 불행한 결말을 맞을 수 있다. 에너지의 흐름을 자신의 인지로 살필 수 있어서 에니어그램은 또한 자기치유 프로 그램이라고도 한다. 더욱이 유익한 것은 자신뿐 아니라 주변에 어려움에 빠져 있는 사람 들을 알아차리고 도와줄 수 있으므로 상담, 심리치료에 종사하는 사람은 말할 것도 없고 사람과 밀접하게 접촉하는 사회복지사, 교・강사, 도우미 등 모든 사람에게 에니어그램은 꼭 요구되는 것이다.

마무리로 빛 수련(상처치유)을 통하여 스트레스로 인하여 장기에 붙어 있는 정서를 치유 (녹여 내리는)한다.

3. 기대 효과
나의 성향에 영향을 미치는 여러 요소를 알게 됨으로써 자신을 좀 더 깊이 이해하게 된다.

평소에 에너지의 흐름을 관찰할 수 있어서 우울증에 이르는 의식의 퇴행을 방지하여 셀프 콘트롤이 가능해진다.

에너지 퇴행의 흐름을 멈추게 하여, 자신과 주위 사람이 자살에 이르는 충동을 벗어나도록 도울 수 있다.

고급 단계: 삶의 지향에 따른 초점화, 의식 발달 단계(25~30시간)

491

1. 내용
* 과제 나눔
* 강의-본능적 변형, 의식 수준 알기
* 본능별 워크숍, 발표
* 의식 수준별 자기성찰, 나눔
* 나의 내면 성찰
* 죽음명상(마음 비우기)

2. 강의 및 워크숍, 수련
아홉 유형은 기질적 특성이 추구하는 집착에 의하여 아홉 가지로 대별되지만, 그 아홉 유형은 삶의 지향점, 초점화가 다르다. 의식주, 건강, 운동, 수면 등 생존에 필요한 아주 기본적인 것이 삶에서 최우선인 자기보존적 본능self-preservation instinct을 지향하는 사람과, 사회에서 받아들여지기 좋은 자질인 사교성, 친화력, 정의감, 연대적 추진력 등 사회성이 아주 발달한 사회적 본능social instinct, 반면에 자신의 관심사가 분명하며 관심이 있는 것(취미, 사상, 가치 추구 등)에만 집중하여 홀로 있거나 마니아층하고만 공유를 하고 근원적인 질문에 빠져 있는 개별적인 사람들인 성적 본능sexual instinct 추구자가 있다.

이에 따라서 같은 유형이라도 아주 다른 모습으로 보인다. 이러한 본능적 변형까지 알고 나면 사람을 좀 더 입체적으로 이해하게 된다. 실상 우리는 같은 유형의 사람끼리 친하기보다 본능적 변형이 같은 사람끼리의 어울림이 더욱 편하다. 삶의 추구 방향이 같기 때문이다.

마지막으로, 사람의 인격(성품)을 평가할 수 있는 바로미터는 그 사람의 성향이 주로 드러나는 의식층이다. 대개의 경우 우리의 의식은 내면의 소리(욕망)에 완전히 빠져 있기 때문에 우리 자신을 의식으로부터 분리하지 못한다. 그러나 의식이 확장되면 우리는 내면의 소리에서 한발 물러나서 우리 자신을 관찰할 수 있다. 성격의 기능은 의식의 층에 따라 아주 많이 다른 양상으로 표출된다. 자신에 대하여 의식하고 있을 때 나에 대해 더욱 분명하고 구체적인 식견을 갖게 되고, 그동안 습관화된 낡은 패턴에서 벗어날 수가 있다. 확장된 의식은 우리 안에서 더 많은 좋은 자질들을 불러낸다. 우리는 의식의 확장 속에서 성격의 메커니즘에 의해 습관적으로 반응하지 않고 현명한 해결책을 찾게 된다. 같은 성향의 사람이라도 그 유형의 기운을 어느 의식층에서 발로하느냐에 따라서 완전 반대의 모습으로 표출되기 때문이다.

의식의 발달 수준 단계는 건강한 수준(1~3수준: 집착에서 벗어난 상태), 평균 수준(4~6수준: 집착에 잡혀 있는 상태), 불건강한 수준(7~9수준: 집착에 함락된 상태)으로 나눈다.

건강한 수준(1~3수준)에서는 자신에 대한 확실한 정체성과 타인과 사회에 자신의 능력을 건강하게 드러내며, 평균 수준(4~6수준)은 대부분의 사람들에게 주로 발현되는 수준으로 사회적 체면과 자신의 불안함을 방어하는 두 가지 태도가 왔다 갔다 한다.

불건강한 수준(7~9수준)에서는 자기파괴적인 생존 전략을 쓰게 되고 무기력, 정신분열로 갈 수 있다. 전문가의 적극적인 도움을 받아야 한다. 하지만 극악하거나 꼭 나쁜 사람이 아니어도 고통을 감당하기가 너무 어려워서 이 수준을 경험하기도 한다. 의식이 떨어질수록 자신의 성향을 고집하면서 상대를 적대시하게 된다. 예로, 격렬한 부부 싸움은 주로 6수준 과잉보상심리에서 나온다. 5수준에서의 배우자 통제가 되지 않으면 자아가 팽창되면서 '내 인생 돌려놔!' 식으로 온통 상대의 탓으로 돌리는 것이다.

사회적으로 물의를 일으키는 범죄 등은 주로 7수준인 침해의 단계로, 세상이 자기를 받아들이지 않는다는 심각한 피해 의식으로 모든 것을 파괴하고 싶어진다. '너 죽고 나 죽자'

로 표출되는 것이다. 8수준으로 떨어지면 정신적 병리를 맞게 되고, 9수준으로 떨어지면 모든 것을 포기하기에 이른다.

이와 같이 자신의 의식 상태를 알아차릴 수 있다는 것은 자신과 사회의 파괴를 막을 수 있는 지름길이다. 또한 내 성향이 저지를 수 있는 잘못된 죄악에서 벗어날 수 있다.

마무리로 자신을 내려놓는 죽음명상을 한다. 나의 죽음을 떠올린 후, 부고를 듣고 누가 제일 먼저 달려오는지, 누가 가장 슬프게 우는지, 영안실에 모여 있는 사람들이 나를 어떻게 회고하는지, 내가 가장 떠나기 힘들어하는 장소는 어딘지 등등 간접경험을 통하여 자신의 애착을 바라보고 마음을 비우게 된다. 우리는 죽음을 연상할 때 가장 겸손해지므로 이러한 수련을 통하여 자신을 내려놓는 연습을 하게 된다.

3. 기대 효과

에니어그램의 마음공부는 자신의 삶의 지향을 알게 하고, 그 성향의 강점과 취약점을 관찰자적으로 보게 하며 그대로를 인정하고 받아들이게 한다.

자신의 태도가 어느 수준의 의식층에서 비롯되는지를 스스로 파악할 수가 있어서 자기조절self-control이 가능하다. 나아가 불건강하게 드러날 때는 자신과 사회에 악행惡行이 될 수 있다는 것을 알고 경계하게 한다. 즉, 종교에서 죄성罪性이라고 하는 것을 받아들이게 된다.

에니어그램에서 이야기하는 성향적 성격은 이미 생득적인 것이다. 해서 각자의 성격 유형은 절대자의 선물이자 소명이다.

각자는 자신의 성향이 어느 유형에 속하는지 아는 것이 1차적 과제이지만, 더욱 중요한 것은 나의 성격이 어느 수준의 의식층에서 주로 역동하는가(평균 의식층)를 아는 것이다. '나와 너'를 알고 이해하고 받아들여 의식의 통합을 이루려고 노력하는 것이 에니어그램의 추구이고 목적이다.

이를 지향하며 강의 형식의 지식적 공부와 과제를 통한 자기관찰, 자기고백과 나눔, 기억 정화, 상처치유를 위한 빛 수련, 죽음명상, 관상기도 등의 영성 수련을 하고 있다.

493

나가는 말

에니어그램에서의 1차적 접근은 자신의 성격 유형을 아는 것이다. 이때 제일 중요한 것은 자신의 유형을 본인 스스로 찾는다는 것이다. 그래야만 자신을 제대로 이해할 수 있고 체험이 된다. 또한 주변 사람들이 어떠한 성향을 지니고 있는지를 알고 그들대로의 고유성으로 이해하고 수용하는 것이다. 대부분의 갈등은 상대를 자신의 관점으로 바라보고 이해하고 판단하는 것에서 비롯된다. 나와 상대를 고유한 존재로 인정하고 소통할 때 비로소 조화를 이룰 수 있다. 이러기 위하여 우선은 지식적 접근으로 개념적 특성을 공부해야 한다. 하지만 지식적으로 알고 구분한다고 해서 제대로 공부되었다고 할 수는 없다. 꾸준히 내면 성찰의 도구로 삼아 '진정한 나' '인간 본성 회복'에 목적을 두고 정진하여야 한다.

에니어그램에서 나를 찾는 방법은 독특하다. 자신의 부정성, 근원적인 문제점(죄성)을 갖고 자신을 만나야 한다. 그러므로 에니어그램을 공부하는 사람은 우선적으로 용기와 정직을 바탕으로 삼아야 한다. 영적으로 불구인 나를 온전히 인정하고 받아들임으로써 비로소 내 본성과 만나게 된다.

에니어그램은 자기 자신에 대하여 관심이 있는 사람에게는 굉장히 큰 호응을 얻지만, 자신을 합리화하고 감추려 하는 사람에게는 아무런 도움이 되지 않는다. 오히려 자신의 부정성을 합리화하거나 상대의 취약점을 들추어 내는 등의 불순한 도구로 오용되기도 한다. 현재의 자신의 모습을 받아들일 준비가 되어 있지 않으면 어떠한 인격의 성숙도 이루어 낼 수 없다. 에니어그램은 체계적인 학문이라기보다는 초심리학super psychology으로, 직관으로 사람을 느끼는 것이다. 직관을 통하여 내면을 꿰뚫어 근원적 동기와 접촉했을 때 내적 균형이 이루어진다. 그러므로 정신과에서 해결하지 못한 문제가 에니어그램을 적용한 상담으로 치유될 수가 있다. 대부분의 정신적인 문제들은 자신이 극복하지 못한 내적 갈등에서 야기되기에, 남의 탓으로 돌리던 것을 내 문제로 인식하는 순간 저절로 치유가 되는 것이다.

에니어그램은 나와 너의 세상을 밝히는 지혜의 빛이다. 그리고 지혜의 빛이 있는 곳에 무지의 어둠은 저절로 뒷걸음질 친다. 에니어그램의 지혜는 우리가 삶의 격정 속에 휩싸여 있을 때 그것으로부터 벗어나서 영혼으로 향하도록 우리를 안내한다. 영혼의 잠재력이 개발되면서 우리의 삶도 성장한다. 우리의 영혼이 우리 자신이 누구인지에 대한 질문의 근원과 어떻게 연결되어 있는지를 알아 갈 때, 우리의 인간관계는 더 건강해지고 삶이 더 활력을 갖게 된다.

에니어그램에 대한 관심이 높아지면서 많이 보급되고 있는 것은 다행스러운 일이나, 성격 유형의 판단과 계발에만 치우치는 듯한 우려를 갖게 한다. 우리가 성격이라고 여기는 것은 사실상 진정한 성격true personality과 거짓된 성격false personality이 결합된 것이다. 본질과의 만남을 위해서는 영성 수련의 길을 가야 한다.

구르지예프는 그의 가르침에서 모든 사람이 삶을 성찰하고 수련을 통하여 제7단계의 길에 이르러야 한다고 역설하였다. 그러할 때 유형의 집착에서 벗어나 진정한 삶의 주인이 되는 것이다. 에니어그램은 일반 심리학이라기보다는 영성학으로 분류할 수 있으며, 처절한 자기반성과 영적 수련을 통하여 도달할 수 있다.

치유healing는 불균형하거나 병들거나 손상된 상처로부터 건강을 회복하는 과정이다. 심리적 상처나 질병 따위를 외부적인 힘을 빌리지 않고 내 안의 자원만으로 회복시켜 내는 것은 참으로 아름답고 거룩한 일이다. 사람은 누구나 치유 능력을 갖고 있다. 결국 자신을 잘 다스려 본래의 건강한 상태로 되돌리는 것인데, 그러기 위하여 가장 필요하고 우선시되어야 하는 것이 자기 자신에 대해서 아는 것이다.

에니어그램은 '자신으로의 내면 여행'이라는 부제를 갖고 있다. 자신의 내면, 마음의 문을 열기 위한 열쇠—에니어그램은 우리 모두에게 자신을 만나는 강력한 도구가 된다. 모쪼록 에니어그램을 통하여 자신을 만나고 이해하고 그리고 극복함으로써 본래의 나Real I로 치유되기를 바란다.

495

참고문헌

김영운(2007). 에니어그램 내 안의 보물찾기. 서울: 올리브나무.

안희영(2010). 마음챙김과 자기기억의 연관성. 한국mbsr연구소, 12-13.

이종의(2002). 에니어그램 교육 프로그램이 자아존중감, 자아수용, 자녀 양육 태도에 미치는 영향. 명지대학교 석사 논문.

이종의(2005). 자기유형과 이웃이해하기. 한국에니어마인드연구소, 기본과정교재.

이종의(2005). 나와 상대를 찾아가는 여정. 한국에니어마인드연구소, 심화과정교재.

이종의(2011). 나와 너의 만남 에니어그램. 서울: 나무의 꿈.

Bear, E. J. (2005). 영혼의 자유 에니어그램 (*Enneagram of liberation*). (이순자 역). 경남: 슈리크리슈나다스아쉬 람. (원저는 2001년에 출판).

Beesing, M., Nogosek, R., & O'Leary, P. H. (1996). 자아발견을 위한 여행(3판) (*A journey of self discovery*). (박종영 역). 서울: 성바오로. (원저는 1984년에 출판).

Hurley. K., & Donson. T. (2003). 영혼의 잠재력 깨우기 (*Discover your soul potential: using the enneagram to awaken spiritual vitality)*. (주혜명 역) 서울: 다른우리. (원저는 2000년에 출판).

Ouspensky. P. D. (2005). **구르지예프의 위대한 가르침을 찾아서** *(In search of the miraculous: fragments of an unknown teachi)*. (오성근 역). 서울: 김영사. (원저는 1923년 출판).

Riso, D. R., & Hudson, R. (2000). **에니어그램의 지혜** *(The Wisdom of the Enneagram)*. (주혜명 역). 서울: 한문화. (원저는 1999 출판).

Riso, D. R., & Hudson, R. (2010). **에니어그램 성격유형** *(Personality Types: Using the Enneagram for Self-Discovery)*. (윤운성, 김경수, 김은아, 김혜동, 박범석, 박현경, 서정대, 손진희, 오정옥, 오현수, 윤천성, 이근매, 이소희, 이숙자, 조주영, 황임란 역). 서울: 학지사. (원저는 1996 출판).

Rohr, R., & Ebert, A. (1989). **내 안에 접혀진 날개** *(Enneagram : die 9 Gesichter der Seele)*. (이화숙 역). 서울: 열린. (원저는 1989출판).

5

인지행동치료
-공황장애를 중심으로 살펴보는 인지행동치료

설경인[5]

들어가는 말

인지행동치료cognitive behavior therapy는 1950년대부터 시작된 정신 증상에 대한 비약물적 치료방법이다. 현재에 이르러서는 정신건강의 다양한 질환 분야에 적용되어 약물치료와 동등한, 혹은 약물치료의 효과를 부가시키는 장점들이 수많은 연구로 확립되었다.

인지행동치료에서는 사람의 마음이 인지(생각), 정서(감정), 행동으로 구성되어 있으며, 이들 사이에 다양한 상호작용이 이루어진다고 가정한다. 이 중 정서(감정)는 우리가 통제하기 어려운 요소이나, 인지나 행동은 교정이 가능한 요소이다. 따라서 인지를 교정하거나 (인지치료) 행동을 수정하여(행동치료) 마음의 정서(감정)적인 부분을 조절하는 것이 인지행동치료의 목표가 된다. 예를 들어, 우울증의 인지치료에서는 우울증에 대한 인지적인 면이나 행동적인 면을 교정함으로써 우울감이라는 우울증의 핵심 정서를 치료하는 것이다.

인지치료는 "콩 심은 데서 콩 난다."라는 속담처럼 우리의 감정과 행동의 기저에는 그에 걸맞은 인지(생각)가 있다는 것에서 출발한다. 이러한 사고 과정은 순간적이며 자동적

---

5) 연세가산숲정신건강의학과 원장, 대한심신치유의학회 학술이사, 정신건강의학과 전문의

이기 때문에 자각되지 않으나 기저에서 우리의 감정과 행동에 끊임없이 영향을 미친다는 것이다. 이를 '자동적 사고'라고 하며, 보다 상위에서 이러한 자동적 사고들을 이끌어 내는 기본적인 사고의 핵심 원리들을 인지도식schema이라고 한다. 인지치료의 목적은 자동적 사고를 확인하며, 이를 통해 개인의 인지도식을 파악하고 이를 좀 더 바람직한 형태로 교정하는 것이다.

행동치료는 말 그대로 행동을 대상으로 한 치료적 기법이다. 행동은 일종의 학습이기 때문에 기존의 반응을 소거할 수도 있고, 새로운 반응을 만들어 강화시킬 수도 있다. 줄이고 싶은 행동에는 처벌을, 늘리고 싶은 행동에는 보상을 제공하는 방식으로 적절한 행동 패턴을 강화하는 것이 원리이다. 실제 적용에 있어서는 행동과 정서, 행동과 인지 사이에 잘못 연합된 학습을 소거하고 좀 더 바람직한 새로운 연합을 학습하는 과정으로 이루어져 있다.

인지치료와 행동치료는 1960년대 이전까지는 별개로 발전되어 왔으나, 그 이후로는 행동치료에 인지적 관점이 추가됨으로써 더욱 치료 효과가 높아지는 것이 확인되었다. 현재에 이르러서는 인지적 기법과 행동적 기법은 서로 상호 보완적이며 통합적으로 시행될 때 치료의 효과가 높아지는 것으로 인식한다. 또한 전통적인 우울장애, 불안장애, 공황장애 등에서 점차 양극성 장애, 섭식장애, 인격장애, 조현병 등으로 치료 범위가 넓어지고 있는 추세이다.

이 절에서는 여러 분야의 인지행동치료 중 불안, 공황장애에서의 인지행동치료를 소개하려고 하는데, 그것은 몇 가지 장점이 있기 때문이다.

우선, 공황장애는 심신이 하나의 유기체로 상호적인 관계임을 잘 보여 주는 질병이기 때문이다. 공황발작은 13가지 증상 중 4가지 이상 있을 경우 진단되는데, 이 13개의 항목은 3가지 심리적 증상과 10가지 신체적 증상의 조합으로 되어 있다. 따라서 공황발작이라는 증상은 신체적인 요소와 심리적인 요소 모두가 동시에 고려되어야 하는 질병이며, 공황장애의 인지행동 치료과정에서도 이러한 요소는 잘 반영되어 있다. 또한 질환의 중대성도 상당하다. 공황장애 등의 불안장애 유병률은 전체 인구에서의 10~20%를 차지할 정도이며, 공황 증상은 지난 1년간 전체 인구의 20% 이상에서 한 차례 이상 경험하는 것으로 나타날 정도로 흔한 병리적 경험이기 때문이다. '멘붕'이라는 최근 유행하는 속어는 "멘탈이 붕괴한다."의 축약어인데 발작 수준은 아니더라도 공황적 경험이 일상생활에서 광범위하게 일어남을 지적하는 것이라 할 수 있다.

다음으로, 인지행동치료라는 기법을 이해하는 데 있어서 공황장애가 좋은 사례가 되기 때문이다. 공황장애 인지행동치료에는 인지기법과 행동기법 양쪽 모두 균형 있게 반영되어 있어 인지행동치료라는 틀이 어떤 식으로 작동하는지 이해하기 쉽다. 따라서 이 절의 내용을 통하여 전반적으로 인지행동치료의 핵심 원리를 이해하는 데 도움이 될 수 있을 것이다. 그 밖에도 다른 인지행동치료 양식의 경우 상담자와 내담자가 구별되며 혼자 연습하기 어려우나, 공황장애의 인지행동치료는 인지적 기법이 이해하기 쉽고 행동기법 역시 간단한 편이다. 이 절을 통해 인지행동치료라는 기법을 총괄적으로 이해하는 한편, 공황 증상의 조절을 직접 연습해 볼 수 있도록 하겠다.

불안·공황장애 인지행동치료

- 1회기: 공황과 불안의 극복–공황장애란
- 2회기: 공황장애 극복하기–공황의 생리학, 잘못된 믿음들
- 3회기: 신체 다스리기–호흡 조절법, 근육 이완법
- 4회기: 생각 다스리기 (1)–과대평가
- 5회기: 생각 다스리기 (2)–재앙화 사고
- 6회기: 노출 훈련 자극 감응 훈련, 일상생활 자극 감응 훈련
- 7회기: 광장공포증의 극복
- 8회기: 종합 평가

불안, 공황장애의 인지행동치료는 앞의 예시처럼 대략 6회기에서 8회기의 구성이 일반적이다. 각 회기는 주 1회 정도의 간격이 보통이며 회기당 1시간 이내에 규격화되어 실시된다. 개인 인지행동치료, 집단 인지행동치료 모두 가능하나 집단의 경우 10인 이하의 소규모로 구성되는 것이 추천된다. 1, 2회기는 공황장애에 대한 인지교육이며, 3회기는 행동요법으로 구성되어 있다. 4, 5회기는 인지치료기법으로 구성되어 있으며, 6회기는 노출 훈련을 통해 기존 회기의 인지기법과 행동기법을 통합하여 공황 증상을 조절하는 법을 배우게 된다. 인지행동치료의 핵심 원리는 6회기 내에 다뤄지기 때문에 이 절에서는 6회기까지의 내용을 다루도록 하겠다.

1회기: 공황과 불안의 극복−공황장애란

1회기는 불안공황장애에 대한 소개이다. 갑작스럽게 별 이유 없이 공황발작이 반복되는 것이 공황장애이며, 구체적으로 다음과 같은 증상을 호소하며 내원하게 된다. "이런 공포와 불안이 다시 올까 봐 두려워요(예기불안), 이런 일이 있었던 장소나 상황을 피하게 돼요(회피행동), 몸에 이상이 있는 건 아닌가 걱정이 돼요." 공황장애는 이와 같이 공황발작, 예기불안, 회피행동 등의 증상이 특징적인 질병이다. 예기불안은 공황발작이 언제 다시 오게 될까 하는 불안이 높아진 상태이며, 회피행동은 공황발작이 있었던 곳에 가기 꺼려지며 피하게 되는 행동을 말한다.

공황발작은 다음 목록의 증상 중 4가지 이상 해당될 때 진단된다.

① 호흡이 가빠지거나 숨이 막힐 것 같은 느낌

② 어지럽고 현기증이 나거나 곧 쓰러질 것 같은 느낌

③ 심장이 두근거리며 쿵쾅거리거나 곧 멎어 버릴 것 같은 느낌

④ 손발이나 몸이 떨리는 느낌

⑤ 땀이 많이 남

⑥ 목이 막히는 것 같이 질식할 것 같은 느낌

⑦ 속이 메슥거리거나 토할 것 같은 느낌

⑧ 딴 세상에 온 것 같은 느낌이 들거나 내 자신이 달라진 것 같은 느낌

⑨ 손발이 저리거나 마비되는 느낌

⑩ 몸이 화끈거리거나 오한이 나는 느낌

⑪ 가슴 부위에 통증이 있거나 가슴이 답답하고 불편한 느낌

⑫ 곧 죽을 것 같은 공포감

⑬ 미쳐 버리거나 자제력을 잃을 것 같은 느낌

공황발작은 드물지만 신체적 요인으로도 시작될 수 있으며 갑상선기능항진증, 각성제의 복용, 심장 문제 등의 기질적 요인 감별이 필요하다. 공황발작은 보통 30분 이내에 수그러들지만, 공황발작을 경험한 사람은 '심장이나 호흡기에 큰 문제가 생긴 것은 아닐까' '이러다 죽는 것은 아닐까' 하는 공포로 응급실에 내원하게 되는 경우가 많다. 보통 병원 진료를 통해 신체적 이상이 없는 것이 확인되지만, 공황발작에 대한 예기불안과 회피행동이 지속된다. 치료되지 않는 경우 공황발작과 연관된 증상의 목록이 점차 늘어나며, 회피행동

이 심해져 사회적 위축이 진행되고, 결국 만성적 공황발작으로 인해 우울증의 단계로 이어지게 된다.

1회기에서는 공황발작을 경험하게 될 때 흔히 사용하는 대처법에 대해 검토하며, 그 방법을 유지하는 것이 타당한지 확인하는 과정이 진행된다. 대표적으로는 '회피' '주의분산' '미신에 가까운 대처 방법' 등이 있는데, 이 방법들의 장단점을 검토하고 부적응적인 방식임을 이해함으로써 추후 배우게 될 인지행동기술을 습득하기 위한 동기로서 작용하도록 한다. 회피는 공황발작과 연관된다고 생각되는 행동 등에 대해 피하는 것을 말한다. 커피나 술을 피하게 되기도 하고 운동을 더 이상 하지 않게 되기도 한다. 화를 내야 할 인간관계를 피하거나 더운 날씨에는 외출을 삼가게 되기도 한다. 그러나 이러한 회피적인 방식은 순간적이며 점차 사회적 위축을 가져온다는 점에서 적응적이지 못하다. 주의분산은 주의를 다른 곳에 돌리는 것이다. 공황발작이 올 것 같을 때 지압을 한다거나 숫자를 센다거나 다른 곳에 있다는 상상을 하는 행동 등이 있다. 주의분산은 일시적으로 불안을 줄이는 데 효과가 있기도 하나, 버릇이 되어 의존하게 될 위험성도 있고 근본적인 해결책은 될 수 없다. 미신에 가까운 대처 방법도 있다. 부적이나 묵주, 종교적 상징, 담배나 술 등이 여기에 해당되는데, 단지 가지고 다니는 것만으로 마음을 편하게 해 주거나 공포나 불안을 없애 준다고 믿어지는 모든 물건이 여기에 해당된다. 역시 일시적 위안이 되며 잠시 이 방법이 잠시 통하는 것처럼 느껴지기도 하나, 결국 증상의 진행을 멈추지는 못하며 근본적인 문제 해결책은 될 수 없다. 특히 공황발작에 대해서 술에 의존하는 경우가 가장 위험한데, 술은 일시적으로 공황장애를 경감시켜 주나 장기적으로는 공황장애를 점차 악화시키기 때문이다. 따라서 1회기에서는 공황장애에 대한 여러 부적응적인 대처 방식을 지적하게 되며, 특히 술의 사용에 대해서는 강하게 개입하게 된다. 아울러 이번 회기를 통하여 인지행동치료에 대해 동기를 부여하는 것이 중요하다. 다른 방식과는 달리 좀 더 근본적이기 때문이다.

인지행동치료의 중요한 요소 중 하나는 과제이다. 인지행동치료적 기법들은 반복 연습을 통하여 숙달되는 것이기 때문에 과제의 이행이 중요하다. 매 회기마다 적절한 과제가 제시되며 1회기에서는 공황발작, 예기불안에 대해 자기반응을 관찰하며 기록하도록 격려한다. 또한 이를 통하여 공황발작 시기에 각자 어떠한 어려움이 있는지, 어떤 방식이 효과적인지 또 그 효과를 어떻게 객관적으로 평가할 수 있는지 확인할 수도 있다. 즉, 인지치료의 개인별 맞춤화를 하는 것이다. 또한 공황발작, 예기불안에 대한 자기반응 관찰은 공황발작의 경험에 몰입되지 않고 대상화하는 연습이 들어 있기 때문에 반복 연습을 통하여 공황장애에 대해 관조적인 관점을 익힐 수 있다.

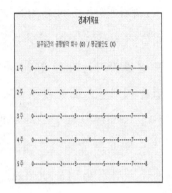

인지행동치료에서 과제는 매우 중요하다. 과제를 통하여 인지행동치료의 사례를 개별화, 정량화하여 치료의 효과를 촉진한다.

예시의 공황기록표를 통해 개인마다의 공황발작 시작 시간과 지속 시간, 상황과 스트레스의 종류, 최고 불안치, 각각의 신체 감각 등을 확인할 수 있다. 이를 통해 개인별로 인지행동치료가 맞춤화된다. 일일기분기록표를 통해 전반적인 기분과 불안의 정도를 파악할 수 있다. 매일 저녁에 기록되며 척도는 0에서 8까지로 하루의 평균치를 표시하게 된다. 이렇게 척도들은 점수화를 통하여 각 개인의 호전 정도를 계측하고 평가한다.

경과기록표는 지난 일주일간의 공황발작 횟수와 평균 불안도를 표시하는 표이다. 이를 통해 질병의 호전 정도를 파악하고, 일주일간의 공황발작 횟수 및 지난 일주일간의 평균 불안 정도를 알 수 있다.

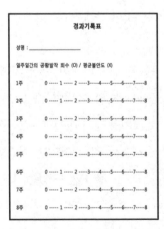

정리하자면, 이 과제들을 통해 인지행동치료는 개인별 맞춤화되고 치료 효과 판정이 용이해지게 된다. 아울러 공황발작 증상에 몰입하는 것을 줄이며, 증상에 대해 관조적인 태도를 격려할 수 있게 한다.

2회기: 공황장애 극복하기-공황의 생리학, 잘못된 믿음들

이어서 2회기에서는 공황장애에 대하여 상세한 지식과 정보를 교육하게 된다. 먼저, 지난 회기의 내용을 복습하며 과제로 제시된 개개인의 공황기록표, 일일기분기록표, 경과기록표를 점검하게 된다. 또 이번 회기에서는 공황의 생리학에 대한 교육이 실시되며, 공황발작에 대한 잘못된 믿음을 점검하는 시간을 갖는다. 공황의 생리학은 다음 회기에 이어지는 '호흡 훈련' '이완 훈련'이라고 하는 행동요법의 이론적 근간이 된다. 따라서 행동요법의 시행 전에 공황의 생리학에 대한 충분한 이해가 필요하다. 공황의 생리학의 핵심은 공황발작을 오작동된 비상 신호로 보는 것이다. 인간에게는 숲속에서 홀로 호랑이와 마주치는 상황처럼 생명의 위기 시에 작동하는 비상 신호가 있다. 우리가 혼비백산한다고 표현하는 이 상황에는 죽거나 미칠 것 같은 압도적인 공포감과 함께 교감신경계의 과활성화에 따른 여러 신체 증상이 동반된다. 심장은 심하게 뛰며, 숨이 쉬어지지 않는 느낌, 온몸의 떨림이나 발한 등이 그 내용이며, 이는 공황발작의 증상 목록에서 확인할 수 있다. 이러한 생리적 비상 신호가 오작동되는 것이 공황발작이다. 호랑이를 보지 않았으나 호랑이를 본 것과 같은 신체, 정신적 반응이 일어나는 상태인 것이다. 교통사고로 죽을 뻔한 상황에서 심장이 빨리 뛰고 다리가 후들거리고 몸이 떨리는 것은, 왜 이런 상황이 왔는지를 우리가 이해하기 때문에 불안이 지속되지는 않는다. 반면에 공황장애는 스스로 원인이 추론되지 못하기 때문에 다시 이러한 발작이 생길 수 있다는 불안감이 지속되게 된다. 더군다나 공황발작의 강도는 내가 이러다 죽거나 미치는 것이 아닐까 하는 압도적인 세기여서, 공황발작이 일단 발생하면 개인의 삶에 상당한 영향을 주게 된다. 예기불안, 회피행동으로 인해 생활의 반경은 좁아지고, 공황발작이 잦아질수록 만성적인 우울 상태에 이르게 된다.

공포증과 공황장애의 공통점과 차이점을 알아보자. 두 질환 모두 공황발작이 주된 증상이라는 공통점이 있으나, 선행 요인과 증상 사이의 인과 관계를 모르면 공황장애이며 인과 관계를 알면 공포증이다. 비행기 공포증은 비행기를 타면 공황발작이 생기는 질환이며, 비행기를 타지 않는 이상 불안하지 않다. 따라서 비행기 공포증에서는 예기불안보다는 비행기를 타지 않는 회피행동이 주가 되며, 회피에 성공하는 동안은 공황장애에 비하여 고통이 덜하다. 반면에 공황장애는 어떤 선행 이유로 공황발작이 생겼는지 스스로 알지 못하기 때문에 회피행동보다는 예기불안이 심하게 된다. 다만, 공황발작이 잦을수록 회피행동의 범위가 점차 넓어지고 일반화되며 점차 공포증의 형태로 변해 간다. 공황장애 환자가 버스에서 여러 번 공황발작을 경험한다면 버스 공포증이 생기며 버스에 대한 회피행동이 일어나게 될 것이다. 이런 방식으로 공황장애는 만성화하며 다양한 공포증이 수반되어 예기불안에서 회피행동이 점차 심해지는 양상으로 발전한다. 따라서 사회적 위축이 심해지며 우울증으로 발전하게 되는 것이다.

공황발작은 위기 상황에 대한 응급 신호이며 신체적으로는 심혈관계, 근육계, 호흡계에 교감신경계의 과활성화로 인한 영향이 나타나게 된다. 심혈관계로는 심장 박동이 증가하며 피부, 손발 등 신체의 말초 조직으로는 혈액 공급이 감소하기 때문에 손발, 피부의 감각 이상을 초래한다. 이는 신체에서는 공황발작을 위기 상황으로 인식하여 인체 주요 조직으로만 대량의 혈액 공급을 하는 상황이기 때문이다. 근육계 역시 최대한의 힘을 내기 위하여 경직되고 긴장되어 있으며, 열이 나고 땀이 매우 증가하게 된다. 호흡으로는 과호흡이 일어나게 되는데, 호흡수가 증가함에 따라 오히려 호흡이 중단될 것 같은 느낌이나 숨 막히는 느낌이 심해지며, 과호흡으로 산소를 쓰지 않으면서 농도가 높은 상황이 지속되면 오히려 뇌로 가는 혈액량이 감소하여 어지럽고 시야가 흐려지는 듯한 느낌이 유발될 수 있다. 공황 환자의 50~60%에서 과호흡 증상이 일어나게 되는데, 이는 체내의 이산화탄소를 과환기시켜 혈액의 알칼리화를 촉진하게 된다. 이에 따라 어지럼증, 아찔함, 혼동감, 시야 흐림, 숨가쁨, 비현실감, 심장 박동의 강화, 마비감, 저림, 차갑고 축축한 손, 숨 막히는 느낌, 가슴 압박감 등이 심해진다. 일단 공황발작으로 과호흡이 시작되면, 과호흡으로 공황발작이 더욱 악화되는 것이다.

이번 회기에서는 또한 공황장애에 대한 잘못된 믿음을 다룬다. 핵심적인 내용은 공황발작 시 자제력을 잃고 미칠 것 같은 느낌, 기절하거나 죽을 것 같은 느낌이 드나 실제로는 자제력을 잃지도 미치지도 기절하거나 죽지도 않는다는 것을 아는 것이 중요하다는 점이다. 공황발작에서의 강한 느낌과는 달리 공황발작 시 실제로 죽거나 기절하거나 미친 사례는 없다. 이에 대하여 내담자들 각각의 공황발작 사례를 확인하여 인지교육을 실시하게 된다. 예들 들어, 그룹치료에서 차를 몰고 가다가 공황발작이 오자 남편 사무실로 방향을 옮긴 상황을 발표하면 그 개인은 자제력 상실이라고 생각하나 실제로는 누군가의 도움을 구하는 데 필요한 행동을 취한 것으로, 자신의 행동을 잘 통제한 것으로 해석하는 것이다.

3회기: 신체 다스리기-호흡 조절법, 근육 이완법

3회기에서는 신체 다스리기라는 행동요법으로 호흡 조절법과 근육 이완법을 소개하고 교육한다. 연습은 의자에 앉은 상태에서 진행되며 호흡 조절법의 내용은 다음과 같다.

호흡 조절법

한 손은 가슴 위에, 다른 한 손은 배꼽 위에 놓습니다.
배 위의 손에 집중을 합니다.
배 위의 손만 오르내리도록 하면서 호흡을 합니다. 즉, 가슴은 가만히 두고 배로 숨을 쉽니다.
이때 몸의 긴장을 풀고 부드럽게, 평소의 호흡 횟수와 깊이로 자연스럽게 호흡합니다.
숨을 들이쉬면서 마음속으로 '숫자'를 셉니다.
숨을 내쉬면서 '편안하다'고 마음속으로 말합니다.

호흡 조절법의 핵심은 두 가지이다. 편안한 복식호흡법을 평상시에 충분히 연습이 되도록 하여 공황발작 시기의 과호흡을 진정시키고 공황발작의 진행을 막도록 하는 것이 첫 번째이다. 두 번째로는 호흡 조절 연습을 통해 과호흡을 인위적으로 유도하여 공황발작의 증상들을 야기할 수도 또한 이를 다시 편안한 복식호흡으로 증상의 수위를 낮출 수도 있음을 안전한 환경하에서 반복 경험하게 한다. 이를 통해 공황발작 증상에 대한 통제감, 조절력을 증가시키는 것이 목적이 된다.

이어 근육 이완법에 대해 배워 보게 된다. 근육 긴장은 불안의 증상 중 하나이며, 1분간 몸을 최대로 긴장시킬 때 경련, 떨림, 피로감, 신체 각 부위의 통증, 힘이 빠지는 느낌, 마비되는 느낌 등을 경험하게 된다. 근육의 긴장 상태는 공황발작과 연관된 여러 감각을 유발시키며, 그렇기 때문에 근육 경직을 통하여 공황발작 때의 느낌과 유사한 경험을 할 수 있게 된다. 이런 점에서 점진적 근육 이완법은 긴장을 해소하는 좋은 방법이며, 신체 주요 근육군의 긴장을 방출하는 연습을 하게 된다.

근육 이완법의 준비 단계는 다음과 같다.

505

얼굴, 어깨, 등, 배, 팔, 다리 등 모든 신체 부위를 긴장시키세요.
1분간 온몸의 상태를 가능한 최대로 긴장시킵니다.
어떤 느낌이 느껴지세요.
공황발작 시 느끼는 증상과 비슷한 점이 있나요?

이 연습을 통해 긴장 상태 자체가 가져오는 여러 신체 감각들이 위협적으로 잘못 해석될 수도, 과거의 불안 공포감을 연상시킬 수도 있음을 경험하도록 한다. 반대로, 근육의 이완은 신체 각 부위에 따라 단계적으로 시행되며 감각에 정신 집중을 하는 것이 필요하다. 근육 이완법의 핵심 원리는 '긴장을 하면 할수록 이완하기가 쉬워진다'는 것이다. 이 연습을 통해 긴장에 의해 야기되는 감각과 이완 시 감각 사이의 차이를 분명히 알 수 있게 된다. 또한 신체의 긴장도에 대한 민감성을 높여 주어 긴장이 심해지기 전에 이 기법을 적용하는 기회를 갖도록 돕는 측면도 있다. 근육 이완의 순서는 팔, 어깨, 머리, 얼굴의 턱과 혀와 눈 부분, 배, 등, 다리의 순서로 이어진다. 그 방법은 다음과 같다.

팔의 이완
편한 자세로 의자에 푹 기대어 앉아 숨을 깊게 한두 번 쉽니다.
오른손을 어깨 높이로 들고 오른손의 주먹을 꽉 쥡니다.
손에 쥐가 날 정도로 꽉 쥐어 봅니다.
그리고는 서서히 손에 힘을 풀어 보세요.
손에 힘을 빼고 난 뒤 손과 팔에 오는 기분에 어떤 차이가 있는지 느껴 보세요.
이번에는 왼손으로도 똑같이 해 봅니다.
양손을 어깨 높이로 들어서 양쪽 주먹을 꽉 쥐고 팔에 힘을 느껴 봅니다.
서서히 세게 쥐어 봅니다.
천천히 팔이 내려지는 대로 두고 팔에 오는 느낌을 느껴 봅니다.

어깨 이완
팔 근육에 힘을 풀고 있는 동안 축 늘어진 어깨에다 힘을 줍니다.
두 어깨를 귀에 닿을 만큼 올립니다.
그리고 서서히 힘을 풀어 봅니다.
푹 쉬면서 온몸의 힘을 빼 봅니다.

머리 이완

머리를 뒤로 힘껏 젖혀 봅시다.

목의 뒷부분을 누르듯이 하여 목에 힘을 느껴 주세요.

서서히 목에 힘을 빼면서 편안한 대로 목을 두세요.

그리고 목을 둥글게 돌려 봅시다.

목을 편안히 마음대로 둡니다.

얼굴 ①: 턱 이완

입을 가볍게 다물고, 아래, 윗니를 꽉 물고, 목구멍이 당기는 것과 같은 것을 느끼며 턱에 힘을 꽉 줍니다.

그리고 입술을 상하로 가볍게 떼면서 턱에 힘을 뺍니다.

얼굴 ②: 혀 이완

혀끝을 아래 앞니 뒤편에 강하게 밀착시킵니다.

혀가 눌리는 것 같고, 입 바닥이 당기는 것을 느낍니다.

점점 더 세게 힘을 주었다가, 서서히 힘을 뺍니다.

본래의 위치에 혀를 내려 주면서 입안에 힘을 뺍니다.

얼굴 ③: 눈 이완

눈을 꼭 감습니다.

눈의 근육에 힘을 줍니다.

그러면서 더 세게 눈을 감아 봅니다.

그리고 눈의 근육에 힘을 서서히 풀어 줍니다.

그리고 상하좌우로 돌려 봅니다.

눈을 뜹니다.

다시 한번 힘을 주어 눈을 감았다, 서서히 힘을 빼며 눈을 떠 봅니다.

배 이완

숨을 깊이 들이마셨다, 내쉬었다를 합니다.

숨을 깊게 들이마셔서는 배에 힘을 줍니다.

숨을 멈추고 세게 힘을 줍니다.

그리고 숨을 푹 내쉬면서 배의 근육에 힘을 풉니다.

등 이완

등을 활 모양으로 구부려 봅니다.

등 근육에 힘을 느끼면서 세게 힘을 줍니다.

등을 일으키면서 등 근육에 힘을 서서히 뺍니다.

다리 이완

두 다리를 앞으로 뻗습니다.

다리와 발가락을 머리 쪽으로 구부려 허벅다리에 오는 힘을 느껴 봅니다.

다리에 힘을 꽉 주어 봅니다.

그리고 다리에 힘을 서서히 풀어 봅니다.

두 다리를 늘어뜨립니다.

힘을 주었을 때와 풀었을 때의 기분 차이를 느껴 봅니다.

두 다리를 다시 앞으로 뻗습니다.

이번에는 발가락을 머리로부터 반대쪽으로 굽히면서 무릎 뒤쪽 부분 근육에 힘을 느껴 봅니다.

다리에 힘을 꽉 주어 봅니다.

그러고는 다리에 힘을 서서히 풀어 봅니다.

온몸을 편안히 뒤로 기대면서 몸에 힘을 쫙 빼 봅니다.

편안히 푹 쉬면서 힘을 뺍니다

이제 더 깊은 이완 상태로 들어갑니다.

근육 이완법의 핵심은 긴장과 이완의 반복을 각각의 대근육마다 시행하여 그에 따른 긴장의 감각과 이완의 감각을 터득하는 데 있다. 이를 통해 공황의 신체 감각에 대한 조절과 통제감을 획득할 수 있으며, 필요한 경우 신체의 이완을 유도하며 공황 증상을 경감시키는 데 도움을 받을 수 있다.

회기의 끝에는 다음의 과제가 제시된다. 이 기록표를 통해 집에서도 호흡 훈련과 이완 훈련이 반복 연습되어 익숙해지도록 유도한다. 또한 경과기록표를 통해 앞의 두 가지 행동요법이 공황발작에 어떠한 효과가 있는지 평가하도록 한다.

508

이완기록표

이완과 집중의 정도를 0에서 8까지의 점수로 채점하세요.
(0 = 전혀 아님. --- 8 = 최고로 좋음)

월/일	연습	연습 종료시의 이완도	연습시의 집중도
	1		
	2		
	1		
	2		
	1		
	2		
	1		
	2		
	1		
	2		
	1		
	2		
	1		
	2		

경과기록표

성명 : _____

일주일간의 공황발작 회수 (O) / 평균불안도 (X)

1주	0 ---- 1 ---- 2 ---- 3 ---- 4 ---- 5 ---- 6 ---- 7 ---- 8
2주	0 ---- 1 ---- 2 ---- 3 ---- 4 ---- 5 ---- 6 ---- 7 ---- 8
3주	0 ---- 1 ---- 2 ---- 3 ---- 4 ---- 5 ---- 6 ---- 7 ---- 8
4주	0 ---- 1 ---- 2 ---- 3 ---- 4 ---- 5 ---- 6 ---- 7 ---- 8
5주	0 ---- 1 ---- 2 ---- 3 ---- 4 ---- 5 ---- 6 ---- 7 ---- 8
6주	0 ---- 1 ---- 2 ---- 3 ---- 4 ---- 5 ---- 6 ---- 7 ---- 8
7주	0 ---- 1 ---- 2 ---- 3 ---- 4 ---- 5 ---- 6 ---- 7 ---- 8
8주	0 ---- 1 ---- 2 ---- 3 ---- 4 ---- 5 ---- 6 ---- 7 ---- 8

호흡운동기록표

정신집중도와 호흡의 용이성을 0에서 8까지의 점수로 채점하세요.
(0 = 전혀 아님. --- 8 = 최고로 좋음)

월/일	연습	연습 중 정신집중도	호흡의 용이성
	1		
	2		
	1		
	2		
	1		
	2		
	1		
	2		
	1		
	2		
	1		
	2		
	1		
	2		

4회기 : 생각 다스리기 (1)-과대평가

4회기에서는 인지요법에 대해 다루게 된다. 공황장애의 사고적인 내용을 다루는 것이다.

불안한 생각은 불안한 감정을 유발한다. 따라서 불안한 생각을 교정하면 불안한 감정이 줄어든다는 것이 인지요법의 기본 원리이다.

우리는 일상생활에서 때때로 '아하' 하며 통렬한 깨달음을 얻을 때가 있다. '내가 너무 집착했구나.' 혹은 '내가 너무 실제보다 과장해서 생각했구나.' 등등의 깨달음이 그것이다. 이러한 자신의 기존의 습관이나 방식에 대한 깨달음은 이후 무의식, 전 의식적인 습관이나 방식이 있을 때마다 이를 다시 의식, 인식의 영역으로 가져와 차츰차츰 교정이 되는 과정을 돕게 된다.

인지요법에서는 앞의 과정을 모방하여 인지 과정에서 순간적으로 일어나기 때문에 인식의 범위에 들어오지조차 못하는 '자동적 사고'를 확인하고, 이러한 자동적 사고가 실제 생활에서 어떤 식으로 구현되는지 반복하여 확인하며 교정하도록 한다.

공황장애에서 흔한 '자동적 사고'로는 세상이 무너지고 무서운 일이 일어날 것 같은 생각, 최악의 사태를 예상하고 무슨 일이 벌어질까 하는 걱정, 사건의 진행 과정을 조절할 수 없을지도 모른다는 걱정 등을 들 수 있다. 이에 따라 집중에 어려움이 생기고 공황발작이 일어날 것 같은 상황이나 장소는 회피하게 된다. 이런 대표적인 사례 외에도 개개인마다 자동적 사고의 내용이나 공황발작의 신체 감각, 사고, 행동에는 차이가 있기 때문에 이의 확인을 위하여 공황요소표를 작성하게 된다.

주 요 신체 감각	1	
	2	
주 요 생 각	1	
	2	
주 요 행 동	1	
	2	

주 요 신체 감각	1	근육 긴장과 뻣뻣함
	2	두통
주 요 생 각	1	일을 제시간에 끝낼 수 있을까?
	2	남편이나 아이가 아프면 어쩌나?
주 요 행 동	1	도피 – 집으로 간다
	2	어떤 곳에는 아예 가지 않는다.

앞의 예시처럼 공황요소표를 작성하게 되며, 이를 통해 각자 개인의 공황장애 특성 및 차이를 확인하게 된다. 또한 이를 통해 공황의 원인, 공황발작을 촉발시키는 요인, 불안을 계속 유지시키는 요인 및 스트레스 요인을 개개인의 상황에 맞게 확인할 수 있고, 공황장애에 있어서의 자동적 사고를 확인하여 반복 수정하는 연습을 할 수 있도록 돕는다.

공황장애 인지행동치료의 세 가지 기본 전략은 인지적 오류의 수정(인지요법), 신체 감각을 조절하는 법(근육 이완법, 호흡 조절법)을 습득하는 것이고, 이를 활용하여 감각 자극에 대한 점진적 노출요법으로 회피하던 일들과 상황을 직면하도록 돕는 것이다. 이 중 인지적 오류의 수정은 자신의 잘못된 생각 및 해석을 찾고, 어떻게 해서 그와 같은 결론에 도달하게 되었는지, 그 증거는 무엇인지를 조사함으로써 자신의 믿음과 가정에 의문을 품고 도전하는 과정이며, 공황요소표는 이의 시작점이다.

다시 정리하자면, 인지요법에서는 공황장애 환자의 공황발작 시 인지 과정은 자동적이고 매우 빠르게 일어나서 직접 지각할 수 없는 것으로 가정한다. 각 개인마다 자동화된 인지의 내용은 상당히 다를 수 있으며 후행적으로 공황발작이 일어나는 순간의 생각을 잘 돌이켜봐야 이를 확인할 수 있는데, 이를 공황요소표를 작성하여 확인한다.

공황발작의 인지 과정은 개별적이나 여러 인지적 오류들이 공통적으로 지적되고 있는데, 그중 하나는 '과대평가'이다. 이는 실제로는 일어날 가능성이 낮은 사건을 두려워하는 행태를 말한다. 잘못된 과대평가 형성의 예는 다음과 같다. '공황발작이 멈추지 않으면 어쩌지?' 하지만 이는 그런 일이 이제까지 한 번도 없었다는 사실을 간과한 것이다. '이번에 공황이 없었으니까 다음번에는 틀림없이 일어날 거야.'라는 과대평가는 불안을 새로 만들거나 비현실적인 진술이다. 따라서 이러한 과대평가에 도전함으로써 인지적 오류를 수정하고 검토할 수 있게 된다. 각자 자신의 상황에 맞추어 공황발작이 일어날 때 두려워한 것이 무엇인지 확인하며, 이후 그 예측에 대해 증거를 검토하는 과정을 진행한다. 실제로 그 생각이 일어날 확률은 얼마인지, 전에 그런 일이 실제로 있었는지, 실제 일어날 것이라는 증거가 있는지, 다르게 해석할 여지가 있는지 등에 대해 치료자와 내담자가 검토하는 시간을 갖는다. 또한 다음 한 주간 실제 걱정하던 생각이 일어날 확률을 평가하는 시간을 갖는다.

이후 다음 회기 전까지의 과제로 예측 검증이 제시된다. 예측 검증은 다음 한 주간에 일어날 수 있는 불안을 유발할 만한 사건들을 모두 기록하고, 그 상황 속에서 평소 하는 불안한 예측들에 대해 적어 보고, 또 일어날 발생 확률에 대해 점수를 매기는 것이다. 여기에서는 공황발작이 일어날 가능성에 점수를 매기는 것이 아니라, 실제 주어진 상황에서 불안의 결과가 일어날 가능성을 따져 보는 것이다.

사건 전			사건 후
일어날 수 있는 사건	자기-진술	일어날 확률(%)	발생 여부(예/아니오)
친구와의 점심 식사	심한 불안 때문에 밥을 먹지 못할 것이다	70%	예
가슴의 통증	심장마비가 온다는 신호일 것이다	10%	아니오

예측 검증표는 불안이 예상되는 다음 한 주간에 미리 일어날 수 있는 사건을 적은 뒤에 어떤 상황이 예측되는지를 적어 보고, 실제 그런 일이 일어날지에 대한 주관적인 확률을 적어 보는 것이다. 이후 과제로 실제 사건이 발생한 뒤 불안이 발생했는지에 대해 평가하여 스스로의 인지 과정에 대해 재검토해 볼 수 있는 기회를 가져 보는 것이 취지이다. 보통은 이런 과정을 통해 공황장애 환자들이 자신의 불안에 대해 과대평가하는 점 등을 스스로 확인하고 발견하게 된다. 불안요소표와 예측 검증표는 다음과 같다.

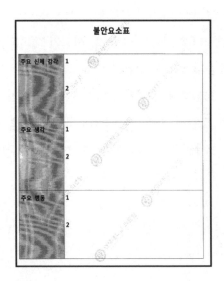

5회기: 생각 다스리기 ⑵–재앙화 사고

재앙화 사고란 실제로는 그렇지 않음에도 어떤 사건을 '위험스러운' '참을 수 없는' '큰 재앙을 일으킬 것 같은' 사건으로 보고 불필요한 불안과 공포를 갖는 것으로, 결과의 부정적인 측면을 과대평가하는 것을 말한다. 역시 흔한 공황발작 시의 '자동적 사고'의 한 종류이다.

이를테면 '내가 매우 불안해하는 걸 다른 사람들이 알아챈다면 그것은 아주 끔찍한 일일 것이고 나는 사람들의 얼굴을 다시는 쳐다볼 수 없게 될 것이다.' 등이 재앙화 사고의 예시이다.

이 외에도 공황발작 당시 '나는 도저히 견뎌 낼 수 없을 것이다.' '또다시 그런 일이 생기면 도저히 살아남지 못할 것이다.' '다음번 공황 때는 어떤 무서운 일이 벌어질 것이다.' 등이 재앙화 사고의 예시이다.

탈재앙화는 이에 대한 인지적 오류의 교정으로 '부정적인 상황에 맞설 수 있다'는 것을 깨닫고 자신의 관점을 균형 있게 되돌리는 과정을 말한다. 이를 위해서는 사실을 정확히 보는 것이 필요한데, 이는 단순한 긍정적 사고나 억지로 좋게 보는 것과 탈재앙화는 다른 개념이기 때문이다. 탈재앙화는 두려운 사건이 실제로 일어날 가능성에 대해 냉정하게 평가하는 것에 가깝다. 재앙화 사고의 수정은 공황발작과 불안의 발생 전후에 떠올랐던 특별한 생각이나 자기진술을 탐색하여 자동적 사고를 확인하고, 그것이 과대평가 혹은 재앙화 사고인지 여부에 대하여 증거를 조사하는 과정이다. 그 과정을 거쳐서 얻어지는 탈재앙화 사고는 스스로에게 '그래서 어쨌단 말인가' 하고 질문하는 과정이기도 하다. 실제 재앙화 사고 수정의 예를 들어 보자. 다른 사람들과 이야기하면서 부들부들 떠는 상황이 발생하였을 때 '사람들이 날 바보스럽다고 생각하면 어떡하지.'라는 재앙화 사고가 확인되었다면 다음의 질문들이 예시가 될 것이다. 그 사람들의 생각이 정말로 나에게 중요한지, 만약 그들이 낯선 사람이라면 혹은 친구라면 나에 대한 전체적 평가가 바뀔지, 실제로 친구들이 나를 좋지 않게 생각한다면 인생이 끝장나는 것인지 등에 대하여 검토하는 시간을 갖는다. 탈재앙화 사고는 이 과정을 통해서 얻어지는 답인 '그래서 어쨌단 말이야.'를 확인하는 과정이기도 하다.

다음은 재앙화와 탈재앙화 사고의 예시들이다.

재앙화 (~하면 어쩌지)	탈재앙화 (그래서 어쨌단 말이냐)
내가 많은 사람 앞에서 기절한다면 어찌 될까? 그것은 끔찍한 일일 것이다.	내가 기절한다면 이유가 있을 것이다. 그리고 내 몸은 곧 균형을 찾을 것이다. 내 주위 사람들은 어떤 일이 일어났는지 모를 것이다. 그들은 나를 도와주려 할 것이다.
내가 신경과민이기 때문에 기절했다고 생각하면 어쩌나?	그래서 어쨌단 말이냐? 남들 생각이 문제가 되나? 나는 여전히 살아 있을 것이다.
내가 다른 사람들과 얘기할 때 몹시 떤다면 어찌 될까? 남들이 나를 미쳤다고 생각하면 어쩌지?	내가 아는 사람들인가? 만약 모르는 사람들이라면 무슨 생각을 하든 문제될 게 있을까? 만약 친구라면 어떤 생각을 하든 간에 우리는 여전히 친구일 거야.
내가 엘리베이터 안에 한 시간 동안 갇혀 있고 내내 공황이 일어난다면 어쩌지? 나는 견뎌 내지 못할 거야.	그래, 나는 그 안에 있는 동안 내내 불안을 느낄 거야. 하지만 그 이상 다른 무슨 일이 더 일어나겠어? 불안하니 어쨌다는 거야!
나의 모든 생활은 끔찍하다. 나는 더 이상 견딜 수가 없다. 언젠가 나는 지쳐 쓰러지고 그것이 내 종말이 되고 말 거다.	내가 신체적 그리고 정신적 고갈 상태에 도달했고 지쳐 쓰러졌다고 치자. 얼마간 휴식을 취하고 나면 나는 다시 일어날 거야. 나는 계속 살아 나갈 거야.

6회기: 노출 훈련 자극 감응 훈련, 일상생활 자극 감응 훈련

　이번 회기에서는 이전에 배운 인지요법과 행동요법을 종합하여 실제 생활에 적용하는 연습을 하게 된다. 처음에는 상상의 노출이나 안전한 환경에서 제한된 노출을 반복 연습하며, 이후 실제 생활에서의 노출로 진행하게 된다. 실제 생활에서의 노출도 위계를 나누어 낮은 단계부터 차츰차츰 실행하여 자신감과 조절감을 획득하는 것을 돕는다. 수영을 배우는 것에 비유하자면 충분한 이론과 호흡법, 손짓, 발짓을 연습한 후, 안전한 수영장에서부터 연습을 시작하여 강이나 바다에서 수영하도록 돕는 과정과 비슷하다. 원활한 노출 훈련을 위해서는 이전 회기에서 배운 호흡과 이완 훈련에 대해 검토가 필요하다. 불안이나 공황을 느낄 때 느린 복식호흡 또는 이완을 할 수 있는지, 증상을 감소시키기 위해 호흡법과 이완법을 사용했는지, 증상을 느끼자마자 호흡 또는 이완을 할 수 있었는지 등이 검토 대상이다. 위의 질문들에 대해 '예'라고 할 수 있으며, 이 기술들이 자연스런 행동이 될 때까지 반복하여 연습하는 것이 노출 훈련 전에 요구된다. 노출 훈련의 목표는 공황이나 불안 증상이 실제로는 해롭지 않다는 증거를 체험하고, 호흡 조절이나 근육 이완, 인지적 오류에 대한 통제 등의 대처 기술을 좀 더 숙달되도록 하며, 이런 증상들을 견딜 수 있는 자신의 능력에 대한 자신감을 얻는 것이다.

노출 훈련의 원리는, 1단계로 두려운 신체 감각을 확인하는 것이다. 전형적인 불안 또는 공황과 유사한 증상을 일으키는 일련의 운동들을 통해 두려운 신체 감각을 확인하는데, 이는 직접적인 경험을 통해 잘못된 믿음을 변화시키는 데 도움이 될 뿐만 아니라, 이전 회기에서 배운 여러 대처 기술을 통해 공황과 불안을 다루는 연습을 할 수 있는 기회를 제공한다. 2단계는 공포감의 강도가 2 이하로 될 때까지 각 운동을 몇 차례 반복하는 것이다.

노출 훈련의 연습을 위해서는 공황발작의 감각을 인위적 만드는 것이 필요하다. 공황발작의 감각을 인위적으로 만드는 이유는 신체 감각과 관련된 사고를 조절하는 법을 익히고, 신체 감각에 대한 두려움을 줄이며, 사람마다 두려워하는 자신에게 가장 불편한 신체 감각을 찾아 호흡, 이완 훈련 등을 효과적으로 할 수 있는 상태를 만드는 것에 목적이 있다.

이렇게 인위적으로 공황감을 유도한 뒤에 호흡, 이완, 인지적 오류 교정 등의 방법으로 공황감에 대처하는 훈련 과정을 자극 감응 훈련이라고 한다.

공황감을 유발하는 신체 감각 유발 방법에는 몇 가지가 있다.

514

- 머리 흔들기: 30초간 머리를 좌우로 세게 빨리 흔든다.
- 갑자기 머리 올리기: 30초간 다리 사이로 머리를 숙인 상태에서 갑자기 일어난다.
- 제자리 뛰기: 5분간 전력으로 제자리 뛰기를 한다.
- 숨 멈추기: 30초간 숨을 멈춘다.

이 외에도 1분간 회전의자 돌기, 1분간 숨 몰아쉬어 과호흡 만들기, 2분간 빨대로 숨쉬기 등 여러 방법이 있다. 자극 감응 훈련에서는 다음의 사항들이 중요하게 고려된다.

- 불안 점수(0~8)를 체크하기
- 동반된 불안이 3점 이상인 운동
- 불안의 정도에 따라 순서를 매김
- 점수가 가장 낮은 운동부터 시작
- 반복 훈련
- 운동에 의해 유발되는 감각을 느낀 후에도 30초간 지속한다.

- 가능한 한 강하게 감각 유도
- 불안이 2 이하로 줄 때까지 실시
- 호흡 운동, 근육 이완 훈련 실시
- 불안을 유발하는 자기진술의 수정

실제 연습이 진행되면서 자극 감응 훈련을 했는데도 불안이 생기지 않는 경우가 종종 있는데, 대표적인 몇 가지 가능성들을 소개해 보겠다. 첫 번째로, 강한 신체 감각이 오리라는 불안에 너무 빨리 운동을 멈춘 경우이다. 이 경우에는 반복적으로 더 길게 운동하는 것이 도움이 된다. 이전의 호흡 훈련 등을 통해 신체 감각에 대한 공포가 감소한 경우 역시 반복하여 시행하는 것이 도움이 될 것이다. 누군가와 함께 있어 안전함이 느껴졌다면 혼자서 운동해 보는 것이 유용하다. 이 자극 감응 훈련 과정에서의 인위적인 감각에는 불안이 유도되지 않으며 자연스럽게 일어나는 신체 감각만 두려워하는 경우 역시 반복 훈련이 답이다. 신체 감각을 자연스럽게 느끼도록 훈련을 반복하도록 한다.

이 과정이 충분한 숙달된 이후에는 일상 활동에서 노출 훈련을 시행해 보게 된다. 지금까지는 인위적인 운동들, 즉 과호흡이나 회전운동 같은 일상에서 익숙하지 않은 활동들에 집중해 왔다면 이번 단계에서는 유발되는 신체 감각 때문에 기존에 두려워하거나 회피하던 일상 활동들이 대상이 된다.

이를 위해서는 몇 가지 고려해야 할 점이 있다. 일상에서의 노출 훈련은 막대한 노력을 필요로 하며, 대개 증상 유발 운동보다 시간이 많이 소요된다는 것이다. 그러나 노력을 많이 할수록 더 많은 성과를 얻을 수 있다는 점을 주지하고 꾸준히 하는 것이 필요하며 격려하도록 한다. 또한 연습 과정에서 지속적인 신체 증상이 느껴지더라도 훈련을 계속하는 것이 필요하다. 그렇지 않다면 신체 증상이 해롭지 않다는 것을 배울 기회를 잃어버리게 된다. 각 훈련을 하기 전에 호흡 조절이나 이완 또는 두려운 생각의 통제를 미리 선행할 수 있으며, 이를 동시에 하는 것이 보다 합리적이다. 이전의 증상 유발 운동들은 운동을 시작하면 금방 신체 증상이 나타났다가 중단하면 신속히 사라지나, 일상 활동들은 신체 증상을 바로 유발하지 않으며 즉각 사라지지도 않는다. 중요한 점은 비록 증상의 발생과 소멸시기를 정확히 모른다고 할지라도 그 증상들은 해롭지 않다는 사실을 체험하는 것이다. 일상 노출 훈련 전에는 신경안정제 등의 약물 사용을 반드시 검토해 봐야 하는데, 만일 약물이 매우 강력하여 유발되는 감각을 모두 차단해 버린다면 노출 훈련을 함으로써 얻을 수 있는 유익한 효과를 방해할 수 있기 때문이다.

일상 활동에서의 노출 훈련을 위해서는 공황감에 대한 순위표가 필요하다. 먼저, 일상 활동 순위표를 작성하여 8점 척도의 공황감 척도에서 3점 이상이며 쉽게 적용이 가능한 노출 훈련 대상을 확인하여 실시한다. 다음은 일상 활동 순위표의 예시이며 8점 척도이다.

일상 활동	공포	일상 활동	공포
계단 뛰어오르기		문과 창문을 닫은 채 샤워하기	
몹시 더운 날 밖에서 걸어 다니기		사우나 하기	
덥고 답답한 방에서 회의하기		등산하기	
덥고 답답한 차로 운전하기		운동 경기 참가하기	
덥고 답답한 상점 또는 쇼핑 센터에서 장보기		커피나 카페인 음료 마시기	
매우 추운 날 밖에서 걸어 다니기		초콜릿 먹기	
조깅, 수영, 사이클 등 유산소 운동하기		앉았다 갑자기 일어나기	
무거운 물건 들기		화내기	
춤추기		회전목마 타기	
성관계 갖기		스노클링 하기	
공포 영화 관람하기		항히스타민제 등 감기약 복용하기	
과식하기		하늘과 구름 올려다보기	
신나는 영화나 아슬아슬한 운동 경기 관람하기		다이어트 음료 마시기	
열띤 논쟁하기		차에서 책 읽기	

이 표와 같이 작성하여 적당한 노출치료의 대상을 정한다. 3점 이상의 항목부터 시작하여 차츰 더 어려운 과제를 수행하는 방식으로 진행한다. 다음은 실제 훈련표의 예시이다.

일시(월/일)	운동	횟수	불안/두려움(0~8)
8/5	10분간 에어로빅 하기		
	친구와 함께	1	5
		2	4
		3	2
	혼자	1	5
		2	5
		3	4
8/10	사우나에 가기	1	3

		2	3
		3	2
		4	2

이 외에도 다음의 과제들이 이번 회기에 제시되며, 이를 통해 훈련 과정은 개별화, 체계화된다.

517

해당 프로그램의 접근법과 치유효과, 변화 내용

인지행동치료 프로그램은 인지, 정서, 행동이라는 인지행동모델의 기본 3요소 간의 상호작용에 대한 훈련법이다. 생각이 감정을 결정하고 행동 양식이 인지와 정서에 영향을 미친다는 2가지 원리하에 인지적인 접근과 행동적인 접근을 통합하여 우울, 불안 등의 정서를 다루는 훈련법이다.

공황장애 인지행동치료는 각 개인마다의 자동적 사고를 확인하고 교정하는 인지요법과 공황장애에서의 신체 감각을 통제하여 조절감을 획득하는 연습인 호흡 훈련, 이완 훈련 등의 행동요법으로 이루어져 있다. 인지요법, 행동요법을 반복 연습하고 이를 점진적으로 연습 과정에서 또 실제 생활에 적용하는 것이 인지행동치료의 과정이다.

공황장애 인지행동치료는 공황장애치료에 있어 약물치료와 동등한 수준이라는 보고가 많으며, 적어도 약물치료 수준까지는 아니더라도 약물치료와 병행되었을 때 약물치료 단독보다 재발의 위험이 상당히 낮아지는 것으로 확인되고 있다. 따라서 공황장애의 치료에 있어서 여전히 약물치료가 우선시되는 것은 사실이나, 낮은 수준의 공황장애나 약물치료의 종결 과정에서는 보다 효율적인 재발 방지를 위하여 인지행동치료나 이와 관련된 기법들이 중요시된다. 또한 여기에는 전통적인 6회기 내지는 8회기 과정의 인지행동치료를 시행하는 것은 아니더라도 기법적으로 자동적 사고를 확인하는 인지치료의 과정이나 필요한 순간에 행동요법을 적용하는 과정 등이 다양한 형태로 응용되어 임상 현장에서 쓰이고 있으며, 그 유효성은 잘 확립되어 있다.

나가는 말

공황장애에서 공황발작이라는 증상은 신체적 요소와 심리적 요소가 복합되어 있음을 보여 주는 사례이며, 따라서 심신이 상호적임을 잘 보여 주는 사례이기도 하다. 그렇기 때문에 치료에 있어서 신체적 · 심리적 요소 양자에 대한 고려가 필요하며 공황장애의 인지행동치료에는 이러한 요소들이 적절히 가미되어 있다. 또한 인지행동치료에는 조절할 수 있는 영역으로 조절할 수 없는 영역을 간접적으로 조절한다는 아이디어가 숨어 있다. 조절할 수 있는 인지와 행동의 조작으로 조절하기 힘든 정서를 통제한다는 아이디어가 그것인데, 호흡이나 이완 등으로 신체 감각을 안정시켜 심리적 안정을 도모할 수 있다는 고대부터 전해져 오는 여러 명상기법 등에 대한 현대의학 분야에서의 적용이기도 하다.

이 외에도 인지행동치료의 장점은 사례에 따라 개별화된다는 것이다. 인지요법에서의 자동적 사고를 확인하는 과정이나 행동요법에서의 호흡, 이완 훈련의 내용은 각 개인에 맞게 개별화된다. 이를 확인하기 위해서 과제가 중요시되는 것도 인지행동치료의 중요한 특징이다. 과제는 반복 연습을 유도하여 효과를 높이기 위한 측면도 있으나, 시기별로 개인별 정보를 취합하여 각 개인에게 맞는 형태의 인지행동치료를 찾도록 돕는 기초 자료인 측면도 있는 셈이다. 점진적 이완 훈련에서도 이러한 개인별 정보는 유용하게 사용되는데, 신체 증상의 특징이나 강도를 개인별로 확인하여 적절한 순서로 진행함으로써 공황 증상의 조절에 대한 성취감을 반복될 수 있도록 짜여 있다. 상술한 인지행동치료의 개념과 핵심 원리들은 정신의학의 여러 분야에 지속적인 영감과 영향을 주고 있다.

참고문헌

최영희(2006). 공황장애 인지행동치료의 최근 동향. 인지행동치료, 6, 101-115.

Beck, A. T., Emery, G., & Greenberg, R. L. (2005). *Anxiety disorders and phobias: A cognitive perspective*. Basic Books.

Hamilton, L. W., & Timmons, C. R. (1990). *Principles of Behavioral Pharmacology: A Biopsychological Perspective*. Prentice Hall.

Jacobsen, E. (1929). *Progressive relaxation*.

Rothbaum, B. O., Meadows, E. A., Resick, P., & Foy, D. W. (2000). *Cognitive-behavioral therapy*.

자기돌봄을 위한 시네마 치유 코칭

류승원[6]

들어가는 말

시네마 치유 코칭은 기존의 영화를 활용한 심리치료에서 영화(매체)가 대상에게 작용하는 원리(동일시와 거리두기)는 유지하되 조력 방식을 심리치료가 아닌 코칭으로 전환하여 대상자의 심리적 부담을 낮추었다. 구체적으로는 대상에게 무한한 잠재력과 가능성, 해답이 있다는 코칭철학을 도입하여 전문가의 개입을 최소화하면서 스스로를 지속적으로 돌볼 수 있게 하였다. 이는 즉각적인 치료보다는 지속적인 치유를, 전문가의 개입이 필요한 심각한 상태를 다루기보다는 더 나은 삶을 위한 자기돌봄self-care 차원에 초점을 맞춘 것이다.

그동안 국내에서 영화를 활용한 코칭은 e-book 형태의 단행본이나 코칭 특강 형식 등으로 다뤄진 적이 있지만, (박사학위 기반의) 학문적 체계를 갖추고 프로그램이 개발된 것은 본 시네마 치유 코칭이 최초이자 현재까지는 유일하다. 본 프로그램은 2017년 8월에 공식적으로 코칭연구소 아이엠을 통해 론칭되어, 현재까지 정규 과정(최소 9시간 이상)의 참가자는 500여 명이며 이 중 50% 이상이 코치, 교수, 교사, 강사, 상담사, 의사, 간호사, 성직

---

6) 코칭연구소 아이엠 대표, 한국코칭학회 상임이사, 서강대학교 영상학 박사(PhD)

자 등의 전문가다.

시네마 치유 코칭이 나름의 성과를 올리게 된 것에는 다음과 같은 배경이 있다. 2016년 세계경제포럼WEF, World Economic Forum은 '제4차 산업혁명'을 화두로 던졌다. 그 이후로도 제4차 산업혁명에 대한 정의와 요소들은 각계각층에서 논의되고 있는데, 그에 대한 교집합은 '超(초) 연결'과 '超(초) 지능'이라고 할 수 있다. 현재 전 세계는 인공위성을 포함한 광역 통신 네트워크로 촘촘히 연결되어 있을 뿐 아니라 지능적으로도 고도화되고 있다. 특히 모바일과 인터넷을 기반으로 한 영상 및 소셜 미디어 분야는 괄목할 만한 성장을 하고 있는데, 대표적인 UCCUser Created Contents인 유튜브youtube와 SNSSocial Network Services/Sites인 페이스북facebook만 보더라도 기존의 매스미디어(텔레비전, 라디오, 신문, 잡지 등)의 파급력과 영향력을 대체하고도 남을 만큼 전 세계인들에게 강력한 영향을 끼치고 있다. 한 가지 예로, 이 세상은 연일 각종 이슈(이념, 사상, 종교, 사회, 문화, 정치, 경제 등)가 쉴 새 없이 쏟아지고 있으며 개개인의 의사 표현 또한 시간이 갈수록 '연결과 지능의 시스템' 속에서 연일 무한대에 가깝게 양산·공유되고 있다.

그에 따라 미디어는 역기능과 순기능의 혼재 속에서 여러 갈래로 지혜를 모색하고 있다. 한편, 이와 함께 영성, 마음챙김과 같은 삶에 대한 본질적인 탐구 역시 지속적으로 부각되며 논의되고 있다. 이는 빠르게 변하는 세상 속에서 변하지 않는 가치를 추구하며 객체가 아닌 주체로서 살아가고자 하는 현대인들의 의도가 반영된 것으로 이해할 수 있다. 그러나 이에 대한 지식과 정보는 차고 넘칠 정도로 산재해 있지만 일반인이 각자에게 맞는 내용으로 재구성하여 긍정적인 효과를 보기에는 많은 어려움이 있다. 다시 말해, 어떤 한 사람이 자신의 삶을 보다 나은 수준으로 올리기 위해 여러 채널을 통해 관련한 지식과 정보를 얻는다고 할지라도 그것을 언제, 어떻게, 어떤 용도로 적용할지에 대해서는 막막할 수밖에 없다는 것이다. 물론 일부는 전문가에게 직접적인 도움을 받을 수 있겠지만 대다수의 현대인은 지금까지 유지해 온 삶의 패턴을 쉽게 바꾸지 못하고 있는 실정이다.

그리하여 연구자는 수년간 이러한 시대의 흐름과 요구에 맞는 자기계발과 치유 프로그램으로서 시네마 치유 코칭을 고안했다. 영화는 제1차 산업혁명시대에 시작되어 현재에 이르기까지 전 세계적으로 가장 대중적인 미디어로 자리 잡고 있으며, 국내에서도 큰 발전을 이루어 독자적인 산업으로 분류되기도 한다. 그리고 영화는 1세기 동안 철학, 경제학, 심리학, 역사학, 사회학, 정치학 등의 학문적 접근을 받아들이며 영화학이라는 이론적 체계를 견고히 하고 있다. 특히 영화와 정신분석은 같은 시기에 태동하여 수십 년이 지나 영화치료, 시네마테라피cinematherapy라는 분야로 조우하였고 현재까지 발전해 오고 있다. 그

521

러나 영화치료는 치료라는 분명한 목적을 갖고 있었기에 대중들에게 널리 보급되기에는 한계가 있었다.

의식적 자각: 동일시와 거리두기의 중요성

모든 매개(영화, 사진, 음악, 미술, 연극 등)를 활용한 조력 과정(심리치료, 상담, 코칭 등)의 성패는 조력을 받는 대상자가 매개 속에 나타난 대상이나 상황에 대해 동일시와 거리두기(탈동일시)를 얼마나 의식적으로 자각하느냐에 달려 있다. 의식적 자각이란 메타인지meta cognition라는 용어로도 설명될 수 있는데, 쉽게 말해 대상자 스스로 '내가 지금 이 순간 무엇을 왜 하는지 알아차리는 것'이라 할 수 있다. 이를 통해 대상자는 자신의 삶과 매개 사이에서 동일시와 거리두기를 경험하게 되고, 조력자는 이 경험을 각 조력 과정의 목적에 맞게 분석하거나 해석하여 대상자에게 돌려준다. 이 중 코칭은 타 조력 과정에 비해 조력자가 대상자의 경험에 대한 개입(분석이나 해석)은 최소화하고, 대상자 스스로 의식적 자각을 통한 동일시와 거리두기가 보다 활성화될 수 있도록 돕는 것에 초점이 맞춰져 있다.

이러한 코칭의 특성은 타 조력 과정보다 효과의 지속성 측면에서, 그리고 본 시네마 치유 코칭은 모든 매개를 활용한 조력 과정보다 동일시와 거리두기의 활성화 측면에서 유리하다고 할 수 있다. 그리고 이것은 치유의 본질인 전체성의 회복과도 매우 밀접하다. 미국의 배우이자 감독인 찰리 채플린(Chaplin, C.)은 "Life is a tragedy when seen in close-up, but a comedy in long-shot(인생이란 가까이서 보면 비극이고, 멀리서 보면 희극이다)."라고 하였다. 여기서 클로즈업은 동일시, 롱샷은 거리두기로 치환할 수 있는데, 이것은 인간의 구체적이고 실질적인 치유의 작용을 의미한다. 어떤 문제 상황과 동일시되면 그 문제를 해결하기가 어려운데, 그때는 한 발짝 뒤로 물러서는 것이 필요하다. 또 반대로 어떤 목표를 이뤄야 하는데 그 목표와 거리를 두고 있다면, 그때는 한 발짝 앞으로 다가오는 것이 필요하다.

본 시네마 치유 코칭은 이러한 동일시와 거리두기를 활성화시켜 대상자 스스로 자신의 문제나 목표를 성찰하고 앞으로 나아가게 하는 데 효과적이며, 이는 전체성의 회복, 즉 삶의 균형을 찾고 온전히 하고자 하는 노력으로 이어지게 한다. 특히 영화는 인간의 삶을 다양한 관점과 차원, 수준과 상태로 보여 주는데, 이를 매개로 삼은 본 프로그램은 코칭으로 접근하여 대상자에게 영화 속에 나타난 상황과 인물 등이 대상자의 삶과 어떤 연관이 있고 어떤 의미가 될 수 있는지 스스로 탐색하게 하는 데 탁월함이 있다. 그리고 영화는 실제 삶과 마찬가지로 시간과 움직임을 기반으로 하고 있는 예술이자 미디어로서 타 매개보다 대상자의 삶에 직접적으로 다가간다. 시네마 치유 코칭은 이러한 영화의 특성을 고려하여 대상자에게 영화를 선택해서 보여 주고, 스스로 의식적 자각하에서 동일시와 거리두기를 경험할 수 있도록 도와준다.

자기돌봄: 시네마 치유 코칭의 장점

시네마 치유 코칭의 장점을 한마디로 줄이면 '자기돌봄self-care'이라고 할 수 있다. 자기돌봄은 말 그대로 스스로를 보살피는 일이다. 최근 국내에는 자기돌봄을 주제로 타라 브랙(Brach, T.)과 크리스티나 뮌크(Münk, C.)의 책이 출판되었으며, 자기돌봄을 직접적인 주제로 삼고 있는 국내 논문은 2018년 8월 현재 최소 40여 편에 이르는 것으로 파악된다. 이들의 연구와 자료들을 종합해 보면 자기돌봄은 '의식이 깨어 있는 상태에서 스스로를 사랑하며 자신이 선택한 삶과 자신이 속한 세상에 대한 통찰을 이뤄 나가는 것'으로 설명할 수 있다. 시네마 치유 코칭은 접근성이 높은 영화와 심리적 부담이 낮은 코칭을 통해 많은 사람에게 쉽고 빠르게 자기돌봄을 경험하게 한다. 이를 구체적으로 살피면 아래와 같다.

그동안의 참가자 인터뷰를 종합한 결과, 시네마 치유 코칭은 다음과 같은 장점들이 나타났다. 첫째, (일반적인 대면 대화 중심의 코칭보다) 목표 달성 및 문제 해결 능력에 있어 통찰과 효과의 지속성 측면에서 유리하다. 둘째, (기존의 영화치료접근보다) 심리적 부담이 덜해 접근성이 좋고, 실제 드러난 효과는 동일하거나 조금 더 나은 수준이다. 셋째, (여러 심신치유의 방법보다) 잠재의식을 깨우기에 용이하고 스스로 언제 어디서나 반복학습이 가능하다. 넷째, 지금까지 제작된 영화의 수만큼 영화를 통한 인간에 대한 탐구의 넓이와 깊이는 무한대에 가깝다. 다섯째, 인종과 지역을 구분하지 않으며 전 연령대를 대상으로 하고 있으나 미디어에 친숙한 청소년과 성인 세대에게 적합하다. 여섯째, 코칭으로 특화했으나 기존 영화를 활용한 심리치료, 상담, 교육의 효과를 내포하며 심신치유의 매개로서 의미를 가진다. 일곱째, 삶의 전 영역에 대한 성찰과 그에 따른 균형을 중요시하게 되고, 통합을 추구하게 된다.

그리고 시네마 치유 코칭은 다음과 같은 프로세스에 의하여 자기돌봄을 이루게 된다. 첫째, 영화의 기초 이론과 용어를 코칭과 치유적 관점으로 재해석하고 삶과 영화가 다르지 않음을 이해한다. 둘째, 실제로 의식적 자각하의 영화 감상으로 내면 탐색을 강화하고 코칭 대화를 통해 삶을 성찰한다. 셋째, 성찰한 내용을 숙고한 뒤 다른 사람들과 나누며 관점과 사고, 정서의 넓이와 깊이를 확장한다. 넷째, 그림자(상처 또는 부정적 신념, 억압된 무의식 등)와 직면할 수 있는 힘을 키우고 해소하기 위해 노력한다. 다섯째, 대상과 상황에 맞게 자각과 치유의 상태를 유지하기 위한 방법을 찾고 공유한다.

이를 통해 알 수 있듯이 시네마 치유 코칭의 자기돌봄은 개인적인 차원에서 그치는 것이 아니라 프로그램에 참여한 다른 사람들과의 적극적인 나눔(공유)을 통해 강화될 수 있다. 실제 시네마 치유 코칭 프로그램에서는 개인의 성찰을 그룹 차원에서 수시로 나누고 있고, 각 단계의 프로그램이 끝난 이후에는 진정성 있는 참여자들의 소감이 전체적으로 공유되며, 다음 심화 단계에 대한 기대감과 함께 실제 삶에 적용될 수 있는 다양한 의견들이 오고 간다. 그리고 이 모든 것은 실제 프로그램 참가자에 한정된 SNS를 통해 프로그램 전과 후, 프로그램 진행 중에 실시간으로 이루어지는데, 이는 자칫 일시적인 자각과 성찰에 머무를 수 있는 단점을 보완하며 '자기돌봄'의 효과를 유지시킨다.

같은 도구라도 누가 어떻게 쓰느냐에 따라 결과는 달라질 수밖에 없다. 시네마 치유 코칭은 입문–초급–중급–고급–전문 과정과 함께 인턴십까지 운영하며, 누구라도 쉽고 빠르게 '자기돌봄'을 경험하도록 점진적이고 통합적으로 돕는다. 그렇기 때문에 '자기돌봄'에 최적화된 시네마 치유 코칭은 제4차 산업혁명시대 속에서 급성장하고 있는 미디어의 역기능을 줄이고 순기능으로 자리매김할 수 있는 좋은 사례가 될 수 있다.

524

시네마 치유 코칭의 실제

치유기제 교육

만약 우리가 티 없이 맑은 아이의 눈으로 세상을 바라볼 수 있다면, 그래서 상처와 고통, 편견과 아집에서 벗어나 살아갈 수 있다면 불교에서 말하는 궁극의 진리 '여실지견', 즉 있는 것을 그대로 보는 것도 어려운 일은 아닐 것이다. 그리고 인간은 그러한 상태에서 많은 가능성과 잠재력을 스스로 발견하고 앞으로 나아갈 것이다. 이러한 측면과 의미가 상통하는 시네마 치유 코칭의 주요한 목표는 자기돌봄을 통한 성장이다. 이를 시네마 치유 코칭에 적용하면 '의식적 자각 ↔ 동일시와 거리두기(탈동일시) ↔ 삶의 균형 찾기'의 과정을 거치게 된다.

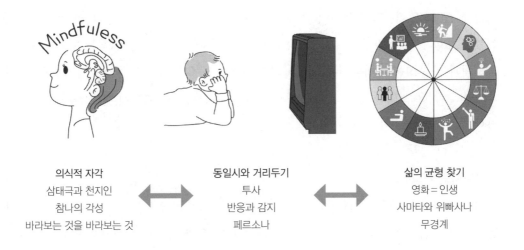

의식적 자각	동일시와 거리두기	삶의 균형 찾기
삼태극과 천지인	투사	영화＝인생
참나의 각성	반응과 감지	사마타와 위빠사나
바라보는 것을 바라보는 것	페르소나	무경계

기본적으로 시네마 치유 코칭은 의식적 자각을 강조하며 영화라는 도구를 통해 특정 대상과 상황에 대한 동일시와 거리두기를 알아차리게 한다. 그리고 그 경험 속에서 실제 삶을 긍정적으로 변화시키기 위한 목표를 설정하고 현실을 인식하며, 대안을 탐색하고 실천 의지를 고취시키는 (셀프)코칭을 한다. 바로 이것이 시네마 치유 코칭의 핵심이자 본질이며 자기돌봄을 위한 치유(교육)기제가 된다. 실제 시네마 치유 코칭에서는 이에 기초한 이론 강의를 각 단계와 청자의 수준을 고려하여 (내용을 가감한 뒤) 반복해서 진행하고 있다. 그리고 각 강의 슬라이드에 부합하는 관련 영상 30여 개(5~15분 내외)를 적극 활용하고 있다. 기본적으로 자주 언급되는 강의 슬라이드의 내용을 간단히 살피면 다음과 같다.

525

의식적 자각

먼저, 의식적 자각 측면에서 삼태극, 천지인에 대한 안내를 하며 '이 세상은 우리가 인식할 수 있는 주체일 때만 존재한다'는 점을 강조한다. 그리고 'I am who I am', 스스로 있는 자, 참나의 각성에 대해 설명한다. '나는 스스로 존재한다'는 참나의 각성을 이해하고 경험할 때 자발적인 성장의 욕구가 지속되기 때문이다. 여기서 참나의 각성은 '나는 존재한다'는 것을 인식하는 존재를 인식하는 것 혹은 '(어떤 것을) 모르겠다'고 인식하는 존재를 인식하는 것으로 설명할 수도 있다. 또 현생 인류라고 알려진 크로마뇽인은 호모 사피엔스 사피엔스라고 불린다. 즉, 생각하는 것을 생각하는 것, 생각하는 것을 인식하는 것, 바라보는 것을 바라보는 것이 가능한 상태를 호모 사피엔스 사피엔스라고 할 수 있다.

현재 지구상에 살고 있는 인간은 이러한 '깨어 있음, 알아차림'의 능력을 가지고 있지만, 효율과 효과로 명명된 문명의 발전은 횡으로서의 지혜와 통찰보다는 종으로서의 집중과 성장에 편향되었다. 그 결과, 보통의 현대인은 자신이 누구인지, 무엇을 위해 살아가고 있는지에 대한 근원의 질문으로부터 멀어졌으며, 그에 따라 스스로를 인식하며 각자가 가진 잠재력과 가능성을 끌어내기보다는 사회가 요구하는 역할에 적응하기에 급급했다. 시네마 치유 코칭은 이러한 문제 인식 속에서 각자의 존재 가치와 역할에 대해 하나씩 풀어 나가며 자기돌봄을 지향한다.

동일시와 거리두기

이어 영화를 통해 동일시와 거리두기의 작용을 인식하는 훈련을 하며 삶을 자유롭게 객관화하고 주관화하는 유연성을 가질 수 있다. 이를 위해 대상자는 투사를 이해하는 것을 넘어 현실에서도 투사의 상황을 알아차리고 멈출 수 있는 힘을 기르게 된다. 투사投射는 한자 뜻으로 보면 던지고 쏘는 행위이다. 심리학적 의미로는 내 안에 감당할 수 없는 사고와 감정의 흐름이 있어 이를 내가 아닌 다른 대상에게 전가하는 정도로 이해할 수 있다. 그리고 이 투사를 영어로 쓰면 프로젝션Projection이다. 보통의 영화는 프로젝터Projector, 즉 투사기를 통해 스크린에 비춰진다. 영화는 기본적으로 감독 내면의 투사이다. 그리고 감독의 지시를 받는 배우의 투사이기도 하고, 시나리오에 의해 진행되기 때문에 작가의 투사이기도 하다. 끝으로, 작가는 관객의 투사를 반영하기에 영화는 결국 실제 우리 삶의 투사가 된다.

시네마 치유 코칭에서는 투사를 이해하는 것이 매우 중요하다. 투사를 이해하면 영화 속 인물이나 상황에 대한 동일시와 거리두기의 작용을 알아차리기 쉬워지고 실제 삶에서도 긍정적인 변화가 일어나기 쉬워진다. 구체적으로 더 이상 나의 문제를 남에게 탓하듯 전하지 않으며, 남의 문제를 내 탓으로 듣지 않도록 노력하게 된다. 이것이 시네마 치유 코칭을 통한 자기돌봄의 시작이다. 다음 단계로, 투사에 대한 이해가 이뤄지면 영화와 삶에 대한 연관에서 반응과 감지를 강화해야 함을 강조한다. 시네마 치유 코칭은 이를 위해 영화치료에서도 개념화한 포커싱, 브릿징, 커넥팅의 과정을 이해시킨다. 영화의 특정 장면이나 대상을 포커싱하고 실제 삶과 커넥팅하게 되는데, 그 사이 브릿징 단계를 거친다. 영화와 삶에 대한 반응과 감지가 자유자재로 일어날 때 브릿징, 즉 영화와 삶을 연결시켜 주는 의식의 다리는 크고 단단해지며 하나가 아닌 여러 개로 확장될 수 있다. 그리고 그 흐름은 쌍방향으로 자유롭게 오가게 된다.

위와 같은 과정이 유연하게 이뤄질 때, 대상자는 투사에 이어 페르소나를 이해하고 경험하게 된다. 그리스어로 '가면을 쓴 인격'이라는 뜻을 가진 페르소나는 종종 영화계에서 감독이 특정 배우를 선호하여 여러 작품에 등장시킬 때 "그 배우는 그 감독의 페르소나이다."라는 표현을 쓴다. 실제 삶에서 페르소나는 부모 자식 간에, 부부 또는 연인 간에, 스승과 제자 간에, 가까운 친구나 선후배 간에 양방향으로 일어날 수 있다. 부모가 자신이 이루지 못한 꿈 등을 자식에게 덧씌우는 것이 가장 일반적이고 강력한 형태라고 할 수 있다. 시네마 치유 코칭에서는 이에 대한 이해와 훈련을 통해 자신이 자의에 의해 쓴 가면과 타의에 의해 쓴 가면, 자신이 타인에게 씌운 가면과 타인이 타인에게 씌워 놓은 가면을 구분하는 지혜를 얻게 한다.

삶의 균형 찾기

이를 통해 강화된 동일시와 거리두기의 의식적 자각은 다시 한번 영화와 영화적 이해를 바탕으로 삶을 조망하게도 하고 투신하게도 한다. 인생은 가까이서 보면 비극이고, 멀리서 보면 희극이라는 찰리 채플린의 이 명언 역시 원문으로 살펴보면 클로즈업과 롱샷, 줌인과 아웃의 표현이 사용됨을 알 수 있다. 이를 기초로 대상자들에게 다양한 영화 기초 이론과 용어를 교육하며 의식의 전환이 의도적으로 일어날 수 있음을 강조한다. 예를 들어, 하나의 사물이나 사람, 하나의 사건이나 신념 등에 대해서 여러 크기와 각도, 움직임으로 바라볼 수 있는 힘을 기르게 한다. 그 결과로 대상자는 실제 자신의 삶 속에서 발생하는 다양한 과잉과 결핍을 알아차리게 되고, 이를 균형 잡기 위한 (셀프)코칭을 통해 통합할 수 있다.

추가적으로 시네마 치유 코칭은 자기돌봄을 통한 성장의 개념을 집중과 통찰이라는 의미로서 불교명상의 사마타와 위빠사나 개념을 차용하고 있다. 교육을 통한 집중과 경험을 통한 통찰의 균형으로 지속 성장 가능한 지혜를 갖추는 것은 매우 중요한 일이다. 시네마 치유 코칭에서는 이를 일반적인 낚시(집중, 사마타)와 플라잉 낚시(통찰, 위빠사나)로 비유하여 설명하기도 한다. 대상자들은 이를 통해 다시 한번 삶의 다양한 요소에서 과잉과 결핍을 알아차릴 수 있으며, 관련된 영상의 감상과 그에 따른 (셀프)코칭을 통해 삶을 정돈하고 통합할 수 있게 된다. 그리하여 시네마 치유 코칭은 최종적으로 삶과 죽음, 절대적인 것과 상대적인 것, 주관과 객관, 너와 나의 경계에 대한 인식이 허물어지기를 기대한다. 무경계(경계 없음)는 시네마 치유 코칭을 통한 자기돌봄의 핵심 가치이며, 이상의 내용으로 시네마 치유 코칭에서 다루고 있는 치유기제 교육은 마치게 된다.

단계별 구성과 진행

시네마 치유 코칭은 '입문–초급–중급–고급–전문'의 5단계로 구성되어 있으며, 통상적으로 시네마 치유 코칭은 입문부터 고급까지 총 27시간의 프로그램을 말한다. 입문은 3시간이며 초급은 6시간으로 보통 같은 날 오전과 오후로 나누어 진행하고 있고, 입문 강의는 3시간 이내 외부 특강에서 적극 활용되고 있다. 중급과 고급은 각 9시간이며, 전문은 12시간으로 모두 같은 날 진행된다. 그리고 고급 수료자는 전문 과정과 인턴십에 지원할 수 있다. 인턴십은 연간 2회 하계와 동계에 4박 5일간 열리며, 이를 2회 이상 연속으로 마치고 전문 과정을 3개 이상 수료한 자(최소 150시간 이상 프로그램 참여자)에게는 시네마 치유 코칭 전문가(2020년 하반기에 민간자격 등록 추진) 자격시험에 응시할 수 있다. 자격시험은 시네마 치유 코칭 입문 과정(3시간)의 시연과 그 이후 심층 인터뷰의 2단계 과정으로 이루어져 있다. (2019년 5월까지 인턴십 참가자는 총 20명으로 이들은 인턴십을 마치고 6월 자격시험에 응시하였으며, 4명의 시네마 치유 코칭 전문가가 배출되었다.)

시네마 치유 코칭의 각 단계별 목표와 프로세스는 다음과 같다.

528

◆ 입문 목표: 시네마 코칭의 주요 개념(투사와 페르소나)을 이해한다. (3hrs)

1. 의식적 자각에 대한 이해와 관련 영화 클립 시청 후 나눔
2. 동일시와 거리두기에 대한 이해와 관련 영화 클립 시청 후 나눔
3. 삶의 균형 찾기에 대한 이해와 관련 영화 클립 시청 후 나눔
4. 시네마 치유 코칭 전 과정에 대한 설명과 질의응답
5. '투사와 페르소나'에 대한 강조와 자신의 삶과의 연결에 대한 숙고

◆ 초급 목표: 의식적 자각하의 영화 보기와 마음챙김을 생활화한다. (6hrs)

1. 입문 이론에 대한 복습과 '투사와 페르소나' 강조, 관련 영상 시청 후 나눔
2. 자동적 사고에 대한 이해와 '참나의 각성 강조', 관련 영상 시청 후 나눔
3. 의식적 자각하의 영화 보기 기본 연습(집중: 엄지발가락에 힘주기)
4. 의식적 자각하의 영화 감상 후 코칭 실습(전문 코치와 일반인 매칭)
5. 의식적 자각과 '도그마와 카르마'에 대한 이해와 강조
6. 의식적 자각과 '마음챙김'에 대한 생활화 연습(있는 그대로 보기)

◆ **중급 목표: 스스로 영화와 장면을 선정하여 (셀프)코칭을 경험한다. (9hrs)**

1. 초급 이론에 대한 복습과 의식적 자각과 마음챙김 생활화에 대한 논의
2. 의식적 자각하의 영화 보기 심화 연습(이완 상태에서의 통찰)
3. 의식적 자각하의 영화 감상 후 코칭 실습(전문 코치와 일반인 매칭)
4. 기선정된 16편의 영화 중 동요를 일으키는 영화 한 편을 선정하기
5. 선정된 영화 중 동요를 일으키는 장면을 5~10분 정도 구간으로 선정하기
6. 선정된 영화 장면을 활용하여 (셀프)코칭하고 (숙고 후에) 나누기

◆ **고급 목표: 영화 만들기를 통해 영화와 삶의 이해와 성찰을 강화한다. (9hrs)**

1. 이론 복습 후 영화를 활용한 (셀프)코칭 경험 공유
2. 자신의 인생에 대한 시놉시스와 특정한 장면(3분 내외)의 시나리오 발표
3. 당일 영화 만들기로 선정된 3개 작품에 대한 감독, 촬영, 배우 선정
4. '작품회의-대사 연습-동선 연습-리허설-촬영'의 5단계로 진행
5. 촬영된 작품에 대한 감상과 나눔, 내가 나를 보는 것에 대한 이해와 성찰
6. 비디오 다이어리의 활용법, 영화와 삶(전인치유)에 대한 이해와 성찰

529

이상 시네마 치유 코칭의 27시간 정규 과정은 영화를 활용한 코칭의 실제가 무엇인지 이해하고 관련 이론에 대해 대략적으로 경험하는 수준이며, 이를 마친 자는 전문 과정을 통해 관련 지식의 심화 학습과 함께 코치로서 역량을 유지하게 한다. 전문 과정은 현재 12개의 주제(각 12시간)로 구성되어 있으며, 주제별로 내용과 목표가 상이하며 이상의 내용은 철저히 대외비로 보호하고 있다. 간단하게 주제만 살피면 다음과 같다. [지금까지 진행된 전문 과정은 시네마 메디테이션(2회)과 시네마 레시피(2회), 시네마 클리닉, 시네마 네이처이다.]

1. 시네마 메디테이션: 명상
2. 시네마 레시피: 요리
3. 시네마 스페이스: 공간
4. 시네마 클리닉: 스트레스와 질병
5. 시네마 트립: 여행
6. 시네마 비즈니스: MBA 커리큘럼

7. 시네마 테크놀로지: 기술

8. 시네마 필라소피: 철학

9. 시네마 소사이어티: 사회학, 인류학

10. 시네마 폴리틱스: 정치, 정책

11. 시네마 크라임: 범죄, 법률

12. 시네마 네이처: 자연, 우주

추가적으로 인턴십 프로그램의 참여자는 일반인 대상의 2박 3일 시네마 치유 코칭 캠프 (입문, 초급, 중급, 고급의 통합 과정)의 스태프 역할을 하게 되며, 캠프 전과 후 1일씩 풀타임 지도자 교육이 진행된다. (첫 번째 시네마 치유 코칭 캠프는 2018년 8월 16~18일, 힐리언스 선마을에서 개최되었다.)

영화의 활용과 코칭

입문과 초급

(치유기제 교육에 필요한) 이론 강의를 위해 지시적 영상과 함께 시네마 치유 코칭은 엄선된 영화를 적극적으로 활용한다. 시네마 치유 코칭 시즌 1의 입문과 초급에서 활용된 주요한 영화는 〈행복을 찾아서〉 〈먹고 기도하고 사랑하라〉 〈심야식당〉 〈히든 피겨스〉 〈조이〉 〈투스카니의 태양〉 〈아름다운 세상을 위하여〉 등이며(시즌 2에 활용된 영화는 이와 상이함.) 영화 전체가 아닌 대상자 스스로 질문하고 답할 수 있는 구간을 선별하여 10분 내외로 감상한다. 10분 미만일 경우 영화 속 상황을 이해하는 것이 어려울 때가 많았고, 10분이 초과될 경우 집중력이 약해져 의식적 자각이 일어나지 않을 때가 많았다. 영화 감상 후에는 강사가 다음과 같이 질문을 한다.

1. 영화 속에 등장하는 사람들은 누구인가요?

   1-1. 화면에 나오지 않지만 대사 속에 나오는 사람은 누구인가요?

2. 영화 속에 등장하는 사물이나 동물, 배경은 무엇인가요?

   2-1. 화면에 나오지 않지만 언급된 것들은 무엇인가요?

3. 감독은 이 영화 클립을 통해 어떤 의도를 전달하려는 것인가요?

4. 지금까지 대화를 통해 얻은 의미가 있다면 무엇인가요?

이처럼 처음부터 영화를 감상한 느낌이나 자신의 생각을 말하게 하지 않고, 먼저 객관적 정보를 확보하고 감독의 의도를 파악하게 한다. 대상자는 이를 통해 자신이 미처 깨닫지 못했던 부분들을 성찰하게 되고 보다 심화된 의미를 찾게 된다. 이러한 형태로 반복학습이 이뤄지면 투사와 페르소나, 동일시와 거리두기(탈동일시)를 의식적으로 자각할 수 있는 질문들을 다음과 같이 추가적으로 한다.

1. 영화 속에서 공감이나 호감이 일어나는 대상이나 장면은 무엇인가요?
2. 영화 속에서 반감이 일어나는 대상이나 장면은 무엇인가요?
3. 영화 속에서 아무런 반응이 일어나지 않는 대상이나 장면은 무엇인가요?
4. 자신이 주인공이라면 어떻게 하고 싶은가요?
5. 주인공이 아닌 주변 인물들의 관점에서는 영화가 어떻게 인식되나요?
6. 감상한 영화 이전(이후)의 상황을 상상해 보면 어떤가요?
7. 자신이 감독이라면 이 영화를 어떻게 만들고 싶은가요?
8. 이 영화를 누군가에게 추천하고 싶다면 그 대상과 이유는 무엇인가요?
9. 투사와 페르소나, 동일시와 거리두기(탈동일시)를 어떻게 이해하고 있나요?
10. 실제 자신의 삶을 영화로 만든다면 어떤 부분을 다루고 싶은가요?

이 외에도 강사는 영화와 대상자를 충분히 고려하여 다차원적인 질문을 해야 하며, 이를 통해 대상자로 하여금 자각을 통한 자기돌봄이 가능하도록 도와야 한다. 그리고 시네마 치유 코칭 역시 코칭인 만큼 질문 외에도 수준 높은 경청과 피드백을 프로그램 전반에 적용해야 한다. 본래 코칭이란 개인이나 조직의 문제 해결 또는 목표 달성을 위해 당사자 스스로 잠재력과 가능성을 발견할 수 있도록 파트너로서 돕는 일을 의미하는데, 시네마 치유 코칭은 이에 대한 구체적이고 실질적인 도구로서 영화를 선택하고 그 도구의 사용법과 의미를 알려 준다고 할 수 있다.

중급

초급에 이어 중급에서는 대상자가 능동적으로 영화와 장면을 선정하고 자신의 삶을 돌아보게 하는 것이 매우 중요하다. 중급 대상자 전원은 노트북과 이어폰을 지참한 상태로 기선정된 코칭 영화 16편을 탐색한다. 이를 통해 자신의 내면을 돌아보게 하는 영화 1편을 찾아 그 이유를 발표하며, 그 뒤 선정한 영화 속에서 5~10분 이내의 장면을 선정하고 이 또한 발표한다. (다음 영화들은 연구자의 박사 논문에 활용되었으며, 전문가 3인에 의해 검증되었다.)

1. 죽은 시인의 사회(1989), 감독: 피터 위어

2. 완득이(2011), 감독: 이한

3. 굿 윌 헌팅(1997), 감독: 구스 반 산트

4. 코요테 어글리(2000), 감독: 데이빗 맥널리

5. 빌리 엘리어트(2000), 감독: 스티븐 달드리

6. 모터사이클 다이어리(2004), 감독: 월터 살레스

7. 포레스트 검프(1994), 감독: 로버트 저메키스

8. 파파로티(2012), 감독: 윤종찬

9. 세 얼간이(2009), 감독: 라자쿠마르 히라니

10. 파수꾼(2010), 감독: 윤성현

11. 써니(2011), 감독: 강형철

12. 코리아(2012), 감독: 문현성

13. 블라인드 사이드(2009), 감독: 존 리 행콕

14. 보이후드(2014), 감독: 리처드 링클레이터

15. 미라클 벨리에(2014), 감독: 에릭 라티고

16. 걸어도 걸어도(2008), 감독: 고레에다 히로카즈

중급 과정을 통해 대상자는 자신에게 이로운 영화와 장면을 선정하는 기준을 스스로 만들 수 있으며, 영화와 관련된 정보를 어떻게 습득하고 활용할 수 있는지 직접적인 경험을 하게 된다. 그러나 많은 대상자들이 앞의 16편의 영화 외에 어떤 영화를 봐야 하는지 어려움을 겪는다고 하여 분기별로 (흥미를 끌 만한 가벼운 키워드를 주제로 각 2편씩 구성한) 20편의 코칭 영화를 선정하여 현재까지 총 100편을 그동안 연구소 내외부로 추천하였다. (다음 추천 영화의 일부는 앞의 리스트와 중복된다.)

1. 재난, 가족 그리고 드웨인 존슨: 헐리우드 스타일의 가족 세우기
 – 스카이스크래퍼(2018), 샌안드레아스(2015)
2. 비현실적 or 현실적 로맨스: 일본 특유의 상상력과 읊조림
 – 오늘밤 로맨스 극장에서(2018), 오 루시(2017)
3. 진짜 사랑은 지금부터 시작: 황혼기에 피어나는 꽃향기
 – 햄스테드(2017), 러블리 스틸(2008)

4. 누가 소녀를 미치게 하는가: 어른들을 위한 잔혹 동화

　　– 마녀(2018), 로건(2017)

5. 위안부 할머니를 향한 위로: 아직 끝나지 않은 우리 이야기

　　– 허스토리(2018), 아이캔스피크(2017)

6. 시카리오 vs 시카리오: 대체 불가능한 마약 범죄 영화

　　– 시카리오: 데이오브솔다도(2018), 시카리오: 암살자의 도시(2015)

7. 젊음과 사랑, 시한부와 불치병을 대하는 미국과 일본의 방식

　　– 미드나잇 선(2018), 태양의 노래(2006)

8. 가축이 되어 버린 가족: 분노와 폭력의 사각지대

　　– 아직 끝나지 않았다(2017), 샤이닝(1980)

9. 납치(유괴)된 인간의 양심: 돈에 의해 돈을 쫓는 돈(돼지)s

　　– 올 더 머니(2017), 랜섬(1996)

10. A++급 마블링 액션 스테이크: 배불러도 먹게 되는 상상력 만찬

　　– 앤트맨과 와스프(2018), 어벤져스: 인피니트 워(2018)

11. (여성) 거장의 숨결을 가까이: 그들이 바라던 방식의 다큐멘터리

　　– 바르다가 사랑한 얼굴들(2017), 피나(2011)

12. 차별과 공존에 대한 우화: 휴먼에 의한 안티휴머니즘

　　– 쥬라기 월드: 폴른 킹덤(2018), 혹성 탈출: 반격의 서막(2014)

533

13. 아직 끝나지 않은 노예 해방: 아메리칸 블랙의 블랙 쉐도우

　　– 디트로이트(2017), 오스카 그랜트의 어떤 하루(2013)

14. 덫에 걸리고 겁에 질리고: 초점을 잃어버린 열등의 화살

　　– 버닝(2018), 리플리(1999)

15. 떠나는 엄마와 남겨진 요리: 소소한 그래서 소중한 가족

　　– 엄마의 공책(2017), 49일의 레시피(2013)

16. 스포츠, 영화 같은 실화: 진짜 적은 가족 혹은 자신이다

　　– 보리 vs 메켄로(2017), 아이 토냐(2017)

17. 생존을 위한 처절한 몸부림: 하얀 눈밭에 그려진 핏자국들

　　– 레버넌트(2015), 그레이(2012)

18. 등잔 밑이 가장 어두운 법: 소외와 가난에 대한 진실

　　– 여중생A(2018), 플로리다 프로젝트(2017)

19. 게임과 영화의 끝없는 조우: 닭이 먼저냐 달걀이 먼저냐

　　– 레디 플레이어 원(2018), 툼레이더(2018)

20. 인과응보 + 결자해지 + 업장소멸: 뿌리는 대로 거두는 카르마 액션
  – 독전(2018), 호텔 아르테미스(2018)

21. 멋을 알아 버린 맛 그리고 소통: 음식에 얽힌 사연, 사연에 얽힌 음식
  – 아메리칸 셰프(2014), 엘리제궁의 요리사(2012)

22. 중년 여성의 일탈 그리고 이탈리아: 누군가가 아닌 진짜 나를 만나는 시간
  – 투스카니의 태양(2003), 아이엠러브(2009)

23. (일본) 소소한 식사가 주는 큰 감동: 진실된 삶을 대하는 태도에 관하여
  – 리틀 포레스트 1+2(2015), 심야식당 1+2(2015+2016)

24. 세상을 읽고 사람을 이끄는 리더의 표상: 정직과 용기, 도전과 성취의 선순환
  – 다키스트 아워(2017), 더 포스트(2017)

25. 한국 다큐의 시대정신과 현실 참여: 사라진다는 것과 살아간다는 것
  – 공동정범(2016), 공범자들(2017)

26. 포장하지 않은 날것 그대로의 미국: 불편하고 불쾌한 진실을 마주하는 연습
  – 탠저린(2015), 아메리칸 허니: 방황하는 별의 노래(2016)

27. 숨길 수 없는 3가지: 가난, 재채기… 그리고 저항할수록 더 선명해지는 '사랑'
  – 원더 휠(2017), 셰이프 오브 워터: 사랑의 모양(2017)

28. 거부할 수 없는 매력 '고마츠 나나' 스페셜: 순수와 퇴폐의 공존, 천사와 악마
  – 나는 내일, 어제의 너와 만나다(2016), 갈증(2014)

29. 진정 지켜야 할 것이 뭔지 알려 주는 프레임: 참혹한 현실에 대한 비유와 비판
  – 다운사이징(2017), 염력(2017)

30. 지겹도록 봤지만 스릴러는 역시: 반응과 자극을 먹고 자라는 카타르시스
  – 레드 스패로(2018), 커뮤터(2017)

31. 동전의 양면, 과잉과 결핍의 연관: 천재의 광기와 천치의 달관 그 어딘가
  – 지니어스(2016), 위플래시(2014)

32. 예술가의 삶 자체가 예술인 것을: 예술 작품을 온전히 즐길 수 있도록
  – 러빙 빈센트(2017), 에곤 쉴레(2016)

33. 두말하면 입이 아픈 가족의 의미: 나를 드러내는 또 다른 나의 모습들
  – 토니 에드만(2016), 원더(2017)

34. 삶에 대한 열망, 그 단순함을 위하여: 절벽 끝에서야 돋아나는 날개와 희망
  – 하늘을 걷는 남자(2015), 마션(2015)

35. 운명과 사랑에 대한 진지한 태도: 그러나 늘 놓치고 사는 것에 대한 각성
  – 사랑에 대한 모든 것(2014), 너의 이름은(2016)

535

분명 추천한 모든 영화가 코칭이나 자기돌봄에 직접적으로 긍정적 영향을 줄 수는 없다. 그러나 최소한 시네마 치유 코칭 초중급의 교육을 받고 스스로 훈련한 대상은 어떤 영화를 보더라도 자신의 삶을 돌아볼 수 있는 힘을 갖출 수 있다. 이 자체가 시네마 치유 코칭의 주요 목표 중 하나이다. 그리고 영화치료에서도 중요하게 다루고 있는 내면영화의 발견과 활용은 양이 아닌 질로써 시네마 치유 코칭을 빛나게 한다. 내면영화는 내면아이(어린 시절 상처받은 자아)를 지속적으로 끌어내 주는 영화라고 할 수 있다. 시네마 치유 코칭 중급에서는 이러한 내면아이를 치유하기 위한 방편으로 내면영화를 발견할 수 있는 힘을 기르게 한다.

실제 대상자 중에서는 영화 한 편이 자신의 삶 전체를 거울처럼 비추고 있다고 표현하였다. 이어 수행의 도구로서 영화를 전체 혹은 구간을 수십 차례 반복 감상하면서 자기돌봄을 실천하고 있다고 하였다. 이는 시네마 치유 코칭 과정 전체를 통틀어 가장 이상적인 사례라고 할 수 있다. 대다수는 이러한 반복을 통한 통찰을 어려워하는데, 참의미는 같은 것(곳)에서 시간을 두고 숙성된다. 그리하여 시네마 치유 코칭 전 과정에서 내면영화의 발견과 탐색의 중요성을 언급하고 있으며, 고급 과정 수료를 하기까지 대상자는 공식적으로 세 번 자신에게 영향력을 끼쳤던 영화를 발표하게 된다.

536

고급

시네마 치유 코칭 고급에서는 3분 내외의 초단편 영화를 만들어 감상이 아닌 표현의 차원으로 이끈다. 이를 통해 보다 심화된 시네마 치유 코칭과 자기돌봄의 의미를 각성할 수 있게 된다. 대상자 전원은 고급 과정이 개설되기 전에 과제로서 자신의 과거, 현재, 미래를 탐색하며 시놉시스를 작성하게 되고, 영화로 만들고 싶은 장면을 선정하여 3분 내외의 시나리오를 작성하게 된다. 이후 본 과정에서는 대상자들끼리 합의를 거쳐 촬영할 작품을 선정하고, 선정된 시나리오 작가는 감독이 된다. 그리고 나머지 대상자들은 촬영, 배우, 소품 등의 역할을 갖고서 영화 만들기라는 공동의 작업을 수행하게 된다. 3분 내외의 영화를 만들기 위해 모두가 합심하게 되는데, 그 결과를 대형 스크린으로 감상하고 나누는 작업으로 고급 과정을 마치게 된다. 이를 통해 대부분의 대상자는 영화를 감상하는 깊이와 폭이 넓어짐을 경험하게 되며, 이로써 시네마 치유 코칭을 통한 자기돌봄으로 한발 더 내딛게 된다.

결론적으로, 입문-초급-중급-고급 단계를 거치는 동안 대상자는 의식적 자각하의 동일시와 거리두기를 심화 경험하게 되고, 그것이 어떤 의미를 갖는지 성찰하게 된다. 그리고 상위 단계로 올라갈수록 알아차림과 마음챙김을 지속적으로 강화해 나갈 수 있기에, 자칫 일순간의 자각과 그에 따른 의미 부여로 머물 수 있는 한계를 넘어 실제 삶의 균형을 찾아가는 구체적인 자기돌봄을 이룬다. 이는 기존의 영화를 활용한 다양한 조력 과정과의 분명한 차이점이 되는데, 특히 중급에서 직접 자신이 영화와 장면을 선택한다는 것과 고급에서 자신의 삶을 조망하며 발견한 문제나 목표를 주제로 삼은 영화 만들기 작업은 자기돌봄을 극대화한다.

시네마 치유 코칭의 구현 환경과 윤리

시네마 치유 코칭을 효과적으로 진행하기 위해서는 10명 내외의 인원이 참여해야 한다. 10명 미만의 경우에는 집단의 역동이 나타나기 어려우며, 10명이 초과하면 대상자들의 집중력이 떨어져 기대한 효과를 얻기 어려울 수 있다. 그리고 시네마 치유 코칭은 영화를 감상하고 만들기에 적절한 공간과 장비들을 갖추고 있어야 한다. 코칭연구소 아이엠은 대상과 목적에 부합하는 영화와 133인치 스크린, 풀HD 프로젝터, 무지향성 스피커 등을 구비하고 있다. 물론 교육대상자들 모두가 이러한 환경을 갖출 필요는 없다. 다만, 시네마 치유 코칭 교육은 이러한 구현 조건을 만족할 때 보다 효과적으로 작용할 수 있다. 대상자는 과정 수료 후 각자의 조건에 따라서 TV, 노트북, 휴대폰 등을 활용하여 영화를 감상한다.

그리고 시네마 치유 코칭은 진행 중뿐만 아니라 전후에도 사진 촬영이나 진행자의 강연을 제외한 녹음을 금하고 있으며, 프로그램을 통해 생산된 대상자들의 결과물도 다른 대상자들이나 외부에 공개하지 않는 것을 원칙으로 하고 있다. 따라서 참여자의 얼굴이 드러난 기념사진조차 남기지 않고 있으며, 앞으로도 이를 철저히 지켜 나갈 것이다. 프로그램 참여 전부터 후까지 모든 순간 속에서 각 개인의 고유하고 고귀한 내면 탐색과 집단의 역동이 함께하는데, 이와 같은 행위들로 자기돌봄의 참가치가 훼손될 수 있기 때문이다. 특히 고급 과정에서 만들어지는 영화들은 해당 프로그램 참여자의 내밀한 의식의 발현이자 귀중한 자산이기에 연구소에서는 철저히 비공개며, 영화를 만든 참여자들이 소장하고 싶어 할 때는 외부 유출이 되지 않도록 철저한 당부를 한다.

단, 참여자의 소감은 익명으로 처리하여 예비 참여자나 외부에 부분적으로 공개하고 있다.

자기돌봄의 지향점과 대표적인 사례

시네마 치유 코칭은 다음과 같은 자기돌봄의 지향점을 가진다.

1. 삶 전반에 대한 통합균형발달을 지향하고 있고, 그에 따른 효과가 나타나고 있다.
2. 의식적 자각을 지속적으로 경험하게 하고, 그 경험을 교육과 학습을 통해 강화시킨다.
3. 모든 현상에 대한 주관−객관화를 가능하도록 한다. 영상 언어를 이해하게 하고 대상과 상황을 다양한 위치와 각도, 움직임으로 관찰하게 한다. 단순히 영화를 보는 것을 넘어서 실제로 본인이 감독, 배우, 작가, 촬영 등의 입장을 취하며 삶에서 나타나는 다양한 문제를 주관화하고 객관화하게 한다.
4. 표층이 아닌 근원의 관점에서 변화를 일으킨다. 영화라는 도구를 통해 죽음과 행복, 정의 등에 대한 근본적이고 본질적인 질문을 던지며 스스로 답을 찾게 한다. 그리고 자신의 무의식을 의식화하는 과정에서 치유가 일어나며 교육적인 효과 또한 커진다.
5. 치유의 본질인 전체성의 회복을 추구하며, 그에 따른 효과를 보여 준다. 이와 관련하여 영화 외에도 다양한 의학적·과학적 증거들을 제시하고 사유하게 한다. 세상은 거시적이고 미시적인 것이 닮아 있다. 인간을 소우주라고 부르며 아트만이라고 하는 이유도 이와 같다. 우리는 모두 연결되어 있으며 무한한 가능성과 잠재력을 가진 존재이다. 그것을 깨닫고 살아가게 하는 것이 시네마 치유 코칭을 통한 자기돌봄의 진면목이다.

이와 관련한 대표적인 사례는 다음과 같다.

538

대상자 A는 30대 중반으로 혼자 아이를 키우며 열심히 살아가고 있다. 시네마 치유 코칭의 이론을 명료하게 이해하지는 못하지만 누구보다 열심히 고급 과정까지 참여하였다. 그 결과, 자신의 삶에서 끊임없이 반복되고 있는 실수와 실패의 패턴을 알아차렸고, 자신을 힘들게 하는 대상과 장애를 극복하거나 내려놓을 수 있는 힘을 얻게 되었다. 특히 A는 같은 프로그램 참여자인 전문 코치의 도움을 받았다. 이를 통해 실제 삶을 긍정적으로 변화시키기 위한 구체적인 실천까지 이루었으며, 주변 사람들의 격려와 지지 속에서 의식적인 자각으로 영화를 감상하고 자신의 일과 가족, 건강 등에 대해서 자기돌봄을 실천하고 있다.

대상자 B는 전문 코치로 활동하며 더 나은 삶을 추구하는 30대 남성이다. B는 코치와 피코치 양방향으로 코칭을 오랜 시간 경험했지만 근본적인 문제(무한긍정과 순응에 따른 불안 등)의 해결은 늘 제자리걸음이라고 하였다. B는 시네마 치유 코칭 과정을 1년 동안 수차례 경험하며 드러나지 않은 문제점들을 발견할 수 있었고, 이를 보다 높은 차원에서 해결하기 위해 시네마 치유 코칭에 적극 참여하였다. 그 결과, B는 표층이 아닌 근원적인 차원에서 자존감을 향상시킬 수 있었고, 특히 신체 건강에 대한 자기돌봄에 집중하여 실현 불가능하리라 여겼던 산악마라톤(50km)을 완주하기도 하였다. 현재 B는 삶 전체를 조망하면서도 현실에 투신하는 균형감을 갖고 크고 작은 목표를 이루어 나가고 있다.

대상자 C는 가정폭력과 불화로 이혼한 40대 여성이다. 그녀는 상담 전문가이지만 아직 해결되지 않은 문제들로 종종 지칠 때가 있다고 하였다. 다시 말해, 자신의 문제에 대해 인지적으로는 충분히 이해가 되고 어떻게 해결하면 될지도 알고 있지만 실천은 생각보다 어렵다고 하였다. C는 시네마 치유 코칭을 경험하며 자신의 직업적 정체성을 내려놓고 자연인으로서 힘들었던 과거를 마주하기 시작했다. 그 결과, C는 고급 과정인 영화 만들기에서 실제 있었던 가정 폭력 장면을 감독하였고, 그 안에서 자신에게 폭력을 가했던 남편과 폭력 상황에 노출되었던 아이들을 객관적으로 바라볼 수 있었다. C는 소감에서 이제야 그 뼈아픈 시간을 도려낼 수 있었다고 하였고, 넓고 깊어진 관점으로 영화를 통한 자기돌봄을 이어 나가고 있다.

539

나가는 말

"건강이란 질병이 없거나 허약하지 않을 뿐만 아니라 육체적 · 정신적 · 사회적 안녕이 역동적이며 완전한 상태를 말한다."

－세계보건기구World Health Organization: WHO

인간이라면 누구나 건강하게 살고 싶어 할 것이다. 그러나 이와 같은 건강의 정의로 비춰 본다면 건강하기란 매우 어려운 일인데, 스스로를 알아차릴 수 있는 의식적 자각이 있다면 불가능한 일만은 아닐 것이다. 그리고 의식적 자각(알아차림, 마음챙김)은 인간이 보다 인간다울 수 있는(호모 사피엔스 사피엔스) 가치를 부여하며, 치유(온전함 혹은 전체성 회복)를 위한 씨앗이 된다. 또한 인간은 자연의 일부이며, 그렇기 때문에 그 위대한 법칙에서 벗어날 수 없다. 자연은 스스로 그러함으로 세상의 균형을 맞춘다. 더러움은 깨끗함으로, 뜨거움은 차가움으로. 인간 또한 이미 태어나면서부터 자정의 능력을 갖고 있지만 여러 이유들로 상실되고 있다.

한 가지 예로, 단식은 인간이 갖고 있는 놀라운 자정 능력을 되살리는 일이다. 야생동물들은 비만이 없으며, 몸이 아프면 금식을 통해 건강을 유지한다. 음식(양분)은 때에 따라 독이 되기도 하고 약이 되기도 하는데, 야생동물들은 자연의 법칙 안에서 이를 실천하고 있는 것이다. 인간 또한 마찬가지, (심각한 질병을 앓고 있는 환자나 외과적 시술이 시급한 환자를 제외하고) 단식은 자기돌봄의 한 유형이며 몸과 마음을 깨끗이 하는 자정작용을 통해 그 어떤 명의보다도 훌륭하게 스스로를 회복시킬 수 있다. 물론 이를 위해서는 의식적 자각 훈련이 필요할 것인데, 시네마 치유 코칭은 이러한 훈련이 손쉽게 이뤄질 수 있도록 돕는 효율적이며 효과적인 도구이자 도구의 활용법이다. 삶에서 일어나는 무수한 상황과 그것에 대한 무조건적이고 자동(반응)적인 감정, 생각, 신념들로부터 벗어나 의식적 자각을 통해 본질과 본성을 마주하는 일, 그래서 시네마 치유 코칭은 자기돌봄으로 귀결된다.

지금까지의 내용으로 시네마 치유 코칭을 정의한다면, 시네마 치유 코칭은 현대인들이 쉽게 접할 수 있는 영화를 통해 의식적 자각을 강화하여 스스로를 돌보는 방법이라고 할 수 있다. 27시간 이상 충분히 교육을 받은 시네마 치유 코칭 참가자들은 영화를 단순히 오락적으로 관람하지 않게 되며, 영화를 통해 자신의 삶을 성찰하는 힘을 얻게 된다. 그리고 그것을 다른 이들과 나누면서 보다 높은 차원의 의미와 가치를 경험한다. 이것이 지속되면 자기돌봄을 넘어선 타인돌봄, 세상돌봄이 된다. 다시 말해, 자신을 있는 그대로 마주하는 일은 타인과 세상을 마주할 수 있게 하는 중요한 자원이 된다. 이는 세계보건기구에서 정의한 건강에 사회적 안녕을 포함시키고 있는 것과 같은 맥락이다.

시네마 치유 코칭을 맨 처음 고안할 때 다음과 같은 고민들이 있었다. 왜 인간은 살아온 대로 생각하는 것일까, 생각하는 대로 살아갈 수는 없는 것일까. 소위 말하는 전문가들조차도 자신의 뜻대로 살아가지 못하는데 일반인은 오죽할까. 이 같은 고민들은 쉽고 명료해야 한다는 결론에 이르게 되었다. 이 세상에는 다양한 심신치유방법이 존재한다. 그러나 일반인이 그것을 취하고 유지하는 데에는 늘 한계가 존재했다. 물론 겨우 수년 간 고안한 시네마 치유 코칭이 기존의 것과 비교해서 매우 특별하거나 완전한 해법이라고 할 수는 없다. 그저 쉽고 명료하게, 변화하는 시대에 부합하며 현대인들을 위한 자기돌봄의 시작점으로서 시네마 치유 코칭이 의의를 가졌으면 한다. 또한 본래 아트와 미디어의 어원적 의미와 기능은 치유이다.

이 중 시네마는 대표적인 아트와 미디어로서 움직임이라는 뜻을 가지고 있고, 코칭은 어느 한 지점으로 누군가를 데려간다고 할 수 있다. 즉, 시네마 치유 코칭은 움직임을 통해 누군가를 이끄는 것이고, 그 과정에서 치유가 일어난다고 할 수 있다. 또한 교육의 어원적 의미는 "밖으로 끌어내다."이며, 치유의 어원적 의미는 전체이다. 즉, 치유를 위한 교육, 교육을 위한 치유는 전체성의 회복을 위해 대상자 내면의 가능성과 잠재력을 밖으로 끌어내는 것을 의미한다. 정리하자면, 시네마 치유 코칭의 배경을 이루는 6개의 키워드(아트, 미디어, 시네마, 코칭, 교육, 치유)는 긴밀한 상호 연관을 맺고 있으며, 시네마 치유 코칭을 통해 자기돌봄을 이룰 수 있게 하는 든든한 토양이자 토대가 된다.

◆ 코칭연구소, 아이엠

I.AM은 Integral Art & Media을 의미하며, 보다 많은 사람이 쉽고 빠르게 '나는 존재한다'는 근원의 상태에서 살아갈 수 있도록 돕고자 설립되었다. 시네마 치유 코칭은 그 시작을 알리는 프로그램으로, 앞으로는 영화 외에도 다양한 아트 & 미디어를 통합적으로 활용하여 치유라는 원대한 목표를 향해 한 걸음 한 걸음 나아갈 것이다.

541

참고문헌

김은하, 김은지, 방미나, 배정우, 이승수, 조원국, 주순희(2016). **영화치료의 기초: 이해와 활용**. 서울: 박영story.

심영섭(2011). **영화치료의 이론과 실제**. 서울: 학지사.

이소희, 길영환, 도미향, 김혜연(2014). **코칭학개론**. 서울: 신정.

Brach, T. (2018). **자기돌봄** (*Meditation & psychotherapy*). (이재석 역). 서울: 생각정원. (원저는 2013년에 출판).

Münk, C. (2016). **행복을 찾아가는 자기돌봄** (*Philosofy your life : Besser leben mit Philosophie*). (박규호 역). 경기: 더 좋은책.

Wolz, B. (2006). **시네마테라피** (*E-motion picture magic: a movie lover's guide to healing and transformation*). (심영섭, 김준형, 김은하 역). 서울: 을유문화사. (원저는 2004년에 출판).

통합심신치유학 [실제] 편

마음챙김 · 명상 치유 관련 심신통합치유

◆ 현대사회의 마음챙김 혁명과 MBSR(안희영)

◆ 사념처위빠사나(김열권)

◆ 정서지능과 마음챙김(조인숙)

현대사회의 마음챙김 혁명과 MBSR

안희영[1]

들어가는 말

2014년 2월 3일 영어권 대표 시사 주간지인 『타임Time』에 〈마음챙김 혁명Mindful Revolution〉
이라는 제목의 표지 기사가 실렸다. 부제는 '스트레스에 지친 멀티태스킹 문화 속에서 집
중하도록 해 주는 과학The science of finding focus in a stressed-out, multitasking culture'이다. 혁명이라는
어감이 강한 단어에서 느껴지듯이, 서구사회의 마음챙김 열풍은 일시적인 유행에 그치지
않고 주류 사회에 깊은 영향을 주고 있다. 글을 쓴 기자는 자신이 직접 MBSR 수업에 참여
하면서 마음챙김의 다양한 측면을 보도했다. 그 기사 중에 눈길을 끄는 내용은 마음챙김
이 서구의 주류 사회에서 성공한 두 가지 이유에 관한 것이다.

첫째는 지혜로운 마케팅이다. 서구에서는 마음챙김 명상이 종교적이거나 신비적인 것
이라기보다 근육 운동과 같다고 상식적으로 접근하고 있다는 것이다. 실제로 MBSR 같은
프로그램은 마음챙김이 인간의 보편적인 능력이기 때문에 누구나 배워서 실천하면 그 유
익함을 누릴 수 있다고 강조한다.

---

1) 한국MBSR연구소 소장, 서울불교대학원대학교 석좌교수, 국제 MBSR 공인지도자

둘째는 과학성이다. 특히 인간의 두뇌가 훈련을 통해 평생 변화할 수 있다는 신경 가소성neuroplasticity · 神經可塑性에 관한 연구 결과는 마음챙김의 효과를 입증하고 있다는 것이다. 이 과학성에 힘입어 명상을 모르거나 명상에 대해 선입견이 있던 많은 사람이 더욱 관심을 가지고 적극적으로 참여하게 되었다.

『타임』 기사에서 다루었듯이, 지금 서구사회에서는 점차 많은 사람이 마음챙김을 건강과 행복의 비밀로 인식하고 일상생활에서 적극 활용하기 시작하고 있다. 심리치료 분야에서도 마음챙김 접근법이 크게 주목받고 있으며, 병원, 학교, 기업, 교도소, 법조계, 스포츠 등 주류 사회의 다양한 분야에서 마음챙김이 널리 활용되고 있다. 생산성을 가장 중요시하는 기업체에서도 조직 문화 혁신이나 생산성 향상을 위해 마음챙김에 주목하기 시작했다는 것은 이례적인 일이라 할 수 있다. 이러한 마음챙김 확산 현상은 MBSR이 처음 등장한 1979년경에는 상상하기 힘든 일이었다. 1980년대 초반 마음챙김 명상 관련 연구는 MBSR을 창시한 존 카밧진(Kabat-zinn, J.) 박사의 논문을 포함해서 일 년에 약 두서너 편 발표된 것이 전부였다. 시간이 지나면서 연구 논문의 수가 폭발적으로 늘어나서 이제 영어권 연구 논문만 연간 약 600여 편에 달한다. 현대 서구사회에서 마음챙김 명상 연구가 얼마나 활발하게 진행되고 있는지 잘 알 수 있는 대목이다.

이 열풍의 뒤에는 '마음챙김 선생님Mr. Mindfulness'이라는 별명을 가진 MBSR의 창시자 존 카밧진 박사가 있다. 컬럼비아 대학교 면역학 교수인 아버지와 화가인 어머니 사이에서 태어난 카밧진 박사는 이 시대가 낳은 세계적인 명상 지도자이자 MIT 대학교에서 분자생물학 박사학위를 받은 과학자이다. 카밧진 박사는 대학 교수이자 과학자의 삶을 살면서도 선禪 수행과 위빠사나, 요가, 베단타 등 다양한 영성 전통을 두루 경험하면서, 그러한 전통들의 핵심적인 가르침을 바탕으로 MBSR이라는 체계적이고 실용적인 명상 프로그램을 만들었다.

MBSR은 서구 최초의 마음챙김 명상에 근거한 의료명상 프로그램으로, 임상 효과가 가장 많이 발표되었다. 1979년 세상에 나온 뒤, MBSR은 지난 38년간 수많은 과학적 연구에서 그 효과가 다방면으로 증명되었다. 구체적으로는, 불안, 우울, 공황장애, 슬픔, 외상 후 스트레스장애PTSD, 피부병, 고혈압, 당뇨, 두통, 만성 통증, 피로, 심장병, 암, 식이장애, 수면장애 등 다양한 형태의 심신 질환에 효과가 있다고 알려졌다.

이렇듯 MBSR의 효과를 뒷받침하는 과학적인 근거가 쌓이면서, 많은 병원과 클리닉에서 MBSR을 받아들여, 지금은 전 세계 약 800여 곳의 병원과 클리닉에서 MBSR 교육을 하고 있다. 미국 MBSR 본부CFM에서 하는 수업만 해도 현재까지 약 24,000명이 참여했고, 약 16,000명의 건강 전문가들이 MBSR 본부가 주관하는 워크숍에 참가했다. 참가자들은

MBSR에 참여하면서 스트레스에 더 잘 대처하고, 자존감이 높아지고, 대인관계 능력이 좋아지며, 통증이나 질병에 더 잘 대응할 수 있게 되었다고 보고했다.

명상의 필요성에 대한 사회 전반의 요구가 증가하면서 미국에서 탄생한 MBSR은 이제 서양뿐만 아니라 전 세계에 널리 퍼져 있다. 미국 MBSR 본부에서 인증한 MBSR 지도자는 전 세계에 약 200명 정도 있다. 아시아의 경우, 필자를 포함해서 중국, 대만, 홍콩에 공인 지도자가 한두 명씩 있으며, 이들 공인 지도자들을 중심으로 전 세계에 걸쳐 MBSR이 보급되고 있다.

MBSR 프로그램에는 두 가지 훌륭한 전통이 융합되어 있다. 하나는 마음챙김 명상이라는 동양의 명상 전통이고, 다른 하나는 의학과 심리학이 대표하는 서양의 과학이다. 두 전통 모두 믿음보다는 과학에 근거한 검증과 실천에 뿌리를 내리고 있다. MBSR은 마음챙김 명상을 통합의학 또는 심신의학의 맥락에서 과학적으로 체계화하였다. 특정 종교에 치우치지 않고 누구나 쉽게 일상에서 마음챙김의 유익함을 체험하도록 만들어졌다는 평판을 얻었다. 그래서 MBSR은 전통 불교명상의 핵심에 기반을 두고 있으면서도 현대의학과 조화를 이룬다. 통합의학 안에서 보완의학으로 자리매김한 MBSR은 의료인들의 지속적인 지지와 추천을 받는 심신통합치유 프로그램이기도 하다.

MBSR의 세계적인 명성에도 불구하고 일반인의 이해는 매우 제한적이며, 의료, 치유, 명상 전문가들도 MBSR의 배경이나 교과과정 등에 대해 잘 알지 못하는 경우가 많다. 이 절의 목적은 통합의학이 비전을 세우는 데 큰 공헌을 한 존 카밧진 박사가 창시한 MBSR 프로그램의 등장 배경, 교과과정, 지도자 양성과정, 프로그램의 효과 등을 가급적 알기 쉽게 소개하는 것이다.

마음챙김의 어원, 정의, 필요성

MBSR 프로그램의 핵심은 첫 글자, mindfulness(마음챙김)이다. 마음챙김은 불교명상의 핵심인 고대 명상 전통에서 유래했다. 마음챙김은 인도 고대의 팔리어 sati에서 나온 말로 영어권에서는 약 100여 년 전에 mindfulness로 번역되었고, 이것이 우리말 '마음챙김'으로 번역된 것은 최근의 일이다. 마음챙김은 '마음지킴' '알아차림' '마음새김' 등 다양한 번역어가 함께 쓰이는 가운데, 점차 학술어로 널리 쓰이고 있다.

사띠sati라고 불리는 마음챙김의 특성은 현존과 개입하지 않는 초연한 수용이며, 마음챙김의 목적은 대상을 제거하는 것이 아니라 대상을 알아차리는 것이다. 전통적으로 사띠는 들뜨지 않고 대상 속으로 뛰어들게 해 주는 특성이 있다고 알려져 있다. 마음챙김은 주의와 자각, 연민, 지혜를 체계적으로 훈련하고 심화시키는 매우 효과적인 정신 훈련으로 여겨져 왔다. 마치 씨를 뿌리기 위해서 농부가 땅을 갈고 고르는 것처럼, 마음챙김은 지혜가 일어날 수 있도록 준비하는 과정으로 설명되기도 한다.

MBSR 창시자 카밧진 박사는 마음챙김을 "독특한 방식으로—의도를 가지고, 현재 이 순간에, 판단하지 않고—주의를 기울임으로써 생겨나는 자각"으로 정의하였다. 마음챙김의 핵심은 주의를 기울이는 데 있다. 단순한 주의력이 아닌 특별한 태도, 즉 판단하지 않음, 인내, 초심, 신뢰, 분투하지 않음, 수용, 내려놓음, 감사함, 관대함이라는 태도를 가지고 주의를 기울이는 것에서 생겨나는 자각이 마음챙김이다.

마음챙김은 주의를 기울여 현재 자신의 몸과 마음이 어떤 상태인지, 지금 이 순간 무엇을 경험하고 있는지 있는 그대로 알고 있는 것이다. 쉬운 말처럼 들릴지도 모른다. 그렇지만 실제로 사람들은 현재 경험에서 마음이 벗어나 다른 곳에 정신이 팔려 있는 경우가 대부분이다. 이것이 마음의 자동조종 상태다. 마음챙김은 주의를 기울여 지금 이 순간의 경험을 알아차리고, 자동조종 상태에서 빠져나오는 일종의 정신 훈련이라고 할 수 있다.

MBSR에서 말하는 마음챙김은 영어에서 mindfulness로 표기되지만, 진정한 의미는 'heartfulness'에 가깝다. 마음챙김은 단순한 인지적 행위에 국한되지 않으며, 따뜻함과 친절함이 가득한 온전한 사랑의 행위radical act of love이다. 이런 맥락에서, MBSR에서 말하는 마음챙김은 단순한 '맨주의bare attention · sati'가 아니라 불교에서 말하는 '분명한 앎clear comprehension/sampajana · 正知'을 포함한 정념-정지sati-sampajana · 正念正知를 말한다고도 볼 수 있을 것이다. MBSR의 맥락에서 마음챙김은 체화된 깨어 있음이며 존재의 길이다.

547

마음챙김, 왜 해야 하는가

마음을 챙기는 것은 현존하는 것, 마음이 지금 여기에 와 있는 상태이다. 지금 내 마음이 어디가 있는지 잘 살펴보면 마음이 어디에 있는지 알 수 있을 것이다. 마음은 자주 과거나 미래로 왔다 갔다 한다. 마음에는 어떤 생각이든 일어날 수 있는데, 평상시의 마음 상태로는 이를 알아차리기가 쉽지 않다. 길을 잘 모르는 곳에서 목적지를 찾아갈 때 사용하는 스마트폰 지도 앱에는 '현 위치'라는 기능이 있다. 내가 지금 어디에 있는지 알려 주는 기능이다. 마음챙김은 이처럼 내가 어디에 와 있는지를 알려 준다. 마음이 어디가 있는지도 모르고 어수선할 때 '지금 내가 어디 있지? 내 마음이 어디 있지?' 하고 자문하는 순간 현재로 돌아올 수 있다. 현재 순간으로 마음을 데려오는 마음챙김은 내 인생과 상황의 '현 위치'를 정확하게 알게 하는 핵심 기술이다.

마음을 챙겨 지금 내가 어디에 있는지를 자꾸 알아차리다 보면 마음이 더욱 명료해지고 내적인 질서와 균형이 생긴다. 우리가 딴생각하고 있으면서 지금 자신에게 무슨 일이 일어나는지 모르면, 마음이 흐릿하고 산만해진다. 이렇게 되면 삶의 에너지가 낭비되고 심신의 무질서가 증가하여 결국 삶의 생산성이 낮아질 수밖에 없다. 삶의 소용돌이에 휩쓸려 살다 보면 중심을 잃고 정신없이 살게 되는 경향이 있다. 이렇게 하루, 한 달, 일 년이 순식간에 지나간다. 마치 손가락 사이로 바람이 빠져나가는 것처럼, 소중한 삶이 쑥쑥 빠져나간다. 그렇게 살면 언젠가는 지나간 인생을 후회할 가능성이 크다. 마음챙김은 정신없는 마음 상태mindlessness와 정반대이다. 지금 몸과 마음에서 무슨 일이 일어나고 있는지를 있는 그대로 아는 것이다.

마음을 챙기는 일에 익숙해지면 일상생활에서 몸에 어떤 일이 일어나는지 알 수 있다. '몸이 지금 무겁구나.' '몸에서 열이 나는구나.'라고 아는 것이다. 몸의 상태를 신경생리해부학적으로 안다는 뜻은 아니다. 지나치게 건강을 염려하는 사람들이 하듯이 '어! 내 몸이 아픈 것 같아, 이러다 큰일 나면 어떡하지?' 식으로 생각을 통해서만 아는 것이 아니다. 전체적인 방식으로 몸에서 어떤 일이 일어나는지 판단이나 해석 없이 그냥 있는 그대로 몸의 감각을 느끼고 아는 것이다. 판단하지 않고 있는 그대로 알아차릴 때 생각이나 감정에 휩쓸리지 않고 몸과 마음의 질서가 증가하고, 알아차림의 상태가 지속되면 신경 회로가 좋은 쪽으로 변화하게 된다.

마음챙김을 통해 지금 내 마음이 어떠한 상태인가 알아차리고 있을 때, 마음이 고요해지고 명료해진다. 예로부터 마음챙김 수련을 하면 '성성적적惺惺寂寂', 즉 마음이 고요하면서도 맑고 명료해진다고 하였다. 이러한 고요함과 명료함은 마음챙김 수련에서 아주 중요하게 여겨진다. 마음이 고요하고 명료하면 건강하고 행복한 삶으로의 가능성이 더욱 열리게 될 것은 자명하다.

MBSR 프로그램의 배경

MBSR 프로그램의 기원은 1979년 봄으로 거슬러 올라간다. 미국 동부 베레에 있는 통찰명상회IMS에서 집중수행을 하던 카밧진 박사는 10일째 되는 날 오후 짧은 순간 비전을 경험한다. 비전 속에서 카밧진 박사는 MBSR의 전망을 보았고, 그해 가을부터 매사추세츠 주립대학교 메디컬 센터에서 만성 통증이나 질병에 노출된 환자들의 스트레스 감소를 위해 MBSR을 보급하기 시작한다. 그때만 해도 미국의 병원에서 환자들에게 명상을 교육하는 것은 거의 상상하기도 힘들 정도로 명상의 임상적 활용에 대한 현대사회의 인식이 매우 낮았다. 카밧진 박사는 오랫동안 마음챙김 명상을 수련하면서 마음챙김이 몸과 마음의 질병을 치료하고 학습과 성장의 가능성을 열어 준다는 것을 깨닫고, 종교와 관계없이 누구나 쉽고 체계적으로 마음챙김을 배워서 자신을 돌보고 성장할 수 있도록 MBSR 프로그램을 보급하게 된다.

이후 MBSR은 『타임』『뉴스위크』, ABC 방송, NBC 방송 등 유수의 언론을 통해 널리 소개되면서 세계적인 의료명상으로 주목을 받게 된다. 미국 PBS 방송의 모이어스(Moyers, B.)가 진행하는 〈치유와 마음Healing and the Mind〉에서 자세히 보도된 바 있고, 국내에서도 〈KBS 대장경 천년 특집 다르마: 제2부 치유〉 편을 비롯해 여러 차례 보도되면서 MBSR은 종교적 신념과는 관계없이 전 세계 다양한 계층의 관심을 받고 있다.

MBSR이 서구 주류 사회의 광범위한 영역에서 인정을 받기까지 카밧진 박사와 동료들의 노력이 컸다고 볼 수 있다. 그들은 불교명상 전통에서 마음챙김을 배우고 큰 영감을 받았지만, 마음챙김을 불교라는 종교에 한정되지 않는 인류의 보편적인 특질로 보고 과학적인 검증을 통해 더욱 쉽고 체계적이게 하는 노력을 기울였다. 마음챙김 명상에 대한 주관적 경험에 만족하지 않고, 참가자들의 경험을 임상적 실험을 통해 끊임없이 객관화·과학화하려는 이러한 노력 덕분에 다양한 역사상 유례없이 전 세계적으로 마음챙김 명상이 퍼져 나가고 있다.

MBSR은 마음챙김에 근거한 치료법 중에서 가장 긴 역사와 가장 많은 임상 연구 결과를 자랑하는 의료명상 교육 프로그램이다(Baer, 2006; Shapiro & Carlson, 2009). MBSR은 마음챙김을 단순한 스트레스 감소기법이 아닌 존재의 길a way of being로 제시하며, 치료적인 접근을 하지 않지만 상당히 치료적인 효과를 가져온다고 알려져 있다. 지난 40년간 수많은 과학적 연구를 통해 그 효과가 검증되면서(Kabat-Zinn, 1982; Baer, 2006), 성장, 치유, 변화, 학습의 가능성을 최적화해 주는 대표적인 심신건강교육 프로그램으로 자리 잡았다. MBSR이 만성 통증(Kabat-Zinn, 1982), 불안(Miller, Flecher, & Kabat-Zinn, 1995), 우울(Teasdale et al., 2000), 범불안장애 및 공황장애(Kabat-Zinn et al., 1992), 수면장애(Shapiro et al., 2003), 유방암 및 전립선암(Carlson et al., 2003), 건선(Kabat-Zinn et al., 1998), 암(Speca et al., 2000), 외상(Urbanowski & Miller, 1996), 섭식장애(Kristeller & Hallett, 1999), 중독(Marcus et al., 2003), 면역 강화(Davidson et al., 2003) 등의 다양한 신체적·정신적 증상의 완화 또는 치료에 효과가 있다고 보고되어 있으며, 최근에는 자살, 조현병에 이르기까지 그 임상 영역이 확대되고 있다.

MBSR 프로그램은 심리치료 분야에도 커다란 영향을 미쳐, 우울증 환자의 재발 방지에 효과적이라고 임상에서 입증된 마음챙김에 근거한 인지치료MBCT, 노인 돌봄MBEC, 관계 증진MBRE, 중독 재발 방지MBRP, 섭식장애MB-EAT 및 외상 후 증후군MBTT 치료, 분만 육아MBCP, 미술치료MBAT 등 다양한 치료법이 등장하고 있다. 이제 마음챙김 열풍은 의료 분야는 물론 초중고 및 대학 교육, 기업, 정치, 경제, 법조, 스포츠 등 주류 사회 곳곳에 스며들고 있다.

의료적 돌봄에 기반을 둔 MBSR은 서양의학과 조화롭게 협력하며 보완의학으로 자리매김하고 있다. 교육 내용이 체계적이고 안전하여 의사나 의료 전문가가 환자에게 추천해서 참여하는 경우가 많다. 이런 경우 MBSR 지도자, 추천 의사나 의료인의 협력적인 관계의 맥락 내에서 참가자의 자기책임을 강조한다.

마음챙김은 통합의학의 중심 개념으로, 미국에서는 1990년대부터 하버드, 듀크, 스탠퍼드, 애리조나, 미네소타, 조지타운, 제퍼슨 등 수십 개의 의과대학 등에서 주목을 받고 있다. 국내에서는 2009년 5월 국립암센터와 보건복지부 주최로 열린 중간공청회(암 환자 삶의 질 향상을 위한 디스트레스 관리권고안 개발 공청회)에서 비약물개입 관리권고에서 MBSR 프로그램이 성인 암 환자의 우울, 불안 등 다양한 항목에서 최고의 평가를 받았다.

MBSR 프로그램의 교육 및 교과 과정

MBSR은 마음챙김 명상을 처음 배우는 사람도 잘 따라갈 수 있도록 체계적인 교과과정을 갖추고 있다. 1회기부터 8회기에 걸쳐 마음챙김 수련과 대화와 탐구(dialog & inquiry)가 교과과정의 근간이다. 강의식으로 지식을 전달하기보다는 참여자가 실제로 마음챙김 명상을 하나씩 경험하면서 배우는 경험학습에 근거한 수업 형식의 클리닉이라 할 수 있다. 공식 명상 수련으로는 바디스캔, 앉기명상, 마음챙김 요가, 마음챙김 걷기 등이 있으며, 비공식 수련으로는 먹기명상, 일상 활동 알아차림, 유(불)쾌한 일 기록표 실습 등이 있다. 회기별로 주제가 있고, 그 주제를 중심으로 새로운 명상이나 교육 내용 등이 다양하게 펼쳐진다.

〈표 9-1〉 MBSR 교과과정

회기	주제 및 내용
1회기	주제: 내적인 자원의 재인식 내용: 오리엔테이션, 건포도명상, 바디스캔
2회기	주제: 지각과 창조적 대응하기(보는 방식과 반응 방식) 내용: 바디스캔, 앉기명상(호흡 알아차림)
3회기	주제: 현존하는 기쁨과 힘 내용: 마음챙김 요가, 앉기명상(신체 감각), 유쾌한 일 알아차리기
4회기	주제: 조건화와 지각이 우리 경험을 어떻게 조각하는가? 내용: 마음챙김 걷기, 앉기명상(소리), 불쾌한 일 알아차리기
5회기	주제: 고통을 피하고자 하는 조건화된 경향 알아차리고 선택적 반응하기 내용: 앉기명상(생각, 감정), 스트레스 반응과 마음챙김 자율 반응
6회기	주제: 스트레스성 의사소통, 특히 스트레스 관계 속에서 알아차리고 균형 잡기 내용: 선택 없는 알아차림, 통찰 대화
종일집중수련 All Day Intensive	마음챙김 수련 강화 마음챙김 명상 총 복습, 산명상, 자애명상, 쾌속 보행
7회기	내용: 대인관계 의사소통과 일상 속의 관대함
8회기	주제: 지난 7주간 배운 마음챙김 수련 지속하기 내용: 장/단기 실행 목표 설정, 8주 과정에 대한 피드백 나누기

MBSR 교육은 이 교과과정에 따라 매주 한 번씩, 한 번에 약 3시간 정도 지도자와 참여자가 마음챙김 수련을 함께하면서 그 직접경험을 나누는 가운데 진행된다. 한 명의 MBSR 지도자가 프로그램의 시작부터 종결까지 수업을 일관되게 진행한다. 1회기 수업 전에 오리엔테이션이 있어 수업에 대한 주의사항과 간단한 마음챙김이 소개된다. 6회기와 7회기 사이에 약 7시간 정도로 진행되는 종일집중수련ADI을 고려하면 총 10차례를 모여 약 31시간 정도를 지도자와 함께 직접 수업한다. 매일 집에서 한 시간 정도 해야 하는 수련과 과제 시간을 고려하면, 참여자는 마음챙김 수련을 총 90여 시간 하게 되어 있다.

8번의 회기 중 전반부에는 마음챙김 훈련에 초점을 맞추고, 중반부에 들어 마음챙김 능력을 바탕으로 스트레스 대처 교육을 연계시키며, 후반부로 갈수록 일상생활에서 의사소통 등에 초점을 맞춘다. 중반기 이후 자애명상, 산명상 같은 집중명상이 보조적으로 도입된다. 마음챙김 명상은 호흡 알아차림, 신체 감각 알아차림, 소리 알아차림, 생각 알아차림, 감정 알아차림을 거쳐 마지막으로 선택 없는 알아차림choiceless awareness까지 단계적으로 소개된다. 여기서 선택 없는 알아차림은 주의를 특정 대상에 고정하지 않고 우리 경험의 모든 측면, 즉 감각, 인식, 신체, 감정, 인지의 측면을 모두 알아차림의 대상으로 하여, 어느 특정 대상에 한정됨이 없이 광대한 자각 속에서 쉬는 것을 의미한다. 선택 없는 알아차림은 초보자가 단기간에 습득하기 쉽지 않을 수 있지만, 자각이라는 확장된 의식 속에서 생각이나 감정 등 내적 경험에 정신을 빼앗기지 않고 중심을 유지할 수 있다는 통찰만으로도 매우 중요한 교과과정이다. 실재, 즉 있는 그대로의 과정을 이해하기 위해서는 비난, 정당화, 동일시 등으로부터 자유로운 상태인 선택 없는 알아차림이 필요하다. '선택 없는'이라는 뜻은 편향 없는 알아차림, 좋아함likes이나 싫어함dislikes으로 반응하지 않음을 의미한다.

전형적인 MBSR 수업을 스케치해 보면, 지도자와 약 15~35명의 참여자가 원형으로 둘러앉아 마음챙김 명상으로 시작해서 경험 중심의 학습을 한다. 일반적 의미의 '강의'는 거의 없으며, 모든 과정이 직접경험을 통해 마음챙김 자각 능력을 함양하도록 개발되었다.

MBSR의 교육적 지향

MBSR은 원래 치료를 표방하기보다는 교육적 지향을 강조한다. 특정한 병을 치료curing하는 목적보다는 마음챙김 교육을 통한 자가치유self-healing 요소가 강하다. 지도자나 참여자 모두 결과에 대한 기대를 내려놓고, 카밧진이 제시한 비판단, 인내, 신뢰, 초심, 애쓰지 않음, 수용, 내려놓기, 관대함, 감사 등 9가지 마음챙김 태도를 가지고 수련하도록 요구된다.

MBSR은 체계적이고 어느 정도 구조화된 참여 중심의 교육 접근법이다. MBSR의 핵심은 마음챙김 명상 수련이고, 교육의 목표는 환자가 자기 자신을 더욱 잘 돌보고 더욱 건강하고 적응적인 삶을 꾸려 나가도록 돕는 것이다. MBSR은 어떤 지침에 따라 기술적으로 테크닉을 전수하는 것이 아니라, 참여자 각자 자신의 삶에서 무의식적으로 조건화된 심신 상태를 바로 보고 새로운 삶의 길을 찾는 배움과 치유의 과정이다. 따라서 병원뿐만 아니라 학교, 교도소, 운동선수 훈련, 전문가 교육, 직장 등 여러 가지 환경에서 다양하게 응용될 수 있다.

MBSR 프로그램은 특정 질환을 겨냥하는 치료therapy가 아니라, 비특정 개입을 기반으로 하는 하나의 교육적 지향educational orientation이다. MBSR은 개개인의 차이점보다는 인간의 공통점, 즉 내적인 자원을 강조한다. 따라서 치유와 성장을 원하는 누구에게나 열려 있다. MBSR의 교육 특색은 다음과 같다.

- 수업당 15~35명까지 참여하는 집단교육 형태이면서도 개인별로 배려하는 교수 방식을 택하고 있다.
- 직접경험과 참여를 통한 학습을 지향한다. 도전적이면서도 참여자가 안전한 환경에서 그 도전에 참여하도록 지지한다.
- 참가자 개인의 필요와 학습 유형에 맞는 여러 가지 마음챙김 수련 방식을 사용한다.
- 학습, 성장, 치유를 방해하는 지각, 정신, 행동 패턴을 탐구하기 위해 지도자와 참여자가 상호작용하는 대화와 탐구Dialogue and Inquiry를 강조한다.
- 참여자의 자기조절과 자립을 위해 8주간 지속하는 단기 개입이면서도 평생학습을 지향한다.

미국 MBSR 지도자 과정에 참가한 14명의 참가자와 3명의 지도자를 대상으로 한 필자의 질적 사례 연구는 MBSR의 주요 특징을 다음과 같은 5가지로 밝히고 있다. 첫째, MBSR은 전인적whole-person이다. MBSR은 단순히 스트레스 감소를 위한 건강 증진 프로그램을 넘어서서 자아의 본성과 전체성에 연결되게 하는 전인적 프로그램이다. 둘째, MBSR은 신체를 기반으로 한 수련이 많다. 신체 지향성body-orientation은 몸으로부터 소외를 극복하고 생각 중심의 경향을 감소시킨다. 셋째, MBSR은 마음챙김 자각 중심의 교육이다. MBSR의 핵심 교육 내용은 참가자들의 마음챙김 능력을 향상시키는 것이다. MBSR에 특정 종교적 요소는 없고, 프로그램의 모든 길은 단순한 이완, 집중 훈련이 아니라 마음챙김 훈련으로 연결된다. 넷째, MBSR은 경험학습 중심이다. MBSR은 대화나 강의식 수업의 특성도 반영하고 있지만, 마음챙김을 중심으로 한 경험학습에 무게를 둔다. 특히 전반의 4회기 정도는 마음챙김 기술 익히기가 수업의 핵심이다. 다섯째, MBSR 수업의 목적은 인간의 고통, 즉 스트레스를 경감시키기 위한 것이다.

서구의 다른 마음챙김 치료법에 비해, MBSR 본부인 CFM은 MBSR 지도자의 마음챙김 명상 경험을 매우 강조한다. 명상 경험을 수치로 나타낸 결과는 주관적인 경험의 깊이와 일치하지 않을 수 있지만, 미국의 경우 MBSR 지도자 자격을 취득하려면 위빠사나 또는 선 전통 등의 명상을 5년 이상 수련한 경력과 적어도 수차례의 침묵 집중수행 경험이 있어야 한다. 또한 의료, 심리, 교육 등 관계 분야의 석사학위 이상 소지자로, 체계적인 지도자 과정을 이수하고 MBSR 지도 경험을 갖추어야 한다.

MBSR 지도자는 참여자의 가능성에 대한 믿음을 가지고 자신과 참여자의 지혜 함양을 추구하고, 머리가 아닌 가슴으로 가르치도록 교육받는다. MBSR 지도 자격을 갖추기 위해서는 지도자 자신의 심리적 성숙과 마음챙김 명상 수련, 신체 수련이 선행되어야 한다.

MBSR은 지도자가 매 순간의 일어남을 수용하기 위해서 자신이 가르치는 대로 참여자와 똑같이 끊임없이 수련할 것을 강조한다. 지도자는 '해치지 않음'을 실천하고 마음챙김을 일상에서 체현해야 한다.

미국 MBSR 본부CFM가 발표한 MBSR 지도자 훈련 지침을 보면, MBSR 지도자 훈련에는 다음과 같은 내용이 포함된다.

> "MBSR 지도자 자신은 명상 수행에 대한 오랜 기반을 가져야 하며, 불교 전통 및 MBSR이 보여 주고 있는 더욱 보편적인 맥락에서 다르마를 헌신적으로 배울 필요가 있다. 이것은 불교도이거나 아닌 것과는 상관이 없다… MBSR은 전적으로 세속적이고 보편적인 상황에서 다르마를 구현하고 전달하기 위한 매개물이다. MBSR은 다르마의 맥락해체decontextualizing가 아니라 재맥락화 recontextualizing of dharma이다… MBSR 지도자는 자신의 명상 수련을 지속할 필요가 있으며 '평생교육'의 정신과 더불어 자신의 수행과 이해를 계속 심화하는 태도로 집중수행에 참여해야 한다."

MBSR의 사상적 기반

맥코운(McCown, D.) 등이 제시한 MBSR 프로그램의 각 회기에는 다음과 같은 철학적 기반과 주제가 있다.

〈표 9-2〉에서 보듯이 MBSR에는 사념처와 사성제 정신이 내재적으로 흐르고 있다. 각 주별로 주제가 있고 그 주제에 따라 수업이 진행된다. 수업에 더하여 매주 주어지는 과제는 학습에서 중요한 부분인데, 8주 동안 참가자들은 수업에서 배운 명상을 매일 하루 45분 이상 수련하게 되어 있다. 8주를 2주씩 쌍으로 하여 사성제의 고집멸도, 사념처 수행의 신수심법이 차례로 진행되는 것처럼 보이지만, 이를 논리적 순서대로 이해하기보다는 수업의 매 순간에 이러한 정신과 원리가 동시에 구현된다고 이해하면 좋을 것이다. 지도자의 교수 의도는 새로운 경험에 대한 개방에서 체현embodiment, 알아차림 함양, 수용과 연민심의 함양으로 초점이 변화하지만, 지도자가 이러한 의도에 집착하거나 참여자에게 강요하지 않는다. MBSR이 사성제와 사념처 수행의 영향을 받았지만 불교적 색깔 없이 인류의 보편성에 초점을 맞추고 있어서, 참여자들은 종교적 취향이나 유무에 관계없이 과정에 임하게 된다.

무해non-harming의 정신은 MBSR 프로그램의 주요한 정신적 기반이다. 남을 해치지 않고 이롭게 하려는 이타 정신 또는 인류 봉사와 생명 존중의 사상이야말로 의학과 명상의 핵

〈표 9-2〉 MBSR의 사상적 기반

사성제	사념처	MBSR 교과과정 주제 및 주별 교육 내용	MBSR 교과과정 주별 과제	지도 의도와 범위
고통을 충분히 이해하기	몸 마음챙김	1주. 잘못된 것보다 잘된 것이 많다. 2주. 지각과 창조적 대응	1 & 2: 바디스캔(+호흡 알아차림)	새로운 가능성 경험, 체현을 경험
집착 내려놓기	느낌 마음챙김	3주. 현존의 기쁨과 힘 4주. 스트레스의 그림자	3 & 4: 바디스캔과 마음챙김 요가(서서 또는 누워서) 교대로 하기	체현을 경험, 알아차림 함양
해방의 실현	마음 상태 마음챙김	5주. 대응을 위한 공간 발견하기 6주. 어려운 상황 다루기	5 & 6:선택 없는 알아차림과 마음챙김 요가 교대로 하기, 걷기명상	알아차림 함양, 수용을 향하여
진리를 닦음	정신적 내용 마음챙김	7주. 친절 함양하기 8주. 새로운 시작	7 & 8: 좋아하는 수련 선택하기	수용을 향하여, 연민의 증가

심이라고 할 수 있다. 고대 그리스의 의사로서 서양의학의 아버지로 불린 히포크라테스(Hippocrates)가 만든 선서는 오늘날 많은 의학도에게 의술은 인술이라는 정신을 일깨워 준다. 그 선서의 핵심은 환자를 돕는 치료만 하고, 결코 환자에게 해를 끼치지 않겠으며, 개인으로 전문가로서 타인의 모범이 되겠다는 서약이다. 보살은 타인의 고통을 덜어 주기 위해 자신의 궁극적인 목표인 열반을 미루고 모든 중생을 제도하고 말겠다는 서원을 한 '깨달음을 추구하는' 사람이다. 이 두 인물상 저변에 공통으로 흐르는 사상은 무해non-harming로 볼 수 있다.

　마음챙김은 개념 이전, 생각 이전 마음의 특질인 자각awareness이다. 이에 기반을 둔 MBSR은 자기계발 또는 심리치료에 초점을 둔 프로그램과는 여러 가지 다른 특색이 있는데, 바로 존재 양식being mode의 기반이다. MBSR은 '인간human being에게 존재being를 회복시켜 주는 것'이다. 현대인은 끊임없이 어딘가를 향해서 분주하게 움직이는 행위doing를 한다. 이런 의미에서 현대적 인간은 'human doing'이라고 불러야 더 적합할 것이다. 행위 중심의 현대인들이 존재를 회복하도록 도와주는 것이 MBSR의 목표라 할 수 있다. 마음챙김 명상은 행위 양식에서 존재 양식으로 변화를 촉진한다. 깊은 차원에서 존재감을 되찾고 자신과 타인, 세상에 대한 관점이 변화하는 것이 치유이다. 이 과정에서 나타나는 스트레스 해소, 이완이나 평화 등은 MBSR의 목표라기보다는 일종의 부산물이라 할 수 있다. 치유는 존재의 길a way of being로서의 수련 자체에서 나온다.

MBSR의 관점에서는 개인이 어떠한 심리적·육체적 상황에 있다 하더라도 존재 자체는 처음부터 손상되지 않고 온전한 전체로 존재한다. 영어의 건강health, 치유healing, 성스러운 holy 등의 단어는 그 어원에서 모두 온전함wholeness이라는 속성을 공유한다. MBSR에서 말하는 건강은 단순히 질병이 없는 상태가 아니고, 개별성의 미망에서 벗어나 전체와의 연결성을 회복할 때 생기는 깨어 있는 의식적인 삶을 말하는 것이다. MBSR은 개인이 바람직하지 않다고 보는 그 상태를 '고치려fixing' 하기보다는 무위non-doing로서 전체성 및 더 큰 존재와의 연결성 회복에 중점을 둔다. 마음챙김 명상은 개인과 사회의 전체성 및 연결성을 회복하고 유지한다. 이렇게 해서 개인이 자아 및 우주의 전체성과 연결될 때 치유가 일어난다.

MBSR의 효과

마음챙김이 불안, 공황장애, 우울은 물론 스트레스 및 스트레스 관련 질환을 완화 또는 치료하는 데 효과적이라는 연구 결과가 많이 보고되었다. 또 환자들이 만성 통증에 더 잘 대처하게 하고, 암 환자와 다발성 경화증 환자들의 삶의 질을 높이며, 우울증 재발 방지에 매우 효과적인 것으로 보고되고 있다.

최근 명상의 효과에 관한 연구는 뇌과학에서 신경 가소성 혁명에 힘입어 폭발적으로 증가하고 있다. 즉, 뇌는 성인이 되었다고 발달이 중지되는 것이 아니고, 경험을 통해 변화할 수 있다는 것이다. 우리가 행동하는 방식에 따라, 그리고 단순히 정신 활동만으로도 특정 뇌 회로의 활동이 증가하거나 감소하면서 뇌가 변한다는 사실이다. 세계적인 신경과학 전문가들이 발표한 MBSR 관련 논문 몇 가지를 간략하게 소개해 본다.

리처드 데이비슨(Davidson, R.) 박사는 마음챙김이 뇌의 구조에 미치는 영향을 연구하였다. 연구 대상은 병원 환자가 아닌 일반인들로, 건강하지만 스트레스를 느끼는 생명공학 회사 직원들이었으며 8주간의 MBSR 프로그램에 참여하였다. 연구 결과, 마음챙김이 뇌가 스트레스나 부정적인 감정을 처리하는 데 긍정적인 영향을 주는 것으로 나타났다. MBSR 프로그램에 참여한 사람은 그렇지 않은 사람과 비교할 때, 불안증이 12% 감소했다. 그리고 왼쪽 전두엽이 MBSR을 하기 전과 비교할 때, 3배나 더 활성화되었다. 행복감, 기쁨, 에너지, 명료함과 같은 긍정적 정서를 경험할 때 왼쪽 전두엽이 활성화되며, 두려움이나 슬픔 같은 고통스러운 감정을 느낄 때는 오른쪽 전두엽이 활성화된다. 이는 MBSR 참여를 통해 긍정적인 마음 상태가 증가했다고 해석될 수 있다. MBSR을 하지 않은 집단은 오히려 불안 수준이 높아졌고, 왼쪽 전두엽의 활성화 수준이 감소했다. 더 놀라운 것은 8주간의 마음챙김 훈련이 끝나는 시점에 참여자가 독감 백신을 맞았는데, 마음챙김 훈련을 한 사람은 그렇지 않은 사람에 비해 항체가 더 많이 형성되었다는 사실이다. 그리고 앞서 언급한 왼쪽 전두엽의 활성화가 클수록 형성된 항체의 수가 더 많았다. 즉, 뇌의 변화 정도가 클수록 면역 기능도 활발했다. 이 결과는 마음챙김이 뇌의 구조에 영향을 미칠 수 있으며, 그로 인해 면역계 또한 강화될 수 있음을 말해 준다. 이 실험 연구는 MBSR 프로그램에서 마음챙김 수련이 참여자의 전두엽이 강한 부정적 경험을 편도체에 그대로 전달하지 않고, 더욱 긍정적이고 덜 반응적인 방식으로 마음의 회로를 변화시킨다는 것을 보여 준다는 점에서 획기적이다. 이러한 신경 회로의 변화에 따라, 마음은 더 이상 스트레스나 부정적인 생각이나 정서에 파괴적으로 반응하지 않고, 더욱 새롭고 건강한 방식으로 작용하게 된다. 즉, 마음에 새로운 신경망, 새로운 길이 난다는 뜻이다.

토론토 대학교에서 진행한 연구에서는 마음챙김 훈련을 받은 사람은 현재 순간을 직접 경험하는 것과 관련된 뇌의 연결망이 활성화된다고 나타났다. 이 연결망이 활성화되면 마음은 현재 순간을 있는 그대로 경험하며 안정감과 행복감을 느낀다고 한다. 마음챙김 훈련을 받지 않은 사람은 자신의 경험을 평가하고 해석하는 '이야기'를 만들어 내는 것과 관계되는 연결망이 더 크게 활성화되었다. 이 두 번째 연결망이 활성화되면 마음은 경험에 대한 '이야기'에 빠져들어 현재에 있지 못하고 과거나 미래로 방황한다. 또한 자신을 주인공으로 한 '이야기'를 만들어 내고, 이것을 절대적인 진실로 믿기도 한다. 그러면 '이야기'가 정해 놓은 틀 안에 자신을 가두고, 있는 그대로의 실재를 잘못 해석하기 쉽다. 이런 연구 결과가 보여 주는 것은 마음챙김이 현재 순간을 있는 그대로 경험하는 데 영향을 미치며, 경험에 관한 그릇된 '이야기'를 만들어 자신을 가두는 정신적 습관에 변화를 가져올 수 있다는 것이다.

557

이 밖에도 마음챙김 훈련이 뇌의 변연계에 있는 편도체 부위를 얇게 만든다는 연구 결과가 있다. 편도체는 불안과 공포 등 부정적인 감정 반응을 주관하는데, 이 부위가 과도하게 활성화되면 자주 불안하고 걱정이 많은 스트레스 상태에 놓이게 된다. 마음챙김은 편도체를 안정화해 몸과 마음이 최적의 상태를 유지하는 데 도움을 줄 수 있다. 또한 마음챙김 훈련을 한 사람들은 학습과 기억을 관장하는 뇌의 해마 부위가 더 두껍게 변화되었다.

마지막으로, 매사추세츠 병원에서 피부 질환인 건선을 앓고 있는 환자를 대상으로 한 실험이 있다. 건선은 환자에게 신체적·심리적으로 큰 괴로움을 주는 질환으로, 이를 치료하는 데는 광선요법을 사용한다. 이 실험에서는 건선 환자들을 무작위로 두 집단으로 나누어서, 한 집단은 치료를 받으면서 마음챙김 명상 테이프를 듣게 하고 다른 집단은 마음챙김 훈련 없이 광선 치료만 받게 했다. 실험 결과, 명상한 환자들이 그렇지 않은 환자들과 비교해 거의 네 배 빠른 속도로 피부가 치료된다는 사실이 확인되었다. 이 연구는, 첫째로 통합의학의 실례라고 할 수 있다. 즉, 기존의 의료적 치료에 명상과 같은 심신 개입을 통합할 때, 마음이 치유과정에 영향을 미칠 수 있음을 말해 준다. 둘째로, 이는 참여의학의 좋은 예가 될 수 있다. 즉, 환자의 의도와 적극적인 참여가 치유과정에서 중요할 수 있다는 가능성을 제시한다. 이 연구의 피실험자들은 집에서 명상 테이프를 듣거나 다른 공식 명상을 수련하지 않았다. 이 사실은 마음챙김 수련 시간이 짧더라도 알맞은 조건이 갖추어지면 몸과 마음의 치유에 긍정적인 영향을 미칠 수 있음을 의미한다.

나가는 말

서구의 마음챙김 열풍에서 우리는 하나의 교훈을 얻을 수 있다. 무엇보다도 카밧진 박사를 비롯한 서양의 명상 지도자들은 일반인이 어렵게 생각할 수 있는 명상을 일상생활로 가져오는 데 크게 성공하고 있다는 점이다. 명상을 일반인이 이해하기 쉽게 체계화하고, 그 원리를 인간의 보편성에서 찾아내서 누구나 공감할 수 있게 구조화한 것은 역사상 유례 없이 명상이 전 세계 주류 사회에서 주목을 받는 계기가 되었다고 평가할 수 있다. 우수한 명상 전통을 이어받은 우리나라도 서구인들의 과학적인 정신과 현상을 잘 체계화하는 능력을 수용하여 명상의 세계화 추세에 기여할 필요가 있다. 이렇게 개인과 사회의 이익을 위해 동서양이 함께 노력할 때, 마음챙김 명상은 특정 사회, 특정 종교를 넘어서 인류 전체에 유익한 보편적 정신 유산이 될 것이다.

참고문헌

안희영(2010). MBSR 프로그램의 불교 명상적 기반. 불교학연구, 26, 359-408.

안희영(2012). 현대 서구사회에서의 마음챙김 활용. 불교학연구, 33, 489-517.

안희영(2018). 마음챙김혁명: MBSR을 중심으로. 한국초등도덕교육학회 하계학술발표논문집, 9-24.

Ahn, H. (2006). A phenomenological case study of the practicum in Mindfulness-Based Stress

Reduction: Insights into mindfulness and its connection to adult learning. 컬럼비아 대학교 박사논문.

Kabat-Zinn, J. (2012). 존 카밧진의 처음 만나는 마음챙김 명상 (*Mindfulness for beginners*). (안희영 역). 서울: 불광출판사.

Kabat-Zinn, J. (2017). 온정신의 회복 (*Coming to Our Senses: Healing Ourselves and the World Through Mindfulness*). (안희영, 김재성, 이재석 역). 서울: 학지사.

Lovallo, W. R. (2018). 스트레스, 건강, 행동의학 (*Stress and Health*). (안희영, 신경희 역). 서울: 학지사.

Shapiro, S. L., & Carlson, L. E. (2014). 예술과 과학이 융합된 마음챙김: 심신 건강 분야에서 마음챙김의 활용 (*The art and science of mindfulness: integrating mindfulness into psychology and the helping profess*). (안희영, 이재석 역). 서울: 학지사.

Stahl, B., & Goldstein, E. (2014). MBSR 워크북: 스트레스를 완화하는 혁명적 프로그램 (*Mindfulness based stress reduction Workbook*). (안희영, 이재석 역). 서울: 학지사.

Teasdale, J. D., Williams, J. M. G., & Segal, Z. V. (2017). 우울과 불안, 스트레스 극복을 위한 8주 마음챙김(MBCT) 워크북 (*The Mindful Way Workbook*). (안희영 역). 서울: 불광출판사.

Williams, M., & Penman, D. (2013). 8주 나를 비우는 시간. (안희영, 이재석 역). 서울: 불광출판사.

사념처위빠사나

김열권[2]

들어가는 말

　현대는 명상의 시대라 한다. 특히 제4차 산업혁명시대는 자아발견의 시대로, 명상이 직장, 학교, 가정에서 실천해야 할 필수 도덕규범이자 자기개발, 자기실현의 수단인 동시에 목표이다. 그리하여 심리상담, 코칭, 스포츠, 기업교육 등 각 분야에서 명상이 유행처럼 수용되어 실천되는 것이 현 상황이다. 여기에 두 가지 과제가 필요하다고 본다. 전통적인 정통명상과 각박하게 바쁘게 사는 현대인을 위한 효과적인 응용된 명상이다. 이 절에서는 지면 관계상 붓다가 발견한 전통적인 명상법을 핵심적인 것만 간추려 소개하고자 한다.

---

2) 위빠사나붓다선원 원장, 화두 수행 10년, 티벳 수행 3년 후 위빠사나 25년 수행 중

아나빠나삿띠 / 호흡관찰(깨달은 후에도)

"수행승들이여, 이교도의 유행자들이 그대들에게 이와 같이 '벗들이여, 수행승 고따마는 무엇을 닦고 무엇을 익히며 우안거의 기간을 지냈는가?'라고 질문한다고 하자. 이와 같은 질문을 받으면 수행승들이여, 그대들은 그 이교도의 수행승들에게 이와 같이 '벗들이여, 세존께서는 우안거에 호흡의 알아차림에 대한 집중을 닦고 호흡의 알아차림에 대한 집중을 익힌다.'라고 대답하라."

"수행승들이여, 나는 깊이 알아차려 숨을 들이쉬고 깊이 알아차려 숨을 내쉰다.

길게 숨을 들이 쉴 때는 나는 길게 숨을 들이쉰다고 분명히 알고 길게 숨을 내쉴 때는 나는 길게 숨을 내쉰다고 분명히 안다[1단계].

짧게 숨을 들이쉴 때는 나는 짧게 숨을 들이쉰다고 분명히 알고 짧게 숨을 내쉴 때는 나는 짧게 숨을 내쉰다고 분명히 안다[2단계].

온몸을 경험하면서 나는 숨을 들이쉰다고 배우고 온몸을 경험하면서 나는 숨을 내쉰다고 배운다[3단계].

몸의 형성을 고요하게 하면서 나는 숨을 들이쉰다고 배우고 몸의 형성을 고요하게 하면서 나는 숨을 내쉰다고 배운다[4단계].

희열을 경험하면서 나는 숨을 들이쉰다고 배우고 희열을 경험하면서 나는 숨을 내쉰다고 배운다[5단계].

행복을 경험하면서 나는 숨을 들이쉰다고 배우고 행복을 경험하면서 나는 숨을 내쉰다고 배운다[6단계].

마음의 형성을 경험하면서 나는 숨을 들이쉰다고 배우고 마음의 형성을 경험하면서 나는 숨을 내쉰다고 배운다[7단계].

마음의 형성을 고요하게 하면서 나는 숨을 들이쉰다고 배우고 마음의 형성을 고요하게 하면서 나는 숨을 내쉰다고 배운다[8단계].

마음을 경험하면서 나는 숨을 들이쉰다고 배우고 마음을 경험하면서 나는 숨을 내쉰다고 배운다[9단계].

마음을 기쁨으로 채우면서 나는 숨을 들이쉰다고 배우고 마음을 기쁨으로 채우면서 나는 숨을 내쉰다고 배운다[10단계].

마음을 집중시키면서 나는 숨을 들이쉰다고 배우고 마음을 집중시키면서 나는 숨을 내쉰다고 배운다[11단계].

561

마음을 해탈시키면서 나는 숨을 들이쉰다고 배우고 마음을 해탈시키면서 나는 숨을 내쉰다고 배운다[12단계].

무상함을 관찰하면서 나는 숨을 들이쉰다고 배우고 무상함을 관찰하면서 나는 숨을 내쉰다고 배운다[13단계].

사라짐離貪을 관찰하면서 나는 숨을 들이쉰다고 배우고 사라짐離貪을 관찰하면서 나는 숨을 내쉰다고 배운다[14단계].

소멸함滅을 관찰하면서 나는 숨을 들이쉰다고 배우고 소멸함을 관찰하면서 나는 숨을 내쉰다고 배운다[15단계].

보내 버림出離을 관찰하면서 나는 숨을 들이쉰다고 배우고 보내 버림出離을 관찰하면서 나는 숨을 내쉰다고 배운다[16단계].

수행승들이여, 거룩한 삶, 청정한 삶, 여래의 삶에 대하여 올바로 말한다면 거룩한 삶, 청정한 삶, 여래의 삶이라고 하는 것은, 곧 호흡에 대한 마음챙김을 집중하는 삶이라고 올바로 말해야 한다.

수행승들이여, 만약 그들 수행승들이 아직 학승으로서 목표에 도달하지 못하였더라도, 속박에서 벗어난 위없는 안온을 소망하면서 호흡에 대한 마음챙김을 닦고 익히면 그것은 그들을 번뇌의 부숨으로 이끈다. 수행승들이여, 그들 수행승들이 거룩한 이로서 번뇌를 부수고, 청정한 삶을 영위하고, 해야 할 일을 해 마치고, 짐을 내려놓고, 자신의 목표를 구현하고, 윤회의 속박을 끊고, 올바른 지혜로 해탈한 거룩한 님이라고 하더라도 호흡에 대한 마음챙김을 닦고 익히면, 그것은 그들을 현세에서의 지복의 삶을 누리게 하고 올바른 마음챙김과 올바른 앎으로 이끈다.

수행승들이여, 거룩한 삶, 청정한 삶, 여래의 삶에 대하여 올바로 말한다면 거룩한 삶, 청정한 삶, 여래의 삶이라고 하는 것은, 곧 호흡에 대한 마음챙김을 집중하는 삶이라고 올바로 말해야 한다."

이 내용은 쌍윳따니까야 11권에 수록되어 있는 것으로, 호흡관찰법인 아나빠나삿띠로서 맛지마니까야 주석서에 의하면 부처님이 보리수나무 밑에서 깨달음을 얻으실 때 이 수행법을 하셨고, 깨닫고 나신 후 안거 중에도 이 수행법을 하신 것으로 기록되어 있다.

깨치고 나신 후 대념처경에서도 "… 뭇 생명의 정화를 위한, 슬픔과 괴로움을 건너기 위한, 정신적 육체적 고통을 극복하기 위한, 진리의 길을 걷기 위한, 영원한 행복을 증득하기 위한 유일한 길이 있다. 그 길은 사념처(위빠사나) 이다. 무엇이 넷인가? 몸身에서는 몸을…, 감각(느낌受)에서는 감각을…, 마음心에서는 마음을…, 법法에서는 법을 전심전력으로 마음챙김하여 분명한 앎으로 관찰하면서 세상의 욕망과 고뇌에서 벗어나 지낸다(이것을 4념처라고 한다)."라고 하셨다.

이 내용을 수행 측면에서 설명해 보겠다.

마음의 두 흐름

우리 마음을 크게 분류하면 두 가지 형태로 볼 수 있다. 우선 대상을 갖는 마음이다. 몸色과 감각受, 인식想, 반응行, 아는 마음識인 오온을 덩어리로 보아 개념/형상화하는 마음이고, 그다음으로 오온의 실제를 해체하여 연기/인과적으로 보면서 판단/반응 없이 통찰하는 마음이다.

1. 대상을 오온 덩어리(관념/개념)로 보는 마음은 범부심이다. 우리 몸과 마음에서 오온은 6감각 대상과 6감각기관 각각에 다음과 같이 나타난다.

6감각 대상	모양	소리	냄새	맛	감촉	생각 대상
六境	色	聲	香	味	觸	法
↑↓	↑↓	↑↓	↑↓	↑↓	↑↓	↑↓
6감각기관	눈	귀	코	혀	몸	마음
六根	眼	耳	鼻	舌	身	意
↑↓	↑↓	↑↓	↑↓	↑↓	↑↓	↑↓
6가지 의식	안식	이식	비식	설식	신식	의식(5, 6識각각 =觸〉〉受〉〉想〉〉行)

일반인은 여섯 감각기관六根(눈, 귀, 코, 혀, 몸, 意識)으로 그 대상六境(모양, 소리, 냄새, 맛, 접촉, 생각 대상)을 나로 나의 것으로 보고 집착하여 살아가고 있다. 여기서 그 어리석음과 갈망, 집착이 일어난다. 이것이 자기개념에 바탕을 둔 범부심이라 할 수 있다.

2. 대상을 꿰뚫어 보는 마음: 위빠사나/수행자 마음(마음챙김/注視sati, 隨觀anupassī, 明知sampajaññā, 通察智paññā)이다.

오온을 해체하여 여섯 문에서 일어나는 현상을 즉각 알아차리는 것을 주시/마음챙김sati이라 하고, 여러 가지 현상을 있는 그대로 처음 · 중간 · 끝을 보는 것을 수관隨觀이라 하며, 현상을 변화, 고통, 환/무아, 공空으로 분명히 아는 것을 명지明知라 한다. 즉, 이들을 꿰뚫어 본성까지 보는 것을 반야慧paññā라 하는데, 다른 말로 위빠사나반야관通察智이라 해 본다. 또는 판단/반응 없이 아는 마음이라 한다

알아차려 놓아 버리기만 하면 되는데, 일반인은 대상을 갖는 이 생각 너머에 '본래의 나本性·佛性' '열반' '해탈' '깨달음' '중도' 등으로 불리는 영원한 자유와 평화의 세계가 있는 것을 모른 채 살아가고 있다. 주관과 객관으로 나누어 분별하고, 변화하고 있는 생각의 흐름을 변화하지 않고 실체가 있는 나로 착각하면서 집착의 악순환을 계속하며 살아간다. 이 여섯 문에 따른 생멸 변화와 그 조건 지어진 특성을 반야관으로 꿰뚫어 보아 그 본성/실체를 밝혀내는 것이 깨달음으로 가는 오직 한 길인 것이다. 이것을 반야심경에서는 "오온을 마하반야로 비추어 볼 때照見 몸과 마음五蘊 오온 자체가 비어 있는 것으로 드러나皆空 모든 고가 사라지고度一切苦厄 불생불멸의 위없는 깨달음을 실현한다."라고 하였다. 이것이 평화와 자유의 영원한 행복을 얻는 유일한 길이다. 그리고 수행자 자신이 이 길에 이르고, 이 길로 모든 사람들을 인도하는 것이 위빠사나 수행의 시작이자 완성이다.

기차를 타고 시골길을 가다 보면 산이 펼쳐지고 강물이 흐른다. 그 위에는 흰 구름이 두둥실 떠 있다. 무심코 보면 산과 강이 지나가고 구름이 빠른 속도로 흘러간다. 그러나 정신을 차려 자세히 보면 기차가 가고 있는 것이다. 그 기차도 여러 부속품으로 조합된 일시적 현상의 덩어리다. 부속품의 본성은 비어空 있다.

이렇게 여섯 문에서 일어나는 현상을 즉각 알아차려卽觀(삿띠念, 즉 알아차림, 주시, 마음챙김) 여러 가지 현상을 있는 그대로 따라가면서 보며隨觀, 현상과 그 이전을 꿰뚫어 무상無常, 고苦, 무아無我·空를 분명히 안다直觀·內觀. 이들을 반야관慧·觀이라 하고 다른 말로 위빠사나관이라 해 본다.

명상의 두 흐름: 사마타와 위빠사나

구분	사마타止	위빠사나觀
어원	고요, 평온, 집중定	내적 통찰, 내관, 지혜慧
관찰 대상	오온 덩어리로 된 한 대상	궁극적 실제/오온 해체(4념처)
수행 주제	40가지의 수행 주제kammaṭṭhāna	신수심법 4념처satipaṭṭhāna
수행 목적	삼매samādhi, 선정jhāna 계발	인과, 공성, 통찰 지혜paññā, 열반
수행 방법	한 대상에 마음을 집중, 고정시킴	수시로 변하는 대상을 관찰
주요 수행 도구	사마디(마음집중)	사띠, 사마디, 삼빠자나明智

결과	한시적 몰입삼매(색계/무색계 4선)	영원한 행복/열반, 10결박 번뇌 소멸,
최종 결실	5가지 초능력(5신통: 신족, 타심, 천이, 숙명, 천안), 모든 종교에 공통	번뇌 없는 누진통, 혜해탈, 자비행/10바라밀/5신통, 함께 수행하면 부처 실현

집중명상인 사마타Samatha(지止 또는 samadhi, 정定, 삼매)

대상을 오온 덩어리(빤야띠/개념/관념)로 보아 마음을 한곳에 집중하여 삼매를 개발하기 위한 명상법이다. 사마타에는 40가지의 명상 주제, ① 4대 원소(지, 수, 화, 풍), 청, 황, 적, 백, 빛, 허공 10가지, ② 시체관 10가지, ③ 불, 법, 승, 계, 베품, 열반, 천상, 죽음, 부정관, 호흡관, ④ 4가지 자, 비, 희, 사 관, 4가지 무색 계정, 음식관, 사대 원소 특정관이 있다.

통찰명상인 위빠사나Vipassana(관觀)

대상을 정신과 물질(빠라마타/실재/오온)로 분리하여, 무상/고/무아/인과 등 다각도로 보아, 그 본질性인 성품을 꿰뚫어 보는 통찰지般若慧를 완성하고자 수행하는 명상이다. 위빠사나의 대상은 궁극적 실재인 마음, 심소, 물질과 열반의 네 가지이고 사념처라 불리우는 신수심법身受心法인 몸과 느낌, 마음과 법의 네 가지이다.

사마타와 위빠사나 수행

앙굿따라니까야에 의하면, 위빠사나를 먼저 하고 사마타를 수행하는 경우, 사마타를 먼저 하고 위빠사나를 하는 경우, 사마타와 위빠사나를 하는 경우가 있다. 사념처위빠사나 수행은 신념처(몸의 관찰)/수념처(느낌의 관찰)/심념처(마음 관찰)/법념처(법의 관찰)이며, 사념처 각각에서 아비담마의 위빠사나 16단계 수행이 가능하다.

◆ **위빠사나 지혜의 16단계**

제1단계 정신적·육체적 현상/五蘊을 구분하는 지혜(nama–rūpa pariccheda ñ ṇa)

제2단계 원인(조건)을 식별하는 지혜(paccaya–pariggaha–ñ ṇa)

제3단계 현상의 바른 이해에 대한 지혜(sammasana ñ ṇa)

제4단계 일어나고 사라지는 현상에 대한 지혜(udayabbay ñ ṇa)

제5단계 사라짐의 지혜(bhanga ñ ṇa)

제6단계 두려움의 인식에 대한 지혜(bhayatupatt na–ñ ṇa)

제7단계 고苦에 대한 지혜(dīnava ñāṇa)

제8단계 혐오감에 대한 지혜(nibbidā ñāṇa)

제9단계 해탈을 달성하려는 마음의 지혜(muncitukamayatā ñāṇa)

제10단계 다시 살펴보는 지혜(patisaṅkhānupassana ñāṇa)

제11단계 현상에 대한 평등(무심)의 지혜(saṅkhārupekhā ñāṇa)

제12단계 적응(수순)의 지혜(anulaoma ñāṇa)

제13단계 성숙한(종성) 지혜(gotrabhū ñāṇa)

제14단계 도의 지혜(magga ñāṇa)

제15단계 과의 지혜(phala ñāṇa)

제16단계 반조의 지혜(paccavekkhana ñāṇa)

〈수행의 결과를 점검하는 열 가지 결박의 번뇌〉

'개아個我 · 有身見' '형식 의식에 집착戒禁取見' '의심疑結'은 수단원과에서 소멸, '탐욕貪結' '성냄瞋結'은 사다함과에서 약화, 아나함과에서 소멸, '색계에 대한 집착色愛結' '무색계에 대한 집착無色愛結' '불안정함(들뜸掉結)' '자만심慢結' '근본 무명無明結'은 아라한과에서 소멸

* 위빠사나16단계(『위빠사나 II』 참조)와 자비 / 바라밀과 함께 대승 위빠사나 수행하면 부처 경지 실현

〈자애관〉

용 서

만일 내가 다른 사람에게 몸으로, 입으로, 생각으로, 잘못을 행했다면,

내가 평화롭고 행복하게 살 수 있도록 용서받기를 원합니다.

누군가가 나에게 몸으로, 입으로, 생각으로, 잘못을 행했다면,

그들이 평화롭고 행복하게 살 수 있도록 나는 용서합니다.

메타(자비관) 수행

내가 안락하고 행복하고 평화롭기를 기원합니다.

내가 안락하고 행복하고 평화롭기를 기원하는 것처럼,

모든 존재들이 안락하고 행복하고 평화롭기를 기원합니다.

내가 악의에서 벗어나기를 기원합니다.

내가 악의에서 벗어나기를 기원하는 것처럼,

모든 존재들이 악의에서 벗어나기를 기원합니다.

내가 정신적 · 육체적인 고통에서 벗어나기를 기원합니다.

내가 정신적 · 육체적인 고통에서 벗어나기를 기원하는 것처럼,

모든 존재들이 정신적이거나 육체적인 고통에서 벗어나기를 기원합니다.

내가 평화롭고 행복하게 살기를 기원합니다.

내가 평화롭고 행복하게 살기를 기원하는 것처럼,

모든 존재들이 평화롭고 행복하게 살기를 기원합니다.

미운 분에게

이 사람도 나와 똑같이 삶에서 고통을 겪어 알고 있다.

이 사람도 나와 똑같이 슬픔과 외로움과 좌절을 겪어 알고 있다.

이 사람도 나처럼 억울함에 잠 못 이루었던 때도 있었습니다.

이 사람도 나와 똑같이 행복을 찾고 있다.

이 사람도 나와 똑같이 무언가 배우려 하고 있다.

이 사람도 나와 똑같이 무한한 본성이 있다.

사념처위빠사나(아나빠나삿띠 / 호흡관찰 중심으로)

경행(걷기명상)의 6단계

경행은 걸음관찰을 통하여 몸과 마음의 참본성을 발견하는 방법이다. 본 수행에서 깨달음까지 가는 데 경행을 할 수도 있는데, 실습 위주로 안내하므로 예비 수행에 넣었다.

몸이 움직이기 전에 먼저 마음이 작용한다. 몸의 동작 중에도 역시 마음이 함께 작용하므로 경행을 통해서도 상처의 치유, 건강 회복 향상부터 깨달음까지 성취할 수 있는 것이다.

우선 서 있을 때 들숨, 날숨을 관찰해도 되고, '서 있음' '서 있음' 하면서 머리에서 발끝까지 발에서 머리끝까지 몸 전체를 훑어 오르내리며(바디스캐닝) 몸 전체의 감각을 관찰한다. 양손을 아랫배 위에 살짝 대고 시선은 1~2m 앞쪽에 두고서, '걷고자 함' 명칭을 붙이면서 걸으려고 의도하는 마음을 관찰한다.

그리고 발을 들어 올리고, 내밀고, 내려놓는 동작과 발이 바닥에 닿는 느낌을 관찰한다. 관찰의 초점은 발바닥에 고정시키고, 발의 무게, 바닥에 닿는 감촉, 움직일 때의 근육과 관절의 변화와 느낌 등을 주로 관찰한다. 발을 들어 올릴 때 들고자 하는 의도, 가벼움이 증가하는지 무거움이 증가하는지, 들어 올리는 동작의 처음·중간·끝과 앞으로 내밀 때 내밀고자 하는 의도, 당기는 힘의 변화, 내밀 때의 처음·중간·끝 그리고 내려놓을 때의 내려놓고자 하는 마음, 내려놓을 때의 처음·중간·끝 등 무수한 감각의 변화를 알아차린다. 기氣가 잘 느껴지는 사람은 기의 움직임이 몸 전체로 퍼지는 것을 느낄 수 있는데, 이때는 기를 지·수·화·풍으로 나누어서 그 느낌의 변화를 관찰해도 된다.

경행이 끝나는 지점에 다다를 때는 서려고 하는 의도를 관찰하고 선다. 이때도 들숨, 날숨 혹은 몸 전체의 느낌의 변화를 관찰한다. 그리고 서 있을 때나 걸을 때 무언가 보고 싶은 충동을 느끼면 '보고자 함' 하고 그 충동감을 관찰한다.

- 1단계: 보통 걸음으로 걸을 때는 '왼발' '오른발' … 하면서 발의 무게와 발이 바닥에 닿는 감촉을 관찰한다. 빨리 걸을 때는 '걸음' '걸음' 하면서 알아차린다(이하 호흡과 함께 관찰해도 됨).
- 2단계: 조금 천천히 걸을 때는 '들어 올림'→ '내려놓음'→ … 하면서 무게의 변화, 닿는 감촉의 변화를 관찰한다. 자세히 관찰할 때는 의도와 움직임의 처음·중간·끝의 변화를 관찰한다. '들려고 함'→ '들어 올림의 처음·중간·끝'→ '내려놓고자 함'→ '내려놓음의 처음·중간·끝'→ … 의 느낌을 관찰한다(호흡과 함께 관찰할 때는 마시면서 들어 올리고 내쉬면서 내려놓는다).
- 3단계: '들어올림'→ '앞으로 내밂'→ '내려놓음'→ … . 더욱 자세히 관찰할 때는 '들려고 함'→ '들어 올림의 처음·중간·끝'→ '앞으로 내밀고자 함'→ '앞으로 내밂의 처음·중간·끝'→ '내려놓고자 함'→ '내려놓음 처음·중간·끝'→ …
- 4단계: '발뒤꿈치 듦'→ '들어 올림'→ '앞으로 내밂'→'내려놓음'→ … . 좀 더 자세히 관찰할 때는 위에서처럼 의도와 처음·중간·끝을 구분하여 미세한 변화를 관찰한다.
- 5단계: 4단계+'닿음'. 발이 바닥에 닿는 순간의 느낌을 하나 더 관찰한다.
- 6단계: 5단계+'누름'. 발이 바닥에 닿아 눌리는 압력을 하나 더 넣어 관찰한다. 이때도 의도와 움직임의 처음·중간·끝의 자세한 변화를 관찰하면 망상이 들어올 틈이 없다.

6단계와 관계없이 자연스럽게 걸으면서 몸동작과 지수화풍 4대 위주로 관찰해도 된다. 참고로 경행의 효과를 살펴보면, 다음과 같다.

1. 먼 길을 갈 수 있는 힘을 유지한다.
2. 마음의 집중력과 지혜력을 키운다.
3. 수행의 균형을 잡아 준다. 좌선은 고요한 선정, 경행은 정진력과 관찰력을 키워 준다.
4. 식후에는 소화를 돕고, 졸음이 오면 경행으로 물리칠 수 있다.
5. 좌선 시에 집중력을 더욱 강화시킨다.

인도에서 한 비구가 경행으로 7년 동안 잠도 자지 않고 수행하였다. 붓다는 6년 고행을 하셨으므로 여기에 1년을 추가하여 했던 것이다. 그러나 아라한이 못 되었다. 그래서 7년을 더 선 채로 24시간 경행하면서 수행하였다. 그래도 못 되었다. 또다시 7년을 서서 상상을 초월하는 수행을 하여, 21년째 마침내 아라한이 되었다고 한다.

경행으로 마음이 집중되어 일념 집중이 이어지면 수면도 극복된다. 그래서 힘차게 용맹 정진할 수도 있다

569

몸관찰 Kāyānupassanā · 身隨觀 / 아나빠나삿띠 1~4단계

> 마음챙겨 숨을 들이쉬고 마음챙겨 숨을 내쉰다. 혹은 길게 숨을 들이쉬면서 '길게 숨을 들이쉰다'고 알아차리고 … '온몸을 경험하면서 숨을 들이쉰다'고 마음을 다잡아 수행하고, … '신체적 반응을 고요하게 가라앉히면서 숨을 내쉰다'라고 마음을 다잡아 수행한다.
>
> —대념처경

대념처경에서도 아나빠나삿띠 수행부터 한다.

'일어남'과 '들어감'

처음에는 호흡의 길이부터 관찰한다. 길면 긴 줄 알아차리고 짧으면 짧은 줄 알아차린다. 세 번째 단계인 몸 전체 관찰에서는 숨이 들어오는 코, 가슴, 배, 숨이 나가는 배, 가슴, 코로 따라가면서 관찰해도 되고, 코끝이나 배의 한곳에 고정해서 관찰해도 된다. 맛지마니까야 상적유경에 의하면 머리, 가슴, 배, 팔다리(표현은 틀려도 선도의 기경팔맥이 다 포함

되고, 요가의 차크라까지 포함된다고 볼 수 있다–맛지마니까야 상적유경), 오장육부 혈관 속에 흐르는 피의 움직임까지 관찰할 수 있어야 한다.

4단계에서는 사마타 선정의 대상인 고정된 빛인 니미따로 수행한 후 관찰하는 방법과 순수 위빠사나로 관찰하는 방법이 있는데, 여기서는 순수 위빠사나 위주로 소개한다.

1. 숨을 들이마시면 배가 일어나고 내쉬면 배가 들어간다. 시각적으로 분명히 느껴지면 망상을 쉽게 제거할 수 있다.

2. 배가 일어날 때는 '일어남'이라고 마음속으로 명칭을 붙이고, 배가 꺼질 때는 '들어감' 이라고 명칭을 붙이면서 알아차린다. 망상이나 졸음이 오면 '망상' '졸음'이라고 명칭 을 붙이거나, 최대한 큰 소리로 '일어남' '사라짐'을 마음속으로 명칭 붙이면서 관찰한 다. 명칭을 붙이면 망상이나 졸음이 사라진다. 만약 망상이나 졸음이 많거나 배의 움 직임이 길어지면, '일어남' '일어남' '일어남'을 여러 번 반복해도 된다. 나중에 숙달되 면 명칭을 붙이지 않아도 상관없다.

3. 숨이 들어오고 나가는 속도와 배의 움직임 그리고 명칭 붙이는 것, 이 세 가지가 일치 해야 한다. 그러면 쉽게 집중이 되면서 망상이 차단된다.

4. 들이마시는 숨이 긴지 내쉬는 숨이 긴지, 들이마시는 숨이 짧은지 내쉬는 숨이 짧은 지를 알아차린다. 천천히 내쉬면 길게 느껴진다. 단, 이때 호흡의 길이를 의도적으로 조절하지 않고 자연호흡이 되어야 한다. 의도적인 호흡은 욕심이 붙는다. 그러나 예 비 호흡으로 잠시 느리게 하거나 강하게 해 보는 것은 괜찮다.

5. 배의 움직임에 대해서 어떻게 관찰했고 무엇을 느꼈는지 분명하게 알 수 있어야 한 다. 이는 일기를 쓰듯이 종이를 옆에 두고 매번의 변화를 쓰는 습관을 들이면 수행에 도움이 된다.

　① 배의 상태를 주시하는데, 배가 들어가서 홀쭉한지, 부풀어 올라 불룩한지, 중간 상 태인지를 관觀한다. 호흡이 코/가슴/배로 들고 배/가슴/코로 나가는 것도 곁눈으 로 저절로 알아차려진다.

　② 배가 움직일 때 본질적 특성에 대한 느낌을 관한다. 배가 움직일 때의 '따뜻함' '차 가움' '팽창감' '단단함' 등의 느낌을 말한다.

본질적 특성에는 세 가지 단계가 있다. 몸을 움직일 때는 우리 몸이 지地 · 수水 · 화火 · 풍風으로 이루어져 있으므로, 이 네 느낌들이 일어나고 사라진다. 지의 느낌은 '단단함' '부드러움' '거침' '미끈함' '무거움' '가벼움'이다. 수의 느낌은 침이 넘어가거나 오줌이 나올 때의 '흐름'의 느낌과 물방울이 밀가루에 떨어지면 밀가루가 엉키는 듯한 '응집'의 느낌을 말한다. 화의 느낌은 뱃속의 '따뜻함'과 '차가움'이고, 풍의 느낌은 움직임과 자세를 유지하는 '지탱감' 또는 '팽창감' 등을 말한다.

이 12가지 정도의 느낌 중에서 가장 강한 느낌 하나를 포착한다. 이 느낌에 주시하여 천천히 관찰해 보면 매 순간 변화를 알 수 있다. 이때부터 위빠사나의 16단계가 시작된다.

하나도 느끼지 못할 때는 배에 손을 대고 있으면 배의 움직임을 느낄 수 있다. 자세히 관찰하면, 움직임 속에서 여러 가지 다른 느낌도 포착된다. 이와 같이 배의 움직임에서, ① 고유한 특성Sabbāva Lakkhana을 포착한다.

그다음에는 모든 현상의 변화에 처음, 중간, 끝이 있다는 것을 관찰한다. 배가 일어날 때는 처음 일어나려고 하는 부분, 일어나고 있는 부분, 끝나는 부분이 있다. 숨이 들어올 때도 코끝, 가슴, 배로 들어온다. 따뜻한 느낌이 일어나면 즉시 알아차려即觀 처음 일어난 부분과 진행하다가 사라지는 변화를 수관隨觀하는데, 수행이 깊어지면 일어나기 이전과 사라진 후까지 포착直觀된다. 모든 현상의 처음 · 중간 · 끝을 알아차리는 것이 현상관찰에서, ② 조건 지어진 특성saṅkhata lakkhana을 관찰하는 것이다.

모든 현상은 항상 매 순간 변화無常하고, 변화하므로 괴롭고苦, 변화하고 괴로운 것에는 '나'라는 실체가 없는 것이다無我. 모든 현상에 나타나는, ③ 공통적인 특성samañña Lakkhana인 이 세 가지三法印를 관찰한다.

아나빠나삿띠 4단계 몸의 형성을 고요하기에서는 오온과 12연기관찰이 포함된다. 이 단계로 아라한의 깨달음까지 갈 수 있다. 초보자는 이때부터 위빠사나의 16단계 중 첫 번째 단계인 정신적 · 육체적 현상을 구분하는 지혜nama–rūpa pariccheda ñāṇa가 시작된다.

앉아 있음sitting과 닿음touching

미얀마의 마하시 선사(Mahasi, S., 1904~1982)가 안내한 위빠사나의 가장 큰 특징 중의 하나인 수행법으로, 다음의 세 경우에 이용하면 효과적이다.

1. 배가 일어나고 들어갈 때 수행이 어느 정도 깊어지면서 대체로 빛이나 지금까지 본 적이 없는 장면들이 보이는 등 희각喜覺의 현상이 강하게 나타나고, 이것이 지나고 나면, ① 숨을 들이마시고, ② 내쉴 때 배가 일어나고 꺼지기 직전이나 숨을 내쉬고 들이마실 때 배가 꺼지고 일어나기 직전에 틈이 느껴진다. 이때 그 틈새에 '앉음'이라 명

571

칭을 붙이는데, 그 틈이 길 때는, ③ '앉음', ④ '닿음' 둘 다 명칭을 붙인다. 대체로 숨을 내쉬고 들이마시기 직전에 틈이 많이 있다.

2. 배의 움직임을 관찰하다 보면 배의 움직임이 사라져 전혀 못 느낄 때가 있다. 우선 코끝에 숨이 느껴지는지 관찰해 보고, 거기에서 느껴지지 않으면, ③ '앉음'과, ④ '닿음'을 이용한다.

3. 망상이나 졸음이 올 때 이용한다. 망상을 없애는 방법은 다양하지만, 그중 이 방법은 '앉음'과 '닿음'을 호흡의 틈새에 넣기만 해도 망상이 차단된다. 아무리 망상이 많고 마음이 산란하여 집중이 되지 않는 사람도 이 방법으로 마음을 고요하게 집중시킬 수 있다. 그러므로 좀 더 구체적으로 이 방법을 설명해 보겠다.

③ '앉음sitting'은, ㉠ 우선 앉아 있는 자신의 모습을 그린다. 극히 짧은 순간에 앉아 있는 모양을 순간적으로 떠올린다. 이것이 숙달되면, ㉡ '앉음' 하면서 온몸의 느낌을 관찰한다. 다른 방법으로는, ㉢ 자루나 보자기를 머리에서 엉덩이까지 위에서 아래로 덮어씌우듯이 순간적으로 몸을 훑어 내려가면서 느낌을 알아차린다. ㉣ 지금 앉아 있는 상태를 알아차린다. ㉠~㉣ 중 자신에게 맞는 것 하나를 선택해서 하는데, 감感이 잘 안 오는 사람은 ㉠부터 한다.

④ '닿음touching'은 엉덩이나 다리가 바닥에 닿아 있는 느낌을 알아차린다. 처음에는 엉덩이 전체에서 닿아 있는 부분을 택한다. 그러다가 숙달되면, ㉠ 왼쪽 엉덩이뼈가 바닥에 닿는 곳, ㉡ 왼쪽 정강이가 바닥에 닿는 곳, ㉢ 왼쪽 발이 바닥에 닿는 곳, ㉣ 오른쪽 엉덩이뼈가 바닥에 닿는 곳, ㉤ 오른쪽 정강이가 바닥에 닿는 곳, ㉥ 오른쪽 발이 바닥에 닿는 곳을 교대로 돌아가면서 알아차린다. 즉, 일어남→ 들어감→ 앉음→ (왼쪽 엉덩이) 닿음→ 일어남→ 들어감→ 앉음→ (왼쪽 정강이) 닿음→ 일어남→ … → (왼쪽 발) 닿음→ … → (오른쪽 엉덩이) 닿음→ … 순으로 관찰한다.

이 방법으로 하면 망상이 아무리 많아도 마음이 고요하게 잡히게 된다. 이때 명심할 것은 '일어남' '사라짐'의 처음 · 중간 · 끝 부분에서 각각 미세한 변화를 감지하고 '앉음' '닿음'에서 분명한 고유의 특성을 알아차리면 빽빽하게 이은 지붕에 물이 새지 못하듯이 번뇌 망상이 침입하지 못한다.

호흡이나 배의 움직임만 관찰하다 보면 너무 고요한 곳에 빠져 혼침이나 정에만 치우칠 우려가 있지만, 이 방법을 추가하면 정과 혜가 균형을 이루게 된다.

감각관찰Vedanānupassanā · 受隨觀/아나빠나삿띠 5~8단계

수행자는 즐거운 느낌을 느끼면서 '즐거운 느낌을 느낀다'고 꿰뚫어 안다. 괴로운 느낌을 느끼면서 '괴로운 느낌을 느낀다'고 꿰뚫어 안다. 괴롭지도 즐겁지도 않은 느낌을 느끼면서 '괴롭지도 즐겁지도 않은 느낌을 느낀다'고 꿰뚫어 안다.

-대념처경

좌선/경행/일상에서 감각/감정 관찰 위주로 수행한다. 특히 좌선에서 호흡과 호흡 사이 바디스캔 시 호흡관 없이 바디스캔만 머리에서 발까지, 발에서 머리까지 순차적으로 이어 가면서 관찰해도 된다.

아나빠나삿띠 5~8단계에서 몸관찰 4단계인 몸의 형성을 고요하기가 제대로 관찰되면 감각관찰 5단계인 기쁨의 관찰이 따라온다. 들숨, 날숨 시 기쁨을 관찰하면 6단계인 행복을 체험하기로 향상된다. 들숨, 날숨 시 행복을 관찰하면 7단계 마음의 형성을 체험하기로 진입한다. 마음의 형성은 기쁨, 행복감, 인식하는 마음想이 그 조건이 된다. 이때도 관찰이 깊어지면 마음의 형성인 기쁨, 행복감, 감정에서 업, 갈애, 무명 등 12연기의 핵심 과정을 볼 수도 있다. 이 과정에서 관찰이 깊어지거나 호흡이 고요해지면 8단계인 마음의 형성을 고요히 하기로 나아간다. 8단계에서는 무명까지 제거한 아라한의 깨달음에까지 갈 수 있다.

마음관찰Cittānupassanā · 心隨觀/아나빠나삿띠 9~12단계

수행자는 들숨, 날숨 하면서, ① 탐욕이 있는 마음을 탐욕이 있는 마음이라 꿰뚫어 안다. 탐욕을 여읜 마음을 탐욕이 없는 마음이라 꿰뚫어 안다. ② 성냄이 있는… 성냄을 여읜… ③ 미혹이 있는… 미혹을 여읜… ④ 위축된… 산란한… ⑤ 고귀한… 고귀하지 않은… ⑥ [아직도] 위가 남아 있는… [더 이상] 위가 없는無上心… ⑦ 삼매에 든… 삼매에 들지 않은… ⑧ 해탈한… 해탈하지 않은 마음을 해탈하지 않은 마음이라 꿰뚫어 안다.

-대념처경

아나빠나삿띠 마음관찰의 네 단계(9~12단계)중 9단계인 마음을 체험하기에서는 앞의 1에서 8단계까지 마음 상태 위주로 관찰하면 된다. 1단계 호흡의 길이부터 8단계 마음의 형성을 고요하게까지 마음 상태 위주로 관찰하면 된다. 9단계의 마음관찰이 순일하게 될 때

573

9단계에서 마음을 기쁘게 하면서 호흡하고, 10단계의 마음을 집중(선정)하면서, 11단계의 마음을 해탈하게로 숨을 마시고 내쉬는 단계로 나아간다.

마음을 성찰하는 수행Cittānupassanā

마음의 관찰 3단계는, 1. 대상을 찾아감, 2. 대상이 찾아옴, 3. 있는 그대로 앎의 단계로 진행된다

마음관찰이 중요하므로 설명을 덧붙인다. 마음은 일체법의 근본이요, 마음을 알면 일체법을 자연히 알게 된다. 수행자가 자신의 마음을 알게 되면 자신의 몸과 느낌과 법을 보는데 그 마음을 사용할 수 있게 되기 때문이다. 마음공부를 바르게 하기 위해서는 3가지를 항상 자문해야 한다.

첫째, 지금 이 순간 내 마음이 어디에 있는가?

둘째, 이 마음이 무엇을 하는가?

셋째, 마음 상태는 어떠한가?

심념처 수행을 바르게 하기 위해서는 호흡을 하면서 대상을 아는 마음knowing mind과 대상을 아는 마음을 지켜보는 마음watching mind이 있어야 한다. 수행자가 대상을 아는 마음이 있으면 거기에는 항상 아는 '나假我'가 있게 된다. 단순히 대상을 아는 마음은 개념, 허상paññatti의 상태에서 자유로울 수 없다. 지켜보는 마음이 갖추어질 때 실재paramattha(色물질, 受감각, 想인식, 行, 識)를 볼 수 있게 된다. 심념처 수행을 하지 않고 신념처나 수념처를 결합해서 하더라도 지켜보는 마음이 없게 되면 진정한 깊은 수행이라 하기 어렵다. 예를 들면, 들숨 · 날숨 시 배가 움직임을 관찰할 때, 단단함이나 팽창감을 느끼고 알 때 아는 마음識을 지켜본다.

주시하는 마음watching mind은 언제 생기는가

향상된 수행자에게 호흡하면서 사대와 사마디가 조화를 이루고 주도면밀하게 공부를 지어 가다가 알아차리는 사띠와 집중인 사마디가 향상하면서 주시하는 마음이 예리하게 일어나게 된다. 그때부터 수행자는 더 이상 대상을 따라가지 않고 대상이 마음으로 오는 것을 그 자리에서 볼 뿐이다. 더 이상 흙구덩이를 쫓는 개가 되지 않고 흙구덩이를 던진 사람을 무는 사자와 같게 되는 것이다. 마음공부를 지어 가는 사람은 치밀하고 고요하고 간단 없이 알아차리도록 비상한 노력이 있어야 된다. 마음이란 미묘하고 전광석화처럼 일어났다 사라지며 만법이 그로부터 일어나기 때문이다.

많은 사람이 마음이 '나'라고 착각하고 살아간다. 그것이 마음을 보기 어렵게 만든다. 왜냐하면 그 사이에 자아라는 개념이 있어서다.

끊임없이 정진해서 사띠(알아차림)와 사마디(집중)를 강화시켜야 한다. 그러면 사념처에서 일어나는 현상은 분명히 드러날 것이고, '나'라는 존재는 거기에 없다. 단지 아는 마음뿐이다. 이때 있는 그대로 관찰하게 된다.

마음관찰 정리

- 지금 마음이 무엇을 취하고 어디에 가 있는가. 관찰의 대상은 오온을 덩어리로 보는 관념인 빤야띠가 아닌 오온을 해체해서 보는 실재인 빠라마타이다.
- 성취하려 하거나 벗어나려는 마음 없이 현재 마음 상태를 알아차린다. 탐함이 생기면 마음은 동요되기 시작한다.
- 마음이 혼란할 때는 언제나 그 내면을 관찰한다. 그 마음 상태에 대해서 비난할 수 있는 어떤 것도, 어떤 사람도 없는 현상에 지나지 않는다는 지혜를 길러라.
- 사람들이 우울할 때는 언제나 원하는 것을 얻지 못했음을 나타내는 징후임에 틀림없다. 우울한 마음을 아는 마음을 알아차려라. 단지 현상에 지나지 않는다는 것을 자각한다.
- 아직도 마음이 자유롭지 못하다면, 마음이 모든 것을 분명히 볼 수 있게 되고 그 자체의 조건적 상황에서 풀려 나올 수 있을 때까지 순간순간 직면하는 모든 상황의 원인과 결과를 관찰해 보아야 한다. 괴로움은 바로 여기, 우리 마음속에 있다. 그러나 이또한 마음속에서 없어진다.
- 행동하기 전, 말하기 전, 생각하기 전 마음의 상태를 알아차려라. 특히 마음이 조급한 사람이 이와 같이 관찰하면 마음이 자제된다.
- 어떤 것을 하기를 원하는지 원하지 않는지는 중요하지 않다. 단지 그 행위를 할 필요가 있는지 없는지를 자신에게 물어보라. 올바른 행위가 선업이다. 왜 이것을 하고 있는가? 그것을 원하기 때문인가? 할 필요가 있기 때문인가? 현재 상황에서 실천하기에 적절한 것이기 때문인가?
- 마음을 믿지 마라. 그 대신 마음 자체를 만드는 조건을 똑바로 보라. 그 조건들을 있는 그대로 받아들이도록 하라. 그 조건들은 있는 그대로일 뿐 그 이하도 이상도 아니

다. 지혜가 마음을 통제할 수 있는 것이지, 자신이 마음을 통제할 수 있는 것이 아니다. 사띠는 무엇이 진행되고 있는지 알고, 지혜는 무엇을 해야 하는지를 안다.

- 마음의 주체意가 대상法을 만나면 의식意識이 일어난다. 이때 무의식이 원인이 되는 과정을 지켜보면 인과의 흐름을 안다. 그 단절 고리를 지켜보라. 자동적으로 일어나는 생각과 습관을 알아차려라.

- 마음이 동요할 때 마음을 알아차려라. 왜 마음이 동요하는가? 이 일이 일어나기 전에 무엇을 했는지 알아차려라.

- 마음이 정말로 혼란스러울 때, 그때가 바로 수행할 때다.

- 의심이나 걱정을 없애기 위해서는 그 마음 상태의 진행 과정을 꿰뚫어 보아야 한다. 어떤 것을 아주 중요한 것이라고 생각한다면, 생각을 멈추고 그것이 참으로 중요한지 자신에게 물어보라. "왜 그렇게 열심히 생각하고 싶어 합니까?"

- 자신이 수카sukha(행복)라고 생각하는 것은 둑카dukkha(고통)일 경우가 많다. 대상이 있는 조건 지어진 생각은 고통이다

- 집착을 놓아 버리는 것이 중요한가, 아니면 집착이 왜 거기 있는지 이해하는 것이 중요한가? 무엇을 없애려고 하는 것은 성냄의 다른 형태이다. 일어나고 있는 마음에 대해 자신이 저항하거나 변화되기를 바라면 바랄수록 그것은 더 고통스럽게 느껴진다. 그냥 수용해서 알아차려라. 다른 사람들이 자신과 같아지기를 바라는 것은 어리석은 기대이다.

- 결과나 체험에 대해서 생각하지 말고, 어떻게 알아차려야 하는가를 실천하라. 무언가를 이해할 때마다 자유로움을 경험할 것이다.

- 법의 성품은 '법을 얻는다고 해도 행복하지 않고, 법을 얻지 못한다고 해도 불행하지 않다'. 많은 수행자는 어떤 것을 체험하면 아주 행복해하고 체험하지 못하면 매우 동요된다. 이것은 법을 수행하는 것이 아니다. 법을 수행하는 것은 체험하는 것이 아니라 이해하는 것이다. 진정한 목표는 현상을 정확하게 이해하는 것이다. 그러면 행복은 자연히 따라올 것이다.

- 행복하거나 평화롭기를 바라는 순간, 문제가 생긴다. 바라는 것이 문제다. 마음의 고통도 스스로 만들고, 마음의 청정도 마음이 스스로 만드는 것이다.

- 상대방 얼굴에서 상대방 잘못, 집착 등을 보는 것은 자신의 마음 상태이다. 상대방의 마음을 보기 전에 자신의 마음부터 보아야 한다. 원하는 마음이 없으면 고통도 번뇌도 없다. 무엇을 원하는지 억제하지 말고 일어나는 그대로 알아차려라. 생각의 내용

을 보지 말고 마음의 본성을 보아야 한다.

- 언짢은 말을 듣고 그 말을 친한 이에게 옮기려 한다. 말을 듣는 순간 동요되는 마음을 보면 마음이 다른 마음을 불러일으키는 조건성을 볼 수 있다. 그때 각성이 일어난다. 그 마음도 본다.
- 마음 관찰은 1:1 대결이 아니고 1:6 이상의 대결이다. 6근, 6경, 6식에서 일어나는 매 순간의 마음 상태를 놓치지 않고 알아차려 나가야 한다.
- 지금 글을 읽고 있는 마음 상태도 있는 그대로 알아차림으로 읽어야 한다.

법에 대한 관찰法 · Dhammānupassanā, 法隨觀 / 아나빠나삿띠 13~16단계

> …어떻게 해서 법法에서 법을 관찰하면서 지내는가? … 5장애五蓋의 법法에서… 오취온五取蘊 · khandha의 법에서는… 여섯 가지 안팎의 기관六處 법法에서… 일곱 가지 깨달음의 요소七覺支 · bojjhaṅga 법에서… 네 가지 성스러운 진리四聖諦 · catuariya-sacca 법法에서 법을 관찰하면서 지낸다.
>
> —대념처경

아나빠나삿띠에서는 법의 관찰이 네 단계로 되어 있다. 즉, 13단계 무상을 관찰하기, 14단계 사라짐離貪을…, 15단계 소멸滅을…, 16단계 보내버림出離을 관찰하기이다. 13단계인 무상을 관찰하면 고, 무아는 따라오게 된다. 호흡을 하면서 오온, 6처(6근, 6경), 12연기 중심으로 무상, 고, 무아를 관찰하면 탐욕을 사라지게 하고 소멸시켜 벗어나 버려서 열반의 상태를 실현한다.

무상, 고, 무아를 본 후에 모든 형성된 것行들에 대한 집착을 놓아 버려 소멸滅시켜 버림으로써 오는 만족이 있다. 이때 그 만족감마저 평정해 버린 후, 마음을 무심 상태에 두어 매번의 들숨 · 날숨에서 일어나는 모든 형성된 것(상카라)들을 비어 있는 것空으로 관찰해야 한다. 최상의 방법은 아나빠나삿띠의 첫 단계로 돌아가 모든 단계들을 순차적으로 관찰하면서 그때에 나타나는 모든 표상nimitta, 선정의 요소들, 특히 선정의 요소들 중 집착의 직접적인 토대가 되는 행복감, 이런 현상들을 주시하는 마음 등 모든 것을 '보내 버림'으로 관찰해야 한다. 왜냐하면 어떠한 형태로든 여기에는 가질 만한 가치가 있는 것은 전혀 없기 때문이다. 이때에는 일체의 모든 것을 무상, 고, 무아로 정밀하게 관찰한다. 마침내 마음은 혐오감으로 진절머리가 나게 되어 모든 갈애와 탐착을 놓아 버리고, 이러한 것들을 소멸시키는 담마로 충만하여 모든 현상에는 자아가 전혀 없음을 깨달아 일체를 놓아 버리

577

고出離, 집착된 모든 것에서 공空을 실현하게 된다.

대념처경에서 붓다는 다음과 같이 보증하셨다.

> 수행자들이여, 누구든지 이 사념처를 7년 동안 이와 같이 닦는 자는 두 가지 결과 중 어느 것이나. 즉 바로 지금 여기에서 구경각인 아라한 또는 집착의 자취가 남아 있으면 아나함의 경지가 기약된다. 7년 동안은 제쳐 두고라도 누구든지… 5년 동안… 4년 동안… 3년 동안… 2년… 1년… 보름 동안은 제쳐 두고라도 누구든지 이 사념처를 7일 동안 이와 같이 닦는 자는 두 가지 결과 중 어느 것이나, 즉 바로 지금 여기에서 구경각 아라한 또는 집착의 자취가 있으면 아나함의 경지가 기약된다.
>
> – 대념처경

> "어떤 비구가 걷는 행위에 마음을 집중시킨다고 할 때 그가 발을 들어 올렸다가 그 발이 다시 땅에 닿기 전에 아라한과를 이룰 수도 있느니라."
>
> 그리고 부처님께서는 다음 게송을 읊으시었다.
>
> "게으르고 노력 없이 백 년을 사는 것보다는 단 하루라도 사마타 위빠사나를 용맹스럽게 수행하는 것이 훨씬 낫다."
>
> – 법구경 112

아나빠나삿띠 체험 사례

> 처음에 호흡이 길고 짧은지를 알면서 들숨·날숨을 했구요… 들숨을 알아차리면서 온몸이 보이고, 또 이제 온몸을 알아차리면서 날숨을 하고 그렇게 됐습니다(때론 몸 전체 기경팔맥, 차크라도 저절로 관찰). 그리고 호흡이 점점 더 깊어지면서 몸이 고요해짐을 알아차리고 숨을 들이마시고 몸이 고요해짐을 알아차리면서 숨을 내쉬고, 이렇게 호흡을 하는 가운데서 이 몸이 저는 저절로 가라앉고 고요해지는 것인 줄 알았는데… 몸이 저절로 고요해지는 것이 아니고, 아는 마음의 힘 같은 것이 몸을 고요하게 하고 있음을 알아차렸습니다.
>
> 그 몸의 상태를 고요하게 하자 기쁨이 확 일어났습니다. 그 기쁨을 알아차리면서 숨을 들이마시고 기쁨이 일어난 것을 충만히 일어났다는 것을 알아차리면서 또 숨을 내쉬고, 그렇게 몇 번 하니까 기쁨이 사라졌습니다. … 그다음에는 기쁨하곤 조금 다른 어떤 행복감이 일어났고, 그것을 역시 알

아차리면서 숨을 들이마시고 내쉬고 그러다 보니까 이제 편안해지고, 그 아주 편안함이 아주 꽉 차오르게 됨과 동시에 점점 마음이 더 아주 미세하게(오온/12연기관) 가라앉고 있음을 느꼈습니다. 가장 고요하게 됨을 또 알아차리면서 보니까 호흡도 없어지고, 그리고 몸에 어떤 맥박이나 체온까지 다 내려가는 것을 알아차렸습니다. 보통 75박 이렇게 되는데 그때 제가 느낀 것으로는 한 40박 정도 되었을 것 같은… 그리고 그 순간에 아마 몸이 생명을 이렇게 유지할 수 있는 아주 극미세한, 그 아주 작은 에너지만 사용하고 있음을 알아차리면서 호흡이 끊어지고 몸도 없어지고 몸을 지탱하는 모든 게 다 사라짐을 알아차리면서 '아 지금 무아삼매無我 · 空三昧에 들고 있구나.' 하는 자각이 오면서 공삼매에 들었습니다. 그 후에는 사념처 관찰이 공성空性과 함께 일상생활에서 자나 깨나 이어지게 되는 대승 위빠사나가 저절로 되고 있습니다. 수행 후 내 주장과 성냄이 줄어들고, 감정의 기복이 약해졌습니다. 그러다 보니 급했던 성격이 느긋해져서 매사를 관조하게 되고, 상대방의 감정 변화까지 받아들여 이해와 공감이 깊어졌습니다.

불안하고 초조하던 마음이 줄었고, 주어진 것에 만족하고 어떤 슬픔이나 억울함에도 무심하게 되었습니다.

－정견성(56세, 한의사)

해설

범부에겐 몸이나 호흡이나 생각을 유지시키는 것이 무명과 갈애이거든요. 갈애와 집착, 그게 오온 중 행行인데 그것이 관찰로써 제거되는 만큼 무아삼매/공삼매로 깊이 들어가는데, 이때 지도해 주는 분에 따라서 무엇을 관찰하라 하는 것이 조금 틀려요. 그런 체험이 있을 때 가르치는 분들을 찾아다니면서 다 물어보세요. 10가지 결박의 번뇌가 얼마큼 없어지고 자비심이 항상 실천되는가, 그걸로 수행의 척도를 삼으면 된다고 봅니다. 그리고 바라밀과 함께 대승 위빠사나를 수행하면 부처 경지까지 실현할 수 있으므로 삶 속 수행자는 이 길을 가고 있다고 봅니다.

579

나가는 말

아나빠나삿띠(호흡관찰법)는 붓다가 깨달음을 얻으실 때, 깨닫고 나서도 직접 수행하셨던 수행이다. 지금도 그 전통이 남방에 전승되어 오고 있고, 우리나라에서도 필자가 적극적으로 안내하고 있다. 아나빠나삿띠는 호흡으로 사념처를 수행하는 것이다. '사념처四念處 위빠사나'가 갖고 있는 특성을 살펴보면 다음과 같다.

1. 누구나 수행해야 할 절대적으로 필요한 것이다. 특히 코칭, 심리상담이나 정신의학 분야, 기업 연구 개발/의사 결정, 스트레스 정화 등에 이용되면 근원적으로 문제를 해결할 수 있다.
2. 타인이 대신해 줄 수 없는, 본인 스스로 직접 수행해야 하는 것이다.
3. 꾸준히 지금 여기서 수행해야 한다. 그 결과는 대단히 유익하다.

비유를 들어 설명해 보면 건강을 위해서는 맑고 신선한 공기가 반드시 필요하듯이 '사념처위빠사나' 수행은 자기개발과 깨달음을 얻기 위해서 절대적으로 필요 불가결한 것이다.

공기는 우리 자신 스스로 들이마셔야 하듯이 이 수행도 우리 자신 스스로 실천해야 하며, 공기도 제때에 계속해서 들이마셔야 하듯이 수행도 늙고 병들고 죽기 전에 규칙적으로 지금 여기서 꾸준히 연마해야 한다.

이와 같이 열심히 수행하면 붓다께서 보증하신 일곱 가지 이익을 얻을 수 있다.

1. 마음의 오염(번뇌)으로부터 자유로워지며,
2. 슬픔과 비탄으로부터 자유로워지며,
3. 갈애와 불안으로부터 자유로워지며,
4. 육체적 고통으로부터 자유로워지며,
5. 모든 정신적 고통으로부터 자유로워지며,
6. 성스러운 도道 · Ariya magga, 과果 · Ariya phala(견성해탈/열반)를 얻는다.
7. 그리하여 선과 악이 변화무쌍하게 난무하는 세파 속에서 자신의 삶을 초연하고 평온하게 유지하고 현실에서 지혜의 힘으로 평화롭고 자유롭게 타인을 수용 · 공감하면서 자신의 생활을 영위할 수 있다.

참고문헌

각묵(2009). 니까야(쌍윳따/디가/맛지마). 초기불전연구원.

각묵, 대림(2016). 아비담마길라잡이 1, 2. 초기불전연구원.

김열권(2001). 보면 사라진다. 정신세계사

김열권(2007). 붓다의 호흡법 아나빠나삿띠. 불광출판사.

김열권(2009). 위빠싸나 I, II. 불광출판사.

김열권(2014). 붓다의 후예. 위빠사나 선사들 1-2. 한길.

전재성(2014). 쌍윳따니까야. 한국빠알리성전협회.

수야홍원(1981). パーリ語辭典. 東京: 春秋社.

Bhikku Namamoli & Visuddhi Magga. (1975). 청정도론. Kandy Srilanka: Buddhist publication society.

Palitext society(2016). *The Palitext Society's Pali-English Dictionary*. London.

정서지능과 마음챙김

조인숙[3]

들어가는 말

현대를 살아가는 우리 모두는 인생이 보다 행복하기를 바라며 성공을 위해 나름의 노력을 하고 있다. 그러나 진정 행복한 삶이란 단순한 성공이 아니며, 보다 궁극적으로 바라는 것은 사는 동안 진정으로 의미 있고 충만한 삶을 사는 것이다. 행복에 대한 새로운 연구들에서 행복은 지속적으로 향상시킬 수 있는 것임을 보여 주고 있다. 행복은 태어나면서부터 우리 안에 내재되어 있는 개인의 능력을 찾고 계발하여 일, 사랑, 자녀 양육, 여가 활동이라는 삶의 장에서 활용할 수 있는 능력을 갖추는 것이다. 이러한 능력은 지성에 국한된 것이 아니라 정서 부분의 발달이 함께 이루어져야 한다. 좋든 싫든, 지성은 정서에 의해 잘 통제되지 않으면 그동안의 노력이 헛수고가 되기 때문이다.

낯선 이와 어떻게 교류해야 할지, 좀 더 감화력이 있는 사람이 되고 싶지만 그렇지 못하다면 그 이유는 바로 자신의 정서지능을 충분히 끌어내지 못했기 때문이다(苏林, 2013). 관리든 소통이든 우리의 감정 생활이든, 결국 그 질은 지능지수Intelligence Quotient: IQ가 아닌 정

---

3) 한국심신치유학회 회장, 한국MBSR연구소 청주지부장, 심신통합치유학 박사

서지능Emotional Quotient: EQ[4]이 결정한다. 성공을 하고 싶다면, 그러한 삶을 바탕으로 만족감을 얻고 싶다면, EQ 기술을 극대화하는 방법을 배워야 한다. 이성과 감정을 조화시킬 줄 아는 사람만이 진정으로 의미 있고 충만한 행복한 삶을 살아 나갈 수 있기 때문이다. 정서지능이 사람의 운명에 얼마나 결정적인 영향을 미치는지 우리는 잘 알고 있으며, 내 안에 있는 정서지능을 이끌어 내어 성공적인 삶을 살고 싶어 하는 바람으로 그 방법들을 찾고 있다. 그러나 정서지능을 계발시킬 수 있는 다양한 정서지능 코칭의 방법들은 전략적인 측면에 치우쳐 있다. 감정을 조절할 수 있어야 한다는 것은 누구나 잘 알고 있지만 자신 안에 감정을 조절할 수 있는 힘이 길러져 있지 않다면 그것은 그냥 이론에 그치게 되고, 그것을 실천하여 적용하는 것은 먼 이야기가 될 수밖에 없을 것이다. 따라서 그저 비슷한 내용으로 구성된 정서지능 전략의 안내가 아닌, 이제는 자신의 내면에 내재되어 있는 정서지능의 특성들을 계발할 수 있는 구체적이고 보다 근원적인 안내가 필요하다. 따라서 이 절에서는 바로 우리의 행복도를 높여 줄 정서지능이란 대체 무엇인지, 또한 이를 계발할 수 있는 보다 근원적인 방법인 '마음챙김'에 대해 소개하고 구체적인 프로그램을 안내할 것이다.

이 절에서는 정서지능에 대한 바른 이해를 위해 정의 및 구성 요소를 알아보고, 인간의 내면에 잠재되어 있는 정서지능의 특성의 계발할 수 있는 구체적인 방법을 명상을 통해 살펴보았다. 대표적인 통찰명상인 마음챙김과 정서지능의 관계를 살펴보고, 구체적인 마음챙김 프로그램으로서 MBSRMindfulness-Based Stress Reduction로 접근하여 보다 구체적인 정서지능의 계발을 위한 방법을 제시하고자 한다. 이 글을 읽는 모든 이가 정서지능의 가치를 깨닫고, 이를 키워 자신의 삶을 전체적으로 재정비하는 기회를 가지길 바란다.

정서지능

골먼(Goleman, D.)은 정서지능이 원만한 인간관계를 형성하고 대인관계의 폭을 넓히는데 있어 결정적인 역할을 할 뿐만 아니라, 성인이 되어 성공적인 사회생활을 이루어 내는데도 중요한 열쇠라고 주장하였다. 또한 그는 과거 성공의 강력한 예측 요인이라고 여겨졌던 지능지수가 사회에서의 성공을 결정하는 데 4~25% 정도밖에 영향을 주지 않는다고

---

4) EQ는 Emotion Intelligence를 IQ와 대비되는 의미에서 독자의 편의를 돕고자 'EQ'로 표기한 것임.

하였다(Goleman, 1995). 사회에서 높은 수행 능력을 좌우하는 결정 요인은 바로 자신감, 자기조절 능력, 대인관계 기술, 공감 능력 등을 포함한 정서지능Emotional Intelligence이라는 것이다. 그리고 이러한 정서지능은 교육과 훈련, 노력과 의지로 얼마든지 향상될 수 있다. 정서지능은 정서를 활용하여 일상생활과 사회생활 등에서 이성적 능력을 더욱 가동시켜 성공적인 결과에 이르도록 만드는 능력이다. 정서지능은 대인관계나 학교생활에서뿐만 아니라 이후 사회생활에서도 성공을 결정하는 중요한 요인이 될 수 있다(황준성, 홍주영, 2012).

특히 오늘날 복잡해지는 사회구조와 학업 및 취업, 과도한 업무 및 대인관계의 문제, 급속한 변화에서 오는 불확실성 및 적응의 어려움 등으로 인하여 다양한 스트레스를 경험하며 살아가고 있는 현대인들에게는 정서지능의 계발이 절실히 요구된다고 하겠다. 갈수록 고도화되는 첨단 기술의 현대사회에서 정서지능의 역할은 매우 중요하게 될 것이다. 특히 소통과 리더십이 성공과 행복을 결정하는 핵심 역량이 되고 있는 현대사회에서 정서지능의 중요성은 더욱 강조되고 있는데, 그 이유는 정서지능이 사회 속에서 발생하게 되는 무수한 갈등과 스트레스에 효과적으로 대처하고 긍정적이고 적응적인 방향으로 이끌 수 있기 때문이다(Goleman, 1995).

골먼은 성격은 주로 유전자에 의해 결정되는 기질을 의미하는 반면 EQ는 대부분 환경에 의해 결정된다고 하였으며, EQ는 유전자와 환경의 상호작용 결과이지만, 연구에 의하면 EQ는 경험에 의해 변한다고 하였다. 특히 정서지능이란 타고난 능력이 아니라 학습에 의해 길러지는 능력이며, 정서지능의 계발은 내면의 평화를 계발하는 선Zen명상의 연습과 관련이 있다고 하였다. 또한 마음이 정화되는 것의 목표는 도덕성의 정화이고, 정화를 강화하는 것은 강력한 집중과 통찰로 가능하다고 하였다(Greenwald, 1998).

정서지능의 핵심적인 의미

정서지능은 일반지능과 대비되는 말로서, 자신과 타인의 감정과 정서를 이해하고 감정들을 구별할 줄 알며 사고와 행동을 이끄는 데 정서 정보를 활용할 줄 아는 능력이다(Salovey & Mayer, 1990). 또한 자신에게 동기를 부여하며 좌절에 직면해서 인내할 줄 아는 능력이고, 충동을 통제하고 만족을 지연할 줄 아는 능력이며, 자신의 감정을 조절하고 사고 능력이 감정에 압도되지 않도록 하고 공감할 줄 아는 능력이다(Goleman, 1995).

정서지능을 대중에게 널리 알린 골먼은 신경과학과 인지심리학의 연구를 통해 아이들의 미래 삶의 성공과 건강한 발달에 대해 지능지수 못지않게 중요한 정서지능을 발견하였다. 그는 정서지능은 '인격 형성의 과정'에 매우 중요한 요소로 고려되며, 갈수록 복잡해지는 고도의 첨단 기술 사회일수록 정서지능의 역할이 매우 중요해질 것이라고 하였다. 실제로 정서지능은 직업적 성공, 경력 개발, 명성(Greenwald, 1998), 심리적 안녕감과 회복탄력성(Bande et al., 2015) 등에 긍정적인 것으로 논의되고 있다. 정서지능은 일상적인 삶에서 타인과의 관계에 영향을 미치고 업무를 완수하는 능력, 자아정체감 등에 영향을 미친다(Culver, 1998). 정서지능은 지능지수의 효과적인 사용을 위한 기초적인 도구로서 중요하게 고려되며(Lantieri, 2007), 지능지수가 단지 지적인 분야에서의 성공을 최소한으로 예측한다면 정서지능의 가치는 전 영역에 걸친 성공을 예측하고 있다(Goleman, 2001).

정서지능의 구성 요소

골먼(2001)은 『Emotional Intelligence』에서 정서지능의 구성 요소를 다음과 같이 다섯 가지로 추출하였다.

1. 자기-인식/자각 능력
2. 자기조절 능력 관리
3. 자기동기화 능력
4. 감정이입 능력
5. 대인관계 능력

자기-인식/자각 능력

감정이 발생되는 그 자체를 인지하는 자기인식은 정서지능의 중추를 이룬다. 각 순간마다의 감정을 탐지하는 능력은 심리적 통찰력과 자기이해에 없어서는 안 되는 능력이다. 만일 우리가 스스로의 진실된 감정을 주시하지 못한다면 우리는 언제든 감정의 노예가 될 것이다. 자신의 감정을 확실하게 알고 있는 사람은 자신의 인생에 대한 주도적 위치에 서서 결혼 문제에서부터 직업 선택의 문제에 이르기까지 개인적인 의사 결정에 있어서 자신이 진실로 원하는 바가 무엇인지를 분명히 인식할 것이다(Goleman, 1995).

'자기-인식/자각self-awareness 능력'은 매 순간 일어나는 자신의 감정 상태를 인지적으로 아는 것으로, 심리적 통찰과 자기이해에 결정적인 것이다. 이것은 말 그대로의 의미로서 자기 자신을 의식하고 인식하며 자신의 삶, 특히 자신이 가지고 있는 감정을 인지한다는 뜻이다. 이것은 다음 단계로 나아가기 위한 능력의 토대가 된다. 자기인식 혹은 자신의 감정을 아는 것은 자신의 내적 상태, 선호, 직감을 아는 정서적 알아차림emotional awareness, 자신의 감정과 그 결과를 알고 강점과 한계를 명확히 아는 정확한 자기평가accurate self-assessment, 자기가치와 능력에 대한 확고함인 자기확신self-confidence 등과 관련된다(Goleman, 2001).

자기인식이란 어떠한 순간에도 자신의 감정을 정확하게 파악하고 상황에 따라 바뀌는 자신의 심적인 성향을 이해하는 능력을 말한다. 특정한 사건이나 도전적인 상황과 사람들에 대한 자신의 반응을 직접 조절할 수 있는 능력도 자기인식에 포함된다. 자신의 감정을 빠르게 파악하기 위해서는 자신의 성향을 정확하게 알고 있는 것이 중요하다(Bradberry & Greeves, 2009).

자기조절 능력 관리

자신의 감정을 잘 다루어서 적절하게 발휘되도록 하는 능력은 자기인식을 바탕으로 구축될 수 있다. 이러한 능력이 취약한 사람들은 끊임없는 고뇌의 감정과 싸워야 하지만, 여기에 우수성을 보이는 사람들은 인생의 실패와 혼란을 딛고 더욱 높은 도약을 할 수가 있다(Goleman, 1995).

'자기조절 능력 관리self-management'는 자기-알아차림으로 형성된 능력을 통해 감정을 적절하게 다루는 것이다(Culver, 1998; Goleman, 1998). 이것은 자신의 기분을 유지하고 지속시키면서 좋지 않은 기분은 줄이려고 하는 것으로, 자기정서 조절과 관련된다(문용린, 1996). 또한 자기조절 능력은 스트레스를 받는 정서와 충동적인 감정들을 관리하고 침착하고 긍정적이고 동요하지 않는 상태로 머무르는 것과 관련된다(Goleman, 2001). 즉, 자신의 기분과 감정을 제대로 파악하고 조절하는 능력이다. 스트레스 상황에서도 과민해지지 않고 차분하며, 불안한 감정으로부터 자신을 효과적으로 방어할 수 있으며, 부정적인 감정 상태를 신속하게 치유하는 능력을 의미한다. 이렇게 함으로써 동기 유발 능력이 형성된다. 즉, 자기관리란 자신이 감정을 느끼는 인식을 활용하여 적응력을 기르고 스스로 행동을 바람직한 방향으로 이끌어 가는 능력을 말한다(Bradberry & Greeves, 2009).

자기동기화 능력

목표 달성을 위해 감정을 잘 정리해 나가면 주의 집중과 동기 부여, 자기극복, 창의성이 증가하게 된다. 순간의 희열을 잠시 뒤로 미루고 충동을 억제하는 자기감정의 통제야말로 온갖 종류의 소양에 바탕이 된다. 또한 '자연스러운 흐름'의 상태로 몰입하는 것은 모든 우수한 성취를 가능하게 한다. 이러한 능력을 개발한 사람은 어떠한 일을 맡든지 고도의 생산성과 효율성을 보인다(Goleman, 1995).

'자기동기화self-motivation 능력'은 목표에 대해 감정들을 집결시키는 것으로, 주의를 기울이는 데에 필수적이다(Culver, 1998; Goleman, 1988). 부지런하고 끈기 있게 한 가지 과제에 몰입하여, 낙담하지 않고 무언가 잘못되었을 때도 용기를 잃지 않고 추진하는 능력이다. 따라서 정서지능의 첫 세 가지 능력은 개인의 인격, 즉 개인의 자아와 관련된 것들이다. 즉, 자기 자신을 인식하고, 자신의 기분을 적절히 통제하며, 스스로 동기를 부여할 수 있는 능력이다. 이것은 목표를 촉진하거나 안내하는 정서적 경향성으로 탁월함의 표준을 개발하는 성취 동기, 집단 혹은 조직의 목표에 정합하는 전념commitment, 기회에 대한 준비가 되어 있는 상태인 진취성initiative, 장애와 지연에도 불구하고 목표를 추구하는 끈기인 낙관주의optimism와 관련된다(Goleman, 2001). 그리고 동기화는 대상에 대한 긍정적인 정서를 바탕으로 자신의 능력에 대한 자신감을 증가시켜 어려운 장애나 고통스런 경험을 극복하고 문제해결 활동을 수행하는 것을 지속하게 한다(문용린, 1996).

감정이입 능력

감정이입은 정서적 자기인식이 있어야 구축될 수 있는 또 다른 능력으로서, '인간관계 능력'의 근본이 되는 것이다. 감정이입적인 인간은 타인이 무엇을 원하고 요구하는가를 파악할 수 있는 미묘한 사회적 신호에 매우 민감하다. 이 능력은 봉사 단체나 교직 또는 영업이나 경영 관리를 담당하는 사람들에게 보다 많은 기회를 제공하게 된다(Goleman, 1995).

'감정이입empathy 능력'은 정서적 자기자각의 형성으로 인해 다른 사람들이 무엇을 요구하고 느끼는지에 대한 미묘한 사회적 신호에 조율하는 능력이다. 자기와 타인의 감정을 이해하고 자신의 내부에서 그 감정을 재경험하여 감정적 학습이 일어나는 과정을 감정이입이라고 한다. 이는 자신과 다른 사람의 감정을 읽을 줄 아는 것으로, 자신의 감정을 잘 알고 받아들이면서 상대방의 말을 능동적으로 청취하고 받아들이는 능력, 즉 타인의 감정을 수용하는 능력을 가리킨다. 공감적 이해력은 동정심과 다소 유사한 점이 있으나 차이가 많다. 동정심이란 타인과 함께 느끼고 괴로워하며 연민의 감정을 교감하는 것이다. 반면에 공감적 이해력은 스스로 타인의 입장이 되어 느낄 수 있는 능력으로서, 심지어는 우리가 동정심이 없다고 생각하는 사람까지도 그렇게 할 수 있는 능력이 있다. 가령, 어린이 유괴범을 설득하여 문제를 해결한 경찰 심리학자는 매우 훌륭한 공감적 이해력을 지녔지만, 그렇다고 해서 그가 그 유괴범에게 동정심을 느끼는 것은 아니다(Goleman, 1995).

대인관계 능력

대인관계 능력은 인간관계를 관리하는 능력으로, 넓게 보면 타인의 감정을 관리하는 기술이기도 하다. 이 기술은 인기와 리더십 또는 인간 내부적 효율성 등을 포착하는 능력이기도 하다. 이 기술이 뛰어난 사람들은 타인과의 원활한 교류가 필요한 일은 무엇이든지 잘할 수 있다(Goleman, 1995).

'대인관계social skill 능력'은 다른 사람들에 대한 감정을 다루는 기술이다(Culver, 1998; Goleman, 1998). 타인에 대한 바람직한 반응의 뛰어남인 사회적 기술Social Skills은 효과적인 설득의 전략을 행사하는 영향력, 열려 있는 경청과 전달하고자 하는 메시지를 확신시키는 소통, 불일치를 해결하고 협상하는 갈등 관리conflict management, 개인과 집단을 안내하고 고무시키는 능력인 리더십, 중요한 관계를 양육시키는nurturing 것과 유대를 만드는 것, 타인과 목표를 공유하면서 함께하는 협력과 공동 작업 그리고 집단적인 목표를 추구하며 집단 시너지를 창조하는 팀 능력이다(Goleman, 2001). 타인의 정서 인식 능력은 다른 사람의 기분과 감정을 잘 느낄 수 있는가에 초점을 두는데, 이것은 타인의 정서 반응을 잘 감지함으로써 사회적으로 적절한 행동을 유도할 수 있는 바탕이 된다는 점에서 대인관계에 중요한 요소이다. 인생의 구경꾼으로서 다른 사람들을 바라보거나 관찰하는 것이 아니라, 그들과 함께 세상살이에 적극적으로 참여하고 더불어 살아가는 능력이다(이광희, 2008). 즉, 타인과 훌륭한 관계를 유지하며, 이런 대인관계를 통해 삶의 기쁨을 느끼고 사람들과 함께 살아가는 능력이다.

이러한 다섯 가지 요소로 구성된 정서지능은 자기 알아차림, 동기화, 자기조절, 공감 그리고 관계에 대한 숙련으로 우리의 학습 잠재력을 결정한다. 정서지능이란, 결국 타인과 자기 자신, 세상에 대한 조율 능력이다. 따라서 정서지능은 삶의 성장 능력 및 진정한 삶을 위해 기본이 되는 매우 중요한 요소인 것이다. 그러나 다섯 가지 분야에서 사람들이 보이는 능력은 각기 다르다. 즉, 우리들 중 어떤 사람은 자신의 불안감을 처리하는 데는 뛰어나지만, 타인을 위로하는 데는 그렇지 못하기도 하다. 하지만 두뇌란 놀라우리만치 유연하고 학습적인 특징을 가지고 있다. 따라서 앞에서 제시한 5가지 EQ 능력에 관해 보이는 지체나 미숙함은 얼마든지 향상될 수 있다.

마음챙김

오늘날 명상은 모든 심리요법 가운데 가장 철저히 연구된 분야 중의 하나이다. 지난 15년 동안의 연구는 주로 마음챙김mindfulness, 곧 '수용하는 태도로, 현재의 경험을 자각하는 것(Germer, 2005)'에 초점을 맞추었다. 즉, 마음챙김은 효과적인 심리치료와 정서치료에서 토대를 이루는 요인으로 간주되고 있다. 자신에게 주의를 기울이고 자신을 성찰하는 통찰 명상의 핵심 구성 요소는 '마음챙김'이다. 마음챙김은 습관적인 사고 패턴과 기타 습관화된 행동을 인식하도록 해 줌으로써 심리적 · 신체적 웰빙을 증진하는 데 상당한 효과가 있다(Stahl & Goldstein, 2010). 마음챙김 명상은 미국에서 의학적으로 이용해 좋은 효과를 거두고 있는 많은 사람이 비교적 쉽게 생활에서 이용할 수 있는 불교명상이다. 북미에서는 '통찰명상insight meditation'과 '마음챙김 명상mindfulness meditation'이 같은 의미로 쓰인다.

마음챙김에 대한 정의는 현대 심리치료 맥락에서는 "수용적인 태도로 현재의 경험을 알아차리는 것(Germer, 2005)" "경험의 순수한 사실bare facts에 직면(Goleman, 1988)" "의도적으로 현재 순간에 비판단적으로 주의를 기울이는 것(Kabat-Zinn, 1990)" 등이다. 마음챙김을 한다는 것은 특수한 방식으로 주의를 기울이는 것이다. 그 특수한 방식은 다른 어떤 경험보다도 바로 지금 나타나고 있는 것에 대한 살아 있는 주의를 강조한다. 그리고 지금 현재의 경험을 어떠한 판단도 없이 받아들이는 것을 강조하고 있다. 몇몇 정의에서 마음챙김 자각을 대표할 수 있는 특성은 의도적인 노력에 의해 방향이 설정되는 것이다. 또한 마음챙김 자각은 집중으로부터 생기는 제한된 주의와 대비하여 폭넓고 포괄적이며 수용적인 자각으로 특징짓는 이도 있다. 마음챙김의 대상은 시각과 청각을 통해 분명히 드러나는 외부 대상에 대한 마음챙김과 더불어 호흡이나 신체 감각, 사고나 감정과 같은 내적 과정에 대한 자각으로 마음챙김을 가르치는 다양한 방법의 핵심이다. 마음챙김 자각의 특정한 태도는 '수용과 비판'이 두드러지며, 완전히 중립적이며 평정이 강조된다. 또한 마음챙김은 사랑과 친절과 같은 특정한 긍정적 정서와 긴밀히 연관되어 있다. 그리고 마음챙김은 '현재성'과 관련이 있다. 즉, 마음챙김을 한다는 것은 과거나 미래가 아닌 지금 현재 일어나고 있는 것에 깨어 있는 것이다(Mace, 2008).

마음챙김을 통한 자기 알아차림 명상은 정서지능과 유의미한 관계가 있으며(Killian, 2012; Schutte & Wright, 2014), 내면과 외부에 대한 알아차림을 보다 명료하게 함으로써 자신은 물론 대인관계 능력에 긍정적인 영향을 미친다(Huston, 2010). 또한 마음챙김 능력의 계발은 정서지능의 요소와 관련된 감정이입, 공감, 주의력 증진, 대인관계, 정서 조절 능력, 정서의 질, 자존감 등에 영향을 미친다(Birnie et al., 2010; Goldin & Gross, 2010; Hofman, 2010). 골먼은 조율 능력, 즉 타인과 자기 자신, 세상에 대한 조율 능력을 정서지능에서 매우 중요한 역할을 하는 것으로 설명하고 있으며, 이러한 자신과 타인에 대한 조율 능력은 마음챙김의 주요 치유기제에서 발현되는 자기-조절의 기제와 관련된다고 하였다. 또한 정서지능의 요인들로 제시되는 자기조절, 감정이입, 공감, 자기인식, 동기화 등의 요인들은 마음챙김의 향상으로 증진될 수 있는 것으로 고려되고 있다.

MBSR

MBSRMindfulness-Based Stress Reduction은 1979년 미국 매사추세츠 주립대학교 의과대학에서 분자생물학자인 존 카밧진(Kabat-Zinn, J.) 박사가 개발한 심신치유 교육 프로그램이다. Ahn(2006)에 따르면 MBSR의 주요 특징은, 첫째, 전인적whole-person이다. MBSR은 단순히 스트레스 감소를 위한 건강 증진 프로그램을 넘어서서 자아의 본성과 전체성에 연결되게 하는 전인적 프로그램이다. 둘째, MBSR은 신체를 중시한다. 신체 지향성body-orientation은 몸으로부터의 소외를 극복하고 생각 중심의 경향을 감소시켜 준다. 셋째, MBSR은 마음챙김 중심의 교육이다. 넷째, MBSR은 경험학습 중심이다. 다섯째, MBSR 프로그램은 스트레스 완화가 주요한 존재 이유이지만 그것에 제약되지 않는다. MBSR의 기본 태도는 비판단nonjudging, 애쓰지 않음nonstriving, 집착하지 않음nonattachment, 수용acceptance, 인내patience, 신뢰trust, 초심자의 마음beginner's mind을 포함한다(안희영, 2010).

MBSR 프로그램의 핵심은 참가자의 마음챙김, 즉 자각 능력을 최대한 함양하는 것이다. 생각, 감정, 감각 그리고 외부적인 자극에 마음을 빼앗기고 사는 현대인이 주의력 훈련인 마음챙김 수련을 통해 행위 양식에서 서서히 존재 양식을 회복하는 것이 치유이다(Kabat-Zinn, 2005). MBSR은 8주간 회기당 2시간 30분에서 3시간 사이의 수업으로 이루어지며, 숙련된 교육자의 수업과 과제 및 마음챙김 명상(앉기, 걷기, 먹기), 바디스캔bodyscan, 마음챙김 요가mindfulness yoga, 부드러운 스트레칭, 자애명상loving-kindness을 포함한 공식 수련과 그룹토론 그리고 매일의 비공식적 수련으로 구성된다(Goldin & Gross, 2010; Woods-Giscombe et al., 2010). 비공식적 수련은 일상생활 속에서 의도적으로 현재 순간의 알아차림에 주의를 기울임과 관련된다.

MBSR은 마음챙김 명상과 임상적 · 심리학적 실습practice을 통합하여 표준화한 프로그램으로 개발되었고, 많은 정신적 · 심리적 장애에 효과를 나타내고 있다. MBSR은 몸과 마음의 질병을 경험하고 있는 사람뿐만 아니라 건강한 사람에게도 적용되어 자기자비, 공감(Brine et al., 2010), 친절함loving kindness, 자기-자각(알아차림)self-awareness, 자기돌봄self-care, 대인관계 등에 긍정적인 영향을 미친다(Woods-Giscombe & Black, 2010). 또한 영성(Geary & Rosental, 2010; Labelle et al., 2015)뿐만 아니라 삶의 질(Demarzo et al., 2014)과 스트레스 감소(Chiesa et al., 2009; Shapiro & Brown, 2007) 등에도 많은 이점을 주는 것으로 알려져 있다. MBSR은 몸과 마음에 대한 개입으로 정신, 신체, 영성적인 감각에 영향을 미치며 스트레스 감소, 우울, 불안, 소진, 정서적 안정성, 공감, 마음챙김, 안녕감을 증진시킨다(Chiesa & Serretti, 2009; Geary & Rosenthal, 2010).

MBSR과 정서지능

꾸준한 명상 연습은 통찰력을 향상시키며 최적의 심신의 상태를 유지하는 데 도움이 되고 있다. 명상기법으로서 세계에 널리 보급되어 있고 가장 역사가 오래된 대표적인 프로그램이며 통합의학의 정신을 공유하는 MBSR은 마음챙김 명상과 현대의 스트레스의학을 체계적으로 결합하여 인간에 내재한 주의 집중 능력의 함양을 통해, 참가자들이 현실 속에서 자신의 인생을 보다 풍요롭게 살아가는 방법을 교육한다. 특히 불안과 공포, 걱정, 불만족 등에 압도당하지 않고 구체적이고 골칫거리인 문제점 등을 현명하게 대처하며 안정 속에서 살아가는 방법을 체득할 수 있도록, 있는 그대로를 보고 존재감을 되찾도록 돕는 의식 및 인생 전환 교육 프로그램이다(Kabat-Zinn, 1990).

MBSR의 마음챙김은 정서지능의 여러 구성 요소의 긍정적인 발달에 기본이 된다. 프로그램에 참가하는 사람은 이 프로그램의 핵심 요소들을 통해 자신의 상태에 대한 태도 그리고 자신의 삶 전반에 있어 알아차림을 더 하도록 도움을 받는다. 또한 정서지능의 요소들로 제시되는 자기조절, 감정이입, 공감, 자기인식, 동기화 등의 요소들은 마음챙김의 향상으로 촉진될 수 있는 변인들로 연구되어 있다(Beddoe & Murphy, 2004; Brown & Ryan, 2015; Huston, 2010; Michael et al., 2014; Shapiro et al., 2006). 이 절에서는 MBSR이 정서지능의 발달에 미치는 영향을 구체적으로 다섯 가지 정서지능의 요소별로 살펴보았다.

MBSR과 자기인식/자각 능력

'자기인식/자각 능력'은 자기성찰적인 인식이 있을 때 우리의 정신과 감정을 포함한 경험 자체를 관찰하고 검증할 수 있게 된다고 본다. 자아성찰 능력이 최대한 발휘될 때, 격심하고 혼란스러운 감정을 냉정하게 인식할 수 있는 상태가 된다. 이것은 감정을 조절하는 첫 단계에 이르는 것을 의미하며, 감정의 자기인식/자각은 '나쁜 감정을 떨쳐 버리는 능력'이라는 상위 단계의 정서지능에 이르는 바탕을 구축하게 된다(Goleman, 1998). 그리고 알아차림은 정서적 유능성의 토대가 되며, 이러한 자기 알아차림은 계발될 수 있다 (Goleman, 2001). 마음에서 일어나는 현상을 그대로 놓치지 않고 주의하고 또 정서를 알아차리는 것은 정서 조절의 과정 중 첫 번째 단계에 속하는 것이다(이지영, 2011). 카밧진은 마음챙김을 "순간순간 펼쳐지는 경험에 대해 의도적으로, 바로 그 순간에, 평가하지 않고 주의를 기울이는 것을 통한 알아차림"이라고 정의하였다(Kabat-Zinn, 1990). 이러한 알아차림은 순간 일어나는 자신 내면의 경험에 대한 '자기인식/자각'을 가능하게 한다. MBSR의 마음챙김 훈련인 호흡 알아차림, 몸의 감각에 대한 알아차림, 소리 알아차림, 생각 알아차림, 감정 알아차림, 선택 없는 알아차림 등의 공식 · 비공식 수련은 전반적인 자각(알아차림) 능력의 증진을 가져오며, 이러한 능력은 '자기인식/자각'의 힘을 기르는 바탕이 된다 (조인숙, 2018).

자기인식/자각 능력 계발을 돕는 마음챙김 호흡명상(Mace, 2007)

1. 조용한 방에서 의자나 바닥에 앉아 편안하고 균형 잡힌 자세를 잡는다.

2. 허리를 곧게 세운다. 눈은 가볍게 감는다.

3. 자신의 몸이 받쳐지는 접촉점에 대한 감각에 자각을 가져간다. 그것이 실제로 어떻게 느껴지는지 부드럽게 관찰한다.

4. 호흡을 하는 동안 가슴이나 배의 신체 감각에 대해 자각한다.

5. 호흡이 몸의 안팎을 들어오고 나가는 동안 복부 벽에서 느껴지는 감각의 변화를 자각한다. 이 자각을 매 호흡, 그리고 한 호흡에서 다음 호흡으로 넘어갈 때 지속적으로 유지한다.

6. 호흡을 변화시키거나 통제하려고 하지 않고 자연스럽게 되도록 내버려 둔다. 다만, 매 순간 일어나는 감각을 관찰하기만 한다.

7. 마음이 방황하는 것을 알아차리면, 곧 복부의 움직임으로 다시 자각을 되돌려 오기를 계속한다. 매번 방황할 때마다 다시 되돌려 온다. 이것은 자각이 성장하도록 도움을 준다.

8. 자신에게 인내한다.

9. 15분이 지난 후 자각을 다시, 방 안에 앉아 있는 자신의 몸 전체로 가져온다.

MBSR과 자기조절 능력 관리

'자기조절 능력 관리'는 스트레스 반응과 같은 충동을 관리한다. 이것은 흥분과 충동을 다루는 두 가지의 기초적인 기술로 다른 모든 5가지 정서적 유능성의 핵심이다(Goleman, 2001).

MBSR의 4회기에는 스트레스 기록표가 과제로 제시된다. 이는 일상에서의 스트레스 상황과 몸과 마음의 반응 및 증상을 관찰할 수 있는 힘을 길러 준다. 그리고 5회기의 주요 내용으로는 '습관적 스트레스 반응이 아닌 자율 반응 가능성'의 내용을 다루고 있다. 이러한 마음챙김의 연습은 보다 의식적인 선택 및 창의성으로 대처하는 힘을 기르는 바탕이 된다. MBSR의 교육 내용은 스트레스 상황에서의 알아차림을 통한 자기조절 능력에 긍정적인 영향을 미친다. 로빈스 등(Robins et al., 2012)은 의료진, 정신과 의사, 비임상 샘플을 대상으로 8주간의 MBSR 프로그램 이후, 일상생활의 마음챙김이 증가함으로 인해 반추가 감소하고 정서 조절의 임상적으로 유의미한 변화가 나타난 것을 보고하였다(Robins et al., 2012). 카밧진은 과거의 힘든 경험에 의해 촉발된 무의식적이고 습관적인 패턴인 스트레스 반응stress reaction과 감정을 인정하면서, 그것에 대처해 가는 스트레스 대응stress response을 구분하였다(Kabat-Zinn, 1990). 마음챙김으로 습관적인 부정적 생각을 떠오르는 즉시 알아차리고 다음 생각으로 이어지지 않게 한다면 부정적 정서가 완화되거나 치유될 것이다(안희영, 2010). 알아차림과 비판단적인 주의를 특징으로 하는 마음챙김의 과정은 적응적인 정서 조절을 위해 반드시 선행되는 과정이다(Greenberg, 2002). 또한 MBSR의 치유기제에서 논의된 자기-조절의 단계는 의도와 주의가 자신 · 타인 · 세상과 잘 연결이 되었을 때는 정서적 · 신체적으로 건강한 삶을 예측한다는 것을 보여 준다(Shapiro et al., 2006).

MBSR과 자기동기화 능력

'자기동기화 능력'은 자신의 내적 목표를 찾아 움직이게 하는 것으로, 몰입, 회복탄력성, 지속성, 낙관, 희망 등이 관련된다(Goleman, 2001). 이것은 마음챙김의 치유기제 중 가치

명료화, 재인식 등과 관련이 있다고 볼 수 있다. 우리는 가치 명료화를 통해 가족, 사회의 가치를 자신의 가치라고 생각하던 것에서 분리하여 우리에게 더 진실한 가치를 선택하고 재발견하게 될 수 있는 것이다(Shapiro et al., 2006). 이러한 가치 명료화는 자신의 내적 가치에 정합되게 하여 보다 강한 자기동기화를 가정해 볼 수 있게 해 준다.

MBSR을 통해 계발되는 마음챙김의 일곱 가지 태도 중 첫 번째인 비판단은 현재 이 순간에 일어나는 현상을 판단하지 않고 있는 그대로 알아차림하는 자세이다. 이러한 비판단의 자세를 통해서 편견이나 왜곡됨 없이 사물을 있는 그대로 볼 수 있는 지혜를 얻게 된다. 이러한 사물에 대한 재인식reperceiving은 의식의 내용들을 공정하게 관찰하는 능력으로, 매우 강렬한 감정에 대해서도 덜 반응적이고 더 객관적으로 경험할 수 있게 됨에 따라 그러한 상태에 노출되더라도 압도되거나 좌절되지 않고 어려운 감정에 대해 피하거나 부정하는 것이 아니라 받아들이는 것이며(Shapiro et al., 2006), 이것은 동기화와 밀접한 관련이 있는 회복탄력성, 낙관성의 정의와 유사하다.

MBSR과 감정이입 능력

'감정이입 능력'은 사회적 기술 중 타인을 이해하는 것으로, 잘 듣고 정서적 단서에 주의를 기울이는 것, 타인의 조망을 이해하고 민감성을 보여 주는 것, 다른 사람들의 욕구 혹은 감정을 이해하고 조절하는 데 도움을 주는 유능성과 관련된다(Goleman, 2001). 이러한 공감 능력은 우리의 감정을 더 잘 느끼고 정서에 더 많이 열려 있는 자기 알아차림이 근간이 된다. 자신의 감정에 개방적일 때 남들의 감정을 읽어 내는 능력에서도 우수성을 보인다(Goleman, 1998).

공감은 마음챙김과 이론적으로 연결되어 있으며, 이것은 MBSR 프로그램의 핵심 구성요소이다. 공감은 MBSR의 생각 · 감정 알아차림 및 선택 없는 알아차림의 수련과 몸과 마음에서 일어나는 현상들을 판단하지 않고 부드럽고 따뜻하고 친절한 태도로 알아차림하며 자신을 객관적으로 관찰하는 초조망의 자세를 통해 훈련되어 자연스레 증진되는 결과로 볼 수 있다. 또한 MBSR은 자기자비, 공감, 이타심 등에 긍정적인 영향을 나타내는 것으로 논의되고 있다(Brine et al., 2010; Elderson, 2012; Germer, 2009). 공감은 마음챙김과 이론적으로 연결되어 있으며, 이것은 MBSR 프로그램의 핵심 구성 요소이다(Brinie et al., 2010).

MBSR의 6회기에 배우게 되는 자애명상은 자신의 존재 안에 사랑과 친절센터를 세움으로써 자애를 외부로 발산할 수 있고, 원하는 방향으로 그것을 향하게 할 수 있으며, 자애를 수행하는 것은 상호 연관성의 구현이기도 하다(Kabat-Zinn, 2005). 자애명상은 고통에 압도되지 않고 자신에게 너그럽고 관대하게 다가갈 수 있게 한다(Kabat-Zinn, 2005). 나아가 자애명상은 고통을 받는 인간의 보편성을 자각하게 하여 자신과 타인의 연결성을 가짐으로써 사회적 지지를 이끄는 데 도움을 줄 수 있다(조현주, 2012).

공감에 도움을 주는 자애명상(Germer, 2009)

1. 편안한 자리에 앉아 알맞게 등을 곧추세우고 몸에서 긴장을 풀라.

2. 눈을 감고 신체의 가슴 부위에 주목하라. 이제 느리고 편안하게 가슴으로 세 차례 호흡하라.

3. 앉아 있는 자신의 모습을 그려 보라. 마치 외부에서 스스로를 바라보듯이 자신의 자세에 주목하라. 앉아 있을 때 몸의 감각을 느껴 보라.

4. 이제 가슴속의 선한 의도를 느끼면서 다음 구절을 마음속으로 가만히 반복하라.

   내가 안전하기를,
   내가 행복하기를,
   내가 건강하기를,
   내가 편안하게 살기를……

5. 느긋하게 하라. 마음의 눈으로 자신의 모습을 계속 간직하고, 다정한 가슴을 즐기며, 소망을 담은 말들의 의미를 음미하라.

6. 스스로한테 자애심이 충만하게 하려는 의도를 떠올리며 다음 구절을 마음속으로 가만히 반복하라.

   내가 안전하기를 바라는 것처럼 모든 존재가 안전하기를,
   내가 행복하기를 바라는 것처럼 모든 존재가 행복하기를,
   내가 건강하기를 바라는 것처럼 모든 존재가 건강하기를,
   내가 편안하기를 바라는 것처럼 모든 존재가 편안하기를……

7. 수련을 편안히 하라. 너무 열심히 애쓰지 말라. 주목이 분산될 때, 스스로에게 사랑을 보내는 자세로 돌아가라.

MBSR과 대인관계 능력

'대인관계 능력'은 타인에게 존재하는 감정을 잘 관리하는 능력으로 인간관계를 처리하는 데 핵심이 되는 능력이다. 이런 인간관계 능력을 발휘하기 위해서는 우선 자신의 감정을 조절할 수 있는 단계에 도달해 있어야 한다. 타인의 감정 관리에는 자기관리와 감정이입이라는 두 가지 감정 능력이 성숙해야 한다. 이러한 인간관계의 기술은 타인 관리의 효율성을 부여하는 사회적 역량의 핵심을 이룬다(Goleman, 1995).

MBSR 프로그램 7회기의 주제는 '자신과 타인에 대한 친절함 함양'으로, 대인관계 의사소통 및 일상 속의 관대함을 학습 내용으로 다루고 있다. 통찰대화명상은 동양의 침묵의 명상과 서양식 대화를 기반으로 한 수행이 결합한 형태로, 다른 사람들과의 관계에서 시작되고 서로 소통되는 환경에서 더욱 활성화된다(Gregory, 1997). 통찰대화명상의 마음챙김 경청을 통해 상대방이 진심으로 나의 말을 들어 주고 있다고 느낄 때, 우리의 두려움과 방어적인 태도는 사라지며 관계에서 더 큰 연결과 공감, 평화를 위한 토대가 마련된다. 또한 귀기울여 듣기는 단지 상대방이 내뱉는 말이라는 청각 자각 외에도 상대방의 신체 언어라든지 목소리의 톤, 얼굴 표정 같은 다른 단서들에도 주의를 기울이는 과정을 수반한다(Stahl & Goldstein, 2010). 인간관계에 있어 어느 정도 감정적 Rapport(친화감)가 형성되어 있는가를 보려면, 대화를 나누고 있을 때 몸의 움직임이 얼마나 상호 간에 철저한 조화를 이루는가를 관찰해 보면 된다(Goleman, 1995). 상호작용에서 고도의 동조성은 서로를 좋아하고 있음을 의미하는 경우가 많다. 대인관계에서의 마음챙김인 통찰대화명상은 자신의 알아차림을 넘어서 대화 상황에서 화자에게 주의를 기울인다. 그리고 마음챙김, 평정심과 수용, 관계 가용성과 여유, 융통성과 내려놓음, 감수성, 진실을 말하기, 온전성과 돌봄의 방법을 수행한다. 이러한 통찰대화명상은 일상에서 자신과 타인에 대한 알아차림의 힘을 기르고, 자신의 감정을 조절하며, 타인에 대한 수용과 공감, 이해의 힘을 기를 수 있다.

대인관계 능력과 관계되는 MBSR의 연구의 예로 코헨(Choen, J.)과 밀러(Miller, L.)의 연구를 들 수 있다. 그들은 심리학 전공의 대학원생들을 대상으로 MBSR을 기반으로 고안된 마음챙김 대인관계 훈련 프로그램Interpersonal Mindfulness Training을 실시하였다. 6주의 개입 이후 학생들은 마음챙김, 지각된 스트레스, 사회적 유대감, 정서지능과 불안 등에 긍정적인 영향을 미쳤다. 특히 대인관계 안녕감에 변화가 나타났다(Cohen & Miller, 2009).

나가는 말

삶의 성공을 결정하는 요소들 중에서 IQ가 차지하는 비율은 20%이고, 나머지 80%는 다른 요소들에 기인한다(Goleman, 1995). 리처드 헌스타인(Hernstein, R.)과 찰스 머레이(Murray, C.)는 이렇게 말했다. "수능 테스트의 점수와 실제 인생의 성공 사이에 존재하는 관련성은 그가 삶에 기여하는 다른 특성들의 종합체에 비교하면 아주 사소한 것이다." 이 다른 특성들의 종합체의 핵심은 정서지능, 즉 EQ이다. EQ야말로 사람들에게 동기를 부여해 주고, 절망적인 상황에서 의욕을 잃지 않게 하고, 충동을 억제하며, 순간적인 만족감을 지연시킬 수 있게 하고, 기분을 조절하고, 고뇌 때문에 사고 능력이 방해받지 않게 하며, 감정이입과 희망을 키워 주는 능력인 것이다(Goleman, 1995).

잘 계발된 EQ 능력을 갖고 있는 사람들은 인생에 있어서의 만족감과 효과성이 높으며, 자신의 생산성을 향상시켜 주는 마음의 습관들을 터득할 기회도 아주 많아진다. 그러나 반대로 자신의 정서 생활에 대한 통제를 상실한 사람들은 직무에의 집중과 명쾌한 사고를 방해하는 내부적 투쟁에 계속 시달리게 되는 것이다(Goleman, 1995).

두뇌란 유연하고 학습적이다. 따라서 EQ 능력에 관해 보여지는 지체나 미숙함은 얼마든지 향상될 수 있다. 골먼은 자신의 내부 상태에 대한 지속적인 주의력을 의미하는 '자기인식'이라는 말은 자기성찰적인 인식이 있을 때 우리의 정신과 감정을 포함한 경험 자체를 관찰하고 검증할 수 있게 된다고 보았다. 자아성찰 능력이 최대한 발휘될 때, 격심하고 혼란스러운 감정을 냉정하게 인식할 수 있는 상태가 된다. 또는 경험으로부터 한 발 물러서서 이와 수평적으로 흐르는 또 하나의 의식인 '초인식', 즉 현 상황 속에 흡수되거나 빠져들지 않은 채로 그것을 인식하며 주된 흐름을 일정하게 관조하는 실체로서의 모습을 나타낸다.

자각이 있는 동물은 모두 인식 능력이 있다. 그중에서도 인간은 누구보다도 뛰어난 지능을 자랑한다. 우리는 긍정과 부정 사이를 끊임없이 넘나들며 생각하고 느낀다. 그러나 우리가 인간으로서 위대한 점은 바로 긍정적으로 변화할 수 있다는 사실이다. '마음챙김'의 특성들은 인간의 내면에 잠재되어 있는 자기인식 및 자각의 능력을 계발하여 자신과 타인에 대한 이해와 공감의 힘을 기르고, 자기조절을 가능하게 하며, 타인과의 관계를 원만하게 이끌 수 있다. 또한 마음챙김의 힘은 이성과 감정을 조화시켜 진정으로 의미 있고 충만한 행복한 삶을 살아갈 수 있게 해 줄 것이다.

참고문헌

문용린(1996). 정서지능 연구의 성차의 전망. **교육학 연구**. 98-120.

반정윤(2015). 마인드풀니스 및 정서지능과 삶의 만족간의 관계: 대인관계능력 매개효과. 단국대학교 대학원 박사학위 논문.

안희영(2010). MBSR 프로그램의 불교 명상적 기반: 교과과정 및 치유원리를 중심으로. **불교학 연구**, 26, 359-408.

이광희(2008). 대학생의 애착, 정서지능, 진로자기결정효능감과 진로결정간의 구조적 관계. 단국대학교 대학원 박사학위 논문.

이지영(2011). 자기초점적 주의와 정서 조절의 관계. **한국심리학회지: 상담 및 심리치료**, 23(1), 113-133.

조인숙(2018). 대학생의 MBSR 프로그램 경험에 대한 연구: 마음챙김과 정서지능을 중심으로. 서울불교대학원대학교 박사학위논문.

조현주(2012). 자애명상을 기반 수용전념치료 프로그램 개발과 효과: 우울경향 대학생을 중심으로. **한국심리학회지: 상담 및 심리치료** 24(4).

황준성, 홍주영(2012). 아이의 정서지능. EBS 엄마도 모르는 우리아이의 정서지능 제작팀. 지식채널.

苏林(2016). **감성지능 수업** (全世界最贵的总裁情商课). (원녕경 역). 다연.

Ahn, H. Y. (2006). A Phenomenological case of the practicum in mindfulness -based stress reduction: insights into mindfulness and its connection to adul t learning, Unpublished Doctoral Dissertation. New York: Columbia University.

Bande, B., Fernandez, F. P., Varlea, J., & Jarmillo, F. (2015). Emotions and salesperson propensity to leave: The effect of emotional intelligence and resilience. *Industrial Marketing Management, 44*, 142-153.

Beddeo, E., & Murphy, O. (2004). Dose mindfulness decrease stress and foster empathy among nursing student? *Journal of Nursing Education, 43*(7), 305-312.

Bradberry, T., & Greeves, J. (2009). **감성지능 코칭법** (*Emotional intelligence 2.0*). (김규태 역). (주)넥서스.

Brine, K., Speca, M., & Carlson, L. (2010). Exploring self-compassion and empathy in the context of mindfulness-based stress reduction(MBSR). *Stress and Health, 26*, 359-371.

Brown, K. W., Creswell, J. D., & Ryan, R. M. (Eds.) (2015). *Handbook of Mindfulness: Theory, research and practice.* New York: Guilford Press.

Chiesa, A., & Serretti, A. (2009). Stress for reduction: management in healthy People: A review and meta analysis. *The Journal of Alternative and Complementary Medicine, 15,* 593-600.

Cohen, J., & Miller. L. (2009). Interpersonal mindfulness training for well-being: A pilot study with psychology graduate students. *Teachers College Record, 111*(12), 2760-2774.

Culver, D. (1998). A review of emotional intelligence by Daniel Goleman: implications for technical Education. *Session F3h FIE Conference.* 28th Annual.

Demarzo, M., Andreoni, S., Sanches, N., Perez, S., Fortes, S., & Garcia-Campayo, J. (2014). Mindfulness-based stress reduction in perceived stress and quality of life: An open, uncontrolled study in A Brazilian health sample. *Explore Mach/April, 10*(2), 118-120.

Eldeson, J. (2012). *The lived experience of self -compassion in social worker.* The University of Minnesota, The requirement of the degree of doctor of philosophy.

Geary, C., & Rosenthal, S. (2010). Sustained impact of MBSR on s tress, well-Being, and daily spiritual experience for 1 year in academic health care employees. *The Journal of Alternative and Complementary Medicine, 17* (10), 2011, 939-944.

Germer, C. K. (2005). What is mindfulness? *Insight Journal, Fall,* 24-29.

Germer, C. K. (2011). 나를 위한 기도: 셀프컴패션 (*Mindful path to self-compassion*). (한창호 역). 아름드리미디어.

Goldin, P., & Gross, J. (2010). Effects of mindfulness-based stress reduction(MBSR) on emotion regulation in social anxiety disorder. *Emotion, 1,* 83-91.

Goleman, D. (1988). *The meditative mind.* New York: Tarcher/G. P. Putnam.

Goleman, D. (1996). 감성지능 EQ 상 · 하 (*Emotional Intelligence*). (황태호 역). 서울: 비전코리아.

Goleman, D. (2001). *Working with emotional intelligence.* New York: Bantam Books.

Greenberg, L. S. (2002). Emotion-focused therapy. *Coaching Clients to wark through their feelings.* Washington: America Psychological Association.

Greenwald, J. (1998). *Zen and The Art of Org Charts.* 209.

Gregory, P. K. (1997). *Insight Dialogue and Insight Dialogue Inquiry.* Dissertation, California Institute of Integral Studies. Abstract.

Hoffman C. (2010). O-95 RCT evaluating the effect of mindfulness- based stress reduction(MBSR) on mood, quality of life and wellbeing in women with stages 0-III breast cancer. *European Journal Of Cancer, Supplements, 8* , 1-36.

Huston, D. (2010). Waking up to ourselves: The use of mindfulne ss meditation and emotional intelligence in the teaching of communications. Contemplative Teaching and Learning. *New Directions for Community Colleges, 151*, Fall Wiley Periodicals, 39-50.

Kabat-Zinn, J. (2005). 마음챙김 명상과 자기치유 상 · 하 (*Full catastrophe living: using the wisdom of your body and mind to face stress, pain and illness*). (장주영, 장현갑, 김교헌, 김정호 역). 서울: 학지사.

Kabat-Zinn, J. (2013). 존 카밧진의 마음챙김 명상 (*Wherever you go. There you are*). (김언조, 고명선 역). 서울: 물푸레.

Killian, K. (2012). Development and validation of the emotional self- awareness questioner: A measure of emotional intelligence. *Journal of Material and Family Therapy, 3*, 502-514.

Killian, K. (2012). Development and validation of the emotional self- awareness questioner: A measure of emotional intelligence. *Journal of Material and Family Therapy, 3*, 502-514.

Labelle, L., Lawler-Savage, L., Campbell, T., Faris, P., & Carlson, L. (2015). Dose self-report mindfulness mediate the effect of Mindfulness-Based Stress Reduction(MBSR) on spirituality and posttraumatic growth in cancer patient? *The Journal of Positive Psychology, 10*(2), 153-166.

Lantieri, L. (2009). 엄마표 집중력: 5~12세 아이들의 집중력을 키우는 감성지능 (*Building emotional intelligence*). (변인영 역). 서울: 해빛.

Mace, C. (2007). Mindfulness in psychotherapy: an introduction. *Advances in Psychiatric Treatment, 13*, 147-154.

Mace, C. (2010). 마음챙김과 정신건강 (*Mindfulness and Mental Health*). (안희영 역). 서울: 학지사.

Michel, L., Chloe, M., Evan, T., Fred, T., & Christina, S. (2014). Trait mindfulness in relation to emotional self-regulation and executive function. *Mindfulness 5*, 619-625.

Robins, C., Keng, S., Ekblad, A., & Brantly, J. (2012). Effect of mindfulness-based stress reduction on emotional experience and expression: A randomized controlled trial. *Journal of Clinical Psychology, 68*(1), 117-131.

Salovey, P., & Mayer, J. D. (1990). Emotional intelligence. *Imagin Cogn Pers 9*, 185-211.

Shapiro, S. L., Carlson, L., Astin, J., & Freedman, B. (2006). Mechanism of mindfulness. *Journal of Clinical Psychology , 62*(3), 373-386.

Shapiro, S. L., & Brown, K. (2007). Teaching self-care to caregivers: effects of mindfulness-based stress reduction on the mental health of therapists in training. *Training and Education in Professional Psychology, 11*(2), 105-115.

Stahl, B., & Goldstein, E. (2014). MBSR 워크북: 스트레스를 완화하는 혁명적 프로그램 (*Mindfulness based stress reduction Workbook*). (안희영, 이재석 역). 서울: 학지사.

Woods-Giscombe, C., & Black, A. (2010). Mind -Body interventions to reduce risk for health disparities related to stress and strength among American women: The potential of mindfulness-based reduction, loving kindness, and the NTU Therapeutic Frame work. *Complement Health Practice Review, 15*(3), 115-131.

Wright, C., & Schutte, N. (2014). The relationship between greater mindfulness and less subjective experience of chronic pain: Meditating functions of pain and em otional intelligence. *Australian Journal of Psychology, 66,* 181-186.

통합심신치유학 [실제] 편

심신통합치유의
뇌과학·생리학적 기초

◆ 뇌 가소성과 뉴로피드백 활용─노인 건강과 뇌과학(원희욱)

◆ 스트레스와 정신신경면역학─심신통합치유의 생리학적 기초(신경희)

뇌 가소성과 뉴로피드백 활용
-노인 건강과 뇌과학

원희욱[1]

들어가는 말

대한민국은 해방과 건국에 이어 동족 간의 잔혹한 전쟁을 거친 후 불과 70여 년 만에 세계 최고 수준의 경제 성장과 국가 발전을 이룩했다. 그러나 상대적으로 짧은 기간에 초고속 성장을 계속하는 동안 적지 않은 문제들이 함께 자라 왔으며, 그런 문제들이 지금 선진국 진입을 앞둔 대한민국의 발목을 잡고 있는 것이 사실이다.

그런 문제 가운데 하나가 인구의 급속한 노령화다. 형편이 좋아지고 살림이 피면 사람의 수명이 연장되는 것은 당연한 현상이다. 인간이 온갖 고통과 고민을 감수하며 노력을 아끼지 않는 궁극적인 목적은 '행복하게, 오래오래 살자'는 것이 아닌가. 70년대까지만 해도 만 60세 환갑을 맞는 아버지 어머니들을 위해 동네잔치가 벌어졌었다. 한국이 고속 성장을 하는 동안 한국인의 평균수명도 빠르게 늘어났다. 한국전쟁 직후인 1956년에 42세였던 한국인의 평균수명은 1975년 63.82세로 늘어났으며, 2008년에 80.08세로 80세를 넘어섰다.

---

1) 서울불교대학원대학교 뇌인지과학 전공 교수, 서울불교대학원대학교 뇌과학 연구소 소장

문제는 수명이 늘어나는 동안 인구를 지탱해 줄 신생아들의 출생이 줄어들고 있다는 점이다. 통계청이 발표한 '2015년 출생 통계'에 따르면, 지난해 합계 출산율(여성 1명이 평생낳을 것으로 예상되는 출생아 수)은 1.24명이다. 한국의 합계 출산율은 지난 2001년 1.3명 아래로 떨어진 후 15년째 '초저출산 국가'로 분류되고 있다. 이 같은 출산율은 OECD(경제개발협력기구) 국가들의 2014년 평균(1.68명)에 크게 못 미치는 것이며, OECD 34개 회원국 가운데 포르투갈(1.23명)과 함께 최하위권을 기록하고 있다. 평균수명은 빠르게 늘어나는데 출산율은 최하위권이다 보니 인구의 노령화가 가속화되고 있는 것이다.

UN 기준에 따르면, 총 인구 가운데 65세 이상 인구의 비중이 7%를 넘어서면 고령화 사회, 14%와 20% 이상이면 각각 고령 사회, 초고령 사회로 분류한다. 이 기준을 적용하면 우리나라는 지난 2000년에 고령화 사회로 진입했으며, 오는 2018년이면 고령 사회로 진입한다. 2026년이면 초고령 사회 진입이 불가피할 전망이다.[2] 노령화가 진행되는 속도는 단연 세계 최고 수준이다. 한국이 고령화 사회에서 다음 단계인 고령 사회로 진입하기까지 19년이 걸린 데 비해 미국은 72년, 독일은 40년, 프랑스는 115년이 걸렸다.

노령화가 빠르게 진행되는 과정에서 불가피하게 수반되는 것이 각종 질병의 증가에 따른 비용 문제다. 특히 인간의 두뇌 건강과 직결된 치매 같은 뇌 질환이 급증하면서 사회경제적 비용이 심각한 수준으로 늘어나고 있다. 특히 치매 관련 사회경제적 비용은 11조 7,000억 원(2012년 기준)으로 암(14조 8천억 원)에 이어 2위를 차지하고 있으며, 뇌 질환 관련 사회경제적 비용은 23조 원(2015년 기준)에 달하고 있다. 65세 이상을 대상으로 하는 치매노인 유병률은 지난해 9.8%로 10명당 1명꼴에 다가섰으며, 2020년에는 10.4%에 달할 전망이다.[3]

노인 건강과 뇌과학

이런 통계들은 노령화가 급속히 진행되고 있는 우리나라에서 노인의 건강, 특히 뇌 건강이 국가적인 과제로 대두되고 있다는 점을 분명히 보여 주고 있다. 노령화의 속도를 늦추는 것 못지않게 치매 같은 치명적 질환의 위험을 줄여 가면서 건강하고 행복하게 노후를 즐길 수 있도록 국가적 역량을 집중해야 한다. 이를 위해, 특히 노인들의 뇌 건강을 지켜

---

2) 미래창조과학부(2016). 뇌과학 발전 전략.
3) 치매 관련 비용은 한국보건산업진흥원(2015), 치매 노인 유병률은 미래창조과학부 발표 자료.

줄 뇌과학의 육성 발전은 필수적인 과제가 아닐 수 없다. 미국과 EU(유럽연합), 일본, 중국 등 강대국들은 일찌감치 노령화 시대에 대비한 뇌과학 육성을 국가적 과제로 설정, 대규모 투자에 나서고 있다. 우리 정부도 현재 선진국 대비 72% 수준(2014년 기준)인 뇌과학기술 수준을 오는 2019년까지 80%로 끌어올린 후 2023년에는 뇌과학 신흥 강국으로 도약한다는 비전을 제시하고 본격적인 투자에 나서고 있다.[4]

이런 정부의 계획은 노령화 시대의 당사자들이 뇌 건강의 중요성을 인식하고 뇌과학의 지식과 정보를 실생활에 활용할 때 실효성을 확보할 수 있다. 특히 "늙으면 어쩔 수 없어." 식의 체념이나 패배주의에서 벗어나 본인의 노력 여하에 따라 뇌 건강을 지켜 낼 수 있다는 믿음을 심어 주는 것이 중요하다. 그동안 뇌과학이 이뤄 낸 눈부신 성과는 인간의 뇌가 오랜 시간이 지난 후에도 기능을 건강하게 유지할 수 있다는 사실을 속속 밝혀내고 있다. 이제 건강한 노년을 위해 필요한 뇌과학을 살펴보자.

뇌의 가소성 Ⅰ

뇌, 마음먹기에 달렸다

"청춘은 인생의 한 시기가 아니라 마음의 한 상태이다. 장밋빛 볼과 붉은 입술, 유연한 무릎이 아니라 의지와 풍부한 상상력, 활기찬 감정에 달려 있다."[5] 미국의 시인이자 교육 자였던 사무엘 울만(Ulman, S.)의 시 〈청춘〉 가운데 일부다. 지금껏 세계인의 사랑을 받고 있는 이 시는 시인의 사후에 진가가 알려졌다. 특히 제2차 세계대전과 한국전쟁의 영웅인 더글러스 맥아더(MacArthur, D., 1880~1964) 장군이 연설에 자주 인용하면서 유명해졌다. 유엔군 최고사령관으로 인천상륙작전을 지휘하던 1950년에 맥아더는 이미 70세 노인이 었다. 그가 일본 도쿄의 사령관 집무실에 걸어 두고 즐겨 암송했던 울만의 시는 이렇게 강 조한다. "누구든 단지 나이를 먹는다고 늙는 것이 아니다. 이상을 버릴 때 우리는 늙는다."

비단 맥아더 장군이 아니라도 울만의 시가 오랜 세월 동안 사랑을 받는 이유는 독자들에 게 주는 공감 때문이다. 청춘이 다만 20대든 30대든 나이 어린 젊은이들만의 전유물은 아

---

4) 미래창조과학부(2016). 뇌과학 발전 전략.
5) 사무엘 울만(1840~1924)의 시 〈청춘(Youth)〉.

니며, 비록 나이를 먹었더라도 의지와 상상력, 활력을 잃지 않으면 청춘을 누릴 수 있다는 믿음을 주고 있기 때문이다. 반면, 청춘을 상징하는 이상을 버리는 순간 인간은 늙어 버린다는 것이다. 오늘날 뇌과학은 이 시어에 담고 있는 진실을 과학적인 검증을 통해 뒷받침하고 있다. 인간의 노화는 곧 뇌가 늙는 것이며, 스스로 "이제 나는 늙어서 아무것도 할 수가 없어." 하고 포기하며 체념하는 순간 뇌도 늙는다는 것이다.

미국 노스캐롤라이나 주립대학교 톰 헤스(Hess, T. M.) 박사 팀의 연구는 나이가 들어서도 마음먹기에 따라 뇌 건강에 큰 차이가 나타난다는 점을 보여 주고 있다.[6] 헤스 박사 팀은 긍정적이거나 부정적인 생각이 노인들의 기억력에 작용하는 정도를 측정하기 위해 60~82세 노인들을 두 그룹(60~70세, 71~82세)으로 나눠 실험을 했다. 그룹별로 자신의 나이와 기억력에 대해 부정적으로 생각이 들 만한 인식을 심어 주거나, 반대로 그런 인식을 배제하는 방식으로 나눠 결과를 비교했다. 부정적인 인식을 심어 주기 위해서는 실험 대상자들에게 "이 실험은 나이가 들수록 젊은 사람들에 비해 기억력이 떨어지는 이유를 파악하려는 실험이다."라고 알려 주고 각자 나이를 적어 내게 했다. 다른 그룹에는 거꾸로 "이 실험은 기억력이 나이와 무관함을 입증하려는 것이다."라고 설명하고 나이를 밝히지 않도록 했다. 이런 인식을 토대로 단어 외우기, 수학 문제 풀기 등 종류별로 부정, 긍정의 마인드가 바탕이 되는 실험을 실시했다. 부정적인 인식을 심어 주는 방식으로는 "일반인의 단어 외우기와 수학 풀이 평균 점수는 몇 점이다."라는 식의 설명이 주어졌다.

단순해 보이지만 실험 결과는 의미 있게 나타났다. 부정적인 인식을 받은 그룹의 실험 결과가 그렇지 않은 그룹에 비해 뚜렷이 나빴다. 노인 그룹 중에서도 나이가 어릴수록, 그리고 학력이 높을수록 결과가 나쁘게 나타났다. 헤스 박사 팀은 이 같은 연구 결과를 부정적인 인식이 주는 스트레스 때문으로 분석했다. 즉, "나이가 들수록 기억력이 떨어진다."라거나 "내가 학력이 높은데도 노인이라 무시당한다."라는 부정적인 인식에 사로잡힐수록 기억력에 나쁜 영향을 미친다는 것이다.

이런 실험 결과는 노인들이 나이와 기억력에 대해 자신감을 잃고 부정적인 생각을 갖게 되면 기억력으로 대표되는 뇌 건강도 나빠지게 된다는 점을 보여 주고 있다. 거꾸로 나이가 들더라도 긍정적인 자세를 잃지 않으면 뇌 건강 역시 지켜 갈 수 있다는 점을 입증하고 있다.

---

6) Hess, T. M., Hinson, J. T., & Hodges, E. A. (2009). Moderators and Mechanisms underlying stereotype Threat Effects on Older Adult's Memory Performance. *HHS Public Access*, *35*(2), 153-177.

나이가 들어갈수록 인간의 두뇌는 퇴화하고 위축된다는 것이 보편적인 인식이다. 연령대가 높아질수록 뇌의 크기가 미세하게나마 줄어들고 전반적인 기능이 떨어진다는 점은 과학적으로도 검증된 사실이다. 그럼에도 긍정적인 사고와 뇌 건강의 중요성을 강조하는 것은 우리 뇌가 마음가짐과 노력 여하에 따라 새로운 세포와 기능을 만들어 내서 노화를 지연시킬 수 있다는 점 역시 검증된 사실이기 때문이다. 이 같은 뇌의 속성을 뇌과학에서는 뇌의 가소성Brain Plasticity으로 설명한다. 인간의 뇌가 끊임없이 변화하는 속성을 지니고 있다는 가소성 개념은 21세기 이후 뇌과학의 핵심 연구 과제를 이루고 있다.

뇌 구조와 뇌 발달 단계

뇌의 가소성을 이해하기에 앞서 인간의 뇌 구조와 뇌 발달 단계를 간단히 살펴보자. 복잡한 뇌 부위들 가운데 다음의 핵심 부위들은 구조와 기능을 알아 둘 필요가 있다.[7]

대뇌 cerebrum	정보를 기억하고 추리와 판단, 감정, 의지 등 정신 활동을 담당한다. 모양이 껍데기를 벗겨 낸 호두처럼 생겼다. 우뇌, 좌뇌로 나뉜다. 우뇌는 감성적 · 직관적 · 비언어적 · 시공간적 영역이며, 좌뇌는 이성적 · 논리적 · 언어적 · 수리적 특성을 갖는다.
소뇌 cerebellum	후두엽 하부에 돌출돼 있으며, 걷기와 자세를 조절한다. 부드럽고 효율적으로 근육 운동을 하게 하고, 다른 분위와 협력을 가능하게 한다. 대뇌와 협력해서 수의근 운동을 조절한다.
뇌간 brain stem	뇌 가운데 가장 먼저 발달하는 부위로 뇌줄기라고도 한다. 뇌 전체를 버섯에 비유할 때 몸통에 해당한다. 심장 박동과 폐의 호흡, 체온을 조절하면서 수면과 각성의 리듬을 유지하는 역할도 한다. 뇌간이 작동을 멈추면 '뇌사 상태'가 된다.
대뇌피질 cerebrum cortex	대뇌반구의 표면을 덮고 있는 회색질의 얇은 층으로 두께는 2~5mm 정도이다. 신경세포가 모여 있어 감각의 종합 및 고도의 지적 기능을 담당하여 인간 자신의 정체성을 느끼게 하는 '사고'가 이뤄진다. 표면에 굵직하게 나 있는 홈을 기준으로 앞쪽은 전두엽, 두정엽 뒤쪽은 후두엽, 양옆은 측두엽으로 구분한다.
전두엽 frontal lobe	대뇌피질에서 가장 중요한 지적인 기능을 담당한다. 주의력, 감정, 시간 관리, 작업기억, 도덕성, 계획성, 추진력 등을 관리한다.편도체amygadala와 가장 밀접한 신경망을 짜서 사회성을 형성하며, 문제를 파악하고 해결한다. 한마디로 '인간을 인간답게 만드는 곳'이다.

---

7) 원희욱(2014). 원더풀 브레인. 영림카디널.

두정엽 perietal lobe	외부에서 들어오는 정보를 조합하는 곳으로, 문자를 조합해 의미 있는 단어로 만들거나 생각한 것을 실제로 만들어 낸다. 두정엽이 손상되면 공부를 할 수 없다. 문장이나 그림 그리기, 계산이 불가능해지며, 얼굴을 기억하지 못하거나 방향 감각이 없어진다.
측두엽 temporal lobe	청각 조절 중추가 있으며, 인지와 기억 기능을 조절한다. 언어 중추도 있다. 측두엽이 손상되면 환각이나 기억장애가 일어날 수 있다. 분노나 폭력과도 관련된 부위로 본다.
후두엽 occipical lobe	시각 정보를 분석, 통합하여 사물을 바라보고 이해하도록 돕는다. 후두엽이 손상되면 물체를 볼 수는 있어도 무엇인지 알아보지 못한다.
해마 hippocampus	측두엽 부근에 위치하며, 의식적인 기억을 저장하고 전달하는 핵심적인 기능을 담당한다. 감정이나 언어와 관련한 기억을 처리한다. 인간의 기억력은 해마의 크기와 활성도에 큰 영향을 받는다. 해마가 작아지면 기억력이 감퇴한다. 술을 많이 마시면 기억이 끊어지는 현상은 알코올 성분이 해마를 위축시키기 때문이다.
편도체 amygadala	무의식적인 기억인 공포나 분노, 비언어적인 기억인 냄새나 표정 · 색깔 · 형상 등을 저장하거나 처리한다. 전두엽, 측두엽, 후두엽과 밀접하게 연결돼 있다. 간질 환자는 편도체 손상과 관련이 깊다.

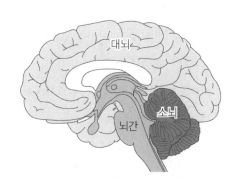
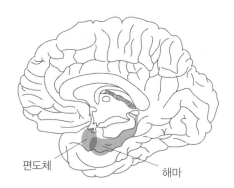

609

인간의 생각과 행동, 기억과 감정 등의 두뇌 활동은 이런 부위들이 각각의 기능을 순식간에 한 치의 오차도 없이 긴밀하게 주고받은 결과로 나타나는 것이다.

다음으로, 두뇌의 발달 단계를 살펴보자. 인간의 뇌는 출생 직후부터 빠르게 성장해서 사춘기에 완성 단계에 들어간다. 출생 당시 400~500g 정도이던 뇌의 무게도 생후 1년 만에 1kg 정도로 커진 후 사춘기에는 성인의 뇌 무게인 1.3~1.5kg에 이른다.

뇌 속에서는 더 큰 변화가 진행된다. 뇌를 구성하는 기본 조직인 신경세포(뉴런Neuron)는 아기 때 이미 성인과 다름없는 수준인 1천억 개에 도달한다. 이런 신경세포들은 신경 회로(시냅스Synapse)를 통해 기능과 조직이 치밀하게 연결되는데, 평생 끊임없이 생성과 퇴화를 반복한다. 필요도가 크고 자주 쓰는 신경세포와 신경 회로는 더 많아지거나 정교해지는 반면, 안 쓰거나 덜 쓰게 되면 언제든 없어지는 변화가 일어난다. 뇌 속에서 진행되는 이런 변화는 뇌의 외형적 성장과 기능이 완성된 후에도 진행을 멈추지 않는다. 키나 몸무게 등 신체적인 발육이 완성된 후에도 인간의 두뇌 안에서는 생성과 쇠퇴의 변화가 끊임없이 반복된다.

바로 이런 현상이 노령화 시대에도 인간의 뇌가 노력 여하에 따라 기억력과 집중력 등 일정한 기능을 유지, 발전시킬 수 있는 가능성을 열어 주고 있는 것이다. 우리는 주위에서 뇌졸중이나 뇌진탕을 겪은 노인 환자들이 꾸준한 재활 훈련을 통해 신체는 물론 언어와 사고 기능까지 회복하는 사례를 흔히 볼 수 있다. 그런 환자들의 회복은 두뇌 조직과 기능의 회복에 직결돼 있다. 이처럼 필요와 노력에 따라 끊임없이 변화할 수 있는 우리 뇌의 속성이 가소성의 바탕을 이루고 있다.

뇌의 가소성 II

불과 반세기 전만 해도 인간의 뇌는 한번 형성되고 나면 더 이상 발전적인 변화는 없다는 인식이 일반적이었다. 30~40대까지 성년기를 지나면 신체 기능이 노화하기 시작하면서 인간의 두뇌 역시 빠르게 퇴화한다고 생각했다. 아기 때 1천억 개에 이른 뇌세포는 재생 불가능한 것이어서 평생 저금 빼내 쓰듯 쓰고 나서 생을 마감한다고 보았다. 아인슈타인(Einstein, A., 1879~1955)이나 에디슨(Edison, T., 1847~1931)처럼 노년에도 왕성한 연구 업적을 쌓은 인물들이 있었지만, 예외적인 사례로 간주됐을 뿐이다.

뇌의 가소성은 뇌과학 전문 용어로는 신경 가소성Neuro Plasticity으로 표현한다. 플라스틱 plastic은 마음대로 모양을 만들 수 있는 가소성, 유연성을 의미한다. 신경 가소성의 개념은 1890년 미국 하버드 대학교 윌리엄 제임스[8](James, W., 1842~1910) 교수가 펴낸 『심리학 개론』에서 처음으로 제시됐다. 오랫동안 사장되다시피 했던 이 개념은 제2차 세계대전 이후 과학기술이 급속도로 발전하는 과정에서 부활했다. 특히 인간의 두뇌 내부를 관찰할 수 있는 기술혁신이 이뤄지고, 해마 등 뇌의 주요 부위에서 새로운 신경세포가 만들어지거나 신경 회로가 확장 또는 퇴화하는 현상들이 확인되면서 뇌과학의 가장 중요한 성과로 꼽

---

8) 미국의 심리학자이자 철학자. 뉴욕 출생으로 하버드 대학교에서 의학박사 학위(1869년)를 받고 평생 교수로 재직했으나 심리학, 생물학은 물론 철학에도 깊은 관심과 연구를 계속했다. 하버드 대학교에 심리학과를 처음 개설해서 '미국 심리학의 아버지'로 불린다. 존 듀이(Dewey, J.)와 함께 19세기 미국 철학을 대표하는 실용주의(Pragmatism)를 주도했다. (위키백과 참조).

히기에 이르렀다.

뇌의 가소성 또는 신경 가소성이란, 뇌가 한번 만들어지면 그대로 고정돼 버리는 딱딱한 시스템이 아니라, 살아가면서 경험이나 환경과의 상호작용을 통해 스스로 바꿔 나갈 수 있는 유연한 시스템이라는 의미다. 인간의 뇌는 신체적 쇠퇴기에 접어드는 장년기나 노년기에도 여전히 새로운 언어나 운동 기술을 습득할 수 있는 일정 수준의 뇌신경 가소성을 유지한다. 가소성 변화가 일어나는 부위는 신경세포 간의 접합부인 시냅스(신경 회로)이며, 적당한 자극을 가하면 새로운 신경세포와 시냅스가 만들어지는 현상이 해마와 대뇌피질, 소뇌 등에서 나타난다. 특히 기억과 직결된 해마 부위에서는 매일 400~1,000개의 새로운 신경세포를 생성해 내는 것이 발견됐다.

물론 뇌의 가소성이 인간의 노화 자체를 부정하지는 못한다. 다만, 두뇌의 노화 속도를 늦추면서 개개인의 노력 여하에 따라 새로운 지식과 기능을 갖출 수 있는 근거가 된다. 뇌의 노화를 외형적으로 보여 주는 것은 크기 변화다. 성인의 뇌는 최고 크기에 달했을 때 대략 1,350cc 안팎의 부피에 1천억 개의 신경세포를 담고 있다. 나이가 들면서 뇌의 부피는 서서히 감소하며, 65세 이상 노인의 경우 20세 성인에 비해 뇌의 부피가 10%정도 줄어든다.[9]

뇌 부피가 감소하는 이유는 크게 세 가지다. 나이가 들면서 신경세포의 크기가 작아지거나 아예 소멸되고, 신경세포 간 연결 고리인 시냅스가 줄어들기 때문이다. 뇌의 노화가 가장 먼저 집중적으로 일어나는 부위는 대뇌의 전두엽과 측두엽, 해마다. 앞서 설명한 대로 지식과 정보를 종합 처리하고 기억을 관리하는 부위들이다. 고도의 인지, 기억 기능을 담당하는 이런 부위들은 노화와 질병에 취약하다. 알츠하이머성 치매에 걸린 노인들의 뇌에서 신경세포와 시냅스의 소멸이 집중적으로 나타나는 부위들이기도 하다.

뇌의 노화 과정에서 나타나는 또 하나의 특징은 젊은 사람들에 비해 노인 개개인 간의 인지 능력 격차가 훨씬 크며, 인지 기능의 종류에 따라서도 차이가 크다는 점이다. 80대에도 중년 못지않은 인지 능력을 과시하는 노인들이 적지 않다. 새로운 지식을 습득하거나 새로운 상황에 대처하는 능력은 떨어지지만, 이미 습득한 지식을 활용하는 능력은 유지되거나 오히려 향상되는 사례도 많다. 할머니가 컴퓨터 게임을 새로 배우기는 너무 어렵지만, 바느질이나 김치 담그는 솜씨는 여전히 집안 최고 수준인 경우가 좋은 예다. 역사는 오랜 삶의 경륜에서 축적된 노인의 '지혜'가 결정적인 위기를 벗어나게 한 사례들을 무수히 기록하고 있다.

---

9) 최진영(2007). 머리 많이 써야 뇌는 웰빙. 뇌기능연구프런티어사업단.

이 같은 인간의 노화와 가소성의 특징을 보면 뇌 건강의 관건은 앞서 표현한 '경험이나 환경과의 상호작용' 과정에서 발생하는 '적당한 자극'임을 알 수 있다. 열심히 쓰고 노력하면 해당 신경세포와 시냅스의 가소성이 발휘된다는 것이다. 단순화시켜서 말하자면, 우리 뇌는 쓰면 쓸수록 기능이 좋아지거나 최소한 퇴화를 늦출 수 있는 '용불용설'이 적용된다. 치매를 막으려면 어떻게든 머리를 많이 쓰라는 처방은 이런 뇌의 가소성을 바탕에 두고 있다.

그렇다면 가소성을 활용해서 뇌 건강을 유지하려면 어떤 노력이 필요할까. 우선은 긍정적인 마음가짐이 중요하다. 앞서 인용한 사무엘 울만의 시나 톰 헤스 노스캐롤라이나 주립대학교 교수 팀의 연구 성과는 "나는 늙어서 아무것도 안돼." 식의 부정적인 자세가 뇌의 노화를 촉진한다는 점을 여실히 보여 주고 있다. 신체적인 노력 역시 핵심 과제다. 미국의 뇌 영상 전문가이자 저명한 임상신경과학자인 대니얼 에이멘(Amen, D.) 박사[10]는 뇌 건강 유지의 첫 번째 과제로 꾸준한 운동을 제시한다. 운동을 하면 심혈관계 기능이 좋아지고, 호흡이 안정되면서 뉴런을 활성화시키며, 신경 회로를 비롯한 뇌신경 네트워크의 기능이 강화된다. 격렬한 운동은 어렵지만 걷기 정도의 가벼운 운동만 꾸준히 해도 발의 자극이 등줄기를 타고 뇌를 활성화시킬 수 있다. 읽고 쓰고 말하기 역시 뇌에 직접적인 자극을 주는 운동이 된다.

양손을 많이 쓰라는 권유도 있다.[11] 뇌에 대한 자극의 4분의 1은 손이 담당한다고 보기 때문이다. 가능하면 평소에 사용하지 않는 방식으로 손을 쓰는 것이 좋다. 바이올린이나 피아노 같은 악기를 새로 배우거나 일기, 편지를 직접 쓰는 것도 좋다. 박수를 많이 칠수록 머리가 좋아진다는 말도 손과 뇌의 자극을 강조하는 것이다. 말하지 않으면 뇌의 둔화가 촉진되는 만큼, 말을 많이 하고 소리 내어 글을 읽는 것도 좋다. 가벼운 계산을 자주 하는 것도 두뇌 운동을 촉진한다.

반면, 뇌 건강을 해치는 최대의 적은 스트레스다. 스트레스를 받으면 코르티솔cortisol이라는 호르몬이 분비된다. 코르티솔은 혈관과 주요 장기의 세포를 공격해 각종 암을 유발할 뿐 아니라 뇌세포도 소멸시켜 뇌의 노화를 촉진한다. 앞서 뇌 건강을 위해 부정적인 사고를 피하라는 것도 이로 인한 스트레스를 방지하기 위해서다. 신체 활동이 줄어들면 두뇌 활동도 함께 줄어든다. 나이가 들어 가면서 온종일 우두커니 앉아 TV만 보고 있는 사람이

---

10) Amen, D. (2012). 뷰티풀 브레인. 판미동.

11) 오시마 기요시(2004). 죽어 가는 뇌를 자극하라. 평단.

많은데, TV는 시청자의 생각을 정지 상태로 만들며, 그만큼 뇌 운동을 방해하게 된다. 최근 들어 노령층으로 급속히 확산되고 있는 휴대폰은 양면성이 있다. 아무 생각 없이 휴대폰 화면만 들여다보는 것은 TV 못지않은 부작용이 있다. 반면, 자판을 눌러 문자 메시지를 보내거나 필요한 정보를 검색하는 기능을 익혀 반복하면 뇌에 긍정적인 자극이 될 수 있다.

뇌의 노화와 뇌과학 발전

인간의 노화는 신체와 함께 뇌의 노화에서 비롯된다. 인간의 수명이 길어져 100세 시대가 눈앞에 다가서면서 현대과학은 뇌의 노화를 막아 건강하고 품위 있는 노후의 삶을 보장하려는 노력을 집중하고 있다.

21세기 들어 정보통신과 생명공학 등 첨단과학 분야의 기술혁신이 거듭되면서 뇌과학 분야도 눈부신 발전을 거듭하고 있다. 미시적으로는 인간의 두뇌 조직 내부를 파헤쳐 부위별 조직과 기능의 실체를 밝혀내는 뇌기능지도 구축 연구가 활발히 이뤄지고 있다. 인간의 뇌 속에 칩을 심어 기존 기능을 대체하거나 죽었던 기능을 되살리려는 시도도 발전을 거듭하고 있다. 뇌의 가소성에 바탕을 두고 인간의 고유한 뇌파를 훈련을 통해 조절함으로써 뇌 건강을 유지, 향상시키려는 뉴로피드백Neurofeedback도 주목을 받고 있다.

슈퍼에이저

뇌의 가소성은 사람에 따라 천차만별로 나타난다. 미국에서는 나이가 들어서도 젊은이 못지않은 기억력과 인지 능력을 갖고 있는 사람을 슈퍼에이저superager로 부른다. 미국 노스웨스턴 대학교 인지신경학 알츠하이머 질환센터 연구진에 의해 만들어진 개념으로, 실제 나이는 80대이지만 뇌 나이는 50~60대 못지않은 사람들을 가리킨다. 에밀리 로갈스키(Rogalski, E.) 교수가 이끄는 연구 팀이 2012년 『신경과학저널The Journal of Neuroscience』에 발표한 논문에 따르면, 교육 수준이 동등한 80대(평균 연령 83.1세)와 50대(평균 연령 57.9세)를 비교한 결과 80대 노인 가운데 10% 정도는 50대 못지않은 기억력과 인지 수준을 보였다.

연구 팀은 이들을 대상으로 3차원 영상 분석을 병행한 결과, 슈퍼에이저의 뇌 부위 가운데 대뇌피질의 두께가 동년배 노인들에 비해 훨씬 두껍고 비교 대상인 50대와 유사한 수준인 것으로 나타났다. 두꺼운 대뇌피질은 더 많은 신경세포를 감싸게 되며, 보다 건강한 뇌를 뜻한다.

또 하나 슈퍼에이저의 뇌 부위 분석에서 드러난 두드러진 특징은, 대뇌피질 아래 깊숙한 곳에 자리 잡고 있는 전대상회anterior cingulate의 두께가 동년배는 물론 50대 비교군에 비해서도 두껍다는 점이다. 로갈스키 교수는 전대상회라는 뇌 부위가 주의력에 핵심적인 역할을 수행하며, 기억력은 주의력에 바탕을 두고 있다는 점에 주목한다. 슈퍼에이저의 탁월한 기억력의 비밀이 대뇌피질과 함께 전대상회 부위의 두께에 숨어 있다는 것이다.

이 같은 슈퍼에이저 연구의 목적은 크게 두 가지다. 우선 노인들의 뇌 건강을 이끌어 낼 열쇠를 뇌 부위별 연구를 통해 파악해 내는 것이며, 그런 과정에서 알츠하이머성 치매를 비롯한 뇌 질환의 치료법도 찾아내려는 것이다.

두뇌 임플란트

뇌과학의 눈부신 발전은 이제 인간의 두뇌 속에 인공 칩을 이식하는 시대로 이행하고 있다. 공상과학소설이나 영화에서나 보던 일들이 현실로 다가서고 있는 것이다. 망가진 이빨 대신 인공 치아를 이식하는 치과적 임플란트에 빗대 두뇌 임플란트Brain implant로 불리는 뇌과학의 성과는 21세기 들어 IT(정보기술), BT(생명공학)와 결합하면서 뇌의 기능 자체를 복제하거나 조종하는 수준으로 올라서고 있다. 2013년 미국 남캘리포니아 대학교 연구진은 원숭이 뇌에 초소형 칩을 이식해서 물체를 인식하게 하는 실험을 2년여 반복한 결과, 실험 대상 원숭이의 인지 능력과 의사 결정 능력이 최소 10% 이상 향상됐다고 보고했다.

이 연구는 뇌 임플란트 기술이 인간 두뇌의 핵심 기능인 기억과 판단의 영역에 접근할 길을 찾았다는 데 큰 의미가 있다. 이 기술이 인간에게 적용할 정도로 발전하면 마비된 신체를 움직이는 기능은 물론 간질이나 기억상실증, 나아가 치매에 이르는 뇌 질환들을 치유할 길이 열리게 된다. 연구를 지휘하고 있는 시어도어 버거(Berger, T.) 교수는 2013년 뉴욕에서 열린 세계 미래 콘퍼런스에 참석해서 앞으로 10년 내에 뇌 임플란트 기술이 인간을 대상으로 실용화될 것이라는 전망을 내놓았다.

뇌과학 박사이자 천재 IT 사업가로 불리는 제프리 스티벨(Stibel, S. M.)은 뇌에 칩을 이식해 인터넷과 연결하게 되면 인간은 전 세계의 모든 정보에 접근할 수 있게 되며, 기억에 관한 기존 관념도 바뀔 수밖에 없을 것으로 전망한다. 그는 지난 2011년에 인간의 뇌와 인터넷이 직접 연결되는 시대가 멀지 않았으며, 20년 후에는 인간의 뇌처럼 진화한 인터넷이 인간의 삶을 지배할 것이라고 주장했다.[12] 그의 주장은 전 세계의 관심을 집중시켰던 바둑 프로 기사 이세돌 9단과 인공지능AI의 승부를 통해 허황된 주장이 아님을 보여 주었다. 두뇌 임플란트 기술은 인간 두뇌의 가소성을 외과 수술적인 방식으로 보완해 줄 대안으로 부각되고 있는 것이다.

뉴로피드백–뇌훈련이란?

뇌파의 흐름을 우리 스스로 조절할 수 있게 되면 집중력을 키울 수 있고, 나아가 인지 기능의 효율성은 향상되게 마련이다. 뇌파의 흐름을 반복적인 훈련을 통해 스스로 조절할 수 있도록 도와주는 것이 바로 뉴로피드백–뇌훈련Neurofeedback이다.

운동을 꾸준히 하다 보면 몸이 좋아지듯, 뉴로피드백–뇌훈련은 인간의 두뇌 역시 반복된 훈련을 통해 뇌파를 변화시켜 집중력과 인지 기능 같은 자기조절 능력을 증대시킬 수 있다는 연구 결과에서 출발한다. 뉴로피드백–뇌훈련을 통한 뇌파 훈련은 1934년 영국 케임브리지 대학교에서 처음 실시됐다. 이어 1958년 미국 시카고 대학교의 조 카미야(Kamiya, J.) 박사가 훈련에 의해 특정 뇌파(알파파)를 조절하는 데 처음으로 성공하면서 비약적으로 발전했다. 의학과 과학기술, IT(정보기술)가 접목되면서 비단 학습 능력의 향상뿐 아니라 간질과 주의력결핍장애ADD, 주의력결핍과잉행동장애ADHD, 공황장애 등의 질환까지 바로잡을 수 있는 훈련 방식으로 각광을 받고 있다.

뇌의 특정 부위별로 미세한 반응(뇌파, EEG)을 측정하고 증폭 또는 변환시킨 후 이를 화면상에 보여 주면서 환자와 상호 반응(피드백)을 일으키는 방식이다. 뇌파에는 베타파, 알파파, 세타파, 델타파가 있고 각각 기능이 다르다. 기억 능력을 키우려면 베타파, 불안장애를 없애려면 세타파와 알파파를 조절해야 한다. 공황장애나 중독증 등 무의식의 치료는 뇌파의 흐름이 알파파에서 세타파로 옮아가야만 조절이 가능하다. 이런 뇌파의 조절과 변환을 이끌어 내는 것이 뉴로피드백–뇌훈련이다. 무엇보다도 약물 없이 환자 스스로 자신의 뇌파를 확인하면서 자연 능력을 개발하는 훈련 방식이라는 것이 강점이다.

뉴로피드백–뇌훈련의 효과는 학술적으로 입증되고 있다. 뉴로피드백–뇌훈련은 약물을 쓸 때 나타나는 부작용이 없다. 또 평소 꾸준히 훈련을 반복하다 보면 뇌파 조절을 통해

615

---

12) Stibel, J. M. (2011). 구글 이후의 세계. 웅진지식하우스.

노화의 속도를 늦추는 효과도 거둘 수 있다. 이것이 뉴로피드백-뇌훈련의 중요성을 되풀이 강조하는 이유이기도 하다.

　뉴로피드백-뇌훈련은 컴퓨터에서 뇌파 신호를 받아들인 다음 장비를 이용해서 피드백을 줌으로써 필요한 뇌파 상태를 강화시켜 주는 과정을 반복하는 방식으로 훈련을 실시한다. 구체적으로는 뇌파를 측정하는 센서를 머리 부위 및 귀(기준 전극)에 부착한 상태로 컴퓨터 화면을 보면서 주로 게임의 형태로 만들어진 여러 프로그램을 수행하게 된다. 훈련 횟수나 기간은 당사자의 상태에 따라 다르지만, 보통의 경우 20~40회 정도를 반복해야 한다. 매일 한 차례 이상 훈련하는 것이 바람직하며, 최소한 1주일에 2~3회 이상은 훈련하는 것이 좋다. 소요 시간은 30~40분 내외로, 수술이나 약물치료가 아니라 자율적인 훈련인 만큼 부작용은 거의 없다. 일정 기간 동안 거듭된 훈련을 통해 얻어진 뉴로피드백-뇌훈련의 효과는 반영구적으로 지속된다. 마치 자전거를 한번 배우면 평생 탈 수 있게 되듯, 일정 기간 동안 거듭된 훈련을 통해 얻어진 뉴로피드백-뇌훈련의 효과는 반영구적으로 지속된다.

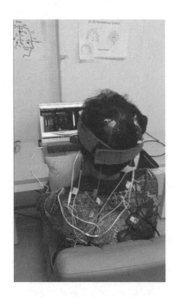

[그림 10-1] 뉴로피드백 훈련 모습

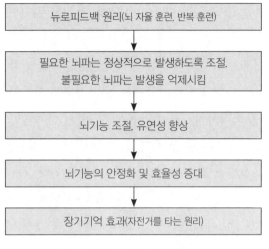

[그림 10-2] 뉴로피드백 원리

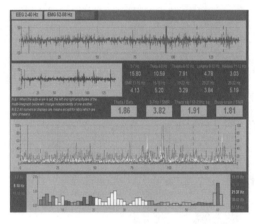

[그림 10-3] 뉴로피드백은 거울을 보듯이 컴퓨터 화면을 보면서 뇌기능 훈련을 한다

뉴로피드백-뇌훈련은 두뇌의 헬스클럽

뉴로피드백-뇌훈련을 좀 더 자세히 알아보자. 뉴로피드백-뇌훈련은 컴퓨터 화면을 통해 자신의 뇌파 변화를 실시간으로 보면서 뇌의 자기조절 능력을 회복, 강화시키는 과학적인 방법이다. 뇌의 기능을 복구시키고 회복시키는 안전하고 효율적인 방법으로 입증되고 있다. 뉴로Neuro는 신경이고 피드백feedback은 되새김한다는 의미다. 뉴로피드백-뇌훈련의 원리는 자전거 타기를 배우는 것과 비슷하다. 처음 자전거를 연습할 때에는 균형 잡기가 어려워 자주 넘어진다. 그런데 번번이 넘어져도 연습을 계속하면 어느 순간 안 넘어지고 자전

거를 제대로 타는 방법을 알 수 있게 된다. 자전거 타는 법을 익히게 되면 오랜 시간이 흘러도 자전거를 탈 수 있게 되듯, 뉴로피드백-뇌훈련을 통해 얻은 효과도 오랫동안 유지된다.

뉴로피드백-뇌훈련도 처음 훈련 시에는 어떻게 하면 뇌를 변화시키는지 모른다. 그러나 컴퓨터 화면으로 뇌파 게임을 되풀이하면서 높은 점수를 획득하는 과정을 통해 뇌를 사용하는 방법, 뇌 활동을 최적화시키는 방법을 알게 된다. 반복적인 뉴로피드백-뇌훈련을 하면 두뇌 활동을 조절하는 뇌파를 잘 통제할 수 있게 되고, 집중할 수 있고, 기억력이 나아지며, 수면장애가 개선되어 깊은 숙면을 취할 수 있게 된다. 즉, 뇌가 균형과 조화를 이루어 최적화 상태에 도달하게 되는 것이다. 사람에 따라 뇌의 현재 상태는 다르므로 똑같은 유형의 시각, 청각 자극이 아니고 개인 상태에 따른 맞춤 개인 뇌훈련을 통해 뇌파를 스스로 통제할 수 있도록 신경 네트워크를 훈련시키는 것이다. 그러면 신경 네트워크 연결망 밀도가 올라가면서 뇌기능이 보다 활성화된다.

개인별 맞춤 뉴로피드백-뇌훈련을 위해 뉴로피드백-뇌훈련 전에 실시하는 것이 뇌기능검사다. 뉴로피드백-뇌훈련을 시작하기 전에 먼저 내담자의 뇌기능이 현재 어떤 상태에 있는지 확인하는 일종의 뇌 건강검진검사다. 건강검진을 통해 신체 기능을 파악하여 건강 정상 여부를 진단하는 것과 같다. 때와 장소에 따라 적절하게 또는 빠르게 혹은 느리게 조절하는 능력은 각 사람마다 다르다. 조절이 특히 안되는 뇌기능을 찾아내서 뇌훈련을 하면 그 훈련 과정을 통해 다른 뇌파의 조절 기능도 함께 개선된다. 뇌기능검사는 주의·집중력검사, 인지 기능검사, 인성검사, 다지능검사 등 설문지나 문제를 통한 검사와 달리 뇌의 기능을 뇌파로 측정하여 분석하는 과학적 방법이다. 정량 뇌파 분석을 통한 뇌기능검사는 과학적이고 객관적인 방법이다.

뇌기능검사를 통해 문제를 확인하고 실시하는 뉴로피드백-뇌훈련은, 운동이 몸을 튼튼하게 만드는 것처럼 뇌파 조절 연습을 통해 뇌를 운동시킨다. 뉴로피드백-뇌훈련을 '두뇌의 헬스클럽'이라 부르는 것도 이런 뇌 운동을 말하는 것이다. 운동하면 호흡과 맥박이 빨라지는 것처럼 뇌파도 활동하거나 작업을 할 때는 빨라지고, 휴식할 때나 수면 시는 느려진다. 뉴로피드백-뇌훈련은 뇌를 운동하게 해서 뇌파 속도를 조절한다. 이런 훈련 과정이 컴퓨터에 게임 형태로 프로그램화되어 있어 흥미를 유발하기 쉽다. 사람에 따라 주의·집중력을 올리는 훈련과 기억력을 높이는 훈련, 일의 성취를 높이는 훈련, 몸과 맘을 이완시키는 훈련 등으로 나누어져 있다. 뇌훈련 전에는 호흡을 통해 뇌에 충분한 산소를 보내 주고 뇌를 안정시킨 후 두뇌훈련 프로그램을 시작하면 훨씬 더 효율적이다. 뇌의 신경 네트워크가 조밀해지고 굵어지며 새로운 신경 회로선이 만들어지면서, 뇌가 일을 처리하는 속도가 보다 빨라지고 효능성도 좋아져서 기억력이 올라가고 인지 능력이 향상된다. 그리고 좌뇌 · 우뇌의 균형 상태도 검사할 수 있어 감정 소모를 줄이고 안정된 생활 방식을 유지할 수 있다. 평생 계속적으로 변화하는 뇌를 뉴로피드백-뇌훈련을 통해 잘 관리하고 훈련하면 뇌 건강을 잘 유지할 수 있게 된다.

뇌기능검사로 뇌 건강 상태를 파악하자

뉴로피드백-뇌훈련에 앞서 뇌기능검사를 먼저 받는다. 천차만별로 나타나는 내담자의 노화 속도나 성격, 문제 등은 결국 뇌와 관련이 있다. 현재 내담자의 뇌는 어떤 상태에 있고, 뇌가 기능은 잘 하고 있는지 어떻게 알 수 있을까? 이런 궁금증을 풀기 위해 뇌기능검사를 해야 한다. 뇌기능검사 결과를 비교 분석하면 뇌의 상태를 알 수 있다.

뇌기능검사는 시설을 갖춘 서울불교대학원대학교 뇌과학연구소에서 상담을 겸해 받을 수 있다. 뇌기능검사를 받은 후 분석하면 뇌기능 상태가 뇌지도로 나타난다. 뇌지도 분석을 통해 뇌 인지 기능 정도나 노화 진행, 뇌의 속도, 업무 능력 효율성, 감정, 정서적 상태를 파악한다. 알파파로는 뇌가 적절히 휴식을 취하여 피로를 풀고 재충전하는 능력, 정서적 안정, 심리 상태, 육체적이나 정신적 피로 정도, 지구력, 긍정이나 부정적 성향 등을 알 수 있다. 뇌파 속도가 느리면 비활동적이며 늘 쉬려는 경향이 강하다. 과체중일 가능성이 높으며, 장기적으로 약물을 복용하거나 면역력이 저하되어 있을 수 있다. 반면, 뇌파 속도가 지나치게 빠르면 업무 속도는 뛰어날 수 있으나 늘 스트레스에 시달리고 성격이 급해진다. 수면장애로 에너지를 충전하지 못하기 때문에 만성 피로가 있고 항상 예민할 수 있다. 신경질을 잘 내고 늘 불안정하며 자주 화를 낸다. 지구력이 없고 여유가 없이 항상 쫓긴다.

때와 장소에 따라 뇌파를 잘 조절하는 사람은 주변을 관찰하는 능력이나 사람과 사귀는 사교성, 사회성, 발표력, 스트레스 저항 능력 등이 높다. 베타파가 지나치게 저하되어 있으면 언제나 자신에게만 관심이 있고 주변 사람을 의식하지 않는다. 산만하고 한 가지 일에 대해 집착이 강해진다. 성격이 원만하지 못해 사회성이 떨어지고 넓은 시야를 갖추지 못하며 관찰력도 저하되어 있다. 반면, 베타파가 높으면 매우 사교적이고 성격이 원만하다 못해 과하게 주위를 의식한다. 주관이 없고 변덕이 심한 경향이 있다.

베타파는 또한 한 가지 일에 몰입하는 능력을 의미한다. 과감한 추진력, 성취력, 일에 몰입하는 정도, 정신적인 활동력 등을 파악한다. 베타파가 지나치게 높으면 집착이 강하고

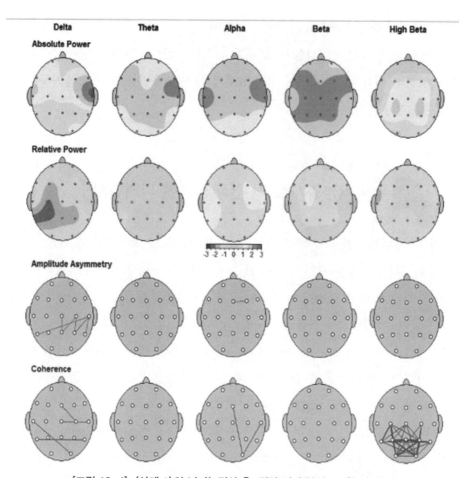

[그림 10-4] 〈사례 1〉의 뇌기능검사 후-정량 뇌파 분석QEEG한 뇌지도

〈사례 1〉 설명

여(65세). 가끔 인지력이 떨어지고 정신이 깜빡깜빡한다. 5년 전 교통사고로 다리를 다쳤고 갱년기 우울 증상이 있다. 알파파를 살펴보면 측두엽에서 증가되어 있다. 신진대사 문제, 우울증, 약물 남용 시 알파파 문제가 발생할 수 있으며 무기력하고 우울해질 수 있다. 베타파의 증가는 불안, 폭발성을 동반한 충동적인 기분 변화, 감정적, 과각성 및 수동적 또는 회피성 인격, 불면증과 관련 있을 수 있다. 전체적으로 베타파가 증가되어 불안, 주의력결핍장애, 불면증, 근육 긴장, 두통, 자기조절 문제, 강박장애가 나타날 수 있다.

코히어런스는 뇌 활동 시 뇌가 다른 영역과 소통하고 협업하는 것을 나타낸다. 잘 작동하는 뇌는 영역 간 잘 협조하고 매우 유연하다. 고베타파에서 코히어런스 기능이 떨어져 파란 선이 많이 나타나면 일의 효율성이 떨어질 수 있다.

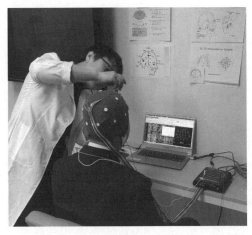

[그림 10-5] 뇌기능 분석 전 뇌파 측정 모자에 젤을
주입하는 과정

[그림 10-6] 뇌기능검사-
뇌파 분석 과정

성격상 고집이 세서 항상 긴장된 상태로 일을 해 쉽게 지치고 피곤하다. 주위의 눈치를 안 보고 자기주장과 고집대로 마구 밀고 나가다 보니 주변과 원만하지 못해 늘 불평을 사고 괴팍한 성격을 보인다. 좋아하는 일만 하고 좋아하는 사람만 만나는 경향이 있다. 이에 비해 베타파가 매우 낮으면 계속 일을 시작만 하다 그만두고, 추진력과 결단성이 없으며, 우유부단하다. 뇌기능 조절 능력이 뛰어난 사람은 삶에 대한 만족도와 몰입도가 높다고 조사되었다.

때와 장소에 따라 뇌파가 균형 있고 적절하게 나오는 것이 가장 좋다. 뇌기능 조절 능력이 저하될수록 업무에 효율성도 떨어지고 불안정한 상태가 된다. 이런 상태를 뉴로피드백-뇌훈련을 통해 개선하게 되면 다른 상태도 모두 좋아지게 된다. 뇌기능검사를 통해 가장 문제되는 것을 점검하여 뉴로피드백-두뇌훈련을 통해 고쳐 나가면 다른 상태들도 더불어 좋아지게 된다.

621

나가는 말

뉴로피드백 분야에서도 끊임없이 변화하는 뇌의 가소성에 바탕을 둔 연구 성과가 입증되고 있다. 인간의 뇌는 활동 과정에서 부위별·기능별로 일정한 패턴의 뇌파를 끊임없이 발생시킨다. 일이나 공부를 하는 동안에는 주파수가 빠른 뇌파가 활성화되며, 눈을 감고 쉬거나 잠든 상태에서는 주파수가 느린 뇌파가 포착된다. 그러나 실제 생활 속에서는 사람과 상황에 따라 빠르거나 느린 뇌파들이 불규칙하게 나타난다. 책을 잡고 있어도 주파수가 느린 뇌파가 전두엽에서 강하게 나타나면 공부가 제대로 되지 않는다. 뉴로피드백은 이런 현상에 주목해서 해법을 찾는다. 반복 훈련을 통해 뇌파의 흐름을 효과적으로 조절해서 주의력과 집중력을 키워 주는 것이 바로 뉴로피드백의 핵심 방법론이다.

　뉴로피드백은 1958년 미국 시카고 대학교의 조 카미야 교수가 훈련에 의해 특정 뇌파를 조절하는 데 성공하면서 비약적으로 발전하기 시작했다. 지금은 뉴로피드백에 의학과 IT(정보기술), BT(생명공학) 등 첨단과학이 접목되면서 주의력이나 집중력 결핍으로 인한 뇌 질환 치료에 큰 기여를 하고 있다. 뉴로피드백은 컴퓨터에서 뇌파 신호를 읽어 낸 다음 장비를 이용해서 피드백을 주어 필요한 뇌파를 강화시키는 과정을 반복하는 방식으로 훈련한다. 뇌파를 측정하는 센서를 머리에 붙인 상태로 컴퓨터 화면을 보면서 주어진 프로그램을 수행하는 방식이다. 일정 기간 동안 반복 과정을 거치는 뉴로피드백은 나이에 관계없이 주의력과 집중력을 키워 준다는 점에서 뇌 가소성을 향상시켜 노년의 뇌 건강을 지켜 줄 훌륭한 뇌과학 프로그램으로 기대를 모으고 있다.

622

참고문헌

미래창조과학부(2016). 뇌과학 발전 전략.

원희욱(2014). 원더풀 브레인 : 내 아이의 머릿속이 궁금하다. 서울: 영림카디널.

최진영(2007). 머리 많이 써야 뇌는 웰빙. 동아사이언스. 뇌기능연구프런티어사업단.

한국보건산업진흥원(2015). 치매 관련 비용. 2015 KHIDI 보건산업통계집(보고서).

오시마 기요시(2004). 죽어 가는 뇌를 자극하라. 서울: 평단문화사.

Amen, D. (2012). 뷰티풀 브레인. 서울: 판미동.

Hess, T. M., Hinson, J. T., & Hodges, E. A. (2009). Moderators and Mechanisms underlying stereotype Threat Effects on Older Adult's Memory Performance. *HHS Public Access, 35*(2), 153-177.

Stiebel, J. M. (2011). 구글 이후의 세계(*Wired for Thought*). 서울: 웅진지식하우스.

2

스트레스와 정신신경면역학
-심신통합치유의 생리학적 기초[13]

신경희[14]

들어가는 말

623

스트레스는 심리학과 생의학biomedicine, 전통의학과 현대의학, 동양의학과 서양의학의 병인론과 치유론을 하나로 엮는 허브hub와도 같은 개념이다. 스트레스라는 용어는 인간, 사회, 생태의 모든 부조화, 불균형, 병리적 현상을 설명하는 만능어이며 고통, 질병, 무질서 같은 주제로 심리학, 의학, 철학, 물리학, 생태학 등 인간에 관한, 그리고 인간을 둘러싼 모든 학문이 다루어 온 문제이기도 하다. 또한 스트레스는 정신신경면역학psychoneuroimmunology: 이하 PNI을 비롯하여 심신의학mind-body medicine, 정신신체의학psychosomatic medicine, 행동의학behavioral medicine, 건강심리학health psychology 등 심신통합적 학문들의 수립과 발전을 견인해 온 모티프이다.

PNI는 신경계, 내분비계, 면역계의 상호작용 그리고 이 상호작용에 스트레스와 같은 심리적 변인이나 행동이 미치는 영향을 규명하고 건강과 질병에 대한 함의를 연구하는 분야

---

13) 이 절의 내용은 『정신신경면역학 개론』(신경희, 2018)과 『통합스트레스의학』(신경희, 2016)에서 발췌, 요약한 것이다.
14) 한국심신의학연구원 원장, 선문대학교대학원 통합의학과 겸임교수

이다. 위스네스키(Wisneski, L.)는 사람의 정신세계가 외부의 세계와 상호작용하여 신체적 변화를 유도하는 방식을 전통적 생리학과 통합할 수 있도록 한다는 점에서, PNI를 통합생리학integral physiology이라 하였다(Wisneski, 2017). PNI는 몸의 이론과 마음의 이론을 통합하는 통합생리학이자 통합 연구의 플랫폼으로서 서로 다른 학문과 치유전통들이 소통, 협력하는 장을 구축하고 있다.

정신신경면역학의 정의와 역사

'Psychoneuroimmunology'라는 용어는 로체스터 대학교의 심리학자 로버트 애더(Ader, R.)와 면역학자 니콜라스 코헨(Cohen, N.)에 의해 만들어졌다. 1975년에 애더와 코헨은 러시아의 생리학자 이반 파블로프(Pavlov, I.)의 고전적 조건 형성classical conditioning 방식으로 쥐의 면역계를 학습시켜 신경계와 면역계가 연결되어 있음을 확인한 연구를 발표하였고(Ader & Cohen, 1975), 이는 PNI라는 학문을 출범시킨 기념비적 연구가 되었다.

이후 애더와 코헨은 자가면역 질환인 루푸스lupus에 걸린 쥐에게 이전과 같은 조건 형성 절차로 면역계를 학습시켜 질병을 극적으로 개선시켰다(Ader & Cohen, 1982). 이 연구는 사람 환자에 대한 임상 시험으로도 이어졌다. 애더와 올네스(Olness, K.)는 루푸스에 걸린 어린이를 대상으로 한 임상 연구에서, 면역억제제와 강한 냄새를 연합시켜 냄새를 제시하는 것만으로도 면역 반응이 억제되도록 함으로써 부작용이 심한 면역억제제의 사용량을 감소시키는 데 성공하였다(Olness & Ader, 1992). 마음으로 몸의 질병을 다스린다는 심신의학의 기본 원리는 PNI 연구로부터 과학적 근거를 확보하게 되었다.

애더와 코헨의 연구가 발표되기 전, 조지 솔로몬(Solomon, G.)과 루돌프 무스(Moos, R.)가 마음과 면역계의 관계에 관한 연구를 진행하고, 1964년 한 논문에서 '정신면역학psychoimmunology'이라는 용어를 사용하였는데(Solomon & Moos, 1964), 이를 PNI의 시작으로 보는 견해도 있다.

하지만 PNI의 역사에서 언급되는 첫 연구들은 20세기 초반 스트레스 연구자들의 것으로 거슬러 올라간다. 제니스 키콜트−글래서(Glaser, J. K.)와 로날드 글래서(Glaser, R.)는 PNI를 스트레스에 관한 생리학적 연구가 50년 이상 성장해 온 결과라고 하였다(Kiecolt-Glaser & Glaser, 1993). 20세기 초에 생리학자 월터 캐넌(Cannon, W.)은 '스트레스stress' '투쟁−도피 반응fight-or-flight response' 등의 용어를 정의하고 감정의 변화가 신경계를 통하여 신체에 변화를 일으킨다는 것을 규명하였으며, 한스 셀리에(Selye, H.)는 스트레스라는 과정 속에서 신경계-내분비계-면역계가 상호작용하는 것을 설명하는 생리학이론을 확립하였다. 신경계-내분비계-면역계가 서로 연결되어 상호작용한다는 사실의 궁극적 함의는 마음과 몸이 연결되어 있다는 것이다. 이러한 발견은 인간의 모든 시스템과 차원들을 통합적으로 인식하는 비이원론적·다학제적 패러다임의 과학적 기반이 되었고, 수십 년 뒤 PNI라는 학문을 성립시키는 초석을 마련하였다.

스트레스 연구

생체는 내부 및 외부의 환경으로부터 끊임없이 자극을 받고 있지만 항상 일정한 생리적 상태를 유지하는데, 이를 항상성homeostasis이라 한다. 월터 캐넌은 항상성이라는 용어를 처음 사용하였고, 항상성을 위협하는 사건을 스트레스라 정의하였다. 그는 신체의 내분비 기관들이 스트레스에 반응한다는 생리적 증거를 제시하였고, 감정의 변화가 일정한 법칙에 따라서 생체에 변화를 일으킨다는 사실을 최초로 증명하였다. 또한 질병 발생에 있어서 감정 반응의 역할을 인식하고, 중추신경계가 신체 기능을 조절한다는 것을 지적하였다. 캐넌의 연구는 감정, 생리, 건강의 관계에 대한 새로운 관심을 자극하고 생리학과 심리학의 융합을 위한 기초를 제공하였다.

1940년대 후반에 제프리 해리스(Harris, G.) 등의 연구를 통하여 뇌하수체가 시상하부의 영향을 받는다는 것이 밝혀지고, 시상하부의 내분비세포들이 스트레스성 자극에 예민하게 반응한다는 것이 증명되면서 시상하부-뇌하수체-부신을 잇는 스트레스 내분비 반응에 연구가 집중된다. 스트레스학의 대부로 일컬어지는 한스 셀리에는 시상하부-뇌하수체-부신 축hypothalamic-pituitary-adrenal axis을 중심으로 한 스트레스 반응의 전개 과정을 '일반적응증후군general adaptation syndrome: GAS'이론으로 통합하여 설명하였다. 일반적응증후군 이론의 핵심은 지속되는 스트레스가 면역계에 악영향을 미친다는 것과, 그 원인이 부신에서 분비되는 에피네프린epinephrine이나 코르티솔cortisol 같은 스트레스 호르몬들이 면역계에 작용하기 때문이라는 것이다. 그의 이론은 심리적 스트레스는 결코 신체적 질병을 일으킬 수 없다고 생각했던 의학계에서 정신신체장애psychosomatic disorder의 발병기제mechanism를 설명할 수 있는 생리학적 근거가 되었다. 그 후에도 신경계와 면역계를 연결시키려는 연구들은 주로 스트레스에 초점을 맞추어 진행되어 왔다.

신체적 스트레스처럼 심리적 스트레스도 질병의 발생이나 치료에 영향을 준다는 것은 오래전부터 경험적으로 인식되고 있었지만, 마음을 언급하는 것이 곧 과학을 벗어나는 것이나 마찬가지였던 시기에는 의학적으로 접근할 수 있는 주제가 아니었다. 비록 스트레스가 질병을 일으키는 기제를 설명하는 생리학이론이 캐넌이나 셀리에와 같은 생리학자들의 연구에 의해 1950년대 무렵에 거의 확립되었지만, 당시까지의 연구는 주로 동물을 대상으로 한 것이었으므로 마음의 문제가 전면에 드러나지는 않았다. 1960년에 접어들면서 사람의 심리적 스트레스에 관한 연구가 본격적으로 시작되었으나, 이 변화는 생리학이 아니라 인지심리학에서 일어난 것이었다. 하지만 1970년대 후반에 PNI가 출범하면서부터는 사람을 대상으로 한 스트레스 연구가 학제간 연구로 발돋움하였고 자연과학의 연구 기준과 요건을 충족하는 증거들을 쏟아 내기 시작했다. 드디어 1991년에는 유력 학술지인 『뉴잉글랜드의학저널New England Journal of Medicine: NEJM』에서 마음과 질병의 관련성에 관한 연구를 게재하기에 이르렀고, 다음 해인 1992년에는 스트레스가 정신장애, 자가면역 질환, 관상동맥 질환, 소화기장애, 만성 통증 등 다양한 범위의 질환 그리고 기타 의학적 또는 심리적 장애에 미치는 영향에 대한 종설연구가 미국 국립보건원National Institutes of Health: NIH에서 발표되었다.

스트레스를 만병의 근원이라 할 만큼, 스트레스와 연관되지 않은 신체적 혹은 심리적 질병을 찾기는 어렵다. 의료기관을 찾는 환자의 60~90%가 스트레스와 관련된 장애를 갖고 있다는 보고들이 수십 년 전부터 이루어져 왔다. 세계보건기구World Health Organization: WHO에서는 생활 습관에서 오는 질환이 선진국의 조기 사망 원인에서 70~80%를 차지한다고 하였

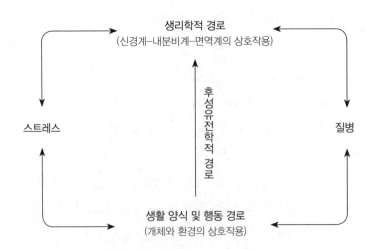

[그림 10-7] 스트레스가 건강에 영향을 미치는 경로들(신경희, 2017)

는데, 불건전한 생활 습관을 하게 되는 주된 원인은 다름 아닌 스트레스이다. 모든 사망의 50% 이상은 불건강한 생활 습관에서 오는 스트레스가 원인이라는 보고도 있다. 스트레스는 신경계-내분비계-면역계를 경유하여 직접적으로 생리적 변화를 일으키기도 하지만, 흡연, 음주, 약물 남용, 위험한 행동 같은 불건강한 행동을 유발하는 경로 그리고 이로 인해 촉발되는 후성유전학적epigenetic 변화를 통해서도 건강에 악영향을 미친다([그림 10-7] 참조).

스트레스와 면역

어떤 연구자들은 PNI를 '스트레스와 같은 심리적 변인의 생리적 영향을 연구하는 것' 또는 '스트레스와 질병의 관계를 이해하기 위해 심리학, 신경학, 면역학을 연결하는 분야'로 정의하기도 한다. 또 다른 연구자들은 PNI를 '머릿속에서 일어나는 일이 면역 기능에 미치는 영향을 연구하는 분야'라거나 '면역계와 행동 간의 상호작용을 연구하는 분야'라 한다. 이처럼 스트레스와 면역은 PNI에서 가장 중심적인 단어이며, 현대의학에서 심리·행동적 요인과 질병을 잇는 연결 고리이다.

20세기 초부터 연구자들은 실험 동물의 뇌에서 특정 부위를 자극하거나 파괴했을 때 면역 기능이 손상되고 질병에 대한 저항성이 변화된다는 것을 발견하였다. 생리학적으로 뇌는 마음이 있는 곳 혹은 마음이 만들어지는 곳이므로, 이러한 발견은 마음으로 인해 몸의 변화가 야기될 수 있음을 암시하는 것이었다. 조지 솔로몬은 외인성 스트레스가 면역계에 미치는 영향에 관한 연구도 진행하였다. 그는 암을 유발시킨 쥐들에게 반복적인 전기 충격을 가하는 스트레스를 주면 암 조직이 더 많이 성장하는 것을 발견했다. 이것은 스트레스가 면역 기능을 저하시켰음을 의미하는 것이다. 또한 그는 유전적으로 류마티스 관절염 소인을 가진 가계를 대상으로, 어떤 가족원에는 질병이 발생하고 어떤 가족원에게는 발생하지 않는 원인을 연구하였다. 그 결과, 발병한 가족원이 그렇지 않은 가족원에 비해 정서적으로 우울하고 분노에 민감하며 자기학대적이고 자기희생적이며 수동적인 경향을 가지고 있음을 발견하고, 그러한 특성들이 면역계에 영향을 미친다고 결론을 내렸다.

1950년대까지 주로 생리학과 행동주의심리학에서 동물 실험 위주로 진행되던 스트레스 연구는 1960년대에 들어서면서 사람을 대상으로 한 연구로 전환되기 시작했고, 신경계와 면역계의 관계에 대한 연구 주제는 마음과 질병의 관계에 관한 것으로 확대되었다. 1960년대 말, 미국항공우주국National Aeronautics and Space Administration: NASA의 의사들은 지구로 귀환하

627

는 우주비행사들의 면역계 변화에 대한 조사에서, 우주선이 지구의 중력장으로 들어오는 스트레스 기간 동안 비행사들의 면역 기능이 저하된다는 것을 발견하였다. 심리학자들도 면역 기능 측정법을 이용해서 행동이 면역계에 미치는 영향을 확인하기 시작했다. 학생들의 생활 스트레스나 시험 스트레스는 단순포진 바이러스나 엡스타인-바 바이러스 같은 잠복형 바이러스 질환의 재발을 증가시켰다(Glaser et al., 1985; Glaser et al., 1987). 의대생들은 시험 스트레스를 겪는 동안 면역 반응이 약화되었고, 독감이나 감기 같은 평범한 질병에도 잘 걸렸으며, 면역세포인 자연살해세포natural killer cell: NK세포를 자극하는 인터페론-감마interferon-gamma는 시험 기간 중 90%나 감소되었다(Kiecolt-Glaser & Glaser, 1991). 시험 기간 중인 학생들은 상처가 회복되기까지 소요되는 기간이 증가하는데, 이는 심리적 스트레스가 염증을 매개하는 면역계의 신호인 친염증성 사이토카인cytokine을 증가시켜 상처치유를 지연시키기 때문이다(Kiecolt-Glaser et al., 1999).

단기적이거나 외상적인 스트레스성 사건이 면역계에 영향을 미친다는 것이 확인되자, 연구자들은 만성적인 스트레스가 면역계에 영향을 미치고 질병을 유발하는 기제를 탐구하기 시작했다. 불행한 결혼 생활을 하는 사람들, 치매 환자를 보호하는 가족원들은 만성 스트레스가 건강에 미치는 영향을 연구하는 데 적합한 대상이었다. 로널드 글래서와 제니스 키콜트-글래서는 알츠하이머병 환자를 간병하는 배우자나 불행한 결혼 생활을 하는 사람들이 겪는 스트레스가 면역계의 기능을 감소시킨다는 것을 확인하였다(Kiecolt-Glaser 등, 1987a; Kiecolt-Glaser et al., 1987b). 고독감은 코르티솔 상승 및 NK세포의 활성 감소와 관련이 있었다(Kiecolt-Glaser et al., 1984). 다른 연구자들도 이와 관련된 연구들을 수행했다. 배우자와 사별한 지 얼마 되지 않은 사람들의 면역계를 조사한 연구에서, 사별한 남성은 아내가 사망한 후 6개월 이내에 사망한 경우가 유의하게 많이 나타났으며, 아내를 암으로 잃은 15명의 남편들을 대상으로 주기적으로 면역 기능을 측정한 결과, 아내의 사망 후 2개월 동안 면역 기능이 현저히 저하되었고 일부 남편들은 10개월이 지나도 회복되지 않았다(Schleifer et al., 1983). 셸던 코헨(Cohen, S.) 또한 심리·사회적 스트레스, 사회적 지지social support, 감염성 질환에 대한 감수성에 관한 연구를 통해 PNI가 의과학의 주류에 편입되는 데 공헌하였다. 코헨은 감기 바이러스에 노출되었을 때 감기에 걸릴 가능성이 과거 1년간 겪은 스트레스와 비례함을 보여 주었다(Cohen et al., 1991). 이상의 연구들은 PNI의 고전적 연구들로 회자되는 것들이다.

스트레스가 면역 기능을 감소시킨다면, 스트레스를 감소시키는 중재법은 면역 기능을 향상시킬 수도 있을까? 이 질문에 대답은 예방접종에 대한 항체 형성 반응 연구에서 제공되었다. 전투 스트레스를 겪는 군인들에게 예방접종을 하면 항체가 효과적으로 형성되지 않는다(Yang & Glaser, 2002). 삶의 스트레스가 심하다고 보고되는 사람들의 경우에도 예방접종 후 항체 형성 반응이 빈약한 것으로 드러났다(Pederson et al., 2009). 반면에 스트레스 감소를 위한 인지행동적 중재법을 실시한 경우, 독감 백신에 대한 스트레스군의 항체 형성률은 대조군의 1/4배, 인지행동적 중재 프로그램을 실행한 스트레스군의 형성률은 대조군의 2배였다(Vedhara et al., 2003).

존 카밧진(Kabat-Zinn, J.)이 개발한 마음챙김-기반 스트레스 감소Mindfulness-Based Stress Reduction: MBSR 프로그램에 관한 다수의 연구는 참가자들의 면역 기능 향상을 보고하였다(Davidson et al., 2003; Fang et al., 2010). 크레스웰(Creswell, J. D.) 등은 AIDS의 병원체인 HIVhuman immunodeficiency virus에 감염된 성인에서, 마음챙김 명상이 HIV에 의해 무력화되는 면역세포인 CD4 T세포의 감소 현상을 완충하였음을 보고하였다(Creswell et al., 2009). 마이클 안토니(Antoni, M. H.)도 HIV에 감염된 남성들에게 스트레스 관리 프로그램을 제공한 결과, 바이러스에 감염된 세포를 공격하는 NK세포와 HIV를 공격하는 T세포가 증가하였음을 보고하고(Antoni et al., 1991), 스트레스 완화를 위한 인지행동적 중재법이 HIV 감염자들의 기분, 신경내 분비계, 면역계에 미치는 영향에 대한 PNI 모델을 제시하였다(Antoni, 2003).

스트레스 반응의 두 축인 시상하부-교감신경-부신수질 축sympatho-adreno-medullary axis: SAM축과 시상하부-뇌하수체-부신피질 축hypothalamic-pituitary-adrenocortical axis: HPA축 모두 면역계에 영향을 미친다. 질병이나 노동 같은 생리적 원인이든 빈곤, 시험, 사별 같은 심리·사회적 원인이든 스트레스는 면역 기능을 변경시킬 수 있다. SAM축과 HPA축에서 분비되는 호르몬 이외의 스트레스 호르몬들도 직·간접적으로 면역 기능을 조절한다.

흔히 면역이라 하면 세균, 바이러스 같은 병원체나 암세포에 대한 감시와 방어 기능을 먼저 떠올리지만, 광의의 면역은 신체의 항상성을 위협하는 각종 상황에 대응하는 조절 기능을 포함한다. 과거에는 항상성 유지나 스트레스에 대한 생체 반응을 설명할 때 신경계와 내분비계의 역할을 중심으로 논하였으나, 현재는 면역계를 포함시켜 신경계-내분비계-면역계가 연결된 항상성 삼각형 모델([그림 10-8] 참조)이 이용되고 있으며, 이 모델을 통하여 마음이 몸에 질병을 일으키는 기제들도 설명되고 있다. 면역이 단순히 감염증이나 면역학적 질환들과만 관련된 것이 아니라 악성종양, 당뇨병, 심·뇌혈관계 질환, 심지어 정신과적 질환의 발병과도 관련이 있다는 것이 밝혀지고, 스트레스가 그러한 면역계의 기능에 직접적인 영향을 미친다는 것이 확인되면서 '스트레스-면역-질병 모델stress-immune-disease model'은 현대의학의 병인론 속에 깊이 자리 잡게 되었다.

629

신경계-내분비계-면역계의 통합

생체의 세포, 조직tissue, 장기들이 완전히 통합된 기능을 하는 것은 수십조 개의 세포들 사이를 오가는 전령물질을 통해 이루어지는 긴밀한 의사소통에 의해 가능하다. 인체의 정보 전달 시스템 중 가장 중요한 세 가지는 신경계, 내분비계, 면역계이다. 따라서 인체의 항상성 역시 이 세 시스템이 주도하는 통합적 작용에 의해 유지된다.

말초의 신경계와 내분비계 장기들이 중추신경계와 연결되어 있듯이, 면역계 역시 중추신경계와 해부학적 · 기능적으로 연결되어 있다. 면역계의 장기들에는 자율신경계가 분포하고 있고, 면역세포와 신경세포는 직접 접촉하기도 한다. 서로 무관하다고 여겨졌던 이 시스템들이 해부학적으로 연결되어 있다는 것보다 더 놀라운 사실은, 이들이 동일한 화학적 언어, 즉 동일한 전령물질을 사용하는 기능적 통합체라는 점이다.

과거의 생리학에서는 신경계를 신경전달물질, 내분비계는 호르몬, 면역계는 사이토카인이라는 독자적인 전령물질을 가진 독립적 시스템으로 인식하였다. 수십 년 전만 해도 생리학자들은 면역세포가 호르몬과 신경전달물질을 만들고 호르몬과 신경전달물질의 수용체도 가지고 있다는 사실을 상상조차 할 수 없었다. 하지만 이 세 가지 전령물질 집단은 모든 시스템에서 공유되고 있다는 것이 밝혀졌다. 신경전달물질들은 면역계와 내분비계에서 호르몬이나 사이토카인으로도 작용하며, 내분비 호르몬들은 면역계와 신경계에 작용하고 심지어 면역계, 신경계 세포들에서 직접 분비되기도 한다. 면역계의 사이토카인

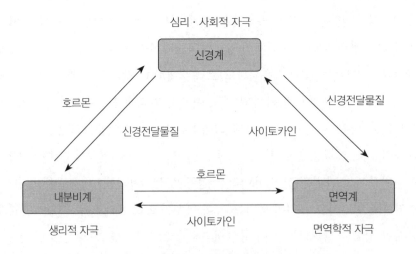

[그림 10-8] 신경계, 내분비계, 면역계의 상호작용(신경희, 2016)

또한 신경전달물질이나 내분비 호르몬처럼 작용할 수 있다. 게다가 면역세포가 직접 신경 내분비 호르몬을 생산하기도 한다. 예컨대, 베타-엔돌핀beta-endorphin 같은 신경전달물질 은 면역계에서 사이토카인으로, 내분비계에서 호르몬으로 작용하고, 멜라토닌melatonin 같은 내분비 호르몬은 면역계와 신경계 세포에 작용한다. 면역세포에는 에피네프린, 도파민 dopamine을 비롯한 신경전달물질의 수용체가 있다. 사실상 면역계는 지금까지 알려진 거의 모든 신경내분비 펩타이드 호르몬을 생산하고 있다. 그리하여 면역계를 '떠다니는 내분비 계' '순환하는 뇌'라 부르기도 한다.

이처럼 신경계-내분비계-면역계가 상호작용하는 경로를 통해서 순전히 심리적인 사 건이 면역 기능에 영향을 미칠 수 있고, 순전히 면역학적인 사건도 심리·행동적 변화를 야기할 수 있다. 이를테면 세균이나 바이러스의 침입 같은 면역학적 자극이 생각, 감정, 행동을 변화시킬 수 있는 것이다. 카(Carr, D. J.)와 블래록(Blalock, J. E.)은 면역계와 신경 내분비계의 상호작용을 '시스템 간의 양방향성 의사소통 경로bidirectional pathway of intersystem communication'라 하였다(Carr & Blalock, 1991). 신경계에서 인지된 심리·사회적 스트레스 자 극은 이 상호작용망을 통하여 내분비계 및 면역계로 전해진다. 다른 시스템들에서 입수 하는 자극들, 즉 생리적 자극이나 면역학적 자극들도 그러하다. 동물에게 면역계를 자극 하는 물질을 말초에 투여하면 뇌의 전기적 활성이 증가한다. 이것은 다른 오감의 자극들 처럼 면역학적 자극도 뇌가 인지한다는 것을 의미한다. 블래록은 면역계 역시 내적 감각 기관으로 간주해야 한다고 하고, 이를 제6의 감각sixth sense이라 하였다(Blalock, 2005). 청 각 정보가 청신경계를 거쳐 중추신경계로 전달되듯이, 면역계는 외부 이물질의 침입이라 는 면역학적 정보를 중추신경계로 전달한다. 이것은 면역세포들 사이에 신호전달을 담당 하는 전령물질인 사이토카인이 면역계 안에서만이 아니라 신경계나 내분비계에서도 전령 물질로 작용하기 때문이다. 예를 들어, 인터류킨-1Interleukin-1: IL-1이라는 사이토카인은 주 요 스트레스 반응축인 HPA축에 대한 강력한 조절자로서, 뇌의 시상하부에 작용하여 HPA 축의 개시 호르몬인 CRH를 분비시킨다. 병이 들었을 때 나타나는 우울감, 침체감, 식욕과 수면의 변화, 일과 놀이로부터의 철수 같은 감정과 행동의 변화들을 집합적으로 질병행동 illness behavior · sickness behavior이라 하는데, 질병행동은 면역학적 자극이 IL-1, IL-6 같은 사 이토카인을 통해 신경계에 영향을 주어 나타나는 현상의 대표적인 예이다. 감기약은 마음 의 감기인 우울증에도 효과를 발휘할 수 있는데, 감기약에 포함된 소염제 성분이 면역계의 반응을 억제하여 이들 사이토카인의 작용도 감소시키기 때문이다.

면역계와 마음

조지 솔로몬은 면역계와 신경계를 하나의 통합된 '적응-방어 기제'로 개념화할 수 있을 것이라고 하였다. 두 시스템 모두 자기self와 비자기non-self를 구분하는 자기감sense of identity 을 가지고 있다. 이들은 생명체를 외부 환경과 연결시키며 자신의 구성 성분과 내부 공생 체를 우호적이거나 위협적인 것으로 평가한다. 궁극적으로 이들 모두 적응과 방어를 통해 생명체가 환경 속에서 살아남을 수 있게 한다. 분자생물학자 부스(Booth, R.)와 애쉬브리지(Ashbridge, K.)는 정신신경면역계 모델psychoneuroimmune system model을 개발했다(Booth & Ashbridge, 1993). 이들은 우리가 일종의 방어망으로 생각하는 면역계가 자기-결정self-determination이라는 더 광범위한 현상에 관여한다고 제안했다.

우리의 정신적·신경학적·면역학적 하위 시스템들은 공통의 목적을 공유하고 있다. 즉, 이 세 하위 시스템에는 자기-정체성self-identity을 확립하고 유지한다는 목적론적 일관성 teleological coherence이 있다. 따라서 이들은 모두 자기와 비자기를 구분하며, 생명체의 온전성 integrity을 유지하기 위해서 자기를 지키고 비자기와 대립하거나 공생·협력한다는 특성을 공유하고 있다. 이 시스템들은 모두 기억 능력을 가지고 있고, 환경의 스트레스원stressor에 대해 적응하기 위해 디자인되었으며, 방어 기능을 하고, 부적절하거나 과도한 방어에 의해 스스로 해를 입기도 하며, 특정 자극에 대해 관용tolerance이나 감수성sensitivity을 발달시킨다 (Dreher, 1995).

뇌와 면역계가 상호작용하므로 뇌기능의 이상은 면역 이상을 유도할 수 있다. 시상하부나 뇌하수체가 파괴된 동물은 면역 기능이 손상되며, 뇌가 면역을 조절하는 축이 제대로 작동하지 않는다면 과잉면역을 야기할 수도 있다. 그렇다면 역으로 면역 기능의 이상이 정신적인 장애를 유발할 수도 있을까? 면역학적 자아가 분열되어 면역계가 자기를 비자기처럼 공격하는 자가면역 질환이 정신적인 자아분열, 즉 조현병(정신분열증)과 흔히 동반되는 이유를 이러한 방식으로도 설명할 수 있을까?

만성 감염증이나 자가면역 질환처럼 면역계가 만성적으로 또는 과도하게 활성화되는 질환에서 우울증이 동반되는 경우가 많다. 앞서 예시한 바와 같이, 감기 등 다른 질병을 치료하기 위한 목적으로 복용한 소염제가 면역 반응을 억제하여 우울증을 완화시키기도 하며, 면역 기능을 증강시키기 위해 사이토카인을 투여하는 경우에는 우울증이 나타나기도 한다. 심리적 스트레스가 면역 기능에 영향을 미치는 것과 같은 경로로, 염증과 같은 면역 반응이 신경계에 영향을 줄 수 있다.

실제로 일부 정신과적 장애의 발병이 면역학적 질환들과 관련이 있다는 것이 밝혀지고 있다. 우울증 환자에게서 높은 빈도로 나타나는 유전자 단일염기다형성single nucleotide polymorphism: SNP 중 상당수가 면역세포의 기능과 관련된 것들이라는 점도 이러한 관계를 지지하는 증거가 된다.

불안, 외상성 스트레스, 강박장애 등에 대한 PNI 연구는 면역계와 HPA축의 기능부전에 주목한다(Furtado & Katzman, 2015). 이와 같은 기능부전은 코르티솔과 사이토카인들의 변화에서 반영된다. 친염증성 사이토카인 중 하나인 TNF-알파는 스트레스 관련 우울증의 주요 매개자이다(Demirtas et al., 2014). 역시 친염증성 사이토카인인 IL-6의 증가는 불안, 우울, 외상 후 스트레스장애post-traumatic stress disorder: PTSD 같은 질환들과 관련이 있다(Haroon et al., 2011; Carpenter et al., 2010). 심한 염증을 동반하는 자가면역 질환인 류마티스 관절염에 처방되는 표적치료제들은 우울증을 비롯한 정동장애에 효과를 보인다(Irwin & Miller, 2007).

조현병과 면역의 관계에 관해서는 지난 수십 년간 연구가 이루어졌다. 염증은 조현병에서도 중요한 발병기제로 확인되고 있다. 조현병 환자들의 경우는 친염증성 사이토카인이 증가되어 있으며, 친염증성 사이토카인의 농도가 정신병 증상의 정도와 비례하여 변동한다(Dimitrov et al., 2013). 조현병 환자는 타인의 감정을 파악하는 것 같은 사회적 인식이 결여되어 있는데, 최근의 연구에서는 건강한 사람에게 염증을 일으켰을 때도 다른 사람의 감정을 이해하는 능력이 감소하는 것이 확인되었다(Moieni et al., 2015). 염증과 조현병의 관계에 관한 연구 중에는 항정신병제에 면역 조절 기능이 있다는 것도 포함된다. 소염제인 고리형산화효소-2 억제제cyclo-oxygenase-2 inhibitor: COX-2 inhibitor가 초기 조현병에 효과가 있다는 연구도 있다(Müller et al., 2015).

633

조현병과 감염증 또는 자가면역 질환이 관련이 있음을 보여 주는 연구도 오래전부터 제시되어 왔다. 자가면역 질환이 조현증 위험을 높인다는 것은 이미 새로운 보고가 아니다. 존스홉킨스 대학교 의과대학의 연구자들은 1981~1998년까지 조현병으로 진단된 환자 8천여 명과 그 가족들을 조사하여 조현병이 광범위한 자가면역 질환들과 관련이 있다는 것을 확인하였다(Benros et al., 2011). 여기에는 뇌-반응성 자가항체와 관련된 기제가 관여하고 있는 것으로 나타났으며, 감염증이나 염증이 있을 때는 혈뇌장벽blood-brain barrier의 투과성이 항진된다는 사실도 확인되었다. 이는 말초에서 생성된 면역계의 전령물질들이 더 많이 뇌로 이동할 수 있다는 것을 의미한다.

심지어 정신장애의 치료에 면역학적 방법이 효과가 있을 수 있다는 것을 보여 주는 연구들도 진행되었다. 마리오 카페키(Capecchi, M.)의 연구 팀은 주로 백혈병치료에 적용되는 골수 이식이 강박장애치료에 효과가 있다는 것을 보여 주는 연구를 수행했다(Chen et al., 2010). 이 연구에서 주목한 것은 중추신경계의 면역세포인 미세아교세포microglia이다. 연구자들은 이 세포가 정신과적 장애와 관련이 있는 것으로 설명하고 우울증, 조현병, 자폐증 같은 다른 정신과적 장애들도 면역계와 관련되어 있어 면역학적 치료가 유효할 수 있다는 결론을 제시하였다.

TNF-알파의 작용을 억제하는 것이 알츠하이머병 환자의 인지 기능을 개선하며, 암치료나 바이러스 감염증치료를 위하여 사이토카인을 대량 투여하는 것은 정신과적 장애와 유사한 정신적 기능의 교란을 일으킨다. 인터페론-알파와 IL-2 같은 사이토카인을 투여받은 환자 중 2/3에서 용량의존적으로 섬망, 지남력 상실, 짜증, 환각, 동요, 피로, 식욕부진, 우울 등의 증상이 나타난다. 이러한 변화는 대부분 감염증에서도 나타나는 것들이다. 따라서 면역계가 정신과적 장애나 행동학적 장애와 관련이 있다는 것은 경험적 사실로도 지지된다. 이를 확인할 수 있는 또 다른 증거는 정신과 약물도 면역계에 영향을 준다는 것이다. 예를 들어, 양극성장애(조울증)치료제인 리튬lithium은 면역세포인 과립구 생성을 자극하는 강력한 효과를 가지고 있다. 조현병치료제로 사용되는 신경 이완성 약물이 자가항체의 생산을 유도하고 항세균 효과를 가진다는 것도 발견되었다. 항우울제에 항염증 작용이 있다는 것 역시 반복적으로 확인되어 온 사실 중 하나이다. 신경계에 영향을 주는 알코올 그리고 대마초, 코카인, 헤로인 등의 마약과 니코틴도 면역 반응에 영향을 미치는데, 대체로 면역 기능을 억제한다.

외상성 사건은 PTSD를 유발한다. PTSD는 자율신경계의 과도한 활성화에 의해 발생하므로 외상성 사건 직후에 노르에피네프린norepinephrine의 작용을 차단하는 베타-차단제beta-blocker를 투여하여 발병을 감소시킬 수 있다. 그런데 면역 기능을 증강시키는 방법으로도 PTSD를 완화할 수 있음이 보고되었다(Lewitus et al., 2008).

중추신경계의 손상이 면역계에 영향을 줄 수 있다는 것은 시상하부를 손상시킨 동물의 경우에서 면역 기능이 훼손되는 것을 발견한 오래전의 연구에서부터 확인되었다. 대뇌피질의 기질적·기능적 상태도 면역 기능과 관련이 있다. 리처드 데이비슨(Davidson, R.)은 감기 예방접종에 대한 항체 형성 반응을 측정하여 뇌와 면역 기능의 관계를 조사하였는데, 좌뇌의 활동이 높은 사람일수록 항체가 더 많이 생성되었다. 우뇌 활성이 더 높아 부정적 정서를 더 많이 경험하는 사람의 경우는 NK세포의 활성 수준이 더 낮았다(Davidson et al.,

1999). 소화관 내 면역계의 기능 변화가 정서뿐 아니라 무의식적 수준에서 일어나는 인지적·행동적 결정에 영향을 미친다는 보고도 이어지고 있다.

생리적 시스템들의 통합이라는 관점에서 질병에 접근하는 것은 정확한 원인을 규명하고 최적의 치료법을 선택하는 데 있어서 더 많은 기회와 가능성을 제공한다. 인체를 호흡기계, 순환기계, 소화기계처럼 계통별로 분류하는 것은 해부학에 기초한 인위적인 방식일 뿐 실제로 인체의 생명 활동에는 독립적인 계통이 존재하지 않는다. 특히 정보의 흐름이라는 관점에서 보면 계통들 사이, 장기들 사이, 조직들 사이의 경계는 분명치 않고 서로 침투해 있으며 뒤섞여 있다. 예를 들면, 소화관은 인체에서 가장 큰 내분비기관이자 인체의 면역세포 중 80%가 포진해 있는 고도로 발전된 면역기관이다. 또한 '복부두뇌brain-in-the-gut' '제2의 뇌'라 불리는 독자적 신경계, 즉 장신경계enteric nervous system를 가지고 있다. '확산뇌diffuse brain' '제3의 뇌'라 불리는 피부에는 피부 고유의 면역세포들이 최일선의 방어를 담당하고 있고, 각질세포keratinocyte는 세로토닌, 도파민과 같은 신경전달물질 그리고 코르티솔이나 멜라토닌을 비롯한 여러 호르몬들과 사이토카인을 만들어 낸다. 심장은 신경세포가 60%를 차지하는 신경세포 덩어리이며, 역시 호르몬을 분비하는 내분비기관이다. 이러한 관점에서 보면 신체에서 신경계, 내분비계, 면역계가 아닌 곳이 없다. 이것이 궁극적으로 시사하는 바는 개별 시스템 안에서도 이미 시스템의 통합이 이루어지고 있고, 이 시스템들이 연결된 전체가 다시 하나의 시스템이 되어 작용한다는 것이다.

생리적 시스템들의 통합보다 더욱 중요한 것은 심신 시스템의 통합이다. 신경계가 내분비계, 면역계와 소통한다는 것은 궁극적으로 마음이 신체의 생리적 기능과 연결되어 있다는 것을 의미한다. 지난 수십 년 동안의 PNI 연구를 통해 면역 반응을 직접적으로 중개할 수 있는 신경전달물질과 호르몬의 존재가 알려지고 인지, 정서, 행동에 영향을 미치는 호르몬과 사이토카인에 대한 보고들도 봇물을 이루었다. 면역 활성을 고전적 조건 형성 절차에 의해 변화시킬 수 있음을 보여 주는 연구들이 진행되고 정서, 스트레스, 불안, 우울, 만성 통증과 면역계 사이의 상호 관계에 관한 연구가 폭넓게 수행되었다. 전향적으로 수행된 종단적 연구들로부터 류마티스 관절염, 통증, 우울증이 서로 간에 예측자가 될 수 있음이 확인되었다. 면역계의 친염증성 사이토카인들이 심혈관계 질환, 관절염, 2형 당뇨병, 골다공증, 알츠하이머병, 치주 질환, 일부 암에 있어서 핵심적 역할을 하며, 우울이나 불안 같은 부정적 정서들이 친염증성 사이토카인의 증가, 백혈구증가증, NK세포의 기능 변화 등을 일으킨다는 것도 밝혀졌다. 면역계의 전령물질들은 면역과 무관하게 여겨졌던 만성 질환들, 심지어 정신과적 장애를 진단, 평가하는 지표로 활용되기 시작했다.

1990년, 세 명의 PNI 선구자 애더, 펠텐(Felten, D. L.), 코헨은 행동적 사건과 생리적 사건들 간 상호작용의 영향을 받지 않는 신체 시스템이나 항상성 유지 기제는 없을 것이라는 점이 충분히 확실해졌다고 하였다(Ader et al., 1990). 신경계-내분비계-면역계라는 통합된 하나의 시스템은 우리의 몸과 마음과 행동을 하나로 엮는다. 이 통합된 시스템을 오가는 전령물질들은 생리적 조성자일 뿐 아니라 마음과 행동의 조성자이기도 하다. 예를 들어, 출산 시 자궁 수축과 수유기 유즙 분비를 촉진하여 모성의 호르몬이라 불리는 옥시토신oxytocin은 모성의 몸과 더불어 모성의 마음과 모성의 행동을 함께 이끌어 내는 신경전달물질이다. 동물에게 옥시토신을 차단하면 새끼와의 애착 형성이나 양육 행동이 손상된다. 뇌의 중심부에 있는 중뇌수도주변회백질periaqueductal gray matter: PAG은 옥시토신의 주요 작용 부위이다. 아기를 바라보고 있는 엄마의 PAG에서 옥시토신의 작용이 증가하는데, 이는 모성 행동의 생물학적 매개자가 옥시토신이라는 사실을 뒷받침한다. 출산과 유즙 분비라는 생리적 현상은 애착과 모성 행동이라는 심리·행동적 현상과 동반되지 않으면 후손을 남기는 결과로 이어지지 않을 것이다. 지금까지 생리학에서는, 한 호르몬은 특정 장기나 조직에서 특정한 기능을 수행하는 것으로 설명해 왔다. 옥시토신이라는 하나의 전령물질이 서로 무관해 보이는 여러 생리적 시스템에서, 나아가 심리·행동과 관련된 시스템에서 수행하는 다양한 기능들은 결국 모성이라는 하나의 목표로 통합된다. 이것은 단지 전령물질이 생리적 시스템들 사이를 오가며 다면적으로 기능한다는 것만을 알려 주는 것이 아니다. 궁극적으로 몸과 마음은 하나의 통합된 시스템이라는 것을 의미하는 것이다.

정신신경면역학과 치유의 기제

PNI 연구의 임상적 적용은 주로 심신의학의 치유양식으로 이루어지고 있다. 심신의학은 신체적 질병과 마음이 밀접한 관계를 가지고 있으며, 마음을 다스림으로써 질병에서 치유되고 건강을 유지할 수 있다는 것을 전제로 하는 보완대체의학의 한 분야로서, 질병을 전일적 시각에서 파악하며 마음을 치유의 주요 경로로 삼고 생활 전반에서 스스로 건강을 도모하는 양생의학養生醫學이다. 이와 같은 철학과 원리는 동서양의 전통의학에서 공통적으로 발견된다. 한의학韓醫學의 '치심요법治心療法'과 '이도요병以道療病'이라는 개념에도 이러한 원리가 함축되어 있다. 따라서 심신의학이라는 용어는 현대 보완대체의학의 한 분야를 가리키기도 하고, 위와 같은 철학과 원리를 가진 모든 의학 체계를 가리키기도 한다.

사실상 동양의학은 물론 서양의학의 원형 또한 전일론적 심신의학이다. 히포크라테스(Hippocrates)나 갈렌(Galenos, C.)의 의학은 마음이 신체의 질병에 미치는 영향을 강조하였을 뿐만 아니라 사회적 · 생태적 환경과의 조화와 균형을 강조하였다. 심신의학자 수잔 리틀(Little, S.)은 "심신의학은 전인적 돌봄whole-person care이라는 철학적 방침으로 특징지어지며, 그 기원은 고대의 전일론적 치유전통holistic healing tradition에서 발견된다."라고 기술한 바 있다(Little, 2004). 즉, PNI나 심신의학의 철학과 원리는 결코 새로운 것이 아니다. PNI의 창시자인 조지 솔로몬은 PNI의 역사는 여러 문화를 초월하여 수천 년 전에 시작되었다고 말하였다(Solomon, 2002). 그리고 로이드(Lloyd, R.)는 PNI의 뿌리가 고대의 사상과 방식에 있다고 하였다(Lloyd, 1987).

전일주의적 치유전통에서는 인간을 부분으로 보지 않고 몸과 마음이 합일되어 있다고 보며, 인간은 대우주와 연결된 소우주로 본다. 신체적 질병의 원인은 마음에 있거나 대우주와의 균형과 조화가 어긋난 데 있다고 간주하므로, 질병치료에 있어서도 신체에 나타난 증상치료 자체에 중점을 두기보다는 그 배후의 원인으로서 환자의 마음가짐과 생활 환경을 중요시한다.

현대의 심신의학 또한 마음, 즉 정신적 · 정서적 과정이 신체 기능에 영향을 미칠 수 있다는 전제에 기초하여 몸과 마음을 조화시켜 질병을 치료하고 건강을 도모하고자 한다. 현재 서구에서 가장 널리 활용되는 심신의학적 기법으로는 이완요법, 명상요법, 요가, 태극권, 기도, 심상요법, 최면요법, 바이오피드백, 인지행동치료, 표현예술치료 등을 들 수 있다.

현대 심신의학은 20세기 초부터 시작되었으나, 과학적 기반을 갖춘 심신의학은 1970년대부터 본격화되었다. 1970년대 하버드 대학교의 허버트 벤슨(Benson, H.)은 인도의 마하리시 마헤시(Mahesh, M.)가 요가 수행법을 변형하여 개발한 초월명상transcendental meditation의 생리적 효과를 연구하였다. 벤슨은 이를 계기로 이완 시스템relaxation system에 대해 집중적으로 탐구하고 이완 반응relaxation response이라는 이완요법을 개발하였다. 이 무렵부터 존 카밧-진의 MBSR, 칼 시몬톤(Simonton, C.)의 심상요법, 엘머 그린(Green, E.)의 바이오피드백biofeedback, 노만 커슨스(Cousins, N.)의 웃음요법, 딘 오니시(Ornish, D.)의 생활 습관 개선 프로그램과 같이, 스트레스를 감소시키고 심신의 안정을 도모하는 심신의학적 기법의 효과에 관한 연구가 활발하게 진행되고 의료 현장에 성공적으로 도입되었다.

PNI 연구는 심신의학적 중재법들의 생리적 효과를 추적함으로써, 이들이 단지 환자들의 심리적 스트레스를 감소시키거나 주관적 삶의 질을 향상시키기만 하는 것이 아니라는 것을 입증하였다. 이러한 기법들은 환자의 통증을 경감시키고 질병의 회복을 촉진하여 의

637

료시설 재원 기간을 단축시킨다. 특히 암 환자들을 대상으로 한 연구들에서는 환자의 면역 지표를 개선하고 생존 기간을 증가시킨다는 것이 밝혀졌다. 전이된 유방암 환자에게 지지집단치료를 실시하여 생존 기간이 18개월이나 연장되었고(Spiegel et al., 1989), 집중적인 그룹심리치료가 악성 흑색종 환자의 생존률과 NK세포의 활성을 증가시키며(Fawzy et al., 1993), 심상요법이나 이완요법 같은 중재법은 전이된 암 환자에게서 NK세포의 활성, 말초 림프구의 증가 등을 비롯한 면역 지표들을 향상시켰다(Gruber et al., 1988).

심신의학적 중재법들의 공통점은 생체의 이완 시스템을 활성화하는 이완요법들이라는 것이다. 이완 시스템은 스트레스 시스템과 반대되는 심신의 상태를 유도한다. 그리고 이완 시스템은 인체의 내적인 치유기제를 작동시키는 시스템이기도 하다(신경희, 2018). 스트레스 반응이 에피네프린이나 코르티솔 등과 같은 스트레스 호르몬들에 의해 주도되는 것처럼 이완 반응을 주도하는 이완 호르몬들이 있다. PNI 연구를 통해 이완 호르몬의 종류와 기능의 목록이 점차 정교해지고 있다. 놀라운 사실은 이러한 이완 호르몬들이 실제로 우리가 약으로 사용하는 물질들이라는 것이다. 이 중에는 현재 약리학적으로 큰 주목을 받아 다각도로 연구가 진행되고 있는 물질들도 포함된다. 이완 호르몬들은 심신의 질병치유를 돕고 건강을 증진하며 내적인 성장을 도모한다. 옥시토신, 엔돌핀, 세로토닌, 멜라토닌 등은 여러 이완요법에 관한 연구에서 자주 언급되는 이완 호르몬이다.

샤미니 재인(Jain, S.) 등은 PNI 연구가 우리 안에 있는 내적 치유기제의 존재를 상기하도록 해 준다고 말한다(Jain et al., 2015). 이완 시스템과 이완요법의 치유기제를 규명하는 것은 PNI에서 가장 활발히 진행되어 온 연구 주제 중 하나이며, 이 연구들은 다양한 심신의학적 중재법들이 임상에 도입되는 데 커다란 기여를 해 왔다.

나가는 말

건강의 정의가 다중 차원의 웰빙이라는 개념으로 변화되고 보건의료 정책의 방향이 질병치료에서 건강 증진으로 전환되면서, 생의학 안에서도 마음의 건강에 대한 관심이 증가하고 치유라는 단어는 사회, 문화 전반에 화두가 되었다. 인체의 내적 치유기제가 규명되기 시작하자, 치유는 철학적 담론을 넘어 질병치료의 전략 속에서 구체화되고 있다.

건강이라는 단어의 본래 의미에는 인간의 모든 측면이 하나로 전체를 이룰 뿐 아니라 사회나 자연과도 통합된 전체가 되어야 한다는 뜻이 담겨 있다. 그 전일성, 온전성의 회복이 바로 치유이다. 데이비드 레빈(Levin, D.)은 근대과학이 시작된 이후 변화되어 온 몸에 관한 인식을 일곱 가지 모델로 설명하였다. 초기의 모델들은 해부학, 생리학, 생화학, 분자생물학적 모델이며, 이들은 환원주의 과학이 점점 심화되는 모습을 그대로 반영하고 있다. 이후 정신신체적psychosomatic 관점에 이르러서 몸과 마음이 연결되었으나, 이것은 여전히 사회, 환경, 자원과는 분리된 몸이다. 레빈은 현재의 모델은 PNI적 몸이며, PNI적 몸에 이르러 환경과의 관계가 회복되었다고 말한다(Levin & Solomon, 1990).

참고문헌

신경희(2016). 통합스트레스의학. 서울: 학지사.

신경희(2017). 스트레스핸드북. 서울: 씨아이알.

신경희(2018). 정신신경면역학 개론. 서울: 학지사.

Ader, R., & Cohen, N. (1975). Behaviorally conditioned immunosuppres sion. *Psychosomatic Medicine, 4,* 333-340.

Ader, R., & Cohen, N. (1982). Behaviorally conditioned immunosuppression and murine systemic lupus erythematosus. *Science, 215*(4539), 1534-1536.

Ader, R., Felten, D. L., & Cohen, N. (1990). Interactions between the brain and the immune system. *Ann Rev Rharmacol Toxicol, 30,* 561-602.

Antoni, M. H. (2003). Stress management effects on psychological, endocrinological, and immune functioning in men with HIV infection: empirical support for a psychoneuroimmunological model. *Stress, 6*(3), 173-188.

Antoni, M. H., Schneiderman, N., Klimas, N., LaPerriere, A., Ironson, G., & Fletcher, M. A. (1991). Disparities in psychological, neuroendocrine, and immunologic patterns in a symptomatic HIV-1 seropositive and seronegative gay men. *Biological psychiatry, 29*(10), 1023-1041.

Benros, M. E., Nielsen, P. R., Nordentoft, M., Eaton, W. W., Dalton, S. O., & Mort ensen, P. B. (2011). Autoimmune diseases and severe infections as risk factors for s chizophrenia: a 30 -year population-based register study. *American Journal of Psychiatry 168*(12), 1303-1310.

Blalock, J. E. (2005). The immune system as the sixth sense. *Journal of Internal Medicine, 257,* 126-138.

Booth, R. J., & Ashbridge, K. R. (1993). A fresh look at the relationship between the psyche and immune system: teleological coherence and harmony of purpose. *Advances, 9*(2), 4-23.

Carpenter, L. L., Gawuga, C. E., Tyrka, A. R., Lee, J. K., Anderson, G. M., & Price, L. H. (2010). Association between plasma IL-6 response to acute stress and early-life adversity in healthy adults. *Neuropsychopharmacology, 35*, 2617-2623.

Carr, D. J., & Blalock, J. E. (1991). Neuropeptide hormones and receptors common to the immune and neuroendocrine systems: Bidirectional pathway of intersystem communication. (In: Ader, R,. Felten, D. L., & Cohen, N. (Eds.). *Psychoneuroimmunology, 2nd ed.* Academic Press.)

Chen, S. K., Tvrdik, P., Peden, A., Cho, S., We, S., Spangrude, G., & Capecchi, M. R. (2010). Hematopoietic origin of pathological grooming in Hoxb8 Mutant Mice. *Cell 141*(5), 775-785.

Cohen, S., Tyrrell, D. A. J., & Smith, A. P. (1991). Psychological Stress and Susceptibility to the Common Cold. *New England Journal of Medicine, 325*(9), 606-612.

Creswell, J. D., Myers, H. F., Cole, S. W., & Irwin, M. R. (2009). Mindfulness meditation training effects on CD4+ T lymphocytes in HIV-1 infected adults: A small randomized controlled trial. *Brain behavior and Immunity, 23*, 184-188.

Davidson, R. J., Coe, C. C., Dolski, I., & Donzella, B. (1999). Individual differences in prefrontal activation asymmetry predict natural killer cell activity at rest and in r esponse to challenge. *Brain Behavior and Immunity, 13*(2), 93-108.

Davidson, R. J., Kabat-Zinn, J., Schumacher, J., Rosenkranz, M., Muller, D., Santorelli, S. F., & Sheridan, J. F. (2003). Alterations in brain and immune function produced by mindfulness meditation. *Psychosomatic medicine, 65*(4), 564-570.

Demirtas, T., Utkan, T., Karson, A., Yazir, Y., Bayramgurler, D., & Gacar, N. (2014). The link between unpredictable chronic mild stress model for depression and vascular inflammation?. *Inflammation, 37*, 1432-1438.

Dimitrov, D. H., Lee, S., Yantis, J., Valdez, C., Paredes, R. M., Braida, N., & Walss-Bass, C. (2013). Differential correlations between inflammatory cytokine s and psychopathology in veterans with schizophrenia: potential role for IL -17 pathway. *Schizophrenia research, 151*(1), 29-35.

Dreher, H. (1995). *The immune power personality: seven traits you can develop to stay healthy.* Dutton.

Fang, C. Y., Reibel, D. K., Longacre, M. L., Rosenzweig, S., Campbell, D. E., & Douglas, S. D. (2010). Enhanced psychosocial well-being following participation in a mindfulness-based stress reduction program is associated with increased natural killer cell activity. *The Journal of Alternative and Complementary Medicine, 16*(5), 531-538.

Fawzy, F. I., Fawzy, N. W., Hyun, C. S., Elashoff, R., Guthrie, D., Fahey, J. L., & Morton, D. L. (1993). Malignant melanoma: Effects of an early structured psychiatric intervention, coping, and affective state on recurrence and survival 6 years later. *Archives of General Psychiatry,*

50(9), 681-689.

Furtado, M., & Katzman, M. A. (2015). Neuroinflammatory pathways in anxiety, posttraumatic stress, and obsessive compulsive disorders. *Psychiatry Research, 229*, 37-48.

Glaser, R., Kiecolt-Glaser, J., Speicher, C. E., & Holliday, J. E. (1985). Stress, loneliness, and changes in herpesvirus latency. *Journal of Behavioral Medicine, 8*, 249-260.

Glaser, R., Rice, J., Sheridan, J., Fertel, R., Stout, J., Speicher, C., & Kiecolt-Glaser, J (1987). Stress-related immune suppression: Health implications. *Brain Behavior and Immunity, 1*, 7-20.

Gruber, B. L., Hall, N. R., Hersh, S. P., & Dubois, P. (1988). Immune system and psychological changes in metastatic cancer patients using relaxation and guided imagery: A pilot study. *Scandinavian Journal of Behavioral Therapy 17*, 25-46.

Haroon, E., Raison, C. L., & Miller, A. H. (2011). Psychoneuroimmunologymeets neuropsychopharmacology: Translational implications of the impa ct of inflammation on behavior. *Neuropsychopharmacology, 37*(1), 137-162.

Irwin, M. R., & Miller, A. H. (2007). Depressive disorders and immunity: 20 years of progress and discovery. *Brain Behavior and Immunity, 21*, 374-383.

Jain, S., Ives, J., Jonas, W., Hammerschlag, R., Muehsam, D., Vieten, C., & Guarneri, E. (2015). Biofield Science and Healing: An Emerging Frontier in Medicine. Glob *Adv Health Med*, 4(Suppl), 5-7.

Kiecolt-Glaser, J. K., & Glaser, R. (1991). Stress and the Immune System: Human Studies. (In: Tasman, A. & Riba, M. B. (Eds.). *Annual Review of Psychiatry, 11*, 169-180.)

Kiecolt-Glaser, J. K., Fisher, L. D., Ogrocki, P., Stout, J. C., Speicher, C. E., & Glas er, R. (1987b). Marital quality, marital disruption, and immune function. *Psychosomatic medicine, 49*(1), 13-34.

Kiecolt-Glaser, J. K., Glaser, R., Shuttleworth, E. C., Dyer, C. S., Ogrocki, P., & Speicher, C. E. (1987a). Chronic stress and immunity in family caregivers of Alzheimer's disease victims. *Psychosomatic medicine, 49*(5), 523-535.

Kiecolt-Glaser, J. K., Marucha, P. T., Malarkey, W. B., Mercado, A. M. & Glaser, R. (1999), Slowing of wound healing by psychological stress. *Lancet, 346*(8984), 1194-1196.

Kiecolt-Glaser, J. K., Ricker, D., George, J., Messick, G., Speicher, C. E., Garner, W., & Glaser, R. (1984). Urinary cortisol levels, cellular immunocompetency, and loneliness in psychiatric inpatients. *Psychosomatic Medicine, 46*(1), 15-23.

Levin, D. M., Solomon, G. F. (1990). The discursive formation of the body in the history of medicine. *The Journal of medicine and philosophy, 15*(5), 515-537.

641

Lewitus, G. M., Cohen, H., & Schwartz, M. (2008). Reducing post-traumatic anxiety by immunization. *Brain behavior and immunity, 22*(7), 1108-1114.

Little, S. (2004). Mind-Body Medicine (In: Kligler, B., & Lee, R. *Integrative Medicine: Principles for Practice.* McGraw-Hill Professional)

Lloyd, R. (1987). *Explorations in Psychoneuroimmunology.* Grune and Stratton.

Moieni, M., Irwin, M. R., Jevtic, I., Breen, E. C., & Eisenberger, N. I. (2015). Inflammation impairs social cognitive processing: A random ized controlled trial of endo toxin. *Brain Behavior an d Immunity, 48,* 132-138.

Müller, N., Weidinger, E., Leitner, B., & Schwarz, M. J. (2015). The role of inflammatjon in schizophrenia. *Frontiers in Neuroscience, 9,* 372.

Olness, K., & Ader, R. (1992). Conditioning as an adjunct in the pha rmacotherapy of lupus erythematosus. *J of Developmental and behavioral pediatrics, 13,* 124-125.

Pedersen, A. F., Zachariae, R., & Bovbjerg, D. H. (2009). Psychological stress and antibody response to influenza vaccination: a meta-analysis. *Brain, behavior, and immunity, 23*(4), 427-433.

Schleifer, S. J., Keller, S. E., Camerino, M., Thornton, J. C., & Stein, M. (1983). Suppression of lymphocyte stimulation following bereavement. Jama, 250(3), 374-377.

Solomon, G. F. (2002). The Development and History of Psychoneuroimmunology. (In: Koenig, H. G., & Cohen, H. J. (Eds.). *The link between religion and health: psychoneuroimmunology and the faith factor.* Oxford Univ Press.)

Solomon, G. F., & Moos, R. H. (1964). Emotions, immunity, and disease: A speculative theoretical integration. Archiv. *General Psychiatry, 11,* 657-674.

Spiegel, D., Kraemer, H., Bloom, J., & Gottheil, E. (1989). Effect of psychosocial treatment on survival of patients with metastatic breast cancer. *The Lancet, 334*(8668), 888-891.

Vedhara, K., Bennett, P. D., Clark, S., Lightman, S. L., Shaw, S., Perks, P., & Jones, R. W. (2003). Enhancement of antibody responses to influenza vaccination in the elderly following a cognitive-behavioural stress management intervention. *Psychotherapy and psychosomatics, 72*(5), 245-252.

Wisneski, L. (2017). *The Scientific Basis of Integrative Health.* CRC Press.

Wong, M. L., Dong, C., Maestre-Mesa, J., & Licinio, J. (2008). Polymorphisms in inflammation-related genes are associated with susceptibility to major depression an d antidepressant response. *Molecular psychiatry, 13*(8), 800-812.

Yang, E. V., & Glaser, R. (2002). Stress-associated immunomodulation and its implications for responses to vaccination. Expert Reviews: Vaccines, 1, 453-459.

기
아
보
찾

인명

643

변학수 446
숭산 73, 76
안희영 72
조효남 19
최영아 445

가와이 하야오 441
야나기다 구니오 459

Abraham 314

Barret, L. F. 341
Benson, H. 73
Brach, T. 523
Buck 312
Burns 312

Coelho, P. 455
Cohen, N. H. 305

Dalai Lama 350

Damasio, A. 342
Davidson, R. 556
Detambel, R. 455
Dewey, J. 341
Doidge, N. 134, 149

Ekman, P. 341

Feldenkrais, M. 130, 140, 147
Freud, S. 462

Gantt 314
Germer, C. K. 350
Goodenough 312
Gurdjieff, G. I. 480

Hammer 312
Hayes, S. C. 445
Heidegger, M. 444
Hippocrates 81

내용

645

647

653

대표저자 •

안희영(Ahn Heyoung)

　미국 컬럼비아 대학교에서 MBSR 지도자 교육과정을 주제로 박사학위를 받았다(성인학습 및 리더십 전공). 2005년부터 마음챙김에 근거한 스트레스 완화(MBSR) 프로그램을 국내에 보급하고 있다. 미국 MBSR 본부 마음챙김 센터(CFM)에서 2010년 한국인 최초로 MBSR지도자 인증을 취득하였고 2019년 현재 국내 유일의 CFM 공인 MBSR 지도자로서 한국MBSR연구소(http://cafe.daum.net/mbsrkorea)를 중심으로 MBSR 일반과정 137기를 배출하고 미국 브라운 대학교 마음챙김센터(BMC)와 아시아 최초로 국제 마음챙김 협력기관(GMC) 협약을 맺고 MBSR 지도자 국제인증 교육을 하고 있다. 기업용 프로그램인 미국 내면검색(Search Inside Yourself) 프로그램 인증 취득, 포텐셜 프로젝트 과정을 이수하였다.

　현재 한국MBSR연구소 소장, 서울불교대학원대학교 석좌교수, 한국불교심리치료학회 운영위원, 대한 명상의학회 고문 등을 맡고 있다. 미국 뉴욕 대학교에서 풀브라이트 교환교수, 한국심신치유학회 회장, 서울불교대학원대학교 부총장, 대한통합의학교육협의회 부회장, 한국정신과학학회 부회장 등을 역임하였다.

　역서로는『다르마를 통해 본 마음챙김 명상』(2019, 학지사),『스트레스, 건강, 행동의학』(공역, 학지사, 2018),『온정신의 회복』(공역, 학지사, 2017),『의식의 변용』(공역, 학지사, 2017),『8주 마음챙김(MBCT) 워크북』(불광출판사, 2017),『켄 윌버의 ILP』(공역, 학지사, 2014),『예술과 과학이 융합된 마음챙김』(공역, 학지사, 2014),『MBSR 워크북』(공역, 학지사, 2014),『8주 나를 비우는 시간』(공역, 불광출판사, 2013),『존 카밧진의 처음 만나는 마음챙김 명상』(불광출판사, 2012),『마음챙김에 대한 108가지 교훈』(공역, 학지사, 2012),『자유로운 삶으로 이끄는 일상생활 명상』(공역, 학지사, 2011),『마음챙김과 정신건강』(학지사, 2010),『마음챙김에 근거한 심리치료』(공역, 학지사, 2009) 등이 있고, 해외 저술로는『Resources for Teaching Mindfulness』(Springer, 2017)의 7장 "Teaching MBSR in Korea" 등이 있다.

　논문으로는「현대 서구사회에서의 마음챙김 활용」(불교학연구, 2012),「통합심신치유의 통전적 패러다임 모델」(공동, 예술심리치료연구, 2013),「MBSR 프로그램의 불교 명상적 기반」(불교학연구, 2010),「통합미술치료를 위한 MBSR 프로그램 활용방안」(예술심리치료연구, 2010),「마음챙김과 자기기억의 연관성」(한국선학, 2010) 등이 있다.

조효남(Cho Hyo Nam)
육군사관학교를 졸업(1967)한 후 미국 미시간 주립대학교에서 구조공학석사·박사학위를(1972) 취득하였고, 육군사관학교 교수를 역임(1973~1987)한 후 1988년부터 한양대학교 건설환경시스템공학과 교수로 재직(1988~2008)하였다. 한양대학교 공대학장과 대만국립과학기술대학교 초빙석좌교수를 역임하였으며, 2000년 이래 10년 이상 한국트랜스퍼스널(자아초월)학회 공동회장을 역임하였다. 한국전산구조공학회 회장, 한국강구조공학회 회장, 한국공학한림원 정회원, 한국건강연대 공동상임대표, 미래사회와종교성연구원 이사, 한국정신과학학회 회장 등을 역임하였다. 현재는 서울불교대학원대학교 석좌교수·심신치유교육학 전공 책임교수, 한양대학교 명예교수이고, 한국정신과학학회 고문, 한국심신치유학회 고문, 한국요가문화협회 고문 등으로 활동하고 있다.

대학 때부터 철학·심리학·종교에 심취하였고 지난 40년 이상 도가기공명상 수련과 불교참선 수련을 해 왔다. 1990년대 중반부터 켄 윌버의 통합사상을 국내에 소개하였고, 그의 주요 저서를 국내에 최초로 번역 소개하면서 한국트랜스퍼스널학회를 창립한 후 공동회장으로서 자아초월심리학과 켄 윌버의 통합사상 보급에 주력하여 왔다. 지난 20여 년간 자아초월심리학, 켄 윌버의 통합사상, 신과학, 나선동역학, 과학기술윤리, 현대기학氣學, 정신과학, 양자심신치유 등에 대해 '과학사상'과 '한국정신과학학회'를 비롯한 여러 학술단체에서 학술 발표와 심화강의·기조강연을 해 왔으며, 오랫동안 한양대학교와 고려대학교에서 공학윤리와 과학기술윤리를 강의해 왔다. 지난 11년간 서울불교대학원대학교에서 통합이론, 통합생활 수련, 치유도인기공 수련, 양자의학, 에너지의학, 양자심신치유, 통합심신치유학, 심신치유기제 등을 강의해 오고 있다.

저서로는 『상보적 통합: 켄 윌버 통합 사상의 온전한 이해와 비판 그리고 응용』(2019, 학지사), 『역동적 통합변혁리더십』(휴머니즘, 2010), 『현대과학기술윤리』(구미서관, 2010) 등이 있고, 역서로 켄 윌버의 『감각과 영혼의 만남』(범양사, 2007), 『모든 것의 역사』(김영사, 2015), 『켄 윌버의 ILP』(공역, 학지사, 2014), 『의식의 변용』(학지사, 2017) 등이 있다.

공동집필자 •————————————————

곽미자(Kwak Mi Ja)

창원대학교 교육학 박사(초월영성상담 전공)

인도 비하르 요가 대학교 요가철학 석사

춘해보건대학교 요가과 교수

(사) 한국심리학회 건강심리전문가

(사) 한국상담학회 1급 전문상담사

〈저·역서 및 논문〉

• 요가니드라워크북(한국요가출판사, 2010)

• 숨과 힐링(도서출판 한글문화사, 2014)

• 요가생태학적 명상(도서출판 한글문화사, 2015)

곽상준(Kwak Sang Jun)

충남대학교 의과대학 졸업

경희대학교 한의과대학 졸업

느루요양병원 진료원장

대한임상암대사의학회 학술이사

대한정주의학회 정보통신이사

〈저·역서 및 논문〉

• 암은 대사 질환이다(공역, 한솔의학서적, 2015)

• 개원의를 위한 대사와 영양(공역, 한솔의학서적, 2016)

구민준(Gu Min Jun)

한국중독전문가협회 이사

중독전문가 1급

법무부 특별법사랑 위원

12단계촉진치료공동체 촉진자

상담심리사

요가명상 전문가

국은미(Kuk Eunmi)
뉴욕 대학교 티쉬 예술대학 실기 석사
이화여자대학교 무용학과 및 동대학원 졸업
숨무브먼트 대표
스페이스소마 디렉터
한국예술종합학교, 성균관대학교 강사
MBS Academy (Feldenkrais Heritage) Practitioner

〈저 · 역서 및 논문〉
• 창작무용학습이 청소년기 자아개념에 미치는 영향(이화여자대학교 대학원, 1994)

김기섭(Kim kee seop)
서울불교대학원대학교 심신통합치유학 박사 수료
인문치유 허브 MBHT연구소 대표
혜민스님 마음치유학교 강사
한국심신치유학회 이사/그림책마음챙김협회 이사
용인송담대학교 외래교수
실존심리상담사

김성호(kim Sung Ho)
서울불교대학원대학교 심신통합치유학 박사
(사) 한국요가명상협회(KYMA, Inc) 회장
쁘라갸아카데미 대표
전) 경기대학교 대체의학대학원 외래교수
　　수원여자대학교 뷰티테라피학과 외래교수

〈저 · 역서 및 논문〉
• 에너지테라피(해란, 2009)

김성희(Kim, Sung Hee)
심신통합치유학 박사 수료
나우평생교육원 원장
서울불교대학원대학교 외래교수
한국심신치유학회 이사
MBSR 지도자
전) 한국MBSR연구소 선임연구원
　　이화여자대학교 산학협력단 연구원

김열권(Kim Yeol Kweon)

고려대학교 경영대학원 MBA 석사

위빠사나붓다선원(마하위빠사나명상원) 원장

동국대학교 사회교육원 서울불교대학원 대학 출강

불교TV 위빠사나 12회, 목사님들 워크숍 3회 진행

〈저·역서 및 논문〉

- 위빠싸나 1, 2(불광출판사, 1992)
- 보면 사라진다(정신세계사, 2002)
- 붓다의 후예, 위빠사나선사들(한길, 2007)
- 붓도 위빠사나(솔바람, 2011)

김윤탁(Kim, Youn Tak)

동덕여자대학교 대학원 일어일문학 문학박사

한국향기명상협회 회장

문화재단 고도원의 아침편지 깊은산속옹달샘 명상치유센터 수석강사

일본 체리슈인터내셔날 메디컬 아로마 테라피스트

〈저·역서 및 논문〉

- 말기암의 통증을 다스리는 아로마테라피(2006, 솔과학)
- 천사치유(공역, 2014, 솔과학)
- 명상이 쉬워요(2018, 티움)
- 꽃은 져도 향기를 남긴다(2012, 미르북컴퍼니)

김제창(Kim, Je-Chang)

국제명상아카데미(AOMA) 공동대표

(사) 한국정신과학학회 대외협력이사

(사) 한국요가명상협회 고문

전) 서울불교대학원 대학교 요가치료 전공 박사과정 출강

　　원광대학교 불교학과 요가학 전공 박사과정 출강

〈저·역서 및 논문〉

- Comparative Study between the Meditation Techniques of Zen and Vipassana with Special Reference to the Platform Scripture and MahasatipatthanaSutta(2008, 인도 뿌나 대학교)
- 명상법의 과학학를 위한 철학분석 소고(사단법인 한국정신과학학회, 2014)

류승원(You Seung Won)

서강대학교 영상학 박사(PhD)

코칭연구소 아이엠 대표

한국코칭학회 상임이사

국제코치연맹(ICF)인증 코치(PCC)

강남직업전문학교 리더십 교수

〈저 · 역서 및 논문〉

- 영화코칭 프로그램 개발을 위한 탐색적 연구(코칭연구, 9-2, 2016)
- 영화코칭 프로그램의 개발 및 효과 연구(코칭연구, 10-3, 2017)
- 영화를 활용한 청소년 코칭 사례 연구(서강대학교, 2017)

박영숙(Park YoungSook)

서울불교대학원대학교 심신통합치유학 박사 수료

타라심신치유센터장

국제인지행동치료전문가(ACT) 고급 과정 수료, 상담전문가 1급

전) 대한통합의학교육협의회 이사

　　한국MBSR연구소 연구원

〈저 · 역서 및 논문〉

- MBSR 응용프로그램이 심리적 건강에 미치는 효과(서울불교대학원대학교, 2007)

박자방(Park Ja Bang)

서울불교대학원대학교 심신통합치유학 박사 수료

박자방 요가명상문화원 원장

한국심신치유학회 상임부회장

(사) 한국요가문화협회 상임부회장

전) 호원대학교 외래교수

　　한림성심대 평생교육원 강사

〈저 · 역서 및 논문〉

- 요가와 병행한 식사명상이 중년여성의 비만에 미치는 효과(경기대학교 대체의학대학원, 2009)

설경인(Seol Kyeong In)

연세대학교 의과대학 졸업

정신건강의학과 전문의

연세대학교 의학대학원 석박사 통합과정 중

연세가산숲정신건강의학과 원장

대한심신치유의학회 학술이사

전) 화정병원 정신건강의학과 진료과장

신경희(Shin Kyung-Hee)

서울불교대학원대학교 박사 졸업

한국심신의학연구원 원장

선문대학교대학원 통합의학과 겸임교수

〈저 · 역서 및 논문〉

• 스트레스, 건강, 행동의학(공역, 학지사, 2018)

• 정신신경면역학 개론(학지사, 2018)

• 스트레스 핸드북(씨아이알, 2017)

• 통합스트레스의학(학지사, 2016)

원희랑(Won Hee Rang)

서울불교대학원대학교 상담심리학 박사

서울불교대학원대학교 상담심리학과 미술치료학 전공 교수

수련감독미술치료 전문가(STAR)

강남미술치료연구소장

(사) 한국미술치료학회 부회장

〈저 · 역서 및 논문〉

• 실존주의 미술치료-캔버스 거울(3판, 학지사, 2019)

• 미술치료와 임상뇌과학(공역, 시그마프레스, 2011)

• 미술치료에서 미술을 기반으로 한 슈퍼비전의 중요성과 실제 적용에 대한 고찰, 미술치료연구.
  1-18(2016)

원희욱(Weon, Hee wook)

연세대학교 졸업

서울불교대학원대학교 심신통합치유학과 뇌인지과학 전공 교수

서울불교대학원대학교 뇌과학 연구소 소장

국제뉴로피드백 자격증(BCIA), 정량뇌파 국제전문가자격증(QEEG-D) 보유

〈저 · 역서 및 논문〉

• 원더풀브레인(영림카디날, 2014)

이건호(Lee Geon Ho)

미국 코넬 대학교 의과대학 post-doc

서울대학교 의학박사

경희대학교 한약사/서강대학교 문학사

경희으뜸한약 대표, 한약사

〈저 · 역서 및 논문〉

행복의 인문학(공저, 쿠북, 2014)

몸, 소통, 치유(공저, 쿠북, 2015)

이인화(Lee In Hwa)

서울불교대학원대학교 심신통합치유학 박사 수료

자 · 유 · 행 몸맘연구소장

한국심신치유학회 상임이사

휄든크라이스 교사(MBS Academy-Feldenkrais Heritage)

국제선치료(ITZI) 상담전문가, 불교상담사, 명상지도사(대한불교조계종)

이종의(Lee Jong Ei)

서울불교대학원대학교 심신통합치유학 박사 수료

한국에니어마인드연구소 소장

지역사회교육실천본부회 회장

한국지역사회교육연구원 연구교수

전) 한국가톨릭대학교육대학원 겸임교수

　　　여성개발원 산하 주부전문인클럽 회장

〈저 · 역서 및 논문〉

• 나와 너의 만남 에니어그램(2011, 나무의 꿈)

• 아홉 가지 나만의 놀라운 힘, 힘돌(2005, 세마치)

• 에니어그램 교육 프로그램이 자아존중감, 자아수용, 자녀 양육 태도에 미치는 영향(명지대학교, 2002)

임세라(Lim Sela)

성신여자대학교 심리학과 박사

능인대학원대학교 교수

통합의학협회 부회장

중국 심리위생협회 전문위원

전) 원광대학교 초빙교수

　　벨라쥬네트워크병원 성심리치료사

〈저 · 역서 및 논문〉

· The Effects of Korean Genital Image on Marital Satisfaction in Korean Married Women: Mediating Effect of Sexual Satisfaction Using Path Analysis Model(Sela Lim1) YoungIlCho2(ASIA LIFE SCIENCES, 2019)

· Structural Equation Modeling for Attachment Avoidance of Adults to Sex Addiction(Sela Lim1) JongduKim2(ASIA LIFE SCIENCES, 2019)

조상윤(Cho Sang Yun)

서울불교대학원대학교 심신통합치유학 박사

국제사이버대학교 보건복지행정학과 교수

한국인간복지실천학회 부회장

전) 원광디지털대학교 사회복지학과

〈저 · 역서 및 논문〉

· 스트레스의 통합치유(공저, 영림출판사, 2013)

· 나는꽃(공저, 글래스하퍼크리에이티브, 2016)

· 자서전쓰기를 통한 심신통합치유 모형개발(휴먼서비스연구, 2017)

조인숙(Cho In Suk)

심신통합치유학 박사

한국심신치유학회 회장

한국MBSR연구소 청주지부장

전) 동명대학교 초빙교수

〈저 · 역서 및 논문〉

· 대학생의 MBSR 프로그램 경험에 대한 연구: 마음챙김과 정서지능을 중심으로(2018)

통합심신치유학 [실제] 편
Integrative Body · Mind · Spirit Healing: Practice

2020년 1월 20일 1판 1쇄 발행
2020년 10월 20일 1판 2쇄 발행

지은이 • 안희영 · 조효남
펴낸이 • 김 진 환
펴낸곳 • (주) **학지사**

　　　　04031 서울특별시 마포구 양화로 15길 20 마인드월드빌딩 5층
대표전화 • 02) 330-5114　　　팩스 • 02) 324-2345
등록번호 • 제313-2006-000265호
홈페이지 • http://www.hakjisa.co.kr
페이스북 • https://www.facebook.com/hakjisabook

ISBN 978-89-997-2019-2　93180

정가 **32,000원**

이 도서의 국립중앙도서관 출판시도서목록(CIP)은 서지정보유통지원시스템
홈페이지(http://seoji.nl.go.kr)와 국가자료공동목록시스템(http://www.nl.go.kr/kolisnet)
에서 이용하실 수 있습니다.
(CIP제어번호: CIP2019053582)

출판 · 교육 · 미디어기업 **학지사**

간호보건의학출판 **학지사메디컬** www.hakjisamd.co.kr
심리검사연구소 **인싸이트** www.inpsyt.co.kr
학술논문서비스 **뉴논문** www.newnonmun.com
원격교육연수원 **카운피아** www.counpia.com